TopBook
饕书客

日本战国史

激荡日本一百年

陈 杰｜著
宋 毅｜主编

TopBook
饕书客
陕西新华出版
陕西人民出版社

图书在版编目（CIP）数据

日本战国史：陈杰著. — 西安：陕西人民出版社，2015
（战争特典；2）

ISBN 978-7-224-11462-1

Ⅰ. ①日… Ⅱ. ①陈… Ⅲ. ①日本—中世纪史—战国时代（日本）
Ⅳ. ①K313.34

中国版本图书馆CIP数据核字(2015)第040313号

出 品 人：赵小峰
总 策 划：关　宁
策划编辑：韩　琳
责任编辑：王　倩　王　凌
设计制作：毛小丽　唐懿龙　李　静　杨　博　王　芳　张英利　任晓强
张玉民　符媛媛　张　静　任敏玲　张　斌　任海博

战争特典002·日本战国史

作　　者　陈　杰
主　　编　宋　毅
出版发行　陕西人民出版社
（西安北大街147号　邮编：710003）
印　　刷　陕西金和印务有限公司
开　　本　787mm×1092mm　16开　29.75印张
字　　数　541千字
版　　次　2015年7月第1版　2025年4月第9次印刷
书　　号　ISBN　987-7-224-11462-1
定　　价　68.00元

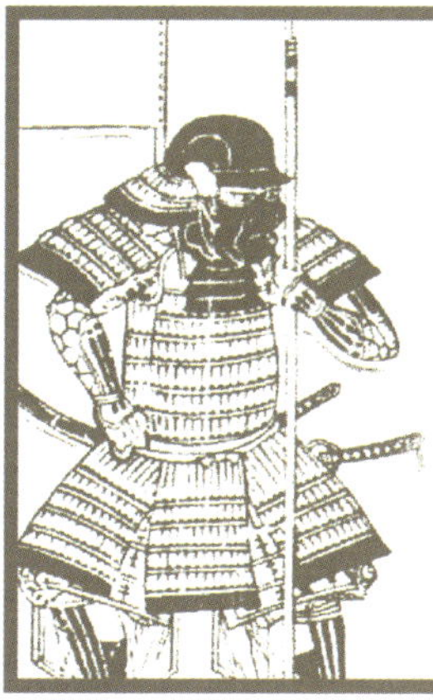

Perface 序

日本这个国家，对中国而言实在不是什么好邻居，千年的交往中，双方大打出手就有四次，从唐朝打到民国，一直就没有消停过，对中国造成的损失也一次比一次大。可日本这个国家又与中国有着千丝万缕的联系，从政治制度、建筑、文字等各个方面，日本都曾经努力模仿中国，并最终开创出一套属于他们自己的文化。作为一个既不妄自尊大又不妄自菲薄的中国人，日本这样一个国家的历史是非常有必要了解的。

“祇园精舍钟声响，诉说世事本无常。沙罗双树花失色，盛者必衰若沧桑。骄奢主人不长久，好似春夜梦一场。强梁霸道终殄灭，恰如风前尘土扬。”

在日本的漫漫历史长河中，战国历史是最为精彩纷呈的，其重要性与知名度在日本历史中大概相当于中国的三国。在这段历史中，日本国内各个割据势力为了争夺天下，斗争了一百五十余年，大小合战数不胜数，涌现出的知名人物如织田信长、丰臣秀吉、德川家康、武田信玄、上杉谦信等多达数百人。日本战国的这段历史极大地影响了日本人的国民性。如此长度，如此丰富的一段历史，在陈杰的笔下渐次铺展，让人身临其境，仿佛穿越回战国时代的日本，非常不容易。

陈杰写的日本历史有一个共同的特色，就是会出现大量的从日本历史资料中搜寻的史料，这本书也是如此。这也从一个侧面反映了作者创作的严谨，可以想见，这是一本具有庞大信息量的日本战国史。

这本《日本战国史》，开国人写日本战国史的先河，虽是历史，读来却毫无枯燥乏味之感。作者以类似纪传体的形式梳理了日本战国的主要武将，娓娓道来，对毫不了解日本战国史的普通读者来说，此书可谓最佳的入门书籍。

本书在 2009 年第一次出版，至今日又根据众多新的资料和新的研究成果进行了大规模的修订，作者所下的功夫，与重新创作无异。新的《日本战国史》比以前那本更为成熟，也更为严谨。

自近代以来，中国人对邻邦日本的关注一直热度不减，交织了无视、好奇、仇恨、欣赏、羡慕、警惕等极为复杂的情感。经历了残酷战争的洗礼和正常邦交的磨合，现在的中国人越来越趋于理性地看待时下的中日关系，而理性的生发，源于一颗愿意了解的心。陈杰的《日本战国史》，正是这样的客观理性的产物，这样的书，才能让读者了解什么是真实的日本战国史。

宋毅

2015 年 02 月 01 日

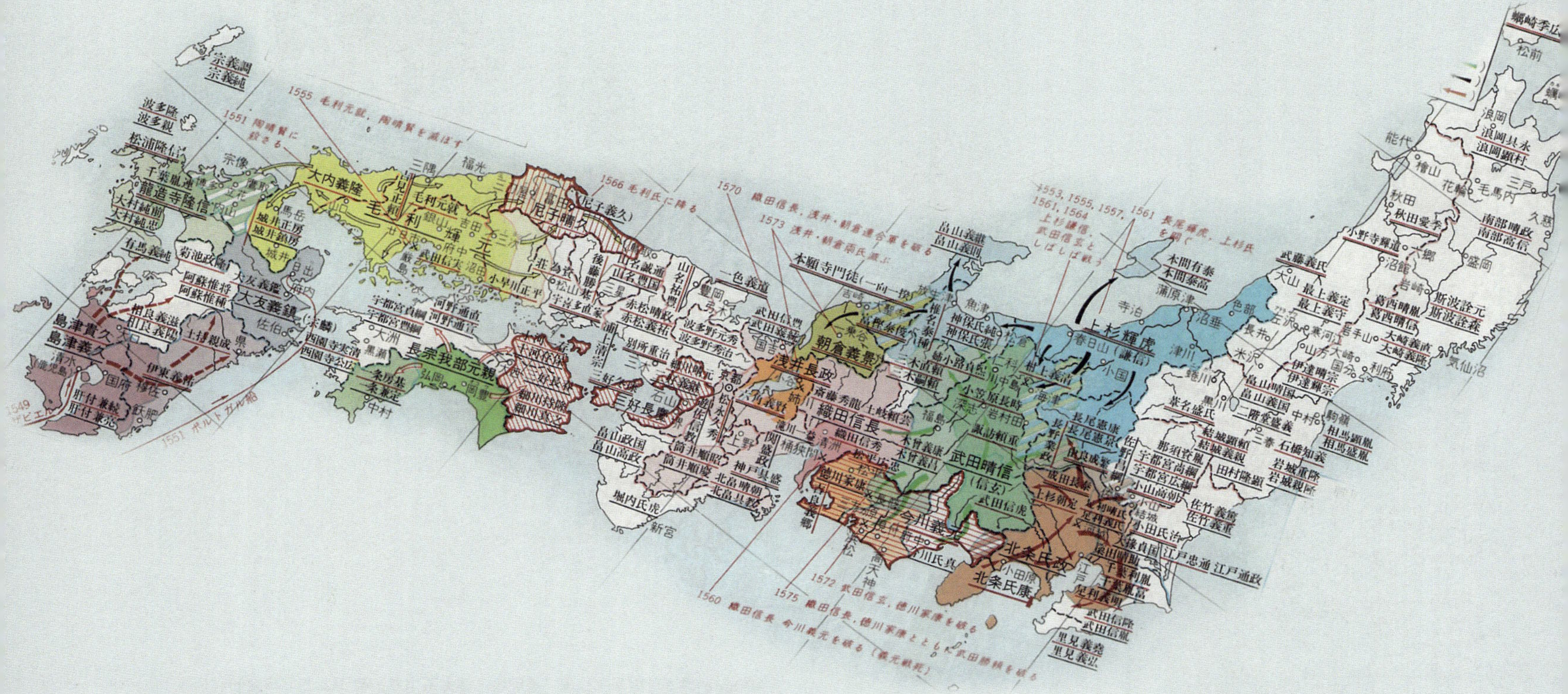

◇ 地图采自儿玉幸多 编《日本史年表・地图》，东京・吉川弘文馆 1995 年。

◇ 地图采自儿玉幸多 编《日本史年表・地图》，东京・吉川弘文馆 1995 年。

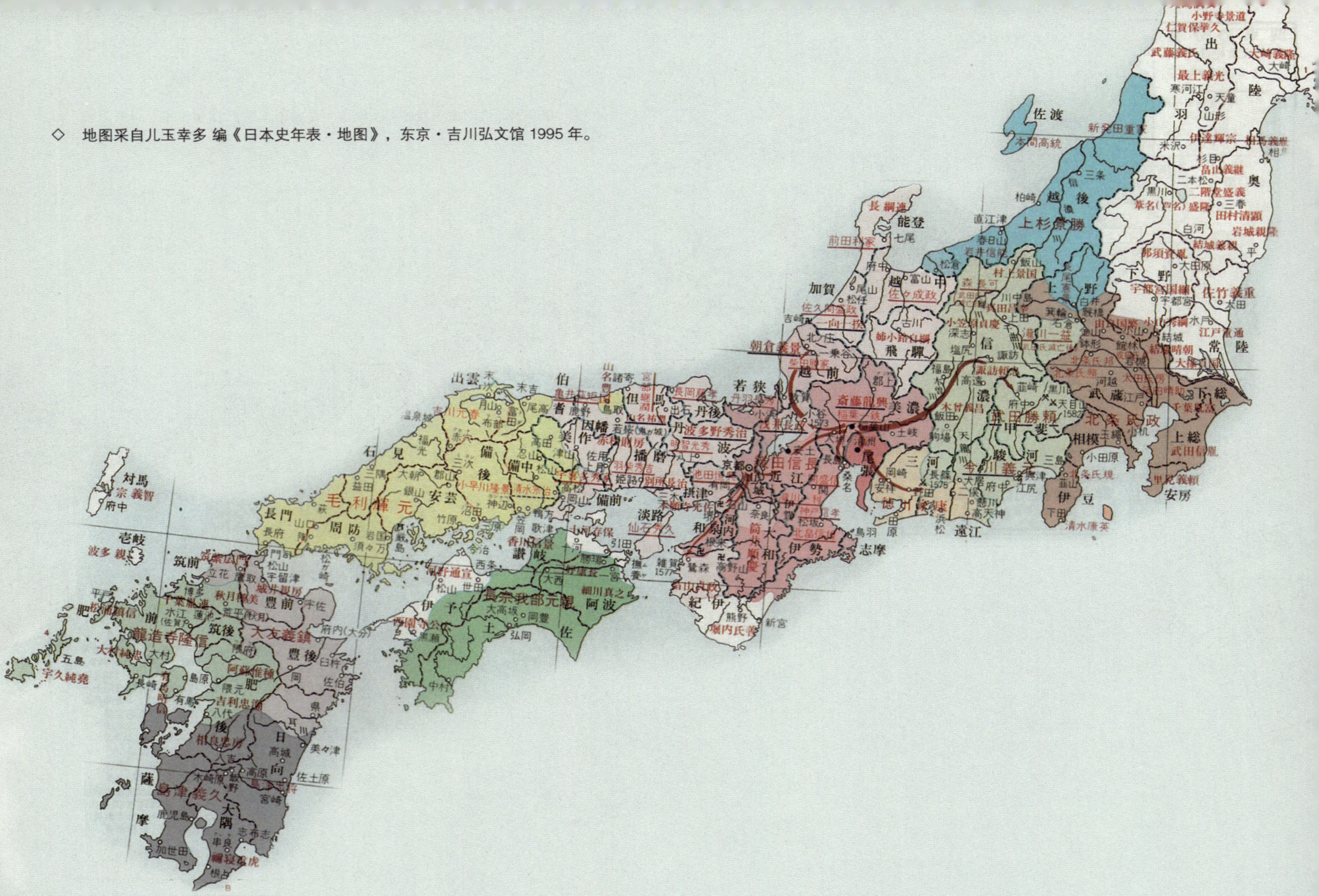

◇ 国为日本律令制国家体系下的地方行政单位，本图为战国时代日本的分国图。

◇ 日本全国分五畿七道。

◇ 五畿为围绕京都附近的五国：山城国、大和国、和泉国、摄津国、河内国。

◇ 七道分别为东海道、东山道、北陆道、山阴道、山阳道、南海道、西海道。

◇ 东海道：伊贺国、伊势国、志摩国、尾张国、三河国、远江国、骏河国、相模国、伊豆国、甲斐国、武藏国、安房国、上总国、下总国、常陆国。

◇ 东山道：近江国、美浓国、飞騨国、信浓国、上野国、下野国、出羽国、陆奥国。

◇ 北陆道：越后国、佐渡国、越中国、能登国、加贺国、越前国、若狭国。

◇ 山阴道：丹波国、丹后国、但马国、因幡国、伯耆国、出云国、石见国、隐岐国。

◇ 山阳道：播磨国、美作国、备前国、备中国、备后国、安艺国、周防国、长门国。

◇ 南海道：纪伊国、淡路国、阿波国、赞岐国、伊予国、土佐国。

◇ 西海道：丰前国、丰后国、筑前国、筑后国、肥前国、肥后国、大隅国、萨摩国、日向国、壹岐国、对马国。

◇ 本书中另有“关东”概念，关东又叫“坂东”，在日本，这一概念在不断变化。飞鸟奈良时代，为防备近畿，朝廷在东海道设立铃鹿关，东山道设立不破关，北陆道设立爱発关。在此三关以东区域为当时在日本京都的朝廷眼中的蛮荒之地，到平安时代废越后的爱発关，在近江设立逢坂关。三关以西的近畿区域为“关西”，反之为“关东”。

镰仓幕府建立以后，关东区域为幕府直接统治区域，因此在习惯上，幕府会将三河、信浓、越后这一线以东区域称“关东”，并常用之指代幕府，反之称“关西”，以之指代朝廷。战国时代到江户时代沿用。一般以关东借指所谓“关八州”，即相模国、武藏国、下总国、上总国、安房国、常陆国、上野国、下野国八个令制国区域，广义上也将三关以东区域甚至陆奥、出羽也归入关东。关东也称“东国”，以之相对应的就是“西国”。

太平記英勇傳

目录

CONTENTS

第一章 花之乱

日本放送协会（NHK）是日本相当于中国中央电视台（CCTV）这样的电视机构，从上个世纪 60 年代开始，NHK 每年都会制作一部历史剧，称为“大河剧”，播放的时间是从每年的年初以一周一集的频率播放到年尾。每年大河剧的选材、选角、内容都十分引人注目。1994 年的大河剧名为《花之乱》，讲述的是一个女人的故事，这个女人令统治日本的室町幕府大乱，是日本历史上被视为妲己一类的人物。

这部电视剧虽然集结了松隆子、草刈正雄、野村万斋等明星主演，但收视却一路走低，最终以平均 14.1% 的收视率创下了最差大河剧纪录，这个纪录一直到 2012 年才由一部更惨的大河剧《平清盛》打破。究其原因，一方面是普通观众对这一段历史实在不甚熟悉，另一方面，剧情的阴暗风格令许多人感到不适。

这一段历史虽然如剧情一样阴暗，但却非常重要。这个女人一手造成的一场战乱以及一手策划的一次政变是之后那个烽火连天的战国时代的开端。

第一节
天皇、摄关、武家

一、大化改新与律令制国家

战国时代是日本的一个大变革的时代，要了解这个时代，首先就要对古代日本的政治架构有个基本的了解，要了解古代日本的政治架构，就必须从战国的来龙去脉说起。

公元 6—7 世纪，整个东亚局势在发生巨大的变化，大陆上，中国结束了西晋以来的长期分裂局面，开始了隋唐大一统的时代；在朝鲜半岛上，新罗开始逐渐强大，并威胁到日本在朝鲜半岛上的盟友——百济的生存，这两大变化对日本产生了非常深刻的影响。在日本国内，佛教和儒学的影响逐渐扩大，同时，原有的经济体系和政治体系面临着严重危机，这一切意味着变革的到来。

变革是必须的，关键是如何变革，善于模仿的日本人找到了一个非常好的模版，那就是大陆上欣欣向荣的隋唐帝国。隋大业三年（607），日本的圣德太子派“遣隋使”来到中国，要求学习中国的文化。隋朝方面派遣裴世清回访日本时，日本表示：“我闻海西有大隋，礼义之国，故遣朝贡。我夷人，僻在海隅，不闻礼义，是以稽留境内，不即相见。今故清道饰馆，以待大使，冀闻大国惟新之化。”（《隋书》卷八一《东夷传》）一句“冀闻大国惟新之化”道出了日本人要求学习中国的本意，遣隋使遂成为定制。在大陆上发生了隋唐换代以后，遣隋使也变成了遣唐使。随着新罗统一朝鲜半岛，日本更为重视寻求和中国直接交流的通道，遣唐使在西入中国的旅程中，虽然危难重重，一遇风浪则多有死伤，但日本人仍然锲而不舍，这些留学生回国后，

◇ 中臣镰足

就成为变革势力的主体力量。

变革在645年开始，是年，日本的中大兄皇子在中臣镰足的支持下，发动政变，铲除独断专行的权臣苏我入鹿及其势力，夺得政权。孝德天皇即位，改元“大化”，中大兄为太子，在中臣镰足等革新派的主导下，开始了史称“大化改新”的改革。

◇ 圣德太子

改革并不是一帆风顺的，在中大兄即位为天智天皇后，颁布了日本第一部律令《近江令》，开始了律令制国家的发展旅程。天智天皇死后，就发生了改革中的波折——壬申之乱，最终天智天皇的弟弟大海人击败了天智天皇之子大友皇子，成为这场权力争夺之战的胜利者，即位为天武天皇。

天武天皇迁都飞鸟净御原宫，开始进一步推行改革，全国所有的土地、山泽一律收归国有，继续推行班田收授和租庸调之法，制定“八色之姓”来固定贵族的身份秩序。681年，制定了《飞鸟净御原令》以巩固改革的成果，大宝元年（701），正式制订《大宝律令》，养老二年（718），对律令进一步修订，是为《养老律令》。日本律令制国家体系基本上形成了。

所谓律令制，就是用律令作为国家的基本法制体系来统治国家，日本的律令大体上吸收了中国唐朝的完备的律令体系。在这个体系中，天皇居于核心的地位，成为国家的统治者。天皇以下分为良民和贱民，良民包括贵族、官僚、皇族，也包括没有特权的平民，贱民则分为陵户、官户、家人、公奴婢、私奴婢，通称“五色贱民”。贱民没有氏姓，也没有人身自由，其中，公私奴婢在律令中被当作财产看待，可以转让和买卖，“奴婢者，律比畜产”。良贱身份都是世袭的，良民犯法也可以贬为贱民，贱民也可以视律令规定而“放贱从良”，这确定了日本社会的等级制度。

710年，日本迁都奈良的平城京，标志着奈良时代的开始，天皇统治的律令制国家进入繁荣阶段。

律令制国家的经济形式是班田收授制和租庸调制。班田收授制的原型是执行于中国南北朝至隋唐时期的均田制，所不同的是，北魏和隋唐的均田制并没有否定土地私有，只是把部分国家掌握的无主土地分配给农民耕种。而班田制是建立在天下土地公有的基础上，也就是日本所说的“公地公民制”。班田每六年进行一次，在户籍调查的前提下进行，每户人家都能分到“口分田”，有使用权，死后交还给公家。官员可以根据官位高低获得位田和职田，另外还有赏赐所用的功田和赐田等。根据班田的情况，农民向国家交纳租和调，并承担军役和劳役，不服役者可输庸代役。

这种公地公民的制度并没有执行多长时间，随着社会生产力的不断发展，越来越多的田地被开垦出来，新开垦的田地所有权不清晰，被许多开垦者纳为己有，同时由于新开垦田不用交纳租税，因此公田抛荒者日多，而耕种隐田者愈富，甚至开始侵占公田，律令制国家的经济基础开始动摇，意味着日本将要进入一个新的历史阶段。

二、摄关与院政

794 年，日本迁都平安京，也就是今天的京都，开始了平安时代。平安时代是个转折的时代，即：日本从律令制国家开始逐渐转向武家政治。而这个时代政坛上最大的特色，就是摄关与院政。

摄关这个名词，在日本历史上，是与一个名声显赫的家族——藤原氏紧密联系在一起的。

藤原氏来源于大化改新的名臣中臣镰足，他在消灭苏我氏的政变中和后来的大化改新中都是中大兄皇子即天智天皇的得力助手。中臣镰足死于 669 年，临终前，天智天皇曾经亲自来探病，并且授予他“大织冠”的冠位，来表彰他的功绩，同时赐氏藤原氏，这就是藤原氏的起源。中臣镰足死后，他的后代世代为官，权重一时，比如中臣镰足之子藤原不比等就是《大宝律令》撰修的主持者之一，而且官至右大臣。藤原氏还与天皇家族保持着联姻的关系，藤原不比等的女儿光明子为圣武天皇皇后，开创了藤原家立后之先声。权臣加上外戚的身份，使得藤原氏成为日本政坛上最炙手可热的家族。

养老四年（720），藤原不比等去世。藤原家还是继续辉煌。藤原不比等有四子，他们将藤原家分为四支：南家、北家、式家、京家。四兄弟都在朝廷担任重要职务，长子藤原武智麻吕死前官至正一位左大臣，死后追赠太政大臣；次子藤原房前官至正三位参议，追赠正一位太政大臣；三子藤原宇合曾为遣唐副使，官至正三位参议式部卿兼大宰帅；四子藤原麻吕官至从三位参议。这四个人都是名重一时。

神龟六年（729），藤原家与皇族的长屋王因为皇位继承人和皇后人选发生争执，最终藤原家在这场政治斗争中获得了胜利，这一风波进一步确立了藤原家的稳固地位。

◇ 藤原道长

藤原的南家、式家、京家在此后的战乱与政治斗争中分别衰落，这样就形成了北家一枝独秀的局面。到858年，清和天皇即位的时候只有九岁，于是，天皇的外祖父藤原良房以太政大臣的身份成为摄政，他以摄政的身份借机排除了其他中央豪族，藤原家的独专地位得到了巩固。藤原良房是第一个皇族以外的摄政，也是摄关政治的创始人。

所谓“摄关”，“摄”自然指的是“摄政”，也就是天皇幼年时代表天皇掌权，而“关”呢，指的就是“关白”。所谓“关白”，从字面上来说，是一种奏报官，向天皇禀报奏章之类，实际上权力不止于此。877年，藤原基经成为阳成天皇的摄政，在宇多天皇时，又改任“关白”，藤原基经就成为第一个关白。这样天皇幼年、病弱时，藤原家就为摄政，成年亲政后，就为关白，摄关政治就成为定例延续下来。摄关时代是藤原家的全盛时期，这个时期的藤原家可以说是权倾朝野，天皇废立、国政大事无一不出自藤原家，地方领主也纷纷寄进，以求庇护。藤原家因此也被称为“摄关家”。

摄关政治的秘诀，用一句中国历史的术语来说，就是“外戚”，以摄关政治的黄金时代——藤原道长时代为例，藤原道长的长女彰子是一条天皇的中宫，次女妍子是三条天皇的皇后，而四女威子是后一条天皇的皇后，这种“一门出三后”的代代联姻，保证了藤原道长能不断以外戚身份掌控朝政。而摄关的另一个“杀手锏”是所谓的“内览”权，“内览”权意为凡是上奏给天皇的奏折以及天皇下达的裁定，都必须经过该大臣过目，至于这名大臣担任的到底是律令制下的最高位太政大臣还是其下的左大臣、右大臣，甚至更低的职务都无关紧要。比如曾为摄关家之主的藤原兼通在担任权中纳言的官职的时候，就拿到了“内览”权，这一权力使他超越他上面的左右大臣和太政大臣等官员成为朝政的实际掌握者，而当时兼通之弟藤原兼家正在与他争夺摄关家之主位置，藤原兼家已经是大纳言兼右近卫大将，官位早高过哥哥一等，而藤原兼通有了内览权，后来居上直接压制了其弟，最终爬到了藤原家之主的位置。

摄关对天皇来说等于把政权拱手相让，但在11世纪，新的“院政”开始崛起，逐渐和摄关形成分庭抗礼的局面。

在院政诞生前，摄关家已经开始走向衰落。藤原道长的儿子藤原赖通的政治手腕和远见都大大不及乃父，尤其是他不能领悟到摄关政治的关键在于联姻这条重要的政治秘诀，三条天皇曾想把皇女禔子内亲王嫁给藤原赖通以讨好摄关家，但藤原赖通却无视其父的劝说坚决不答应，而他本人也没有足够资格嫁入天皇家的女儿，藤原赖通之子藤原师实也没有女儿。失去了“外戚”资格的摄关家势力大减。而另一方面，藤原家自藤原道长以后，的确也没出过如早期的藤原基经这样的优秀的政治人才，在藤原家的政敌一个个倒下以后，“无敌”的藤原家也开始耽于安乐，腐化堕落，的确已经是一股陈腐的势力了。

院政始于白河天皇时期，白河天皇在位十三年，他于1086年主动退位，传位给太子堀河天皇，自己成为“上皇”，随后又出家为僧，成为“法皇”。新的天皇当时只有8岁，白河法皇就代其秉政。天皇在退位以后，往往以其退位后的所住地点称呼为“某某院”，上皇所住的“院”原本就有“院厅”，用以处理一些上皇生活起居方面的杂务，是一个“家政机关”，而白河上皇却首创将这个“家政机关”变成了国政机关，法皇通过院厅继续执政，院政发出的院宣效力高于天皇的诏敕，这样就避免了新的年幼天皇即位后摄关家把持朝政的局面。这个办法很好，鸟羽和后白河天皇也仿效这个做法。院政的出现，虽然其初衷并非是对抗摄关家，但一定程度上抑制了摄关，日本政坛也就出现了摄关和院政博弈的局面。在皇室和公卿为主导的体系下，由于社会的动荡而出现了一种新的势力，新兴势力很快夺取了政权。

三、武士崛起

武士的形成，源于日本平安时代末的庄园公领制。律令制是日本仿效中国唐朝早期的制度而形成的，其基础就是建立在“公地公民”的经济关系上，国家通过租庸调等方式剥削农民，土地为公有。随着生产力的发展，越来越多的荒田开垦出来，出现了土地私有化，逐渐形成了庄园。国家为控制庄园，竭力通过律令体制，希望将其纳入国家租税系统中，占有私有土地的领主也出于免税等考虑，将土地所有权名义上捐献给公家、贵族或寺社。这就出现了寄进制庄园，而这些开发土地的原主就被任命为庄官，负责实际管理和经营土地。后来日本为限制土地私有，又推行了知行国制，授予部分贵族特定国的国司推荐权，并给予公领地的收益，是为“知行国”，国司原本为律令制下管理地方的行政官员，至此而一变为公领的受领者。国司可进一步将土地经营权和行政权分给其下级官员——乡司、惣司、保司实际负责。庄园和公领由于互相争夺土地资源而产生了尖锐的矛盾。事实上，无论是庄园还是公领，都出现了名义拥有权和实际经营权的分离，形成了日本特有的庄园公领制。

在这种制度下，原本律令制的班田和租庸调制崩溃了。担任国司和庄官的人都要承担向中央或领主交纳税收的义务，为了保护自身的经济利益，他们将领地内的部分人武装起来，同时，朝廷出于安定地方社会治安的需要，也把捕盗、征税等权力下放给国司，形成了“国衙军制”。因此，地方的国司和庄官逐渐演变为军事贵族，武士逐渐形成了。

武士，是新的社会环境下所出现的一个新的阶层，这一阶层是与庄园公领制的出现紧密结合在一起的。武士不同于律令制下的武官，桓武天皇时代（781—806）的著名将领大伴弟麻吕和坂上田村麻吕相继因其征战之功而获封“征夷大将军”，他们被认为是日本史上最早征夷大将军，然而，这两位大将军和后来武士建立的幕府时代的征夷大将军有本质上的不同，他们只是朝廷的一名武官，而绝非一名武士。换句话说，武士是彼此之间结合成“私”的主从关系并且为维护“私”的利益而战的职业军人，而律令制下的武官则是结合在“公”的关系下为朝廷利益而动的官员。

早期的武士成分比较复杂，其中包括虾夷的“俘囚”（古代日本将生活在本州东北一带以及北海道等地的居民统称为“虾夷”，在桓武天皇时期有过大规模的征虾夷行动，在扩张领土之余“归化”了大批以武力为生的“虾夷民”）、关东一带远离朝廷核心区域的盗贼、为私人庄园担任护卫工作的部曲和雇佣兵等，他们集体以卖武为业，因此出现了一个学成武艺后“货与帝王家”的新兴阶层。这一阶层被称为“侍”（Samurai），“待”或“Samurai”就成为武士的代名词。

这些一盘散沙的武士需要一个核心将他们组织起来，恰在此时，有大批原本出身皇家和朝廷公卿的人物纷纷下放，他们或是被“降为臣籍”的皇子，或是因和摄关家政治斗争失败的大臣，在下放地方以后，和地方的武士结合成“私”的主从关系，于是，就形成了武士集团。在朝廷军事力量日渐衰竭的情况下，武士集团成为朝廷解决诸多军事问题必需的依赖；在摄关、院政都需要军事力量的情况下，武士集团又为摄关、院政两大势力服务以扩大势力，最终使武士集团在夹缝中掌握了政治主导权。

到11世纪，武士已经成为日本举足轻重的政治力量，并分割为两大集团，桓

◇ 足利尊氏

武天皇的后裔桓武平氏和清和天皇的后裔清和源氏。两大集团开始了争夺政权的斗争，摄关和院政之间的抗衡也夹杂在这个斗争之中。

平氏先声夺人，平清盛在1159年的“平治之乱”中，击败了源义朝，从而获得了后白河天皇的信任，平清盛后任太政大臣。这标志着一个变化：以往是天皇利用武士来进行政治斗争，现在武士开始获得政权甚至凌驾于天皇之上。平清盛和后白河天皇的关系极度恶化后，他就囚禁了后白河天皇，独揽政权，今天京都的六波罗仍然保留着平氏执政时的遗迹。

1181年，平清盛去世，源氏在源赖朝的带领下得以复兴，源赖朝通过联姻关系得到了关东豪强北条时政的支持，因而起兵讨伐平氏，在消灭平氏势力和源氏内的其他反对势力以后，1190年，源赖朝上京，成为朝廷的控制者，他以后白河天皇的名义掌握朝政，正式成为“征夷大将军”，建立镰仓幕府。武家成为日本政坛的主导力量。

在源赖朝建立的武家政权中，幕府是实际上的最高统治机关，幕府领地由将军派遣守护和地头，管理军政和社会治安等事务。源赖朝还规定了“御家人”制度，武士是将军的“御家人”，将军赐予土地，保护他们的利益，武士则必须奉公效忠将军。还有一些“非御家人”的武士，也被纳入幕府体系中。在关东，幕府拥有关东御领和御分国作为“知行国”，拥有领地的支配收益权，而在其他地区，幕府通过派出的地头和守护干预庄园、公领的经济，从而达到掌控全国的目的。

武家政权的建立把天皇放到了次要的地位，天皇当然不可能轻易地放弃权力。于是，在幕府政治建立以后，武家和天皇也开始了博弈。

在源赖朝死后，其岳父北条时政就成了镰仓幕府的实际控制者，其后，镰仓幕府的权力一直控制在北条家手中，北条家以“执权”的身份掌控幕政，与其他幕府武士集团展开激烈的政治斗争。幕府的内讧令朝廷有了可乘之机，承久三年（1221），后鸟羽天皇号召讨伐幕府，在源赖朝的妻子北条政子的鼓动下，御家

人集结成了大规模的军队，很快就击败了天皇的军队，后鸟羽天皇被流放，参与反幕的武士被处分。幕府在京都设置六波罗府，由六波罗探题负责京都的安全和监视朝廷。朝幕斗争暂时偃旗息鼓。

后醍醐天皇即位时已经三十一岁，他决定再次尝试倒幕夺权，1333 年，在经过两次失败后，后醍醐天皇终于联络各地豪强发动倒幕战争，镰仓是时已经失去了对许多地方的控制力，关键时刻，幕府的足利高氏（后被赐名改为足利尊氏）倒戈加入天皇一方，拥护天皇军队进入镰仓，镰仓幕府宣告终结。

在镰仓政权结束后，后醍醐天皇以 “建武”作为年号，表示要仿效汉光武帝复古中兴，重新建立以天皇为核心的政权。建武中兴不到三年，就又被战乱打破，后醍醐天皇派遣足利尊氏讨伐镰仓残余势力北条时行，而足利尊氏在消灭北条时行后，占据镰仓，自立为征夷大将军，同时反攻京都，后醍醐天皇战败，被囚禁并被迫传位给光明天皇。足利尊氏在京都建立了室町幕府。不甘失败的后醍醐天皇逃到京都南面的吉野，成立南朝，与足利家的北朝对峙，直到 1392 年，北朝才正式统一日本，室町幕府是为第二个幕府政权。

第二节 应仁之乱

一、八岐大蛇

应仁元年（1467），日本爆发了大规模的战乱，这一场战乱波及全国，持续长达十年之久。这场战乱以其开始的时间为名，被称为“应仁之乱”。传统的学说认为：应仁之乱是日本战国时代的开始。日本京都学派的历史学家内藤湖南先生甚至表示：研究今天的日本，只要看应仁之乱以后的历史就可以，而应仁之乱以前的历史简直就像他国的历史。此语虽然过于夸张，但足见在传统的史学界观点中，应仁之乱甚至是一起“分水岭”式的战乱。那么，应仁之乱究竟是如何发生的？它的历史意义又究竟何在？这须得从室町幕府的政治结构开始说起。

日本有一个上古传说，这个传说也记载在《日本书纪》之中，就是著名的“八岐大蛇”。传说中的八岐大蛇是一条有八个脑袋的怪物，而我们这里说的八岐大蛇指的是室町幕府。

足利尊氏建立幕府的过程波折重重，在消灭北条时行后，足利尊氏开始在镰仓培植自己的势力，这就引起了后醍醐天皇的不满，于是，天皇派出了讨伐军，讨伐军却在骏河和箱根两战两败，足利尊氏占据了京都，天皇逃到了比叡山。也许是胜利来得太快了，足利尊氏在京都还没站稳脚根，就遭到天皇军队的围攻，一再失利后，不得不将京都拱手相让，逃到九州。第二年三月，足利尊氏卷土重来，击败楠木正成和新田义贞两人，再次进入京都，拥立光明天皇，同时将后醍醐天皇从比叡山上“请”了下来，囚禁起来，逼迫其将皇位传给光明天皇。后醍醐天皇在传位后不久，南逃到吉野山，另立朝廷，日本开始出现了南北朝对峙的局面。所以室町幕府从一开始就处在战争状态中。

建立之初就面临战乱的室町幕府本身“先天不足”，室町幕府的体制来源于镰仓幕府后期反幕府的势力“恶党”。在“恶党”中流行着一种名为“伞署名”的结连方式，也就是一大群人在一个同心圆的圆周上署名以声明联合成一个团体。从某种程度上说，作为室町幕府将军的足利氏和其手下的众多守护大名之间的关系实际上也类似“伞署名”的关系，守护大名们承认将军是他们“同辈中的第一人”，他们是有着共同利益的互相利用的结合体。所以，如果守护大名之间发生争执，将军往往不太能通过“雷霆手段”加以干预，而是站在调停人的角度。而如果将军威胁守护大名的利益，就意味着破坏彼此之间的契约关系，守护大名就会起来反噬。

正是这种局面让室町幕府成为一条八个脑袋的八岐大蛇。

这条八岐大蛇的八个脑袋就是“关东公方”和

◇ 日本东京皇居前的楠木正成像。楠木正成为日本镰仓时代末至南北朝时代的名将，在足利尊氏建立幕府时，他拥护南朝后醍醐天皇，成为建武新政的捍卫者。因勤王之功，在日本明治以后被尊称为“大楠公”。他成为护卫皇室的象征而立马于皇居之前。

“三管四职”。这里有很复杂的关系，我们先从“关东公方”说起。

在南北朝对峙的局面下，幕府所在地就设置在京都，一来京都靠近南朝，便于幕府及时对南朝的动向做出反应，二来控制京都有很深刻的舆论意义。但京都地处日本的中央，幕府设置在京都，对关东地区的统治就有点鞭长莫及。镰仓以来，关东就是幕府的核心。在这种情况下，足利尊氏采用的办法就是派次子足利基氏统领关东一带的武藏、甲斐、伊豆等地，这一统领的据点设在镰仓，所以称为“镰仓公方”或者“关东公方”。这就是室町幕府这个蛇身上安上的第一颗脑袋，而且这个脑袋硕大无比，几乎和身子等长，长到了畸形的地步。而这个脑袋的麻烦之处还在于，它长了两颗毒牙，就是“关东管领”的职务。关东管领是关东公方的政务协助者，一般由上杉家世袭，上杉家最为强大的就是山内上杉家和犬悬上杉家，我们所说的两颗毒牙就是这两家。关东管领由两家轮流世袭担任，关东的势力也分为三股：关东公方的直属“奉公众”势力、山内上杉家势力和犬悬上杉家势力。两颗毒牙咬到舌头，就会危及脑袋的安全。应永二十三年（1416），犬悬家的上杉氏宪就不满关东公方重用山内家的上杉宪基，发动了对关东公方的叛乱，幕府出于自己的利益支持公方，这场“上杉禅秀之乱”就以关东公方获胜宣告结束。山内上杉家的势力开始膨胀，幕府也从中看到了两颗毒牙的作用，极力拉拢剩下的山内家。在此后的关东战乱中，山内家这颗毒牙起到了举足轻重的作用。

另外七个脑袋就是“三管四职”。三管四职的由来还要从镰仓时代开始说起，在镰仓幕府建立以后，幕府中央设立了政所、侍所和问注所。政所辅助将军处理政务，侍所则是负责幕府的警备工作，问注所是司法机关。在室町幕府建立以后，也把这样的机构设置沿袭下来，设置幕府的管领和侍所，原来的政所和问注所重要性大大下降。而关键的部门：管领和侍所都由有力的守护大名世袭担任。其中管领一职多由斯波、细川、畠山三家守护大名轮流担任，称为“三管领”，侍所的首长所司多由赤松、山名、一色、京极四家担任，称为“四职家”，两者合称为“三管四职”。实际上，“三管四职”不仅仅只是垄断幕府官职而已。

室町时代的守护与镰仓时代不同，这一时期确立了“守护领国制”，大大增强了守护的权力。镰仓时代，守护只有地方治安和军事的权利，对于庄园和公领，守护能干预的方面极少。在室町时代，中央赐予守护种种经济权力，比如“半济”，本为“免除年贡一半”，后来蜕变为授予守护征收一半数量年贡的权力。“半济”最早是有限制的，允许“半济”的土地被称为“兵粮料所”，除此之外的领地是不允许“半济”的。但上有政策，下有对策，守护们既然有了这个权力，就不断

◇ 神话中素戋鸣尊斩杀八岐大蛇

加以扩大解释，把众多不能“兵粮料所”化的庄园擅自“兵粮料所”化，于是，众多的庄园、公领地被守护所侵夺，日本中世纪庄园公领制彻底崩溃走出了第一步。守护在获得众多土地的同时，通过膨胀的收益来把领地内的武士笼络到身边，进而演变成独霸一方的守护大名。何况室町时代的守护由任命逐渐转变为家族世袭，这更进一步加强了地方权力。国司的行政职能逐渐被守护所取代，守护成为地方的领主。将军对守护大名势力的扩张从一开始的竭力抑制到后来终于无可奈何，室町幕府逐渐成为一个松散联合政权的首脑，将军的权力只在直属领地里有效。

“三管四领”就是当时最有权势的守护大名，他们不但垄断了幕府官职，在地方上也各树一帜，拥有雄厚的实力。幕府在决定重大事务的时候，往往要召开“重臣会议”来征求强力守护大名的意见，甚至将军职务的承袭也要获得守护大名的首肯。

就这样，在幕府这个身子上，安上了关东公方这个大脑袋和“三管四职”七个小脑袋，八个脑袋各有打算各怀鬼胎，同时，脑袋里还毒牙丛生，随时准备互相噬咬，甚至危及身子的安全。室町幕府就是这样一个怪物，一条奇特的八岐大蛇。

二、义教之死

如上所述，室町幕府在建立之初，就埋伏着种种的危机。这条怪异的“八岐大蛇”迟早会吞噬自己。换句话说，要驾驭好这条危险的大蛇，非有超高明的政治手腕不可。在室町幕府前期，第三代将军足利义满给后人留了一个非常好的范例，一方面，他为充实幕府的实力，建立了一支名为“御马回”的亲卫队。所谓的“马回”，意思就是骑着马围绕在大将周围的亲兵武士，这支“御马回”后来发展为室町将军的亲信武装——奉公众，这使幕府有了核心的对抗守护大名的军事力量。另一方面，他对守护大名采取“借力打力”的手法，往往通过扶植一个打压一个，挑拨离间，甚至用在大名家族内部制造内乱的方式来削弱各守护大名的力量，令他们之间达到一种微妙的平衡。这种娴熟的“帝王之术”却绝非任何一名将军都能顺利玩得转的。嘉吉元年（1441），将军足利义教的死及其前后发生的一系列大变故，则是这条“八岐大蛇”的一次集中大发作。

足利义教是室町幕府的第六代将军，他幼年出家，正长元年（1428）还俗，在他的哥哥足利义持死后就任将军。事实上，足利义持在将军继承人选上并没有完全的决断权，他的提名还必须经过“三管四职”这些重臣的同意和支持。因此，他索性把提名的权力推给了重臣会议。在管领畠山满家的主持下，决定由出家的足利义教还俗担任新的将军。

足利义教的死，事实上和他的“削藩”政策有着深刻的关系。室町幕府时代，地方守护大名一般固定由一家世袭。所以，足利义教采取的措施，就是干预这些守护大名的承袭，或者用中央派遣的重臣取代原有大名，或者在守护大名家族内部另选人选来代替原来的继承人。用专业术语来说，就是制造“家骚动”(お家騒動)，这是足利义教从三代将军足利义满那里承袭下来的“削藩”秘策，当年，在“明德之乱”（1391）中，足利义满就是靠这一手段成功削弱了“四职”之一的山名家，但足利义教的手段比义满更激烈、更频繁，他把手伸向了权势熏天的“三管四职”家，犹如走在钢丝线上玩火。

“三管”之一的斯波家首当其冲，斯波家在足利义持时代就开始凋落，义教拉拢“三管”之一的细川家，打击另两家，永享四年（1432）斯波义淳辞任管领后病重，根据将军的命令，义淳之弟义乡自寺院还俗出任家督。为限制管领职权，义教还拿出原有的“御前沙汰”制度，由将军从奉行众中挑选参与最高决策会议的人选并亲自主持会议，“御前沙汰众”就在此时成为幕府的最高决策机构，最终形成了一个从属将军以处理政务的文官集团——奉行众（又叫“右笔方”），这与武官集团“奉公众”并为将军的左膀右臂。

接着，义教又把手伸向“四职家”，他先后介入了山名、京极两家的家督继承，选拔自己中意的人担任家督。足利义教把这一系列移形换影的手法使用得炉火纯青，“三管四职”等有力守护大名基本上被玩儿个遍。

同时，足利义教对其他的反对势力也是下手毫不留情。永享五年（1433），由于将军试图压制寺社势力，与势力庞大的延历寺发生了冲突，将军下令出兵包围延历寺。延历寺是日本佛教天台宗的圣地。日本佛教高僧最澄于唐贞元二十年（804）随遣唐使抵达浙江明州的鄮县港，然后前往天台山学习佛法。最澄返国后，选择了与天台山风景相似的比叡山建立了延历寺，并于日本大同元年（806）上《请新加法华宗表》，从而正式创立了日本天台密宗。历来，延历寺不但是一个佛教寺院，还是一股不可忽视的政治力量。日本国内的军事力量从来不敢对延历寺动手，一是因为不能动，它是一个佛教圣地，一动，就等于冒着被老百姓戳脊梁骨的危险，二是因为不敢动，因为它手里还有一队颇有实力的僧兵。而足利义教这个枭雄则偏要冒天下之大不韪动上一动，在这次激烈的对抗中，延历寺被迫屈服，在第二年的又一次对抗中，延历寺的僧人为抗议将军，一把火烧毁了延历寺中的圣地根本中堂，大火震惊了近在咫尺的京都。即便如此，足利义教仍然寸步不让。凡是惹怒他的人，都由于他睚眦必报的性格而惶惶不可终日。时人对这位将军如此评价："万人恐怖，切莫言哉！切莫言哉！"

玩完了"三管四职"，足利义教就向大脑袋"关东公方"动手，在"上杉禅秀之乱"后，山内上杉家成为一枝独秀的力量，和关东公方公然分庭抗礼，关东的地方守护也因此分为两大派：支持关东公方的"奉公众"和支持山内上杉家的势力。幕府就从这两雄对峙的局面中渔利，拉拢山内上杉家对付关东公方。在将军足利义持死后，关东公方足利持氏认为自己才有权继承幕府将军之位，于是，幕府和关东公方矛盾激化。足利义教甚至亲自到骏河，借口游览富士山，跑到关东公方家门口耀武扬威搞军事威胁。同时，足利持氏正在收拾"上杉禅秀之乱"以后的烂摊子，甚至以讨伐上杉余党的名义，侵犯幕府在关东的直属势力"京都扶持众"。足利持氏收拾烂摊子的结果有两个：一是关东公方在这一过程中获得了大量的土地和人力资源，实力暴涨，引起了幕府和山内上杉家的不安。二是山内上杉家发现自己已经不可避免要和关东公方起冲突，导致双方走向公开决裂。永享十年（1438），关东公方足利持氏发布征讨山内上杉家的上杉宪实的命令，足利义教这个枭雄一见到这样的机会，又怎么可能放过？立刻决定支持上杉宪实，派兵参战。幕府成为上杉宪实反抗公方的靠山，关东的"京都扶持众"在接到幕府的讨伐令后纷纷加入，关东公方战败，足利持氏在永安寺自杀。这场"永享之乱"的最大受益方却是幕府，关东公方从此一蹶不振。关东地区此后继续战乱，已经无法形成和中央对抗的局面了。

"永享之乱"这一战，足利义教打得漂亮之至，他借力打力，割掉了"八岐大蛇"最大的一颗脑袋。有了这场胜利垫底，他的胆子也就越来越大。永享十二年（1440），足利义教在出军途中搞了一次阴谋，他在武田信荣的协助下借口拥有若狭、丹后、三河三国的守护一色义贯与伊势守护土岐持赖对幕府的征伐令执行不力，且一色义贯有藏匿足利持氏残党嫌疑，命令武田信荣将这两位大名直接诛杀。若狭国被赏赐给安艺武田家，三河国被赏赐给细川持常，丹后国和伊势国则由足利义教的宠臣一色教亲接掌。削藩行动从原来的插手承袭发展到了杀人夺权，要知道，在之前的幕府“削藩”中，从未有过如此干脆利落的直接杀人，且“被害人”毫无反抗之力就身死地分的，这引起了众多“兔死狐悲”的守护大名的震惊。嘉吉元年（1441），足利义教再度出手，这次的目标是“三管”之一的畠山家，畠山持国被强迫隐居，他所拥有的河内、纪伊、越中三国守护职转让给畠山持永。

足利义教的“削藩”手段实在是太频繁太激烈了，“三管”中，细川被拉拢，斯波、畠山都被整了，“四职”里，山名、京极、一色都有涉及，还剩下的一家就是赤松家。事情发展到这时，赤松家自然就起了“下一个肯定就是我”的想法。先发制人，后发制于人，这个笨道理赤松家还是明白的。于是，在嘉吉元年（1441），赤松家抢先发难了。

赤松家的赤松满祐一直受足利义教的信任，担任侍所别当这个要职，同时控制美作、播磨、备前三国。但在“削藩”行动中，赤松家和将军的关系也开始降温，永享十二年（1440），足利义教把赤松满祐的弟弟赤松义雅的封地剥夺后转封赤松贞村，据说赤松贞村此人还和义教有某种“超友谊”的关系。一本名为《嘉吉记》的军记物记载说：“贞村和他妹妹一样受到义教将军宠爱。”当然，这个问题见仁见智，有人认为，年纪比将军还要大上一岁的贞村显然不符合当时选择“男宠”对象的条件。一时间，有关义教要夺取赤松满祐领地转封给贞村的流言到处风传，于是，赤松满祐决定在第二年先发制人。

赤松满祐不是泛泛之辈，早在足利义持时代，因为足利义持要剥夺赤松家的美作、播磨两国，并想将赤松家的继承权交给宠臣赤松持贞，赤松满祐就公开造反，得到了诸多守护大名对赤松家的竭力支持。这场叛乱后来有个戏剧性的结局，赤松持贞被指控和将军家的女人私通，被迫自杀，赤松满祐则被赦免。这也说明赤松满祐是个绝对的刺儿头，肯定不会为人鱼肉。在意识到自己的危险后，嘉吉元年（1441）六月，赤松满祐在自己的家里开了一场鸿门宴，宴请将军足利义教，细川、山名、京极等大名全部到来捧场，酒到半酣，赤松满祐的儿子赤松教康拉着一群人拿着刀冲杀进来，对着毫无防备的宾客就是一阵乱砍，将军足利义教被当场砍杀，京极高数、山名熙贵等守护大名也从陪客变成了陪杀的冤魂。管领细川持之见势不妙，拼命逃出，躲进自己家中不敢出门。失去独裁将军的幕府一时间陷入了决策混乱中，导致赤松满祐在鸿门宴以后，在自己的宅第里放了一把火，然后顺利地逃出了幕府的包围圈，扬长而去，回到播磨国组织军队。混乱的幕府在一个月后才做出讨伐的决定，以细川持常为正面进攻的“大手军”统帅，而以山名持丰为负责侧背攻势的“搦手军”大将，分别率领军队于七月出发进攻赤松家。

在这支军队中，表现最积极的是山名持丰，山名家和赤松家本有夙怨，在足利义满将军时代，山名家遭到将军率领的军队的围攻。战后，山名家所拥有的美作国被赤松家夺取，这一次，在山名持丰看来，是“收复失地”的绝佳时机。所以山名家铆足了劲，从附近的但马、伯耆两地疯狂地向播磨、美作进攻。与之成为鲜明对照的是“大手军”的细川持常，对于讨伐赤松毫无兴趣的细川军一路拖延行动，路上甚至还遭遇了赤松教康的袭击，一直到九月一日，姗姗来迟的“大手军”才和山名家会师于赤松满祐所居住的坂本城。

按理说，两路大军合围，捏死赤松家就如捏死一只蚂蚁一样容易，偏偏细川军再一次在城下消极怠工，山名持丰暴跳如雷，却只能眼睁睁地看着赤松满祐在九月三日又一次“奇迹般地”从两路大军合围中脱逃出城，逃往城山城。决意复仇的山名持丰穷追猛打，在九月十日攻克城山城，赤松满祐自杀。这场“嘉吉之乱”就以一场鸿门宴的闹剧开始，以赤松家的失败宣告结束。将军足利义教之死，迫使幕府停止了大规模的“削藩”行动，从此，幕府对地方守护大名基本上失去了控制，而日本也开始走向不断战乱的年代。

三、细川山名之争

嘉吉之乱落下了帷幕，但这并不意味着战乱的结束。一场全国性的大变乱正在酝酿之中，这场变乱的根源就是在嘉吉之乱中获得崛起机会的两家守护大名之间的矛盾。

在嘉吉之乱中，有两家守护大名获得了崛起的机会：其一是细川家，细川家是“三管”之一，足利义教生前曾经竭力拉拢细川家对付其他两家，从永享四年（1432）开始，幕府管领的职务一直由细川持之担任，在赤松满祐的“鸿门宴”上，细川持之又幸免于难，以幕府管领的身份领导讨伐军，这就为细川家捞足了政治资本。另一家是山名家，足利义教罢免赤松满祐的侍所别当职务后，接替者正是山名持丰。足利义教死后，在讨伐赤松家时，山名持丰担任“搦手军”的统帅，因功而被封备后、安艺、石见、播磨、美作、备前六国，实力雄厚，所以获得了和细川家对抗的资本。

两家在对抗赤松家的时候暂时合作起来，但也在这次合作中结下了仇怨。细川家对讨伐赤松家并不是很热心，在攻打播磨国的过程中，统帅细川持常也是行动迟缓敷衍了事。而山名家和赤松家素有宿怨，山名持丰在这次战争中一马当先，对着赤松家穷追猛打，反过来，他对细川家的态度颇多不满，这期间，还发生了山名持丰手下士兵在京都劫掠财物而被幕府管领细川持之训斥的事情。两家就在这次合作中产生了嫌隙。

双方首先在本州西部展开了争夺。在嘉吉之乱平定后，山名家实力大增，山名的崛起对于控制幕府的细川是一大威胁。于是他们暗中扶植已经倒台的赤松家，长禄二年（1458）细川持之之子、细川家新家督、幕府管领细川胜元以幕府的名义支持赤松政则继承赤松家，收回播磨等领地，赤松家开始在备前等地扩充实力。这个举动当然引起了山名家的强烈不满，于是备前守护山名教之率军队阻止赤松政则的到来，而细川家则操纵幕府指示备前国的有力家臣支持赤松家。就这样，细川和山名先在备前以赤松家为棋子展开争夺。 另一方面，细川家又与山名持丰之婿大内教弘、伊予守护河野通春为争夺对外贸易主导权而大打出手。山名家则支持大内、河野对抗细川。濑户内海地区也出现剑拔弩张的局面。

两家在本州西部和四国的争夺只是小冲突，真正使两家打到面红耳赤的，则是畠山家的内乱。这场内乱的缘起还是因为畠山家督的继承权问题。畠山家当时的家督是畠山持国，义教将军死后，他从畠山持永手里夺回了家督位，但他没有嫡子，所以准备把位置交给他的异母弟弟兼养子畠山持富，他的庶子畠山义就的存在改变了这一局面。地方守护和幕府一样，在继承权问题上要征求强势属下的意见，畠山家也有许多强力家臣，实力最强的游佐氏就要求立畠山义就，幕府也表示支持义就继承，所以畠山持国无奈之中只好同意。但神保氏不干：“为什么要支持义就？我们支持持富的儿子弥三郎。” 畠山家的“家骚动”终于如导火线点燃一样蔓延成血光之灾。享德三年（1454），游佐国助率军包围神保国宗的宅邸，逼迫神保氏父子自杀，同时驱逐了反对派。幕府发布治罚令，通缉弥三郎。

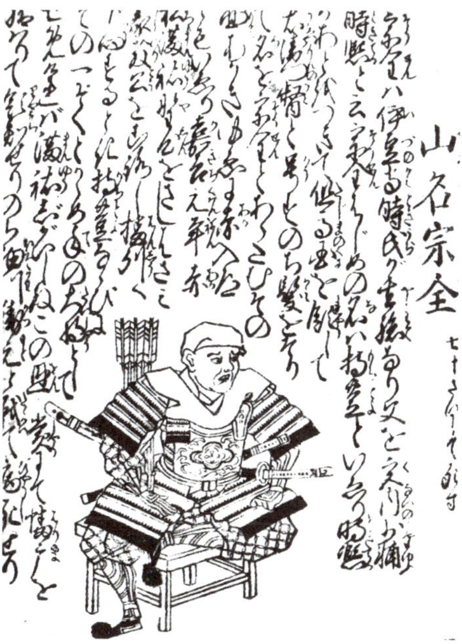

◇ 山名持丰

在这样的情况下，似乎畠山义就

继承大局已定，但在那个时代，一切都有可能，弥三郎毕竟还有一大群越中国的家臣支持，短时间内就恢复元气，当年九月突然杀了回来，畠山持国只好接受弥三郎继位，幕府也收回了对弥三郎的治罚，宣布承认既成事实。畠山义就和游佐国助则仓皇出逃。

弥三郎的错误和当初游佐国助的错误一样：没有斩草除根。畠山义就在当年十二月卷土重来，击败弥三郎，弥三郎逃走，幕府像墙头草一样，随风而倒，立刻宣布畠山义就抢位有效，重新颁布命令通缉弥三郎。

幕府的治罚是一回事，弥三郎的实力是另一回事。幕府管领细川胜元在听说这个消息后，觉得有利可图，于是竭力支持弥三郎，他指示大和国的僧侣集团筒井氏为弥三郎的后盾。不过这一次，畠山义就学聪明了，他知道斩草除根的重要性，于是他在享德四年（1455）继承家督之位后，就立刻正式讨伐弥三郎，畠山义就没想到一拳打出，却打在了棉花上。筒井氏是大和国的地头蛇，而大和国这一带素以地形复杂、势力交错闻名，谁进入都讨不了好果子吃，筒井氏利用地形优势，像麦芽糖一样死缠烂打，畠山义就虽是一代猛将，却在这种战术面前束手无策。在这种情况下，弥三郎的幕后支持者细川胜元就乘机跳出来做和事佬，长禄三年（1459）幕府再次取消对弥三郎的治罚令。同时，在弥三郎死于流亡路中的情况下，细川胜元暗示反义就派迅速推出下一个代理人——弥三郎的弟弟畠山政长。而正和细川明争暗斗的山名家，暗中扶植畠山义就，所以，两个畠山的背后都站着一大群粉丝助威团，他们摩拳擦掌，随时准备亲自上阵。

细川家首先动手了，宽正元年（1460），细川胜元利用将军足利义政对畠山义就的不满，通过幕府宣布畠山政长为畠山家家督。畠山义就当然不干，到手的东西哪有交出来的道理。幕府将畠山义就的行为定性为抗命，并以幕府名义向朝廷申请纶旨，由细川胜元主持，宣布讨伐“朝敌”畠山义就。

畠山义就是一员猛将，面对幕府、大和国的僧侣以及畠山政长的联合军，他能在兵力劣势的情况下展开对抗，虽然野战不足，但守城有余。幕府军和畠山政长合流，进攻畠山义就驻扎的岳山城。

这一打就打了三年，幕府军内部尔虞我诈，互相扯皮，尤其是细川家和名义上遵守幕府命令的山名家更是貌合神离。而地处金刚山麓的岳山城地形险峻，利于防守，加上畠山义就在大和也有与筒井氏对立的越智氏等势力支持，后者通过幕府军的“缝隙”，源源不断地为这座孤城提供粮草救济，畠山义就就依靠这良好的地形和源源不断的粮草救济，竟然一守就守了三年。在这场战争中，积极的变成了细川家，而消极怠工的变成了山名家。一直到宽正四年（1463），幕府军才攻克了岳山城，畠山义就不出意外地弃城而去，潇洒地走出了重重包围。

宽正五年（1464），畠山政长正式接替畠山家督，同年接替细川胜元出任幕府管领。这一回两畠山内乱告一段落，在这一次争端中，作为幕府将军的足利义政却是任人摆布，毫无决断力。而就在幕府军攻城期间，日本发生了一场席卷全国的大灾害。长禄三年（1459），由于年初的大旱，加上关东的连绵战乱以及畿内地区发生的台风，导致了日本当年收成不足。特别是那场台风，引发了京都附近的贺茂川泛滥，近畿地区赤地千里，灾民遍野，饥荒一直延续到宽正二年（1461）。这场"长禄—宽正大饥馑"更进一步激化了社会矛盾。身为将军的义政却在此时沉迷艺术，耗费民力修建花之御所，无视局势的恶劣。当时的一休和尚写道："宽正年无数死人，轮回万劫旧精神。涅槃堂里无忏悔，犹祝长生不老春。"畠山义就和支持他的山名家也在暗中蓄力，准备反噬，这个机会很快来了。

四、决战京都

畠山义就盯紧两个问题以图反噬，一个是将军继承权问题，一个是斯波家（武卫家）的继承权问题。事实上，那么多继承权问题的出现，本质上还是当年幕府削藩时采用的制造"家骚动"的方式种下的恶果，这个种子播种于各强力守护大名，最后连将军家都不能幸免。所以，继承权问题成为应仁之乱最大的导火线。我们先来谈第一个问题。

嘉吉之乱以后，足利义教在鸿门宴中被砍死，守护大名们拥立足利义教的嫡子足利义胜为将军，这个未满 10 岁的孩子在嘉吉二年（1442）正式就任将军，仅仅 8 个月以后，就英年早逝，将军之位就由他的弟弟足利义政接替，新将军时年只有 8 岁。将军幼弱，意味着对守护大名控制力的减退，这才有了细川、山名等大名坐大的情况。而足利义政在成年以后，也丝毫不理政事，他先宠信所谓"三魔"，即将军的乳母今参局以及两名侧近乌丸资任和有马持家（"魔"在日语里读作"ま"，而这三人名字中都有"ま"音）。其后，足利义政的生母日野重子和正室日野富子为核心的日野家集团迅速崛起，尤其是日野富子，以雷霆手段放逐并刺杀今参局，使三魔集团瓦解，日野家得以掌握幕权。而将军家发生"家骚动"的事件和足利义政的这位正室日野富子有密切的关系。

日野氏出自藤原北家，也算名门之后。从南北朝时代开始，日野家就和将军家代代联姻。将军足利义政的母亲是日野重子，是里松日野家日野重光的女儿，日野重光的孙女日野富子又嫁给他的表兄弟将军足利义政，富子的妹妹嫁给了足利义政的弟弟义视，富子的哥哥生一女，嫁给了富子之子——第九代将军义尚。这样，日野家和将军家结成了世代的姻亲。

日野富子此人在日本史上名声很“好”，可以和中国的妲己相比，可能她没有妲己那么漂亮，不过许多日本史学家都把她认作应仁之乱的祸乱根源。富子在十六岁嫁给足利义政，先生有一子，夭折。此后，富子的肚子一直毫无反应。但将军家总要有个继承人吧，于是义政就让他已经出家的弟弟足利义视还俗准备继位，并由细川胜元辅佐，足利义视对继承将军之位很是犹豫，万一将军未来有子，他又如何自处呢？足利义政于是在佛前诅咒发誓：“将来若是有子，将送入寺院做和尚，仍由义视继承。”这段誓言白纸黑字，成为义视的一道“护官符”。老天爷很会开玩笑，偏偏第二年（宽正六年，1465），十年没生出男娃的日野富子突然生了个男娃，就是足利义尚。这下麻烦来了，有儿子的义政和富子当然不希望把将军之位让给弟弟。但足利义视也不愿意了：“原本我不愿继承，是你们诅咒发誓保证我的继承权，现在却要我交出来，哪有这样的道理？”这样，围绕立义尚还是立义视的问题，双方产生了争执。

就在同年，又发生了武卫家骚动。武卫家，也就是“三管”之一的斯波家，由于其家督世袭担任朝廷的兵卫督或兵卫佐的官位，所以又叫“武卫家”。斯波家的问题出在斯波义敏和斯波义廉两人身上，斯波义敏是斯波家的分支子孙，斯波本家则于享德元年（1452）无嗣断绝，所以义敏以庶家入本家为家督，这就引起家臣甲斐常治的不满。甲斐常治原本与斯波义敏之父斯波持种同为斯波家的重臣，两人互相仇视，水火不容。他认为义敏没有资格当老大，于是向幕府控告义敏强横霸道。长禄二年（1458），斯波义敏攻击甲斐常治，触怒了暗中支持甲斐常治的将军义政和细川胜元。斯波义敏当然挡不住幕府，所以仓皇逃走，斯波家重臣流放了义敏的儿子松王丸，将军任命斯波义廉为家督。

本来事情到此可以结束了，但文正元年（1466），幕府突然又宣布斯波义廉当选无效，要他把位置让给义敏。原来，足利义政有两大宠臣，一为幕府政所执事伊势贞亲，一为临济宗僧人季琼真蘂，义政对这两个人言听计从，就是他们改变了幕府的决策。这个命令下得比较荒唐，问题的严重性还不在于此。问题在于，斯波义廉的老丈人可不是一般人：他是在嘉吉之乱中战功显赫，如今实力强盛的山名持丰。

山名持丰，出家时法号“宗全”，所以又名山名宗全，人称“赤入道”，因为他崇拜佛教中的战神毘沙门天，从中也可以看出此人是绝对的火爆脾气。他一听女婿被人欺负了，立刻下令召集军队，谁劝都不听。斯波义廉一看有实力派岳父支持他，立刻召集近江、尾张等地的军队进京。局势开始紧张。

值得一提的是：细川胜元也是山名持丰的女婿，但同为女婿，他和岳父却是势同水火：嘉吉之乱中的嫌隙，一重公案；赤松复兴和四国争端，两重公案；畠山家继承权问题，细川胜元支持畠山政长，而山名持丰却很欣赏畠山义就，三重公案；将军家继承问题中，当时的管领是畠山政长，他的后台当然是细川，现在将军要换继承人，当然先要给儿子找支持者，找谁呢？如果找作为足利义视支持者的细川，回答肯定是一个字：“呸！”所以日野富子找上了实力可以和细川匹敌的山名，她写密信请山名持丰支持，四重公案；斯波家继承问题，山名宗全打着反对幕府乱命的旗号支持斯波义廉，而细川家当然转而支持义敏，五重公案。有这五重公案，双方的矛盾已经无法调和了。于是一切都在应仁元年（1467）总爆发。山名持丰要求畠山义就立刻从吉野出发。

应仁元年（1467）一月三日，新年后的京都却气氛紧张，将军义政参加了山名持丰官邸的宴会，为了安抚来势汹汹的山名家，同时，获得山名氏对义尚继承将军的支持，他在席间承认畠山义就为合法家督。于是畠山政长的管领职务被罢免，继任的是山名派的斯波义廉。数日后，细川胜元带领京极持清、赤松政则等支持者出现在二条御所将军府邸，要求处罚畠山义就，借机修理山名派。日野富子将消息泄露出去，山名持丰和畠山义就闻讯赶到，坚决反对，并指责细川逼迫将军，双方不欢而散。山名持丰感觉战乱不远，于是他抢先在自宅集合军队。

山名派的行动引起了细川派的注意，十八日，畠山政长在自家府邸放火，北上前往京都郊外的上御灵神社布阵。山名持丰立刻做出反应，将天皇和上皇都挟持到将军居住的花之御所避难，山名派掌握了实权。畠山义就此时率军主动攻击上御灵神社阵地，细川胜元等人因将军的反对而无法援助。上御灵神社的西面和南面皆有河道，仅留东、北两方可供进攻，畠山政长孤军奋战，无法抵抗畠山义就的攻击，更何况山名宗全之孙山名政丰偕同猛将朝仓孝景前来支援畠山义就。苦战一夜的畠山政长被迫烧毁神社主殿，退向细川胜元的住处。御灵之战以畠山政长的失败而告终，但这一前哨战也使双方正式进入了武装冲突。

在这场战役之后，细川家开始调集其拥有的九个领国的军队上京，细川军从四月开始就袭击山名氏给领主上缴年贡米的车队，掠夺山名家的兵粮，并烧毁京都附近的宇治、淀等地的桥梁，紧守京都门户准备战斗。将军足利义政此时还希望做个和事佬，但在三月的“花之御所”重修落成典礼上（花之御所为足利将军邸，1378年由三代将军义满始建，到1381年落成，足利义政时代重修，至此时方告完成），双方已经明显地不和，山名和细川都是戎装出场，准备械斗。会后，

◇ 应仁之乱

细川胜元立刻召开细川派会议，讨论一雪上御灵神社之耻，京极持清、畠山政长、赤松政则、斯波义敏、武田国信等细川派大佬军力云集。五月，细川派赤松政则攻击播磨，斯波义敏攻击越前、尾张，武田信贤则攻击若狭，同时，大内家与河野家也率军进京，山名派的山名持丰、畠山义就、一色义直、土岐成赖等大佬也云集于斯波义廉府邸，集合军队。细川家列阵于京都东北，称东军；山名家列于京都西南，称西军。根据记录：东军兵力多达16万，西军则多达11万。战争全面展开。

五月二十六日，应仁之乱的第一战——上京之战揭开序幕。上京位于今天的京都府上京区一带，在京都的北侧。东军的武田信贤和成身院光宣先发制人，趁黎明前的夜色掩护，分别占领了堀川的支流小川西岸的实相院和东岸的正实坊，随后，趁夜袭击了位于将军住所花之御所附近的西军一色义直的宅第。一色义直完全没有准备，被东军偷袭得手，连带丢掉了西军原本控制的花之御所，这也意味着在花之御所中的将军、天皇、上皇全部落入了东军之手，挟天子以令诸侯的东军因此就有了“大义名分”，他们可以借天皇和将军之令名正言顺地指责西军为“叛贼”。日野富子和足利义尚则果断投奔了西军。山名持丰自然知道这一失手关系大局，于是在天亮后下令夺回实相院和正实坊，但因东军的顽抗而未成功。于是东西双方各以自己的府邸为本阵在京都布阵。细川军本阵以京都东面的花之御所和细川邸为核心，山名军本阵以堀川西岸的山名邸和斯波义廉邸为中心，形成对峙状态。

西军为扭转局势，开始主动出击，其目标是位于堀川西岸的细川家同族备中守护细川胜久的宅第，细川胜久可以说是东军在堀川西岸的一支孤军，当然，也可以看作是东军插入西军汪洋中的一枚楔子，先趁其孤立难援拔除这个据点对西军来说无疑具有重大战略意义，于是西军派出了最强阵容：斯波义廉手下猛将朝仓孝景和甲斐敏光前往。朝仓孝景在越前身经百战，早就证明了其能力，他一马当先，将东军方面派来救援的京极持清杀得落荒而逃。危急时刻，东军的赤松政则出现在西军面前，打了他们一个以逸待劳的时间差，暂时阻住了西军的攻势，加上细川胜久已经烧屋逃跑，西军完成了他们的战略意图。西军在此后继续穷追猛打，逃奔到阿波守护细川成之宅第的细川胜久发现他正在被西军追着打。很快细川成之的宅第也被烧毁，两军交战一把火，把附近的寺院民居全部付之一炬，昔日繁华的京都遭遇了战乱以来第一场劫难。恰在此时，东军操纵将军足利义政送来了调停书，于是双方在二十八日暂时收兵。但更大的战乱正在酝酿中。

五、祸端扩大

六月三日，在短暂休兵数日以后，东西两军再启战端。休战期中，东军的细川胜元操纵将军和朝廷拿到了“官军”的名号。将军下令：以足利义视为总大将，进攻“叛贼”西军。于是东军为一雪上御灵神社合战和上京之战的耻辱，开始转入进攻，他们表现得非常英勇，个个当先砍人。六月八日，东军猛将赤松政则在一条大宫击败西军一条教之，很快，东军已经杀到了西军的核心区域——斯波义廉的宅邸，得意的东军借着将军的名义向斯波军喊话：“立刻放弃无谓的抵抗！赶快出来投降！”一路耀武扬威的东军和负隅顽抗的西军战况胶着，令京都再次遭遇一场祝融之灾。西军方面赖有朝仓孝景等猛将发挥一流古惑仔的实力，一夫当关，西军方能保持不败。

西军的颓势并没有持续多久，六月中旬，西军的援军古市胤荣和畠山政国相继到达京都参战，到了八月，西军的援军主力、受山名持丰邀请的大内政弘和河野通春率领上万的军队到达京都，西军士气大振，局势开始改观。

此时，一个戏剧性的事件发生了。原本为细川所支持的足利义视突然在是年八月出奔伊势投靠北畠教具。在东军中，日野家的势力正在增长，足利义视对日野家时刻抱着警惕之心，因此决定抢先出走以避祸。

九月一日，西军展开了反攻，此回一马当先的是畠山义就，他率军猛攻东军武田信贤所驻守的京都三宝院，并一把大火烧毁了这一东军据点。西军旗开得胜，东军又一次故技重演，搬出将军要求停战。这一次，西军根本没理会将军，畠山义就一直杀到了大内一带，当然，天皇和上皇似乎嗅到了什么似的，早在之前就离开花之御所避难。东军细川胜元急招他的得力家臣秋庭元明和赤松政则的家臣浦上则宗两人带兵救援，两人在京都郊外的东岩仓和南禅寺布阵，试图从背后袭击已经进入京都的西军大内政弘军。这一战略意图又被西军察知。九月十八日，西军突然对南禅寺发起进攻，东军拼死抵抗，令西军消灭东军援军的企图没能达成。东军在十月二日趁机入京实现援军与主力的会师，甚至拿到了上皇讨伐西军诸人的“院宣”。而西军的主力畠山义就、大内政弘、一色义直和朝仓义景也实现会合，东西军之间开战以来规模最大的一场战役开始。

十月三日，西军以攻代守，分兵三路，分袭东军的相国寺、花之御所、大内三大战略要地，朝仓义景和畠山义就两大猛将联手，攻击相国寺阵地。防守相国寺的是东军武田信贤以及细川胜元的家臣安富元纲，这两人不是两大猛将的对手，尤其是相国寺内还有僧人做了西军的奸细，西军奸细在寺内放了一把火，令东军陷入混乱，西军占领相国寺。另一方面，防守大内等地的京极持清也不敌西军被迫撤退，东军的重点防御点花之御所被西军烧毁了一半，侥幸仍未陷落，此时东军的局势已经岌岌可危。

为东军雪中送炭的是畠山政长，畠山政长的援军在关键时刻抵达战场，东军袭击了相国寺的西军并重新夺回阵地。西军大将朝仓义景闻讯再度杀向相国寺，相国寺再一次易手。经过两轮的争夺后，东西军在这场战役中都死伤惨重，不得不暂停攻击。京都又一次回到休战状态。

相国寺之战的巨大损失让东西两军心有余悸，于是，双方开始转向以调略为主。东军首先把劝说的焦点集中在出逃的足利义视身上，细川胜元在应仁二年（1468）说服他重回东军，足利义视提出要排除日野家势力，但宠爱日野富子的将军足利义政令赤松政则杀死了义视的亲信有马元家，又把曾被细川胜元流放的伊势贞亲招回。贞亲是义尚派的，他的回归是义尚派得势的信号。这导致足利义视在十一月再度出奔比叡山。西军大喜，西军的主力大将斯波义廉刚被幕府剥夺了管领职和守护职，以他为代表的西军受够了没有“大义名分”的日子，他们立刻把足利义视迎接出来，奉为“新将军”，幕府分裂，将军嗣位问题也为之一变：东军拥护义尚，西军转而拥护义视。

而另一方面，在京都战乱暂告一段落后，战争扩大到了地方。首先受到波及的是京都周围的“五畿”，也就是山城、大和、河内、和泉、摄津五个令制国所辖区域。五畿是当时日本的政治核心区域，这里寺院林立，人口密集，同时也意味着各种势力犬牙交错，寺社、公家领、国人全被卷入这场战乱中了。摄津、和泉两国是细川家任守护，而河内、山城、大和三国是已经因“家骚动”分裂了的畠山家的领国。为了争夺畿内五国的控制权，并杜绝对方再有援军进入京都，东西军在这片狭小的地域不断角力。文明元年（1469）四月，位于山城国西部的乙训郡，有野田泰忠等人组织力量加入东军，这一郡靠近细川氏领地摄津国，因此当地国人势力也略偏向细川，所以细川氏就煽动当地国人起义，向包围鸡冠井城的西军发起袭击。控制山城国的西军畠山义就闻讯，立刻率军攻入这群“叛乱者”的据点谷之堂，野田泰忠等人西逃丹波国，在东军支持下，继续在山城国边境地带给畠山义就制造麻烦。东军势力以胜龙寺城这座易守难攻的山城为据点，抵抗西军大内氏对摄津的反扑。西军的大内政弘进军极其迅猛，很快，偷鸡不成蚀把米的细川家发现不但未能颠覆山城国，连自己领有的摄津都岌岌可危。细川的救世主是山名是丰，此人是西军山名持丰的次子，却在这场战役中与父亲和兄长对立，被细川胜元许以山城守护之职。他与赤松政则于摄津扛住了大内政弘的三板斧，加上东军又成功地说服大内家臣仁保弘有反戈一击，山城与摄津的战争进入了胶着。为打破僵局，畠山义就又在八月侵入河内，但未能拿下若江城和誉田城。此时，山名是丰自己的领国备后国后院起火，不得不退军去解决家中问题。畿内的战争以双方都未占到便宜而暂时平息。

◇ 足利义视

其后战乱轮到了靠近畿内的近江一带。近江国有两个守护，一是四职之一的京极家，一是六角家，六角家早就因为幕府制造家骚动而乱成一片，六角高赖加入了西军，而他的从兄六角政尧入了东军，配合东军的京极持清攻入了六角家的居城观音寺城。干预别人家族内斗的京极持清怎么也不会想到报应来得特别快，应仁二年（1468），他的继承人京极胜秀死去，紧接着文明二年（1470），他本人也死了。乱世之中，身为近江半国、出云、隐岐、飞驒三个半国守护的京极家突然连死两人，加上京极持清在选择继承人问题上举棋不定——按道理应该由胜秀的长子京极孙童子丸接位，但京极持清在生前更溺爱胜秀的次子乙童子丸，导致京极家不幸一分为二，开始了长达 34 年的“京极骚乱”。孙童子丸一派以持清的三子京极政经为首，以近江守护代多贺高忠为靠山，盘踞近江；而乙童子丸一派以持清的次子京极政光为首，以飞驒守护代多贺清直为靠山，盘踞飞驒一带。

两者在应仁之乱中互相攻击，夹杂着六角氏的内乱，京极家在互斗中迅速衰落，失去了对各个领国的控制权。

越前、尾张、远江这三大斯波氏的领国也陷入兵燹。越前是东军调略攻势的重点，原因在于越前的朝仓孝景是西军举足轻重的人物。朝仓氏为斯波氏家臣，而朝仓孝景以善战出名，他曾参与长禄二年（1458）“武卫家骚动”的那场斯波义敏与甲斐常治的战争，协助甲斐常治打得主君斯波义敏满地找牙，所以在应仁之乱爆发后，他理所当然地追随斯波义敏的对手斯波义廉加入了西军。在上御灵之战、上京之战、相国寺之战中都可以见到他活跃的身影。朝仓孝景在应仁之乱中最有传奇色彩的故事是讨伐东军的足轻大将骨皮道贤。骨皮道贤出身微末，很可能是活跃在畿内一带的盗贼之流。他的“骨皮”两字，一说是来自于他的职业——皮革商人，另一说是来自他的外貌——形销骨立。他以一种近乎“流氓”的打法在西军的背后制造麻烦：东放一把火，西烧一囤粮，搅得西军鸡犬不宁。应仁二年（1468）三月，西军终于派大军包围了他的据点伏见稻荷山，骨皮道贤化装成女人试图脱逃，被朝仓孝景识破并取了首级，西军因此解除了后顾之忧。但朝仓早已经和东军眉来眼去暗通款曲，在将军足利义政和细川胜元许诺他越前守护职位以后，他就在文明三年（1471）五月转投东军，这对西军来说是一个致命的打击。投奔东军后的孝景很快平定越前，东军在这里获得重要一分。

此外，山名家控制的播磨、美作、备前遭到了想收复嘉吉之乱中失去土地的东军赤松家的觊觎，安艺的武田氏则加入东军与西军的大内氏激烈内战，并获得邻近的备后守护山名是丰的大力支持，西日本也乱成一片。

战争进行到文明三年（1471），东军的赤松政则和西军的畠山义就这两位好战派热情不减。而细川、山名这两大佬已经明显产生厌战情绪，开始私下接触和解。因为好战派的反对，和解迟迟未成。文明五年（1473）三月和五月，东西军的精神领袖：山名持丰和细川胜元先后死去。十二月，将军足利义政隐居，让位给足利义尚。继承细川胜元的是山名持丰的外孙细川政元，双方终于找到一些“共通点”。在战乱多年以后，双方都没有再战的欲望。次年四月三日，细川政元和山名家的继承人山名政丰讲和，山名政丰联合东军开始攻击西军的强硬派畠山义就、大内政弘等，而西军的部分将领也宣布归顺幕府，西军的斯波义廉失去了所有支持，下落不明。而畠山义就在文明九年（1477）做了一次最后的自救，他在九月从京都出发，南下河内国，攻下了若江城、誉田城、岳山城，赶走了政敌畠山政长派来河内的家臣游佐长直，完全控制了河内国并压制大和国，为自己取得了战后的立足之地。文明九年十一月十一日，西军将领大内政弘为日野富子所贿，返回属国，西军事实上解体。足利义视逃亡美浓，幕府在是年十一月二十日召开“天下静谧”庆祝宴会，标志着应仁之乱落下帷幕。

事实上，这样的结局根本不值得庆贺。在这场十年战乱中，京都化为一片废墟，连将军宅邸花之御所也毁于一旦。由于众多守护大名集合京都混战，地方上以“守护代”为代表的武士势力开始强大。损失最惨重的莫过于幕府，幕府的优柔寡断是引起战乱的主要原因，因此威信全失。饥荒和战乱还导致了大量的庄园公领地破产，庄园公领制此后陷入了完全的崩溃。领地国人、商人、自治团体纷纷趁乱而起，幕府开始应对更为复杂的政治经济局面。

第三节
明应政变

一、应仁之乱后的日本

应仁之乱之所以被传统史学界认为是战国开端，因为它确实在某种程度上使日本社会发生了一系列微妙的变化，而这种变化是后来战国时代的渊薮。

首先是上一节中提到的“守护代”的问题，在室町幕府时代，一个家族往往兼领不少国的守护，比如山名家在全盛时期一度领有丹后、伯耆、纪伊、因幡、丹波、山城、和泉、美作、但马、备后、播磨 11 国，在当时有守护的 66 国中占据了 1/6，因此外号“六分一殿”。这种一家族领有多国的情况十分普遍，家族中的一个人也往往会领有多国，比如山名家的十一国当时是由山名家在室町时代的开山之祖山名时氏的五子一孙六个人分领，最多的一个人领有三国。在这种情况下，不可能一个人管理那么多的令制国，何况有些人的领地还存在“飞地”的可能——领地分布在各不相邻的区域，再加上许多的室町幕府的守护大名的家督往往要兼任幕府的职务，特别是“三管四职”，所以必须要常驻京都处理幕府政务，更不可能经常去巡视领地。“守护代”就应运而生。守护代，顾名思义就是守护的代理，他是为远离领国的守护代理管理领国，按规定，他在领国享有和守护同样的待遇和权力。许多守护在挑选任命守护代时，会起用他们的分家支流中的同宗人，或者是自己倚重的亲信家臣，或者干脆从领国的国人中挑选（当然，经常有领有数国的守护在挑选国人担任守护代时采用“异国”原则，即以自己领有的 A 国国人担任 B 国守护代）。应仁之乱时，众多的大名将军队集结到京都一带混战，只好把领国都交给守护代处理，而这并不意味着领国就是安全的，因为应仁之乱中，有众多的领国会遭到敌对邻居的觊觎，同时还要防范内部的叛乱，这就意味着担负管理领国之责的守护代要不断加强对领国的控制，最终实现“领国一元化”，这不但能杜绝他人对领国的企图，也能增强自身的实力。加上守护代逐渐世袭化，这就为守护代完全顶替守护制造了可能。

而守护代实力的强化，意味着更严重问题的产生。在室町幕府前期，幕府为了“削藩”，不断挑起大名家的内乱。幕府几乎是手把手地教会下面一级的人怎么去跟上面一级的人斗，用专业术语来说就是“下克上”。比如室町幕府曾派今川贞世担任九州探题，去清理九州岛上“不听话”的守护大名。为了对付九州实力雄厚的岛津氏，今川贞世让自己的儿子和岛津家的同宗人联合，去南九州当地“发动群众”，结连成反岛津力量，最终使岛津家一分为二——原本领萨摩、大隅两国的岛津氏遭遇“下克上”，变成两位“岛津”各领一国。这种手段虽然看起来很漂亮，副作用也很大，到了乱世，家人靠不住，家臣靠不住，国人更靠不住。比如尼子氏，本身与守护京极氏源出同宗，担任京极家在出云的守

◇ 携带弓箭的骑马武者

护代，叛离了京极家而独立；朝仓氏，本身是斯波氏在越前的守护代，作为斯波家的重臣，早在应仁之乱前就敢和斯波本家翻脸，而在应仁之乱中，朝仓孝景没有“节操”地叛离西军令朝仓家捞到了名实俱符的越前守护职；织田氏，本身出身越前国，一部分人移住到尾张，成为斯波家在尾张的守护代，而之后则把主君斯波家玩弄成了傀儡。这种种都说明应仁之乱后，由于幕府权威失堕，之前一系列举措的恶果开始不断显现，出现了一个下克上的日本。

另一个变化是足轻阶层的兴起，日本学者内藤湖南先生曾经引用当时的一位公卿一条兼良的记载详细阐述了这个问题。

一条兼良生活在应仁之乱之时，他出生于应永九年（1402），去世于文明十三年（1481），由于他出身摄关家（一条家是摄关藤原家的分支之一），因此官至摄政、关白、太政大臣。他一生著作等身，学问精通，和歌、汉学、能乐无所不知，被当时人评价为“日本无双之才人”。他对《源氏物语》的研究尤有心得，因此在应仁之乱后曾给日野富子讲授过《源氏物语》。但在应仁之乱中，这位满腹经纶却手无缚鸡之力的公卿只能仓皇避难，一条家在室町的宅邸都被战火烧毁，损失惨重的一条兼良跑到奈良兴福寺，寄身于寺院以避战乱。在战后，他写了本叫《樵谈治要》的书，在给日野富子讲学的同时把此书献给了将军足利义尚，意在为将军的施政提供参考和借鉴。就是这本书里，提到了他在经历应仁战乱以后的切身体会。这本书里这样写道：

自古即有天下大乱之时，然足轻乃不见诸旧记所载之名目。……今足轻之出，实为恶党，有过之而无不及，洛中洛外诸社、诸寺、五山十刹、公家、门迹之灭亡，皆彼等所致，敌所据之处，软弱无力，而他处则打砸抢烧，实为白日强盗，此等事前所未闻也。

◇ 成书于 17 世纪的《杂兵物语》中绘制的足轻形象

对足轻深恶痛绝的一条兼良加了一句：“足轻者，当长期废止！”在他看来，应仁之乱中的这种变化是惊世骇俗的。的确正如一条兼良所说，足轻在应仁之乱

◇ 作战中的骑马武者（出自《蒙古袭来绘词》）

中的作用就是骚扰敌军，所以才有了敌占据之处软弱无力而敌不占据之处打砸抢烧的现象，这是典型的“敌进我退，敌退我进，敌驻我扰，敌疲我打”的游击战术，而深得其精髓的就是如骨皮道贤这样给西军造成极大困扰的足轻。

所谓的“足轻”，一说是因为其装备轻便，相比武装到牙齿的武士，显得轻，所以，把这种徒步的杂兵称为“足轻”。其实足轻并不算当时一个新生事物，根据考证，早在源平合战和南北朝时代就已经出现，不过当时的作用仅仅是作为战争的辅助性队伍，从事战场物资输送、土木工程作业等工作，并不实际用于交战。而从源平之战到镰仓时代，日本主要的作战方式是所谓的“一骑打”，也就是双方进入战场后，首先放出响箭，报出自己的姓名谱系，然后以武士首领为核心，从属武士的郎党为协助，一对一地进行厮杀。每个武士首领和他们所率的郎党组成一个单独的作战单位，彼此之间缺乏配合和接应。郎党中也分为骑马武者和步卒，一般骑马武者是首领的家族子弟或亲信，他们的任务就是平时不断训练弓马骑射之术，磨练作战技巧，在战场上作为交战的主体。而步卒，也就是后来的足轻作为战斗能力低下的一群，在实际战争中起到的作用很小，甚至不参与作战。这也和当时的实际情况相符，因为战场中，武士首领是核心，一旦首领死亡或被俘，

整支军队都不战自溃。这就决定了“一骑打”战法是最有效的手段。

但在应仁之乱中，足轻扮演了前所未有的角色，体现出其巨大的威力。所以一条兼良感慨说：“本应著名武士征战却由足轻出征，且中足轻一箭而丧生者众，此非一时之耻辱，实为留后世之暇瑾”。这种情况的出现，和战争的方式改变有关。战斗的技巧不再是武士的专利，越来越多的人开始习学拉弓、射箭、枪刺等战斗技能，使得大规模步兵集团化作战成为可能，这也和装备的逐渐进步有关，特别是火绳枪在其后被引进日本，更是让日本当时的战争方式产生了非常重要的变化。而在固守传统的人看来，这就是“礼崩乐坏”的典型表现。

足轻原本是成分非常复杂的杂兵，往往也有投机分子或者流氓地痞加入，他们因为没有土地而成为职业雇佣兵，所以纪律性很差。在应仁之乱后，随着足轻招募方式的进步，足轻更多转变为一种职业化的军队，并且由足轻大将统率，和原本的“骑马武者”形成有力的互相配合。在战国时代结束以后，江户幕府重建武家体制，足轻成为武士阶层的最低级，往往担负幕府最下级的基层行政事务，拥有武士特有的权力。虽然在江户幕府体制下，足轻的身份仅限一代，但实际上往往仍是世袭，前代足轻可以推荐自己的家人或后代接替自己的位置。足轻由以往的杂兵发展到最后成为最低级的武士，这就是应仁之乱以后逐渐发生的一种社会变迁。

从足轻的变化这个角度上再看下克上，就有着更深一层次的意义。下克上不仅仅是守护代取代守护、家臣取代主君那么简单，而是整个社会从底层开始往上不断发生天翻地覆的根本变化，正如内藤湖南先生所说：应仁之乱以前的家族在此后几乎都衰落凋零了，而延续至今的都是其后兴起的家族。这种变化是当时已经走向衰亡的室町幕府完全无法控制的。然而，可以说，应仁之乱后，室町幕府还有一丝“余威”在，正如中国的春秋时代，周天子虽弱，至少还有人打起“尊王”旗号，真要到了谁都不把“天子”放在眼里的“战国”时代，恐怕还要在室町幕府那虚弱的肌体上再狠狠扎上一刀。而这一刀就是明应政变，补这一刀的人，正是室町幕府的“狐狸精”日野富子。

二、长享—延德之乱

明应政变的导火线是发生在长享元年（1487）和延德三年（1491）的长享—延德之乱，这起战乱，某种程度上是应仁之乱后的一场大余震。

应仁之乱还没有让足利家输光家底。在文明十四年（1482），已经退位的将军足利义政开始营造东山山庄，也就是今天京都的“银阁寺”，开创了著名的“东山文化”。虽然银阁寺完全不能与之前室町幕府第三代将军足利义满所营造的金碧辉煌的金阁寺媲美——后者可是贴满了亮闪闪的金箔，而前者仅仅是刷了一层黑漆——但即便是“节约”了，也花了一大笔的钱。足利义政时代的幕府在家财方面已经大不如前了，不过瘦死的骆驼比马大，在近代以前，要排一下日本最有商业头脑的政权，室町幕府要认了第二，没人敢认第一。对明（中国明朝）贸易，推广“无尽钱”和“土仓”（类似后世的银行，以集资款贷款给特定客户的机构）都让幕府赚得钵满盆溢。足利义政时代的幕府，正坐在前人的聚宝盆里吃老本。

足利义政用自己的方式影响幕政，但此时的幕府更多地操纵在将军足利义尚的生母日野富子及其亲信势力手中。将军足利义尚试图在大乱之后，恢复幕府的权威，也趁着幕府还有最后那么一点家底，找个“鸡”来杀一下吓一吓“猴”。于是就有了长享元年（1487）的征伐六角家的战争。

六角氏的领地位于近江一带，六角氏和四职家之一的京极氏源出同门，两者都出自镰仓时期效力镰仓幕府的佐佐木氏。为镰仓幕府立有大功的佐佐木信纲有四子，其中第三子佐佐木泰纲被分到了近江国的江南六郡，而四子佐佐木氏信被分到了近江国的江北六郡，两人就分别成为六角家和京极家的始祖。室町幕府建立后，京极家的佐佐木道誉对幕府有很大的贡献，况且他本人政治手腕娴熟，因此京极家不断坐大，而六角家，却在镰仓幕府灭亡的时候做了一回“忠臣”。所以坐大的京极家就一直觊觎着“前朝遗老”六角家的那另一半儿土地。康正元年（1456），六角家之主六角久赖因为京极持清的咄咄逼人的威胁，愤懑而死，其子六角高赖幼年继位，对京极家饱含恨意。

◇ 足利义尚出兵近江时的“英姿”

而作为他的监护人的堂兄六角政尧更是在应仁之乱中与他对立，联合东军的京极持清攻进了观音寺城。文明元年（1469），六角高赖从京都出军夺回了观音寺城。幸运的是，随后京极家就发生了“京极骚乱”，京极孙童子丸和京极乙童子丸及其支持者分属东、西二军，展开了内斗，六角高赖作为西军一员，理所当然支持从属西军的乙童子丸一派。他和乙童子丸一派的京极政光、多贺清直联手，在文明三年（1471）十月做掉了刚被东军的幕府任命为近江守护的六角政尧。加上孙童子丸又在当年夭折，西军在第二年九月把孙童子丸派的京极政经和多贺高忠轰到了越前，占据近江。乙童子丸成为京极家的家督，也就是后来的京极高清。文明七年（1475），原孙童子丸派的京极政经和多贺高忠杀回近江，包围观音寺城，六角高赖在西军盟友的协助下，击退了东军。在文明十年（1478），应仁之乱结束以后，幕府只能承认既成现实，任命六角高赖为近江守护。

就这样，北近江是京极高清，南近江是六角高赖，两个人都是西军的人，而近江距离幕府的核心京都又是近在咫尺，如同一根鱼刺鲠在喉咙里一样难受。文明十八年（1486），原本支持京极高清的多贺清直已死，其子宗直叛变，抛弃了京极高清转投京极政经，倒戈一击将旧主扫地出门。京极高清很快杀回，逼迫多贺宗直于长享元年（1487）兵败自杀。

京极家的内乱令坐山观虎斗的六角高赖在近江嚣张起来。六角高赖为进一步巩固自己的地盘，开始扩大他手中的“半济”权，把诸多的庄园变成“兵粮料所”。实际上，这就是后来被称为“战国大名化”的第一步。近江一带本身是公家、寺社乃至幕府的奉公众辖地林立之处，六角高赖的行为引起了幕府的注意，幕府早就想找只“鸡”来杀，于是，决定就拿他开刀。

长享元年（1487），将军足利义尚亲自统兵，率领幕府的奉公众杀进了近江，同时幕府管领细川政元下令：若狭守护武田国信和加贺守护富樫政亲立刻出兵配合此次军事行动。幕府军攻入近江，却扑了一个空。六角高赖丢弃了观音寺城，跑到附近甲贺的山中打起了游击。甲贺以群山连绵著称，甚至山中还是忍者的窝点。所以，六角高赖在这里和幕府军玩起躲猫猫，其后果是直接拖垮了幕府军。长享二年（1488），参与幕府讨伐的加贺守护富樫政亲赫然发现自己后院起火——加贺的净土真宗信徒发动了叛乱，所以他不得不退回加贺处理。足利义尚想征伐净土真宗，却遭到了日野家和细川政元的反对，一方面，固然是因为净土真宗这样的狂热信徒起义非同小可，更深层的原因是幕府的“太后”日野富子所出身的日野家和净土真宗的本愿寺家有着姻亲关系，而细川政元也是本愿寺的幕后支持者，这两人当然不会允许将军向净土真宗动手。一肚子郁闷的足利义尚在延德元年（1489）死在设置于近江国栗太郡的钩这一地的营帐中，幕府的第一次讨伐六角家因总大将死亡而不了了之。

一辈子就做了征讨六角这样一件大事的将军足利义尚连后代都没留下一个，继任将军人选陷入难产。管领细川政元提出一个人选——已经出家于天龙寺香严院的僧人清晃，此人是恐怖将军足利义教的孙子，其父是足利义教的次子足利政知。而幕府“太后”日野富子另有人选：足利义材，他是足利义政那未能继承将军的“继承人”足利义视之子。

事实证明，“太后”胜过“权臣”。日野富子的人选很快占了上风。足利义材于延德二年（1490）一月入主室町幕府，成为第十代将军。

被选中出任将军的足利义材开始了他新官上任的三把火，这第一把火烧的就是六角家。为继承前将军足利义尚的“遗志”，延德三年（1491），足利义材率军再度讨伐近江。幕府这一次下了“血本”：幕府管领细川政元被任命代理近江守护，出动斯波和赤松两大家族联手出击。斯波义宽和赤松政则两军获得了“重大战果”——杀死了从寺院中被引出的六角家的同族山内政纲，但“罪魁”六角高赖还是逃之夭夭。眼看这一次的讨伐又会被六角高赖拖进长期游击战争的泥潭，足利义材非常明智地选择见好就收。幕府颇有点自欺欺人地宣布讨伐已经获得成果，主要敌人六角高赖已经逃亡，现任命六角政尧之子六角虎千代为新任近江守护。宣布完这一结果后，幕府军就从近江撤退了。

所谓的“长享—延德之乱”就这样草草落幕，对于幕府来说，其实根本没有起到任何的“杀鸡吓猴”的作用，倒是让诸侯大名们看到幕府在处理类似事务上的无能，很快，幕府自己的后院也起火了。

三、明应政变

足利义材将军的第一把火虽然收尾有点草率，但总算还差强人意。于是，这位充满雄心壮志的将军立刻准备了第二把火，这一把火，从事后诸葛亮的角度来看，确实是比较“异想天开”的——他要“亲政”。

“亲政”这两个字对当时的足利将军来说，恐怕和清末的光绪皇帝比起来难度不相上下，他要对付的是两个人——幕府的“太后”日野富子和管领细川政元，而这两个人都是势力盘根错节。尤其是细川家，本身在足利义教“削藩”时就没受什么损失，而嘉吉之乱、应仁之乱，细川家都是妥妥的赢家，渐渐就有尾大不掉之势。好在将军手里也还有一支武装力量——奉公众，可以说是最后的那一点筹码。

同时，足利义材还想沿用之前足利义满等前任将军所用过的“帝王之术”，扶植一家打压另一家，借力打力削弱守护大名，他选中用来“借”的力是幕府的前任管领畠山政长。在了解应仁之乱的历史后，就应该知道这是一着臭到家的臭棋——畠山家本身就已经在应仁之乱前夕分崩离析，畠山政长自己都还没跟另一号人物畠山义就掰扯清楚关系，怎么还会有精力来支持将军对抗细川家。更何况畠山义就是西军的主力猛将之一，应仁之乱证明了畠山政长无论如何都不是畠山义就的对手。而且畠山义就在应仁之乱的最后阶段拿下了河内、大和两国的领土为栖身之所，幕府都不敢拿他怎么样，畠山政长虽然被足利将军封了个河内守护，但只是有名无实而已。

早在文明十四年（1482）三月，畠山政长就曾经做出过收复河内的努力。那一次，给他撑腰的还是幕府管领细川政元，但畠山政长和细川的联军走到半路上，就中了畠山义就的离间之计——畠山义就以归还他在应仁之乱中占领的细川家摄津国的东成、西成、住吉三个郡为代价，换取了细川家对其占领河内国茨田郡西部的号称“河内十七箇所”的庄园群的承认。“河内十七箇所”从应永六年（1399）被幕府没收以后，素来被幕府认定为供奉天皇的“禁里御料”以及上缴幕府的“幕府料所”，是一块不容染指的“禁脔”，而细川畠山两家就这样私相授受了。细川政元捞到好处，拍拍屁股就走人。畠山政长于是只能硬着头皮单干，他于当年闰七月十九日在摄津尼崎登船，迂回到堺一带登陆，与自己叫来的部分援军合作一处杀向畠山义就镇守的誉田城。畠山义就做了两手准备，一方面，说服了畠山政长军侧翼的南山城以及生驹郡的高山氏投靠己方，另一方面，举兵连陷久世、缀喜、相乐三郡，把畠山政长压迫到宇治川上游区域，并切断了通向京都的宇治桥以防止幕府方再派援军，两面受敌的畠山政长有被夹击的危险。

畠山政长加大筹码，命令其控制的越中国出兵3000人，并从山城国课“半济”税资军，组成援军队伍，以游佐长直为主将，援军的目标是与畠山义就争夺“河内十七箇所”。畠山义就在探知对方的动向后，立刻集结到附近的八幡一地，并在八月二十二日挖开了淀川的堤坝，把“河内十七箇所”淹成了一片泽国，游佐长直于九月率军在犬田城附近与畠山义就交战，大败，只身越过淀川逃跑，畠山义就趁胜完全控制了“河内十七箇所”。畠山政长又失一分。

更麻烦的是，畠山政长任守护并实际控制的山城国因为领地民众的日益不满而爆发叛乱，民众集结在宇治平等院，喊出了“排除两畠山”的口号。后院起火的畠山政长只好匆忙撤兵，这一次两畠山之斗以畠山义就占上风而告终。

在获得足利义材将军的支持后，畠山政长决定首先要做一个名实俱符的河内守护，同时一雪应仁之乱和文明十四年犬田城之战的耻辱。于是，他和足利义材将军联手放起了第三把火——征伐河内。

表面看起来，此时的河内非常好打，原因是畠山政长的命中灾星畠山义就已经在延德二年（1491）死去，畠山义就和畠山政长斗了一辈子，处处占上风但就是没斗过阎罗。更可笑的是，自己对畠山家内斗引发应仁之乱有切肤之痛的畠山义就竟然也在继承人问题上犯了糊涂，他原本以养子畠山政国为继承人，但在长子修罗出生以后，他立刻废了养子改立亲儿子，畠山政国被越前的朝仓孝景所杀。文明十五年（1483），修罗早逝，他又没有确定继承人。所以在畠山义就死后，次子畠山基家和修罗之子为争夺家督闹成一团，正好给了畠山政长一个反扑的好机会。

明应二年（1493），畠山政长邀请将军足利义材亲征河内，目标是畠山基家。二月十五日，幕府的讨伐军离开了京都。

这对政治盟友没有想到的是：他们的根基早就不稳了。首先，足利义材就要面临细川政元的反对，细川政元一开始就不支持足利义材，更何况一旦畠山政长完成了畠山家的统一，意味着畠山家的势力重新崛起，这对当时一枝独秀的细川家是极其不利的。细川政元当然希望畠山家维持现在的分裂状态。与细川政元一样反对足利义材的是原幕府政所执事伊势贞宗，千万不要小看这位执事，他的父亲伊势贞亲在足利义政将军时代就是翻云覆雨的人物，对幕府的“奉行众”和“奉公众”有着非同寻常的影响力。而他反对足利义材的原因也非常简单：伊势贞亲素来是义尚派，在足利义材之父义视和足利义尚争夺将军之位时就结下宿怨，足利义视甚至一度想暗杀伊势贞亲。而足利义材成为将军时，义视还在世并曾以将军生父的身份执掌权力直到延德三年（1491）去世为止，对于这样一位曾与自己的父亲势同水火的将军生父，伊势贞宗自然是感觉如芒刺在背，他早早辞去了政所执事以避祸，却在幕后策划着推翻将军的活动。

细川政元的盟友还有赤松政则，赤松政则当年娶了细川政元的姐姐洞松院，洞松院当时已经出家为尼，为了这一段政治婚姻特别还俗。而另一个出人意料的人物也站到了细川政元的一方，她就是日野富子。当初一力支持足利义材成为将军的日野富子态度的转变实际上和她的权力欲有关，因为她赫然发现在义材成为将军后，先有将军之父义视掌握大权，后有将军试图“亲政”，这位女野心家极其不满，于是与细川等人合谋欲拉之下台。

于是，在将军与畠山政长出征河内远离政治中枢的时候，一场政变阴谋发生了。

明应二年（1493）四月二十二日夜，这群在幕府中只手遮天的人物将之前细川政元属意的清晃迎到了京都，让他正式还俗成为将军，是为室町幕府的第11代将军足利义澄。日野富子以幕府“太后”也就是“御台所”的身份主持大局，细川政元压制住京都，并且杀死了留在京都的足利义材的弟弟慈照院周嘉，伊势贞宗则向跟随足利义材的守护和幕府奉公众发去了“谋书”，劝告他们立刻听从新将军的命令。

有意思的是，三人将幕府剧变的消息上报朝廷以后，朝廷中也起了一场风波。后土御门天皇立刻下令找来了三名重臣：甘露寺亲长、三条西实隆、劝修寺教秀共议对策，天皇表现得意外愤怒，因为足利将军虽然采取继承制，但毕竟每一任的征夷大将军还是要朝廷来任命，这虽然是走形式，但也是必要的流程，体现了将军治理天下的合法性。而私自政变更替朝廷已经任命的将军，显然是对朝廷的一种不尊重。天皇甚至一度要退位表示抗议。作为幕府和朝廷之间沟通桥梁的申次白川忠富和甘露寺亲长立刻表示：朝廷没必要干预，此乃武家自己的事情，朝廷只须旁观即可。恰恰在此时，细川政元在二十八日进宫“御访”，实际上就是献经费，当时的朝廷大部分经费都仰赖幕府和武家的各种“御访”，所以朝廷立刻决定不跟钱过不去——给了清晃从五位下的官职。

搞定了朝廷，三大阴谋家回过头来对付已经丢掉位置的前将军足利义材。伊势贞宗的一纸文书早已经让将军的武装部队“奉公众”如鸟兽散，因为他们发现前路黯淡，后退无望，立刻丢弃了这个光杆将军。细川家的重臣上原元秀暗中和畠山基家联络，共同夹攻将军。倒霉的畠山政长在河内的正觉寺城被包围，他把自己的儿子畠山尚顺送出包围圈后自杀身亡。室町幕府第一个被废黜的将军足利义材众叛亲离且被逼到穷途末路，他只能向上原元秀申请投降，被幽禁于京都龙安寺中。他的亲信叶室光忠被处死。

不甘失败的足利义材在度过两个月的幽禁生涯以后，逃出了龙安寺，逃往越中投靠越中守护代神保长诚，在越中放生津城的正光寺新设立了御所，依托加贺、越中、越前、越后四国成立了“越中公方”，与京都细川家控制的幕府政权相抗衡。

这场政变的结局是将军家也一分为二，且将军家出现的“下克上”为各位诸侯大名提供了一个非常良好的“榜样”，在此后，仿效的人层出不穷。而这场政变的另一个恶果就是打掉了将军家最后的基盘——军事力量“奉公众”。一个没有“枪杆子”的幕府再也无法控制全国的局势。这标志着战国时代的到来。

恶有恶报，一手操纵将军家政变的细川家很快成为战国初期最早的一批享受“下克上”的守护大名家，幕府的三管四职：细川、畠山、斯波、赤松、京极、山名、一色在此后的时代大潮中都被淘汰，足利幕府的基本架构已经崩溃，这也意味着这个诞生之初就先天不足的幕府至此名存实亡。应仁之乱被传统史学观点认为是日本战国的开端，但近年来，日本史学界越来越认为日本战国的开端应该推迟到这场更晚的明应政变，它才是乱世的序曲。

第四节
同时代的世界与日本

一、天主教的昙花

在日本古老的京都，有一家老店名为“绿寿庵清水”，是日本现在不多的还在制作传统食品“金平糖”的店铺之一。金平糖对于许多人来说也是一种童年的回忆，它外表如星星一般，带着红色、蓝色、绿色等五彩缤纷的色彩，放在瓶子里会幻出梦幻一样的颜色。这种以糖和糯米作为原料的小零食能在日本出现，得益于 15—16 世纪日本和世界的那次邂逅。

15—16 世纪的世界正处在大变革的时期，也是世界历史上最为重要的转折时代。欧洲的中世纪时期正在走向尾声，西欧人的视野正在前所未有地扩展，因此在经济、政治、文化等方面都发生了巨变。东欧的俄罗斯则在彼得大帝和叶卡捷琳娜女皇的统治下迅速崛起。在亚洲，中国的大明帝国正在经历从强盛走向衰落的时代，南亚新兴的莫卧儿帝国正欣欣向荣，西亚的奥斯曼帝国也在苏里曼大帝的领导下步入强盛。

1534 年，在抵制宗教改革的过程中，天主教成立了耶稣会，这个宗教团体对天主教的东传起到了重大的作用。也正是天主教的东传，使日本、中国等东方国家的历史产生了巨大变化，其中，日本的变化更为激烈。

天主教能传入日本，与西欧的变革息息相关。新航路的开辟和大航海时代的到来为欧洲人在日本传教提供了可能。西班牙和葡萄牙的建国背景是当时伊比利亚半岛的基督教徒为驱逐伊斯兰教势力而兴起的“再征服运动”，在宗教战争中培育出来的狂热，加上经济上对黄金和香料的迫切追求让它们走上了对外扩张的道路，成为在东方传教的主角。而两国又靠近地中海和大西洋，有天然的良港，地理位置得天独厚，这使得西葡成为大航海时代初期的主角，他们梦寐以求的就是开辟一条通向印度、香料群岛以及传说中的“黄金之国”——日本的海上通道。

耶稣会是当时欧洲天主教传教的急先锋，它们试图把天主教的福音传播给世界每一个角落的欲望比当时欧洲任何一个宗教团体更为强烈。所以，耶稣会也当仁不让地担负起首先将天主教传入日本这个东方岛国的重任，而完成这一重任的，就是耶稣会的创立者之一：方济各·沙勿略（Francisco de Xavier，1506—1552）。

◇ 方济各·沙勿略

方济各·沙勿略为西班牙人，1541年，他以国王钦使和耶稣会东方传教团首脑的身份从葡萄牙里斯本出海前往东方，最初在印度的果阿登陆，并在印度进行传教。1546年，方济各前往马六甲群岛传教，并在次年遇见了流亡的日本浪人弥次郎，后者向他介绍了自己的祖国并接受洗礼成为史料记载中的日本第一个基督教徒。于是在1549年4月，方济各从印度的果阿启程前往日本，同年8月抵达日本九州最南端的鹿儿岛。他通过弥次郎见到了当地的大名岛津贵久，并成功获得了岛津的传教许可。事实上，岛津贵久对天主教的兴趣更多地集中在和“南蛮人”（日本称从东南亚转来的葡萄牙人等西方人为南蛮人）贸易的巨大利润上。所以他对“南蛮人”的传教士也加以礼遇。方济各得以在九州南部开展传教工作，由于语言和文化的差异，传教的效果并不如人意。在弥三郎的协助下，许多天主教的术语采用了日本本土的佛教术语加以生硬的解释。不久，本土的佛教徒就意识到这个外来的充满排斥性的宗教的威胁，于是岛津贵久的态度开始转变，他决定禁止天主教的继续传播。

1550年，方济各决定离开萨摩北上，经由九州北部的博多平户登陆继续传教，接着又渡过下关海峡进入本州最西端的周防，谒见该地的大名大内义隆，这一次见面并没有给大内义隆留下良好的印象。在这样的打击下，方济各决定前往京都寻求天皇的支持，以获得在日本全国的传教权利，并借此扩大影响。1551年1月，他在商人日比屋了珪的支援下踏上了进京之路。这条道路充满艰辛，传教士奇怪的面貌和衣着成为沿路人取笑的对象，应仁之乱以后的日本也处于兵荒马乱的时代。在京都，他得到了商人小西隆佐的接待，通过后者的帮助试图谒见天皇。但艰辛的付出并不意味着丰硕的成果，方济各向天皇和将军呈递葡萄牙印度总督和果阿司教的信，引起了在京都势力庞大的佛教徒对这个外来宗教人员的警惕，何况天皇和将军的威权在应仁之乱以后已经损失殆尽，上京之行一无所获。他在挫折面前翻然醒悟，改变了依靠天皇的想法，决定折回山口，再次求见在当地权势熏天的大名大内义隆。这一次，他改变了“说教”的策略，改而以“南蛮物”闹钟、火枪、八音盒等新奇之物获得了大内义隆的好感。出于对“南蛮”贸易的渴求，大内义隆成为天主教在山口传播的保护者，他把一座已经废弃的寺院——大道寺赐予了方济各作为传教基地，这成为日本第一座基督教教堂。有了官方的支持，加上传教士本人的魅力，天主教在山口获得了很大的成功。1551年，方济各又接受了府内的大名大友宗麟和当地葡萄牙商会的邀请前往府内，开辟了府内传教点。大友宗麟本人因为“南蛮”贸易和火枪技术而对天主教情有独钟，后皈依天主教。九州北部也因此成为日本天主教的主要传播中心。

方济各于1552年病死于中国上川岛，没能实现进入中国传教的梦想。但他的活动使天主教成为当时日本有影响的宗教之一，日本战国时代也因此被称为“切支丹”（Christian）世纪。

1563年，著名的传教士弗罗伊斯（Luis Frois，1532—1597）到达日本。弗罗伊斯是葡萄牙人，在16岁时就加入耶稣会并来到印度果阿接受培训。他在果阿见到了方济各和弥三郎，因此把去日本传教并继承方济各的事业作为终身理想。1565年，他来到京都，和在京都的葡萄牙传教士加斯佩·比列拉（Gaspar Vilela，1525—1572）共同在京都传教，并托庇于当时的幕府将军足利义辉。但京都很快发生变故，将军足利义辉被杀，弗罗伊斯等人也被迫逃亡。1569年，他通过和田惟政与当时最有权势的大名织田信长会面，并成功取得了信长的信任。和意大利传教士奥尔冈蒂诺（Gnecchi-Soldo Organtino，1533—1609）共同获得在近畿一带传教的许可。信长利用天主教来打击佛教敌对势力，并以此获得和“南蛮人”贸易的利益和装备军队所需要的枪支。日本天主教因此得以大发展，在这短短一个世纪里，天主教传播的迅速实在令人咋舌，信徒疯狂发展到数十万

◇ 圣方济各之死（西班牙画家戈雅绘）

人之多，上到手握兵权的大名，下到为衣食所迫的贩夫走卒都有皈依者；北到北海道，南到鹿儿岛都有信徒。京都、安土、府内等地成为天主教发展的主要中心。而弗罗伊斯是一个见证天主教在日本兴起和衰落的人物，他以自己卓越的文笔写成了一部《日本史》，记录了方济各来日的1549年到天主教辉煌落日的1593年的日本历史，为我们保留了一份第一手的珍贵史料。

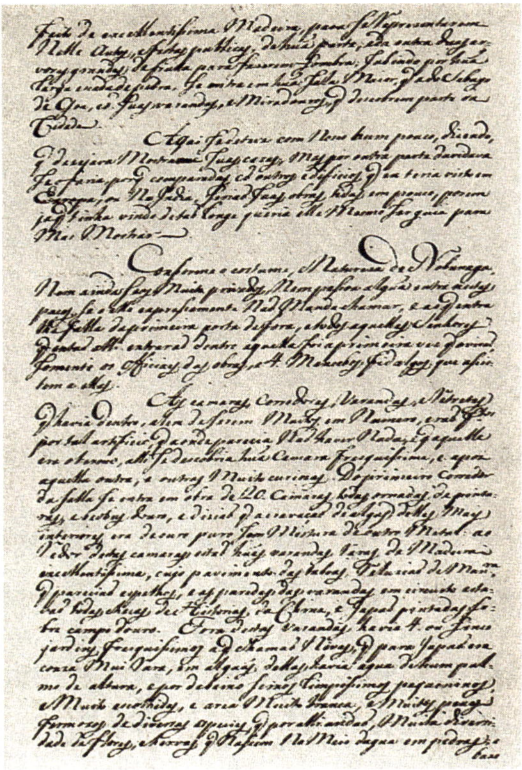

◇ 弗洛伊斯《日本史》书影

天主教在日本的传播如同昙花一般，只灿烂了短短一个世纪就退出了历史舞台。这和日本的两代统治者：丰臣秀吉和德川家康对天主教的态度有密切的关系。丰臣秀吉本人并不喜欢天主教的“一夫一妻”主张，对天主教说不上有什么好感，所以不会像对洋枪和贸易有着浓厚兴趣的织田信长那样支持天主教的传播，加上天主教的部分传教士当时有贩卖日本人到海外为奴隶的现象存在，所以在获得日本政权后，丰臣秀吉于1587年发布了著名的《伴天连追放令》（バテレン追放令），“伴天连”为葡萄牙语“神父”（Padre）的音译，该命令旨在驱逐天主教传教士。丰臣秀吉宣布日本为神国，故天主教违反天下御法度，是为非法，要求所有传教士二十日内必须离开日本不得再来。但允许和“南蛮人”保持商业上的往来。事实上，在这一著名命令颁布后，天主教禁教还不是很严厉，丰臣秀吉当然不想丢掉和“南蛮人”贸易的巨大利润，也不希望引起切支丹大名的叛乱，因此对西班牙圣方济各会的传教睁一只眼闭一只眼。但就在此时，庆长元年（1596），发生了“圣菲利浦号”事件，从而引发日本天主教史上著名的“庆长大殉教”。

1596年，一艘西班牙商船“圣菲利浦号”遇海难漂到土佐，增田长盛作为日本方的使节上船处理，扣押了所有船员。在审讯后，增田长盛向丰臣秀吉上了一道文书，宣称“西班牙人乃是海贼，欲征服日本”。这一文书让丰臣秀吉惊恐万状，他早就担心天主教徒会像国内的佛教徒一样造反。现在他看到了天主教更大的威胁，毅然决定全面禁教。第二年，他把各地的天主教信徒和传教士 26 人逮捕，处死于长崎。

德川家康建立江户幕府后，出于经济上的原因，再次放松了对天主教传教的控制。圣方济各会等天主教修会的传教士再次进入日本进行传教。庆长十八年（1613），奥州的大名伊达政宗甚至还派遣家臣支仓常长出使罗马，觐见教皇。但就在支仓常长前往罗马的时候，日本国内却发生了大变化。新教国家荷兰的崛起使德川幕府找到了不利用传教即可贸易的对象。而导致德川幕府禁教的导火线则是“冈本大八事件”。庆长十四年（1609），切支丹大名有马晴信的手下人与葡萄牙商船船夫发生械斗，造成流血事件。为报复，有马晴信申请将该船击沉并向幕府邀功。他重金贿赂家康的近臣本多正纯的家臣冈本大八，希望能通过他获得家康的赏赐，恢复有马家的旧领地。冈本大八却是个贪官，中饱私囊却不给办事。有马晴信就找到他的上司本多正纯，双方一对质，本多正纯对此事愕然不知，事情败露。冈本大八伪造家康的朱印文件诈取钱财，被处以火刑，有马晴信被流放。元和六年（1620）又发生了“平山常陈事件”。平山常陈是一艘“朱印船”船长，是拿着德川幕府颁发的许可证“朱印状”从事海外贸易的，在外海被英国船只俘获并与英荷船只一同被拖进了日本平户港。平山常陈遂向日本官方控诉英国人的“海盗”行为。不幸的是，在他的船只中搜查发现了两名西班牙传教士，这就使事件的性质变化了。传教士已经被幕府禁止进入日本。英荷作为新兴殖民国家，与西葡两个传统殖民国家在亚洲有着利益冲突，他们抓住这一事件大做文章。英荷与西葡互相攻讦，令幕府大动肝火。两年后，将平山常陈与其船员一并处斩，并开始大肆搜捕天主教徒和传教士。元和八年（1622）八月五日，幕府在长崎将 55 名教徒分别判处火刑和斩首之刑，史称“元和大殉教”。嗣后，幕府厉行禁教并宣布锁国。

但天主教在战国传播的速度使它在日本民间有了很大的影响，所以从家康开始的德川三代将军的野蛮禁教引起了民间的不满。宽永十四年（1637），在天主教的传播中心九州北部爆发了天主教徒的大规模起义，史称“岛原之乱”。岛原当地的农民以天主教信仰为旗帜，共推天草四郎为首领，德川幕府付出了重大的代价，终于在荷兰人的协助下把起义镇压下去。这次起义，也让幕府看到了天主教信徒力量的恐怖，于是更坚定了幕府严格执行锁国政策的决心。同时，为禁绝天主教，幕府推动“宗门人别帐”制度，要求全体日本人到寺院进行登记，意味着全体日本人被强制成为佛教徒，而寺院成为户籍登记机关，被纳入到幕府统治体系中。佛教徒必须出具誓词证明自己的信仰，而原天主教徒也要出具“南蛮誓词”宣誓已经改宗。天主教信仰从 16 世纪中叶开始萌芽，到此逐渐衰亡，犹如昙花一现，在创造了一个辉煌的“切支丹世纪”以后退出了日本的历史舞台，天主教信仰也从此转入地下，直到明治维新前夜。

二、铁炮传来

天主教的传播在 16—17 世纪的日本是一件大事，如果没有天主教，日本战国史很可能是另外一种景象。相比天主教在同一时期在日本的近邻中国那有限的影响力，天主教在日本可以说是如鱼得水，这恐怕和日本的文化特性和时代背景有着密切的关系。

同一时期的日本和中国有明显的不同，一方处于“应仁之乱”以后天下大乱、“礼崩乐坏”的局面，一方却是大明王朝举国一统、盛世安康的气象。这一乱一治就从根本上决定了天主教这个外来的西方宗教在这两个和西方文化格格不入的东方国家的成功程度。当时日本的社会处于乱世，人们处于迷惘和混乱的状态中，日本传统的佛教派系林立，在内耗中不断流失信徒。日本的普通民众也正过着兵荒马乱、流离失所的生活。在这种情况下，天主教突然出现在日本人的视野中，它的信仰体系简单易懂，提倡博爱世人和众生平等，这就使天主教很快为日本的普通民众所接受。天主教传播的“不可杀人，不可奸淫，不可偷窃，不可贪他人之财，不可恋他人之妻”的信条感动了一大批下层的群众，使他们找到了心目中理想的“乌托邦”形象。这不但是天主教在日本传播的缘由，也是天主教在日本所造成的思想变革。而在同一时期的中国大明王朝，儒学的影响在这个有数千年历史的古国中已经根深蒂固。科举又给了儒家文人一条和平的通向社会最高层的道路，很难使他们放弃有前途的儒学而去接受西方新来的天主教思维。所以，一种外来的思想文化要取得突破也要困难得多。尤其是在那个国泰民安、人心安定的时代，似乎还没有引发一场思想界大变革的前兆，无论是上层的文人学者还是下层目不识丁的农夫，都没有做好准备。

日本的分裂也给天主教找到支持者提供了可乘之机。在日本战国时代，大名所关心的首先是生存，其次是扩张领地，前者是前提，后者是目的。要想做到这两点，无非是三个字：人、钱、物。远道而来的“南蛮人”除了天主教以外，还能提供其他东西。人是供不了，钱和物大大的有。在战国年代，和中国的“勘合贸易”

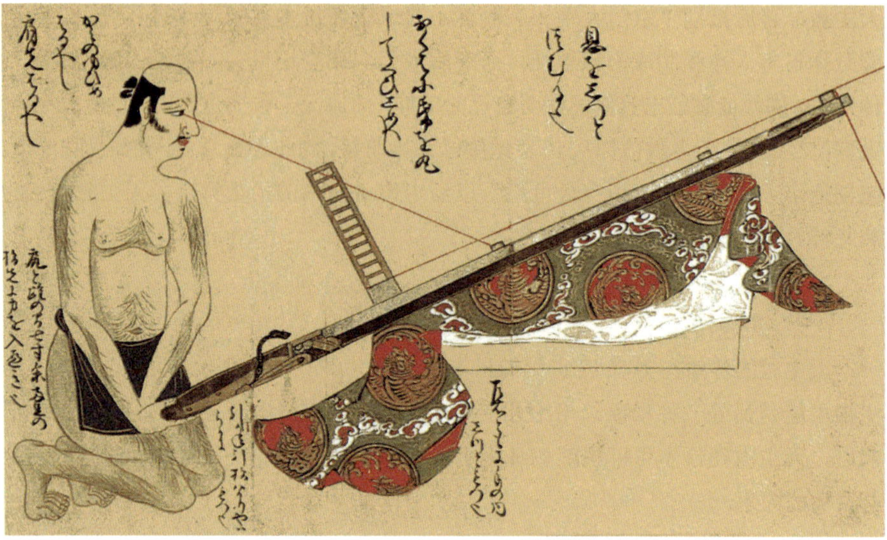

◇ 稻富流炮术秘伝书关于铁炮使用方法的说明

逐渐趋向衰落，国内又是兵荒马乱的情景，在这种情况下，要搞到钱和物，除了祖上烧高香保佑领地里挖出一两个金矿以外，南蛮贸易是发家最快来钱最多的方式。所以就出现了“切支丹大名”这道独特的风景线。他们或者只是出于经济需要或政治需要来支持南蛮人传教，或者干脆成为虔诚的天主教徒。天主教还很大程度上改变了传统武士的观念。一直以来，武士将被允许切腹视为荣耀，将被人所杀视为耻辱。前面所提“切支丹大名”之一的有马晴信就奉行天主教“禁止自裁”的教义拒绝切腹，宁可被人斩首。天主教对传统主从关系的破坏性影响可见一斑。

天主教传教士还给日本带来了许多的“副产品”。传教士利用自己的西方医学知识给看不起病的日本穷人治疗，比如葡萄牙传教士阿尔梅达在府内开设医院，影响很大。“南蛮人”的医学改变了日本传统的只有上层人才能享受医疗的格局，也把西方的医学带进了日本，出现了南蛮外科。传教士还带来了西方的天文学知识和钟表，带来了西方的建筑艺术和绘画雕刻艺术，带来了西方经院哲学、拉丁语、法律知识等等。这一切都在改变日本的科学技术和文化风格。

当然，要论对战国时代影响最大，意义最深刻的传教士“副产品”，相信许多人会选择铁炮。因为，这毕竟是一个战争占据主要历史舞台的时代。

所谓“铁炮”，那是有点夸张的说法，其实就是洋枪，再说确切一点，就是火绳枪。火绳枪在当时还是一种新鲜玩意。中国史学界常常在谈论我们“四大发明”的重要性，其中之一就是火药的出现对欧洲骑士的毁灭性打击。东方的中日两国在装备火器这一点上并不比同时期的欧洲晚，而且也并不落后。在中国南宋的时候出现了竹木质的管状火器“突火枪”。元朝时期，蒙古人加以改良，以铁、铜等金属取代竹木，增强火器的可靠性。明朝在开国之初的洪武、永乐时期就有火器列装军队的记录，甚至建立了火器军队——神机营。在明成祖征伐漠北和后来于谦所领导的北京保卫战中，都可以看到火器在凶悍的蒙古骑兵面前显示威力的记载。《明史》卷一七〇《于谦传》中提到蒙古瓦剌骑兵侵入北京德胜门后遭遇的一场伏击战：“寇窥德胜门。谦令亨设伏空舍，遣数骑诱敌。敌以万骑来薄，副总兵范广发火器，伏起齐击之。也先弟孛罗、平章卯那孩中砲死。”于谦利用街道房舍为掩护发挥火器的威力，可以说在当时是一大创新。因为明初火器是手火铳，是明朝依据元朝火器改良制造的一种制式武器，射程很近，填装麻烦，必须采用两人一组，一人瞄准一人点火射击的方式发射，发出一发以后很可能没机会发第二发。所以在作战时要取得胜利，一定要合理利用地形条件。明初的两名战术专家——明成祖和于谦，他们利用火器的成功经验足以在世界军事史上大书一笔。到嘉靖年间，在和澳门葡萄牙人与沿海倭寇的战斗中，中国获得了一批“鸟铳”，即火绳枪。聪明的中国人很快就加以学习和改造，戚继光等人很快将之运用于与沿海倭寇的作战。在对抗后金的宁远大战中甚至使用了火炮这样的“大规模杀伤性武器”，可以说，金属管型的火药武器在中国明朝是并不落后于西方的。

日本“铁炮”传入的缘起颇有故事性。天文十二年（1543），一艘中国船遇见风暴，漂流到了日本南端的种子岛。船上有两个葡萄牙商人，通过同船的中国人做翻译和日本人交流。日本人当时还没见过大鼻子红头发的南蛮人，所以这两个葡萄牙人的名字被日文音译成怪怪的“牟良叔舍”和“喜利志多佗孟太”，当时人跑去报告了当地的领主种子岛惠时和种子岛时尧父子。葡萄牙人给了种子岛时尧一件稀奇古怪的玩意：两支点上就能开火伤人的铁炮，并“敲诈”了这位“冤大头”两千两黄金。铁炮就这样传进了日本。

种子岛时尧命令当地的制刀工匠八坂金兵卫尝试仿制，又命令家臣笹川小四郎研究火药的合成法。当地民间传说为了学习铁炮制造技术，八坂金兵卫把自己的女儿若狭嫁给了葡萄牙人牟良叔舍，换取了铁炮制造的关键性机密，从而才锻造出了日本第一杆铁炮。种子岛因此成为日本铁炮发源地。

若狭女的故事还有后续，在学会铁炮技术以后，若狭跟随葡萄牙人出海。日日思乡的若狭在第二年乘葡萄牙船又回到故乡与父亲相见，大病一场以后，八坂家伪装若狭已死，为她举办葬礼，不明真相的葡萄牙人只能掬泪而别。八坂清兵卫在此时摆了葡萄牙人一道。

传说毕竟是传说，种子岛铁炮传来的故事载在一本名为《铁炮记》的书中（若狭女的故事除外），这本书是当时九州南部萨摩的一个和尚所编著，成为铁炮传来的唯一史料。但本着孤证不为证的史学精神，我们一方面姑妄听之姑妄信之，另一方面不排除该史料有加工的可能性。从历史发展的基本规律看，铁炮的传来也不仅仅是一时一地一人的贡献，铁炮的传来和兴盛既得益于室町幕府末期的南蛮贸易的逐渐兴盛，也得益于之前日本通过日中、日朝贸易与明朝、朝鲜之间的交流所获得的制造火器的部分经验。

铁炮传来以后，同一年即天文十三年（1544），纪伊国根来寺的津田算长到达种子岛，两支葡萄牙铁炮中的一支就被他带回了纪伊杂贺，由日本史上著名的铁炮工匠芝辻清又卫门进行复制。这一次的复制非常成功，第二年开始，纪伊成为日本铁炮生产中心之一，杂贺的根来众受益匪浅，因此而成为列装铁炮的强悍军队。

芝辻清又卫门带着铁炮技术到了日本当时最大的商业中心——堺，与当地的工匠橘屋又三郎合作，吸收当地的中国火器技术，搞起了铁炮生产批发的生意。橘屋又三郎早就向八板金兵卫学习过铁炮制造，并将铁炮技术带回堺。两人一拍即合，因此一炮打响，连带使堺也成为日本铁炮生产基地，堺的商人在战国时期富得流油，他们掌握铁炮技术是很重要的一个原因。

天文十三年二月，由于九州南部的大名岛津贵久向将军足利义晴献上种子岛铁炮，引起了将军的兴趣。于是在将军的命令下，在近江国的国友村，铁炮又一次试造成功。国友村的“掌门”国友藤二郎也因此成名，与芝辻清又卫门和橘屋又三郎并为战国铁炮的三大生产商。国友村成为织田家的支持者，织田信长因此而得以发挥铁炮的优势。

铁炮是以锻铁制作枪身，以黑火药的燃烧发出的能量为动力，推动弹丸发射的火器。这种火器的射程基本上在 100 米左右。铁炮的弹丸采用铅质，因为铅的熔点比较低，方便制作成丸状。当时日本铁炮的弹丸从最小的一匁（大约 3.75 克）到十匁左右都有，而直径从小的 4—5 毫米到大的 9—10 厘米不一，不同大小的弹丸，所需要的火药量自然不同。铁炮的使用方式是把火药、装填物倒进枪管，放上弹丸，用一根通条压实，然后还要在枪管后端的火皿上放上导火的火药，并盖上火盖，避免走火。装填中，要小心翼翼地夹住火绳，以免造成事故；射击时，瞄准后打开火盖，扣扳机发射。整个操作流程又复杂又慢，熟练的人也要弄上半晌，所以战场上发出去一发后，往往很难有机会再从容装弹发第二发。遇见下雨天，火绳发潮，铁炮就很难发挥威力。在一些日本游戏中还会出现所谓的“雨铁”，实际上在现实中，一旦下雨，铁炮发生故障不能使用的情况极其普遍。

在这种情况下，怎么把铁炮的威力发挥出来，就是日本大名们所要解决的问题了，首先当然是提高速度以保证发射的频率，特别是提高装填的速度。相传立花道雪就想出把一次所需的火药配好后放进竹筒的办法，使用时一次性倒进去即可，这叫“早込”。战国末期就出现了“早合”的装置，称为“胴乱”，其实就是一个装火药的竹筒或小金属筒。因为火药比例和用量提前配好，所以就减少了装填时间。同时，为了保护火药和火绳，发明了多种随身携带的装置，有一种装置称为“胴火”，外形类似一把一个长柄带圆筒的“大烟枪”，中空，把火绳放到里面可以起到防潮的作用。其次是用面杀伤代替精确度，这个办法许多大名都想到了：采用集群射击，用大批的铁炮列装军队，在作战时一次齐发，可以对接近的敌人以巨大的心理震撼和平面层次的打击。据说织田信长创造了“三段击”，即铁炮军排成三行，轮流发射，一排射完开始装填，另一排刚好接上。杂贺众据说采用的方式为“钓瓶击”，就是一群人错开发射时间不断射击，在甲射击的时候乙装填，乙射击的时候丙装填，如此而已。另外也可强调快装快打，提高铁炮装填技术，熟练后自然速度就快，如组击铁炮，用三到四人负责一支铁炮，分工合作进行装填，把洋枪当大炮一样服侍，以此来提高速度。但无论是“三段击”

◇ 铁炮工坊

还是“钓瓶击”，在当时的文献中都鲜有记载，只能认为是后世的创作。传说战国晚期大名伊达政宗发明了“骑铁”。所谓骑铁的实用性实在不敢恭维，一个骑兵骑在奔跑的马上无论如何都无法完成火绳枪那复杂的装填，更何况还存在马在火枪发射时受惊吓乱跑的可能性。窃以为即使“骑铁”真的存在，也是类似于后来欧洲“龙骑兵”那样的——骑马抵达作战地点下马发射，不太可能存在一边跑马一边发射铁炮的威武雄壮的“汉子”。

矛和盾是同时发展的，铁炮的广泛使用推动了防御铁炮技术的更新。早期日本多使用“小筒”，也就是口径大约10毫米出头，弹丸大小大约二匁半左右的铁炮，这种铁炮杀伤力比较小，所以日本人发明了“当世具足”和“竹束”抗衡。所谓“当世具足”指的是区别于以前日本武士旧式铠甲的新铠甲，其特点就是采用大面积的铁板打制，甚至采用一块铁板打薄制成一片防御面，防御面采用曲线、倾斜等构造设计以减轻弹丸打到身上的冲击力。在战国时代甚至还引进了西方的铠甲制作“南蛮胴”。而“竹束”则是利用竹子有曲面可防御小弹丸的特性，将大片的竹片制作成防弹的盾，放在阵前抵御铁炮的射击，也有一些水军将竹束捆扎在船身上以防弹。道高一尺魔高一丈，铁炮很快发展出了“中筒”，把口径增加到16毫米左右，把弹丸增加到六匁左右，以更强的威力去挑战“盾”。

◇ 铁炮足轻

至于“大筒”，已经突破“铁炮”的范畴真正到了“炮”的领域。在天正四年（1576），九州的大名大友宗麟从葡萄牙传教士手里拿到了两门炮，讨了“崩人之国”的口彩取名“国崩”。这两门炮实际上就是当时明朝人所说的“佛郎机炮”，属于后装式的铜质子母炮。《明史》中记载说，该炮“以铜为之，长五六尺，大者重千余斤，小者百五十斤，巨腹长颈，腹有修孔。以子铳五枚，贮药置腹中。发及百余丈。”《明史》的记载略夸张，简单地说，佛郎机炮就是在炮身中有一个子炮筒，将火药放入子炮后发射，发射后可将子炮从炮身后部提出再装药。4—9 枚子炮轮流装填，可以减少装填的时间，同时也保证散热，避免炮管爆炸。在日本，这玩意也叫“石火矢”，现在东京靖国神社里就藏着一尊口径 9 厘米左右的“国崩”。但“国崩”也有射程近、威力小的缺点，这是由其装填方式决定的。日本人所说的“大筒”就是“国崩”的威力加强替代品，大筒是前装式的，炮身比佛郎机更为粗短，采用 20 匁以上甚至百匁的大弹丸，炮身重量达到一贯目（相当于 3.75 公斤），把火药和弹丸从炮管前端装填进去发射。前装式能克服后装式因为炮管封闭性不足而推力不够的缺点，有更强的威力和射程，由于铸造采用铁质，加上填装方式的影响，存在着炮管爆裂的危险性。

◇ 在木楯掩护下射击的足轻

不论铁炮缺点如何严重，它毕竟变革了日本传统的作战方式。因为铁炮这种技术革新让“杀人”变得更为容易，同样是远程兵器，铁炮装填再复杂，也要比传统的弓更容易使用。因为拉弓需要一个健壮的汉子，有宽阔的臂膀和强健的胸肌，才能胜任拉开弓射击的任务。中国、罗马等古代国家军队用机械的弩来部分替代弓就是为了弥补这样的缺陷。而火药和铁炮的产生让弓进一步有了更为实在的代替物，一个普通的人，只要略加训练，就可以拿起铁炮杀人，即使这个武器精度再低，牢靠度再差劲，只要大规模列装部队，就可以以大量的面杀伤给予敌人最直接的打击和最深刻的震撼。近战，武士拿刀、枪，凭借自幼以来所受的军事训练可以占据优势；远战，火绳枪就给予一种“武功再好，一枪撂倒”的可能，这让简单训练就投入战场的足轻进一步大行其道，在战国时代发挥他们独有的优势。

然而，铁炮毕竟是一种武器，在乱世中，它能充分发挥它的用途，一旦乱世结束，就意味着它也将退出历史舞台。德川幕府建立后，幕府开始实行削减大名军备的政策，同时，由于长期的禁教和锁国，西方更先进的燧发枪等技术即使有所传入也无法引起日本人的注意。同时，以刀为身份标记的武士也对铁炮这个玩意深恶痛绝。于是，日本的火器技术和天主教一样，在灿烂了一个世纪以后归于沉寂。

第二章 窃国物语

1963年，日本著名的历史小说家司马辽太郎先生开始连载一部新的小说《窃国物语》（国盗り物語）。这部小说的前编讲述的是一个叫松波庄九郎的商人，在京都开了一家叫“奈良屋”的卖油店，在乱世中，他以精明的头脑，获取了偌大的家产。富可敌国以后，这位油商仍不知足，他抱着夺取天下的梦想服侍当时的美浓守护土岐赖艺，为后者出谋划策，赢得了“智慧第一”的名声，但很快，他反噬一口，取代主君土岐赖艺，窃夺了美浓，完成了他的“窃国”大业。

这部小说可以说是司马辽太郎最受欢迎的作品之一，1973年被改编为NHK的大河剧，主演为平幹二朗。2005年又被东京电视台改编为新春时代剧。反复的改编证明作品的生命力。

战国时代的日本分为五畿七道共68国，每一国都有幕府任命的守护，有些守护领有一国，有些领有数国，也有一国内有多个守护。匹夫无罪，怀璧其罪，这些在乱世中岌岌可危的守护们的“财产”就是窃国大盗们梦寐以求的目标，他们巧取豪夺，为的只是在乱世中夺取一席之地。战国史的开端，讲述的就是这群窃国大盗的传奇故事。

第一节
小田原的幽灵

一、神秘的人

建武元年（1334），日本正处于“建武中兴”的时代。所谓“建武中兴”，是在武家幕府时代中出现的一次昙花一现的天皇统治，其主角就是著名的后醍醐天皇，他灭亡了镰仓幕府，决心仿效东汉的光武中兴，重建一个以天皇为核心的政权。就在这一年八月的某一天，建武政权政厅附近的二条河原（今天的日本京都二条大桥附近）出现了一份招贴，上面的内容充斥着对建武政权的不满和讽刺。这份被人认为是“从天而降”的《二条河原落书》中有着一句被后世津津乐道的句子：“下克上する成出者”，“下克上”，这个词语第一次引起了广泛的注意。

时光飞逝，很快一个世纪过去了，日本的面目已经全然不同。在嘉吉之乱中，将军足利义教被杀，“下克上”这个词语开始从一封“落书”中走出来，广泛地应用到实践中。经过应仁之乱后，足利幕府的权威逐渐瓦解，日本开始进入一个新的时代：下克上的时代。一位创造奇迹的风云人物，也就是在应仁之乱即将结束的时候，走上了历史舞台。他的名字是：伊势新九郎。或许他另一个名字更为如雷贯耳：北条早云。

北条早云的一生之中都没有自称过“北条早云”，他别名伊势盛时，法名早云庵宗瑞，而“北条”的使用，始于他的儿子北条氏纲时代。在当时的日本，“北条”家可谓声名显赫，它是源平合战期间关东伊豆的名门。镰仓幕府的建立者源赖朝的妻子就是出自这个家族的大名鼎鼎的北条政子，而在源赖朝死后，北条家在北条政子等人的谋划下，一个一个排除政敌，逐渐掌握了幕府的实权，镰仓幕府的将军们只是傀儡，而真正统治当时武家天下的是垄断幕府“执权”这个职位的北条家，又称“得宗家”，可以说，镰仓幕府的实质是“北条幕府”。而这个家族已经在镰仓幕府覆灭的战火以及其后南北朝时代的烽烟中消失了。北条早云与这个曾经叱咤风云的家族，除了同出自平氏以外，并无多大瓜葛，他的后人假托名门，恐怕有着深远的政治意图。在中国西晋末年，匈奴大单于自托汉朝刘氏之后，改名刘渊，国号“汉”。在当时，曹魏篡汉和司马氏篡魏这两次政变接踵而至，“禅让”成为野心家夺取政权的工具，刘渊正是利用了当时“人心思汉”的现状，希望能在“禅

让”的风潮中别树一帜，谋取政治利益。事实说明这一方式也确实有着一定效果。北条早云的后人和刘渊的做法大同小异。考虑到北条家族后来对关东的野心，他们假冒名门后裔明显是一步深谋远虑的棋，目的很可能是将自己与当年占据关东并建立镰仓幕府的北条家联系到一起，为自己占领关东制造法理上的依据。

围绕在北条早云周围的，是一层不可捉摸的迷雾。他早年的生涯由于记载的缺失，史学界有着众多的猜测。首先是他的出身，有伊豆说、京都说、备中说、伊势说等多种说法流传。第一种说法认为，北条早云是伊势国出身的地方武士，是一个默默无闻的浪人，其根据是北条早云在后来写给信浓守护的一份信中提到“吾与伊势的关氏乃同族”。关氏是伊势国的豪族，学者研究认为北条早云自称与关氏同族，应该是出身伊势国。实际上，依据镰仓时代的史料《吾妻镜》：关氏源于桓武平氏的平维衡这一支，为侍奉镰仓幕府的御家人。而北条早云所出身的伊势氏也是平维衡一脉，引为同族理所当然。据此便断言他是出身伊势国的地方武士未免有些武断了。第二说认为北条早云并非平常出身，他出身于室町幕府权势熏天的家族——京都伊势氏。在应仁之乱前后深获将军信任的幕府政所执事伊势贞亲和伊势贞宗父子就与北条早云有紧密的亲戚关系。有研究认为，北条早云为伊势贞亲之弟贞藤的儿子，名为盛时。另一种说法认为北条早云为伊势贞亲的次子，出继给伊豆韮山的北条氏。后一说早在江户时代的18世纪末就出现，颇有为北条早云寻找与伊豆北条家挂钩依据的嫌疑。上世纪50年代以来，一些日本学者研究认为，北条早云很可能出身于作为备中国高越山城城主的伊势家族，其父名为伊势盛定。备中伊势氏和京都幕府的政所执事伊势氏源出同门，他们本是将军足利家的家臣，承袭着将军家文官系统的重要职位。这个家族在室町幕府初期分支为两脉，伊势贞继成为幕府政所执事，开创京都伊势家，而他的兄弟伊势盛经则开创了备中伊势家，传过四代以后到伊势盛定，仍然担任着幕府将军的侧近。这一说法相对比较可信，况且北条早云一母同胞的姐妹嫁给了骏河守护今川氏，今川家可是和将军足利家同源的豪门，本着门当户对成婚的道理，北条早云的出身也绝不会是籍籍无闻，只有出身在备中伊势氏这样不逊色于今川家的家门中，才有发迹的可能性。

很多励志故事刨根究底以后就是这样：理想很丰满，现实很骨感。

北条早云出人头地的时代是在应仁之乱以后，而关东这个纷乱之地，早在应仁之乱以前就已经兵燹遍地。

在第一章中，我们谈过了关东地区在应仁之乱前的两次变乱，分别是上杉禅秀之乱和永享之乱。这两起战争的结局之一是世袭关东管领的两上杉家之一犬悬上杉家衰落，结局之二则是足利氏的关东公方势力由于遭到幕府和山内上杉家的双重压制而衰落。在这种情况下，关东崛起了另一股新势力，就是扇谷上杉家。

关东上杉氏是一个颇为复杂的大家族，在室町时代，他们分为山内、犬悬、扇谷、宅间四家，这四个名字都来自于关东公方所在地镰仓周边的地名，因为这四家都是世代出仕关东公方的，因此就以地名来区分。上杉家的初代上杉重房在镰仓幕府时期由京都迁往关东，和足利家结成了姻亲关系，为这个家族的繁荣打下了根基。其孙宪房辅佐足利尊氏建立幕府，受到幕府的重用。其子上杉宪显成为关东公方的执事（也就是后来的关东管领），兼任上野、越后、伊豆三国守护，开创了关东上杉家的本家——山内上杉家。宪显的兄弟宪藤开创了犬悬上杉家，所以这两家轮流出仕关东公方，担任关东管领之职。另外还有两家为扇谷和宅间，并为关东上杉的四大家族。扇谷上杉和上杉本家的关系有点偏远，最初是由上杉显定居住在镰仓扇谷而得名，上杉家在关东的第一代上杉宪房之兄上杉重显有一子朝定，收一养子就是显定。这种七拐八弯的关系决定了扇谷只会是一个小分家。另一家宅间也颇为疏离，上杉宪房还有一养子上杉重能，本是宪房的姐妹加贺局的孩子，但重能卷入了室町时代的政治斗争而不幸被杀，其后代就成了宅间上杉家，但这一家族的后代更是不济，只能依附山内家而存在。

而上杉禅秀之乱中犬悬上杉家的衰落以及此后关东公方为扶植对抗山内上杉家的势力而做的一系列动作，给了一直做陪衬的扇谷上杉家一次难得的发展机会。扇谷上杉家之主上杉持朝在足利义教打压关东公方的“永享之乱”中表现卓越，获得幕府的赏识。而在“永享之乱”后的第二年，足利义教逼死的前关东公方足利持氏的残党发动叛乱，为首的是下总国的结城氏朝和持朝父子。幕府再度派军镇压，是为“结城合战”，上杉持朝在这关东乱局中再度取得战功，受封相模守护。以太田资清和太田道灌父子为首的扇谷家家臣也协助主家抓住了这一次的机遇，扇谷上杉因此代替犬悬而成为关东两大上杉家之一。

永享之乱后，关东一开始出现了山内上杉一枝独秀的局面，加上将军足利义教在此后的嘉吉之乱中被杀，自顾不暇的幕府为了稳定关东，决定再弄出一个能打破山内上杉垄断局面的势力。幕府号称是应关东武士集团的要求，为安定关东人心，把足利持氏的儿子足利成氏派回关东，复兴关东公方的职务。

这岂是安定关东！这分明是幕府“惟恐关东不乱”的举措。和山内上杉家有杀父之仇的足利成氏到了关东，又岂会给山内家好脸色看？上杉宪实在逼杀足利持氏以后，宣布退隐出家，以洗清自己“弑主”的罪名，关东管领的位置为宪实之子宪忠继承。足利成氏把怒火全发泄到了上杉宪忠身上，开始起用其父持氏的

部分遗党结城氏、里见氏等来联合对抗山内家。感到危机迫来的山内家家臣长尾景仲和受托辅佐上杉宪忠同时又是宪忠岳父的扇谷家上杉持朝合谋，决定先下手为强，在宝德二年（1450）围攻足利成氏，这次围攻的企图遭到镰仓府的阻止，山内家和关东公方只能暂时达成协议停战。

杀父之仇加围攻之仇，足利成氏对上杉宪忠的恨意越来越深，加上当时规定关东公方所有的文书必须由管领副署，不加副署的文书幕府不予承认。觉得缚手缚脚的足利成氏于是果断下手，享德三年十二月二十七日（1455 年 1 月 15 日），足利成氏把上杉宪忠诱引到镰仓，将之暗杀。幕府在此时完全管不了关东，就默认了这一行为。但山内家的家臣和作为宪忠辅佐的扇谷家却不服，关东大战由此展开，这就是“享德之乱”。

享德之乱是一场热闹非凡的关东大混战，上杉宪忠被杀后，在京都的宪忠之弟上杉房显被迎为关东管领，足利成氏一刀捅翻了一个马蜂窝，引来了一群上杉的同仇敌忾。山内家的家臣长尾景仲飞奔到上野国集合军队，杀气腾腾地要给主君复仇，足利成氏为防止更北面的越后上杉氏出动，决定抢先进攻下野，而长尾景仲听说扇谷家已经掩袭足利成氏的后路试图夺取镰仓，也开始进军。没想到的是，上杉军前锋 2000 人在武藏国的分倍河原遭到仅 500 人的足利成氏军的突然袭击，陷入一片混乱，前锋大将上杉宪秋遭致命伤，被迫自杀。成氏的大军一路高唱凯歌，打得长尾景仲跑到常陆国小栗城闭门不出。

就在足利成氏得意洋洋的时候，幕府决定抄他后路了。在反复考虑利弊以后，幕府在管领细川胜元的操纵下开始干涉，指令邻近四方的骏河守护今川范忠、信浓守护小笠原光康、下野守护宇都宫等纲等一起合剿足利成氏。当时的足利成氏正和上杉军以关东的利根川为界东西对峙不分胜负，今川范忠很轻松就打进了成氏的老窝镰仓。失去大本营的足利成氏逃到了下总国古河城，称为“古河公方”。

为了进一步干预关东，长禄二年（1458），幕府指定了一名新的关东公方——足利义政将军的异母兄弟足利政知。于是，关东公方的职务也出现了“双头蛇”的奇观——原任公方足利成氏和新任的得到将军家认可的“法定公方”足利政知对立。新到关东的政知在伊豆的堀越建起了衙门，称为“堀越公方”。

虽然有幕府暗助，新任的关东管领上杉房显仍然是个扶不起的阿斗，在武藏国的五十子一地，上杉一族“群贤毕至”，有扇谷家的上杉持朝，有世袭越后守护的越后上杉家（为山内上杉始祖上杉宪显之子宪方一支的后人）上杉房定等。长禄三年（1459）十月，双方在附近的太田庄一带作战，势力庞大的上杉军不但没赢，反而战死了一个同门上杉教房。接着，双方又多次隔着利根川交手，上杉军还是没占到上风。急红眼的幕府下令骏河的今川义忠等守护大名前去助拳，在援军抵达前，上杉房显已经病死在了五十子军营中。在死前，他急忙指定了越后守护上杉房定之子显定（与扇谷家第一代同名但非同一人）为养子，出任新的关东管领。

这场战争就这样拖到了应仁之乱爆发后，古河公方足利成氏是个极其顽强的敌人，他一度被上杉家赶出了古河，但很快又入侵伊豆，接着杀回马枪夺回古河。关东就这样陷入了对峙的乱局。

应仁元年（1467），应仁之乱爆发，这场战乱彻底改变了许多人的命运，北条早云也是其中之一。当年，骏河守护今川义忠率军上洛，加入了细川氏为首的东军。当时北条早云也在幕府任职。伊势家族就把女儿北川殿嫁给了年轻有为的今川义忠，北川殿和北条早云一母同胞，就是依靠这层关系，北条早云离开京都前往骏河，依附那位与足利将军源出同门的骏河守护。

今川家素来是骏河、远江两国守护，而在应永二十六年（1419）以后，远江守护转给了“三管”之一的斯波家，这成为今川家与斯波家宿怨的开始。今川历来就以征服邻近的远江国为目标，今川义忠继承了父亲的遗志，也把征服远江作为主要理想。文明八年（1476），今川义忠再次进入远江平定当地的叛乱，在回军路上，遭到了敌人残余势力的突然袭击，身中流矢，一命归阴。

今川义忠的死是一次“计划外”的突发事件，就是这一事件引起了今川家的内乱。原来今川义忠的继承人有两个选择，其一是他和北川殿所生的儿子龙王丸，但他年方三岁，稚气未脱，很难担负起领导今川家族的重任；另一个则是他的弟弟小鹿范满。家臣也因此分为两派互相争斗。作为龙王丸舅舅的北条早云自然站在龙王丸的一方。今川家的内乱引起了当时关东其他势力的注意，他们幸灾乐祸地看着今川家乱成了一锅粥，率领军队兵临城下，名义上是为稳定骏河局势，调停今川家的内乱，实际上，在冠冕堂皇的借口下，他们各自打着自己的小算盘。今川家在内忧外患中岌岌可危。

机会是留给有准备的人的，北条早云就在此时挺身而出，他以龙王丸舅舅的身份出面说服了今川的家臣团。在北条早云的建议下，双方达成了一项折中的协定：由小鹿范满暂时担任家督，等龙王丸成年以后，小鹿范满则将家督位还给龙王丸。今川家族的一场灭顶之灾因此而消弭。《北条记》中记载北条早云早年在伊势时和大道寺太郎、荒木兵库、多目权兵卫、山中才四郎、荒川又次郎、在竹兵卫等六人结成主从关系，在前往骏河的时候就携此六人同行，称“御由绪六家”。此时的北条早云已经是颇有实力之人，显然，一个毫无背景的“浪人武士”是不可能担负起调停今川家内斗这样的大任务的。

完成任务的北条早云于文明十一年（1479）返回京都重新出仕将军足利义尚，为奉公众，他在京都保持着低调的作风，大部分时间在建仁寺和大德寺潜心研究佛法，也在暗中等待时机。

而当北条早云在京都过着如鱼得水的悠闲生活的同时，他的外甥龙王丸却在骏河过着提心吊胆的日子。历史上孤儿寡母被人欺负的例子是屡见不鲜的，特别是有着政治权力的孤儿寡母，下场凄惨的大有人在。等待接位的龙王丸当然时刻要提防着正坐在家督位上的小鹿范满，就在警惕中他度过了童年时代。

权力是一种鸦片，小鹿范满在获得今川家督位后，明显对权力已经上瘾。长享元年（1487），龙王丸正式成年。根据十年前达成的协定，小鹿范满必须在此时交出家督位。但对权力上瘾的小鹿范满却用种种借口拒绝交位。他要求推后龙王丸的成人仪式，他手下的一群人也对龙王丸接位的要求表示反对。无奈中，势单力薄的龙王丸和他的母亲北川殿想到了一个人：北条早云。

相信在京都接到讯息的北条早云心里一定五味杂陈，他第一时间决定返回骏河。如果成功，伊势家族将对今川家有拥立之功，其政治意义不言而喻。如果失败，恐怕伊势家族都将成为龙王丸的陪葬品，政治斗争一直以来都是你死我活。

长享元年十一月九日，北条早云经过精密策划，决定先下手为强，率领支持龙王丸的家臣于当天奇袭了小鹿范满所住的骏府城，一举袭杀小鹿范满。小鹿一派的家臣做鸟兽散。随即龙王丸改名今川氏亲，成为今川家新一代家督。

立下拥戴之功的北条早云一战成名，一说在此时他获得了兴国寺城和附近富士郡下方的十二乡作为奖赏。这，成为战国北条氏基业的开始。

二、窃夺伊豆

如果北条早云仅仅是建立了平定今川内乱的功绩，那么他最多只能算是一个乱世中的能臣，而无缘名列赫赫有名的“战国三大枭雄”之一。事实上，今川家内争只是北条早云一生事业的开始，而他真正做出震惊世人的业绩，则是在明应二年（1493）的明应政变中。这一次政变带来的连锁效应就是关东发生了另一起“下克上”，北条早云成为主角。这必须从应仁之乱爆发后关东的乱局开始说起。

关东的享德之乱从应仁之乱前夕就已经蔓延开来，出现了古河和堀越两个公方并存的局面，而以关东管领上杉显定为首的上杉家和古河公方足利成氏对峙经年，谁也吃不掉谁。更令人哭笑不得的是，上杉家自己出了内乱，文明八年（1476），上杉家的家臣长尾景春发动叛乱。

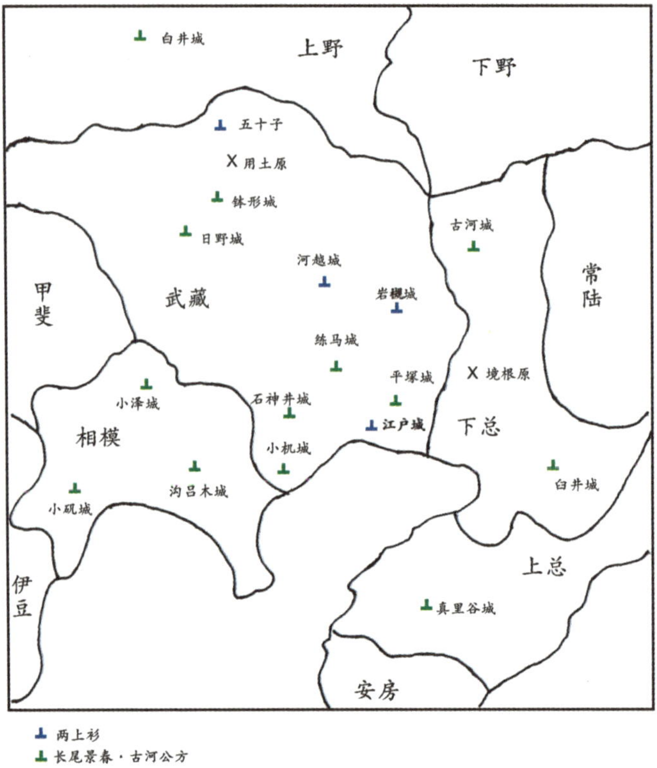

◇ 长尾景春之乱地图

长尾氏是上杉家的重要家臣，和上杉一样，长尾家分为镰仓·足利长尾家、白井长尾家、惣社长尾家、上田长尾家、古志长尾家等诸多分支。在关东家大业大的上杉家为了操持领地事务，设立了一个叫“家宰”的职务，相当于一家之首相，这个职务长期由镰仓·足利长尾家、白井长尾家、惣社长尾家这三家垄断把持，同时，长尾氏还担任上杉家辖下的越后、武藏、上野等国的守护代，所以，对于上杉家来说，长尾氏就是甲状腺——离开它不行，大了又麻烦。

这位长尾景春就是这样一位麻烦制造者，他在文明五年（1473）继承了白井长尾家，他的父亲生前就是上杉家家宰，但在其父死后，上杉显定突然选了惣社长尾家的长尾忠景继任家宰。白井家和惣社家已经是竞争对手，这一任命让长尾景春深为不满，同时他还担心麾下的领地被惣社家所夺，于是在文明八年（1476），他占据武藏国的钵形城发起叛乱，是时，山内上杉家还在利根川和足利成氏对峙，扇谷上杉家正在试图干预今川家内乱，谁也没把长尾景春当一回事。

真正让上杉家开始正视景春的是文明九年（1477）正月，反了大半年发现没人理会的长尾景春决定主动出击，以 2500 人突袭上杉家在五十子一地对峙足利成氏的大本营，上杉显定和扇谷家的家主上杉定正（1473 年接任）猝不及防，全线崩溃，仓皇逃往上野。吃了大亏的上杉显定匆忙掉过头来杀向叛臣长尾景春。

上杉家铺开地图一看，大事不妙。原本为了对抗古河公方，扇谷家的太田资清、道灌父子沿着利根川的西岸修筑了三个城：岩槻城、河越城、江户城。三城呈倒三角排列互为犄角。现在长尾景春叛乱，直接在这三个城的三角形腰上拦腰砍了一刀，而叛乱的大本营钵形城，正好卡在距离五十子最近的河越城与五十子大本营之间。形势如此危急，上杉家竟然大半年都混混噩噩地度过了。负责剿灭叛乱的是扇谷家的重臣太田道灌。

名将太田道灌一看地图就知道，首要任务就是先打通三角形三城之间的通道，这就需要攻下平塚、练马、石神井三座沿河东西排开的城池，这三城由丰岛泰经和丰岛泰明两兄弟把守。太田道灌用了诱兵之计，文明九年（1477）四月，他从江户城出发，攻向练马城，在城下烧村子挑衅，丰岛家两兄弟一商量，决定倾巢而出去捉太田道灌，被引进了位于练马城附近江古田川原的包围圈里。据说太田道灌独创了“足轻”战法，以骑马武者配合装备轻便的足轻给予敌人旋风式的快速而又集团化的打击，如此，丰岛泰明当场阵亡，丰岛泰经随后提出投降，但拒绝毁弃城池，被太田道灌攻下石神井城。胜利的天平向上杉家倾斜。

长尾景春随后再次主动出击，希望如上次一样突袭上杉显定和定正，这一次，他的行动未能得逞，相反的，太田道灌在打通三城后夺回了五十子，并且与上杉军合为一处包围了钵形城。另一方面，为了防止足利成氏背后袭击，上杉家向足利成氏猛摇橄榄枝，文明十年（1478），双方暂时达成协议。腾出手来的上杉家全力攻打叛军，丰岛泰经试图在平塚城再举的企图被太田道灌扼杀，丰岛氏被从历史记载中抹去。同年，钵形城也被攻克，到文明十二年（1480）六月，长尾景春最后的据点日野城被攻下，长尾景春之乱被太田道灌一手镇压。

◇ 太田道灌

另一方面，太田道灌开始寻求结束“享德之乱”的途径，文明十年（1479）十二月，他为了教训拒绝停战协议的足利成氏一方将领千叶孝胤，越过利根川在下总国境根原击败后者，并攻陷了臼井城。有过这次惩罚性的战役以后，关东终于暂时平静下来，文明十一年

（1480），足利成氏向幕府提出和解，足利成氏停止反幕府的行动，并把伊豆让给了幕府任命的堀越公方足利政知。到文明十四年十一月二十七日（1483 年 1 月 6 日），幕府与足利政知协议达成，称“都鄙合体”。从享德三年（1455）足利成氏刺杀关东管领开始持续了 28 年之久的享德之乱终于宣告结束。

正是因为关东的混乱，北条早云处理今川的内乱才那么顺利。背后有隐忧的堀越公方和扇谷家虽然对今川家的土地觊觎甚久，但在不能保证一口吞掉今川的前提下都不敢轻举妄动。享德之乱结束以后，扇谷上杉和山内上杉就展开了明争暗斗，因为在长尾景春之乱中，扇谷上杉的太田道灌居功至伟，扇谷家势力增长，为了对抗拥有堀越公方和幕府支持的山内上杉家，扇谷家转向寻求北条早云的协助。

而此时，京都也发生了“明应政变”。其在关东产生的一大连锁反应就是堀越公方的覆灭。因为在政变中上台的，曾经被细川家选为将军继承人的足利义澄是堀越公方足利政知的儿子。这种割不断的血缘关系注定了关东将会有一场大变故。

堀越公方足利政知最初册立了儿子足利润童子为继承人。而这位润童子的异母兄弟足利茶茶丸此时正因为政知继室圆满院的谗言而被监禁。延德三年（1491），足利政知病死，于是，一场手足相残的惨剧在堀越发生。趁乱越狱的足利茶茶丸杀死了润童子及其母亲圆满院两人，自立为堀越公方。

堀越公方的争夺战引起了北条早云的注意，他以他多年的经验认定，这起政治事件绝对是一次良好的机会，于是，他积蓄力量，秘密等待着时机。

足利茶茶丸的政变并不是一起影响范围仅仅限于堀越或者关东的小范围事件，因为政变中死亡的足利政知的正室圆满院生过两个孩子，一个是已经死了的润童子，另外一个早年出家，法号清晃，也就是被日野富子和细川政元在明应政变中立成将军的足利义澄。可想而知，在明应政变后，幕府应该对堀越公方采取什么样的态度。

而北条早云在明应政变中明显站到了足利义澄的一方。明应政变的开始和中央的动乱都给了北条早云一次机会。堀越公方已经完全卷进了这场战乱中。扇谷上杉家的上杉定正在该年与山内上杉家的上杉显定在关东展开了一场大战，堀越公方作为山内家的后台老板，倾巢而出去帮助上杉显定，伊豆堀越成为一座空城。这应该是足利茶茶丸的一大失策。在北条早云这样的老江湖身边躺着，哪怕打个盹都会招致一场灾难。何况得位不正的茶茶丸在上位后，又诛杀老臣，人心尽失，领地内一片混乱，在这种情况下还倾巢而出去掺和关东大战，实在是一种寻死的行为。

机不可失，时不再来。当初北条早云要了兴国寺城，很大程度上是看中这个城靠近伊豆这一地理优势。应该说，他早就有占据伊豆的野心和欲望。而且，北条早云在兴国寺城期间，也进行了一系列的工作，安抚百姓，招兵买马，发展实力，这一切似乎都在为这一天做着准备。然而，此时的北条早云手里也不过区区两百人，于是他立刻向他的外甥今川氏亲借了三百人的兵力，组成了一支五百人的突击队。为了保证行动的隐秘性，他毅然决定分兵五路乘十艘船从骏河的清水浦出发，越过骏河湾，突然出现在伊豆半岛上。水路突击的方式决定了这次奇袭的成功。当北条早云的军队突然出现在堀越御所的时候，伊豆从公方到地方豪族都毫无准备，甚至有人以为是海贼侵袭，卷起铺盖准备逃难。北条早云仅仅用了两个时辰就占领了这座城。在一些军记物中，这次战斗被记录得十分玄乎，并且认为足利茶茶丸是在此后逃入山中自杀。事实上，根据近年来的研究成果，足利茶茶丸很可能未死，并且在伊豆继续与北条早云周旋了数年，他的最终死亡时间大约是在明应七年（1498）。无论如何，可以确定的是：堀越公方不过短短的两代，就葬送在枭雄北条早云手中。

伊豆的百姓素来为暴政所苦。占领了伊豆的北条早云拿出了政治家的手腕和气魄，着手在伊豆稳固统治。他为了争取伊豆领民的支持，制定了“四公六民”的税收政策，即农民可将收成的四成奉公，六成自用。这一政策得到了领地农民的支持。同时，他散发防瘟疫药品，收纳流民，禁止军队劫掠，这一系列的“仁政”为北条早云在伊豆的统治奠定了基础。在广收人心的同时，他把另一只手伸向了桀骜不驯的伊豆豪族，狩野和伊东两大豪族首先在北条早云的军事压力下屈服，至于关户氏的深根城则在明应七年被北条早云

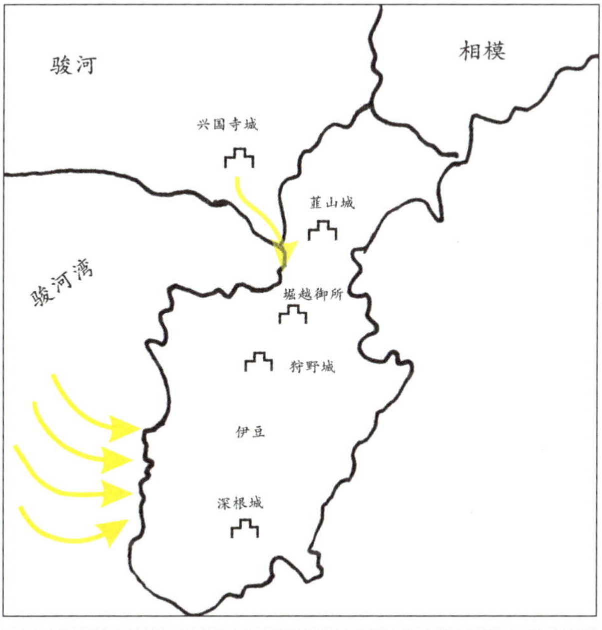

◇ 袭击伊豆地图

攻克，关户氏的领民除僧侣妇孺外一律遭到杀戮。北条早云用“柔道”和武力两套手法用了五年时间完成了对伊豆的攻略。

另一个有意思的谜团是北条早云的年龄，一般认为，北条早云在拿下伊豆的时候已经年逾花甲——62 岁，因此他被塑造成了“大器晚成”的典型。根据这一说法，北条早云最终去世的时候享年 88 岁，而他从伊豆攻略开始的辉煌人生都是在花甲之年后完成的。这一说法虽然言之凿凿，但不免让人疑窦丛生，特别是在那个平均年龄都不高的时代，出现这样一位神一般的人物确实极其不可思议。到上世纪 90 年代，日本学者黑田基树在对比了北条世系图和北条家臣高桥家的记录以后，确定北条早云应该是出生于康正二年（1456），而他开始进攻伊豆的明应二年（1493）正好是 38 岁壮年之时。

伊豆的攻略不过是这位枭雄“下克上”生涯的开始，他的下一步，则瞄准了伊豆半岛西面的富庶领地——相模。

三、奇袭小田原

在长享元年（1487）之初，关东地区就发生了大规模的战乱，这一次“长享之乱”的敌对双方就是山内上杉家和扇谷上杉家。而这一次紧接着享德之乱的疯狂大折腾缘自“鹏躏之游”。

所谓“鹏躏之游”说的是一只大鸟和一只小鸟走在一起的滑稽样子。关东一地流传的这句话是讽刺扇谷家，大鸟指的是在长尾景春之乱中力挽狂澜战功彪炳的猛将太田道灌，而小鸟指的是扇谷家的家督上杉定正。太田道灌的勇猛与上杉家在对抗足利成氏的战争中表现的拙劣，使这两个本是主从关系的人在这一战后威望名声出现“倒挂”状态。换句话说，太田道灌犯了传说中“功高震主”的大忌。关东管领上杉显定此时出于一种不可告人的目的，“好心好意”地去告诉他的同门上杉定正：“家臣功劳太大，能力太强，是主君的一大威胁。”上杉定正经过长尾之乱后也染上了疑心病，于是他采取行动，诱杀了这名忠心而有才华的重臣。

天下最笨的事情莫过于自毁长城。上杉定正为自己的行为付出了代价。太田道灌一死，第二年，也就是长享元年（1487），上杉显定立刻发起了对扇谷家的进攻，两上杉之间的“长享之乱”爆发。扇谷家杀了一个重臣，发现麻烦大了：太田道灌之子太田资康当然是为报杀父之仇倒戈一击，扇谷家的另一重要家臣相模三浦氏的三浦高就，本是上杉定正的亲兄弟被出继给三浦氏的，他也起了取上杉定正代之的野心，加入了山内家的大军。长享二年（1488）二月，太田资康、三浦高就联合出军，袭击扇谷家的糟谷馆城，城中守将是定正之兄朝昌。扇谷家听说这个消息，立刻从河越城出击来救，以 200 骑轻兵袭击山内家于城下的实蒔原，解除了围困。山内家一开始的嚣张气势一下子被压制下去。上杉显定勃然大怒，再攻河越城，这一回，扇谷家实力大增，原本因叛乱被轰跑的长尾景春以及古河公方足利政氏（成氏之子，1489 年接位）都极其讨厌上杉显定，于是都加入了扇谷家。而倒霉的上杉显定再度体现出他在战场上的无能，于须贺谷原被三家联合大军击败。十一月，扇谷家再攻山内家，于高见原第三次击败上杉显定。

实蒔原、须贺谷原、高见原 “长享三战”，扇谷家连胜三场着实令很多人大跌眼镜，加上北条早云在此后占领了伊豆，灭掉了支持山内家的堀越公方，对山内家形成了侧面威胁，上杉定正也不失时机邀请北条早云加入了他的阵营中。正当扇谷家节节胜利的时候，乐极生悲的事情发生了，上杉定正本人在明应三年（1494）十月二日与北条早云再次出征高见原时，因为过河时不慎落马而死，这位日本“巴巴罗萨”（中世纪神圣罗马帝国皇帝腓特烈一世，1190 年参加十字军东征时落水而死）的不幸死亡令战局发生微妙的变化。

上杉定正曾将所属的相模地区分为东西两部分，分别由驻守小田原的大森氏赖和驻守三崎城的三浦时高把守。然而，令上杉定正始料不及的是：东西相模的大森氏和三浦氏根本不能精诚团结共抗外敌，相反，他们竟然起了内讧。上杉定正死后，相模的三崎城主三浦时高无后，引入主家扇谷上杉的支庶上杉义同为养子，是为三浦义同。然而，三浦时高却在此后又得一子，于是，养子与亲子之间就起了冲突，进而养父子反目。更为复杂的是：义同的舅舅是小田原的大森氏赖，在大森氏的支持下，相模发生了一起政变，被三浦氏放逐的三浦义同在明应三年趁三浦时高死后的那段混乱时期杀了回来，成为三浦家的主人。扇谷家在这样频繁的内乱中，不断削弱，家臣离心。值得一提的是，三浦义同的女婿是太田资康，他本人的亲父又是三浦高就，这两个人可是长享之乱中倒向山内家的重要人物。这也使三浦氏和大森氏成为内通山内家的嫌疑人。在这种情况下，身为扇谷家同盟者的北条早云完全可以名正言顺地将下一步掠取的目标转向相模国。

从伊豆转向相模的第一障碍明显就是西相模的小田原城，而小田原城的城主大森氏赖则是一个惹不起的人物，北条早云也对他忌惮三分。他以扇谷上杉同盟的身份，对大森氏赖采取笼络的态度。但是，北条早云的野心绝对不止伊豆那点弹丸之地。他的目标是夺取关东，根据《北条五代记》等野史的说法：北条早云自称做了一梦，梦见一只大老鼠在啃两棵杉木，然后变成了一只老虎。这个梦的含义不言而喻，两棵杉木自然是扇谷上杉和山内上杉，至于那只老鼠，则代表着子年出生属鼠的北条早云。不论这个记载是否真实，北条早云吞并关东的野心是可以肯定的。幸运的是，大森氏赖也在明应三年八月死去了。北条早云去除了心腹之患，就把手伸进了相模。

大森氏赖的继承人据说是大森藤赖，但这个大森藤赖的经历有许多不明之处。北条早云夺取小田原的过程也基本记载于一些类似野史的军记书中。大致的情况约略如下：大森藤赖与其父氏赖不同，是一个昏庸无能的人物。北条早云通过馈赠礼物讨好他，麻痹他的意志。接着，北条早云提出了到西相模小田原城附近的箱根山狩猎的要求，得到了大森藤赖的准许。明应四年（1495）的九月，北条早云趁此机会，带领数百人，以狩猎为名进入了相模。在夜晚，就抄袭了中国战国时期齐国田单在即墨之战中用过的法子，在千余头牛的角上绑上松明等引火物，点燃后让牛从箱根山冲向小田原城，夜色中，因为起火而受惊的牛冲进敌阵，犹如千军万马，小田原城内一片混乱。大森藤赖逃跑。小田原就这样被北条早云偷袭得手。

这个奇袭的故事似乎成为战国时代渲染英雄人物的固定桥段，事实上，以当时关东混乱的局面看，无论是两上杉还是三浦家自身都处于一种不稳定的状态，北条早云偷袭小田原其实是一次“趁虚”的行动，难度应该不会很高。本次行动从近的来说，应该是北条早云配合扇谷家在长享之乱背景下的一次行动。而再远一点看，北条早云的行动是配合京都的细川政元而对山内家采取的攻击，因为当时将军家在关东大战中站到了扇谷一方，另一方山内家则是明应政变中被废位的将军足利义材所支持的，所以北条早云的行动甚至可能是在细川政元的授意下进行的。值得一提的是，北条早云从来没有居住在这座给北条家后人带来荣耀的城中，他的居城一直是伊豆的韭山城，而小田原则由他的弟弟弥次郎驻守。

侵攻小田原引起了山内家的警惕，一年以后的明应五年（1496），上杉显定突然率军攻进了西相模，扇谷家实力不济，一败涂地，小田原也再次易手，连弥次郎也不得不仓皇逃回伊豆。北条早云闻讯采取措施，到文龟元年（1501），北条早云通过笼络地方豪族等一系列手段夺回了小田原并巩固了对该地的占领。

在占领小田原后，北条早云又采取了一系列的军事行动去巩固他的领地。他一方面与名义上的主君今川氏亲联合，发起了攻击远江和三河的战争。另一方面也获得了今川氏亲的支持，联合上杉定正的养子上杉朝良，进攻山内上杉家。永正元年（1504）八月上杉显定进攻扇谷家的河越城，上杉朝良向同盟今川、北条请求援助。上杉显定再度表现出了拙劣的军事能力，他在河越城下迟疑了半天，做出了一个非常“弱智”的决定：先取江户城再打河越城。这一拖就拖到了北条、今川援军抵达，上杉朝良立刻反扑，与北条、今川军联合在武藏立河原击败上杉显定，这一战杀得血流成河，山内家阵亡人数达 2000 人之多。前来救援的是越后守护上杉房能，越后上杉的前一任领主上杉房定是显定的亲生父亲，房能是显定的亲兄弟，兄弟有难，实力雄厚的越后全力救援。遭受重大损失的山内家很快卷土重来，而扇谷上杉则已经到了强弩之末。在今川、北条军撤走之后，永正二年（1505）三月，上杉显定再次进攻武藏、相模等地，无力抵抗的上杉朝良被包围在河越城，被迫投降。祸害关东地区近 20 年的“长享之乱”至此以扇谷上杉的屈服而落下帷幕。

而在长享之乱中，占便宜最大的并不是争得你死我活的两上杉中的任何一家，从各方面来看，北条早云才是这场战乱中的最大赢家。他利用两上杉的矛盾，处理今川内乱，吞并伊豆，奇袭小田原，由藉藉无名的今川家臣一跃而成为一位大名，下一步，他就把手伸向了昔日的盟友扇谷上杉家，因为这个长享之乱的输家，如今的实力已经一落千丈。

四、征服相模

长享之乱以后，北条早云首先的目标是武藏，而武藏是扇谷上杉家的地盘，进攻武藏就意味着北条早云要与扇谷上杉决裂，而决裂的契机则是永正四年（1507）开始的又一次关东大乱，主角则是越后的守护代长尾为景，此人的儿子就是日本战国赫赫有名的军神上杉谦信。

◇ 征服相模地图

这次“永正之乱”是长享之乱的后遗症。越后守护代长尾为景在继承父业后，充分表现出了长尾家“甲状腺”的本色。永正四年，长尾为景私下里拥立了越后守护上杉房能的养子上杉定实，突然暴起袭击上杉房能，仓皇逃窜的上杉房能没能逃到他兄长上杉显定那里，被逼死在天水越。这一事件引起了山内家的注意。上杉显定自然不能坐视不理，于是他就以此为借口，于两年后征伐越后。长尾为景明知不敌，于是渡海逃亡佐渡岛，见敌逃亡的上杉显定又一次麻痹大意。永正七年（1510），长尾为景和上杉定实突然从佐渡杀了回来，信浓国的高梨政盛是为景的外祖父，也出兵援助长尾为景，一路被长尾为景追击的上杉显定在越后的长森原迎面遇上了高梨政盛军，寡不敌众，战败后自杀身亡。山内家失去了一个不怎么靠谱的老大，又来了两个更不靠谱的老大——上杉显定遗言让养子上杉显实继位，但另一个养子上杉宪房不服，山内家至此一分为二。得到这个消息的北条早云自然不肯放过这一机会，敌人的敌人就是自己的朋友，老奸巨滑的北条早云决定响应长尾为景。另一方面，古河公方足利政氏也在头疼中，古河公方在之前的长享之乱中用实际行动诠释了什么叫“无节操”，他们一开始因为与山内家的宿怨而全力支持扇谷家，打到一半发现扇谷家实力不足，于是转而支持山内家。足利政氏甚至把一个弟弟送到山内家做养子，就是继承了关东管领之位的上杉显实。这个时候，因为对上杉的政策问题，足利政氏与他的儿子足利高基发生矛盾，站在高基的角度，他当然不希望自己的亲叔父掌握关东最大势力山内家，于是，政氏和显实为一方、高基和宪房为一方，关东管领家和古河公方家都开始内讧，根本无暇分身，这使长尾为景和北条早云都有了积蓄力量的机会。山内家的内乱很快分出了胜负，永正五年（1508），上杉显实攻上杉宪房，被击败以后逃亡古河，三年以后病死，山内家的实际老大变成了上杉宪房。

值得一提的是，长享之乱后，扇谷上杉被迫屈服于山内上杉，讽刺的是，永正四年（1507）时，山内家上杉显定的养子上杉宪房甚至还娶了扇谷家上杉朝良的妹妹，一对冤家又变成了亲家。于是，这也使北条早云又有了和扇谷家反目的借口。

永正七年（1510）四月，北条早云趁山内家忙于应付长尾为景的机会，出兵武藏，正式与扇谷上杉开战。北条军很快就突破了武藏的防线，同时，北条早云事先做好了情报工作，他结连武藏权现山城的城主上田政盛为内应。北条军在政盛的帮助下很快渡过了多摩川直插武藏国内，引起了扇谷家的恐慌。

但是百足之虫，死而不僵。扇谷家虽然在长享之乱中元气大伤，却还有自保的能力。上杉朝良立刻出兵，把主攻目标定为叛乱的权现山城。他的妹夫上杉宪房也出兵支持。两上杉一合璧，北条早云的武藏攻势就落了空。七月，权现山城被两上杉联军攻克，上田政盛逃走。而在北条早云的后侧，相模的三浦氏作为扇谷上杉的家臣也展开了配合主君的攻势，他们攻克了住吉城，直逼小田原。在两方面的压力下，北条早云被迫放弃了武藏国攻势，正式与扇谷上杉讲和。

经过这一次失败后，痛定思痛的北条早云得出了两个结论：一、同时与扇谷和山内两上杉开战的决定并不明智。还是应该利用他们之间的矛盾。二、攻略武藏之前，必须要稳定后方，这就必须将相模平定，首要的任务就是要拔掉三浦氏。

三浦氏的当家是三浦义同，他本人出身扇谷上杉家，因此，要动他，就意味着要做好应付扇谷上杉大规模救援的准备。因此，北条早云决定再一次效仿夺取堀越公方和小田原城的故伎，采用奇袭的办法。

永正九年（1512）八月，北条早云对三浦义同的居城——相模国中部的冈崎城发动了突然袭击，三浦义同措手不及，于是决定放弃冈崎，退守住吉城。北条早云乘胜追击，又攻克了住吉城。把三浦义同逼进了其子三浦义意所驻守的三崎城，父子两人凭借这座孤城顽强抵抗。北条早云这一战以后，就进入了镰仓。为了限制三浦家的势力，同时遏制两上杉的援军，北条早云就在镰仓修筑了玉绳城。

镰仓是关东的政治中心，昔日源赖朝就在这里建立起镰仓幕府。室町幕府时期的关东公方所在地也是在镰仓。关东大乱后，无论是堀越公方还是古河公方都无力保住镰仓，于是关东就陷入了一片混乱。北条早云占据镰仓，至少在政治上有着非凡的意义。

北条早云攻打三浦氏引起了扇谷上杉的注意，但是由于北条动作迅速，当扇谷上杉做出反应时，三浦氏已经被困三崎城。扇谷上杉的援军被北条早云击退。永正十三年（1516）七月，扇谷上杉再一次出兵攻击玉绳城，希望能解除三浦氏的危机，三浦义同父子也采取配合攻势，但一场激战以后，三崎城陷落，三浦父子阵亡。相模国完全落入北条早云之手。

永正九年（1512），幕府正式承认北条早云为伊豆守护，这标志着北条早云正式成为一名大名，并已经开始摆脱今川的控制。

北条早云的成功不仅在于他的军事计谋，他在政治上也同样敢为人先。他率先在属地推行了检地法。永正三年（1506），北条早云在小田原推行检地。所谓检地就是确定领地内的石高（收成）和兵役动员的潜力，确定领地能够动员多少军员，同时也可以通过检地，查出隐田，增加大名的收入。通过检地，大名否定了传统的庄园公领制，确立土地使用者拥有所有权。检地是向战国大名过渡的标志之一。同时，北条早云还留下了《早云寺殿二十一条》，这一文件以家训的形式，规定了北条家族和其家臣在信仰、生活、家族关系等方面必须恪守的原则，成为北条家代代相传的祖制，这就是后来所说的“分国法”。实行检地以控制领地经济，制订分国法以确定主从关系，是战国大名的两大特点，这种革命性的举措是“下

克上”起步的北条早云在时代变迁中为适应历史潮流而做出的，也为众多的后来者所仿效。而北条早云独具匠心所创设的“四公六民”的税收政策，也给他带来很大的民众支持度，这是他成功的另一个秘诀。

永正十五年（1518），北条早云按传说的说法是87岁高龄，而按考证的说法也有63岁了，他决定把家督位传给他的儿子北条氏纲，自己则隐居韮山城。

第二年八月，北条早云向儿孙一一交代了遗言后，安然而逝。遗体按传统火化后葬于箱根山早云寺。

北条早云一个小小的幕府官吏，运用自己的智谋，在关东的混战中，开辟出了一片天地，既是因为时代成就了他，也是因为他具有敢为天下先的勇气、智慧和能力。他凭这种勇气、智慧和能力，成为战国时代叱咤关东的后北条氏的创业者，实在堪称日本史上的一大传奇。而他的儿孙，则继续了他的传奇。

五、魔王之子

“天下英雄谁敌手，曹刘，生子当如孙仲谋。”但历史上，虎父犬子的例子也是屡见不鲜的。英国独裁者克伦威尔戎马半生，威名赫赫，他的儿子却控制不了手下那群军官，导致了斯图加特王朝的复辟。在垂暮之年打下家业的北条早云，却比克伦威尔要幸运得多，因为，身为“战国三大枭雄”之一的他，有一个能够继承和光大家族的儿子——北条氏纲。

北条氏纲出生于长享元年（1487）关东大乱之时，乱世中出生和成长的他接受了出类拔萃的父亲的培养，具有非凡的能力。永正十五年（1518），北条早云将家督位传给北条氏纲后隐居韮山城，第二年去世，32岁的小田原城主北条氏纲就成为北条家的新掌门。

北条氏纲继承家督后所做的一件影响深刻的事就是改苗字。我们首先要清楚的是，日本人旧时的姓氏系统十分复杂，分为姓、氏、苗字三大系统，氏是出现最早的，日本人原本有名而无姓，一些有实力的贵族集团逐渐在族长周围形成了氏族，于是就出现了早期的如“苏我氏”“大伴氏”等氏，后来形成平、源、藤原、橘四大氏。大化改新以后，朝廷赐了“八色之姓”，也就是通常说的日本人的姓，主要是用来区分身份秩序，有“真人”“朝臣”“宿祢”等，姓随着律令制的崩溃和时间的推移渐渐少用。而在武士崛起以后，为了区分不同的家族分支，又出现了“苗字”。苗字往往会以地名来命名，随家业由家主继承，而一旦再分家，新的分支也会另立苗字。苗字是武士的专利，直到近代明治维新为止，农民百姓都是不会有苗字的。伊势氏就是出身于平氏的苗字，而同为平氏流的还有镰仓时代的北条氏。北条早云原为伊势氏，在他的人生中，从来没有使用过“北条”这个苗字。而北条氏纲则独具政治眼光，他决定把自己的苗字改为“北条”，以假托为关东伊豆的名门北条家之后，并沿用北条家的鳞形家徽。关东北条氏是源平合战时期举足轻重的名门，也是镰仓幕府的实际掌权人，在关东有着非同寻常的威望。因此，改苗字为北条正说明北条氏纲将父亲征服关东的理想继承下来，并打出了一个政治旗号。日本史上，小田原城的北条家因此而被称为“后北条氏”。

在北条早云时代，富饶的武藏国就成为北条氏觊觎的对象。北条早云曾经通过策反扇谷上杉的权现山城城主来获得进入武藏的机会，却被两上杉联军所击败。如今的北条家坐拥相模和伊豆，今非昔比。于是，北条氏纲再一次将目光转向了武藏。在北条早云去世的前一年，扇谷上杉家家督上杉朝良隐居，侄子上杉朝兴接位，扇谷家更为衰落，这就在客观上给了北条氏纲机会。

大永四年（1524），北条氏纲沿用了他父亲当年侵袭武藏的做法——联络内应。这一次，北条家的内应是太田资高。太田氏是扇谷家的老臣子，太田资高的谋反可以说对于扇谷上杉是一个重大打击。是年正月，北条氏纲在“寝返”太田资高后，就率军侵入武藏，展开了迅速的军事行动。北条军很快在品川高轮原击败了上杉朝兴，夺取江户城，上杉朝兴被迫撤向河越城。同时，岩付城守将太田资赖也投降北条家，扇谷家岌岌可危。

扇谷家被迫反击，十月，关东管领上杉宪房出军支援上杉朝兴，同时他们联络甲斐守护武田信虎为援。为夺回江户城，他们决定先攻打毛吕城，朝秦暮楚的太田资赖也在岩付城被攻后再次投降扇谷家。北条氏纲眼见不能敌，决定与上杉议和，放弃毛吕城让给上杉宪房。第二年二月，北条氏纲撕毁和约，再次出兵武藏，攻克岩付城，城主太田资赖逃亡。扇谷家感受到了咄咄逼人的压力，于是联合山内家、甲斐武田氏以及伊豆半岛东面房总半岛上的真里谷武田家、安房国里见家等数家形成了一个围绕相模、伊豆两国的半圆形的包围网。享禄三年（1530），北条氏纲的嫡子北条氏康与扇谷家上杉朝兴在多摩川河原的小泽原决战，大获全胜。然而在享禄四年（1531），扇谷家又夺回了岩付城，北条家陷入了拉锯战的泥潭之中。

在侵袭武藏的同时，北条氏纲又正式向昔日的另一位盟友开战。有人认为，北条早云虽然名列战国三大枭雄之一，却从没有“克上”，因为北条早云的“上”是骏河的今川家。到了北条氏纲时代，北条家就正式向这位以前的上司宣战。天文五年（1536），今川家发生了“花仓之乱”，在这场为争夺家督位而发生的战乱中，今川义元胜出，成为今川家新任家督。第二年，今川义元和甲斐的武田信虎结为亲家，甲骏同盟形成。而武田信虎在争夺武藏的过程中早已与北条氏纲有摩擦。今川家自今川氏亲死后，与北条的关系也日益疏远。于是，北条与今川为争夺河东，也就是富士川以东的土地开始了争夺，史称“河东之乱”。天文六年（1537），北条氏纲向西出兵骏河，并联络远江等处的反今川势力以夹击今川义元。北条军虽然被今川家阻止未能侵入骏河，却占据了河东。咄咄逼人的北条氏纲在号称“东海道第一弓取”的今川义元和甲斐名将武田信虎的夹击之下丝毫不落下风。

为了摆脱四面楚歌的境地，北条氏纲在晚年时决定把手伸入下总。天文七年（1538），北条与小弓公方、安房里见家的联军之间爆发了著名的国府台合战。

所谓小弓公方，是关东“永正之乱”的产物。永正年间，古河公方足利政氏和儿子足利高基的矛盾公开化，甚至演变到了兵刃相加的地步，足利高基最终逼走父亲获得胜利。而足利高基的弟弟足利义明在这个时候也跳出来凑热闹，他质疑足利高基古河公方继承人的地位，因而又发生了兄弟相攻的事件。在争夺古河公方失败以后，足利义明出走，在上总国真里谷城的武田氏的帮助下，袭击了下总的小弓城，并将它据为己有，然后关起门来过公方的瘾。在那个混乱的年代，在关东有实力就是爷，于是，小弓公方这个畸形产物就这样出现了。

足利义明完全是依靠上总真里谷城的武田氏才能成为公方，他的野心是进入镰仓成为真正的关东公方，但问题就在于：镰仓的所有者目前是北条氏纲。北条氏纲本来希望能在古河与小弓的争夺中保持中立，但他发现真里谷武田氏与里见家的势力在江户湾迅速扩张，这就使得北条家与小弓公方的一战不可避免。天文三年（1534），真里谷武田家家督武田胜保病死，其子武田信隆和武田信应为争夺家督之位兄弟相残，小弓公方是武田信应的支持者，而北条氏纲则在这一次插手武田的内乱，支持信隆。于是，真里谷武田家的内乱成为关东大战的导火线。值得一提的是，本来与北条有盟约的里见家也突然毁弃盟约，加入小弓一方，北条家不得不应付联军的进攻。

天文七年（1538）十月，双方终于展开决战，里见义尧、足利义明和武田信应联军约一万人进驻国府台城，这个太田道灌当初修筑的小城是下总侵入武藏的门户，直接威胁武藏南部北条领地的安全。而北条氏纲则从盟友第四代古河公方足利义晴（高基之子）处取得讨伐状，获得了大义的名分。北条氏纲派嫡子氏康率军二万，进驻江户城。国府台合战开始。

小弓军一开始就发生了内讧，里见义尧以一个老江湖的身份提了一个有建设性的建议：北条军还在过河，兵半渡可击也！而小弓公方足利义明这个时候“宋襄公病”发作了：“胡说！打过河一半的敌人算什么本事！哥很强大，等北条军过了河哥灭了他们给你瞧瞧什么叫真刀真枪。”里见义尧看着这个迂相公表示无语，于是他移师观望，给自己留了条好退路，并暗中做好了一旦小弓公方被干掉就全面吞食其地盘的打算。

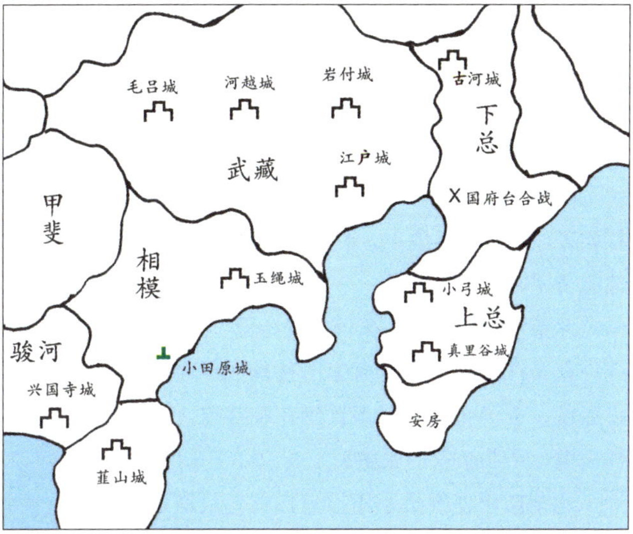

◇ 关东局势地图

十月七日，小弓军的椎津隼人佑向国府台北的相模台移动，足利义明作为主将则从国府台正面出击，他对自己的武勇非常自信。北条军则渡过浅草川、中川，在相模台对面的金町布阵。足利义明的算盘是；当北条军突击到松户台和国府台中间时，由椎津隼人佑和他的本阵进行夹击，但是北条军的行动却出乎他的意料。北条氏纲从金町过河，首先攻击在松户台的椎津隼人佑，在北条军突如其来的攻击下，椎津隼人佑被击败，而足利义明则按兵不动。于是北条军采用迂回战术，从国府台侧面直击足利义明的本阵，小弓军立刻混乱，足利义明兄弟阵亡。里见义尧在听说小弓军失利的消息以后，约束军队退却。在这一战以后，小弓公方灭亡。同时，北条军制伏了真里谷武田氏，北条氏纲的势力伸入了下总区域。而里见义尧并没有遭到重大损失，反而获得了小弓公方和真里谷武田家的部分遗产，成为能与北条在下总抗衡的势力。双方的战果可以说平分秋色。

国府台合战是北条氏纲一生中最辉煌的一幕，天文十年（1541），北条氏纲病倒，七月十九日去世，家督位由其子北条氏康继承（一说天文七年，北条氏纲就让位隐居），北条家迎来了称霸关东的时代。

六、相模雄狮

永正十二年（1515），上杉宪房接替死掉的老对头上杉显实担任关东管领。由于上杉宪房与扇谷家的姻亲关系，加上两上杉面临共同的敌人——小田原北条氏，两上杉就联合起来成为北条家在关东的敌人。上杉宪房跟兄弟显实斗了半辈子，又和北条氏纲斗了半辈子，心力交瘁，大永五年（1525）不幸死去，留下了一个幼子上杉宪政。因为孩子太小，只能由养子上杉宪宽（足利高基之子）暂摄家督。这再一次引发了山内家的内乱。享禄四年（1531），上杉宪政攻打宪宽，迫使后者交出了家督位和关东管领的职务。山内上杉的内部问题暂时得以解决。

而就是在前一年，一位 16 岁的北条家继承人，在小泽原初次上阵，击败了上杉朝兴，从而崭露头角。十年以后，他成为小田原的主人，被人称为“相模雄狮”，他的名字叫北条氏康。

北条氏康在成为家督前，就经受了战火的洗礼，父亲北条氏纲多次派他出阵，或许就是在刻意培养北条家的接班人，而北条氏康也确实继承了祖父和父亲的优良血统，表现抢眼。北条氏纲在临终前，又给予他五条训诫状，告诉他应该怎么样去做一个北条家的家主。

北条氏康在继承小田原后，首先就遭逢了一次重大的考验。从北条氏纲时代开始，北条家和骏河的今川家就在争夺河东，也就是富士川以东的地区。河东之乱延续了多年，甲斐武田氏、两上杉家与古河公方等势力也纷纷参与进来，关东的局势变得日益混乱。天文十四年（1545），骏河的今川义元为了收复河东失地出兵攻打北条氏，一举拿下东骏河，而扇谷家家督上杉朝定（上杉朝兴之子）和上杉宪政乘北条氏应对今川义元之机，也决定讨伐北条。古河公方足利晴氏继续诠释着“无节操”，曾是北条氏纲盟友的他在氏纲死后，或许是抱着趁火打劫的心态，转而成为两上杉的盟友，三方一起包围了河越城。镇守河越城的是北条氏的名将北条纲成。北条纲成有一个绰号叫“地黄八幡”，因为他的战旗是黄色底上书“八幡”两字，所谓的“八幡”是镰仓鹤冈八幡宫所供奉的武神，从镰仓时代开始就被称为武家的保护神，以镰仓幕府继承人自居的北条家在北条氏纲时代就开始重修八幡宫，以之团结麾下武士。黄旗的北条纲成率领的无疑是北条家最强悍的战斗部队之一。在此后，又有所谓的“北条五色备”的说法，称北条纲成的部队为黄备，另有北条纲高（赤备）、笠原康胜（白备）、多目元忠（黑备）、富永直胜（青备）四人率军共组五备，甚至玄乎地传言说其中的黑备多目元忠军只有一个人，是以谋略闻名。这种传言似乎是依据“地黄八幡”扩大而编造，本不能作为正史取信。

两上杉围攻河越的联军据说达到 8 万人，这个数据有夸大的可能性，但两上杉联军占人数优势是无疑的。在强敌面前，北条纲成决定坚壁清野，固守待援。而北条氏康此时正忙着对付今川，在天文年间，关东的甲斐也出现了变故，武田晴信（即武田信玄）放逐了父亲武田信虎，接任甲斐守护，这意味着作为今川盟

友的甲斐对北条家的态度有所转变。武田晴信的主要扩张方向定在甲斐以北的信浓，他对南攻北条没多大兴趣。而今川义元的目的是回收河东，然后急迫地要攻打骏河西边的三河、远江，也希望与北条和解。所以北条氏康在武田晴信的斡旋下和今川暂时达成协议。面对两上杉联军咄咄逼人的气势，北条氏康选择了按兵不动。河越城中的千余人军队，在北条纲成的带领下，硬生生地固守了半年之久。

两上杉联军包围河越城，却无法实现吸引北条家来此决战的目的，而河越城虽然遭遇断粮，孤立无援，却一时也无法攻克，于是，两上杉联军在半年的笼城战后，士气低落，警惕心懈怠。天文十五年（1546），北条氏康先是以伪降书麻痹了包围大军，四月二十日夜晚率领不到万人的军队，突然趁夜色袭击了包围河越城的两上杉联军，猝不及防而又士气低落的两上杉联军人数虽然占压倒性优势，但在遭受袭击以后丝毫没有抵抗能力，八万大军瞬间崩溃。在混乱中，上杉朝定阵亡，扇谷上杉氏此后绝嗣灭亡。上杉宪政仓皇逃往上野。北条氏康一度甚至想乘胜追击，家臣多目元忠深知敌军势众，立刻吹响了停止进军的法螺，劝说北条氏康勿追穷寇。而被包围多时的北条纲成也趁机出城，冲着古河公方军大喊："北条胜了！北条胜了！"不明真相的古河军不战而逃。河越之战，北条大获全胜。北条氏康乘胜吞并整个武藏，获得了关东的支配权。

河越城夜袭战是日本史上一次经典战役，与织田信长的桶狭间合战和毛利元就的严岛合战并列为"战国三大奇袭战"。此后，山内上杉再也无力对抗强大的北条氏，天文二十一年（1552）一月，关东管领上杉宪政遭到北条氏康的攻击，被迫逃出上野平井城，到越后投靠长尾景虎（即上杉谦信）。天文二十三年（1554）十一月，北条氏康攻克下总的古河城，古河公方足利晴氏父子被迁往相模幽禁，北条氏康另立足利义氏为公方，从此，关东公方成为北条家的傀儡。

控制了关东的北条氏康决定要报今川义元夺取东骏河的一箭之仇。天文二十三年（1554），北条氏康攻入骏河，今川的盟友甲斐武田晴信前来救援，眼看战国三大强人即将陷入一场混战，他们之间的争执却戛然而止。在今川家的太原雪斋的调停下，北条氏康、今川义元和武田晴信三人达成一致。北条氏康之子氏政娶武田晴信女，今川义元之子氏真娶北条氏康女，加上此前武田晴信子义信娶了今川义元女，三方互为婚姻。三方在这个盟约中各取所需，然而又各怀鬼胎。这就注定了这个盟约此后会有诸多变故。

永禄二年（1559），北条氏康将家督位让给儿子氏政，事实上，北条氏的实际权力仍然在氏康手中，他以"太上皇"的身份处理一应事务。第二年，今川义元在桶狭间被织田信长袭击阵亡。今川义元的死，使原本极为脆弱的三国同盟开始走向瓦解。

然而，此时的北条氏康却无暇去处理今川义元死后的事宜，他将要面临的是一个极其危险的敌人。永禄三年（1560）八月，越后的长尾景虎（即上杉谦信）率领关东部分大名组成联军，南侵北条氏。越后的长尾景虎此次行动得到关东管领上杉宪政的授权，长尾景虎与武田晴信在川中岛大战过数次，作为晴信盟友的北条家，自然和长尾景虎的关系十分恶劣，加上正在此时，北条军将上野国境内的上杉势力肃清，并将上野领国化，威胁到了越后。越后军很快侵入上野，连下沼田城、岩下城、厩桥城等要地，然后侵入武藏国，绕过了河越城直扑松山城，北条家的大本营相模已经近在咫尺。北条氏康当时正在东征房总半岛的里见家，听说上杉军入侵以后，立刻回军相模，并向盟友今川、武田请求援助。今川家虽然陷入了今川义元死后的混乱，但还是派军前往河越城。长尾景虎一刻也没有耽搁，决定对河越城、古河御所等几个战略要地围而不打。永禄四年（1561）二月，越后军拿下古河，主力直攻小田原。北条氏康在强敌面前决定退到小田原坚壁清野，他本人驻守小田原，同时分兵把守玉绳城、泷山城、河越城。三月，北关东参与讨伐北条的诸军集结到小田原一带，军势据称多达 10 万人左右，但长尾景虎虽然是战国第一的名将，在北条氏康的坚壁战术下仍然无隙可乘，何况他的后勤线也遭到北条方的不断袭击，到了四月，武田信玄为配合北条方出兵信浓，再袭川中岛，而受到永禄年间关东的大面积饥荒的影响，越后军很难取得粮食。于是，长尾联军在久攻不下小田原的情况下，被迫撤退。战后，北条家迅速北上收复上野、武藏两国的失地。

永禄六年（1563），越后军在上野的据点松山城遭到北条军的围攻，正和武田打得难解难分无法脱身的上杉谦信要求上总的里见家配合救援在松山城的太田资正，里见家在第一次国府台合战中没有受到多大损失，反而继承了小弓公方的遗产得以壮大，成为能和北条抗衡的势力。接到上杉的求助后，里见义尧立刻命令其子里见义弘率军出阵，但未能救下松山城。同年年底，驻守武藏江户城的太田康资由于对北条家不满，接受了同族太田资正的劝说谋反。永禄七年（1564）正月，应上杉谦信的要求，里见义弘与太田资正率军接应康资，在国府台列阵。北条一方则由北条氏康亲自率军倾巢而出，第二次国府台合战爆发。

战役的开始，里见家占了优势。北条军北条纲成部为先锋，从江户城出发攻击里见军，江户城将领远山纲景和富永直胜认为自己对太田康资的反叛负有一定责任，因此准备戴罪立功，一时心切，反而被里见军击败，远山纲景和富永直胜两人阵亡。获得短暂胜利的里见军放松了警惕，是夜，善于夜袭的北条氏康命令

军队绕行到里见军本阵的后方，突然发起攻击，正在庆祝白天胜利的里见军遭到了毁灭性的打击。北条军乘胜攻入上总。此战以后，上野由良氏、上总酒井氏、土岐氏、原氏、正木氏等地方豪族纷纷归附北条家。里见家的重臣正木时忠也反戈投奔北条家。里见家的本城久留里城和佐贯城都已经岌岌可危。永禄十年（1567）八月，北条氏政为了彻底消灭里见家，攻打里见家龟缩防守的佐贯城，从而爆发了三船山合战。里见义弘事先在佐贯城附近的三船山修筑了工事，和城中内外呼应。在兵力优势的情况下，北条氏政选择分兵，命令太田氏资渡过江户湾攻击佐贯城，而北条氏照率军攻击里见义弘之父义尧驻守的久留里城。里见义弘盘算再三，决定孤注一掷，派正木宪时杀出了佐贯城，主攻太田氏资一军。狭路相逢勇者胜，背水一战的里见军杀败了北条军，殿后的太田氏资阵亡。随后，里见调过头来水陆夹击北条军，取得了三船山之战的胜利，这使里见家得以保留了最后的一颗种子，北条家消灭里见的企图破产。而在此时，一颗潜伏了多时的炸弹也要爆炸了。

就在同年，武田信玄入侵骏河，在今川义元死后，今川家就面临德川家康咄咄逼人的攻势，而武田家的反目则更是毁灭性的。今川氏真只好向岳父北条氏康求援，然而今川氏真最终遭到三河松平家和甲斐武田家的联袂攻击，于永禄十二年（1569）被迫流亡小田原，这也标志着三国同盟的彻底破裂。

在这种情况下，北条氏康又一次施展外交手腕，同年，他与昔日的敌人越后的上杉谦信达成了同盟关系，北条家的北条三郎作为人质交与上杉家，上杉家则以柿崎晴家为人质。越（后）相（模）同盟达成。

越相同盟极大地刺激了武田信玄，这意味着他可能要面临两线作战的危机。同年十月，武田信玄出兵攻打相模，很快包围了小田原城。这一次，北条氏康仍然采用他那屡试不爽的坚壁清野战术，粮草充足的小田原城成为北条家最坚固的堡垒。即使是号称“风林火山”的武田军，面对这座坚城也是毫无办法，只好撤退。然而，北条氏康此时却主动出击，试图在武田军回归路上截击。在三增峠之战中，截击的北条军遭到失败，武田军得以退回甲斐。受到教训的武田信玄对相模雄狮的才干感叹不已。

元龟二年（1571），继承祖、父两代基业，叱咤一时的战国大名北条氏康去世。北条氏康一生中除了周旋于武田、今川、上杉等豪强之间巩固基业扩大地盘以外，最大的功绩当数加强领地控制了。北条氏康执政的天文、永禄年间是关东天灾不断的年头，先有天文十八年（1549）关东的大地震，后有永禄大饥馑。关东一地田地抛荒无数。在河越夜袭战后，控制了武藏、相模、伊豆等地的北条家已经有足够资本，北条氏康从天文十九年（1550）四月起发布“公事赦免令”，下令轻减赋税，实行统一租税改革，削减以往的中间盘剥环节，此后又不断发布所谓“德政令”来巩固成果。这一方面是为了保证耕作，另一方面也使北条家对领地的控制更为强化，直接摧毁了原本的土地支配阶层，这对于一个战国大名来说至关重要。在北条氏康去世后，小田原北条家的历史进入了最后阶段。

七、落日辉煌

北条氏康去世后，北条氏政就完全掌握了小田原北条家的实权。但北条氏政的能力并不为他的父亲所看好。事实上，在三船山合战中就可以看出，北条氏政的军事指挥能力实在有限，他也没有他曾祖父、祖父和父亲一脉相承的雄才大略。一个流传甚广的故事说，北条氏康吃着饭，一斜眼瞥见他的继承人北条氏政吃饭时候的狼狈样——先往饭里倒了点调味汤汁，尝了尝，发现味道不够，又倒了点进去。北条氏康心里咯噔一下：“这孩子，连一碗饭要多少汤汁都计算不好，将来怎么去算计那些家臣？”于是深深感慨：“北条家到我这一代就终结了吗？”而此时，天下大局逐渐趋向明朗，小田原北条家的历史也就进入了落日的阶段。

据说北条氏康的遗言是要求破弃越相同盟，向武田氏寻求和睦。不论真伪，反正在北条氏康去世后，北条氏政主动联络甲斐武田家，宣布恢复甲（斐）相（模）同盟关系，并且将他的妹妹嫁给了武田信玄的儿子武田胜赖。甲相同盟的重新出现意味着原本的越（后）相（模）同盟失效。在北条氏康去世后的第二年，甲斐的武田信玄起兵试图入京，作为同盟的相模北条家也象征性地派出军队参与。武田信玄在获得三方原合战胜利以后，因为信玄本人的健康问题，武田军退回甲斐。这一次上洛之战就不了了之。

天正二年（1574），北条氏政面临他作为北条家实际掌权人后的第一次考验。上杉谦信从越后进入上野。北条氏政于是也出兵上野，双方对阵于利根川。平心而论，北条氏政应该不是战国第一名将上杉谦信的对手。但此时，上杉谦信却考虑到越中国出现叛乱，决定避免决战。一场大战消弭于无形。此后，北条氏政就趁上杉谦信经略越中之际扩大地盘。先在该年的闰十一月攻入下总国簗田晴助的关宿城，第二年攻克下野国小山秀纲的祇园城，迫使下总的结城晴朝降服。天正五年（1577），又与夙敌里见义弘达成和睦协议。

天正六年（1578），越后大名上杉谦信结束了他辉煌的一生。上杉谦信一生不近女色，因此也没有留下子嗣。他的家督位就从他的两个养子中产生：一是谦信的外甥上杉景胜，他得到了上杉家臣的支持，一为北条氏康之子三郎氏秀，也就是上杉景虎。他是在越相同盟期间作为人质送到越后，成为谦信的养子。北条氏政自然希望他的弟弟能够继承越后，这对于北条家是有百利而无一弊的好事。

于是，在这种情况下，为争夺上杉家的家督位，越后爆发了著名的“御馆之乱”。北条氏政侵入越后，同时要求同盟方的武田胜赖出兵援助。在越后方面，上杉景胜抢占了上杉家的本城春日山城。上杉景虎则逃至前关东管领上杉宪政所居住的御馆。此时，武田胜赖应同盟之邀也进入越后，上杉景胜施展外交手腕，贿赂武田家，武田胜赖考虑到武田本家的利益，加上德川家又在背后威胁武田家，他决定退兵，继续调停两上杉之争。而北条家的北条氏照、北条氏邦为援助景虎杀入越后以后，在越后坂户城遭到顽强抵抗，迟迟不能攻下，直到冬天大雪降临，军事行动被迫停止。上杉景虎在失去武田家、北条家的武力支持后，在这场家督争夺战中战败自杀。

在越后争夺战中被同盟背叛的北条恼羞成怒，甲相同盟因为这场风波而再次宣告破裂。北条氏政转向与织田信长和德川家康同盟，并约定夹攻武田家。天正八年（1580），北条家侵攻武田胜赖，标志着甲相两方由同盟再次转向仇敌。北条氏政没能在武田家手里占到半点便宜，其上野和下野部分领主反而开始反叛投入武田家麾下。同年，北条氏政仿效他的父亲氏康，将家督位传给儿子氏直，自己则成为掌握实权的“太上皇”。

天正十年（1582），信长消灭了甲斐武田氏。泷川一益受信长的派遣来到上野，成为织田军在关东地区的统帅，并出任关东管领。北条氏政为不得罪强大的织田势力，小心翼翼地处理着和泷川一益的关系。是年五月，泷川一益把居城移到厩桥城，就近控制关东各大名。然而，同年六月，本能寺之变的发生又一次改变了关东的局势。由于信长的死亡，导致织田家原本的统一体系崩溃。北条氏政也开始对抗泷川一益在关东的权威。

本能寺的消息传到关东，泷川一益立刻决定回师讨伐明智，事实上也颇有一番争夺天下的心思。但是，泷川一益的希望很快就被一个消息所打破——北条家入侵上野！

六月，北条军北条氏政亲自统军，北条氏直、氏邦、氏规分别率军杀入上野。泷川一益则集合上野地方豪族所组成的上野众以及织田帐下的关东大名以攻为防。根据《上州治乱记》记载，北条在本次战役中投入兵力达5万人，而泷川只有1.8万人，双方在神流川爆发了著名的神流川合战。

战役的开始，六月十八日，作为织田家名将的泷川一益为抢占战略要地，全力进攻武藏与上野交界的金洼城，泷川一益的攻势十分迅猛，引起了北条方面的注意。占有兵力优势的北条家立刻向神流川桥方向移动，援助金洼城，先锋北条氏邦在金洼原与泷川益氏所率领的军队遭遇。是时，金洼城都已经陷落了。泷川益氏所率领的除了泷川家的军队以外，还有武田旧部所组成的“上州众”，这批身经百战的武士对抗北条在关东鏖战多年的“钵形众”毫不吃亏，泷川益氏迅速吃掉了北条的先锋，斩首200余人，获得了对抗北条军的初步胜利，北条氏邦逃离战场。泷川一益初战告捷。

此时，北条氏政率领主力部队赶到战场，接应败战的北条氏邦。由于北条军比泷川军兵力高出将近三倍，于是战场的天平开始向北条一方倾斜。第二日，北条军与泷川一益再战神流川南岸。北条氏直以二万主力部队挑战，泷川一益的前队仅三千人，冲进了北条二万大军中，由于泷川军个个以一当十，竟然不落下风。北条氏直且战且退，在后阵坐镇的北条氏政见状，立刻分兵一万给弟弟北条氏规，命令其从侧翼冲击泷川军。是时，兵力本已不如北条的泷川一益甚至还没动用其预备队——他太依赖于关东的嫡系了。泷川一益再怎么善战，也双拳难敌四手。在以寡敌众的情况下，泷川军损失惨重，泷川一益在家臣的保护下得以脱离战场。在这一战以后，泷川一益退出上野，逃往伊势。泷川一益也因此而在织田家地位一落千丈，失去了在信长死后争夺天下的资格。

泷川一益的退出使原本的甲斐武田氏领地处于真空状态。于是，在信长死后野心勃勃的德川家康、越后的上杉景胜和力图称霸关东的北条家都希望能入主这一真空地带。北条家一个利好的消息是：在神流川之战后，信浓一带的豪族真田昌幸决定归附北条。于是在七月，北条军以真田昌幸为向导，出兵四万余从刚刚拿下的上野越过碓氷峠进入信浓，取得了信浓的佐久郡。同时，越后上杉在驱逐了织田家势力以后也追击进入信浓，上杉景胜与北条家在川中岛对峙。北条氏政为防止德川、上杉双方夹击，于是做出让步，以川中岛为界，出让北信浓四郡，除此外的信浓由北条占领，双方达成了和解协议。这使北条能腾出手来对付德川。八月，北条军势南侵甲斐，北条军从三方向入侵，正面为主力军四万人，北条氏忠、氏胜率一万人从甲斐御坂峠进军，北条氏邦率一万人从秩父一带侵入。但在甲斐这个山路崎岖的地方，并不是兵多就有利。在山路上，大军团无法完全展开，实际上是无法发挥兵力优势的。德川家很明智地选择不接战而退往甲斐的新府城，同时鸟居元忠和三宅康贞率2000人击退北条氏忠、氏胜的侧翼部队，北条军损失300余人。这场黑驹合战揭开了天正壬午之乱的序幕。战局很快就向不利于北条家的趋势发展。原本配合北条家的木曾义昌、真田昌幸等都被德川家说服加入德川一方。到九月，双方达成协议，北条氏直娶德川家康之女督姬：甲斐与信浓归属家康，而上野归属北条家。天正壬午之乱以双方的妥协宣告结束。

此时的北条家已经达到了势力的最高峰，除了原有的相模、伊豆、武藏以外，北条陆陆续续获得了下总、上总以及上野、常陆和下野的部分地区，领地达到240万石，成为关东的巨无霸级大名。天正十三年（1585），北条家又联合那须氏侵入下野，攻克长沼城，下野的大部分区域被北条所支配。

◇ 真田昌幸

不过，这已经是北条家最后的辉煌了，在北条步入辉煌的同时，丰臣秀吉逐渐掌握了日本政局，成为“天下人”。天正十六年（1588），丰臣秀吉要求北条氏政和氏直父子列席聚乐第，遭到了北条方面的拒绝。作为“天下人”的丰臣自然不能容忍日本有人挑战他的权威，于是，北条与丰臣之间的关系开始出现裂痕。而第二年的名胡桃城事件则成为北条家灭亡的导火线。

名胡桃城事件的缘起和甲斐武田的名门真田家有关。真田昌幸在天正壬午之乱中成为德川和北条之间争取的对象。北条德川双方协议达成以后，真田家仍领有上野沼田城，根据协议，上野属北条，所以德川家康要求真田把沼田城交给北条，他愿意用信浓佐久郡来换。真田昌幸早就在这里修筑了上田城准备作为经营的大本营，他对德川的指手画脚十分不满，拒绝执行，并且联络上杉，叛出德川家。于是爆发了真田与德川之间的上田合战。天正十三年（1585），德川军以鸟居元忠、大久保忠世等率军七千入侵沼田，真田家以上田城为核心，户石城、矢泽城为两翼成犄角防守。闰八月，德川军开始攻城，善守的真田家巧用地形，造成德川军1300多人阵亡。遭受巨大损失的德川家康大为震惊，而上杉家援军即将赶到的消息又一波波传来，碰得头破血流的德川军被迫撤军。

北条家对于真田不履行协议也有所不满，于是，真田又与北条展开了争夺。天正十七年（1589）二月，丰臣秀吉作为中间人裁决北条获得沼田城，而沼田区域中包括名胡桃城在内的大约三分之一部分仍旧归属真田。裁决以后仅仅半年，十一月，北条氏邦的家臣、沼田城的猪俣范直突然出兵进攻名胡桃城。这一下，北条引火烧身。

名胡桃城的归属是出自“天下人”秀吉的命令，北条违反命令进攻名胡桃城，就是藐视秀吉。何况丰臣秀吉还规定大名之间禁止私斗。于是，为了显示权威，丰臣秀吉发布命令，征讨北条家，丰臣秀吉亲自统率主力 17 万，德川家康、织田信雄、宇喜多秀家、石田三成、蒲生氏乡、黑田孝高等当时全国实力前位的大名悉数从征，长宗我部元亲、加藤嘉明等率水军一万，同时还有前田利家率上杉景胜、真田昌幸等关东大名领三万余人，丰臣军总数达恐怖的21万。北条家龟缩小田原城，以松田康长、成田泰季、北条氏规、大道寺政繁、北条氏邦诸将分别驻守山中城、忍城、韮山城、松井田城、钵形城等诸支城，以链式防御对抗节节推进的丰臣军。但丰臣军实在人数太多，如山中城、八王子城等几乎是瞬间被攻克。而一时间拿不下的韮山城等，丰臣军采取围而不攻、留军并绕过的战术。在诸多城池中，忍城是支持最久的，驻守忍城的成田泰季面对石田三成率领的大军抵抗极其顽强，束手无策又立功心切的石田三成想到水攻，于是筑堤引利根川水灌忍城。但是他的数学真是不够好，利根川的水势不大，根本淹不到忍城一根毫毛，但他早就上书丰臣秀吉吹嘘了水攻之法，得到了远在千里之外毫不知战场情况的秀吉的赞许。牛皮已经吹出去了，石田三成硬着头皮土法上马，再此后，突然天降大雨，利根川的水暴涨，石田三成筑的防御堤坝不够高，大水直接冲倒了堤坝，反而淹到了丰臣军。技术拙劣的石田三成被困在了忍城之下，但这也仅仅是丰臣大军的九牛一毛而已。到天正十八年（1590）五月，原本作为北条家同盟的奥州大名伊达政宗也加入到丰臣军的讨伐阵容中，小田原城岌岌可危。

遭到入侵的北条家内部产生了分歧，在当年一月的重臣会议上，老臣松田宪秀主张固守小田原，而北条氏邦主张出箱根山与丰臣军野战。双方争执不下。北条氏政考虑到他的父亲氏康时代依靠固守小田原而对抗上杉和武田的先例，决定故伎重演，固守小田原。小田原评定的结果决定了北条家的命运。而六月再一次的小田原评定，两派重臣又围绕到底是投降还是决战争论不休，北条家缺乏一个有魄力的决断者，因此举棋不定，最终害死了自己。

这一次，永不陷落的小田原不再是北条家的守护神了，在经过长达三个月的围城战以后，六月，钵形城在北条氏邦出家的前提下开城投降，韮山城在随后开城。丰臣军又把八王子城破城后斩获的首级晒在小田原城下，小田原战意低落，无法支持，七月被迫开城投降。而忍城是在小田原陷落以后的七月十六日才开城降服。北条氏政和弟弟氏照作为挑起这次战火的“直接责任人”，被勒令切腹，北条氏直被流放。

就这样，关东的霸主小田原北条家在经历了五代以后，在它最辉煌的时代退出了历史的舞台。不过，它以“永不陷落的小田原”在日本战国史上留下了令人记忆深刻的一页。

第二节
美浓的蝮蛇

一、窃国物语

每一个成功的男人背后都有一个女人，俗语这样说道。至少叱咤战国风云的麒麟儿织田信长就是如此。但成功男人背后的女人也不是凭空而来的，每个女人也有她的“出品商”。这一节，我们要介绍的是出品了织田信长背后杰出女人的男人——织田信长的岳父斋藤道三。

如果有人认为北条早云并不能作为“下克上”的典型人物，那么斋藤道三的个人发迹史就是对“下克上”的一种完美诠释。

斋藤道三的发迹在美浓。美浓国位于日本的中部地区，秀美的长良川在境内蜿蜒而过，河上的渔民以鸬鹚捕鱼，成为今天全日本知名的旅游项目。这里土地肥沃，气候宜人，在战国时代早期，美浓的统治者是土岐氏。

土岐氏是日本的名门摄津源氏之后，在镰仓时代就是源赖朝的御家人。南北朝时期，土岐氏的土岐赖贞追随足利尊氏，成为足利将军家坚定的支持者，因战功而获得了美浓一地，是为土岐氏在美浓统治的开始。室町幕府时期，土岐氏一度权势熏天，掌握美浓、尾张、伊势三国，成为一股庞大的地方守护大名势力。独霸一方的土岐氏表现得嚣张跋扈，土岐氏第二代美浓守护土岐赖远在喝醉了酒以后，竟然敢冲击光严上皇的行列，殴打上皇的随从，因此被幕府处死在京都。越来越庞大的土岐家招致幕府的侧目，第三代将军足利义满施展惯用的“分而治之”法，将土岐氏的领土一分为二，任命土岐康行为伊势守护，而他的叔叔赖忠出任美浓守护，引起了土岐康行的不满，因而爆发幕府与土岐氏之间的战争。战败的土岐氏遭到严重削弱。此后，幕府又找借口削夺了尾张国转给斯波氏，土岐家只留下美浓和伊势两国。

从第五代土岐赖忠时代开始，由于土岐氏势力削弱，美浓的实权也开始逐渐旁落，土岐赖忠重用斋藤、富岛两氏为美浓守护代，两家就在美浓展开激烈争夺。最终在第七代美浓守护土岐持益时期，发展成为席卷全美浓的大战乱，斋藤家驱逐了富岛氏，成为美浓的实际主人，而土岐氏仍然传承着美浓守护之职。在应仁之乱中，斋藤家涌现出了一个叫斋藤妙椿的人，他积极支持守护土岐成赖加入西军，进京参与混战，借此机会，他把从属于东军的富岛氏残余势力和其他政敌统统逐出了美浓。同时，他借战争的机会，侵占美浓当地的庄园公领，实现对美浓领地的控制，美浓国“下克上”的基础就此打下了。

然而，斋藤妙椿在文明十二年（1480）死后，美浓又陷入一场大乱，斋藤妙椿本人不是美浓守护代，作为斋藤家家主的是幼年的斋藤利藤，妙椿是以叔父的身份做监护人主持斋藤家，在他死后，他的养子斋藤妙纯野心开始膨胀，而本是斋藤妙纯同父异母兄弟的斋藤利藤自然不能容忍夺位之举，他借幕府之力命重臣石丸利光驱逐妙纯。守护土岐成赖虽然是个傀儡，也借土岐家那点儿余威支持利藤。有意思的是，从属西军的土岐成赖后来却响应幕府将军足利义尚和义材的号召从征近江六角家，这让他和幕府的敌对关系解除。明应三年（1494）十二月，土岐成赖、斋藤利藤、石丸利光合谋试图袭击妙纯，因为被人密告而没有得逞。记恨的斋藤妙纯在第二年三月正式开战。战争之初，斋藤妙纯就给外强中干的美浓军一个下马威，击败了前来包围他手中的加纳城的石丸家一族石丸利定，阵斩包括石丸利定在内的200多人。七月，两军再战，斋藤妙纯又胜，石丸利光烧毁船田城逃跑，土岐成赖被迫隐居，让位给土岐政房。

在近江的石丸利光不甘失败，在幕府细川政元的暗中支持下又卷土重来，自近江北上杀入美浓，很快攻入了土岐成赖隐居后居住的城田寺城。斋藤妙纯交游广阔——越前守护朝仓贞景是他女婿，近江守护京极高清也是！两位手握重兵的女婿立刻出兵来救岳父，大军将城田寺城团团包围，试图杀回美浓的石丸利光没想到杀进了一个包围圈中，于明应五年（1496）五月在城中切腹，斋藤利藤被迫隐居。斋藤妙纯获得美浓。

这才是美浓战乱的开始，明应五年十二月（1497年1月），斋藤妙纯和嫡子斋藤利亲在应京极家之邀征伐近江六角高赖后回军途中遇见地方叛乱，不幸阵亡。这一计划外事件使斋藤宗家迅速衰落。美浓守护代由他的孙子斋藤利良继承，幼子接位使得家臣势力开始膨胀，作为斋藤家之下的长井氏开始崛起。

斋藤道三的早年生涯和北条早云一样充满谜一般的传说故事。最流行的一种说法是卖油郎，据说他可以把一枚铜钱放在壶口上，然后从铜钱口中倒入油而钱不湿。这个故事听来非常熟悉。中国北宋时期的文学家欧阳修也写过类似的故事，参见《文忠集》卷一二九：“……乃取一葫芦设于地上，置一钱，以勺酌油，沥钱眼中，入葫芦，钱不湿。曰：‘此无他，亦熟耳。’”卖油商人穿铜钱的故事恐怕本基于此，不能尽信。

现在对于斋藤道三事迹的说法大体上有一人说和两人说。第一种说法认为斋藤道三指的是一个人，他的父亲是出仕于京都的武士，名松波左近将监基宗。斋藤道三幼年曾经在京都妙觉寺出家为僧，后来还俗娶了一个油商的女儿，这就是他卖油郎故事的由来。还俗后的斋藤道三初名松波庄九郎（一作“庄五郎”），在经商的同时苦练武艺，跳槽到了美浓长井氏门下做家臣，挂了“西村”的苗字，改名称西村勘九郎正利，开始了他的武士生涯。也有人考证认为斋藤道三之父为可能曾担任幕府奉行人的长井新左卫门尉，为僧的那个其实就是道三的父亲，然后长井新左卫门尉来到美浓侍奉美浓的小守护代长井家，因此成为长井家的一门众，因而获得“长井”苗字，传到道三这里是第二代。

在斋藤道三出现之时，美浓国已经因为美浓守护之位发生了混战。美浓守护土岐政房嫡子土岐赖武本来是名正言顺的家督继承者，而且也得到了美浓的守护代斋藤利良的支持。但土岐政房在晚年却喜欢次子土岐赖艺，赖艺获得了小守护代长井利隆的支持。所谓“小守护代”，其实就是守护代的代理，可见长井家已有和斋藤家匹敌的势力。双方在政房死后就开始为家督位展开大战。永正十四年（1517），两派第一次合战，土岐赖武大获全胜，于是将土岐赖艺驱逐至尾张。但赖艺联络斋藤彦四郎作为内应，于次年八月卷土重来，把赖武驱逐到了越前。土岐赖武是越前朝仓家的女婿，朝仓家又与斋藤家是儿女亲家，因此，土岐赖武就又获得了越前朝仓家的支持。永正十六年（1519），赖武又在越前朝仓的支持下回到美浓，再次成为美浓之主。这一次，他获得了相对长时间的稳定统治，直到大永五年（1525），长井氏与赖艺谋反叛乱，美浓于是又一次陷入战乱之中。作为长井家臣的长井新左卫门尉（可能是斋藤道三，也可能是他爹）自然成为土岐赖艺所倚重的谋臣。战争持续到大永七年（1527）八月，土岐赖艺接受了斋藤道三的建议，奇袭赖武的革手城，赖武战败。享禄三年（1530），土岐赖武再次流亡越前，赖艺成为美浓守护。长井新左卫门尉在这一次战乱中居功至伟。

此后的事迹就无可争议地是斋藤道三本人做出来的了。斋藤道三的外号是“蝮蛇”。蝮蛇是一种很奇特的动物，它属于卵胎生，小蛇在母蛇的体内破壳孵化，通过泄殖肛孔破膜而出，古人误以为蝮蛇是小蛇咬破了母蛇的肚子出生，于是用以形容斋藤道三的人生经历。在土岐赖艺获得美浓守护以后，斋藤道三就开始了他的“下克上”。第一个倒霉的自然是他的现任顶头上司小守护代长井长弘。长井家作为美浓的实力派，深为土岐赖艺所忌，天文二年（1533），在斋藤道三的策划下，长井长弘被杀（一说是享禄三年，斋藤道三刺杀了长井利安，有人认为利安与长弘实际上是同一人）。斋藤道三就以同门重臣的身份继承了长井家，改名长井新九郎规秀，成为美浓稻叶山城城主，完成了下克上的第一步。

小守护代长井家的上司则是美浓守护代斋藤氏。幸运的是，斋藤道三第二次下克上根本不费吹灰之力。天文七年（1538），斋藤家的斋藤利良病死，斋藤道三就成为绝嗣的斋藤家的继承人，被允许以“斋藤新九郎利政”的名字继承斋藤家，成为美浓守护代。第二年，他就开始扩充稻叶山城，为未来做了充分准备。

而美浓守护的争夺战此时也告一段落了。天文八年（1539），土岐赖武之子赖纯（有关赖武最后的记录是在天文五年，很可能此后此人已经去世，也有人认为此人被斋藤道三刺杀）与赖艺达成了暂时协议。此后，在斋藤道三的策划下，天文十一年（1542），土岐赖纯的居城大桑城的两个支城祐向城和别府城相继陷落，接着大桑城也落入美浓之手，土岐赖纯再次逃往越前。接着，土岐赖艺将居城从鹭山城迁往大桑城。

而这个时候，土岐赖艺和斋藤道三的关系已经十分恶劣。土岐赖艺一度非常欣赏道三，甚至将自己一个妾侍深芳野赏赐给道三。但斋藤道三却是心怀鬼胎，他早就看出土岐赖艺此人成不了大气候。天文十年（1541），斋藤道三将赖艺之弟土岐赖满毒杀，导致了两人之间爆发直接对抗。在一步步清除土岐氏的宗族势力后，天文十一年（1542），斋藤道三出兵袭击大桑城，土岐赖艺兵败，被迫流亡尾张投靠织田信秀。美浓落入了斋藤道三之手。

斋藤道三窃取美浓震惊了周边大名，于是织田信秀和朝仓孝景分别拥护赖艺和赖纯来攻，并在美浓分别立足。斋藤道三软硬兼施，一方面开展防御，一方面使用外交手腕。天文十六年（1547），织田信秀大规模包围稻叶山城，遭到道三的反击，加纳口一战，织田军惨败。织田信秀在失败以后决定寻求和平。天文十七年（1548），根据协定，斋藤道三把女儿归蝶嫁给信秀的儿子信长，即为浓姬。另一方面，土岐赖纯于前一年死亡，有人怀疑是道三派人刺杀了他。赖纯的死，使得越前朝仓也失去了扶植的对象。

天文二十一年（1552），在织田支持下一度在美浓立足，成为美浓傀儡守护的土岐赖艺由于失去了织田这个庞大后盾，因此又一次被斋藤道三击败，被迫流亡。斋藤道三成为美浓的主人，完成了他下克上的壮举。土岐赖艺则在此后流亡常陆、上总，寄寓甲斐国的武田家，他以画鹰而闻名，所以才被叫作“美浓之鹰”，或许他做艺术家比做守护大名更为出色。

二、蝮蛇的报应

从斋藤道三不断以下克上的经历来看，他绝对是一个野心勃勃的人，因此得以名列战国三大枭雄之一。此时的斋藤道三并不仅仅满足于美浓一国之地，他把目光投向了周边的土地，他对尾张、近江等地都怀着浓厚的兴趣。当然，在他看来，最容易获得的或许就是尾张。尾张国地小人稀，加上原本的劲敌，号称“尾张之虎”的织田信秀在天文二十年（1551）死去，继承人是人称“尾张的大傻瓜”的织田信长。早在织田信秀时代，蝮蛇为了拉拢信秀，和信秀达成了协议，将女儿斋藤归蝶嫁给信长。蝮蛇不是一个会把亲情放在心上的人，据说他在女儿出嫁的那天送给女儿一把刀，说：“如果信长真是一般人所说的大傻瓜，那就用这把刀干掉他，夺取尾张。”归蝶淡淡一笑：“或许有一天，我会和夫君一起把这把刀捅向父亲。”斋藤道三很欣赏女儿的回答。

斋藤道三和织田信长于天文二十二年（1553）在尾张富田的正德寺见面。这一次的见面原本是斋藤道三夺取尾张计划的一部分。他希望用一次鸿门宴劫持信长，乘机夺取尾张。然而，看见信长那军容壮盛的铁炮队和信长本人的仪表后，他改变了主意，发出一声感叹：“将来我的儿子，将为我的女婿牵马。”

这句话传到了蝮蛇斋藤道三的儿子耳朵里，引起了他的儿子斋藤义龙的极度不满。事实上，斋藤义龙并不是一个堕落的青年，也没有平庸到为信长牵马的程度。然而，这句话，无疑加深了蝮蛇和他的儿子之间的裂痕。

斋藤道三与他的儿子斋藤义龙之间的关系在此之前已经十分恶劣，这主要还是斋藤道三自己在下克上的过程中种下的恶果。当初，斋藤道三在获得土岐赖艺的信任以后，土岐赖艺将自己的一个小妾名叫深芳野的赏赐给了道三，据说深芳野在赏赐给道三的时候已经有身孕，生下一子就是斋藤义龙，所以斋藤义龙实际上是美浓土岐氏的后裔。当然，也不排除斋藤道三出于窃取美浓的政治需要，编造了这样的故事。今天，真相已经淹没在历史长河之中，就如同秦始皇是否吕不韦之子一样，两种说法各有支持者。别人的说法不重要，关键是斋藤义龙本人坚信自己是土岐氏后裔。既然如此，放逐土岐赖艺夺取美浓的斋藤道三就成为义龙心目中的仇人，他们父子之间的仇恨因此而种下了。

而正德寺会面后斋藤道三的那番话则更进一步造成了斋藤父子矛盾的激化。斋藤义龙认为，这句话说明斋藤道三根本没有把他这个名正言顺的长子继承人放在眼里，甚至怀疑道三是否“宁与外贼，不与家人”，宁可把美浓送给女婿也不给自己的儿子，这也使他更坚定地认为自己并非道三亲生的。更为重要的是，斋藤道三认为义龙不如一个当时人们公认的“大傻瓜”，这就严重地刺伤了斋藤义龙的自尊心。他觉得自己是一个有野心、有才华的大好青年，竟然被“养父”评论为不如一个傻瓜，实在是“我本将心向明月，奈何明月照沟渠”。就这样，斋藤道三一句感叹之言，使他距离死亡又近了一步。

天文二十三年（1554）（一说是天文十七年），斋藤道三决定退隐，将家督之位传给斋藤义龙，自己则让出稻叶山城退居鹭山城。隐居以后，道三与义龙的关系恶劣依旧。斋藤义龙的性格中有很执着的一面，他认定道三是自己的仇敌。而斋藤道三对这个儿子的看法也有所偏差，事实上，据说斋藤义龙身高六尺五寸，相当于今天的一米九七的身高，人称“六尺五寸丸”，他的武勇和计略都是不错的。至少在不久以后，道三的女婿信长在斋藤义龙手中没有占到丝毫的便宜。

人与人之间缺乏沟通，就会互相伤害。斋藤道三与他的儿子义龙的隔阂，从根本上来说，还是缺乏沟通的结果。因此，这个时候，只需要一条导火线，就会上演父子反目、同室操戈的惨剧。蝮蛇除了义龙以外，还有两个儿子，一名孙四郎，一名喜平次。斋藤道三晚年，非常喜欢孙四郎，很希望废掉不肖之子义龙，而改立孙四郎为家督。这件事情很快传到了斋藤义龙的耳朵里，本来就对道三充满猜忌的他此时再也忍受不了道三一次又一次挑战他的耐心，于是，父子之间的宿怨在一夜之间总爆发了。于是，弘治元年（1555），父子之间的宿怨在一夜之间总爆发了。

斋藤义龙在暴怒之余，还是采取了有步骤有计划的行动。他接受了他叔父长井道利的建议，先把孙四郎和喜平次两个弟弟骗到稻叶山城以后斩杀，同时，宣布放逐斋藤道三。第二年，他就以“为土岐氏复仇”的大义名分宣布讨伐斋藤道三。

获得这一消息的道三出动了他仅有的兵力约 2700 人抵抗，他的女婿织田信长也从尾张来援，但尾张的援军被美浓的军队阻挡，无法接近。而义龙在获得美浓重臣支持后，出动了 17000 多人的军队。在长良川中，父子双方进行了殊死的血战。斋藤道三因为众寡悬殊，不敌而死。

老狐狸斋藤道三一辈子都在算计别人，在他人生最后的阶段却被他的儿子所算计，这不能不说是一种莫大的讽刺。或许，这就是蝮蛇下克上而招来的报应——一旦成为“上”，就会变成下克上的牺牲者。

斋藤道三可以欣慰的是：他的儿子义龙确实堪称他的衣钵传人。不但在夺取权位的过程中效仿他的父亲以下克上，在统治美浓以后，他在与尾张国织田信长的对抗中也是丝毫不落下风。他在“用间”方面深得其父真传。他成功策反了信长的庶兄织田信广，打算以他为内应在清洲城空虚的时候偷袭尾张。这个计划差一点就得手了，如果不是信长早有准备，突然袭击逼降信广，或许日本的历史就会因此改变。在斋藤义龙的统治下，织田信长吞并美浓恐怕还只是一个纸面上的计划。

另外一方面，斋藤义龙做了他父亲没来得及做的工作：对美浓领地进行检地，并以土地的贯高（收成量）为基础对家臣发放“安堵状”（土地所有凭证），从而加强对领地控制，逐渐实现斋藤家，或者说是一色家（斋藤义龙为避免“弑父”的名声，不认自己为斋藤氏，而认自己为娘家一色氏的后人）战国大名化的进程。

不过历史的巨轮却并不向着斋藤义龙所期望的方向前进，狡猾的命运之神决定在这个时候结束斋藤义龙的生命。永禄四年（1561），斋藤义龙因急病而亡，据说夺取他生命的是当时的不治之症——癞病，也就是我们今天俗称的麻风病。而此时，信长已经统一了尾张，刚刚获得桶狭间大胜的信长正对美浓虎视眈眈，更为糟糕的是：斋藤义龙的继承者是一个他父亲道三所说的“为别人牵马”的那种人。

三、庸才

斋藤龙兴，这个名字听起来似乎非常吉祥。“龙兴”两个字，从我们中国人的角度看，怎么样也是一个寄托着美好愿景的名字。可惜的是，这个名字的主人却并不像他的名字那样争气，他不但没有带领斋藤家“龙兴”，相反地，他把斋藤家带进了绝望的深渊。斋藤龙兴，也被许多人认作日本历史上的一个阿斗式的人物。

◇ 斋藤龙兴

永禄四年（1561），斋藤义龙急病而亡，他把美浓这片富庶的土地丢给了他的儿子斋藤龙兴。此时的美浓，周围强敌环峙。尾张的织田信长与北近江的浅井长政结成了同盟关系，信长将妹妹市姬嫁给了浅井长政。这步棋子不但是出于对抗美浓的需要，也是信长为上洛而做出的长远考虑。于是，北近江浅井家开始与斋藤龙兴为敌。幸运的是，南近江的六角义贤和斋藤家保持着良好的

◇ 竹中重治

关系，而对浅井家与其关系的破裂十分不满，因此，六角家就成为牵制浅井的势力，从而使美浓免于遭受两面夹击。另一方面，斋藤义龙留下的那一群人才，包括西美浓三人众稻叶一铁、安藤守就、氏家卜全、义龙的叔父长井道利，以及不破光治、日根野弘就、竹腰直光、日比野清实、长井卫安等一批重臣，加上一位号称“今孔明”的竹中半兵卫重治，这批人才足以帮助斋藤龙兴抵抗尾张织田信长的入侵。

永禄四年（1561），在斋藤义龙死后不过数天，信长就带军队侵入了美浓。在信长这种崇尚“野武士”战法的人眼中，所谓“趁丧伐人之国”的“不义”说法当然是迂腐之见。美浓国内发生变故，这显然是进攻的最好时机。信长军队进入美浓后，斋藤一方立刻派出两名重臣日比野清实和长井卫安出兵在森口布阵。双方经过短暂交手以后，织田军获得胜利，进驻墨俣。斋藤家损失了日比野和长井两员大将。不过，斋藤军的主力并没有因此受损。斋藤军的主力军队在其后抵达墨俣，主动挑战，信长出战但却遭到失败，其弟织田信益阵亡。这一战击退了信长对美浓的侵袭，由于池田恒兴和佐佐成政的断后，信长得以返回尾张。斋藤龙兴上台后的第一战虽然胜得并不完美，但至少差强人意。

然而，斋藤龙兴此后的行为却让他的许多家臣极度失望。据说此人沉溺酒色，信用佞人，听信谗言，疏远重臣。这些说法似乎指明斋藤龙兴是一个类似于《三国演义》中信用黄皓，声色犬马的蜀后主刘禅的形象。这其中有部分也许是真实的，也有部分或许是后人为迎合信长等人的宣传需要而添油加醋的结果。不论这些说法中有多少真实的成分，有一点可以肯定：斋藤龙兴并没有处理好和重臣之间的关系，也没有接纳重臣的气度和才能。证据是美浓发生的一起颇有传奇色彩的事件。

事情的起因是斋藤龙兴与西美浓三人众之一的安藤守就之间发生了一些不愉快，安藤守就向斋藤龙兴提出了谏言，但斋藤龙兴拒绝接受。安藤守就作为西美浓三人众之一，他在美浓的地位举足轻重，既是一方土豪，也是一位势力盘根错节的重臣。和这样的重臣闹翻，自然就需要慎重地去处理后续事宜，然而，斋藤龙兴却简单地采用了监禁的方式，把安藤守就关在了稻叶山城。这种粗暴的处理方式引起了安藤势力的反噬，而其主导者除了安藤守就以外，还有一位，就是被后人称为“战国第一军师”、“今孔明”的竹中半兵卫重治。

永禄七年（1564），竹中重治借口为他在稻叶山城里的弟弟竹中久作送药治病，派出了 16 人。这 16 人把武器藏在随身的行李之中，骗过了稻叶山城的守卫堂而皇之地进入了这座坚固的城池。入夜以后，安藤守就和竹中久作为内应，打开了城门接应城外的竹中重治，并袭击了巡城警卫。几乎是在一夜之间，坚固的稻叶山城被从内部打破而易手。而在这个时候，斋藤龙兴也表现得很无能，他作为城主，在城内发生骚乱的时候却无法控制局势，只能在重臣的保护下弃城逃跑。安藤守就与竹中重治的军队迅速控制了整个稻叶山城，二人代替斋藤龙兴成为这个城暂时的主人。

获取稻叶山城的竹中重治做出了一个出乎所有人意料的决定，他拒绝了织田信长的诱降，而把稻叶山城交还给前任主人斋藤龙兴，自己则前往侍奉近江的浅井长政，成为浅井家的一名客将，不久，他辞职回到岩手城隐居。他的这一做法历来史家争议颇多，有人认为竹中重治没有控制美浓的实力，把城交还给斋藤龙兴其实是形势所逼的无奈之举，这一说法合情合理。

如果此时的斋藤龙兴能够吸取教训，拉拢重臣，重新建立美浓内部的和谐关系，那么这一次稻叶山城失守或许就成为斋藤家中兴的一个机会。可惜的是，斋藤龙兴并没有从这个大事件中吸取教训。他继续他原有作风，也对家臣离心离德的现状不做任何补救。这就导致了美浓本已紧张的局势变得更为恶劣。

斋藤龙兴的无作为加深了美浓内部的裂痕。在织田一方面，织田信长开始着手分化瓦解美浓。他趁稻叶山城骚乱的机会解决了犬山城的织田信清，从而拔掉了他进军美浓路上的一个钉子，接着，信长进驻小牧山城，完成墨俣筑城的任务。在织田的影响之下，东美浓的豪族开始纷纷倒向尾张一方。接着，作为美浓的三大支柱的西美浓三人众由于对斋藤龙兴的不满而相继倒向信长，成为信长进军美浓的内应。美浓国昔日的统治基础土崩瓦解。

永禄十年（1567），织田信长以西美浓三人众为内应，联合三人众的兵力攻打稻叶山城，众叛亲离的斋藤龙兴无力抵抗，在得到“保全性命”的允诺以后，被迫交出稻叶山城。斋藤家三代在美浓的统治宣告结束。美浓也成为织田信长此后得以发家崛起的根据地。斋藤道三在临终前曾经宣称“把美浓作为嫁妆赠送给女婿信长”，这个允诺经过长长的 12 年时光，终于成为现实。

失去土地的斋藤龙兴成为一名“流浪大名”，他自然不会忘记信长夺取美浓的仇恨。于是，在余生中，他加入了信长的仇敌阵营，继续和信长作战。在离开稻叶山城以后，斋藤龙兴首先加盟了伊势长岛的一向宗势力，成为长岛一向一揆的坚定参与者。接着，他在信长上洛以后，又投靠了三好家，于永禄十三年（1570）参与了攻击信长所拥立的幕府将军足利义昭的军事行动。此后又“流窜”到了越前，投靠朝仓，在决定朝仓家命运的刀弥坂合战中，朝仓义景的错误指挥导致了朝仓军队全盘皆输，不但朝仓家的人才损失惨重，斋藤龙兴作为一名客将，也成为这场战役的牺牲品之一。美浓斋藤氏的血脉就这样在刀弥坂的屠杀中断绝了。

当然，有些善良的人感叹斋藤龙兴的命运，也传出了一些有关龙兴未死的传闻。传闻中斋藤龙兴在兴国寺出家为僧，看破世情，在宽永九年（1632）以 80 余岁的高龄而圆寂。这，或许只是不喜欢信长这位凶暴的“第六天魔王”的人们所编织出的美丽传说罢了。

第三节
叛乱癖患者

一、细川之乱

在战国三大枭雄之中，松永久秀是一个不同于其他二人的人物。他把他一生大部分的时间用在了谋反或者教唆别人谋反这份“伟大”的事业上。套用一句名言：一个人，做点坏事不难，难在一辈子都在做坏事。这个特立独行的人物也因为一辈子都在做着谋反之类的坏事而被人铭记，得以与北条早云和斋藤道三两位枭雄齐名。如果要给这位仁兄的人生做一个总结，恐怕有五个字最适合：叛乱癖患者。或许，这个人的人生也值得心理医生作为个案来研究。

松永久秀此人的出身不明，出生时间一说为永正七年（1510），出生地点和出身职业则版本不一，有人认为他是阿波国、山城国或者摄津国的土豪出身，也有人认为此人是商人出身。甚至有种说法认为他与斋藤道三是同乡。战国三大枭雄的出身都带着一丝迷雾。

◇ 细川澄元

松永久秀最早出现在政治舞台上是担任三好长庆的右笔之职。所谓右笔（ゆうひつ）是日本幕府时代的一种文职官员名称。在早年，武士势力崛起的时候，许多武士是文盲，他们在行军打仗、处理政务的时候，就需要一名文书官，一般由僧侣或家臣中识文断字者担任。后来，随着幕府的建立，武士地位提高，右笔就成为一种固定的职务。在室町幕府时期，右笔成为一种握有实权的职务。幕府的文官集团“奉行众”往往也被称为“右笔方”，与武士“奉公众”相对应。右笔的职能也开始多样化，有负责政务的计方右笔，有负责文书的外右笔等等。右笔由于文化水平较高，而且控制机要，所以在政务上往往有很大的发言权，甚至能通过自己的职掌来左右政局。

三好长庆是京都幕府管领细川家的家臣。三好家的发迹与细川家在战国早期的兴衰密切相关，而细川家的最辉煌时代就是明应政变，在战国时期，下克上克到将军的，细川家是第一人。当然，和斋藤道三一样，下克上玩出火，烧到自己的可能性很大，特别是细川家这样自己家都有一大笔扯不清糊涂账的复杂家族，被下克上的可能性就更大了。细川政元本人沉迷于一种叫修验道的宗教信仰，断绝女色，因而无嗣。他有三名养子：细川澄之、细川澄元和细川高国，三人为争夺细川家督之位争执不休。而细川政元本人却继续不闻不问，只想着修炼得道。永正四年（1507）六月，细川政元在泡澡的时候被养子细川澄之和家臣香西元长等人合谋刺杀。细川家就此陷入内乱之中。

这起刺杀的原因就是继嗣之争，细川澄之是三个养子中唯一身上不流细川家血的——他出身于藤原氏的九条家，细川家中对这个没有细川血脉的人继位多有疑虑，所以细川政元不假思索地就再引进了细川家分支阿波守护家的细川澄元和野州细川家的细川高国，并在文龟三年（1503）废掉了细川澄之。细川澄之岂会让到手的继承人位置丢掉？而且，作为细川澄之辅佐人的香西元长是出身赞岐的，与辅佐细川澄元的阿波出身的三好之长是死对头。眼看三好之长因为自身才干越来越受重用，言必获听策必获用，香西元长深感威胁，于是有了刺杀一幕。

铤而走险的细川澄之当然成为第一个完蛋的，作为法定继承人的细川澄元和三好之长逃亡近江，跳出来安定细川家的反而是细川高国，他从容不迫地联络周边的细川家的同族以及河内守护畠山氏，纠集大批军队抢在细川澄元之前就分兵攻下澄之派的两大重臣药师寺长忠与香西元长的居城茨木城、岚山城。三好之长眼看大事不妙，匆忙入京获得将军足利义澄的首肯，又纠集近江甲贺国人围攻细川澄之。细川澄之在幕府管领和细川家督的位置上坐了不到两个月，就被围攻而自杀。细川澄元摘了这次内乱的果子，被任命为幕府管领继承细川家。

号称“京兆家”的细川家发生“永正错乱”，就给逃逸在外的将军足利义材提供了复位的机会。第二年，足利义材在大内义兴的支持下上洛。大内义兴为应仁之乱中西军主力大内政弘之子，大内家在室町幕府后期是西国大名中的佼佼者，大内政弘本身领有周防、长门两国，应仁之乱中在文明十年（1478）出兵北九州拿下丰前、筑前，又支配了安艺、石见。大内家传到义兴手里在西国有六国，加上近畿握有山城国，在当时堪称令人艳羡的“七国守护”实力派。大内义兴雄心勃勃，看到流亡将军足利义材（当时已改名足利义尹）“奇货可居”，于是决定做义材的幕后支持者。永正四年（1507）十一月，他向领内诸大名发布动员令，攻入近畿，细川高国决定投向足利义材和大内家。次年四月，将军足利义澄和细川澄元、三好长之仓皇出逃。六月，足利义材入主京都，改名足利义稙，复任将军，以细川高国为管领，大内义兴为管领代。

◇ 大内义兴

足利义澄和细川澄元当然不会就此罢

休，永正六年（1509）六月，有约三千人的军队出现在京都附近的如意岳，被细川高国和大内家集结二万多军队击退。第二年一月，细川高国和大内家决定斩草除根，率军侵入近江寻找足利义澄一伙见个高低。这一次，足利义澄一伙被杀得如丧家之犬，放弃近江逃亡阿波国，三好之长的儿子三好长秀逃亡伊势并被当地的北畠家所杀。细川高国决定一不做，二不休，令家臣瓦林正赖在阿波国通向近畿的必经之道上修了座鹰尾城，彻底堵死足利义澄一伙入京的路。

没想到这个修城的计划出了点意外，在这一带有一群麻烦人物，叫“滩五乡众”。在室町时代中后期，由于诸多守护大名开始将兵粮料所扩大化以加强领地控制，为对抗这种武家封建体制，一些区域的农民开始自发组成名为“惣”的自治组织。瓦林正赖遇见的就是这样一群在当地有极大势力的“地头蛇”，他们绝不允许武家随便在他们肥沃的土地上修城，有这种干扰，筑城的难度可想而知。更麻烦的是城还没修好，细川澄元集结四国岛上大名军队杀了回来。这场战争极其血腥，瓦林正赖一侧的鹰尾城得到了细川高国的援军。永正八年（1511）七月，淡路守护细川尚春率军配合本地的滩五乡众攻下了鹰尾城外围，但很快瓦林正赖率军将敌人击退，细川尚春丢下200多具尸体逃跑，瓦林正赖在后面穷追猛打。他没料到的是，细川澄元还找了援军——和细川家有姻亲关系的播磨守护赤松义村，他接应了细川尚春的败军，兵力达到两万之多。八月，赤松大军包围鹰尾城，双方展开血腥的攻城拉锯战。强攻让阵亡数字疯狂攀升，最先受不了的是瓦林正赖，他在听说赤松军准备动用火攻后，决定趁夜退出鹰尾城。另一方面，细川澄元命细川政贤、细川元常两个同族为总大将于七月在堺登陆，直扑深井城，攻入城内时，城中各个出口都被堵住，城内的细川高国军负隅顽抗，阵亡300多人。鹰尾、深井两城陷落以后，通往京都的大门就向细川澄元打开了。

关键时刻，细川澄元赖以杀回京都的旗帜——将军足利义澄病死了，是时，细川澄元已经杀到了京都北面的船冈山，船冈山位于京都的中轴线——朱雀大街向北延伸的中央位置上。平安时代传言，京都有四神镇护，而船冈山被传言为镇护京都的北方“玄武”。由于京都仿照中国唐朝长安城而建，皇城位置在北，所以能俯视京都的船冈山战略位置极其重要。因此，远道而来的细川澄元军在这里驻扎，进可威胁京都，退可防御山城、丹波。但天有不测风云，足利义澄的病死导致他们士气低落。而大内军实力不减，趁夜袭击船冈山阵地。细川澄元军的大将细川政贤不幸战死，没有了主心骨的军队陷入崩溃，船冈山之战让细川澄元的此次入京梦彻底化为泡影。

不甘失败的澄元在三好之长的策划下多次卷土重来。永正十五年（1518），

大内义兴为处理领地事务率军离京，细川高国势力大减。次年，细川澄元和三好之长决定趁机再进攻京都，位于摄津国的下田中城成为进攻的前哨。细川高国派瓦林正赖等三名将领率军来夺，三人密谋定下了夜袭之策，但他们之中出了一个叛徒——池田民部丞和城中守将池田久宗是同族，他把夜袭的消息透露给了后者，加上当晚下起了大雨，在又湿又黑的环境中行军的瓦林正赖迷失了路途，遭到惨败。细川澄元军乘胜大举在兵库等地登陆。永正十七年（1520）一月，山城国也发生配合细川澄元的叛乱，将军足利义稙不满高国的跋扈，做了内应，三好之长终于胜利进入京都。但逃到近江坂本的高国立刻组织力量反噬，五月，近江守护六角定赖协助细川高国出兵，军力达4万之多，而京都内只有三好之长手下的四五千人，以石压卵一般的细川高国军夺回京都，三好之长在战后被捉，被处死于京都。细川澄元当时还在摄津伊丹城，闻讯飞奔回阿波国，同年六月在阿波国胜瑞城死去，留下一个7岁的孩子细川晴元。三好家则由之长的孙子三好元长接管，这两个人都还不成气候。

暂时没有了外患的细川高国却开始自己作死，他先是怀疑手下第一大将瓦林正赖有谋反嫌疑，将之逼死。永正十八年（1521）三月，又把之前背叛自己的将军足利义稙轰出了京都，一辈子被废掉两次的倒霉蛋足利义稙两年后死去。当然，室町幕府还没沦落到不要将军的地步，为了避免“无将军”的尴尬，高国重新拥立足利义澄的幼子足利义晴为将军。到大永六年（1526），细川高国听信细川尹贤的谗言，杀死重臣香西元盛，终于众叛亲离。细川晴元与三好元长乘机从丹波国起兵，第二年，在桂川合战中，细川高国战败，带着足利义晴逃往近江坂本。细川高国这一次失败所遭到的打击是致命的——他的直属军队基本上被消灭。他此后虽然在越前朝仓家的协助下再上京，但一旦朝仓家撤军，他只能再度出逃。享禄四年（1531），在细川高国协助下统一播磨的浦上村宗协助细川高国率军2万再度进京，在摄津筑野田城和福岛城，与之对峙的是三好元长率领的约1.5万人军队。双方实力势均力敌，三好元长决定再找援助，他找到的援军是幕府“四职”家之一的赤松家。赤松家的前任赤松义村曾是细川澄元的帮手，然而，作为赤松家播磨守护代的浦上村宗在此后“下克上”，他在击败了赤松家的讨伐以后反扑，强迫主君赤松义村隐居。永正十八年（1521），隐居中的赤松义村试图夺回权力，被浦上村宗囚禁并处死。可想而知，赤松家的现任赤松政祐虽是浦上所立，但对浦上有杀父之仇和夺国之恨。六月四日，他从背后袭击细川高国和浦上村宗，浦上村宗阵亡，恨意满满的赤松家在通向播磨的路上设了埋伏，凡是逃回的浦上军全部抓住处死。三好元长命人在附近染坊中的一个大瓮里搜到了躲藏的细川高国，逼迫其自杀。这标志着三细川之乱至此结束。

二、三好长庆崛起

三细川之乱结束后，三好元长就这样成为细川晴元的元勋重臣，功高震主，这意味着战争不会那么简单结束。此时，“三管”之一的畠山家又出了问题，一个叫木泽长政的畠山家臣被认为有“下克上”的企图。木泽长政的主君是畠山义尧，自应仁以来，畠山家就分裂为畠山义就后裔的“总州家”和畠山政长后裔的“尾州家”，义尧是总州家之主，在细川之乱中支持他的大舅子细川晴元，当然，尾州家就支持细川高国。木泽长政在战后却傍上了细川晴元，被认为有借管领家下克上的企图。畠山义尧就找了三好元长商量对策，恰好三好元长也和细川晴元出现分歧，元长建议细川晴元迎回之前由高国拥立的将军足利义晴，而细川晴元却想另立义晴之兄足利义维为将军，两人正暗中较劲。享禄四年（1531）八月，畠山义尧与三好家合兵进攻木泽长政的饭盛山城，细川晴元下死令要他们撤军。天文元年（1532）五月，当三好家和畠山家再攻饭盛山城时，细川晴元就指使不满三好元长的三好家同族三好政长和木泽长政合谋，诱引一向宗信徒攻击三好与畠山家，一向宗是宗教武装起来的信徒部队，势力极其庞大，连揭开这个潘多拉盒子的细川晴元自己后来都控制不住局势。三好元长和畠山义尧无力抵抗，只好自杀，三好元长享年不过 32 岁。

三好长庆正是三好元长之子，在父亲死时，他不过是个乳臭未干的娃娃。但细川晴元在阴谋害死三好元长以后，却无力控制京都的局势，在元长死去的同年，细川晴元与幕府将军足利义晴达成和睦协定。此后，麻烦就纷至沓来。先是一向宗信徒在京畿地区闹事，接着，法华宗的和尚又在京畿挑起了天文法华之乱。而细川高国的养子细川氏纲也打出了打倒细川晴元的旗号。在这样的乱局中，三好长庆登上了政治舞台。

天文八年（1539），已经成年的三好长庆继承父亲的领地，领兵上洛。他接受了调停，与细川晴元这个杀父仇敌达成暂时的和睦，成为细川家臣。至于杀父之仇，三好长庆决定慢慢报。

他第一个想弄死的无疑是木泽长政，要弄死这个畠山家飞扬跋扈的权臣其实很容易，因为木泽长政违背了“下克上”的一大重要规矩——不可树敌太多。已经把畠山总州家玩弄于股掌之上的木泽长政不满足，又把手伸向了尾州家，他在天文三年（1534）联合尾州家的权臣游佐长教，把尾州家的家督畠山稙长轰了出去，立了其弟畠山长经。天文七年（1538），两个权臣一商量，决定结束应仁以来畠山家分裂的情况，让总州家的畠山在氏和尾州家畠山弥九郎一起担任畠山家家督。两畠山并成一家意味着一山难容二虎。木泽长政很快和游佐长教翻了脸，他本着心黑手毒的原则，于天文十年（1541）毒死了尾州家的畠山长经。游佐长教在第二年放逐了畠山在氏和弥九郎，重新把畠山稙长接了回来当家督。

木泽长政的嚣张连细川晴元都快看不下去了，正好在这一年，三好长庆受晴元之命，攻打盘踞在一库城的细川高国遗党。这伙人向将军足利义晴控诉这是“不法”的征伐行为，并向木泽长政请求援军。木泽长政一时头脑发热，认为傍着将军肯定没问题，就派出军队解了一库城之围。细川晴元被木泽长政一而再再而三地挑衅，勃然大怒，天文十一年（1542）三月，他下令三好长庆联合游佐长教以及畠山稙长共同进攻木泽长政。木泽长政与畠山稙长之弟政国分驻二上山城和信贵山城，试图夹击畠山家的本城高屋城，细川家命三好长庆出兵救援。木泽长政考虑到敌势浩大，仅留三千人在二上山城中，率七千军直扑高屋城，展开了激烈的交战。在打到快筋疲力尽的时候，木泽长政看到了援军的身影，他以为是信贵山城的畠山政国军，但军队到了眼前，发现竟然打的是三好的旗帜。木泽军再遭此打击，大败，一路逃往饭盛山城的木泽长政在路上被三好军追上砍了首级。三好长庆报了一点杀父之仇。不听话的将军足利义晴也早在前一年被细川晴元轰出京都，逃往近江坂本。直到天文十一年他才被允许返回京都。

足利义晴注定是室町最悲剧的将军。天文十二年（1543），他再次因与细川晴元的关系破裂而逃亡近江坂本，他不顾幕府已经衰落的现实，决定和“京兆家”最后见个高低。他纠集细川家的几个仇人：细川高国养子细川氏纲、畠山政国以及在稙长死后又拥立了政国的游佐长教，共同商议反细川家的事儿。畠山家早就图谋不轨，把细川氏纲悄悄弄进了高屋城中，足利义晴自己跑回到京都郊外的银阁寺暗中策划。畠山家四处伸手，明目张胆地进攻细川家的摄津领地。天文十五年（1546）八月，他们先攻大塚城，再说反三宅、池田两城。被细川晴元派去援助的三好长庆发现对手的行动实在太迅速了，到九月中，连最坚固的芥川山城都陷落了，细川晴元自己逃离京都去丹波神尾山城组织反攻。十一月，姗姗来迟的三好大军终于集结，三好军从摄津越水城开始发动反攻，收复摄津。将军足利义晴见局势紧张，于是转移到了山城国的胜军地藏山城，这一座城又名叫“将军山城”“北白川城”或“瓜生山城”，是一座典型的山城建筑，它最早是由细川高国建在瓜生山上，并迎请胜军地藏加以供奉，故得名。在足利义晴入驻以后，为了对抗细川家，幕府又调集了京畿一带的民夫进行加筑，巩固防御。好笑的是，当三好军逼近山城的时候，这位将军倒动摇了。天文十六年（1547）七月，三好军集结于京都相国寺一带，军力达二万之多，足利义晴听说以后，立刻一把火烧了山城，又一次逃往近江坂本，考虑到他在三月就把将军职让给了儿子足利义辉，或许这位将军完全没打算和细川家真打。畠山政国和游佐长教听说将军逃亡后，从高屋城转出北上，在摄津国舍利寺遭遇三好军。天文十六年（1547）七月二十一日，舍利寺一带发生了这起“应仁之乱以后，铁炮传来以前畿内最大规模合战”。

◇ 足利义晴

舍利寺之战的史料记载体现了典型的战国时代战争的特点。根据当时的《足利季世记》所记载，双方在开战后，先以弓箭射住阵脚，然后以枪阵对决，在战斗中，出现了“侍众”和“杂兵”的表述，前者显然是以弓、刀谋生的专业武士，而后者则是足轻。这次战役，有数百名“杂兵”阵亡的记录，说明足轻已经不再如以前一样作为辅助战斗人员使用，在应仁之乱后发展到了舍利寺之战时，足轻已经开始成为战场上的主力之一。战役的结果是畠山家大败。

足利义晴在听说这一战的情形以后，立刻主动给细川家送去和解请求，接着被迫灰溜溜地返回了京都。三好军在第二年包围了高屋城，在随后和畠山家达成了和平协议。三好长庆娶了游佐长教的女儿。这一看似狗血的政治婚姻后埋伏了一盘很大的棋——三好长庆对细川晴元的杀父之仇始终无法释怀，加上这一年又发生了细川晴元下令池田信正切腹的事件，令双方走向决裂。池田是细川家臣，在细川畠山之战中被游佐长教说反，战后同意投降三好长庆。但细川晴元却强迫其切腹并指令其子接替，三好长庆觉得此事蹊跷，经“推理”是三好政长干的。三好政长是三好长庆的第二个杀父仇人，虽然同属三好家，这位家族长辈素来是以“谗言”侍奉细川家的，当初三好元长之死，就是他进了“谗言”。池田信正是政长的女婿，按说不会有岳父坑女婿之事，但在战国这个时代，坑死成年女婿扶正童年外孙从而谋夺其家的“无人伦”事件天天发生，三好长庆立刻以此为由要求处分三好政长与其子政胜。细川晴元看到舍利寺之战中三好军的卓越表现，早起了猜疑之心。天文十七年（1548）十月，三好长庆谋反倒戈，他和昔日战场上的对手，也是他今日的亲家畠山家联合起来反戈一击，此次进攻的重点是三好政长的领地——河内十七箇所。这片昔日畠山家的领地在畠山义就和畠山政长争夺了半天以后，随着畠山家的衰落早已归属不定，出现了一大批当地的自治惣，而三好政长父子占据着该区域的核心据点——榎并城。这座城池十分坚固——它本是在大和川和淀川这两条河流交汇之处的一座庄园，淀川是近畿有名的经常泛滥成灾的河流，为了防止水害，榎并庄本身就筑在高台之上，三好政长入主以后进行加筑，易守难攻，且占据要津，加上其又地处畿内最丰饶的区域中，粮食储备不成问题，所以是一个难得的好据点。细川晴元和三好政长从山城国出发前往援助三好政胜所驻守的榎并城，三好长庆采用围点打援之法，围住榎并城，分兵驻其西面的中岛城，卡住细川军的援助路线。天文十八年（1549）五月，三好政长从他驻守的三宅城出发，南进到江口城。这个城位于中岛城和榎并城的北面，卡在他的据点三宅城和榎并城之间，进可攻退可守，同时三好政长还要在此等待他的援军——细川晴元的岳父近江守护六角定赖。但三好政长忽视了一个致命的问题——江口城城如其名，城下有淀川和神崎川两条河流流经，它和榎并城不同的是，此城是三面环水，一旦它仅存的西面陆路出口被封锁，城中军队就有被瓮中捉鳖的可能。而三好军中的安宅冬康、十河一存等人都带有大批水军，他们被派往北面的神崎川支流别府川一带，卡断了城中通往三宅城的通道，同时三好长庆切断城中粮道，江口城就变成了一个天然的大口袋。

于是，被关在口袋里的三好政长只能眼巴巴地盼望援军来救了。六角定赖其实很仗义，他命令儿子六角义贤出兵近江军一万人，星夜兼程往江口城赶。三好长庆当然不会坐等援军到来，天文十八年六月二十四日，三好长庆从东西两个方向发起总攻，三好政长与手下八百多人阵亡于城中。此时，六角家的援军已经到达山城和摄津交界的山崎，距离江口城不过半日路途。据说在死前，等援军快等成望夫石的三好政长还作了这样一首和歌：

河里的船儿啊，停一停让我再问一下近江军还是在那里吧，吾人真的等不及了呀！（川舟を 留て近江の勢もこず 問んともせぬ 人を待つかな）

政长一死，他的儿子政胜放弃了固守了八个月的榎并城退军，细川晴元和两任将军足利义晴、足利义辉再度逃往近江坂本。三好长庆进入京都，并在次年三月基本占领细川家的摄津国。

京都之乱时，京都有三股互相牵制的势力：足利幕府、幕府管领细川家、三好家。他们之间有时互相利用，有时互相攻击，因此导致了京都地区常年的局势不稳定，而在应仁之乱和明应政变以后已经名望扫地的室町幕府的政治权威，也在这一次又一次的战乱中丧失殆尽。

也就是在三好长庆进入京都的那一年，松永久秀作为三好家的重臣，因为其才能被三好长庆赏识，被授予弹正忠的官职，三好长庆将自己的女儿嫁给他作为正室。松永久秀在京都大混战的时代，开始崭露头角。

三、三好家的悲剧

失去京都的细川晴元和幕府将军都走上了流亡近江朽木谷的道路，京都仍然是他们魂牵梦系的地方。于是他们又回来了，到京都附近的银阁寺一带，在昔日将军“退休颐养”的地方构筑了一座中尾城。在筑城中的天文十九年（1550）五月，一生颠沛流离的将军足利义晴含恨而死，他的一生不是在被人赶出京都的路上，就是在准备被人赶出京都中。六月，将军足利义辉和细川晴元进驻中尾城，京畿的战争又开始了。

七月，足利与细川军向京都附近的东山一带出动，三好长庆立刻召集军队入京，大概有百余人的足轻队对京都进行了一次试探性的进攻而被三好军击退，据说在这场小接触中第一次出现了铁炮的身影。三好长庆不准备和将军多纠缠，他在十月出动主力军队杀到中尾城下放火，命令松永久秀的弟弟长赖绕到中尾城后方的近江大津一带。担心后路被断的将军立刻放弃城池再退往近江，中尾城这个据点被三好军拔除。

将军的机会在第二年，也就是天文二十年（1551）又一次来到。在京都的三好长庆在这一年三月连续遭到了两起行刺未遂事件，而他的岳父游佐长教也在随后被一个僧侣刺死。负伤的三好长庆觉得京都处处危险，决定离开京都去山崎避一避。足利义辉立刻命令三好政胜和香西元成两人率军入京，他们趁着三好军离京的机会，一路杀到京都附近的相国寺，松永久秀和弟弟长赖两人率领大约 4 万人的三好大军反扑，包围相国寺，将幕府军再次赶跑。

天文二十一年（1552）一月，自认已经无法夺回京都的将军足利义辉决定接受调停，以六角义贤为中介向三好家伸出橄榄枝，从而得以回归京都。幕府管领由细川氏纲接替。细川晴元完全无法接受这样的“和解”，他继续军事反抗三好家，他这次选中的人是丹波国八上城的波多野晴通。此人本是三好长庆的岳父，但在女儿被三好家休出家门以后就与三好氏决裂。波多野氏举起反旗以后，三好长庆果然引兵前往丹波，京都空虚，近畿的细川一党开始活跃起来。天文二十二年（1553）初，对三好家日益不满的足利义辉也暗中再联络细川晴元。三月，将军再度逃出

◇ 松永久秀

京都与细川家会合，摄津芥川山城的芥川孙十郎也响应将军举起了反旗，一时间，三好长庆四面楚歌。他果断先放弃丹波，命令松永兄弟击败细川军，同时包围芥川山城。战败的将军和细川晴元又一次流亡近江朽木谷。芥川山城在随后因粮草断绝陷落，成为三好家的城池。三好长庆把自己的居城移驻到这里，再分兵攻略播磨、丹波。

永禄元年（1558），足利义辉、细川晴元在六角义贤的支持下做了最后一次努力。细川军从近江出发，五月出现在今天京都左京区的北白川一带。三好军集结了一万五千余人，从京都出发南下占据了瓜生山上的胜军地藏山城，也就是当初将军家用来对抗三好的城池。细川则占据了其东南方向的如意岳，并在西面的鹿谷放火骚扰。如意岳是一个海拔超越瓜生山可以俯视山城的制高点，因此三好长庆认为继续对峙不利，下令撤出山城，细川军很快占据了瓜生山。

这似乎是个调虎离山之计，在细川军进驻瓜生山以后，三好军就掩袭到他们背后袭占了如意岳，这意味着战场上的形势倒转，失去有利地形的细川军输掉了六月九日的那场接触战。同时，三好长庆开始与将军的后援六角义贤接触。三好家向他摊出了一大把牌：“本方四国的大军正在前来的途中，以三好康长为先锋，三好义贤、安宅冬康等人已在堺登陆，你若不和谈，大军一到，尽为齑粉。”将军足利义辉决定再一次接受和解回到京都，同时三好长庆在两年后成为幕府的“相伴众”，他不仅已经和细川家平起平坐成为将军的直属幕臣，而且已经越过细川家成为实际上的幕府管领，三好家控制了京都政权的一切，还掌握了之前细川、赤松等家族手中的摄津、山城、阿波、赞岐、丹波、播磨等国，势力跨出畿内，包括四国和西国的东面一带，成为当时最大的战国大名之一，堪与关东的北条家匹敌。

在这个时期中，松永久秀逐渐成为三好家的一名重要家臣，他先在天文二十二年（1553）被任命为泷山城城主，从一名文官摇身一变而成为大名。接着在永禄二年（1559），由于畠山家的畠山高政（畠山政国之子）被接替游佐长教成为畠山家河内守护代的安见宗房放逐，三好长庆命令松永久秀讨伐，趁机想要侵占畠山家的河内、大和两国。松永于当年八月在三好长庆的协助下攻克畠山家的高屋城和饭盛山城，将安见宗房轰了出去，恢复畠山高政的家督地位。接着，他就率军进入大和国，以信贵山城为核心开始四处伸手。永禄三年（1560），畠山高政在看到三好家的做派以后，感觉引狼入室，他把安见宗房给请了回来。这一“好了伤疤忘了疼”的举动惹火了三好长庆，三好家和畠山家开始争夺河内。十月，饭盛山城、高屋城相继陷落。三好长庆把居城移到靠近大和的饭盛山城，其野心昭然若揭。他以松永久秀为征服大和的主将，从此，大和的信贵山城就成为松永久秀这只老狐狸的巢穴之一。俗话说：狡兔三窟，松永久秀在平定大和国以后于永禄五年（1562）又营造了多闻山城，作为自己的主城，成为驻于大和国的一方霸主。

螳螂捕蝉，黄雀在后。征服将军家和管领细川家的三好长庆却没有想到身边埋伏着一颗危险的炸弹，三好家独霸京都的梦想就在他们最成功的那一瞬间，因为自己家的不断倒霉，加上松永久秀这个人的存在而开始幻灭。

松永久秀是一个令人捉摸不透的人物，他是一个风雅之士，茶道、连歌都有很高的造诣。然而，在他温文尔雅的表面之下，却隐藏着另一副面孔，颇类似于《镜花缘》中的两面国人。

三好家的悲剧从永禄四年（1561）开始，三好长庆的弟弟十河一存是举世闻名的猛将，有“鬼十河”之称。据说此人在作战中左腕受伤，只用盐草草消毒一下，用藤蔓一包扎就继续战斗。十河一存在摄津江口之战中就立下了赫赫战功。永禄三年（1560），十河一存在有马的温泉疗养。当时松永久秀前来探望他，看见他骑了一匹苇毛马，就劝说十河一存：“此马毛色不吉利，有马权现神并不喜欢这种毛色，如果你骑着它，恐怕会有神罚厄运降临。”这个说法颇类似于《三国演义》中的“的卢马”的故事。但十河一存并不把松永久秀的话放在心上，他骑着苇毛马前往有马，途中落马身亡。由于松永久秀在这次事故中扮演了一个十分重要的“预

言家”角色，加上十河一存与松永一直不睦，许多人就怀疑是松永久秀下的毒手，但这一说法仅是传言，无确切证据。实际上十河一存死于永禄四年（1561），而死因是“疮”。考虑到十河一存的身份，应该是在战场上的旧疮发作引起的破伤风而死，和松永并没有多大的关系。

十河一存的死引发了一串连锁事件，十河是三好家手下和泉国的控制者，他一死意味着和泉的岸和田城处于真空状态。细川晴元是全盛时代三好家的最后一颗眼中钉，他在永禄四年（1561）以自己的次子细川晴之为细川家主，以六角义贤为辅佐，率军再度袭来。与之遥相呼应的就是畠山高政，他出兵包围了岸和田城。三好家再度面临危机。三好长庆命令其子三好义兴与松永久秀分别出兵，夹击位于京都附近胜军地藏山城的六角大军。十一月，松永军开始尝试突破六角军的阵地，六角义贤可不是足利细川这样的平庸之辈，他手下有一批善用弓箭的足轻，从高处射击给予松永军极大的杀伤和震撼。震惊的松永久秀下令撤退。这场战役三好家唯一的一个收获应该是刚刚接替细川家督的细川晴之不幸阵亡了。另一方面，以三好长庆之弟三好义贤为首的大军从高屋城出发去救援岸和田城，还未到城中就已经接触到畠山军，布阵于久米田贝吹山城，这一战畠山高政得到了纪伊根来众的协助，根来众以使用铁炮闻名，连后来的织田信长都对这群人颇为头疼。被畠山军围攻的三好义贤遭到埋伏的根来众的铁炮袭击，战败身亡。三好义贤作为长庆之弟，一直被长庆视为臂膀。自三好长庆起兵以来，三好义贤一直是长庆的坚定支持者和帮助者，三好家失去了第二个重要人物。胜利的畠山高政在永禄五年（1562）四月杀到了饭盛山城下，三好家面临着灭亡危机。三好长庆立刻下令手下各大名紧急向饭盛山城靠近“勤王”，同时死死顶住了畠山家的两次攻击。畠山高政此时也有苦难言，他手里的兵力不足以攻陷城池，因此三催四请督促六角军尽快向饭盛山城进军，不幸的是，一直以来大家对抗三好家的老桥段再一次发生了——六角义贤没到，三好家的援军到了。畠山高政被迫解围，三好长庆与诸援军会合出城。永禄五年五月十九日，双方决战于河内教兴寺。

这是一场规模空前的战役，三好家汇集了摄津、丹波、山城、播磨、淡路、赞岐、阿波等国的国人众以及他们自家的军队合计有 6 万人，而畠山家也是倾巢而出，除了发动原本畠山领地的大和、河内、和泉等地的国人众以外，还有根来众等雇佣军队，合计也达 4 万人，特别是一千多拥有铁炮的根来众成为其杀手锏。总的来说三好家依然占优势。

开战的五月十九日天公不作美，夜里一阵小雨让根来众的铁炮哑了火，三好军前锋三好政康趁此时发起了进攻，对畠山家前队进行了一次试探性的进攻。天亮以后，三好军决定把主攻方向定在山侧面汤川直光所率领的汤川众和杂贺众，这一部分是畠山军的软肋，三好长逸等先行进攻，安宅冬康、三好康长等随后支援；而畠山一方，因为三好家的进攻，将大和国的十市、井户、筒井等国人众都调集过去支援汤川众。于是，在西面又出现了军力空档，三好长庆及时下令，十河存保率领赞岐众向西迂回进攻安见宗房等人率领的畠山军主力河内众，随后阿波国人众也加入战团，畠山家不得不把后卫的纪伊国人众也调了上来。

在战场陷入胶着的时候，松永久秀的军队最后加入了战团中。随着三好家主力军团三好义兴的参战，胜利的天平向三好家倾斜。战意最弱的汤川众果然成为第一个崩溃的部队，汤川直光阵亡后，随后的大和、杂贺众也宣告崩溃，袭击山侧部队的三好军调过头来集中进攻畠山家大军，在天开始放晴的时候，畠山家的军队已经陷入了总崩溃，根来众的铁炮根本没有用武之地。

畠山家战败后，大和、河内终于为三好家所有，畠山家自此彻底没落，而素来见风使舵的六角家听说畠山家战败，决定议和。

至此，畿内再也没有能挑战三好的势力。细川晴元在细川晴之死后失去了所有的希望，被三好家擒获幽禁于普门寺，永禄六年（1563）死去。同年，被三好家当作傀儡的细川氏纲也死了，幕府管领从此再也没有任命过，盛极一时的“京兆家”细川家也宣告没落。

◇ 三好义兴

然而永禄六年，三好家遭遇了第三桩惨剧：三好长庆的嫡子三好义兴神秘死亡。三好义兴作为三好长庆的继承人，一直为三好长庆所欣赏，认为他是能够承继三好家基业的人物。同时，由于三好义兴体现出了良好的教养和文化素质，在京都公家中也有很高的声望。就是这样一位杰出的继承人，就在是年，突然死于他的居城芥川山城。一般认为死因是黄疸。但当时风传着一则无根据的传言：松永久秀害怕三好家出现一位出色的接班人，加上三好义兴曾建议除去松永，因此松永抢先毒杀了三好义兴。三好义兴死时年方 22 岁。

从永禄四年（1561）开始，三好家就如同著名侦探小说《金田一耕助》里中了某种诅咒的家族一样，每年死去一个人，导致家中的栋梁纷纷倒塌。特别是继承人死亡这一事实对三好长庆来说是又一次的重大打击，这位昔日在京都呼风唤雨的大名精神完全崩溃。他染上沉疴，一病不起。

永禄七年（1564）五月，风雨飘摇的三好家再次遭到打击，安宅冬康被三好长庆叫到了饭盛山城要求切腹。安宅冬康是三好长庆的三弟，出继安宅家，跟随兄长南征北战。有诸多的史料认为是松永久秀向卧病在床的三好长庆进了谗言，诬陷安宅冬康谋反。于是，听信了谗言的三好长庆就把安宅冬康叫到了饭盛山城，迫令切腹。但是，也有人把这一次的事件归结为病中的三好长庆的“乱心”。在继承人三好义兴死后，三好家无疑要面临“主弱臣疑”的局面，病人特别容易多疑，而在十河一存、三好义贤死后，安宅冬康无疑是三好家中势力最强的人，在三好长庆死前，他做此未雨绸缪之事也并非不可能。

短短四年，控制京都的三好家人才凋零，三好长庆的生命也到了最后的时刻。永禄七年（1564）七月，晚年饱受打击的三好长庆死于饭盛山城，享年 42 岁。他的死因则又引起了种种猜测，虽然三好长庆在死前早已一病不起，但仍然有一说认为是松永久秀或者三好三人众毒死了这个京都的控制者。三好长庆的继承者三好义兴早死，于是他在永禄四年所收养的十河一存之子三好义继就成为理所当然的接班人，接班时仅 15 岁。三好家的大权却落入松永久秀与三好三人众之手。京都也因为这一变化而再次陷入一场大动乱之中。

四、永禄之变

三好长庆死后，三好家的实权操于松永久秀和三好三人众之手。三好三人众是三好家的三大重臣。其一为三好长逸，此人为三好家的同族，是三好长庆曾祖父三好之长的孙子，也就是三好长庆的叔父一辈，作为家中的长辈，他深得三好长庆的信任。其二为三好政康，此人亦为三好家同族中人，为三好长庆的杀父仇人三好政长之子，在三好政长失败以后就臣服了三好长庆，从此成为三好家的重臣，也为三好家的崛起立下赫赫之功。其三为岩成友通，此人出身不明，据说他最早是畿内庄园公领地掌管租税收缴和治安维持的一个“下司”，被三好长庆赏识录用，成为三好家文官奉行众中的一员，从这点来说，他的出身和松永久秀颇为类似。

这三个人在三好长庆死后，勾结松永久秀控制住了政局。他们与松永久秀互相利用，又互相猜忌，京都的局势就被内乱的阴云所笼罩。

“下克上”这种事情，做多了，是会上瘾的，特别是三好家这样的靠“下克上”起家的家族，从上到下都流着一身“下克上”的血。永禄八年（1565），松永久秀联手三好三人众进行了又一次的“下克上”，这一次，堪称是战国时代最火爆的一次“下克上”行动，因为松永久秀直接模仿“嘉吉之乱”中的赤松满祐，把“下克上”的矛尖对准了高高在上的幕府大将军足利义辉，而且采取的是公开的杀人放火行为。

◇ 足利义辉

足利义辉不是泛泛之辈，他一生致力于恢复室町幕府的荣光。因此，他不但本人学习了著名剑术家塚原卜伝和上泉信纲的剑法，成为一名赫赫有名的剑豪将军，而且在外交上也主动出击，他介入了武田信玄与长尾景虎、毛利元就和尼子晴久等一对对大名之间的争执中，积极充当调停人的角色。另外，他还接受了织田信长、上杉谦信和大友宗麟的觐见，信长甚至允诺帮助他恢复幕府的尊严。

这样一个不听话的将军自然不符合三好家的胃口。他们需要的是一个能玩弄于股掌之上，俯首听命的傀儡将军。在这一点上，三好义继、松永久秀和三好三人众的看法是一致的，于是他们一拍即合，决定换掉这个不听话的将军。他们甚至挑好了代替足利义辉的人：义辉的从弟足利义荣。另一方面，足利义辉所仰赖的南近江六角家由于遭到浅井家的背叛和织田信长的进攻，自顾不暇，这也给了松永久秀等人很好的机会。

永禄八年（1565）五月十九日，松永久秀的儿子松永久通和三好义继带着军队明火执仗地包围了将军的驻地二条御所，公然向幕府将军的权威挑战。一群人冲进了足利义辉的居城，足利义辉对此也有准备，他从容不迫地提起秘藏的宝刀迎敌，凭借着自己剑豪的出色能力，杀伤多人，在短时间内确实逼退了前来进攻的叛乱者。然而，双拳难敌四手，松永久秀的军队越来越多，从四面包围了二条御所，足利义辉在砍杀多人后也受伤多处，被长枪刺死。将军的母亲庆寿院也在这次叛乱中殉死。

松永久秀在事变发生时身在远离京都的大和，这也让他有了事后撇清自己的机会——“这是我儿子久通和三好家勾结做出来的，与我无关！”

“永禄之变”震惊天下，松永久秀因此而背负上了弑主的恶名，足利义辉之弟觉庆在奈良的兴福寺出家，听说消息以后，就在细川藤孝等人的帮助下逃脱，前往投靠南近江的和田惟政，继而辗转越前，最后在织田信长的帮助下宣布自己是合法的幕府将军，此人便是后来的室町幕府末代将军足利义昭。

足利义辉死后，在永禄之变中合作愉快的松永久秀和三好三人众很快反目。松永与三好三人众在永禄之变中只不过是心照不宣地互相利用、狼狈为奸的关系。在合作完了以后，双方为争夺利益，自然会陷入分裂。永禄八年（1565）十一月，永禄之变后不到半年，三好三人众就突然袭击了松永一方的饭盛山城。这次袭击拉开了新一轮京畿大战的序幕。三好三人众的同盟、大和的国人众筒井顺庆配合三人众发动攻势。在松永平定大和国期间，筒井顺庆作为大和国人众的领袖，一直遭到打压，流亡在外。永禄九年（1566）二月，三好家的同族三好康长、安宅信康等人都加入了三人众一方，这是三好家对试图“下克上”的松永久秀的一次集中讨伐。安宅信康等率领淡路水军在兵库登陆，围攻松永氏在摄津的据点泷山城，四月，三好三人众和筒井顺庆联军合兵攻向多闻山城，松永久秀匆忙调集摄津军队，并且向畠山高政及其所属的根来众要求援军，集结到堺一带试图围堵四国方向前来的三好军。此时，三好军已经突破万人，狡猾的松永久秀眼见不敌，就搬出了堺的商人津田宗达作为调停人，让出堺换取三好三人众暂时停战。

不过这一次的停火不过是一个短暂的插曲。永禄九年六月，筒井顺庆夺回了被松永占据的居城筒井城。局势向着更利于三人众的方向发展。同月，三好三人众举行了三好家的家督继承仪式，拥立三好义继为家督，并操纵三好义继以将军足利义荣的名义发动了对松永久秀的讨伐。

永禄十年（1567）四月，三好义继因为与三人众的不和而逃奔信贵山城投奔松永久秀，这成为战争的转折点，双方的战争陷入了白热化状态。三好义继的逃亡激怒了三好三人众，他们联合筒井顺庆再次出兵多闻山城。四月，三好三人众与筒井联军在奈良东大寺布阵，双方持续作战时一路放火，烧毁了奈良周边的诸多寺院，特别是东大寺尤其可惜。东大寺为一座华严宗的佛教寺院，始建于奈良时代，其金堂因为供奉着一座卢舍那佛而被称为大佛殿，铸造这一座大佛是圣武天皇毕生的心愿，大佛在天平胜宝四年（752）正式“开眼”供奉，这是日本佛教史上具有里程碑意义的一幕。大佛曾在源平合战的治承四年（1180）毁于平家的武士平重衡之手，文治元年（1185）重修完毕再度“开眼”供奉。而这一次，大佛注定要再遭一劫。永禄十年十月十日子夜时分，松永久秀与三好义继出兵奇袭东大寺的三好筒井联军，夜袭中，东大寺的大佛殿被兵燹所及，起了大火，到丑时，东大寺大佛殿回廊已经化为一片废墟。关于起火的原因，有三种不同的说法，第一种说法出自《东大寺杂集录》，说此番是松永久秀在夜袭中遭到三好三众的顽强抵抗，于是悍然放火，烧毁了东大寺，以松永久秀无法无天的一贯性格来看，这样的行为不是不可能的。第二种说法出自《多闻院日记》，说大佛殿是因为战斗中偶然被火星波及，导致回廊起火，惨遭祝融之祸。而弗洛伊斯的《日本史》又提出了新的说法，认为是三好军中信仰天主教的兵士放了火。

不论东大寺火灾的作恶者是否松永久秀，这一次夜袭至少看来收效甚佳，东大寺的熊熊大火显然吓住了三好三人众和筒井顺庆，使松永久秀暂时占了上风。不过由于三好三人众与筒井联军的人数优势，战局随即逆转，三好长逸诱降了饭盛山城，从而使三好筒井联军控制了大和国的局势。到第二年六月，信贵山城在雨中遭到奇袭而被攻克，九月，三好与筒井联军向多闻山城东侧发起了攻击。

在松永久秀岌岌可危的时候，一名霸主式的人物出兵上洛，正是他的出现，挽救了松永久秀，而狡猾的松永久秀也及时抓住了这一时机，反败为胜。

五、反复无常

“上洛”是战国时期一个出现频率颇高的名字。“洛”指的是洛阳——中国唐朝时期的东都，日本的京都也就是平安京在初建时仿效了中国唐朝首都长安城的规制，正北面为皇城，一条朱雀大街从皇城南延伸出来，将京都分为东西两部分，分别称为“左京”“右京”（左右乃是站在正北面南的大内角度而言，所以是左东右西）。当时称左京为“洛阳”，右京为“长安”。平安京朱雀大街以西多为低洼之地，不适合居住，所以年深日久渐渐荒废，“洛阳”一带就成为京都的代名词，上洛就是进京。

永禄十一年（1568）九月，织田信长拥足利义昭上洛，这一次上洛不但是信长天下布武的开始，也给危难中的松永久秀送来了一根救命稻草。松永久秀是一只老狐狸，他凭借他多年的敏锐嗅觉认定无论是三好三人众还是筒井顺庆都不是信长的对手，如果在此时投靠信长，肯定能够获得最大的利益。于是，九月二十七日，松永久秀带着儿子久通和三好义继到了芥川山城迎接信长，松永久秀献出了他所收藏的名茶器“九十九发茄子”和名刀“天下一振の吉光”，作为降

服信长的见面礼，同时允诺献出人质。信长接受了松永久秀的降服，并允诺赦免松永久秀杀害将军的罪名，帮助他取得大和的支配权。

在信长的帮助下，松永久秀展开了反攻，在得到细川藤孝、和田惟政和佐久间信盛的援军后，松永久秀于十月夺回筒井城。接着，松永久秀势如破竹，平定大和，三好三人众和筒井顺庆反而成为丧家之犬。

信长上洛的成功可以说松永久秀出力甚多，松永久秀因此得列为织田家的重臣之一。元龟元年（1570），信长出兵讨伐越前朝仓义景，但却在途中得悉了妹夫浅井长政背叛的消息，信长面临遭受两面夹击的危险，被迫分散撤退。在撤退过程中，松永久秀主动请缨，说服了近江国的朽木元纲，让他为信长让出一条通道，松永久秀又立一功。

事实上，信长对松永久秀的性格并不是没有了解，不过他是一个极端自信的人，深信自己可以压服这个诡计多端的老狐狸。遗憾的是，松永久秀却不是一个安分守己的人，当幕府将军足利义昭与信长关系破裂后，松永久秀血液中一直存在的叛乱癖病毒就开始蔓延开来。

元龟元年（1570），在足利义昭的背后策划下，武田信玄、浅井长政、朝仓义景等大名组成了严密的信长包围网。足利义昭是一个颟顸的家伙，他全然忘记了三好三人众之流是如何对付他的兄长足利义辉的，他在利益面前昏了头，把三好三人众也招纳进了他所罗织的包围网中。于是京都再度面临战火威胁。而唯恐天下不乱的松永久秀也在这个时候蠢蠢欲动，元龟二年（1571），松永久秀和三好三人众达成了和睦协议，暗通武田，在信贵山城树起了反帜，信长的周围危机四伏，按现在的话来说，元龟的初年是信长从“牛市”转向“熊市”的转折点。

元龟四年（1573），武田信玄上洛的消息传来。三月，足利义昭依仗着武田上洛，有恃无恐，与信长公开决裂。松永久秀和三好义继也看准了这个时机，举旗响应。不过他们都没料到武田信玄的上洛却因为天不假年而半途而废，同年，没有了武田威胁的织田信长发起了反攻，朝仓和浅井先后被灭。天正元年（元龟四年改元天正，1573）七月，信长流放足利义昭，终结了室町幕府的历史。十一月，织田军的佐久间信盛攻克了若江城，联合松永久秀谋反的三好义继在城破后全家殉城，畿内横行一时的三好家就此灭亡。而松永久秀也在这个时候遭到了筒井顺庆的疯狂反扑，损失惨重。眼看大势已去的松永久秀又一次做了“识时务者”，他把多闻山城献给信长，又一次宣布投降。

不过这样的降服在双方看来都只是一种表面功夫，信长经过这一次以后，对松永久秀的性格也大有认识，据说他曾经不无讽刺地评价这个唯恐天下不乱的叛乱癖患者：“这个家伙一生中做了三件别人都不敢做的事情，第一就是杀死了幕府将军，第二就是把主君三好家弃如敝屣，第三就是烧了东大寺。”信长的话中似乎还带有一种欣赏的意味。松永久秀的那种“敢为他人所不为”的精神似乎和信长的性格很为投缘。

织田信长并不会因为他们的性格投缘而轻易地饶过背叛者，他的理想是建立“平安乐土”，而松永久秀的行为是和信长的理想背道而驰的，这就导致了松永久秀最后的悲剧结局。

天正五年（1577），信长为稳定大和国的局势，决定将大和国的权力授予在大和影响重大的筒井顺庆。筒井顺庆与大和的国人众关系密切，又在大和有着很高的声望，因此被信长挑选为大和国的统治者。这一任命也引起了松永久秀的不满。他和筒井顺庆是夙敌，自然不希望对手跑到自己的领地来作威作福。而此时，信长正在全力应付上杉的入侵以及与石山本愿寺的战争。于是，松永久秀于同年八月撤回了协助信长进攻石山本愿寺的兵力，宣布谋反。

松永久秀选择的谋反时机并不好，以他的才能来看，他似乎不应该选择这个时候，因为上杉一方面，在冬天北国下雪封路之前将会返回春日山城，此时已交八月，上杉肯定无法在冬天之前打倒强大的信长而达成上洛，信长一方也有柴田胜家军团拦截上杉军。至于石山本愿寺一方，自顾不暇，根本不可能抽出精力来呼应松永。何况这个时候，信长身边仍然有明智光秀、羽柴秀吉等一大批可资利用的部下。松永久秀这一次谋反，已经成为一种行为艺术。

信长在听说松永谋反以后，立刻对以前所未有的强硬态度，他将松永久秀作为人质的两个孩子在京都六条河原处死，表明自己不姑息叛乱的决心。十月，信长派嫡子织田信忠为总大将率军，联合明智光秀、丹羽长秀、羽柴秀吉等部，向信贵山城压来。松永久秀这一次想必是意识到时日无多，因此也摆出抵抗到底的姿态，信长多次派人劝说他献出茶器平蜘蛛茶釜投降，但松永久秀从容面对大军压境，坚决不降。十月十日，织田军发起了总攻击，松永久秀与儿子久通一起在信贵山城的天守阁自焚，据说他死前把爆炸物放进了名茶器平蜘蛛茶釜中，这一件名品就随着他一起灰飞烟灭了。

松永久秀虽然是一个“叛乱癖患者”，但他并不是一个令人唾弃的人物。在今天，仍然有不少日本人津津乐道于他的故事。据说他和曹操一样，有中风之症，在死前因为怕中风手抖而无法切腹，所以特地进行了针灸，因此而被人认为是勇敢之举。他的一次又一次谋反，也被人视为一种特立独行、蔑视权威的行为，而他的谋反却能得到信长的一次次容忍，或许，信长也是在欣赏他的才华。或许，喜欢信长的人，往往也会和这个谋反癖患者有着一些共鸣吧。

笔者云：北条、斋藤、松永三人，俱起于毫末而成名于天下，皆“乱世之枭雄”也。北条检地、四公六民之税，后战国大名多效仿沿用，至信长与秀吉定为天下之制，其功业当首屈一指；斋藤经营美浓，为信长奠定基业，功业次之；而松永则为乱世中一特立独行之人，论功业，则不及，然胜在处事为人之奇。

第三章 中国之雄

“永禄九年七月六日，云州富田城城主尼子义久向毛利元就投降，让出月山城，然而有一位大将不肯降服，于是带领七名手下逃出月山城。

根据传说，当时一行人为了日后重整旗鼓卷土重来，动用三匹马载运 3000 两黄金，跋山涉水，历经千辛万苦，终于抵达这个位于深山野地的村庄。”

这一段叙述揭开了一段阴森恐怖的推理故事的序幕，这个推理故事是日本著名推理小说家横沟正史创作的《八墓村》，故事开头描述的这八名尼子家的武士为复主君之仇，带着 3000 两黄金逃到了一个村庄中，被觊觎钱财的村民们谋杀，从此，这个村就染上了诅咒，每隔一段时间必然发生奇怪的血案，侦探金田一耕助来到这个村庄时，令人毛骨悚然的凶案又一次发生了。

这个故事的历史背景要上溯到 400 年前的战国时代，也就是《八墓村》引章之中所提到的尼子与毛利两家在中国地区结下世代恩怨的时代。如果不了解那段历史，恐怕就无法理解《八墓村》中，为什么大家都相信那八个尼子家的武士会有如此深的怨念。

第一节
魂系月山富田

一、征服出云

如果到日本去旅行，在关西一带会发现一个有趣的名词——中国，特别是跑到本州岛西部的岛根县、鸟取县、广岛县这些地方，可以看到“中国银行”“中国电力”“中国新闻社”“中国放送”等牌子，给人一种中资企业兴旺发达的假象。实际上，上述所有的“中国”和我们生活的中华人民共和国没有任何关系，这是一个在日本特有的地域名词，只是偶然和“中国”同名罢了。

日本所说的中国地区位于今天日本本州岛的西部，包括今天的广岛、冈山、山口、岛根、鸟取数县。有关中国这一名词的来源，一般认为是来自律令制下令制国的分类。在日本划分五畿七道以后，依据令制国距离京畿一带的远近，划分为“近国”“中国”“远国”。在最早的划分中，被划归中国的还包括关东与近畿之间的远江、骏河等国，当然，西面的备中、备后、出云等地也在其中。在后来就逐渐出现“中国地方”的名词，专指本州岛西部的区域。本州西部中央是连绵的山脉，以山脉为界限分为山阴道和山阳道。山阳道在南，靠近濑户内海，包含播磨、美作、备前、备中、备后、安艺、周防、长门八国，山阴道在北，靠近日本海，分丹波、丹后、但马、因幡、伯耆、出云、石见、隐岐八国。严格地来说，中国地方是山阴山阳两道的中西部区域，这个广阔的区域就是尼子与毛利两家登场表演的舞台。

尼子家是“四职家”之一的京极家的支流，京极家出自近江佐佐木氏，而佐佐木氏则源出宇多天皇后裔宇多源氏。在南北朝时期，佐佐木道誉（京极高氏）跟随足利尊氏，为室町幕府的建立立下了赫赫功勋，同时，他也是室町幕府有名的“婆娑罗”大名。在室町时代，有那么一群无视权威，追求华丽，无法无天的守护大名，他们被称为婆娑罗，而佐佐木道誉是他们中的代表。他以狡诈圆滑出名，一生中遭遇多次政治斗争从未吃亏。他的儿子京极高秀继承了父亲的事业，长期担任侍所所司之职，辅佐将军足利义满。京极氏也就是在这个时候成为中国地区的守护大名，而京极高秀的次子居于近江国尼子乡，就以尼子为苗字，是为尼子家的第一代：尼子高久。

在尼子高久的次子尼子持久继承家督以后，尼子家开始成为出云国的守护代，这对尼子家来说意义重大，因为这意味着他们成为出云国的实际经营者。更为重要的是，在应永二年（1395），尼子持久入住历代出云守护的居城——月山富田城，这座位于富田的月山上的城郭从此与尼子家结下不解之缘。

而尼子持久之子尼子清定则是尼子家兴盛的一个奠基式人物，在应仁之乱中，作为四职家之一的京极家日益衰落。尼子家作为京极家下属的一个守护代，却异军突起，尼子清定镇压了出云当地的国人暴乱，同时，由于主君京极家加入了细川的东军，所以作为东军的一部分，出云尼子家也击退了西军山名氏对出云国的进攻，这使得尼子家在出云国的名望水涨船高，出云国渐渐成为一个独立王国。

而在应仁之乱中，尼子家的主家，作为出云、隐岐、飞驒、近江四国守护的京极家发生了长达34年的内乱，称“京极骚乱”。在京极持清死后，京极家分裂为京极孙童子丸和京极乙童子丸（后改名京极高清）两派，为争夺家督之位互相争斗。孙童子丸一派在孙童子丸夭折后以其叔父京极政经为首，加入了东军，而京极高清一派在近江六角高赖、美浓斋藤妙椿等权势者的协助下加入西军，在应仁之乱的近江争夺战中，京极高清占据了上风，把京极政经轰到了出云，而京极政经有东军幕府的支持，被幕府任命为近江守护。京极政经在文明七年（1475）九月率领出云国人再度上洛，以东军为后盾直攻至六角家的观音寺城下，西军集结美浓、近江、尾张、远江势力反扑，在十月就又将京极政经轰出了近江。京极政经再度流亡出云，日夜盘算着再次反扑。

就在这样的背景下，尼子家迎来了一位创业之主——尼子经久。

尼子经久为尼子清定的嫡子，出生于长禄二年（1458），幼名又四郎。在童年时期，他接受了母亲的严格教导，文明六年（1474），尼子经久已经长成为一名文武兼备的猛将，他又被他的父亲送往京都京极家作为人质。在京都的五年生活中，他接受了当时日本的“先进文化”的熏陶，成为一名行止优雅、举动合式的优秀人才。在京都，他也接受了成人仪式，京极家的家督京极政经把自己名字里的“经”字赐给他，取名尼子经久。

文明十年（1478），尼子清定隐退，把家督位传给了尼子经久。接替家督的尼子经久一上台就显露了他的野心，他趁京极家衰落之机，大张旗鼓地采取行动，在出云国领地里大肆霸占京极家的寺社、土地。文明十四年（1482），幕府要求出云国缴纳庄园段钱。所谓段钱，是日本古代的一种税收，源于仁治二年（1241）镰仓幕府的先例，一般是在中央进行大规模营造等事业时，对特定区域（一般是国）征收的一种临时税，以公田数量多寡作为课税依据。室町时代这一权力下放给守护大

◇ 尼子家家纹“四つ目結”

名，但公家、寺社等往往有段钱免除权。同时守护也可以征收“私段钱”，段钱征收权是室町幕府时期守护大名权力增强的象征。战国大名则将段钱转换为领主赋课，征收对象就是土地的实际经营者，这意味着对庄园公领所有权和经营权分离的否定，促进了庄园公领制的崩溃。然而尼子经久却没把幕府放在眼里，他蛮横地扣留段钱，拒绝上交。年轻的尼子经久初入政坛，经验少，所以在处理这一事务的时候做得很没有灵活性。俗话说：瘦死的骆驼比马大。应仁之乱后的幕府就是这样一头瘦死的骆驼，它仍然能够压死尼子经久这样一匹小马。于是，幕府一声令下，尼子经久发现出云国的地方土豪们没有一个站在他这一边。文明十六年（1484），出云国的国人众接受了幕府的命令，包围了月山富田城，幕府下令剥夺了尼子家的守护代职务，把尼子经久逐出月山富田城。

吃一堑长一智，在这一事件中受到教训的尼子经久认识到：如果要在乱世中生存，首要的就是拥有足够强大的军事实力。

被流放以后隐居在母家真木城的尼子经久暗暗等待着一雪前耻的时机，他秘密联系了自己的旧臣山中氏、龟井氏、真木氏等，同时，为壮大自己的实力，他联系上了出云国的一个忍者集团钵屋众的贺麻党。钵屋众以艺术表演团体作为掩护，因此能很轻松地以公开身份混进月山富田城。

文明十八年（1486）元旦，钵屋众的领袖钵屋弥之三郎率领手下大约 70 人，以贺新年表演者的身份进了月山富田城。到了半夜，尼子经久率军潜入了月山富田城，当城中所有人都沉浸在新年歌舞的快乐中时，一声响亮的爆炸打破了城中安逸祥和的气氛。钵屋众贺麻党的人打开了城门里应外合，城中因为遭到奇袭陷入了一片混乱。城主塩冶扫部介杀死妻子以后自杀。尼子经久用一招奇袭的方式重新占领了月山富田城，他宣布从京极家脱离出来，正式独立。

在夺回月山富田城以后，尼子经久就开始向以前背叛他的那群出云国的国人众展开报复，他要让他们统统臣服在尼子家的四目结旗帜下。于是，他精心策划了离间之计。长享二年（1488），他让自己手下的一名重臣山中胜重投奔三泽氏，当初幕府下令征讨尼子经久的时候，三泽氏是第一个跳出来和尼子家过不去的，而塩冶、三刀屋、樱井等豪族是看样学样。山中胜重是尼子经久手下的一名智略者，当初奇袭月山富田城的计划就是他和尼子经久两人所拟定。孙子云：“昔殷之兴也，伊挚在夏；周之兴也，吕牙在殷。故惟明君贤将，能以上智为间者，必成大功。”

尼子经久这一计策显然暗合《孙子兵法》。两年以后，山中胜重就怂恿三泽为忠去攻打月山富田城。三泽为忠不知是计，兴冲冲地领了700余人杀到月山富田城下。山中胜重暗中入城，将三泽氏军队的虚实布置尽数告知了尼子经久。于是，在山中胜重的指点下，尼子经久乘隙打了三泽氏一个出其不意。三泽氏不过是地方豪族，经此一打击，只好乖乖求降。有了三泽氏的前车之鉴，出云国的地方豪主纷纷跑到尼子经久旗下臣服。尼子家在出云国凭借自己的实力站稳了脚跟。

就在尼子家横扫出云国的时候，京极家正在走向倒霉的深渊。文明十八年（1486）七月，京极政经和儿子京极材宗再度上京，京极高清的家臣多贺宗直谋反，配合京极政经的此回反扑。但仅仅第二年，也就是长享元年（1487），京极政经再次在近江战败。长享二年（1488），屡败屡战的京极政经趁幕府讨伐六角家的机会，再度举兵，京极高清此时正加入足利义尚的军队在南近江，闻讯杀回近江松尾，再度击败京极政经。第二年，京极政经在近江国人众的配合下终于得逞，被幕府授予近江守护，但他一旦得志便猖狂，在近江大肆吞没当地的寺社和公家领，引起了将军足利义材的反感，很快又失去了近江。幕府在明应元年（1492）转任京极高清为近江守护，京极政经至此永远失去了京极家的大本营，流亡出云国。只有他的儿子京极材宗在近江坚持抗战，而在明应五年十二月（1497年1月），一直支持高清的美浓斋藤妙纯也不幸阵亡，京极高清的势力也迅速凋落。到永正二年（1505），京极材宗和高清发现不能再这样争斗下去了，于是宣告和解，很快在永正四年（1507），京极材宗被京极高清逼死，30余年战乱的京极家暂时平静下来。在这场疯狂的家族内耗中，近江被一分为二，南近江实际上被六角家所占有，而京极家名义上领有的北近江则在此后逐渐被京极家的权臣浅井氏所侵夺。仍流落出云的京极政经把家督位传给了年幼的孙子吉童子丸。到永正五年（1508），由于京极政经的死，京极家在出云国的势力烟消云散。尼子经久成为正式的出云守护。尼子家的兴盛时代开始了。

二、席卷山阴山阳

周防国的大内氏是一家非常有特色的大名，他的特色来自于他的出身来历，当别的战国大名纷纷以源、平二氏作为祖先时，大内氏则别出心裁，自称为百济后裔。百济是朝鲜半岛上的古国，后来为新罗所灭，百济长期以来和日本保持着密切的关系。大内氏自称百济圣明王第三王子琳圣太子的后裔。后来因琳圣太子东渡日本，在周防的大内村居住，因此以大内为苗字。不过，琳圣太子此人记录却史籍无考，因此，大内氏的自述来源实在很缺乏可信度，就如同现今的许多人，自称古之名人后裔，其实却无可稽考，不过是附会之说。

大内氏是周防和长门的守护，在北九州和中国西部有着非同寻常的影响力。大内弘世可以说是大内家在室町时代的中兴之祖，他以幕府承认其周防、长门两国守护职为条件，追随足利尊氏加入北朝，其子大内义弘参与了北朝征伐九州的战争，立有战功，领地迅速扩张，领有和泉、纪伊、周防、长门、丰前、石见六国，并且获得了对朝鲜的贸易权。有钱有地的大内家迅速膨胀，引起了将军足利义满的不安，加上大内义弘又联合关东公方足利满兼叛乱，被幕府讨平。大内家因此遭到削藩，仅剩周防、长门二国。大内义弘之弟大内盛见举兵夺位，杀死幕府指定的大内弘茂，这一既成事实被幕府承认。此后，大内家又一次进入“失控”状态，大内盛见西侵北九州，获得幕府的丰前守护职，在被北九州的少弐氏、大友氏击败阵亡后，其子大内持世又继承遗志，完全镇服北九州，被将军足利义教加封筑前守护。大内家的领地横跨西国与九州，成为西国的头号实力派。大内政弘在应仁之乱中入西军，成为东军最为畏惧的一支势力。永正五年（1508），大内义兴与细川高国拥戴幕府将军足利义材上洛成功，以拥戴之功得到了幕府的赏识。永正八年（1511）又参加了船冈山之战，为击退细川澄元的反扑立下了战功，因此而被叙为从三位公卿。一时间，大内氏的权势似乎是炙手可热，不过，在风光的背后，却隐藏着深刻的危机。

尼子经久在大内氏上洛时，作为中国地区的大名跟随上洛。在船冈山合战中，尼子家兢兢业业，埋头苦干。尼子经久认为自己没有功劳也有苦劳，至少能够获得点奖赏。但大内义兴在战后却没有任何的表示。尼子经久一怒之下，率先离开京都回到了出云，接着，就展开了对大内氏周防国的侵攻。

大内氏的麻烦还不止于此，安艺守护武田氏是其另一个隐患。安艺武田氏和后来在川中岛叱咤风云的甲斐武田氏源出同门，世袭安艺守护职，在应安元年（1368）以后，安艺守护职就由幕府足利氏的同门今川或细川氏担任，武田氏担任安艺国中以佐东郡银山城为驻地的几个郡的分郡守护，但实际上，安艺国的大权仍然控制在武田手中。在第四代武田信繁在任期间，其子武田信荣协助将军足利义教诱杀若狭守护一色义贯，被幕府赏赐若狭一国。此后，安艺武田家就一分为二，武田信繁的次子信贤在信荣早逝后接替若狭守护和安艺分郡守护，开创若狭武田家，为了更好地管理安艺，于是决定由弟弟武田元纲担任安艺分郡的守护代，承继安艺武田家。兄弟两人在应仁之乱中都加入了东军。此时，西国横行霸道的大内家开始觊觎安艺领地，作为安艺守护代的武田元纲也蠢蠢欲动，文明三年（1471）突然转而加入西军配合大内家作战。应仁之乱结束后，武田元纲虽然接受了大内家的调停，与若狭武田家达成和解，继续担任守护代，但独立倾向日趋严重。明应政变中，武田家发生家臣试图下克上的内乱，被大内家趁乱攻入，成为大内家的附属。武田元纲在生前一直耿耿于怀，认为大内家终究会是武田家的最大祸害，而其子武田元繁接位后，也对大内家忌惮三分，他虽然娶了大内义兴的养女，但是对大内家却没有任何感情可言。船冈山合战以后，武田元繁终于找到了机会，他借帮助在京的大内义兴处理安艺国内事务的机会，也抢先一步返回领地，接着，他立刻和大内义兴的养女离婚，改娶了尼子久幸（尼子经久的弟弟）的女儿。在出云国尼子家的支持下，安艺武田家举起了背叛大内氏的反旗。

此外，尼子经久还在永正九年（1512）支援备后国的大场山城城主古志为信反叛大内家，一时间，大内家内部狼烟四起，烽火弥漫。大内义兴被迫从京都返回领地。

永正十五年（1518），尼子经久分兵两路，一路由弟弟尼子久幸率领，侵入伯耆国，攻打羽衣石城主南条宗胜，另一路由其嫡子尼子政久率领，围攻叛乱的出云国豪族樱井宗的。然而，尼子政久一路却遭到了重大挫折。尼子政久是尼子家未来的希望，此人智勇兼备，又吹得一手好笛子，在京都得到了天皇和公家的一致好评。他在指挥进攻樱井宗的的磨石城时，面对坚城，他决定采取包围断粮的长期战略，但长期的包围战不但让城中敌人困苦不堪，尼子家的军队也开始弥漫厌战情绪。尼子政久可能是个心理学专家，他在军中吹笛调剂士兵情绪，鼓舞士气，就是这个风雅的爱好给他带来了杀身之祸。樱井宗的的军队摸清了尼子政久的习惯，循着声音朝着他吹笛子的地方放出一枚冷箭，一箭穿喉。尼子家的希望就这样断送在他引以为傲的技巧上，享年 31 岁。

听说爱子身亡，尼子经久大为震惊，他发誓复仇，立刻招回了尼子久幸的军队，亲率 7000 人攻向磨石城，立刻不计代价地发起了总攻。磨石城无力抵抗，宣布投降，却被狂暴的尼子经久拒绝，城内的 3000 多人全部遭到虐杀，城主樱井宗的在大火中自杀，一场复仇战演变为以暴制暴的悲壮杀戮。

尼子政久的死使尼子经久开始思考继承人问题，他在复仇之战以后召开内部会议，决定把家督位让给弟弟久幸，但久幸却建议由尼子政久的嫡子尼子诠久（政久的长子早逝，以次子为嫡子）继任。于是，尼子经久决定以嫡孙尼子诠久为继承人。

继承人问题尘埃落定，尼子家继续将矛头对准大内家。大永元年（1521）开始，尼子家和大内家年年在安艺和石见两国混战。大永三年（1523），尼子家侵入安艺国的大内家据点镜山城，一代名将毛利元就在这个时候出现在中国地区的历史舞台上，他帮助尼子家说服了城主藏田房信的叔父藏田直信作为内应，里应外合夺取了镜山城。第二年，尼子经久入侵伯耆国，这一次的目标是昔日应仁之乱的西军首领山名家。山名家在应仁之乱以后迅速走向衰落，在山名持丰死后，山名家遭遇了地方反守护势力下克上的危机。特别是在因幡国，当地的国人毛利贞元对外联合与山名家在嘉吉之乱中结下宿怨的赤松氏，对内联合当地国人众，于文明十一年（1479）发动叛乱。山名家家督山名政丰命令同门因幡守护山名丰时前往镇压，但此后严峻的局势迫使山名政丰自己都不得不离开京都回到但马国，组织力量全力镇压，到第二年春才彻底将毛利贞元击败。而毛利贞元本人有特殊身份——他是将军家奉公众的一员，凭借这一身份，他在战后根本没受什么惩罚，于是在长享元年（1487）十二月，毛利贞元又一次叛乱，拥立山名政实为守护。因幡山名丰时此次行动十分果断，在次年十一月包围私部城，毛利贞元和山名政实自刃。在因幡发生这起“毛利次郎之乱”的同时，山名家领有的伯耆国也发生了“山名新九郎、小太郎之乱”，为对抗伯耆守护山名尚之，山名新九郎在赤松家的支持下在文明十一年暗中扶立山名小太郎发动叛乱，叛乱也被山名家迅速镇压。这一连串叛乱和内讧使山名家分崩离析，原本的播磨、备前、美作三国被赤松家夺走，试图夺回播磨的山名政丰被赤松家击败，从此再也没能雄起。手中剩余的因幡、但马、伯耆三国中，因幡国遭遇两次毛利次郎之乱后勉强维持，被大内家等西国强势大名所觊觎。而但马国作为山名家家督担任守护的领国，大权逐渐旁落，一分为二，山名家首席家臣垣屋氏为但马上守护代，当地的强势国人太田垣氏为但马下守护代，两强并立，山名家只有做傀儡的份。至于伯耆，很快就要被尼子家夺取了，尼子经久早就开始布棋，他一开始就把继承人尼子诠久送到伯耆担任守护代，实际上是监视守护山名澄之，同时开始拉拢西伯耆的国人众日野氏。在伯耆培养足够的势力后，尼子家在大永四年（1524）五月对伯耆发动闪电战，连下米子城、淀江城、天万城、尾高城等，一路烧杀劫掠。尼子军连战连捷，连伯耆守护山名澄之也被迫出逃。在这场被称为“大永五月大崩坏”的战争中，大批伯耆国人也和守护一起出逃，西伯耆落入尼子家之手。山名澄之在天文二年（1533）死后，伯耆的反尼子势力完全瓦解，伯耆国完全成为尼子家领地。

尼子家的兴盛引起了大内家的不安和恐慌，大内义兴和大内义隆父子入侵安艺，被毛利元就击败。但这个时候，尼子家和毛利元就的关系却出现了一次180度的大转折。毛利元就与其异母弟相合元纲因争夺家督位而有过节。一说相合元纲图谋暗杀毛利元就，毛利元就发现后抢先下手，杀死了相合元纲。接着，毛利元就发现元纲的幕后老板是尼子家的重臣龟井秀纲，而尼子经久似乎就是这场内乱的策划者，于是，毛利元就一气之下，反戈转投大内氏。

毛利元就此时已经是安艺国有影响力的豪族，他的倒戈给尼子家带来了无限麻烦。

尼子家的敌人大内家此时也进入了辉煌时期，享禄元年（1528），大内义兴死，大内义隆接替家督。大内义隆把那些因京都战乱而逃难的公卿接到了他所在的山口，京都文化逐渐在山口流行起来，从而创造了日本战国时期三大文化中心之一的“山口文化”，大内家的领地被称为“西边的小京都”。大内义隆后又出兵北九州，争夺北九州霸权。九州的攻略给大内家带来了丰厚的回报。大内氏利用自己得天独厚的地理优势垄断了对明的勘合贸易，获得了庞大的经济利益。

敌人的强大是自身的不幸。在强敌面前，尼子家内部又发生了内讧。享禄三年（1530），尼子经久的三子塩冶兴久叛乱，叛乱的原因被认为是塩冶兴久提出自己的领地过少，要求父亲给自己增加领地，这个要求被尼子经久拒绝，于是起兵谋反。这次谋反还被认为与尼子、大内之间的对立状态有密切关系，塩冶兴久的名字最早来自于尼子家从属大内家时由大内义兴下赐名字中的“兴”字，他和大内家本身也有一些紧密联系。而他所拥有的出云西部、南部也集结着一部分反尼子势力。在尼子家对领地控制不够严密的情况下，塩冶氏的叛乱就成为必然。但在他父亲面前，他始终是乳臭未干的孩子，何况大内家在权衡利弊以后，决定支持尼子氏实现和睦。天文三年（1534），塩冶兴久的谋反被镇压，逃亡备后国的塩冶兴久遭到尼子军的追杀，走投无路之下被迫自杀。这一事情对尼子经久的打击特别大，他一生中第二次遭受丧子之痛，而且还是因为儿子背叛了他，虽然在同年，他的继承人诠久为他夺取了美作，又向东把势力扩向备前，但遭此打击的尼子经久仍然心灰意懒。

天文六年（1537），尼子经久把家督之位让给尼子诠久后宣布隐居。尼子家后来号称占据山阴山阳两道十一国：出云、安艺、隐岐、石见、伯耆、因幡、备前、备中、备后、美作、播磨，因此，这位外号“云州之狼”的智将尼子经久被人称为“阴阳十一州太守”。值得一提的是，尼子家麾下的领地很分散，地方土豪和大名仍然各自为政，尼子家并没有实现实际控制。至于安艺、备后等地，则跟大内家争夺不已，更谈不上完全收入麾下。所以所谓的“十一州太守”恐大大地名过其实。但尼子经久毕竟为后人留下了庞大基业，而他的继承人的表现，恐怕要让他深刻怀念他那位会吹笛子的儿子。

三、激战吉田郡山城

在尼子诠久接替家督之位以后，中国地区已经出现了尼子与大内争雄的局面。

大内家在此时全力进攻北九州，北九州的当地势力是少弍氏，这是一个十分古老的家族，最早是在平安时代末期有一个叫武藤资赖的人被任命为负责对外交流的大宰府的副官大宰少弍，后人以官名为苗字。镰仓后期，他们活跃在日本对抗元朝忽必烈入侵的第一线，因战功成为九州的实力家族，同时又支持足利尊氏建立幕府而获得丰厚回报。但少弍家实力的增强引来幕府的怀疑，于是幕府派出九州探题今川贞世谋杀了少弍冬资。少弍家在南朝旗帜下积极反幕，成为幕府指令中国地方大名大内家全力进攻的对象。少弍家的少弍教赖、政资父子在应仁之乱中加入西军，后又与东军细川家暗通款曲，引来了西军大内家的攻打，少弍教赖战败自杀。少弍政资继承父业夺回被大内家侵占的筑前、丰前两国，又恢复了对大陆的贸易事业，中兴少弍家。因此在应仁之乱结束后又遭到大内家的侵伐。少弍政资退避肥前，被当地的国人叛乱迫死。一家两代与大内家有血海深仇的少弍家在少弍资元的率领下继续奋斗。大内家筑前国守护代杉兴连出征肥前，要夺下少弍家最后的领地，被逼到绝境的少弍家拼死一击，于享禄三年（1530）在田手畷之战中击败了杉兴连。恼羞成怒的大内义隆于天文元年（1532）十一月派大军渡过下关海峡进入北九州，遭到少弍资元和其盟友大友义鉴的激烈抵抗。大内义隆再派援军，委任重臣陶兴房为主将侵攻北九州，天文二年（1533），少弍家臣筑紫惟门投降，次年三月大内军侵入丰后，大友家派遣吉弘氏直为主将防御，九州岛战国初期争夺霸权一战——势场原之战爆发。

战役初期，大友家布防于丰前和丰后交界处的立石峠、地藏峠等处，而主大将率千骑布阵大村山上。大内军的斥候探听得此事，于是不断散布假消息掩饰行动，到四月六日凌晨突然出现在大村山大友军主力前，吉弘氏直大惊，以为神兵天降，但他轻率地认为敌军远来疲敝，而大友军占据高地优势，急攻可下，率军冲下山来。大内军立刻转为鹤翼之阵，两翼包抄将大友军团团围住，吉弘氏直等人阵亡。但刚获得胜利的大内军乐极生悲，遭到立石峠、地藏峠两处的大友军复仇式的反扑，主将陶兴房负伤仓皇而走。大内家在战后不得不接受将军足利义晴的调停，与大友家达成和平协议。至于与大内家争斗了数代，血债无数的少弍家，大内义隆虽然暂时同意他们保全东肥前半国，但很快又撕毁协议，于天文五年（1536）再派陶兴房出兵北九州，少弍资元自杀，少弍家灭亡，大内家平定北九州，手握山阴道西部和北九州的大内家无论是经济实力还是军事实力完全可以与如日中天的尼子家一决雌雄。天文六年（1537），大内义隆受幕府将军足利义晴的邀请，试图举兵上洛，但是，尼子家加入了大友家所主导的大内包围网，竭力阻碍大内义隆的上洛企图，迫使大内义隆放弃了努力。这一次，是尼子家的一大胜利，尼子大内两家的梁子也越结越深。

同时，尼子诠久从天文六年（1537）开始入侵播磨，控制播磨的是可怜的“四职家”之一的赤松家，赤松家在进入战国时代以后在应仁之乱东军大将赤松政则统治下一度有过复兴辉煌，夺回了部分被山名家夺走的领地，以播磨的置塩城为主城。但明应五年（1496），赤松政则突然病死，留下一个幼子赤松义村，于是赤松政则生前就开始竭力抑制的备前守护代浦上氏势力开始膨胀，赤松义村最终被浦上村宗下克上谋杀。其子赤松政祐虽借着细川和三好家的屠刀除掉了浦上村宗（详见上一章），但浦上氏的势力依然存在。赤松政祐一边内斗，一边惨淡经营手里的备前、播磨、美作三国，天文六年，尼子家入侵播磨，倒霉的赤松政祐毫无还手之力，一路逃往堺。尼子家顺利拿下了西部播磨，势力继续扩大，引起了大内家的嫉妒。

天文九年（1540），尼子家和大内家发生了一起中国地区空前的大决战，而这次合战的核心区域，则是先投尼子后奔大内的枭雄毛利元就的居城——吉田郡山城。据说这场战争是尼子家为惩罚投奔大内的毛利家的一场“杀鸡吓猴”的战争，战前，尼子家有过一场大争论，尼子经久的弟弟久幸慎重地表示：“毛利不可小觑。”被血气方刚的尼子诠久大骂一顿，而隐居中的尼子经久在听说弟弟的意见以后，也提出了慎重的意见，但尼子诠久一意孤行，执意出兵。

这段通行的说法似乎有为“黑”尼子诠久而刻意编排的嫌疑，本着不以最后的结果论英雄的态度，我们再度审视当时的情况，不难得出，吉田郡山城之战的缘起很可能是安艺武田家告急。作为尼子家反大内的盟友，安艺武田家可以说在此后是一路倒霉，先是武田元繁在永正十四年（1517）因试图趁毛利家继承人之争之际入侵毛利家，被毛利元就击败，不幸死于战场上。继承人武田光和继续惨淡经营。大永四年（1524），大内家的义兴、义隆父子出动 3 万大军讨伐武田家，大内家分兵两路，大内义兴以一万军围攻樱尾城，而以初次上阵的大内义隆为大将，重臣陶兴房为辅佐率 15000 人进攻佐东银山城，和父亲一样以武勇闻名的武田光和率城中军队出城迎战，以一抵十。是时，毛利元就仍从属于尼子家，于是急报尼子经久，派出 5000 援军，八月五日夜晚，在毛利元就的建议下，尼子军趁天气恶劣发起夜袭，大内义隆的首战以一败涂地而告终。而在此战之后，毛利家叛归大内家，而武田光和于天文九年突然病死，安艺武田家不得不从若狭武田家请来武田信实接替家督，引发了武田家内乱。大内家则继续持咄咄逼人之势，在毛利元就的策划下，击败了尼子方安插到安艺的平贺兴贞，直追银山城，武田信实丢弃了银山城，派人向尼子家紧急求援。

◇ 尼子诠久

所以，本次进攻吉田郡山城，乃是尼子家为援助盟友，维护自己在安艺的权益而不得不发起的一场战役。战事从天文九年（1540）六月开始，尼子家出动了 3000 兵力，对安艺国大内家所属的毛利元就领地进行了一次试探性的进攻，尼子军通过备后一路入侵安艺，连下祝屋城、五龙城等，在小获胜利以后，被毛利一方的宍户氏所阻碍，引兵撤退。八月，尼子诠久亲自率领来自出云、安艺、石见、伯耆、因幡、备前、备中、备后、美作的军队共计 3 万余人，浩浩荡荡越过石见路，通过川根、河井等地，杀向吉田郡山城，九月四日就到达距离吉田郡山城 4000 米的风越山，布下本阵。同时在白豆埣、会下谷地区布下预备队，以防止侧面遭受攻击。而毛利一方选择固守，同时向大内氏发去了救援的请求。吉田郡山城精锐战斗部队约为 2400 人，加上农民、商人、女子等，共计不过 8000 人左右。

九月五日，尼子家开始发动攻击，先遣军进入城下町的民居中放火，但毛利军岿然不动。六日，尼子军再度乘雾出击，引兵 4500 人进入城下町放火，同时尝试攻城，在毛利军的激烈抵抗下未能成功。两次未能引诱出毛利元就，尼子家显然有点急躁。九月十二日，尼子家分兵数路，突进城下町大肆放火挑衅，毛利元就见时机已到，就叫来了渡边通和井上元景，密授机宜，仅以 30 人冲杀出去。30 人的军队在强大的尼子军面前，不过是以卵击石，毛利军很快败退，轻敌的尼子军草率追击，在鎗分遭到埋伏的毛利军的袭击。尼子家的高桥元纲阵亡，被迫败退。

三次出战都没占到便宜的尼子诠久决定改变进攻方向，九月二十三日，尼子诠久将本阵移动到青光山，结果毛利元就避实击虚，烧毁了尼子家在风越山的旧本营。二十六日，尼子军左翼的汤原宗纲率领 1500 人，袭击作为毛利军预备队的大内家小早川兴景。这个消息被大内一方得知后，驻于附近丰岛的大内方杉隆相的军队立刻做好了袭击尼子军的准备，吉田郡山城一方面则派出粟屋元良率军从背后夹击汤原宗纲部，结果，汤原宗纲的 1500 人做了毛利和大内两军的饺子馅，汤原宗纲进退失据，兵败阵亡。

十月十一日，尼子家在屡经挫折后再次发起攻击，毛利元就决定主动反击，他把不多的军队分为三段，第一段由渡边通、国司元相和儿玉就光率领500人，第二段由桂元澄和粟屋元真率领200人，第三段则由毛利元就亲自率领，作为正面部队抵抗尼子大军。正当毛利元就与尼子家的军队杀得难解难分之时，毛利军的第一军和第二军从左右两翼杀入，尼子军已经到了疲劳的极限，遭遇了一群新生力量的袭击，于是瞬间崩溃。毛利元就挥师追击，一直打到尼子诠久位于青光山的本阵，破坏了阵外的木栅栏，尼子军的三泽为幸阵亡。

尼子家历经两个月都没有利用兵力优势占到一点便宜，这就导致错过了获胜的最佳时机。十一月二十六日，大内家重臣陶隆房从周防山口率军一万出发，在严岛神社祈愿后到达了吉田郡山城。大内军在路上遭遇武田信实的阻碍，所以才姗姗来迟，不过迟到好过不到，大内家旗帜飘扬，军鼓的声音惊天动地，这使得久战疲惫的尼子家士气更为低落。十二月隆冬，毛利军联合大内军发起总攻。十三日，毛利军配合城外的小早川兴景和宍户元源出战，尼子一方的高尾久友殊死抵抗，不敌阵亡，黑正久澄全军覆灭。不过毛利一方也遭到严重损失，毛利元就见目的已达，就鸣金收兵。另一方面，陶隆房率领大内军从天神山本阵出击，攻入尼子家在青光山的本阵，尼子家遭到奇袭，本阵陷入了一片混乱，赖有尼子久幸率领500余人组织起抵抗力量，在激战中，毛利家的中原善左卫门一箭射中了尼子久幸的额头，尼子久幸翻身落马，死于乱军之中。但久幸的抵抗给尼子家赢得了时间，等尼子家的援军到达时，双方都已经损失惨重，引兵退却。

入夜后，尼子诠久召开会议，会上，大家一致认为在获胜已经无望的情况下，无谓浪费军粮。于是，尼子军趁夜退军，冬天的大雪遮断了毛利和大内家追击的道路。这场战争中，尼子犯了两大致命错误：其一是指挥决策的混乱导致军队配合的不协调；其二，孙子云：“其下攻城”，在敌人的坚城下进行旷日持久的攻坚战历来就是兵家大忌，很容易导致师老兵疲，一旦遭遇敌人新生力量的反击，就会陷入崩溃。这是被无数战例所证明的事情。

尼子诠久在这次战争中的表现令人失望，他率领3万大军出击，却一无所获，使许多麾下的国人看到了尼子家的外强中干，也使毛利元就的气焰更为嚣张。这次的失败，也直接导致了尼子家在安艺的盟友安艺武田家的佐东银山城在次年被毛利家攻克，武田信实逃亡，安艺武田家就此灭亡。同时，赤松家趁机夺回了西播磨，许多小领主也被大内家所拉拢。尼子家在短时间内就丢失了大量的领地。而尼子经久于天文十年（1541）十一月的去世则更加重了尼子家的危机。

在危机面前，尼子家不得不设法挽救，尼子诠久接受了将军足利义晴名字中的“晴”字，改名尼子晴久，试图借将军的福气重振尼子家的威风。他再次出兵备中、美作，为团结国人进行了一连串的努力。

破船也有三斤钉，尼子家虽然在走下坡路，但并没有到灭亡的时候。大内义隆却认为时机已到，天文十一年（1542），大内义隆亲自担任总大将，联合毛利元就、小早川正平等安艺、石见的国人众侵入出云国。大内军四月出兵，从六月七日到七月二十七日，时间都白白消耗在出云的赤穴城下，攻克赤穴城以后，大内军已经是师老兵疲，他们在第二年才抵达月山富田城下布阵。尼子军一边骚扰远道而来的大内军的粮道，一边在大内军中行使离间计，使大内军中原本就是首鼠两端的三刀屋久扶、三泽为清等地方豪族倒戈。大内家撤退的途中，大内义隆的继承人大内晴持因为船只倾覆溺水身亡。这一次，是大内家吃了哑巴亏。

经过两场大战以后，双方都没有了决战的心思。此战以后，大内和尼子这一对冤家先后走上了同一条没落之路。

四、月山富田之殇

天文二十年（1551），在大内氏的周防国发生了一起震惊天下的大事，这一件大事导致大内家名存而实亡。这件大事被后人称为“大宁寺之变”。

大宁寺之变的缘起要从大内和尼子两家之间的两次大战开始说起，大内义隆在军事上，所依靠的是以陶隆房为代表的“武断派”，在吉田郡山城之战中，就是陶隆房（后来改名为陶晴贤）率领大内军获得了胜利。但在攻打月山富田城时，大内义隆的养子大内晴持因为事故身亡，大内义隆经此打击，从此不理政务，把军务完全交给了陶隆房打理，自己则与文人骚客吟诗饮酒，过着风花雪月的生活。大内家的内部也分裂为陶隆房为首的“武断派”和相良武任为首的“文治派”，相良武任是大内义隆的右笔，对喜欢文化艺术的大内义隆有着更深的影响力，因此，“文治派”就和“武断派”明争暗斗，互相攻讦。天文十四年（1545），相良武任惧怕陶隆房，决定出家避祸，但三年以后，他又被大内义隆叫出来重新任职，足见大内义隆对他的倚重。大内义隆的冷落令陶隆房日益不满，此时有诸多家臣开始警告大内义隆要警惕陶氏，天文十九年（1550），相良武任风闻陶隆房要暗杀他，一溜烟逃跑，大内义隆的近臣冷泉隆丰建议杀掉陶隆房以绝后患。在这种情况下，大内义隆却无法采取正确的手段来调和家臣之间的矛盾，他曾试图让两家联姻，但陶隆房以家世不合为由断然拒绝。天文二十年，这一切的矛盾聚集起来，终于爆发了一场内乱。

陶氏是大内家的权臣，本是大内氏分支右田氏的再分支。陶氏在室町时代早

期曾为大内家的周防和长门守护代，应仁之乱中，陶家的陶弘房跟随大内政弘进京并阵亡在京都，幼年的继承人陶弘护留在了周防，在大内教幸联合同样担任留守的吉见信赖加入东军并试图叛乱时，陶弘护果断动手镇压，大内教幸战败后自杀。这一安家定国的不世功勋令大内政弘刮目相看。文明十四年（1482），陶弘护被大内家赦免的吉见信赖刺死，其子陶武护先是与弟弟陶兴明争夺家督位，亲手弑弟，又妒忌在大内家声势日隆的内藤弘矩，向大内义兴进谗言害死内藤父子。过后后悔的大内义兴杀死陶武护，以其弟陶兴房为家督，辅佐大内义兴、义隆两代，特别是大内义隆进军北九州时，陶兴房是主将，立功无数，但也挫折无数。在他天文八年（1539）死去时，陶氏已经成为大内家中的支柱重臣。对于他的继承人陶隆房，据说陶兴房生前有过这样一句评语："隆房这性格，迟早要闯祸！"

不论这句评语是真是假，祸是真的闯出来了。陶隆房谋反的消息在天文十九年（1550）四处流传，空穴来风，未必无因，因为陶隆房私下里和毛利家有暗中接触，他美其名曰巩固大内毛利联盟，和毛利元就的儿子吉川元春结下了兄弟契约。同时，他暗中向毛利家发出了"废黜大内义隆"的邀约文书，希望毛利家给予支持。毛利元就当然是乐见其成。到这一年九月，在每年都举行的例祭中，大内义隆罕见地未出席，坊间立刻流传着他被陶隆房软禁的消息。而到天文二十年（1551）一月，出逃的相良武任发布了一份《相良武任申状》，把局势紧张的所有责任推卸到陶隆房身上，并状告陶隆房谋反。这份申状就成了最终的导火线。在这紧张的关头，大内义隆竟然又前往周防招回了相良武任，这等于是加速逼人谋反，陶隆房立刻送信给北九州大友家，请大内义隆姐姐的儿子大友晴英来山口当大内家的新家督，同时联络同为武断派的内藤兴盛和毛利家起兵。八月二十日，陶隆房正式策动谋反，相良武任此时充分体现了"无用文人"的本色，一溜烟又跑到筑前躲避，完全不顾主君的安危。陶隆房出兵从两路分袭山口，而大内义隆此时还懵懂不知，等到见形势危急的时候，他才匆忙离开山口跑到附近的法泉寺布阵防御，随行的只有他的近臣冷泉隆丰以及仓皇召集起来的两三千军队，加上一群为避应仁之乱而逃到山口的手无缚鸡之力的公卿。他试图通过公卿来寻求和解，被协同叛乱的内藤兴盛等人拒绝。可怜的大内义隆发现多年未预武事的自己根本控制不住军队，手下逃兵一串串的，短短不到十天，大内义隆发现已经无法抵抗，被迫放弃山口，逃往长门，九月一日，在长门深川的大宁寺切腹自杀，只有一个冷泉隆丰为他做了介错（武士切腹时协助砍下头颅的人）后为之陪葬。疯狂的陶隆房杀死了一大批大内义隆身边做清客相公的公卿，他最恨的相良武任也在筑前被攻杀，首级传送山口。天文二十一年（1552）三月，陶隆房迎立大友晴英，改名大内义长，为傀儡家督。经过大宁寺之变的大内家名存而实亡，大内家的实权被陶隆房所控制。

这起下克上的得利者是毛利家和大友家，陶隆房在发起叛乱时，决定把大内家的北九州领地割让给大友家，同时在叛乱中默认了毛利家逐渐蚕食安艺。战后，陶隆房又决定强化领地的军事实力，因此大增赋税，导致领地内小领主的极度不满。毛利元就乘机而起，弘治元年（1555），在严岛合战中，毛利元就击败了陶晴贤，两年后，曾为周防、长门、石见、丰前、筑前五国守护，雄极一时的大内家为毛利元就所灭。

在大内家走向灭亡的时候，尼子家却走上了短暂的中兴之路。尼子晴久在获得月山富田城的胜利后，力图重整旗鼓。尼子家虽然号称制霸山阴山阳，实际上势力范围是以出云国为核心，伯耆和海对面的隐岐岛为主要领地，兼及一部分美作国领地而已，在这一片区域里国人众林立，许多势力只是名义上从属尼子家，实则各自为政。尼子晴久开始做一系列的努力，他首先肃清塩冶氏的残余势力，将其领地直属化，又将当地的诸多国人众的领地削夺收归直属，大大强化对领地的控制。在巩固基业后，尼子晴久又把手伸进了因幡国。在伯耆被尼子家夺取后，昔日盛极一时的四职家之一山名家只剩但马和因幡两国，其中但马守护为宗家，为垣屋氏和太田垣氏两家守护代操纵，而因幡守护作为分家，开始与宗家产生裂痕。天文十三年（1544），因幡守护山名诚通与山名本家山名祐丰不和，宣布从属尼子家，领受了尼子晴久名字中的“久”字改名久通，这意味着因幡守护成了尼子家臣，这一变故遭致但马山名家的猛烈进攻，尼子家完全控制因幡的企图没能得逞。四年后，美作高田城的三浦氏也归属尼子家，西美作入手，尼子开始和山名展开全面战争，却所得甚少。到天文二十一年（1552），幕府将军足利义辉承认尼子晴久为出云、隐岐、伯耆、因幡、备前、备中、备后、美作八国守护，这意味着尼子家在名义上对曾属山名家的因幡、备后，赤松家的备前、美作以及细川家的备中国有领导权，也实现了对三大家族名义上的下克上，可以说，这个时候是尼子家实力的巅峰时代。以八国守护作为旗帜，尼子家继续对未掌握的东部美作、备后等国进行征伐，继续和毛利、大内家势力做着拉锯式的争夺。

强盛的尼子家内部其实也包含着隐忧，那就是“新宫党”的强势。

尼子经久有三子，长子政久死于军中，三子塩冶兴久因为谋反而死，剩下的只有次子国久。在尼子经久死后，尼子晴久一直是由叔父国久辅佐着，尼子国久的府邸位于月山富田城北麓的新宫谷，“新宫党”因此而得名。新宫党的成员还包括在吉田郡山城死去的尼子久幸、国久的嫡子尼子诚久、嫡孙尼子氏久、孙子尼子胜久等一大批尼子家族成员。值得一提的是：在塩冶兴久死后，尼子国久就

接收了他的领地，新宫党的直辖地甚至超过了尼子家的家督。新宫党不但是一支尼子家内部的宗族军事集团，还是一支地方豪族实力派，他们个个趾高气扬，不可一世，尼子国久自恃武勇，丝毫不把侄子晴久放在眼里。这对于要完全掌控领地转化为战国大名的尼子家来说已经是一个尾大不掉的威胁。不过，在和大内家争夺的战争中，尼子晴久还需要依靠新宫党的那群家族人才为他开疆辟土。当尼子家略有小成以后，尼子晴久为了收回权力，就必须拿新宫党开刀了。

天文二十三年（1554），尼子晴久进行了一次“大清洗”，时为新宫党党首的尼子国久被杀，享年63岁，其党羽诚久、敬久、吉久等一律成为牺牲品。尼子胜久和氏久被迫出奔。新宫党势力的肃清使尼子家的领主直辖地大大扩展。毛利家的军记显示：这次清洗是毛利元就的反间之计，现在看来恐怕是毛利家的记录为显示其家督的功绩而夸大其辞。事实上，新宫党的存在已经使尼子晴久时刻感到如芒在背，大有不除不快之想法。所以，这一次的清洗恐怕更多的是因为尼子晴久为了整肃领地、收回权力。此后，尼子家就可以直接控制出云的砂铁产地，也可以介入出云最大的经济来源——塩冶的水运行业，对于尼子家的经济而言是一大利好消息。

不过清洗新宫党也直接削弱了尼子家的实力。新宫党原本是尼子家攻城略地的主要力量，现在失去了这一主要力量也意味着自残肢体。同时，由于毛利家的日渐强势，天文二十三年，昔日的老冤家尼子和大内开始结成同盟。弘治三年（1557），大内家灭亡，大内的领地大部分落入毛利元就手中，与尼子家有宿怨的毛利元就很快就调过头来攻打尼子家。双方首先争夺的焦点就在石见国。

这里有一座著名的石见银山，石见银山是战国时代至江户幕府前期最大的银矿山。天文二年（1533），随着从海外引进锻冶银的灰吹法，石见银山的生产效率有了进一步提高。在战国时代，夺取金银矿具有非常重大的战略意义，意味着大名具有自我产出财富的可能性，所以全日本仅有的几处金银矿成为激烈争夺的对象，而获取在此后日本产能第一的石见银山尤其让人羡慕。这里曾是大内与尼子争夺的焦点，大永六年（1526），大内义兴首先开掘出这个银山并开始获取收益，从天文六年（1537），尼子经久首先入侵石见从大内家手里获得银山开始，石见银山就反复易手。永禄元年（1558）（一说在弘治二年，1556），尼子家趁大内家灭亡之机，联络当地实际占有银山的小笠原氏，试图再度染指石见银山。毛利元就当然知道其中利害，他命令其子吉川元春率军前往石见攻打小笠原氏，尼子家命本城常光为主将，进攻防守银山的战略要地山吹城。毛利家的宍户隆家率领的7000人冒失地闯进了附近的忍原一带，这里山势险峻，山谷中间河流汹涌，进入兵家所谓“死地”的毛利军遭到一阵劈头盖脸的山石袭击，落荒而逃，山吹城落到了尼子家手中，尼子晴久便任命有功之臣本城常光为山吹城守将。永禄二年（1559），毛利元就再次出兵攻打山吹城，但是却被城将本城常光挫败，加上北九州大友家又和毛利家起了争端，毛利元就匆忙退兵，不幸又遭到尼子军的追击，仍然吃了大亏。

有了忍原之战和降露坂之战两次失利，毛利元就终于认识到远征石见是劳师糜饷的无用功，他决定索性灭掉尼子家，一劳永逸。正好在永禄三年十二月二十四日（1561 年 1 月 9 日），尼子晴久因急病在月山富田死亡，尼子家的政治生命也进入了尾声。

尼子晴久死于尼子与毛利争夺的敏感时刻，于是家臣密不发丧，将他秘密安葬在月山富田城中，同时立尼子义久为家督。但是，尼子家的内部变故仍然为毛利元就所得知。毛利元就采取两手打算，一方面以将军足利义辉为中介，假惺惺地和尼子家达成和平协议（称“（出）云（安）艺和议”，这一和平协议在尼子家中引起了诸多强硬派家臣的不满）。另一方面积极采取外交手段，和九州大友家暂时结盟消除后患，积极插手石见国出现的反尼子动向。永禄五年（1562），毛利元就成功策反了山吹城主本城常光，获得了石见银山的支配权，接着就攻克了石见和出云边境的刺贺岩山城，出云国的防线被突破。

围绕月山富田城，尼子家构筑了一道被称为“尼子十旗”的防御线，由白鹿、神西、高濑、大西、三刀屋、熊野、牛尾、三泽、马木、赤穴十座支城组成。城主为当地的豪族。出云边境被突破导致出云西部将直接面临毛利的侵犯。毛利军的首先突破口定在白鹿城，因为这个城池是月山富田城通向日本海的关口，只要这个城池存在，月山富田城可以源源不断通过海路运输从领地获取给养。白鹿城的松田氏获得了尼子家臣牛尾久清的援助，实力大增，成为横亘在毛利军前的一座不可撼动的大山。而就在攻城中，毛利元就的嫡子毛利隆元去世于军中，这使得毛利军成为一支“哀兵”，在彻底封锁住白鹿城后，毛利军不分昼夜不计损失不断攻城，城中的士气一点点下降。更有甚者，毛利元就还调来一群石见银山的矿工，在城外挖掘坑道切断水源，永禄六年（1563）十月，固守了近一年，外援断绝的白鹿城开城投降，月山富田城的补给线被切断。

永禄八年（1565），毛利军终于打到了月山富田城下，尼子家的抵抗极为顽强，毛利军在四月、九月和永禄九年（1566）五月三次进攻都被击退。但由于城中缺粮，尼子军士气渐渐低落。毛利元就改变策略，围而不攻，城中因饥饿出城投降者日众，而毛利元就下令不收容投降者，凡出城者一律杀之，导致城中更为恐慌。

而此时，尼子义久又中了毛利元就的离间之计，他听信大塚与三卫门的谗言，杀死了一直在偷运粮食入城维系城防的家臣宇山久兼。这一冤案导致家臣更为失望，于是，尼子家陷入了大崩盘的境地。永禄九年（1566）十一月，尼子义久开城投降，被送往安艺幽禁，尼子家灭亡。

五、再兴之梦

百足之虫，死而不僵。雄霸中国地区的尼子家虽然灭亡了，但是仍然有人为恢复尼子家的事业而孜孜努力着。尼子家的再兴大业就系于此人一身之上。这个人的名字叫山中幸盛，当然，他另外一个名字可能更有名些——山中鹿介（或称鹿之介）。

山中氏是尼子家的支流，山中幸盛自幼就习武，十岁能开弓，13 岁就取得过敌人的首级。曾经战胜菊池音八、高野监物和品川大膳等数员猛将，因此以武勇而在文学作品中被列为“尼子十勇士”之一，人称“山阴的麒麟儿”。他的标志性装束就是头上的三日月鹿角盔。

永禄九年，尼子义久出降，尼子家的灭亡使忠臣山中幸盛愤慨不已，他发誓要复兴主家，传说他曾对着自己的三日月鹿角盔发誓：“愿经历七难八苦，也要完成复兴大业。”于是，山中幸盛开始了一次又一次锲而不舍的复兴尝试。

永禄十一年（1568），山中幸盛在寺院中找到了当年新宫党党首尼子国久的孙子尼子胜久，于是，他把胜久作为复兴尼子的旗帜，以他为号召召集尼子家的旧臣。立原久纲、横道正光、三刀屋藏人、远藤甚九郎等尼子旧臣很快集合成一支尼子遗臣团。他们在海贼奈佐日本助的帮助下，过海前往孤悬海上的隐岐国，联络隐岐的豪族隐岐为清，并在后者的帮助下，掌握了日本海制海权。永禄十二年（1569）六月，从但马、丹后乘船而来的尼子遗臣团占据了出云国海边的忠山，出云国的尼子遗臣听说这一消息以后纷纷来归。尼子军一路势如破竹，攻克了新山城，士气大振，一路杀往月山富田城，九月，毛利家从石见抽回了服部左兵卫、出羽元资等人率领的军队援助月山富田城。在出云国原手郡遇到尼子军拦截，山中幸盛身先士卒，连破毛利军前两阵，第三阵的小田助右卫门死战不退，被尼子军所杀。毛利军的第一次救援失败。大胜之后的尼子军却内生变故，原本全力支持复兴事业的隐岐为清突然举起了叛旗，占据了尼子家赖以补给的岛根半岛。后路被断的山中幸盛决定孤注一掷，仅以数百精锐渡海，绕到了隐岐为清的本阵发起攻击，山中幸盛事先下了命令：“一者不求小利只贪大功；二者不打无益之仗；三者凡敌我之动向皆报告之；四者随令而动；五者只取头目之首，不取杂兵之首。”

◇ 山中幸盛

本着这种快速机动的特种作战式的打法，尼子军突然出现在隐岐为清面前时，后者完全没有准备，但尼子军毕竟人少，隐岐为清很快镇定下来发动反扑。紧接着，尼子军的援军部队也越海抵达战场，这使遭遇突袭的隐岐军陷入崩溃，隐岐为清被捕以后切腹，尼子复兴的后患已除。山中幸盛虽然一时攻不下月山富田城，但却四处出击，很快占领出云、伯耆，攻入因幡、备中、备后、美作。而毛利家另一个老冤家大内家也开始了复兴之战，大内家本身在弘治三年（1557）就曾经奉大内义隆的遗孤为主发起一次复兴运动，被毛利家镇压，战后，毛利家任命市川经好为高岭城守将，镇守山口一带以防变故。趁尼子家复兴运动正酣而毛利家主力全在北九州与大友家作战的大好时机，大内家的遗臣也奉大内辉弘（大内义兴弟弟大内高弘之子）为主，在大友水军护卫下杀回山口，市川经好正随军在北九州征战，城中只有他的妻子镇守，关键时刻，这位女中豪杰披起了具足，亲自上城鼓励兵卒，死死地顶住了大内复兴军的进攻。中国地区形势紧急，毛利元就闻讯，把出兵北九州的毛利家主力招回，十月，毛利军抵达山口，先镇压大内辉弘之乱，大内辉弘试图退往登陆点逃回九州，发现毛利军早已打散了这里的大友水军，走投无路的大内辉弘被吉川元春逼入山中，自刃身亡。搞定了大内家后，毛利大军回过头来对付更棘手的尼子家。元龟元年（1570），毛利辉元和吉川元春、小早川隆景三人协力率领13000多人的大军从石见攻向出云国，尼子一方山中幸盛在布部山一带依靠优势地形布阵，总人数为6800余人。战役刚开始，尼子家凭借居高临下的优势，竟然把兵力更胜一筹的毛利军压制住了，但很快吉川元春以当地居民为向导，率领一支小分队抄小路登上了布部山顶，对山中幸盛的本阵发起了突击，尼子军战败。虽然随后毛利军因为毛利元就的重

病而暂时退却，但他们很快反攻回来，以水军争夺制海权，切断尼子军和隐岐之间的海上通道，到元龟二年（1571），新山城陷落，尼子家的第一次复兴梦破灭。

战败后的山中幸盛被吉川元春所擒，囚禁在尾高城，善于逃跑的他很快逃出生天，尼子胜久也逃到了京都。

遭遇失败的山中幸盛意识到靠自己的力量恐怕不足以成事，于是他上京都求助于当时如日中天的织田信长，得到了信长的接见。信长正在与本愿寺进行激战，而毛利一方则是本愿寺的背后支持者，所以，信长认为尼子遗臣团对他而言有着很大的政治利用价值。于是，在信长的支持下，尼子遗臣团寻求当时因幡国的大名山名祐丰的支援，越过因幡进攻出云。不过孱弱的山名家在毛利势力和织田势力之间游移不定，这给尼子遗臣团造成了很大的麻烦。在织田家的浦上宗景的帮助下，尼子家才得以保有若樱鬼城和私都城。天正三年（1575），山名家觉得信长威胁到了他们在但马的权益，和毛利家突然达成和平协议，而同一年，浦上宗景遭到了一位下克上起家的大名宇喜多直家的进攻，丢掉了居城天神山城。两大支持势力的失势使尼子复兴力量陷入困境。同年，毛利军攻打尼子家臣龟井兹矩驻守的私都城，此时又发生了森胁久仍、牛尾大炊助等尼子遗臣投降毛利的事件，尼子家损失惨重，复兴的希望再度破灭，尼子遗臣团被编进了织田家的中国方面军团。

天正五年（1577），羽柴秀吉奉织田信长之命开始中国地区的远征，山中幸盛为首的尼子遗臣团与尼子胜久作为秀吉的先遣团，被送到了播磨国的上月城，尼子家复兴的希望又一次被点燃了。上月城是播磨、美作、备前三国国境上的战略要地，要征服中国地区，上月城是必争之地。所以，第二年，由于三木城的别所长治叛离信长投奔毛利家，毛利家的毛利辉元趁机亲自率领3万余人出兵，会合小早川隆景和吉川元春，加上毛利家麾下的宇喜多忠家和村上水军，从海陆两方面扑向上月城。毛利家的信念只有一个：“消灭尼子”。羽柴秀吉一开始也引兵援救上月城，不过由于兵力不足，同时还要分出兵力来对付反叛的三木城主别所长治，所以他一直在考虑对决之策。毛利军到达上月城以后，就着手深挖壕沟，设置栅栏，断水断粮，每日以法螺声和太鼓声威吓城中，尼子家的防守军队很快士气低落，成为“俎板上的鲤鱼”。织田信长为防备上杉谦信的南下，同时围攻石山本愿寺，决定撤回播磨的军队。信长是一个实用主义者，对尼子家的复兴没有任何的兴趣，他看中尼子家，只是把他们作为一个可资利用的政治工具，一旦出现新的情况，他可以毫不怜惜地抛弃尼子家，这也是作为一个乱世中的枭雄所必须具备的素质。织田军的退出使上月城完全陷入孤立无援的境地。为保全城中士兵的性命，尼子胜久、氏久接受毛利家的要求，自刃身亡，上月城陷落。

城破以后，山中幸盛成了毛利家的俘虏。吉川元春认为此人身负复兴尼子的执念，如果留着，必定有危险，于是，当山中幸盛被押解经过备中国的阿井渡口时，毛利家派出的刺客出其不意地将手无寸铁身戴枷锁的山中幸盛刺杀在河中。尼子家复兴之梦也随着山中幸盛之死而烟消云散。

第二节 谋略军神

一、西国的桶狭间

在日本战国史上，被称为“西国第一智略名将”的毛利元就一直是人们所津津乐道的人物，有关毛利元就的文学作品、电视剧、电影也是层出不穷。著名历史小说家山冈庄八就以毛利元就为主角写了一本同名历史小说。日本的 NHK 电视台 1997 年的大河剧也以毛利元就作为主题，与毛利元就相关的故事、传说更是脍炙人口。

安艺国毛利家出自大江氏（大江是氏，而非苗字）。大江氏据传是日本古代氏族土师氏的支脉，在平安时代，大江氏就以出文学家（和歌师）和学者闻名，因此得到天皇朝廷的重视。在镰仓时代，协助源赖朝建立幕府的名臣大江广元之子大江季光领有相模国爱甲郡的毛利庄，后世就以“毛利”为苗字，是为毛利氏的由来。而毛利氏进入安艺则是由于季光卷进了幕府内部争权夺利的斗争，从此失去了毛利庄的领地，但幕府仍为其保留了安艺吉田庄园和越后国的佐桥庄。此后，毛利家一分为二，季光的孙子毛利时亲为避免卷入南北朝的战乱而隐居到安艺吉田庄，据说就是他建起了毛利家后来的居城——吉田郡山城。安艺的吉田从此就成为中国地区毛利家世代繁衍生息的地方。

到战国时代早期，毛利氏已经成为安艺国内的有名国人，毛利元就就是安艺毛利家家督毛利弘元的次子。他出生于乱世中的明应六年（1497），幼名松寿丸。按照一般的继承模式，作为次子的毛利元就应该是无法成为毛利家的领袖人物的，不过接下来的一系列变故，却使毛利元就成为毛利的掌舵者。

明应九年（1500），毛利弘元不知应该如何应对乱世的局面，心灰意懒，决定把家督之位传给年仅八岁的长子毛利兴元，自己则隐居在多治比猿挂城，当时才三岁的松寿丸就随着父亲一起移居到了那里。毛利弘元意志消沉，每天借酒浇愁，永正三年（1506），在松寿丸十岁的时候，毛利弘元因为饮酒过度，酒精中毒而死。松寿丸的母亲也在五年前去世。于是，童年的松寿丸成为孤儿，他的未成年的哥哥也必须担负起领导家族的重任。在毛利松寿丸所在的猿挂城，他的家臣井上元盛飞扬跋扈，把猿挂城300贯的领地占为己有，因此，幼年的松寿丸不得不和养母杉大方相依为命，他们穷困到几乎要上街乞讨的地步。永正八年（1511），由于养母的建议，年仅14岁的毛利松寿丸提前元服成年，取名为“元就”。同年，井上元盛也突然死亡，毛利元就就成为多治比猿挂城的城主。

◇ 毛利元就

不过毛利家注定是多灾多难的，永正十三年（1516），年仅24岁的毛利家家督毛利兴元英年早逝，留下了一副不大不小的家业。父兄二人都是酗酒而亡，这对毛利元就而言，影响深刻，后来他曾经写信给自己的孙子，严诫滥饮。毛利兴元在前一年刚刚得了一个儿子毛利幸松丸，毛利兴元死时，幸松丸还是一个牙牙学语的婴儿，就这样被家臣推上了家督的宝座。作为叔父的毛利元就虽然也只是一个年方19的青年，却只能当仁不让地承担起辅佐的重任。

主幼臣疑的毛利家似乎正处在风雨飘摇之中，正当家臣们为毛利家的前途忧心忡忡的时候，一场风暴袭来了。永正十四年（1517），安艺武田家的家督武田元繁认为毛利家缺乏一个主心骨，是一只容易捏的软柿子。同时，作为毛利氏上级的大内家主力当时正在京都，武田元繁抢先一步，返回安艺。在尼子经久的支持下，武田元繁宣布与原配大内家的养女飞鸟井氏离婚，正式和大内家决裂，接着，就开始侵入大内家属下的国人领地，首当其冲的，就是毛利家的属地有田城。

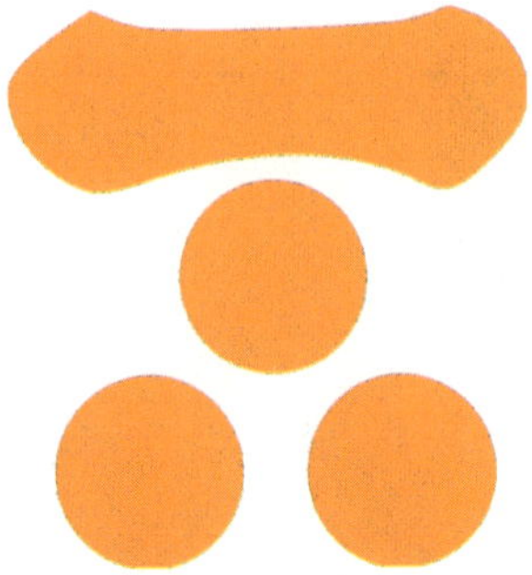

◇ 毛利家家纹“一文字三星”

十月，武田元繁包围了有田城，同时于二十一日派出猛将熊谷元直率领600人向毛利领地多治比进攻，一路放火烧毁民房，进行挑衅，被猿挂城主毛利元就暂时击退。毛利元就见时机已到，就向吉田郡山城发出了救援要求。由于大内家的主力都在京都，因此，期待大内家的援军只是一个奢侈的幻想。毛利家只能倾其所有，派出700人加上吉川氏的援军300人，凑成不过1000人的军队，迎战武田氏。二十二日，猛将熊谷元直在有田中井手布阵，毛利和吉川同盟军进入有田，毛利军为保存实力，决定以弓箭将敌人抵挡在射程以外，在激战中，自恃勇武的熊谷元直一马当先，被毛利军一箭射中落马，吉川家的宫庄经友赶上前来取了首级。

听说猛将阵亡，武田元繁大为震怒。他立刻丢下了包围多日的有田城，只留下小部分军队围城，自己率领主力部队气势汹汹地杀来找毛利元就拼命。毛利军转向又打川，在河川边和武田军展开了激战。人数占据优势的武田军挟怒而来，士气高昂，毛利军节节败退，毛利元就以必死之决心鼓励士兵，才勉强稳定战线。此时，一件意想不到的事情发生了。咬牙切齿的武田元繁竟然也身先士卒，策马抢渡又打川，毛利元就岂可放过如此良机，他立刻下令放箭，一阵乱箭过后，总大将武田元繁中箭落马，一命归阴。失去大将的武田军纷纷溃散，安艺武田家经此打击后开始走下坡路。

这场有田中井手之战是毛利元就参加和指挥的第一场战役，却能以少胜多，首战告捷，这就大大提高了毛利元就在家中的地位。这场战役也因为和桶狭间之战一样，以对手的主将作为打击目标，击败强大的敌人，因而此战与织田信长的桶狭间之战齐名，被称为“西国的桶狭间”。

大永三年（1523），毛利元就作为摄政，非常明智地决定抛弃大内家，转向支持尼子家，他诱降了镜山城的藏田直信，里应外合夺取了城池。毛利元就的功绩本上又增添一笔。

同一年，年幼的毛利幸松丸夭折，年仅九岁。于是，家臣们一致决定，推选在两次战役中表现出非凡的智略和勇气的毛利元就继承家督。毛利元就作为前任家督毛利兴元的亲弟弟，此时已经是当仁不让的最佳人选。毛利元就在家臣宣誓效忠的情况下进入吉田郡山城，宣布接任家督。

然而，毛利元就的异母弟弟相合元纲对此却并不服气。狡猾的尼子经久也试图通过插手毛利家的继承问题来达到控制的目的。于是，尼子家的重臣亀井秀纲就成为元纲一派的有力后盾。有尼子家在背后运作，加上一些毛利家重臣如渡边胜等人的支持，相合元纲才敢跳出来和哥哥唱对台戏。而毛利家的辅佐执政志道广良出于对毛利家未来的考虑，站到了毛利元就一方。毛利元就抢先下手，派志道广良仅率 300 人急袭相合元纲的居城船山城，杀死了相合元纲，元纲的势力被一网打尽。同时参与叛乱的毛利家重臣桂氏为防万一，在居城桂城扯起了反旗，毛利元就亲自入城说服桂元澄，表示不再追究其责任，毛利家的一场内乱戛然而止。

就这样，在一次又一次的变故中，毛利家的家督之位就幸运地落到了毛利元就的头上，而毛利家不久也发现，拥有这个被命运选中的家督实在是毛利家的幸运。这是一次“双赢”的抉择。

二、三支箭

毛利元就在家督的争夺战中，看到了尼子家在背后操纵的阴影。于是，他一怒之下，断绝了与尼子家之间的关系，开始坚定地跟随大内家。同时，他施展外交手段，将自己的女儿嫁给安艺的豪族宍户隆家，争取到了宍户氏这一同盟。享禄二年（1529），毛利元就为报复在背后为相合元纲策划的安艺石见的国人高桥兴光发兵攻打高桥氏。并吞了安艺和石见两国境内高桥氏的大片领土。

毛利元就的反叛对尼子家而言是不可容忍的，尼子家的新任家督尼子晴久也迫切需要用一场战争的胜利来确立自己的名声。于是，在天文九年（1540），尼子晴久亲自率领了 3 万大军杀向吉田郡山城。吉田郡山城在毛利元就继任家督后就经过了大规模的修缮，传说在修缮中，毛利元就摈弃了以往杀死活人作为“人柱”来保证修筑顺利的陋习，而是写下了“百万一心”四个大字来代替人柱。百万一心的理念便是毛利家夺取这一次防御战伟大胜利的基础。同时，毛利家还获得了宍户氏和大内家的援助，尼子晴久征服毛利的计划以惨败而告终。

一波刚平，一波又起，尼子的夙敌大内家决定趁尼子晴久新败之际，一举拔掉这个眼中钉。毛利家一直以来是大内家的附属，所以，大内氏进攻月山富田城，毛利元就不得不亲率军队参加。但这一次，主客之势倒置，胜负也颠倒过来。草率进攻的大内家粮道被切断，仓促退军。毛利元就在石见被尼子的追兵赶上，差一点无法回到安艺的领地。在危急中，家臣渡边通奋勇断后，渡边通的父亲渡边胜曾经被卷进相合元纲的事件中，因此被杀，渡边通逃亡后依附备后国的山内直通。山内直通是宍户隆家的外祖父，通过这层关系，渡边通得以重新成为毛利的家臣，这一次，他以身护主，与其他六名毛利家臣一起赴难。他们的阵亡为毛利元就赢得了时间，使他能顺利返回安艺。渡边通以他的牺牲换得了毛利元就的尊重，渡边氏从此成为毛利家的世代重臣。

天文十二年（1543）六月，尼子家卷土重来，这一次尼子家出动的是刚从属于尼子的备后神边城主山名理兴，山名理兴从备后侵入安艺，毛利元就在大内家家臣弘中隆包的配合下挫败了此次进攻，并击退尼子援军，为绝后患，毛利家与大内家联军包围了神边城。

天文十三年（1544）七月，尼子晴久决定以围魏救赵之策救援神边城，他派出了尼子家中实力最强劲的新宫党，以其首领尼子国久亲自统率大军7000，目标是进出安艺吉田的要害之地——比叡尾山城，一旦此地失守，吉田郡山城将直接面临尼子家的威胁。毛利元就派遣福原贞俊、儿玉就忠率军救援，在二十八日趁大雾袭击部署在布野的尼子军，尼子家新宫党也不是吃素的，即使遭到袭击也从容应对，阵斩毛利家大将上山实广，这场失败被毛利家称为“布野崩”。大获全胜的尼子军没想到在第二天，比叡尾山城也派军来袭击，这一次他们就没那么好的运气了，新宫党被迫退回出云，吉田郡的警报解除。

接下来，毛利元就又该好好考虑怎么对付急切不能攻克的神边城了。他思索再三，决定在神边城附近修筑临时性的城寨，形成封锁之势，又出动安艺小早川的水军从海上封锁备后，彻底切断神边城与外界的联系。这种封锁作战本是毛利家的拿手戏，到天文十七年（1548）六月，毛利和大内联军联合起来向外援几乎断绝的神边城发起总攻，但这次攻击仍然未能拿下城池。恼羞成怒的大内义隆下令在城外实行“剃头”政策——割掉所有的稻子以断绝城中兵粮，然而顽强的神边城依旧屹立不倒。无奈的大内家最后只好接受家臣平贺隆宗的建议，在城北新筑一城，和城中大眼瞪小眼继续对峙一年。耗到筑城者平贺隆宗自己都死在城里以后，神边城终于顶不住了，天文十八年（1549）九月，山名理兴离城逃亡，大内家接收了一座空城，终于压制了备后国。

这几次战争使毛利元就认识到，毛利氏如果不能控制安艺，进而成为独霸一方的大名，将永远在尼子和大内之间的争执中看别人的脸色行事，甚至哪天就成为陪葬品。于是，毛利元就在天文十六年（1547）以后，就采取一系列的行动去夺取安艺。

安艺的大名武田家已经于天文九年（1540）被大内氏攻灭，在安艺，有影响力的豪族除了毛利以外，还有控制濑户内海水军的小早川氏和山阴的名门吉川氏。为控制这两家，毛利元就决定：长子毛利隆元作为毛利家的继承人，次子过继给吉川家，是为吉川元春，三子过继给小早川家，是为小早川隆景。

不过过继不过是毛利元就一方面的想法，吉川和小早川两家并没有接受毛利元就之子作为他们的继承人。所以，毛利元就还必须使出一些手段来迫使两家屈服。

首先是小早川家，小早川分为两支：竹原小早川和沼田小早川，前者为分家，和毛利家有着亲戚关系。毛利元就的哥哥兴元把女儿嫁给了竹原小早川的家督小早川兴景。兴景去世后没有留下后代，于是，毛利元就顺利地把自己的三子送到竹原小早川家成为继承人，改名小早川隆景。同时，也给三子安排了一次政治婚姻——娶了沼田小早川家的家督小早川正平之女。这一步棋走得非常精彩，当然还需要一点运气——沼田小早川家的小早川正平在随军攻打月山富田城的时候阵亡，而他的儿子小早川繁平双目失明，显然无法承担起领导的重任。于是，一些家臣经过商量，接受毛利的建议，由竹原家的小早川隆景入继，完成小早川家的统一。这遭到了沼田家的重臣田坂义诠的强烈反对，天文十六（1547）年一月，小早川军攻破了稻村山城，田坂义诠一族被全部肃清，小早川隆景就成为小早川家的主人，这也使毛利元就获得了安艺水军的协助，控制了濑户内海。

接着是吉川家，吉川与毛利也有着亲戚关系，毛利元就之妻是吉川家吉川国经的女儿，而现任的家督吉川兴经则是国经之孙。也就是说，毛利元就之子吉川元春和吉川兴经是表兄弟关系，通过这层关系，毛利元就执意要把二子送给兴经作为养子。吉川兴经是个硬骨头，他为了保证吉川家的独立性，坚决拒绝毛利的“好意”。于是，在天文十九年（1550），毛利元就勾结了兴经的叔父吉川经世，以吉川经世为首的家臣团本就对吉川兴经在尼子和大内之间两头倒的政策极其不满，在经世的运作下，吉川家的家臣团倒戈一击，逼迫家督吉川兴经隐居，迎进了毛利家的二公子吉川元春。

毛利元就看穿了吉川兴经此人的性格，为避免夜长梦多，他决定结束兴经的性命。为达到这一目的，他选中了一个人——熊谷信直，此人的父亲熊谷元直在“西国的桶狭间”被毛利元就所杀，可以说与毛利元就有着杀父之仇。但毛利元就为拉拢他，决定让吉川元春娶其女为妻。据说熊谷信直的女儿很丑，所以有人也认为吉川元春这桩婚事就好比诸葛亮娶媳妇，非常神奇的是，吉川元春后来竟然没有娶侧室，和这位丑媳妇感情非常好，另一说是这位丑媳妇不但丑，而且器量狭窄，容不得任何的“出轨”。媳妇丑归丑，但是政治婚姻的目的已经达到了。天文十九年九月，熊谷信直帮助女婿出面，袭击了吉川兴经的隐居所，吉川兴经自戕，他的儿子吉川千法师被杀害。吉川家的血脉断绝，被毛利一脉的吉川元春所篡夺。

◇ 吉川元春

就这样，毛利元就一手通过外交手腕，一手使用血腥征服，把小早川和吉川两家纳入宇下。小早川和吉川从此成为毛利家的两翼。著名的“毛利两川体制”因此而确立。吉川氏和小早川氏统合了安艺为核心，兼及石见、备后，控制濑户内海的势力，毛利家的兴盛也从此起步。

天文十九年，毛利元就采取行动，将毛利家中的重臣井上元兼的势力铲除。井上一族在元就之父毛利弘元时代就深获信任，且是安艺国中能与毛利相匹敌的国人势力，井上元兼不仅对毛利元就继承家督有功，而且还长期掌握毛利家的财权，是毛利元就重要的辅佐。功绩累累的井上元兼逐渐成为毛利元就的威胁，于是就被毛利元就果断指控为“专横跋扈”并加以铲除。实际上，我们可以将此行动视为毛利元就加强领地控制权的一大举措，通过此举不仅除掉安艺国中一大势力，并且以“杀鸡吓猴”的办法迫使家臣团进行了效忠宣誓。战国大名的一个重要标志就是对领地内国人和家臣的绝对支配权，毛利元就通过这个办法达到了目的。

为保持毛利家的持久兴盛，毛利元就充分认识到了团结的重要，特别是家族内部血亲之间的团结。他自己经历与相合元纲兄弟相残的悲剧，因此深有体会。他把两个儿子分别送出去成为两川的家督，一方面是扩大势力，另一方面也是出自稳定毛利家督之位的考虑。毛利元就的“三支箭”的故事也流传甚广：某一天，毛利元就把长子隆元，次子元春，三子隆景叫来，拿出一支箭让他们折断，他们轻而易举地做到了，元就又把三支箭合在一起让他们折，这一次，谁都没有成功。毛利元就以此告诫他们：一支箭容易断，三箭合一就所向无敌，所以只要毛利家团结一致，就没人能打败我们。

这个故事的来源颇让人怀疑，因为翻检中国的古籍，也能找到比毛利元就更早的时代，在不同的民族中，也有一模一样的故事。《资治通鉴》卷一二〇：“阿柴又命诸子各献一箭，取一箭授其弟慕利延，使折之，慕利延折之。又取十九箭，使折之，慕利延不能折。阿柴乃谕之曰：‘汝曹知之乎？孤则易折，众则难摧，汝曹当戮力一心，然后可以保国宁家。’言终而卒。”这个故事出自中国西北民族吐谷浑。无独有偶，在元朝宫廷里秘藏的《蒙古秘史》中，在论及蒙古源流的时候，也说了这样一个故事：母亲阿兰豁阿把五个儿子召集过来，给每人一支箭杆，说：“掰断了。”他们一下子就掰断了。她又把五支箭杆捆在一起，交给他们，说：“掰断了。”五个人轮流去掰那五支在一起的箭杆，都不能掰断。阿兰豁阿于是告诉五个孩子，要团结一心，“如果是一个一个的，你们就像那一支一支的箭一样，谁都能轻易毁了你们。如果像那捆在一起的箭一样，连在一起，谁还能轻易毁了你们？”

这些故事，除了箭的数量不一样以外，其他的情节完全相同。考虑到吐谷浑和蒙古在毛利元就之前，所以极有可能是毛利元就本人盗窃了这两个民族的版权去教育自己的儿子，当然，更大的可能是当时某些毛利元就传记的作者盗窃了古老的故事安在毛利元就身上。三支箭的故事如今被许多史家认为纯属传说故事，但毛利元就的教育却无疑是成功的，今天，还留有一份毛利元就留下的《三子教训状》，谆谆告诫三个儿子应该精诚团结，振兴毛利家，这也被认为是三支箭故事的原型。小早川隆景和吉川元春在元就去世后，就成为毛利家的左辅右弼，使毛利家能够继续兴盛下去。

三支箭的故事也因为毛利元就而深入人心，很少人听到这个故事会想起蒙古和吐谷浑了。在今天，这个故事还是在被人改编和利用，著名的电影导演黑泽明利用英国文学家莎士比亚的著作《李尔王》改编了一部经典电影《乱》，仲代达矢扮演的主角一文字秀虎就用三支箭的故事来教育儿子。而后来吴宇森的大片《赤壁》里，梁朝伟扮演的周瑜拿起根稻草折断，又拿起稻草编的牢固草鞋，带着一脸邪恶的笑容，演出了一段稻草版的“三箭之誓”，确实让人记忆深刻了一回。

三、严岛合战

天文二十年（1551）开始，中国地方发生了翻天覆地的大变化，称霸地方的两家大名：大内和尼子，内部都发生了重大变故。当年，大内家的重臣陶隆房谋反，在大宁寺之变后逼迫主君大内义隆自杀，自己则成为大内家的实际掌权者。陶隆房拥立大友晴英为大内家的傀儡家督，是为大内义长。他接受了晴英的“晴”字，改名陶晴贤。三年以后，尼子家开始了肃清新宫党的行动，内乱纷扰。大内和尼子的变故是毛利家崛起并最终成为中国之霸的外因。

陶晴贤采取下克上的行动，一方面是由于大内家内部的文武两集团的纷争，另一方面是因为大内义隆不思进取，沉迷于文化艺术之中。陶晴贤久经沙场，在吉田郡山城之战中显示了他的统率能力。他希望能把大内家带成中国地区的霸主，结束与尼子家分而治之的局面，野心不可谓不小。不过，在大内家的宇下，安艺的毛利元就也有着这样的野心。

在陶晴贤谋反以后，毛利元就就已经趁时而动，在安艺国扩大势力范围。天文二十年（1551），毛利元就配合陶晴贤的谋反行动进攻安艺国中支持大内义隆的国人众，他攻克头崎城，逼迫城主平贺隆保自杀。平贺广相接任城主以后，平贺氏实际上成为毛利家的手下，在这个时候，毛利和陶晴贤还是站在同一阵线上的。不过毛利元就乘机扩展地盘的行为很快引起了陶晴贤的不安。大宁寺之变以后，尼子家趁机再攻备后，毛利元就配合大内家和陶晴贤击退了尼子家，战后，多疑的陶晴贤要求毛利家交出所占领的备后旗返山城，并任命自己的家臣江良房荣为城主，以监视毛利家的一举一动，这成为双方决裂的导火线。天文二十二年（1553）十月，石见的吉见正赖——大内义隆的姐夫起兵反陶晴贤。天文二十三年（1554）三月，陶晴贤一方面出兵石见，借内应攻克贺年城，直逼吉见家的本城三本松城，另一方面去信给已经成为安艺、备后国人领袖的毛利元就，要求安艺国人出阵平叛。毛利元就却态度暧昧，迟迟不见行动，焦急的陶晴贤决定直接越过毛利家发信给安艺国人，这封信恰巧被已经投入毛利家麾下的平贺氏截获了。毛利元就勃然大怒，决定和陶晴贤决裂，著名的严岛合战就是在这样的背景下爆发了。

在大战前夜，双方进行了一次摸底的试探性进攻。毛利元就虽然和陶晴贤决裂，但他还是十分慎重，毕竟对于毛利家来说，大内家似乎还是一个不可战胜的庞然大物。在起兵以后，他首先决定进一步加强对安艺的控制，五月，毛利家先说服昔日安艺武田家的居城佐东银山城和平开城，接着连下己斐、草津、樱尾三城，实现了对安艺对外贸易口岸严岛的控制。严岛可以说是素来注重外贸的大内家赖以发财的摇钱树之一，这一据点被毛利夺取，简直是剜心之痛。同时，毛利元就未雨绸缪，他施展他惯用的离间手段，试图联络陶晴贤手下的猛将江良房荣为内应。江良房荣拒绝以后，毛利家就把所谓内应的流言到处传播，陶晴贤果然中了“群英会”之计，以谋反之罪杀死了江良房荣。看到陶晴贤自毁长城，毛利元就心中窃喜，继续招纳原安艺武田旧将，将严岛一带的控制权稳固住。陶晴贤匆忙与三本松城达成协议，以吉见家送出人质的条件撤围，一边又派出重臣宫川房长率军 3000，与反毛利的国人势力会合，总兵力达 7000 人，杀向毛利家的樱尾城，于九月十四日（一说为六月五日）在折敷畑山安营休息。毛利元就误认该部队为陶晴贤亲率，于当晚决定奇袭宫川的军队，分兵三路，宍户隆家和福原贞俊从西面，小早川隆景从南面，吉川元春从北面，三路夹击，但当晚萤火虫乱飞，使毛利军的袭击有暴露的可能。于是袭击推迟到了次日上午，毛利三路军队一起包夹，宫川房长在逃亡中自戕。

折敷畑之战是一次小前奏，毛利元就小胜一回合，不过他也认识到了陶晴贤的实力非同小可。于是，他做了一系列的精心准备，他让家臣桂元澄向陶晴贤送去了诈降书，被折敷畑之败激怒的陶晴贤不顾重臣弘中隆兼的反对，起兵从山口杀向严岛。严岛合战的正式演出拉开了序幕。

严岛位于濑户内海，通称宫岛，是日本著名的旅游胜地。今天，这个人口不到两千人的岛屿每年吸引着上百万的游客。严岛以严岛神社而闻名。严岛神社的标志就是建在海中的大鸟居（外形类似于中国的牌坊的一种神社建筑物），神社因为平家的平清盛而闻名，在神社中保留着大量当年平氏辉煌时代的工艺品和武具。当然，更让严岛声名大噪的，则是毛利元就与陶晴贤在弘治元年（1555）十月的那场大决战。

严岛的战略要地在岛上北面位于严岛神社附近的宫尾城，陶晴贤的兵力占有绝对的优势，所以，毛利元就必须以坚城拖住陶晴贤，然后等待时机发动奇袭，这也是毛利元就当初在吉田郡山城反击尼子晴久所得出的一大经验，因此，毛利元就在战前进行了修缮城池，加派兵力防守等准备工作。一切就绪后，陶晴贤的军队也从海上杀来了。

弘治元年九月二十二日，陶晴贤率军在严岛的大元浦登陆，在神社附近的塔之冈布下了本阵，同时，陶晴贤把自己的水军，沿着严岛和日本本土之间的海峡展开，进行海上封锁，阻绝毛利元就求援的可能性。然后陶晴贤就不紧不慢地进攻着宫尾城，他在等待着桂元澄前来投降。

◇ 严岛神社（出自《一遍上人绘传》，镰仓时代绘）

另一方面，毛利元就率领主力军队约四五千人，在严岛对岸的草津城集合，他把严岛的宫尾城作为一个诱饵，把陶晴贤吸引过去，由于陶晴贤一直做着内应来降的美梦，所以他不急不慢地攻打着宫尾城。但是城小兵少，万一宫尾城被提早攻克，毛利元就的诱饵就成了对方的开胃菜，那就弄巧成拙了。为了防止这条大鱼逃跑，于是他向濑户内海伊予水军的来岛通康和村上武吉的水军求援，得到了伊予水军的支持。300 多艘水军船只加入毛利军，壮大了毛利军的声势。

成大事者，必有天助。日本史上频频发生天助人运的事情，而战国史上尤多。信长在桶狭间遭遇了一场大暴雨，得到了胜利。而毛利元就和信长一样幸运。九月三十日晚，乌云密布，暴风雨使得海峡的能见度骤然降低。原本准备偷渡海峡的毛利元就看到这个情况，大喜过望。他立刻决定，全体军队分批乘坐船只偷渡海峡，只允许带上少量兵粮，路上禁止喧哗、照明等暴露目标的行为。于是，在风雨和巨浪中，毛利元就本部三千余人偷偷地从陶晴贤的眼皮底下过了海峡到达严岛。为了体现背水一战的决心，毛利元就下令将所有的船只一只不留地开回出发地，这意味着毛利军如果不能击败陶晴贤，将面临后路断绝，全军覆灭的危险。另一方面，小早川隆景也配合伊予水军，伪装成陶晴贤的军队，在风浪中大摇大摆地登陆，和宫尾城的防守军队会师。

十月一日，晨曦初晓。毛利元就的军队已经趁夜摸到了塔之冈陶晴贤的本阵之后。一阵鼓响后，毛利军在凌晨发起了突然袭击。小早川隆景部和城内守军也冲杀出来两面夹击。正在迷梦中的陶晴贤根本无法想通为什么毛利元就的军队从天而降。在混乱中，陶晴贤的优势兵力反而成了累赘，各路将领各自为战，互相冲乱了阵型。在海上，陶家的水军遭到了伊予水军的袭击，一片火海。陶晴贤的退路完全被切断。

弘中隆兼为保护陶晴贤，决定一路放火，拖慢毛利军追击的速度。在弘中隆兼的掩护下，陶晴贤得以逃到了当初的登陆点大元浦。但目之所及，已经没有一艘能够带着他离开严岛的船只。当初登陆之时，踌躇满志，如今落败之际，满目凄凉。绝望的陶晴贤不愿意落入毛利元就之手，在海边自戕身亡。

失去主将的陶晴贤军队已经成为笼中的困兽，在两天后，庞大的陶晴贤军队在毛利军的扫荡中彻底覆灭。战后，毛利元就用海水洗去了严岛神社中的血迹，五日，毛利元就在樱尾城举行了盛大的凯旋仪式。

对于这场战役的兵力对比，一般认为毛利家是四五千人左右，而旧说陶晴贤出兵达两三万，双方形成了悬殊的实力对比，这似乎也夸大了毛利元就取得的战果。实际上，根据后来丰臣政权时期在周防、长门等旧大内领地检地的成果，当时大内家能动员的兵力至多两万，而未完全控制大内家占领的所有区域的陶晴贤怎么也不可能动员到 3 万兵力，实际上本次战役陶晴贤的兵力在 1 万上下比较合理。毛利家与陶晴贤的军力比应在 1 ∶ 2 到 1 ∶ 3 之间，仍然是一次以少胜多的战役。

严岛合战是一场颇为类似于三国演义中赤壁之战的战役，毛利元就在这场战役中以少胜多，使用了离间计、诈降计等，最后以奇袭定乾坤。严岛合战因此得以名列战国三大奇袭战之一。这次战役是中国地区大势的一大转折。在战后，毛利元就开始了（周）防长（门）经略。

严岛之战也是一场大内家的败家之战，大内家被打掉了大批精锐部队，被迫转攻为守，一方面在周防与安艺边界布置多城链式防御以守备山口，另一方面还要防备石见方向三本松城的吉见家可能再度袭来。毛利元就首先就在周防防御线上寻找突破口，他在说降了莲华山城后，于弘治元年（1555）十月夜袭了桉挂山城的大内家臣杉宗珊父子，同时，毛利家的村上水军也出动配合扫清大内家的水军。为防止九州大友家干预，毛利元就还派使前往，表示承认大友家对九州大内领地的占领，并且又联络北九州的龙造寺家作为牵制大友家的后着。一切准备完毕以后，弘治二年（1556）四月，小早川隆景率军侵入周防，首先进攻的就是山口一带的门户——须々万沼城。

这座城名副其实，是一座沼泽城，为巩固防御，城中军队又把附近河流用堤坝切断，刻意在城外制造泥泞难行的沼泽地带以拖延攻势。小早川隆景的进攻遇到很大的麻烦。毛利元就在次年二月亲自率军抵达，他下令把草席和竹席铺设在沼泽上，铺出了直达城下的路途，同时，毛利军首次使用铁炮猛攻，城主山崎兴盛在城破以后拒绝投降，被允许切腹。在山口门户大开的情况下，大内家竟然还出现了内乱，大内家臣杉重矩原本是陶晴贤的支持者，却在大宁寺之变后被陶晴贤攻杀，其子杉重辅趁陶家衰落之时为父复仇，起兵攻打陶晴贤之子陶长房驻守的富田若山城并将陶长房逼死。陶家岂肯罢休，立刻起兵再来复仇，大内义长在此时出来做中介，反复晓谕部下“冤冤相报何时了”，但两家在危难当头之时就是不肯精诚团结，繁华山口被他们打得化成一片废墟。毛利军趁机杀进了富田若山城直迫山口，大内义长被迫放弃山口退却到长门且山城。毛利元就命福原贞俊率军五千围且山城，同时派军封锁下关海峡以阻绝大友家可能的援军。弘治三年（1557）四月，大内家的末代家督大内义长被迫开城，随后他在寺院被福原贞俊逼迫自杀。毛利元就接收了大内家除了北九州以外的大部分领土。毛利氏的辉煌时代开始了。

四、维新之源

弘治三年（1557），毛利元就完成了防长经略，取代大内成为山阴道的霸主。同年，他把家督之位传给了儿子毛利隆元，自己则继续掌握毛利家的实权。

大内氏被毛利所取代，在中国地区造成了一连串的连锁反应。首先，由于大内义长出身北九州的大友家，所以野心勃勃的大友宗麟开始和毛利家结怨。其次，尼子晴久趁大内势力崩溃的机会袭占石见银山，尼子和毛利两家的世代争夺就此升级。在毛利元就的幕后指导下，毛利隆元为避免两线作战，于永禄三年（1560），与大友宗麟达成了妥协，接着就全力进攻尼子家。永禄九年（1566）十一月，被毛利军包围的月山富田城宣布投降，尼子家灭亡。然而，在永禄六年（1563）九月，毛利隆元在军中去世，享年 41 岁，死因或为食物中毒。

毛利隆元之死对元就来说是一次白发人送黑发人的悲剧。于是他把嫡孙毛利辉元作为自己的接班人着力培养。此时的毛利已经拥有中国地区八国，实力达到了顶峰。元龟二年（1571），一代智将毛利元就在吉田郡山城去世，享年 75 岁。

毛利元就是毛利氏霸业的奠基人，据说在他成年的时候，曾经去严岛神社祈祷，家臣祈愿说希望小主人将来成为安艺之主，毛利元就问："为什么不祈祷成为天下之主呢？"家臣回答说："不可能的事情祈愿也没有意义。"毛利元就说："不然，若祈愿成天下之主，则或许能称霸中国地方，若祈愿成安艺之主，一旦达成，岂非再无理想。"就是在这样远大理想的支持下，毛利元就发挥自己的智慧，一次次地创造了奇迹，最终为子孙留下了长久的基业。

元就去世以后，毛利家就陷入了一个危机。"天下布武"的织田信长正以雷霆之势向中国地区压来。毛利辉元在他的两位叔父吉川元春和小早川隆景的辅佐下，与信长开始了博弈。天正六年（1578），毛利军攻克上月城，一举端掉尼子家的残余势力，在与织田信长的斗争中暂时占到了上风。

不过好景不长，当年十一月，毛利水军在木津川口被织田军的铁甲船所击败，接着，随着中国地区的大门——石山本愿寺的陷落，毛利军就不得不直接面对织田军的全力进攻。天正八年（1580），织田信长以羽柴秀吉（即后来的丰臣秀吉）为最高指挥官，大举入侵中国地区。天正九年（1581），羽柴军包围了因幡国鸟取城，羽柴秀吉采用饥饿战术，派出商人高价将鸟取城周围的储备粮统统收购。鸟取城在饥饿中成为一个人间地狱，城主吉川经家为保全一城性命，同意以切腹为代价投降。次年四月，羽柴秀吉进围备中高松城，高松城周围是沼泽，以易守难攻而闻名，城主清水宗治更是难得的猛将。羽柴军的黑田孝高献策，在城的周围建起堤坝蓄水。当梅雨来临时，堤坝内顿时水漫金山，高松城陷入一片汪洋之中。毛利辉元亲率大军救援，却只能望洋兴叹。然而，水攻往往是一种旷日持久的方式，就在双方相持不下的时候，本能寺之变发生了。羽柴秀吉封锁消息，在毛利方的外交僧人安国寺惠琼的斡旋下，与毛利家达成了协议。清水宗治成为这项协议的唯一牺牲品。羽柴秀吉在此后回师近畿与明智光秀争夺天下。毛利家的危机得以解除。

◇ 毛利辉元

信长死后，毛利辉元非常谨慎地避免卷入天下争霸的斗争中。天正十一年（1583），羽柴秀吉与柴田胜家在贱岳决战，争夺天下，双方都极力争取毛利的加盟。但毛利辉元经过慎重考虑，决定保持中立。在战后，毛利家获得了羽柴秀吉的赞赏。毛利辉元见天下大势已定，羽柴秀吉即将成为天下之主，于是就加入了羽柴的阵容，参加了天正十三年（1585）开始的四国、九州征伐。在秀吉建立丰臣政权以后，毛利辉元也因此而获得了丰臣政权对其中国地区 120 万石的封地的承认。毛利辉元与叔父小早川隆景也成为丰臣政权的五大老中的两位。天正十九年（1591），毛利家从吉田郡山城迁入广岛城，成为中国地区和北九州最显赫的势力。毛利家还派出了大军参加了侵入朝鲜的“文禄—庆长之役”（1592—1598）。

丰臣秀吉死后，日本再度陷入天下争霸的局面。谨慎的毛利辉元这一次却无法幸免。他被卷进了著名的关原大战中。庆长五年（1600），石田三成与德川家康开始争夺天下，前者为对抗家康的强大武力，决定拉拢拥有雄厚实力的中国毛利家。在安国寺惠琼的劝说下，毛利辉元成为名义上的西军总大将，与德川家康为首的东军对抗。可惜在关原大战中，西军一败涂地，夺取了天下的家康追究毛利家作为西军首领的责任，毛利辉元虽然没有如石田三成一样结局悲惨，却也被大大减封，仅仅剩下周防和长门两国的领土。毛利家的兴起之地安艺也在剥夺之列。毛利家于庆长九年（1604）迁居到长门国的萩城，从此，成为江户幕府下的长州藩。

长州藩直到近代才再一次受人瞩目，作为幕末四藩之一的长州藩人才辈出，吉田松荫、高杉晋作、伊藤博文、山县有朋等明治维新的先驱者以及重臣都出自长州藩。长州藩因此成为维新的源流地，甚至在近代，形成了日本政界中有名的“长州阀”。毛利元就泉下有知，或许也会引以为傲吧。

笔者云：尼子为战国下克上之先驱之一，事业亦蔚为壮大。然则自经久之后，再无力挽狂澜之人。尼子、大内于中国地方，克赤松、山名、武田等室町诸家而成大业，殊不知黄雀在后；毛利则赖有智将元就，先灭大内，后吞尼子，遂成霸业。虽曰天时，亦因人和。然则尼子、毛利诸家，于领地控制一途始终不及关东畿内诸势力，革新之象，未足可观。

第四章 天与地

如果问哪一部日本电影给我留下的印象最为深刻，恐怕我会选择《天与地》，这部改编自日本历史小说家海音寺潮五郎同名小说的电影以恢弘的气势再现了战国时代最为壮丽的一段历史。在那部同名小说的序言中，作者海音寺潮五郎认为甲斐的武田信玄与越后的上杉谦信之间的恩怨实为日本民族的一段传奇历史，值得大书特书。确实，在日本的文学和影视作品中，武田上杉之争是一个永恒的热门话题。作为日本现代历史小说奠基人之一的海音寺潮五郎是这样评价武田信玄和上杉谦信这两位日本历史名将的："比较人物格局及事业的大小，显然信玄胜过谦信，但谈到魅力这一点，我则认为谦信较多。武田信玄太无懈可击，他总是精密地算计，准备永远赢得成功，他最大的缺点是用心太过。与之相反，谦信是一辈子都在冒险边缘的人，他那飒爽的男性气概令人佩服。"这个评价似乎是出自小说家的创作视角，更关注人物的性格特点，而我们要追寻的，是历史上更为真实的武田和上杉。

第一节
下克上

一、逐父

甲斐武田氏出自平安时代晚期的河内源氏，先祖为著名的源义光（新罗三郎义光），根据近代日本学者的研究，源义光之子源义清居于常陆国那珂郡武田乡，因此以武田为苗字。义清之子清光被流放到了甲斐。源清光之孙武田信光得到了源赖朝的赏识，被任命为甲斐守护。从此，武田氏就在甲斐的山中落地生根，发展壮大。

武田家的崛起是在源平合战中，身为源氏同门的武田家第四代武田信义跟随源赖朝起兵，为建立幕府立下了功勋。但镰仓幕府建立后，作为源氏同门的武田家却遭到源赖朝的猜忌，遭到幕府的“清洗”，只有武田信义的第五子武田信光最终得到幕府信任，因功加封安艺守护，是为安艺武田之祖。而在南北朝时代，安艺守护武田信武加入北朝，从而成功取代加入南朝的甲斐武田入主甲斐，其子武田信成和氏信分别继承甲斐、安艺守护职。

甲斐武田家在关东大乱的时候遭到了劫难，应永二十三年（1416），关东爆发上杉禅秀之乱，甲斐守护武田信满为上杉禅秀之女婿，因此卷入战乱对抗关东公方和幕府，战后遭到了幕府的处分。继任的甲斐守护陷入难产，此时，甲斐开始出现了下克上抬头的迹象，武田家的分支逸见氏本是甲斐武田之祖源清光之兄源光长的后人，只是在发展过程中混得不及清光这一支，这一次，他们翻翻家谱，认为自己可取武田而代之。逸见有直向幕府提出接替守护之位，而将军足利义教觉得逸见氏是关东公方一党，控制甲斐有百

◇ 源义光

害而无一利，于是把武田信满之弟武田信元派到甲斐接任守护。

就是这个武田信元又带来了一个隐患，他受信浓守护小笠原政康庇护从京都前往甲斐以后，幕府又任命了迹部氏为守护代，在下克上风气日盛的时代，守护代这个危险的名词出现在甲斐，意味着武田氏即将倒霉。果不其然，在应永二十七年（1420），武田信元死去，甲斐再度进入守护空缺时期，迹部氏作为守护代，势力开始壮大。

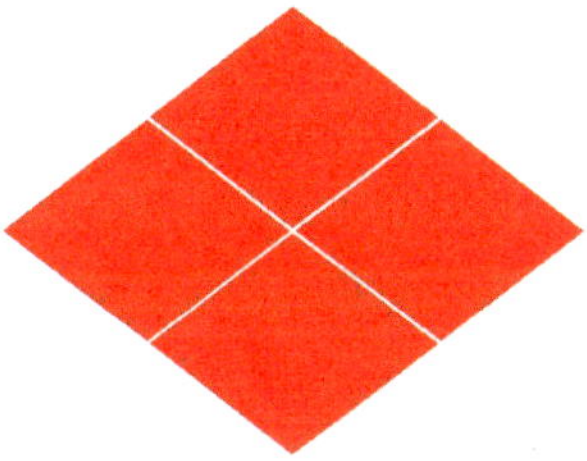

◇ 武田家家纹“四つ割菱”

当时在甲斐国中，迹部氏奉武田信满次子武田信长为首与关东公方支持的逸见氏不断争斗。而幕府又任命了新的守护——武田信满长子武田信重，在看到甲斐的乱局后，武田信重心灰意懒，更何况幕府规制要求，关东守护大名必须前往镰仓侍奉关东公方，这位新守护的父亲信满可是追随上杉禅秀反关东公方的主将，担心自己人身安全的武田信重拒绝了幕府的任命。另一方面，应永三十三年（1426），关东公方足利持氏出兵甲斐征服了武田信长，武田信长从此以后就出仕于关东公方，后来在关东的上总国获得一席之地，成为上总真里谷武田家之祖，此是后话。

足利义教决定干预甲斐，他对武田信重摆出了一副“你若去甲斐，我为你后盾”的态势，而甲斐的迹部氏在赶跑了已经投靠关东公方的武田信长父子以后，和幕府达成秘密协议，永享十年（1438），武田信重终于进入甲斐任职。甲斐的实际权力掌握在迹部明海和景家父子手中。

武田家就差一步就要和美浓土岐、尾张斯波那样被守护代所篡夺了。到信重之子信守在位时，迹部氏的飞扬跋扈已经到了守护不能容忍的地步。武田信守死前给儿子信昌留下遗命：“一定要干掉迹部家！”信昌暗蓄实力等待机会，宽正五年（1464），迹部明海死去，武田信昌立刻趁时而动，在信浓国诹访氏的协助下攻杀迹部景家。甲斐下克上被扼杀在了摇篮之中。

甲斐就好像一个漂在水上的葫芦，压倒了一头，翘起了另一头，干掉了一个迹部氏，出来了一大群如小山田氏、穴山氏等国人领主，个个自霸山头。况且甲斐可以列入日本诸令制国中最贫穷的一批中，境内山地崎岖，田地极少，加上流年不利，天灾不断，特别明应七年（1498）八月二十五日的大地震，令甲斐乃至关东遭受了巨大损失。武田信昌和他的儿子信绳有心无力，加上此时，骏河今川氏和北条早云相继来攻，而武田信昌又宠爱次子信惠，指望其代替信绳为守护，武田信绳与隐居的父亲信昌和弟弟信惠之间爆发了内乱。在这内忧外患风雨飘摇的时代，武田家惨淡经营中迎来了中兴之祖，永正四年（1507）二月，武田信绳病死，其子武田信虎接任守护。

武田信虎首先要做的是清除掉和父亲内斗多年的叔父武田信惠势力，这个势力还跟小山田势力勾结在一起。永正五年（1508）十月，在坊峰合战中，武田信虎趁暴风雨袭击前来包围居城的武田信惠和小山田弥太郎，武田信惠与其弟岩手绳美一起阵亡，信惠势力遭到覆灭性的打击。两年后，小山田氏被迫臣服，小山田信有娶了武田信虎之妹，成为武田家臣。

接着，信虎调转枪口对付穴山氏和大井氏这两大势力，他们的麻烦之处是他们和骏河守护今川家有着扯不清的关系。永正十二年（1515），由于武田信虎进攻大井氏的西郡上野城，今川家入侵甲斐，这两家为今川家做了“带路党”。但很快，武田信虎在永正十四年（1517）与今川达成暂时和解，接着就在永正十七年（1520）和大永元年（1521）分别拿下了大井氏和穴山氏，并娶了大井家的闺女为正室达成政治联姻。甲斐至此宣告统一。

在统一甲斐的同时，武田信虎在永正十六年（1519）修筑完了踯躅崎馆和城下町。开始将武田家臣集中居住到城下町中，跨出了领地控制和家臣控制的第一步，开始了武田家向战国大名的转化。大永元年十一月，信虎的长子武田太郎出生，在中国古籍中，凡是英雄或者皇帝出生，往往会有天象变异。日本人也不能免俗，在记载武田信玄战略战术的《甲阳军鉴》一书以及《武田三代记》中就记载着诸如苍鹰绕屋三日不去等神异现象，预示这个孩子未来的成就。但现实是，在这个孩子出生的时候，武田家正遭遇今川家臣福岛正成的进攻，武田信虎被迫移居到踯躅崎馆的支城要害山城中，而武田太郎就出生在要害山城中。

男大当婚女大当嫁，这个武田家族未来继承人的婚姻却并不怎么顺利。当时，武田信虎正和相模国的新兴势力北条家冲突频繁，因此与扇谷上杉家保持着良好关系。所以在天文二年（1533），他出于政治需要，为儿子娶了上杉朝兴的女儿，不过婚后一年，这位儿媳就因为难产而死。

武田太郎于天文五年（1536）正式元服成年，用当时的幕府将军足利义晴赐下的名字中的“晴”字，改名武田晴信。在他晚年，曾出家皈依，法号法性院机山信玄。因此，他以武田信玄的名字而闻名天下。

武田信玄童年的时候，其父信虎正在四处伸手，他先是插手关东两上杉与北条家的争斗，频频给北条家制造麻烦，接着又把目标转向邻近的信浓，信浓国诹访氏曾是武田家消灭迹部氏的助手，但在武田强大以后却反咬一口，诹访氏和武田氏的争端至此而起。不过在天文四年（1535），武田和诹访暂时达成了和解，这一年，信虎又攻今川，与今川有同盟关系的北条家也攻武田，这使信虎认识到，必须拆散今川和北条的同盟才能取得突破。

◇ 武田信玄

就在信玄元服的那年，骏河的今川家也进行了家督传承，今川义元在家督争夺战“花仓之乱”中得到了武田信虎的幕后支持。骏河的今川家与京都的足利将军是同宗关系，与京都有着千丝万缕的密切联系。所以，武田信虎插手今川家的内部事务，而且押宝成功，可以说胜出了一次非常有战略眼光的赌博。在战后，武田信虎就把女儿嫁给了成为今川家督的今川义元，作为回报，今川义元在京都为武田家打通关系。于是成年后的武田信玄立刻就娶了继室：京都公卿左大臣三条公赖的女儿，这位三条夫人，也是武田家出于政治需要而娶进门的一位媳妇。目的就在于加强和京都公家的联系。

甲斐和骏河的同盟关系并不仅仅在于疏通京都那么简单。更重要的是：甲骏同盟的成立使武田信虎如愿以偿地破坏了今川和北条的同盟，今川和北条开始了长达 12 年的“河东之乱”。这一手牌，武田信虎打得漂亮之至。

不过，此时春风得意的武田信虎恐怕没有意识到，自己最危险的敌人竟然隐藏在身边，而且是自己最亲近的人。天文十年（1541）六月，武田信虎入侵信浓，凯旋以后赴骏河，去会见自己的女婿今川义元。武田家发生了一次下克上的大事件。武田信玄在家臣板垣信方、甘利虎泰、饭富武昌等人的支持下，阻断了父亲返回甲斐的道路，宣布自任武田家第 19 代家督。

关于事件的起因，一直以来众说纷纭，有人认为是武田信虎在领地内横征暴敛导致民怨沸腾，因此，信玄是为民请命，大义灭亲。也有人认为，是由于武田信虎宠爱他的次子武田信繁，因此起了废立之心，导致信玄抢先发难。另一说是骏河的今川义元和武田信玄相勾结，女婿和儿子联手做掉了老爷子。根据事实情况来分析，我认为所谓的信虎横征暴敛或许是一种光明正大的借口，不论是否真有其事很可能并非主因。主因或许就是信虎和信玄父子关系的破裂，而更确切地说，是信虎和家臣关系的破裂。以武力统一甲斐的信虎和其家臣团之间有一种不

信任感，以参与了本次下克上活动的饭富虎昌为例，饭富氏本身是甲斐源氏的同族，在享禄四年（1531），饭富虎昌就曾与甲斐国人今井氏一起举起了叛旗，此时，信虎刚和诹访氏开战，饭富虎昌暗中接受了诹访家的援助而对抗武田家，在被击败后重新降服。这种奇特的主从关系造就了彼此之间的分歧，所以所谓的“横征暴敛”从侧面反映了家臣对信虎本人执政方式的不满，于是，更换主君就变成了一种比较能接受的解决办法。而放逐这样的事情，没有今川义元的配合恐怕很难成事，所以今川义元也难脱嫌疑。

武田信虎从此过起了寄人篱下的生活，他先是为今川家的客将，后来他又来往于京都和骏河之间，为武田家的利益四处奔走，并且服侍了义辉和义昭两代将军。信玄死后，他回到信浓，81 岁高寿时去世。

而武田信玄从此登上了历史的舞台，开始了他波澜壮阔的政治生涯。

二、逼兄

在平安时代晚期，清和源氏和恒武平氏在战场上斗得你死我活。颇为有趣的是，在烽火连天的战国时代，源平两氏的后代也在延续着祖先的仇怨。甲斐武田家出自清和源氏的支流河内源氏。而与武田兵戎相见的上杉谦信则自称桓武平氏之后裔。

赫赫有名的越后上杉谦信本为长尾氏。长尾氏为自称桓武平氏源流的镰仓氏一脉。早在平安时代末期，源氏武士首领源义家出征本州东北地区的陆奥、出羽，带来了一大批随军的武士，其中有一位叫镰仓景正，在战后居住于相模国镰仓郡，并在这里开辟庄园，其后代就在镰仓郡附近繁衍生息，被称为“镰仓党”。该族的镰仓景弘始居于相模国镰仓郡的长尾庄，因此称长尾次郎，是为长尾家的始祖。在源赖朝建立镰仓幕府之时，这群镰仓党分属源氏和平氏参与战争，长尾家不幸站错了队进了平家阵营，而在镰仓幕府建立后，他们又卷进了幕府内部的政治斗争，家道中落。到室町幕府时期，山内上杉家的始祖上杉宪显来到关东，成为关东管领。长尾家的长尾景忠抓住了这个机会出仕山内上杉家，成为上杉家的越后、上野两大守护代。此后，长尾家通过婚姻关系，以山内上杉氏之下的外戚权臣身份成为关东有影响力的家族。长尾氏此后分为镰仓—足利长尾氏、白井—惣社长尾氏这两支，前者为长尾景忠之子景直一脉，是为长尾家的宗家，景直之子景英一脉的镰仓长尾家断绝以后，就由弟弟满景一脉继承，这一支是世袭关东管领山内上杉家家宰的权门，后来移居到室町幕府足利将军家发源地——下野国足利庄，所以就叫足利长尾家。

那么，镰仓—足利长尾家万一出现家督空缺或者继承人年龄太小的情况时，山内上杉家家宰又该如何选择呢？那就从白井和惣社长尾家中挑选，这两家乃是长尾忠景之孙居于上野国，分据白井城和惣社城而得名。在战国初期关东大乱的局面中，山内上杉家家宰也算是“高危”职业，如出身犬悬长尾家的长尾实景就在那场引发享德之乱的暗杀中和主君上杉宪忠一起被关东公方足利成氏切了脑袋，家宰职只好由白井长尾家出人，而白井长尾家的长尾景春在家宰职被惣社家夺取以后，一怒之下兴兵下克上，造成了白井家的衰落，惣社和足利长尾家后来轮流担任家宰之职，在关东下克上盛行的时代，他们和山内上杉也经历了分分合合。

◇ 上杉谦信

而上杉谦信出身于越后长尾氏。越后长尾氏出自长尾景恒，此人一说为长尾家关东中兴之祖长尾景忠的养子，长尾景忠将自己所任的越后守护代让给了他，其后人就世袭这一职位。长尾景恒的后人又一分为三：世袭越后守护代的府内长尾氏和两个分家上田长尾氏、古志长尾氏，上杉谦信出身府内长尾氏。而他们的主君越后守护上杉家，其血统出自犬悬上杉一系，而从属于关东管领山内上杉家。

既然是守护代，在战国时代就免不了上演“守护代取代守护”的下克上戏码。特别是在守护出现问题的时候。如应永二十八年（1421），越后守护上杉房方死去，而仅仅一年后，他的继位者上杉朝方也死了，围绕到底是立朝方未成年的幼子幸龙丸（后来的上杉房朝）还是弟弟赖方为守护的问题，越后发生了大内战。此时的关东刚经历上杉禅秀之乱，幕府和关东公方尖锐对立，为争夺越后，守护代长尾邦景开始蠢蠢欲动，他暗中联络关东公方为外应，而被幕府当时的管领细川满元竭力支持的守护上杉赖方在后者协助下洗清了自己外通关东公方的嫌疑，然后得到了幕府讨伐长尾邦景的治罚状。应永三十年（1423）十一月，越后爆发了“应永之乱”。

在这一战乱中，站在守护上杉家一方的是越后北部的国人众“扬北众”，包括本庄氏、大川氏、鲇川氏、色部氏、中条氏、黑川氏等，而其中的黑川基实等人突然叛变，引起了守护方的混乱，上杉赖方不得不请奥州伊达家出兵协助镇压。而此后，幕府也出现了变故，管领职由细川家转到了畠山家，畠山满家宣布不支

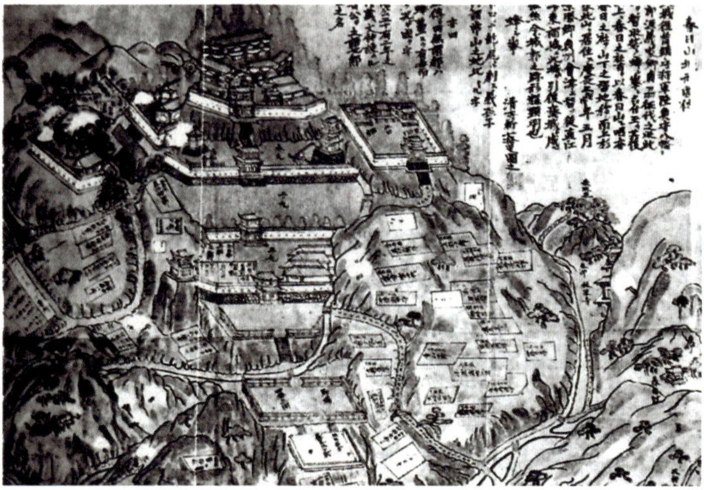

◇ 上杉家居城——春日山城

持上杉赖方，要求改立幸龙丸，守护军再度遭到新发田氏等部分扬北众的叛乱，一败涂地。上杉房朝在幕府支持下成为新守护。

这场大乱的结果是昔日各自为政的国人势力被大大削弱，守护代长尾邦景成为实权人物，上杉房朝几乎已成傀儡。宝德元年（1449），由于上杉房朝猝死，他的堂弟上杉房定成为守护，次年十二月，上杉房定果断动手，攻杀了已尾大不掉的守护代长尾邦景父子，由长尾邦景之弟景房之子长尾赖景接替守护代。这位新守护体现出了极大的魄力，他先是协助拥立足利成氏为关东公方，又在成氏谋杀关东管领上杉宪忠后坚决支持山内家，参战“享德之乱”。其子上杉显定入继山内家成为关东管领，这使越后上杉成为上杉家的“元老”，应仁之乱中他又收容京都来的公卿，发展越后的文化。在这位强势的越后守护下，守护代赖景和重景两代都兢兢业业，克己奉公。而到了上杉房定之子房能时代，越后守护进一步加强对领地内的控制，已经开始向战国大名转化。守护代长尾能景（重景之子）也竭力辅佐，忠诚可鉴。

事情的转机发生在永正三年（1506），长尾能景为平定越中国的一向宗信徒的叛乱而出兵越中，在般若野之战中，越中守护代神保庆宗突然脱离战场，神保家和一向宗有着婚姻关系，他早已暗通一向宗门徒，长尾能景被这一突发状况搞得措手不及，不幸阵亡。继承其家督的长尾为景认为，派遣其父出征越中的越后守护上杉房能对其父亲的死有着不可推卸的责任，有关“为景将叛变”的流言四处流传。永正四年（1507）八月，长尾为景先下手为强，抱着仇恨发起了一次下克上，攻打越后守护的居馆，上杉房能在逃亡中自刃身亡。为景立房能的养子上杉定实为傀儡守护。

这一下捅了马蜂窝，上杉房能的亲哥哥关东管领上杉显定于永正六年（1509）

起大兵为其弟弟报仇，狡猾的长尾为景眼见不敌，就逃亡佐渡，接着在第二年卷土重来，在长森原之战中，他得到了高梨政盛的支援，一举击败山内上杉家，上杉显定阵亡，关东管领名声扫地。

长尾为景在此后就以外戚的身份成为越后的太上皇。他出兵越中，灭掉神保庆宗以报复当初神保家私自退兵导致其父亲阵亡的旧怨。长尾氏在越后呼风唤雨，不可一世。傀儡上杉定实极不甘心，永正十年（1513）八月，他联络越后国人宇佐美房忠和定满父子反攻长尾为景，其弟上杉定宪起兵响应。这群人却不是枭雄长尾为景的对手，他立刻幽禁了上杉定实，次年五月包围岩手城迫死宇佐美房忠。此后在享禄三年（1530）和天文二年（1533），上杉定宪又举兵两次，依托越后北部的扬北众试图进攻长尾氏，最后一次叛乱在天文五年（1536）被平定，上杉家的守护权力强化的成果也被长尾为景彻底接收。山内上杉氏对这个胆敢以下克上的嚣张部下只能睁一只眼闭一只眼视若不见。就是在这样的背景下，享禄三年一月，长尾为景的四子虎千代出生在越后的春日山城。

天文五年，奠定越后长尾氏基业的长尾为景宣布隐居，把家督之位传给长子长尾晴景。为景在天文十一年十二月（1543 年 1 月）去世。然而晴景却是体弱多病之身，他娶了守护上杉定实的女儿为妻，以外戚身份继续掌握越后的实权。虎千代则出家，在林泉寺接受寺院教育。不久，长尾晴景便被卷进了一场关东的大混战之中。

天文十一年(1542)，奥州的伊达家发生了一起内部事件，称为“天文之乱”（或者称“洞之乱”）。伊达家是关东名门，在伊达稙宗担任家督的时候，伊达家通过政治手段和军事征服，大大扩张了自己的实力。伊达家成功的秘诀就在于使用亲缘关系，把自己的儿女兄弟作为政治工具，用缔结婚姻、收送养子等方式把许多的地方豪族收至麾下。奥州的相马、葛西、芦名、最上等地方豪族都与伊达家在亲缘上有着很复杂的联系。事情的引线就发生在天文十一年，伊达稙宗为了进一步扩大影响，决定把自己的儿子实元送到越后，交给越后守护上杉定实为养子。这就导致了继承者伊达晴宗的不满，他认为这样乱攀亲戚，等于把伊达家的领土当成礼物或者嫁妆一片片送出去，会削弱伊达家的势力，更何况越后守护家万一和伊达家同宗，难保以后不会发生越后人来争夺伊达家领地的事。更有甚者，伊达稙宗要把一片土地送给外孙相马盛胤。晴宗不希望将来自己继承一块狭小的领地，于是，他把父亲稙宗幽禁起来，自任家督。然而，稙宗很快就逃出了幽禁地，和伊达家的亲属团相马氏、最上氏等联合起来讨伐晴宗。值得一提的是，作为“工具”的伊达实元对去越后这个事情也毫无兴趣。内乱的结果是奥州之霸伊达家元气大伤，领地严重缩水，最上、相马等族独立成为战国大名，并从此与伊达家势不两立。一直到半个世纪后，伊达家出了著名的“独眼龙”伊达政宗，伊达家才略略恢复荣耀。

伊达家的战乱，其实是由越后的守护上杉定实引起的。上杉定实在长尾为景死后心思又开始活泛起来，在养子事件发生以后，扬北众中条家的中条藤资极力支持收养计划，有一说认为伊达实元是他妹妹的儿子，如果此说成立，那么实元一旦成为越后守护的养子和继承人，对他大有好处，何况扬北众素来是守护方的支持者，此计一旦得逞，就能以伊达家为外援恢复守护权力。这就使天文之乱延伸到了越后。然而扬北众中的本庄氏却反对这次收养，他起兵抗议，其弟小川长资起兵夺了他的居城。但由于伊达内乱，收养之事也只好不了了之。

天文之乱后，越后北部陷入了不稳定状态，为压制当地的守护复权势力，长尾晴景命令弟弟虎千代还俗并派他到当地的枥尾城为城主，天文十二年（1543）八月，虎千代举行成年式，取名长尾景虎。

长尾景虎刚刚到任，越后就又一次陷入动乱。是时，长尾为景新亡，尸骨未寒，而家督晴景又是多病之身。于是扬北众之一的黑泷城主黑田秀忠认为守护复权的时机已到，他杀死了晴景的弟弟长尾景康和长尾景房，于天文十四年（1545）十月举兵谋反。可惜，他打错了如意算盘。枥尾城主长尾景虎初出茅庐，却已经不是一盏省油的灯，他三下两下就把黑田秀忠给收拾了。次年二月，黑田再度叛乱，仍然敌不过长尾景虎，这一次，他被迫自刃，黑田氏被消灭。长尾景虎果断的处置和优秀的能力令许多家臣刮目相看。越后长尾氏的家臣团开始站到了长尾景虎一边，他们希望在其位而无法谋其政的长尾晴景把家督之位让出来。卷入权力争夺战的晴景与景虎，兄弟之情开始破裂。

这场家督争夺战又引发了守护上杉家和守护代长尾家之间的权力争夺，上杉定实和中条藤资也把复权的希望寄托在长尾景虎身上，于是形成了一个上到守护下到地方的景虎派。天文十七年（1548）十二月，在上杉定实的调停下，长尾晴景被迫隐居，长尾景虎成为最终的胜利者进入了春日山城，成为长尾家的正式家督。两年后，上杉定实死去，养子计划都被破坏的越后守护家就这样突然绝嗣。将军足利义辉颁布命令，决定承认长尾家对越后的实际统治权。长尾景虎成为名实俱符的越后国的主人。

这一次继承家督并不是一帆风顺的，至少越后长尾氏内部就存在着反对意见。在家督继承战中，古志长尾氏因为是景虎的母家，所以站到了景虎的一边，而另一家上田长尾氏却持相反意见。上田长尾氏的长尾政景娶了长尾景虎的姐姐，作为长尾家的同族以及女婿，他对长尾景虎逼兄退位一事忿忿不平，更深的原因，是上田家对家督之位的觊觎和对古志家势力扩大的忧虑。天文十九年（1550）十二月，在上杉定实死后，长尾政景起兵谋反。次年一月，长尾景虎讨伐政景，先下枥木城，吓破胆的长尾政景在景虎还没对居城坂户城发起总攻前就接受通告交出誓词宣布降服效忠，从此，越后长尾氏实现了完全的统一，也完成了实质上的守护代的“下克上”。

三、引线

在武田信玄夺取甲斐国主之位后，甲斐国与周边的关系开始紧张起来，相模的北条家从信虎时代开始就和武田关系十分紧张。骏河的今川是武田唯一的盟友，但却是居心叵测的一个盟友。而在信虎时代暂时与武田氏保持良好关系的信浓国的一些豪强，与他们的关系也开始破裂。

首先与武田信玄交手的是信浓国的诹访氏。在武田信虎时期，信浓国就是甲斐武田氏扩张的对象，而诹访氏则首当其冲。诹访以诹访湖闻名，这个湖被认为有神灵居住。特别是在冬天，湖面因寒冷而结冰，在昼夜温差的作用下，有时湖面会出现冰裂，发出“喀拉喀拉”的响声，古时候人传言，这是神明从冰上走过，因此顶礼膜拜，这个传说一直传袭至今，成为当地的特色民俗。在诹访湖边，有一座诹访大社，供奉神话中的建御名方神和八坂刀売神，农人可以在此祈祷狩猎渔获，武士可以祈祷武运长久，所以素来香火繁盛，也养肥了诹访大社的神官家。诹访大社的大祝（主祭官）苗字诹访氏，在平安时代末期就开始武士化，追随源赖朝，成为镰仓幕府御家人，借幕府之力在全国开设诹访大社的“分店”。而进入室町时代，诹访氏又跟随幕府为奉公众，虽然诹访氏一度分割为从事武士职业的惣领家和从事宗教事务的大祝家，但在战国初期，诹访家出现了一个中兴之祖诹访赖满，他重新统一诹访氏，并开始与入侵的武田信虎作战。享禄元年（1528），武田信虎攻打信浓，在边境的神户境被诹访赖满所击败。信虎眼见无法征服诹访，就采取相对务实的政策，天文四年（1535），诹访和甲斐实现和平，到天文九年（1540）信虎把女儿嫁给了陬访赖满的继承人和嫡孙诹访赖重，这一次政治婚姻使两方的和平继续得以暂时维持。

信玄逐父事件打破了武田与诹访之间的表面平静，诹访赖重此时已经继承了祖父的家督之位。他以信虎的女婿身份，认为信玄的所作所为是背父不孝的悖逆行为。同时，他也存有趁乱拿下甲斐的侥幸之心。对于信玄来说，也早有侵略信浓的野心。在开疆拓土这个问题上，他和父亲是有着共同观点的。不过信玄比他的父亲信虎更为精明，他不单使用武力征服，也不需要政治婚姻。他采取的方式

◇ 信浓局势图

是用计——借刀杀人之计。

诹访氏有一庶族高远氏，和诹访氏有旧怨。诹访赖满童年时，高远氏起兵攻杀其父兄，而诹访赖满成年以后，逼迫高远赖继降服。这件事高远赖继一直耿耿于怀，迫于形势，他一直隐忍不发。天文十一年（1542）七月，高远赖继受到武田信玄的利诱，狐假虎威，起兵反抗诹访赖重。这一次，诹访家祸起萧墙，信玄起兵配合，让高远赖继代替他拿下了诹访上原城，被押送到甲斐的诹访赖重不甘受辱，切腹身亡，作为战国大名的诹访氏灭亡。人在做天在看，帮助外人吞掉本家的高远赖继怎么也没想到自己将要成为下一个倒霉蛋。战后，他一度被许诺占领诹访西部区域，但贪心不足的高远赖继却连东面也想要，九月，他联合诹访氏的另一支族——福与城的藤泽赖亲，将武田势力打出了诹访。高远赖继这种赤裸裸的“背信”行为只能让他尝到苦果，武田信玄在随后先围福与城迫降藤泽赖亲，第二年杀回信浓。这次他先攻长洼城，城主大井贞隆曾经被诹访赖重夺了城，因为武田灭诹访才得以夺回城池，不到一年又遭到武田的侵略，且因为两个家臣做了内应而瞬间城陷，他的悲剧人生可谓是闻者伤心，听者落泪。夺下长洼城后，信玄杀了回马枪进入诹访，一路势如破竹，天文十四年（1545）四月，高远赖继被迫与武田信玄达成协定，无条件投降，在交出高远城后被送往甲斐隐居。至于他的同盟藤泽赖亲表现更为反复无常，在天文十三年（1544）联合信浓守护小笠原家再度反叛，在高

远赖继倒霉以后，福与城又一次被攻克，他不得不交出人质降服。大井贞隆之弟大井贞清在佐久郡修筑内山城继续抵抗，也在天文十五年（1546）被武田拿下，整个南信浓至此都落入武田之手。

天文十六年（1547）闰七月，武田信玄又一次入侵信浓，这次的目标是靠近上野的志贺城，上野国为关东管领上杉宪政的地盘，因此，志贺城的得失与上杉家利害攸关。基于这一点，被武田军包围的志贺城主笠原清繁向关东管领求救。刚刚在河越夜战中被北条氏康蹂躏的关东管领上杉宪政仍然有着一定实力，于是，上杉宪政决定派出与笠原氏有姻亲关系的家臣高田宪赖率援军入城。而武田军很快包围城池并派甲斐的矿工掘断了城中的水源。为再救援此城，上杉宪政拒绝家臣长野业正的劝谏，率军浩浩荡荡越过信浓和甲斐之间的碓氷峠而来，正中了武田的围点打援之计。八月六日，围城的武田军分出板垣信方和甘利虎泰两人率领机动兵力迎战，在上田井原击败上杉的援军，斩首3000余级。武田信玄把这3000援军的首级展览在城下，城中的士气立刻崩溃，笠原清繁和高田宪赖在城破时阵亡。城破以后，信玄把男子全部贬为奴隶，女子全部收为官婢。连城主夫人都被赏赐给攻城有功的小山田信有为妾。信浓佐久郡被征服。

武田军的野蛮征服引起了信浓各大领主的不安，于是，就有人站出来抵抗武田信玄的野蛮侵略，此人就是信浓的一代名将村上义清。

村上义清支配有信浓的北部和东部的大片土地，作为葛尾城城主的他在继承村上氏以后，在信浓横行一时。村上义清本身不是什么善男信女，他曾经在天文十年（1541），为侵占信浓小县郡，勾结武田信虎和诹访赖重一起进攻信浓的豪族海野栋纲，在海野平合战中将之赶跑，侵占了小县郡。在武田信玄流放父亲以后，上杉宪政才派长野业正出兵去恢复海野家的失地。对上杉家这种“亡羊补牢”而非“雪中送炭”的行为深表失望的智将真田幸隆（一说他为海野栋纲的外孙，另一说他为海野栋纲之子，过继为真田家养子）此后就投靠了武田信玄。天文十七年（1548）二月，武田信玄率领约5000人侵入了小县郡，同时命令板垣信方从上原城出兵，两军会合。村上义清则在户石城布阵迎击，双方兵力比较，武田军占优势。因此，武田军一开始就主动攻击，板垣信方作为前锋部队，顺利地击败了村上军。轻敌的信方以为胜负已分，就在阵前进行检视首级仪式。此时，村上义清趁板垣信方麻痹大意的时机，突然反攻，措手不及的武田仓促应战，结果大败。板垣信方、甘利虎泰这两位拥护信玄夺位的重臣阵亡。村上义清乘胜追击，突破武田信玄的本阵，信玄本人负伤而逃。幸好村上义清见己方也损失较大，于是见好就收。上田原合战对信玄来说是一次刻骨铭心的经历。他第一次在战场上品尝到了失败的滋味。在这一战以后，信浓已经归附武田的那些地方豪族如藤泽赖亲等墙头草又一次趁势而起，武田家在信浓的统治岌岌可危。

同年四月，当诹访乱成一锅粥的时候，一些无自知之明的人就开始蠢蠢欲动。信浓守护小笠原长时起兵 5000 人杀向诹访。作为信浓守护的小笠原家在室町时代就是一个比较“失败”的守护，虽然是幕府的奉公众，但一度因为作战失败而被罢免守护职，导致信浓内国人势力各自为政。进入战国时代，小笠原家甚至还曾一分为三，小笠原长时之父长栋好不容易实现信浓再度统一，刚传一代又遭遇武田入侵。此时的小笠原家不过是一城一郡之主的实力，也只能做做趁火打劫的事情。听到这个消息的信玄从甲斐秘密出兵，七月十八日进入上原城。次日就突然袭击在塩尻峠驻扎的小笠原军，小笠原长时身边的旗本队借助狭窄的山路死死地抵抗住了武田军五次进攻。信玄还留有后着，他派武田信繁率军翻越山岭绕到小笠原军背后，第六次进攻时武田军为前后夹击，这一次的攻击非常成功，小笠原长时损失 1000 人，丢盔弃甲逃出诹访。天文十九年（1550），武田军侵入小笠原的领地，被吓破胆子的小笠原长时已经无力抵抗，抛弃所住的林城投奔村上义清。信浓守护小笠原家就此没落。

村上义清成为信浓抵抗武田入侵的唯一一面旗帜，天文十九年九月，拿下林城的武田信玄再次与村上义清对决。这一次，村上方选择守城，这座砥石城（也称户石城）建于山上，东西为悬崖峭壁，易守难攻。武田军有 7000 人，而城内的守军不过 500 人，不过半数以上的守军是志贺城陷落后的幸存者，因此和武田信玄有着不共戴天之仇。信玄也想报上田原之仇，因此不计代价决定要拿下这个战略要地。九月九日，武田军横田高松率部发动攻击，爬上悬崖以后，城上落下了飞石和滚汤，横田高松当场阵亡。十一日，信玄再次命令小山田信有率部攻城，还是遭到迎头痛击，小山田信有负了重伤，两年以后死去。

因怒兴兵攻打坚城素来是兵家大忌，善于用兵的信玄不知不觉也犯了这个错误。当兵力占优势的武田军面对这个小而坚固的砥石城一筹莫展时，村上义清已经率领 2000 援军出现了，信玄见攻势不利，决定退军，遭到村上义清的追击，损失惨重。信玄在影武者（替身）的掩护下得以脱逃。这次惨败被称为“砥石崩”。

一生自负的信玄和村上义清交手两次，两次都遭到惨败。这对他来说是终生的耻辱。于是他决定避免和村上义清兵戎相见，转而采用智略取胜。这个任务交给了真田幸隆。在这位智谋之士的策划下，天文二十年（1551），砥石城的矢泽赖纲（幸隆的弟弟）成为内应，武田军兵不血刃地夺取了当初血战多时却未可得的砥石城。接着，在天文二十二年（1553），在真田幸隆的策划下，大须贺久兵卫成为武田家的内应，狐落城陷落。此后，村上家开始了总崩溃：石川、室贺、屋代等村上氏的家臣纷纷叛变。四月，村上义清眼见大势已去，作出了一个他一生中最重要的决定——放弃居城葛尾城，前往一步之遥的越后，投奔越后之主长尾景虎。

就这样，从信玄入侵信浓开始，引线就点燃了，随着信浓村上氏的没落，大战的潘多拉盒子打开了。

第二节 川中岛

一、侠客

长尾景虎（即上杉谦信）是日本战国史上的一个异类，后世从他的行为模式分析，认为他与中国古代传说中的红拂女、虬髯客之流颇有类似之处——惩恶除奸，锄强扶弱。但真实的长尾景虎不妨认为是一个“体制的维护者”，他并不喜欢战国时代的剧烈变革，而竭力以自己所能做到的努力维护既有的体制，并与挑战体制的人作战。长尾景虎自认为是毘沙门天转世成人。所谓的毘沙门天就是佛教中的守护神，是中国传说中的四大天王之一，即多闻天王。在佛教传说中，他是帝释天的属下，居住在须弥山之北，为北俱芦洲的守护之神，手下掌管夜叉和罗刹等恶神。在中国唐代，毘沙门天的信仰十分流行，因此也随着中日交流的频繁而东渡日本，成为日本民间信仰的守护神之一。唐代的兜跋毘沙门天手持宝塔和长戟，身穿金甲，因此今天所看到的日本毘沙门天的形象，多为唐风。后来，毘沙门天在中国还以讹传讹成了托塔李天王的形象。以武家的守护神转世自诩的长尾景虎显然是一个以维护室町幕府下武家秩序为己任的人，因此，以武力侵占信浓，破坏武家秩序的武田信玄便是他最大的对手。

在今日本长野县郊外，在名刹善光寺以南，犀川和千曲川两条河流交汇之处，冲积成了一个三角状的平地，这块平地就是上演战国时代最震撼之战役的舞台——川中岛。这里北连越后，东接上野，战略位置十分重要，历来就是兵家必争之地。源平之战中，源氏的木曾义仲从信浓起兵进京，在这里击败了平家来讨伐的大军，而南北朝时代，这里也见证了多次争夺。

天文二十二年（1553）四月，村上义清北逃越后，得到了长尾景虎的支援允诺。景虎派兵5000，联合北信浓的国人众配合村上义清在武田军撤退后反攻，夺回了

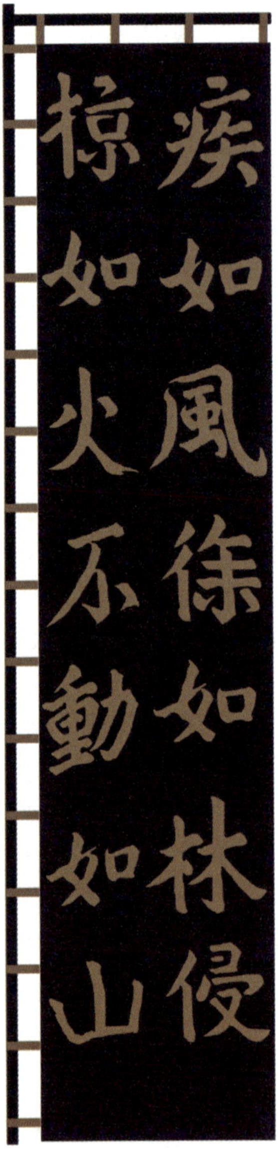

◇ 武田军的“风林火山”旗

葛尾城。信玄听说此消息以后，于当年七月再度侵入北信浓，不久便攻到村上义清最前线的塩田城，自知不敌的村上义清只能再次流亡越后。

长尾景虎此时正在忙碌，天文二十一年（1552）一月，关东管领上杉宪政被北条氏康所败，逃往越后投靠长尾景虎。对于这种下克上破坏关东秩序的行为，作为上杉家家臣的长尾家显然是要出面处理的。长尾景虎在八月命本庄繁长等人出兵上野，击退北条军并夺回上杉宪政的居城平井城。由于要与北条家在上野一带争夺，所以长尾家还没来得及管信浓的事儿。但在村上义清第二次败走越后之时，长尾景虎赫然发现这事不能不管了。川中岛一带的小国人领主都已经慢慢附属于武田，而过了川中岛就是越后，上野一带只是替人出头，而川中岛一带可是关系自身安危。套用一句名言来说：“我们已经退无可退，因为身后就是越后！”

在强敌面前，长尾景虎终于决定亲自出马。天文二十二年（1553）九月，长尾景虎率军出战北信浓，在布施之战中击败武田的先锋部队，军锋直抵葛尾城一线的荒砥城，信玄驻军葛尾城南的塩田城，派饭富虎昌之子饭富左京亮袭击荒砥城。长尾景虎认为战线太靠前，决定退到八幡一带。在长尾军咄咄逼人的气势面前，武田信玄也决定避免决战，在塩田城坚守不出。长尾景虎在获得一定战果以后，引兵退回越后。武田信玄于十月退回甲斐。两人的第一次交手，长尾景虎获得了善光寺平地大部分反武田豪族的支持，同时确立了北信浓村上氏为越后的前哨和防线；武田信玄则获得了原本村上氏的核心领地，阻断了长尾家从善光寺南下的通道。双方各取所需，平分秋色。第一轮不分胜负。

在此战后，长尾景虎只身上洛晋见将军足利义辉，获得了后奈良天皇的接见。朝廷颁布了“私敌治罚”的谕旨，长尾景虎从此获得了讨伐武田氏的政治旗帜，在舆论上占据了高地。

另一方面，信玄也在暗中准备，整军备战。武田军以“风林火山”作为用兵的宗旨。风林火山出自《孙子兵法》军争篇：“故其疾如风，其徐如林，侵掠如火，不动如山，难知如阴，动如雷震。”信玄将“疾如风，徐如林，侵掠如火，不动如山”这一行字写在了自己的军旗上。在这一战术思想指导下，武田军以风林火山之势，横扫信浓的佐久、下伊那二郡，平定了当地的叛乱。天文二十三年（1554），武田信玄与骏河的今川义元、相模的北条氏康达成同盟和姻亲关系。甲相骏三国同盟使三方各取所需，信玄可以全力北上川中岛，北条家可以专心关东争霸，而今川家则能安心西侵尾张，三方都免除了后顾之忧。

就在这种情况下，信玄再次挑衅长尾景虎，他煽动长尾家的北条高广反叛主君，并出兵配合。不过这一次叛乱被长尾景虎轻松镇压，长尾景虎对叛乱的北条高广处理很宽大，但对煽动叛乱的信玄却深恶痛绝。天文二十四年（是年改元弘治，1555），善光寺的栗田鹤寿倒向信玄，导致善光寺南半部完全落入武田之手。武田的势力扩展到了犀川以北，这对越后是直接的威胁。信玄的频频挑衅触动了长尾景虎的底线，于是在当年四月，他再次出兵善光寺北，逼近栗田鹤寿和武田军所驻守的旭山城。长尾军在旭山城北修筑了一座葛山城以对峙，两城之间是犀川支流，双方就隔着一条河大眼瞪小眼对峙了整整200多天，时间拖得越长，吃亏越大的当然是从甲斐而来跨过整个信浓作战的武田军，补给线之长令军中出现兵粮短缺问题，诸将和兵士怨声载道。而长尾军也有隐忧，从长尾能景这代开始，越后与在越中、能登、加贺一带蔓延的一向宗就是仇敌关系，为对付一向宗，长尾家联络越前守护朝仓家，从两面对一向宗进行夹击。而就在天文二十四年七月，越前的朝仓宗滴呼应长尾家出兵加贺，在军中，朝仓宗滴病重，朝仓军被迫半道返回越前。九月，朝仓宗滴病死于一乘谷，这令越后可能会遭遇失去越前方面压力的一向宗势力的骚扰。何况对领地控制相对松散的长尾家还有内部之忧，以至于在军中长尾景虎都要求诸将交出忠诚誓愿。所以，长尾景虎也迫切需要和平，在骏河今川义元的调停下，双方第二次交手无果而终。川中岛被一分为二，双方各半，武田家则拆去旭山城。

在这次交锋后，双方都有了更多的经验，对对方也加深了一层了解。信玄在战后平定木曾郡，彻底控制了南信浓。而长尾家则发生了一起风波。

弘治二年（1556）八月，一直以来统领越后的长尾景虎突然提出要到高野山出家。这一消息传出以后震惊了越后的家臣团。长尾景虎一直对佛教有着浓厚兴趣，他幼年在曹洞宗的寺院修行，上洛期间又与临济宗僧人参禅学佛，到晚年又对真言宗产生了兴趣，同时还自称为毘沙门天化身，而这一年来，他一直在毘沙门天堂闭关修行。在天室光育和长尾政景的劝说下，景虎才勉强打消这个念头，同时，诸多家臣为阻止景虎出家，纷纷交出了“今后将谨臣从，不抱二心”的誓状，这才结束了这场风波。

这一次的出家事件被渲染出了诸多的传奇色彩，被解说成长尾景虎一生一心向佛的证据。但从现实看，恐怕更多的是一次“政治作秀”。长尾家和武田家有很大的不同，武田从信虎一代开始就修筑城下町，将家臣集中居住到踯躅崎馆，同时在天文十六年（1547），信玄制订了《甲州法度次第》，这是武田家的“分国法”，可以说是武田家成为战国大名的标志。为什么分国法如此重要？我们可以选取其中的内容一窥究竟：

《甲州法度次第》最值得注意的是土地关系方面，它规定不得私自以国人领主犯罪的名义对其土地进行任何处分，国人领主也不得以任何理由擅自收取任何农民耕作的土地，确定了领国内所有的土地在法律意义上都属于武田家，各领主只有收益权。为了保证这一条例，还规定必须在若干年周期内对分国内的田地进行调查，括出隐田。同时，法律约束家臣行为，任何家臣不得私下订立武田家未承认的盟约，不得与他国交接文书。该法律还规定了租税缴纳、领地纠纷诉讼等相关事务。这些规定，保证了武田家对领地的绝对控制权，所以，武田家是一个不同于以往轻易会发生下克上的室町守护大名的战国大名。

而长尾家却不然，强化对越后领地的控制在守护上杉房定时代表现得最为明显，但此后，就陷入了长尾守护代家和上杉守护家的争执，领地控制强化进程戛然而止，特别是越后北的扬北众，一直处在各自为政的境地，在这种情况下，越后频频出现各种叛乱就不足为奇。长尾景虎所能做的也就是不断让下属上交忠诚状，同时，他借助武田入侵、北条觊觎、一向宗滋扰的紧张局面，闹一出“出家”戏，让在对抗外敌方面还要依赖长尾家的越后领主们不得不有所表示。

身为战略家的信玄自然不可能放过出家风波这个机会，想必他已经从中看出了越后的弱点，于是甲斐越后战端又开。

弘治二年（1556），武田信玄借景虎的内部问题，在北信浓煽动地方国人众投靠武田，又命令真田幸隆攻取善光寺东的尼严城。不过这些都还算小打小闹，信玄的杀手锏是挑动越后的重臣叛乱。八月，为长尾家负责段钱收支的“大账房”大熊朝秀接受了信玄的煽动，起兵叛乱。这起叛乱本因长尾家内争端而起，家臣下平吉长和上野家成为领地纠纷而对立，长尾景虎的辅佐人本庄实乃支持下平吉长，而大熊朝秀支持上野家成，而长尾景虎此时闹出出家风波也是因为此争端。本庄实乃的势力实在太大，他是景虎幼年的老师，又是他成年后最仰赖的重臣。

大熊朝秀遂勾结会津的芦名盛氏叛变杀入越后，很快被景虎所镇压，大熊朝秀逃亡甲斐。此事发生以后，长尾景虎勃然大怒，他在更科八幡宫的神灵面前起誓，一定要灭掉武田家，而在此时，武田信玄已于弘治三年（1557）二月趁大雪封锁信浓越后间道路之机，攻克长尾方在川中岛的据点葛山城。

四月，长尾景虎在雪融以后第一时间出兵川中岛，不过两个月时间，就夺占了北信浓的武田方各城。同时，他试图以牙还牙，尝试说服北信浓高井郡领主市河藤若倒向己方。但武田信玄立刻许诺：“如果长尾家进攻，我这里一定有援军。”说到做到，信玄命令塩田城的饭富虎昌若高井郡告急必须派军，同时向北条请求援军，北条军立刻以北条纲成为将侵攻上野。武田军同时袭击深入敌境的长尾军背后，将长尾军吸引回饭山城。八月，武田和长尾双方在上野原对峙，长尾景虎见目的已经达到，并且难以取得更大的成果，于是引兵退却，信玄在留下牵制兵力并实现重建旭山城以后也退回甲斐，双方又大致上回到第二次交手后的局面。

当景虎和信玄在川中岛的争夺白热化时，京都发生了大变故。三好长庆与松永久秀跟幕府将军足利义辉撕破了脸，逃亡近江朽木谷的将军义辉为恢复幕府的荣耀，决定通过调停武田和长尾两家，以换取长尾景虎上洛支持幕府。“体制维护者”长尾景虎对此事当然十分热中。于是，信玄以幕府承认其为信浓守护作为交换条件，承诺和景虎维持和平。景虎则上洛获得了幕府对其就任关东管领的支持。

永禄元年（1558）正月，武田信玄被任命为信浓守护，第二年，幕府承认长尾景虎为关东管领，上杉宪政成为山内家的最后一任关东管领，标志着山内上杉家在实质上被长尾家下克上取代。

取得这一名分以后，长尾景虎于永禄三年（1560）应里见家的请求，起兵征伐北条氏康，长尾军侵入上野，克沼田、岩下诸城，进占厩桥城，以此为据点南侵武藏。北条氏康解除了对里见家久留里城的围困，引兵西返，进入武藏松山城，由于关东诸大名出现不稳定迹象，有不少投入长尾军麾下，北条氏康决定放弃松山城前线退往小田原城。在厩桥城过完年的长尾景虎于永禄四年（1561）二月召集关东诸大名，拿下古河御所，三月抵达小田原城下，长尾军先锋为太田资正。此人本为扇谷上杉家臣，河越夜袭战以后，扇谷家灭亡被迫投入北条家，北条氏康考虑到此人为关东名门，着意笼络，不以家臣处之，且把女儿嫁给其子缔结婚姻。但长尾军入侵武藏后，他立刻叛变，一马当先做了“带路党”，攻打小田原时，他最为积极，率军攻进莲池门，与北条军激烈交战。然而，长尾军终究无法撼动坚固的小田原城，况且从越后远道而来的长尾军战线拉得太长，补给不继，在小田原城的坚壁清野战术前无奈撤退。撤退前的闰三月，长尾景虎在镰仓的鹤冈八幡宫正式就任关东管领，上杉宪政将名字中的“政”字授予景虎，越后长尾氏承袭山内上杉家，景虎改名为上杉政虎。

在表面的平静中，孕育着冲突的种子。越后上杉与甲斐武田的大决战时刻慢慢逼近了。

二、决战

夙敌之间的和约往往是脆弱的，特别是武田信玄和上杉政虎这一对冤家，颇有“既生瑜，何生亮”的意味。幕府主持的和睦协定墨迹未干，武田信玄就出兵北信浓。当越后上杉和幕府责问其为何违背协议时，信玄理直气壮地反驳：“本人作为信浓守护，有权驱逐领地内的侵入者！”永禄四年（1561），上杉政虎南攻北条氏康，作为甲相骏三国同盟之一的氏康向信玄求助。武田信玄决定采用围魏救赵之计，再度侵入北信浓，在川中岛建海津城作为据点。上杉政虎发现，要决战关东，就必须先解决和武田信玄的纠纷。于是，当年八月十五日，上杉军抵达善光寺，在留下 5000 人的后备部队以后，上杉政虎亲自率领 13000 人南下，在海津城西面的妻女山布下本阵。武田信玄于二十四日率军 2 万在背靠犀川的茶臼山布下本阵，和海津城形成对妻女山的两面围困之势，与上杉政虎隔着千曲川对峙，大战一触即发。

武田军占据人数优势，但对于与上杉决战这件事，还是采取慎重的态度。不过旷日持久的对峙，对于士气是不利的。在大战前的二十九日，武田军进入海津城后召开军议，山本勘助提出了一个著名的作战计划：啄木鸟战法。

山本勘助此人因为著名历史小说家井上靖的小说《风林火山》而闻名，该小说

◇ 江户时代浮世绘画家歌川广重所绘《川中岛合战图》

还在1969年第一次被改编为电影，此后又多次被改编为影视作品，2007年成为NHK大河剧的选材。山本勘助在江户时代就已经名扬日本，在当时流行的一本军记物《甲阳军鉴》一书中，他被描述为武田信玄的军师。根据《甲阳军鉴》的记载，山本勘助出身三河国牛洼城，早年是一个不服侍于任何大名家的浪人，他在青年时代用了10年时间游历日本诸国，学习兵法和筑城之术，天文五年（1536）。返回骏河希望仕官今川家。然而，今川家却对这个来历不明的人充满疑惑，他形象不佳——多年在外风霜满脸，一眼失明，满身是伤，一足跛，而且还满口的“大话”。在今川家浪费了数年光阴后，武田家的板垣信方把他推荐给信玄，山本勘助决定接受甲斐的邀请，天文十二年（1543），他在踯躅崎馆见到了武田信玄，在一番交谈以后，立刻被授予200贯的俸禄，这对一个来历不明的浪人来说是破格的待遇。在此后，因为他在武田家侵攻信浓中立功而加到300贯，又因在户石城之战中献计协助信玄摆脱村上义清的追击，成为俸禄800贯的足轻大将。他擅长筑城，川中岛的海津城即是由他所筑。他又擅长计谋，见多识广，据说他成功“预言”了今川义元的死。

◇ 山本勘助

不过在近代，许多日本史学家提出了质疑，典型的如实证主义史学家田中义成认为《甲阳军鉴》并非如一贯所说的是武田家重臣高阪昌信所著，而是在17世纪初期的江户时代由小幡景宪等人假托名而著。这本书里记载的有关山本勘助的内容多有与史实不合之处，所以认为山本勘助是一个虚构的人物。但是上世纪60年代以来，许多新发现的战国时代的文书中出现有“山本菅助”其人，一般认为当是和山本勘助为同一人，说明山本勘助确有此人。但我们仍认为所谓“军师”之名，应该是后人依据《三国》里诸葛亮的所谓“军师”头衔附会而成。从记录看，颇为怀疑山本勘助其实和应仁之乱中的骨皮道贤是同一类人，属于足轻阶层，为武田信玄所重用担负起一部分“特殊”战斗任务。

此次武田军提出的啄木鸟战法，用中国的成语表述，就是“敲山震虎”。啄

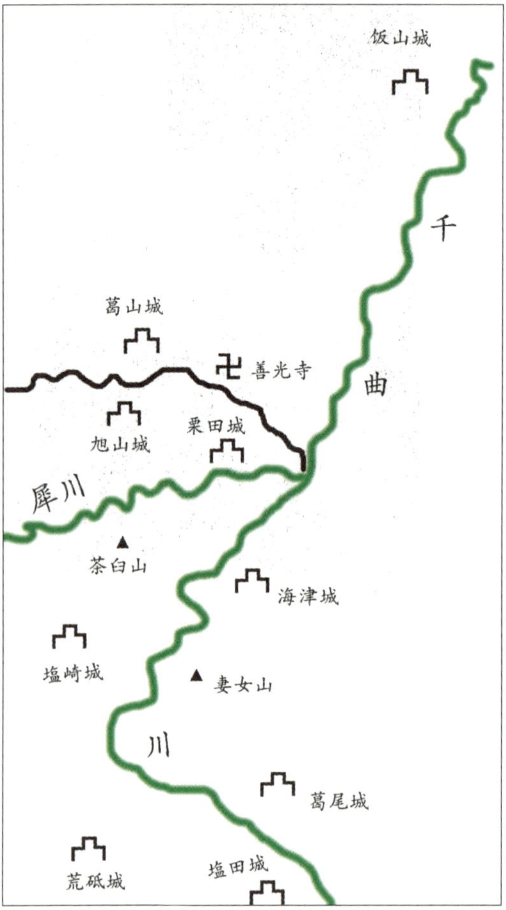

◇ 川中岛战地图

木鸟在捉虫子的时候，在树的一边敲击，受到声音惊吓的虫子就会从另一边逃出来，被早在此等候的啄木鸟捉获。按山本勘助的计划：武田军分兵两路，一路组成大规模的机动部队，绕到妻女山后，壮大声势，攻击上杉军的背后。当上杉军从正面下山躲避攻击时，埋伏在正面的武田军本阵就配合夹击上杉军。

九月九日深夜，高坂昌信、马场信春率领机动部队 12000 人向妻女山进发，信玄则率本阵排成两翼张开的鹤翼阵，在千曲川和犀川之间的八幡原布阵。上杉政虎一直在观察武田军的动向，如此大规模的兵力调动自然瞒不过他的眼睛，他以敏锐的嗅觉识破了武田信玄的计划。于是，他在当天晚上也做出调动，他命令全军偃旗裹甲，钳马衔枚，下了妻女山，在夜色掩护下在雨宫渡口渡过千曲川，除了留下甘粕景持率一千人看守渡口防备武田的机动军队以外，上杉军的主力尽数抵达八幡原，面对武田军摆下阵势。

十日凌晨，川中岛大雾弥漫，当晨曦刺透迷雾的时候，坐镇本阵的武田信玄赫然发现面前出现了一支森然的军队，士兵背后插的旗帜上画着上杉氏的家徽，信玄阵中从将领到士兵都一片愕然，他们第一反应是：啄木鸟失败了。在信玄军不知所措的时候，上杉政虎以猛将柿崎景家为先锋，排出“车悬”之阵，各部队配置成车轮状轮流攻击，从平原上横扫而来。久经沙场的武田信玄在遇见这样的突发状况以后立刻凭经验做出反应，他果断下令鹤翼阵形展开，从两翼包围上去迎战。不过上杉的主力部队此时占据了数量优势，又占了突然袭击的便宜，可以说天时地利人和无一不备，武田的本阵渐渐不支。激战中，信玄的弟弟武田信繁、猛将诸角虎定等人阵亡。另一方面，高坂昌信等人率领的机动部队在到达妻女山后，才发现扑了空，大惊之余立刻意识到埋伏在八幡原的武田本阵很可能已经遭遇危险。机动部队不顾一切突破了上杉军留下的1000人后备部队的防御，于午时到达八幡原投入战斗。战场上的胜负形势立刻倒转。根据江户时代的记载，山本勘助认为自己应该负有啄木鸟战术失败的责任，因此身先士卒，主动战死。上杉政虎见形势不利，挥师渡过犀川撤向善光寺。

在这场战役中，还有一段脍炙人口的故事，上杉政虎在激战中单骑冲进武田军本阵，挥刀砍向信玄，信玄用手里的军扇挡住了刀。这个“一骑讨”的传说自江户时代开始广为流传，许多画像、历史小说、电影都以各种形式来描绘这一经典场面。首先必须指出的是：许多画像或影视剧在描绘这一场面时把上杉政虎设计成头巾包头的僧侣形象，而实际上，政虎出家是在九年以后，这已经不符合史实了。其次在战国时代，随着足轻对战的广泛化，一骑讨的现象越来越少，同时从政虎本人在当时的处境来看，他单骑犯险的可能性微乎其微，只能说这是一个非常值得侃却不值得信的“段子”，只能作为茶余饭后的一点谈资而已。

◇《川中岛合战图屏风》中的“一骑讨”

到黄昏之时，大战的硝烟已经散去。上杉政虎与善光寺的军队会合返回越后，武田信玄也停止了追击。在战后，双方都宣称自己获得了胜利。

江户时代的学者赖山阳这样描绘这场战役：鞭声肃肃夜过河，晓见千兵拥大牙。遗恨十年磨一剑，流星光底逸长蛇。这条在一剑流星逃之夭夭的长蛇可以是武田，也可以是上杉。这一战，双方都获得了一些运气，也都存在一些失误，所以战役的结果可以沿用《甲阳军鉴》的评价：上半场上杉胜，下半场武田胜。但双方也都付出了沉重的代价，记载说武田军损失有四千余，而上杉军损失3000余。对武田军来说，更重要的是损失

◇《山本勘助战死之图》

了武田信繁等高级将领，就这一点而言，武田的损失要大于上杉。

武田军的失败，主要是在于啄木鸟战术的失败。事实上，这个战术在许多地方值得商榷：多达一万余人的机动部队的调动，如何掩过敌人的耳目？如何实现机动部队之间以及机动部队与本阵的互相配合？如何保证机动部队将上杉军赶往八幡原？一旦上杉军有不可预料的动向，如何执行第二套方案？这一连串的问题都没有解决。战场上形势瞬息万变，啄木鸟一厢情愿地希望对方按着自己的调子走，而对方却不按牌理出牌，啄木鸟自然会为此付出代价。

永禄七年（1564），武田与上杉在川中岛进行了最后一次对决。由于芦名盛氏入侵越后，上杉辉虎（上杉政虎当时已经接受将军足利义辉赐名，改名上杉辉虎）出兵抵御，武田信玄乘机偷袭北信浓的野尻城得手。上杉辉虎对信玄更为憎恶，是年，飞驒守护三木赖纲和国人江马时盛为争夺飞驒的霸权发生战争。信玄为控制飞驒，支持江马时盛，而三木赖纲则向越后求助。八月，上杉辉虎为预防信玄出兵飞驒，于是决定再次出兵川中岛。信玄考虑到上一次的惨烈后果，决定避免决战，固守塩崎城，双方在对峙两个月后，又不了了之。历时十二年的川中岛大战终于落幕。

这场旷日持久的争夺战消耗了武田和上杉十余年的时间，有人认为，就是这十余年的争夺客观上为信长提供了一个发展的空间，决定了天下大势。当然，也有人认为，作为甲相骏三国同盟中一头的信玄，如果不在川中岛拖住上杉，一旦上杉侵入关东，将使武田领地成为一片孤岛，这对武田来说是极其不利的，从这个角度来看，川中岛这十余年耗费，物有所值。

第三节
荼蘼花

一、决裂

永禄三年（1560）对许多人来说是一个转折的年头，这一年，骏河的今川义元侵入尾张，却在桶狭间用自己的脑袋成全了织田信长的一夜成名。拥有骏河、远江、三河三国的今川家失去了核心，走上了下坡路。作为一名枭雄，武田信玄自然不会放过今川衰落的大好机会。对政治家而言，同盟关系是拿来利用的，一旦发现同盟不再有利用价值，可以毫不犹豫地背弃同盟。信玄显然深得其中精髓。在今川义元死后，信玄就立刻开始策划吞并骏河。

信玄的行为引起了他的继承人武田义信的不满，义信的夫人是今川义元的女儿，他不希望看到父亲对自己妻子的娘家人动手。义信一直认为，应该巩固与今川的同盟关系，向飞驒国发展，而武田信玄却改变了这个方针。于是，信玄父子之间开始出现隔阂。永禄七年（1564），这对矛盾重重的父子终于发展到同室操戈。作为义信老师的饭富虎昌以及义信的近臣长坂源五郎等人深夜密谈，图谋废掉甚至暗杀信玄，改立义信。此事被饭富虎昌的弟弟山县昌景得知，山县昌景立刻向信玄告发了这一阴谋。永禄八年（1565），饭富虎昌为首的首谋者被逮捕，武田义信则于八月被废去继承人资格送往寺院幽禁，十月死于寺院中，义信的夫人被送回骏河。十月，饭富虎昌被处决。在政治斗争面前，父子亲情不过是很脆弱的东西。

饭富虎昌是武田军中著名的“赤备”军的首领。赤备军是武田军中的精锐部队。在战国时代，用于染红武具的朱砂（硫化汞HgS）属于高级矿物，日本人称之为“丹”，因此，穿着赤色铠甲的人当然是最勇猛的武者。在饭富虎昌死后，这支军队就被山县昌景所继承。饭富氏素来是甲斐名门，武田信玄此举也有借机除掉其势力的因素，同时，武田家大肆清洗亲今川势力，引发了家臣团的不安。

在川中岛以后，武田首先向上野发展，目标是箕轮城的长野氏，长野业正原为山内上杉家臣，在上杉宪政北逃越后以后，为了对抗周围如狼似虎的诸多恶邻，长野业正用婚姻关系团结上野诸国人众，形成了一个“箕轮众”，在北条、武田、上杉诸势力的觊觎下维持了相对的独立。在长野业正时代，武田军对上野的攻击全部为之击退。长野业正在永禄四年（1561）病死。其子长野业盛也非等闲之辈。

◇ 浮世绘画家笔下的武田信玄

永禄九年（1566）九月，信玄出动两万人围攻箕轮城，遭到业盛所率领的箕轮众的拼死抵抗。最终，业盛寡不敌众，在城陷落的当天自裁。

取得上野后，信玄就拿昔日的盟友开刀。他联合三河的德川家康，从两边夹击今川家，凭今川氏真的能力，根本无法对抗两个如狼似虎的邻居。永禄十一年（1568）隆冬，信玄出兵骏河，不到一月即占领骏府灭亡今川家。武田的背信行为引起了相模北条家的不满，于是，相模和甲斐也反目成仇。北条家转而与上杉结成“越（后）相（模）同盟”。昔日背靠背各取所需的甲相骏三国同盟彻底决裂了，北条氏康从来不是省油的灯，他与武田的反目，使武田信玄又增加了一个可怕的敌人，更糟糕的是，由于越相同盟的存在，武田信玄即将遭到两路夹击的危险。信玄不得不动用他的人脉关系，他挑动越后北部的本庄繁长发动叛乱，以牵制上杉家，又通过将军足利义昭与越后达成和议。永禄十二年（1569）八月，信玄亲自率领两万大军入侵相模，于十月抵达小田原城下，这座战国时代出名的坚城在武田军的三度进攻下屹立不倒，武田军在包围四日后，放了一把火准备撤退，而北条家的北条氏邦、北条氏照两军在武田军撤退途中的三增峠布阵，决定截击武田军。

探知此消息的信玄立刻将军队分为三队，一队作为“诱饵”全力拦截北条军的袭击，另两队作为别动队越过山岭包抄到北条军侧后。战端一开，武田的诱饵军立刻损失惨重，由于北条纲成率领的铁炮队的袭击，武田军左翼损失惨重，主将浅利信重阵亡，因而在军监曾根昌世的指挥下竭力防守。眼看武田军就要不敌战败，山县昌景的别动队阻止住北条军的后备部队，从高处对北条军侧后发动袭击，战场形势倒转，北条家的截击部队在遭受巨大损失后决定停止截击计划。而武田信玄也损失惨重，决定率军回甲斐。

此战以后，北条氏康因病去世，北条家的继承人北条氏政的能力却并不为其父所看好，因此，氏康遗命：破弃与越后的同盟，修复与甲斐的同盟。这个命令恐怕更多是出于自保的考虑。从此时的情况来看，联合越后，一旦甲斐来攻，遭到牵制的越后上杉家很可能鞭长莫及，不如联合甲斐，一旦上杉来攻，甲斐的信玄就能提供援助。后来的历史发展也充分体现了北条氏康的高瞻远瞩。

甲相同盟的恢复标志着武田信玄已经突破了势力发展的瓶颈。他开始着手准备实现他一生中最后一个梦想——上洛。他联系本愿寺显如，借助本愿寺的影响发动了越中一向宗叛乱，正在攻略越中的上杉谦信（上杉辉虎于元亀元年十二月出家，取法号：不识庵谦信）忙于镇压一向宗门徒，无法抽出时间来干预信玄上洛。

元亀三年（1572）九月，武田信玄率领近 3 万大军踏上了他一生中最后的一场征途。在这场上洛之战中，武田军可谓一切顺利。德川家康的孱弱兵力根本无法抵抗。十月，信玄侵入德川的远江国领地，连陷天方、一宫、饭田、挌和、向笠等城，十二月，武田军在三方原大获全胜。然而，在上洛战场上所向披靡的武田信玄却遇到了他一生中最危险的敌人——时间，正是时间磨去了他的健康和寿命，使他倒在了实现最后梦想的道路上。

第二年二月，武田军攻克了野田城后，决定向甲斐撤退。在黑泽明的电影《影武者》中，武田信玄在野田城外聆听城中传来的美妙笛音，被城中的人用火枪射伤而亡。因此武田军让一个模仿信玄形神皆备的窃贼担任影子武士冒充信玄。电影诚然充满了艺术的虚构，现实历史中，信玄的死确实迷雾重重，也引起许多人的猜测。有人认为他死于肺结核，也有人认为他死于癌症。根据一般的说法，信玄在撤退途中，死于信浓国的驹场。

信玄之死对于甲斐武田来说是一次致命的打击，他们从此失去了一位能够带领他们不断走向胜利的领袖人物。信玄有句名言："人是城、人是石垣、人是壕堀。情义是朋友、仇恨是敌人（人は城、人は石垣、人は堀。情けは味方、仇は敵なり）。"他的一生中，以一己之力，团结了甲斐武田氏，成为甲斐的干城和栋梁。《影武者》中，信长听说信玄死了，说了一句："山动了，武田家就要灭亡了"，诚如斯言。

二、凋零

武田信玄死后，武田家根据其遗言秘不发丧，一直到三年后的天正四年（1576），武田家才为信玄举行葬礼。根据《甲阳军鉴》的记载：信玄死前有遗言，武田家的家督之位由其孙子武田信胜继承，而实际掌握权力的，则是信胜的父亲武田胜赖。武田胜赖实际上是武田家新任家督。

武田胜赖一直被认为是个悲剧性的人物。他的母亲是"诹访御料人"，是被武田信玄逼死的诹访赖重与侧室所生的女儿，这个女子在许多小说中都有出现，井上靖的《风林火山》称之为"由布姬"，新田次郎的《武田信玄》则称之为"湖

衣姬”。信玄在灭掉诹访家以后，就把赖重的女儿收为妾室，并让她所生的胜赖继承诹访氏的香火。这一行为在当时可能也遭到武田家臣的一些反对，《甲阳军鉴》记载说，此次结亲是在山本勘助力排众议的情况下才促成的。

因此，作为一名出继者的胜赖没有资格享用武田家取名时使用的“信”字，也失去了继承权。不过，信玄的长子义信因谋反自裁，次子海野信亲失明，三子武田信之早年夭折。所以，继承武田大业的重任就不得不落到了四子胜赖的肩头。当然，胜赖作为出继人，无权继承家督，信玄便采用折中之法，立胜赖之子信胜为继承人，胜赖则以监护人身份代行职权。元龟二年（1571）二月，武田胜赖被招回踯躅崎馆。

这里不得不说一下武田家的家臣结构，武田家臣可以大致分为：御一门众（信玄的兄弟、亲属）、谱代（甲斐的从属于武田的家臣）、外样（信浓、上野等地从属于武田的家臣），加上一些不属谱代也不算外样的甲斐国人领主。这些家臣和武田通过寄子寄亲制度维系关系，所谓“寄子寄亲”是日本中世纪社会特有的一种主从关系制度。简单地说，“寄子”就是托庇于某个主君并接受其指挥的人，所以又叫“同心”“与力”，而“寄亲”则是寄子的主君。在战国时代，采取这种方式维系势力的还有北条、今川、毛利等诸家大名。具体到武田家，寄亲就是武田家的御一门众和一部分的谱代众、外样众，这些人直属武田信玄本人指挥，武田本家与他们通过实际的亲属关系或姻亲关系或虚拟亲属关系（比如胜赖的出继就是例子）或利益同盟将他们联合到一起。而在他们之下，有诸多的寄子，这些寄子有自己的领地，受到寄亲对其利益的保障，在战时接受寄亲的指挥为武田家作战。这种关系往往超越地域，一个寄亲可以有来自不同地域的寄子。

听起来似乎很像欧洲中世纪的骑士制度吧，实际上，武田家，或者说战国大名的寄子和寄亲一方面比欧洲骑士制度复杂，另一方面又比骑士制度单纯。说它复杂，是因为在战国时代，除了少数大名以外，大多数采用这一制度的大名都不会让寄亲给寄子发放“恩给”，也就是说，寄子平时仰赖于自己的领地生存，他们多是一些有领地的武士或获得武士身份的有力农民（后者称为“地侍”），可以统一称呼他们为“土豪”。这就意味着有时候，寄亲和寄子并不能用经济关系来推断，比如武田家中就存在经济上，某人为直属于武田信玄的“被官”（直属于守护的领主），而在军事上，他需要加入武田某谱代家臣的“同心众”作为某家臣的寄子。而法律上，依据《甲州法度次第》，寄子之间的纠纷必须由寄亲裁判，在寄亲不作为的情况下才由武田家出面，这就意味着寄子寄亲其实是军事层面和法律层面的关系，与中世纪欧洲骑士主从关系与采邑挂钩的现象有本质不同。而另一方面，中世纪欧洲骑士往往会出现一封臣数封主，一封主数封臣甚至三人各为封主封臣的混乱现象，而战国时代的寄亲寄子要简单得多，为防止混乱，规定一寄亲可以有多个寄子，但一寄子只能有一寄亲，且除非有特殊情况不得变更，保证了军事层面上的稳定性。

在这种金字塔架构下，武田家再以法度约束家臣，以信玄的威望压制家臣，形成了强大的凝聚力和战斗力，这是武田家在战国成功的秘诀之一。而这种密切关系在武田义信事件时出现裂痕，随着武田义信被清洗掉的有一大批亲今川家臣，使武田家内部出现波动，这迫使信玄采用上杉谦信的办法——让其余家臣出具效忠誓状。而让威望尚未足服众的武田胜赖作为替补出任家督，意味着武田家开始出现解体的前兆。

此外，信玄死后，甲斐的经济状况出现了问题。武田本家本来依靠开采甲斐的金矿获得财富，甲斐有黑川和汤之奥两座金山，武田信玄引进了南蛮冶炼法积极开采，同时铸造货币“甲州金”，金山还为武田培养了一支具有战场工兵能力的矿工队伍。不过仅靠金矿是无法应付需要的，武田家除了军事开支以外，还有领地内治水工程、赠答同盟大名和京都朝廷等大项开支。所以不断的对外征服使武田军能够通过掠夺和在战争中贩卖人口牟利。信玄死后，武田军长期没有动作，为了维持庞大的军费开支和日常运作，甲斐税收暴增，本来这一地区人少地狭，经济欠发达，信玄竭力征服信浓、骏河，就是看中这些地区的经济潜力。现在，为了解决经济问题，甲斐也迫切地需要一场新的战争。

就是在这样的背景下，武田胜赖于天正二年（1574）开始，侵入织田和德川领地，先袭织田领的明知城，再袭德川领的高天神城，两战两胜。在小获胜利后，胜赖认为自己已经有了与信长决战的把握。天正三年（1575），武田胜赖与织田德川联军在长篠决战，由于武田胜赖的指挥失误，山县昌景、马场信春、内藤昌丰、原昌胤、真田信纲、真田昌辉等猛将尽数阵亡。长篠之战使武田家损失惨重。损失了大批谱代家臣的武田家，其“金字塔”结构也出现了动摇的危机。

在电影《影武者》中，最后一个镜头是长篠之战以后风林火山的旗帜飘荡在水中，周围是一片狼藉。任何一个观众看到这一幕，心里都会泛起无限的苍凉感。

天正六年（1578），越后上杉谦信去世。上杉家爆发了争夺家督之位的“御馆之乱”。应同盟相模北条家的要求，武田胜赖出兵越后，本为协助出身北条的上杉景虎夺位。但胜赖却接受了上杉景胜的贿赂，将妹妹菊姬嫁给了景胜，达成甲越同盟。虽然这一次，胜赖是出于多方面的考虑，接受了景胜的建议。但他却得罪了相模北条氏。从此，相模与甲斐再次反目。武田胜赖也由于这一事件，外交信用破产，在关东各大势力中，武田的威信急剧下降。

◇ 武田胜赖主从切腹（月冈芳年绘）

天正九年（1581），德川家康终于开始行动，出兵5000夺回了高天神城。高天神城的失守对武田胜赖来说是又一次巨大的打击。当初，他为了证明自己，不顾一切夺下了他父亲都没能攻克的高天神城。而这一次，武田胜赖军费窘迫，又要防备相模，眼睁睁看着高天神城的冈部元信全军覆灭。胜赖的威望再度一落千丈。

在危机面前，武田胜赖决定营造新府城作为防御德川进攻的据点，新府城的营造需要大量的资金，于是，原本经济窘迫的武田家更是捉襟见肘，不得不要求地方领主上贡。大批的国人众因此更为不满，武田领地中，从信玄开始凝聚起来的人心彻底离散。

天正十年（1582）二月，作为武田氏亲家的木曾义昌因为新府城的沉重税收而极度不满，举旗叛变，投奔织田信长。木曾家本身是信浓豪族，被武田信玄征服后由木曾义昌娶信玄之女而成为武田家一门众，同时将人质送交武田家。在他叛变以后，武田胜赖立刻杀人质以讨伐。他命令武田信繁之子信丰为先锋，自己率军随后出发前往木曾谷。织田信长以织田信忠为总大将出征武田，森长可和团忠正两人率领的先锋队率先杀入信浓，随后是河尻秀隆的后继部队，前队将岩村、松尾两城成功降服，为后继的织田信忠、泷川一益率领的大部队进攻提供据点。二月十六日，受信长援军支援的木曾军在鸟居峠击败武田军，织田大军很快在随后侵入南信浓，饭田城主保科正直、大岛城主武田信廉弃城而逃，而德川家康也包围了骏河的田中城，北条家从伊豆关东一线，趁火打劫杀向了骏河。南信浓除了仁科盛信的高远城还在抵抗以外，武田领地几乎被蚕食殆尽。三月二日，3万织田军对高远城发起攻击，激烈抵抗后的仁科盛信自刃身亡，高远城陷落，随后，武田家一门众之一的穴山梅雪归降织田家，引导织田军侵入甲斐。

众叛亲离的武田胜赖离开未完工的新府城，临行前，将这座灭亡武田家的城池付之一炬。武田胜赖有两处选择，真田昌幸建议胜赖前往真田氏的岩柜城，但胜赖却选择了小山田信茂的岩殿城，理由是岩柜城路远，由于大雪，道路难行。就是这个选择让他走上不归之路。

三月九日，织田信忠进入甲府，武田家的重臣武田信廉等被处死。小山田信茂眼见武田大势已去，不愿再为武田牺牲自己领地的利益，也宣布投降。走投无路的武田胜赖逃向天目山，在那个地方，室町幕府时期的武田第 13 代当主武田信满曾经在山中的木贼村自戕。胜赖身边只剩下为数不多的军队，十一日，武田军在天目山脚被织田军泷川一益所追及，一场血战后，武田军虽然击退了敌人，但完全失去了继续战斗的能力。绝望的胜赖和儿子信胜在天目山这个武田氏先祖自刃之地结束了自己的生命。甲斐武田氏，这个名门之后，在战国的乱世中，犹如荼蘼花一般，在灿烂开放以后，凋零了。

三、奔波

越后的上杉谦信与武田信玄斗了一辈子，在信玄死时，他是不是有种失去对手的失落感呢？在野史中，上杉谦信听说信玄亡故，投箸而起，感叹道：“我失去一个好对手，世间将无复有如此男儿。”野史中的上杉谦信行事有侠客之风，据说在信玄攻打今川时，今川氏真下达了禁止向甲斐送盐的命令。上杉谦信听说以后，认为今川氏真不厚道，大名之间的争夺不应该让百姓受波及，于是他给甲斐送去了盐。这留下了“送盐资敌”的佳话。当信玄死后，有家臣建议趁丧攻击甲斐，被谦信所拒绝。

◇ 上杉家家纹“上杉笹”

其实，谦信不攻甲斐非不愿也，乃不能也。上杉家不是只有武田一个敌人，上杉谦信戎马半生，周围可谓处处是敌。

上杉谦信这一生，除了对抗武田外，在关东的另一个强力对手就是相模北条。为了对付这个难缠的敌人，他和北条的夙敌——安房里见家结成了远程同盟。攻小田原未果后，上杉谦信在第四次川中岛之战后再度出兵关东，目标是下野国的唐泽山城。这座城名列关东七名城之一，以易守难攻出名，城主佐野昌纲原本是古河公方的下属。永禄三年（1560），北条家来攻唐泽山城，佐野氏向越后要求援军，击退了北条军。在此后的第二年，佐野昌纲出兵协助上杉谦信包围小田原，却无功而返。战后，追着越后军的北条军侵入下野，唐泽山城投入北条麾下，从此与越后为敌。

永禄五年（1562），上杉谦信入侵下野，从厩桥城直扑唐泽山城，但却没能打下这座坚固的城池，恰在此时，越中发生叛乱，上杉谦信被迫撤军。于是，北条和武田协作，于永禄六年（1563）二月趁虚收复武藏失地，包围松山城。听说武藏遇警，上杉谦信不顾大雪封路，强行军进入武藏，仍不及阻止松山城陷落。愤怒的上杉谦信引军直扑武藏，迫降骑西城、忍城，唐泽山城的佐野氏也被迫投降。谦信一路东进，进入下野、下总，迫降结城氏。这一神一般的进军速度引起了北条的震惊。

永禄七年（1564）二月，上杉军再度袭击唐泽山城，惩罚又一次叛变了的佐野昌纲，这一次，上杉军依然拿坚固的城防毫无办法，而佐野家考虑北条军正在国府台无法援助，决定降服。四月，上杉军又趁春暖雪融之时侵入了常陆。常陆一带基本可分为两大派，佐竹义昭、宇都宫广纲、多贺谷政经三位大名倾向上杉，而小田氏治、结城晴朝、那须资胤三人倾向北条。特别是小田氏治，原属上杉，因与佐竹家起纠纷改投北条，佐竹义昭等人修书一封，请上杉谦信入境讨伐。四月二十七日，在常陆的使者前脚刚返回的时候，上杉军后脚已经到了常陆国山王堂。这样风一般的进军速度令小田氏治完全无法准备，匆忙拼凑了3000人的军队仓促上阵。而上杉军已经占据了山王堂一带的高地，从高地上一路杀下来，在泥泞的平地中与小田军短兵相接，死伤无数。战败的小田氏治退回小田城中，在夜间脱城逃跑，小田城陷落，北条家在常陆的势力遭到重大打击。

唐泽山城的降服并没有持续多久，很快，在上杉谦信第五次和信玄对决川中岛时，佐野昌纲面对逼近的北条军又一次倒戈了。令人啼笑皆非的是，十月，上杉军再度袭来时，佐野又投降了。第二年，上杉谦信入侵下总，阻止了北条氏对关东中心区域重要据点关宿城的进攻。

这样转战关东多年，上杉家的实力也在一点点耗损。永禄九年（1566），上杉谦信再度出兵常陆，这一次开局十分顺利，降服了小田氏治，但在进攻北条方的臼井城时，上杉军遭到北条的援军袭击，导致重大失败。此战的后果极其严重，包括唐泽山城在内的诸多关东大名脱离上杉投入北条。谦信能做的，只有在永禄十年（1567）三月雪融时再度出兵迫降反复无常的佐野昌纲，其后，上杉家进出关东的据点厩桥城城主北条高广叛变投北条，使上杉谦信失去了对关东的控制力，多年征战的心血毁于一旦。

同时上杉谦信还要侵入越中。越中本是畠山家的地盘，畠山家极盛时拥有河内、纪伊、越中、能登、大和的一部分和山城。近畿一带的河内、大和、山城都已经被丢光，北陆只有越中和能登。越中国在战国初期成为一向宗叛乱的高发地段，其守护代神保氏有下克上的意图。神保庆宗就曾勾结一向宗杀死长尾为景，不但让越中和越后结下仇怨，也让守护畠山家大为恼怒，畠山家与越后联盟消灭了神保庆宗。而庆宗之子神保长职在天文十二年（1543）筑富山城以复兴神保家。此时的越中一分为二，富山城的神保长职和松仓城的椎名康胤两个守护代为争夺越中展开大战。神保家和本愿寺有姻亲关系，而本愿寺与武田有姻亲关系，这意味着和一向宗（本愿寺）信徒勾结的神保家有武田为后盾，而椎名康胤以上杉谦信之弟为养子，以上杉为后盾，双方的战争成为武田上杉之争在越后的延伸。

永禄三年（1560）三月，神保长职与一向宗攻打松仓城，上杉军立刻侵入越中，攻克富山城并拿下越中大部分区域，神保长职逃往增山城。由于北条的掣肘，上杉军随后退军，神保家在武田协助下收复了失地。永禄九年（1566）六月，上杉军再入越中，包围增山城，是时越中的事务主要依赖于畠山家的分支能登畠山家处理，在能登畠山家的中介下，神保长职降服上杉。从此后，神保家的主要事务由亲上杉的家臣小寺职镇处理，成为上杉派。

◇ 本庄繁长

世间事就是如此奇妙，有些人就是没有节操。在神保家从属上杉后，椎名康胤对此却有不满，永禄十一年

（1568），他突然反叛投入武田的怀抱，上杉谦信被迫再次出兵越中，他连克鱼津、松仓城，在最后攻打守山城时，收到本庄繁长叛乱的消息。

本庄繁长之乱有着复杂的背景，本庄氏本属反长尾家的扬北众，在降服以后一直有一定离心力。本庄繁长跟随谦信立功无数，但一起事件令彼此产生裂痕。在第四次川中岛之战中，上杉军军议中，长尾家家臣长尾藤景与上杉谦信意见对立。在事后，上杉谦信命令本庄繁长开鸿门宴，诱杀长尾藤景，在争斗中，本庄繁长手部负伤。功成之后，上杉谦信却没有任何赏赐。同时，武田信玄为南攻相模，极力挑动越后内乱。于是在永禄十一年（1568）五月，本庄繁长向几个越后领主——鲇川盛长、色部胜长、黑川实氏、中条景资发出了密谋书信，这几家都是扬北众成员。

好在几家领主都没有同意本庄的邀请，中条景资还立刻把信寄给上杉谦信。获取该消息的谦信马上从越中返回春日山城，组织军队直扑本庄城，并阻止了庄内城的大宝寺义增的增援企图。十一月，上杉军包围本庄城，不擅攻城的上杉军依然迟迟拿不下本庄城。次年一月，包围本庄城的上杉军遭到夜袭，色部胜长不幸阵亡，拖到二月底，本庄繁长决定送出儿子作为人质降服，叛乱过一次的本庄繁长就如没事人一样，依然做着上杉家的重臣。

如此简单就要叛乱，又如此简单归顺，上杉家的主从疏散程度由此可见一般。

讨平本庄繁长以后，上杉家和北条家结成了同盟关系，同时，厩桥城的北条高广回归越后，为上杉军再度提供了关东进军据点。武田家正忙着侵略骏河并对抗北条，于是腾出手来的上杉谦信于永禄十二年（1569）八月第四次出兵越中，椎名康胤把自己关进松仓城并向武田要求援军，武田信玄决定围魏救赵，出兵上野。上杉军匆忙回师直扑上野，元龟元年（1570）一月再攻唐泽山城，仍然不下，只好在武田军退军的情况下引兵回越后。

元龟二年（1571）二月，上杉军两万余人第五次兵发越中，连下新庄城、富山城，眼看胜利在望时，又得到了武田信玄出兵上野的消息，被迫再次放弃越中。椎名康胤又一次得到喘息之机。同时，神保家中，神保长职出家，将家督位让给了次子神保长城，政策转为与一向宗和睦并反上杉，五次出军越中的一切努力化为乌有。

一会儿西进越中，一会儿回关东，上杉军左支右绌疲于奔命，却收获甚微。上杉谦信决定在此后把注意力集中到越中，关东一带在武田、北条重新结盟后暂时采取守势。元龟三年（1572）一月，他先进攻关东，与武田、北条联军隔利根川对峙，以之为天然防御线。同时，由于信玄图谋上洛，煽动越中一向宗信徒再起波澜，上杉谦信于该年委任养子上杉景胜率上田长尾众出兵关东防御北条，自己引兵前往越中。是时，越中局势已经到了非常危急的地步，武田信玄和一向宗的最高首领本愿寺显如同属反织田信长的“信长包围网”成员，双方又有姻亲关系，信玄一纸书信，拥有大量铁炮的本愿寺家竭力相助。这一年五月，越中、加贺两国的一向宗门徒蜂起，人数达到 3 万之多，神保、椎名为其援助，集体北上围攻上杉家在越中的据点日宫城，城外铁炮声响成一片。日宫城一日三催请求援军，上杉方的越中守将河田长亲于六月率军驰援，由于众寡悬殊，在五服山被一向宗击退。而援军在撤退中渡过神通川时又遭到一向宗门徒的攻击，死伤累累，这一下不要说日宫城保不住，其后的白鸟城、富山城统统失陷，越中战火蔓延成一片，只有新庄城还在苦苦支持。

这种情况下，上杉谦信必须亲自出手了，七月，上杉谦信率军抵达新庄城下，上杉军与铁炮军众多的一向宗终于实力相当，但由于敌军铁炮众多，上杉军迟迟打不开局面。幸运的是，战争持续到九月，越中一带秋雨连绵，一向宗门徒的铁炮哑火了。上杉谦信岂能放过如此好机会，挥师掩杀，没有铁炮可仰仗的一向宗门徒战斗力锐减，上杉军一路追击到尻垂阪，一舒几个月来的怨气，杀得敌军血流成河。十月，富山城被收复，椎名康胤投降。

六出越中，战果显赫。为了共同对付一向宗这个恐怖的敌人，上杉谦信决定和织田信长达成同盟关系。天正元年（1573），一向宗再度在信玄的策划下夺取富山城，上杉军七进越中，再夺富山城，再伏椎名氏，确保了神通川以东区域的稳定。

越中暂告平静，天正二年（1574），上杉谦信为救援上杉军在武藏最后的据点羽生城出兵关东，却因利根川河水暴涨不能渡河，眼睁睁看着羽生城在其后被北条家夺取。十月再次出兵关东，救援关宿城，在武藏境内骚扰游击，也仍然没能阻止关宿城的陷落，关东一地上杉势力的减退已成定局。

信玄之死使上杉的越中攻略变得容易起来。同时，天正三年（1575），织田信长攻陷越前，越前朝仓家灭亡，本愿寺显如和上杉谦信为对付日益强大的织田家达成和平。失去了武田、一向宗支持的神保、椎名这两家小大名的命运就可堪忧虑了。天正四年（1576）九月，上杉军八入越中，神保家的富山城、增山城以及椎名家最后的据点莲沼城陷落，神保长城下落不明，椎名康胤被杀，困扰上杉谦信多时的越中平定问题得以解决。

越中平定打开了上杉谦信的上洛之道，他的最终目标是惩罚灭掉室町幕府的“大魔王”织田信长。在越中攻势中，他尝试在加贺越中边境打开渠道，平定越中以后，为安定后方，上杉谦信又入侵能登国，包围七尾城。

能登国守护是畠山分家，在应仁之乱后，守护畠山义统十分强势，外连长尾家，内镇一向宗，在能登这个弹丸之地没有发生战国时代的下克上。畠山义统死后，他的儿子畠山义元却没那么强的能力，被守护代游佐氏下克上流放，拥立其弟庆致。这次的下克上极其不成功，游佐氏发现自己根本没法处理能登国的内部问题，只好响应呼吁把畠山义元再请回来，并以畠山庆致之子畠山义总为继承人。畠山义总是一个能力不亚于祖父义统的人，他镇压了领地内再次蠢蠢欲动的一向宗势力，并修筑坚固的七尾城作为居城，接纳京都来的流亡公卿以提升能登的文化品质。能登七尾城下繁荣景象一片。这样一位强势大名一死，能登又陷入内乱，以能登畠山家的七大家臣为首的“畠山七人众”操纵政权，畠山家成了傀儡。虽然其间有义总的孙子畠山义纲杀死七人众中的首席温井总贞，试图恢复权力，但很快他就被七人众中的长续连和游佐续光流放。此后的几任守护换得如走马灯一样快，被认为是被七人众一一暗杀的结果，到上杉军入侵时，能登畠山家的家督是一个未经世事的童子。

上杉军的入侵是因为畠山家的大权被亲织田的长续连所掌握，如果上杉谦信要上洛，难免能登不会在背后捅上一刀，更何况长续连已经开始煽动能登领民发动叛乱骚扰上杉军背后。游佐续光等亲上杉派一直和长续连尖锐对立，他们也希望上杉入境。天正四年（1576），在平定越中后，上杉军侵入能登，由于七尾城是出名的坚城，不擅攻城的上杉军急切难下，于是将周边的支城全部拿下，分兵把守以孤立该城。第二年三月，由于北条的滋扰，上杉谦信返回越后，长续连以为警报解除，立刻出城分兵夺取失去的各支城。没想到上杉军在闰七月就杀回了能登，长续连根本没料到上杉军回来得如此之快，他匆忙引军回城，同时还半强迫地把周边大批居民迁入了七尾城以充实防御力量。在卫生设施不完善的古时，一个狭窄的山城中共同生活起居上万人，可想而知会发生什么事情——瘟疫的流行杀掉了城中一大批人，连畠山家的童年家督都死于疫病。到九月十五夜，亲上杉的游佐续光等人见时机已到，打开城门放进了上杉军，长续连等一门亲族被杀，能登落入上杉之手。

长续连在围城之中派其子长连龙向织田信长求救，信长听说能登国危急，命令北国军团的柴田胜家率军18000先行出征。“第六天魔王”织田信长和“越后之龙”上杉谦信的决战爆发了。

四、没落

织田信长的援军在七尾城陷落的时候还没抵达，迟缓的原因是织田军内部出现了纠纷。根据《信长公记》的记载，织田军以柴田胜家为总大将，出动泷川一益、羽柴秀吉、丹羽长秀等一应诸将，而在途中总大将柴田胜家和羽柴秀吉就战术问题大吵一架，双方不欢而散，羽柴一怒之下脱离军团。

内乱的织田军从一开始就埋下了失败的种子。到九月，柴田率军渡过手取川，向松任城进发，却听说了七尾城陷落的消息。柴田胜家立刻下达了一个愚蠢的命令——火速撤退。织田军撤得非常慌乱，在二十三日回渡手取川的时候，被上杉谦信追及，织田军战死溺死的不计其数。织田北国军团第一次也是唯一一次与上杉谦信交手，就以惨败告终。

不过，这也是上杉谦信的最后一场战争。天正五年（1577）隆冬，上杉谦信返回了越后。决定于第二年三月中开春雪融的时候再次出征。但他等不到出征时刻了，三月九日，上杉谦信病倒，四天后去世。一般认为，上杉谦信嗜好饮酒，又喜欢以梅干佐酒，因此摄入酒精和盐分过多，患高血压导致脑溢血死亡。

上杉谦信一生不近女色，其继承人皆是养子。有意思的是，在 20 世纪，一位叫八切止夫的历史小说家独创了一个所谓的“上杉谦信女性说”。他引经据典，说松平忠明《当代记》记录的上杉谦信的死因是“大虫”，而大虫在古日语中往往被女性使用来称呼“味噌”（日本一种豆类发酵的调味品），他又牵强附会地从“味噌”联想到了“赤味噌”，再联想到了同样是红色的妇女的月经，“断定”上杉死于妇科病。这简直可以说是异想天开的奇说了。八切止夫在当时是一个多有惊人之语的“历史发明家”，其说法早就被驳斥得体无完肤，如果再有人持所谓“上杉谦信女性说”，娱乐一下无伤大雅，盲目相信就大可不必了。

也有人从心理学角度分析：上杉谦信童年在母亲和姐姐的抚养下成长，因此对品行高洁的女性有着不同寻常的尊敬和依恋之心，很可能有着俄狄浦斯情结。这个原因加上他的虔诚佛教信仰，导致他对周围“有瑕疵”的女性毫无兴趣。这种心理学分析或者比那些“上杉谦信女性说”之类的无稽之谈要合情合理一些。

正如武田信玄是甲斐的支柱一样，上杉谦信是越后的灵魂。他的一生充满传奇色彩，几乎大半生时间都在军中度过，在战国的大名中是一个特立独行的杰出人物。

上杉谦信的死使越后陷入了混乱，原因就在于继承人的问题未能解决。上杉谦信无嗣，因此，继承人的争夺就在他的两个养子之间展开，一为上田长尾氏长尾政景的儿子上杉景胜，其母为谦信的姐姐。一为来自北条家的上杉景虎，其父为北条氏康，他成为谦信的养子是越相同盟的遗留产物。站在景胜一方的，有上杉家的重臣直江信纲、斋藤朝信、河田长亲、新发田长敦等，还有大部分上杉谦信的旗本（直属家臣和军队）。而站在景虎一方的，有前关东管领上杉宪政、北条高广等，还有芦名盛氏、伊达辉宗、北条氏政、武田胜赖等大名。双方实力对比而言，景胜得到上杉内部支持较多，而景虎得到外部支持较多，由于有着北条

◇ 上杉景胜

和武田这样的实力支持，景虎似乎略胜一筹。

三月十五日，上杉谦信病亡后两日，上杉景胜立刻宣布以继承人身份接收春日山城，占据本城并接管兵器库和金库。上杉景虎一开始就失了先机，只好举兵攻打春日山城本丸，但被固守的景胜击退。在越后势力薄弱的景虎决定逃亡上杉宪政所居住的“御馆”，向北条家发去了求助请求。同时，景虎方的北条高广起兵夺取宫野、小川两城，确保了从上野等处进入越后的三国峠的畅通，为北条军进军创造条件。北条军是时主力正拖在常陆国，因此立刻要求盟友武田进军越后，五月下旬，武田胜赖起兵抵达信浓和越后边境，此时，上杉景胜为扭转不利局面，派人和武田胜赖做交易。武田胜赖在调停失败以后，也作出了一个足以让他后悔一辈子的决定——他接受了上杉景胜的“以黄金换和平”的建议，提出两个要求：妹妹菊姬嫁给上杉景胜、上杉家所属的东部上野割让给武田，条件被上杉景胜所接受。在短期利益和长期利益之间，武田胜赖选择了前者。八月，由于德川家康入侵武田的骏河领地，武田军在达成甲（斐）越（后）同盟以后立刻退兵。而相模北条军则在九月才到达越后，越过三国峠以后攻克坂户城，但时间已近冬季，越后的大雪阻止了北条进军春日山城的道路。而上杉景胜索性把信浓北部和坂户城也割给了同盟武田家，见利忘义的信赖派军进驻，上杉景虎陷入更孤立的境地。

外敌已去，上杉景胜就利用冬季的大雪瓮中捉鳖，天正七年（1579）二月，上杉景胜下令部下对御馆发动总攻，守城的北条景广被杀，御馆陷落。三月，上杉景虎在鲛ヶ尾城被城主堀江宗亲背叛。已成孤家寡人的上杉景虎自戕身亡。

持续一年的御馆之乱对于越后上杉来说是一次毁灭性的打击。织田信长手下的北陆军团乘机攻占了能登、加贺，并攻入了越中，上杉谦信时代得到的桥头堡全部丢失。而在御馆之乱中与景胜谈和的甲斐武田氏在战后遭到了北条和德川的集体进攻，自顾不暇的越后根本无力援助武田，导致武田家的彻底灭亡，使越后上杉失去了唇齿相依的盟友。

同时，在御馆之乱中支持景胜的北越后豪族新发田重家，在这次战乱中立有功勋——击退芦名、伊达两家大名的外援。他对战后的恩赏极其不满，外通芦名、伊达发动叛乱，修筑新潟城占据北越港口，与上杉家分庭抗礼，越后涣散的主从关系让上杉景胜吃到了苦头。不过，上杉比武田幸运，织田信长本能寺之变打乱了织田家征服越后的脚步，使上杉家得以幸存。天正十一年（1583）和十二年（1584），上杉军两度进攻，都遭到新发田重家的反击而失败，就这样上杉家在分裂中迎来了丰臣秀吉的天下统一。天正十四年（1586），上杉景胜入京谒见秀吉，表示臣服。在丰臣秀吉这位“天下人”的协助下，天正十五年（1587）夏，上杉军出军一万再攻北越。新发田重家已经失去了芦名和伊达的外援，而新潟城在此前的陷落也让其经济来源断绝，十月，在被包围的新发田城中，新发田重家杀入敌阵，自刃身亡，长达七年的新发田重家之乱耗掉了上杉家最后一点实力。

上杉景胜得以在丰臣政权中占得一席之地得益于他的全力配合，在讨伐柴田的贱岳之战、征服北条的小田原之战中，上杉景胜的良好态度让丰臣秀吉非常赏识，因此，上杉氏也得到了奖赏：获得佐渡国并得以支配佐渡金山。上杉景胜于文禄四年（1595）接任隐居的小早川隆景成为丰臣五大老之一，庆长三年（1598）获得会津 120 万石的增封。而其家臣直江兼续获得了出羽米泽城的封地。

直江兼续此人在丰臣政权时期声名鹊起，他出生于越后上田庄，为樋口家之子，樋口家服侍于上田长尾家，因此这个孩子小时候被送到上田长尾家担任继承人长尾显景（也就是后来的上杉景胜）的近习。天正九年（1581），在御馆之乱中担当同武田家交涉工作而立下功劳的毛利秀广，对战后恩赏不满，在春日山城中突然暴起伤人，杀死了重臣直江信纲。直江信纲为辅佐上杉谦信的重臣直江景纲的入赘女婿，在他死后，他的遗孀，也就是直江家的女儿被指令嫁给这个近习出身的人，樋口家之子摇身一变，入赘成为越后名门。顺便说一下，在大河剧中，往往能看到上杉家内有一个人的头盔上镶嵌着一个大大的“爱”字，这就是大名鼎鼎的“爱字兜”，直江兼续就以穿戴这套雷人的装束而闻名。事实上，在战国时代，多有武将穿着奇装异服，这在战场上可以为友军兵士识别自己的存在提供很大的便利，在通讯基本靠吼的古代战场上，武将辨识度强是非常重要的。同时奇装异服有一定的视觉威慑力和象征意义，可以起到鼓舞士气的作用，比如直江的“爱”字，一般认为出自上杉谦信经常前往祈祷胜利的爱宕神社的名字。这位直江兼续在武事上乏善可陈，而在文事上确实了得，在他的管理下，越后开发新田，推广经济作物，逐渐恢复了元气，他又被丰臣秀吉委以重任，担任管理佐渡金银矿的代官，为丰臣政权提供经济支持。

上杉家出现了两头政治：直江兼续名义上为上杉景胜的家臣，实际上也直接接受丰臣政权的封地，成为有实权的大名。

这种独特的两头政治格局在丰臣秀吉死后把上杉家拖入了关原大战的泥潭中。在这场乱世末的战争中，由于直江兼续与石田三成的关系，上杉家站到了德川家康的对立面。亲德川的上杉家重臣藤田信吉等人控告上杉谋反。庆长五年（1600），作为关原大决战的一部分，上杉军与德川东军的最上义光、伊达政宗等在出羽决战，战败的上杉景胜和直江兼续于庆长六年（1601）上洛向夺得天下的德川家康谢罪。从此，上杉家减封成为德川江户幕府出羽国米泽藩30万石，曾经占领北国越后、越中、能登以及部分加贺、信浓、上野、出羽等国领地的庞大的上杉家从此一去不复返。

兴盛一时的越后上杉氏，从此归入江户幕府的幕藩体系下，荣耀过后陷于沉寂。

笔者云：日本战国武田、上杉二氏，可谓典型。武田以守护名门起家，抑下克上，立分国法，集家臣而成战国大名，故能席卷甲信；上杉本下克上起家，然则统御不足，时出乱臣，又奔劳于东西，赖不世之奇才而立于乱世。猝得幸存者，时也运也。

第五章 逐鹿天下

“秦失其鹿，天下共逐之。于是高材疾足者先得焉。”

在乱世之中，出类拔萃者得头筹，许多记述乱世历史的书籍、影视剧往往以赢家为主角，而那些曾经和赢家共同逐鹿天下的输家，却往往屈居于配角。

要说日本历史上最有名的和尚，应该就是一休了。这位生活在室町幕府中后期的高僧一生目睹世间的纷乱，敏锐地感知到山雨欲来的气氛，他一日闻乌鸦啼而悟道，辞去师父给予的印可状（成道出师的证明），从此过着疏狂的生活。在乱世中，如刘伶醉酒、陶潜归园，这样的生活虽是逃避，却未必不是明哲保身的选择。

我们少时看到动画里那个童年一休聪明伶俐，又怎能想到他晚年的苦闷呢？

有人避世，就有人出世，即使是僧人，在乱世之中也不乏拿起刀枪争夺天下的，哪怕只做一个配角。

有时候，给配角一个正面镜头，也未尝不可。

第一节
东海道霸主

一、名门之后

东海道位于日本本州岛的东南部，西边围绕伊势湾有伊贺、伊势、志摩、尾张、三河五国，中部为远江、骏河、甲斐、相模、武藏、伊豆六国，东为下总、上总、常陆、安房四国。日本的象征富士山矗立在东海道中部，武家政权兴起的中心镰仓、江户幕府时期日本的中心江户和现代日本的首都东京都位于这一区域内。地灵则人杰，在日本历史上，东海道一直就是英雄辈出的地方，仅在战国时代，织田信长、武田信玄、北条氏康等优秀人物都诞生在这片土地上。骏河今川家，也是东海道不可不提的一家名门。

骏河今川家与室町幕府的将军足利家有着密切的亲戚关系。今川氏为足利氏分支吉良氏的庶流。在室町幕府时期，关于今川家有句俗语，道是“御所绝嗣吉良可继，吉良绝嗣今川可继。”（御所が絶えれば吉良が継ぎ、吉良が絶えれば今川が継ぐ）所谓“御所”指的是室町幕府的足利家，吉良指的是三河的吉良氏，镰仓时代前期，足利氏第三代当主足利义氏的长子长氏居住于三河国幡豆郡的吉良庄，是为三河吉良氏之先。而长氏的次子国氏则被分配到了吉良氏所领的三河国幡豆郡今川庄，始称“今川四郎”，是为今川一氏的开始。

必须指出的是，所谓“御所绝嗣吉良可继，吉良绝嗣今川可继。”不过是种理论上的说法，足利将军家本身在足利义教时代确立了“御一门”的制度，足利义教自己是在将军家无嗣的情况下从寺院里还俗出任将军的，为杜绝未来将军无嗣而继承人被幕臣操纵的情况再发生，足利义教确立了吉良氏、涉川氏、石桥氏这三个足利氏的庶族分家为“御一门”，作为将军绝嗣时的备选继承人，给予这三家特殊的地位和待遇。但这种“御一门”亦从来没执行过，足利将军家自身繁衍生息，人口壮大，等到真绝嗣的时候不知是何年何月，吉良家尚且无望，更遑

◇ 今川家家纹，与足利将军家同样使用“二引两”

论连继承吉良家都无望的今川家。

到南北朝时期，今川氏已传至第三代今川赖国，今川赖国率领今川兄弟子孙跟随足利尊氏，为室町幕府的建立立下了战功，他的弟弟今川范国被授予骏河和远江两国守护，成为骏河今川家的宗家。今川范国是一个著名的文化人，他熟知日本历史上的各种典章制度（称为“有职故实”），所以担任幕府的礼仪指南役，同时，还担任室町幕府的引付头人（负责处理武家之间的领地诉讼的幕府重要役职）。

◇ 今川贞世

室町幕府的早期，足利将军家存在两头政治：将军足利尊氏之下，他的弟弟足利直义负责武家政务的处理，而足利将军家的执事（相当于家宰，后来的管领职的前身）高师直辅佐将军处理军务。这种两头政治的存在为后来发生内乱埋下了隐患。从观应元年（1350）开始，室町幕府爆发了大规模内讧，足利尊氏、足利直义、高师直三派力量互相角力，史称“观应之扰乱”。在这次大乱中，今川范国和其子范氏站到了将军足利尊氏一方，因功继续继承骏河守护。

而比今川范氏更出名的，是他的弟弟今川贞世。家学渊源的今川贞世也是一个热心学术文化的人，幼年时就跟随祖母香云院在京都学习和歌与连歌，著有歌集《言尘集》。足利义满将军时代，他于应安三年（1370）被授予“九州探题”的职务，被委以征服九州的重任，当时的九州是南朝的天下，南朝征西大将军怀良亲王所统率的征西府对内依靠菊池氏、阿苏氏等一统九州，对外以“日本国王良怀”的名义和大陆开展贸易，赚得盆满钵满。在今川贞世之前，有两任代表北朝去平定九州的九州探题惨遭失败——斯波氏经被打得屁滚尿流，涉川义行甚至连九州都没踏上去过。今川贞世充分发挥他的能力，一方面，依靠周防的大内家雄厚的实力武力征服，另一方面，手把手地教会九州人如何下克上，煽动亲北朝势力对抗南朝，他的任务获得很大的成功。但是应永二年（1395），贞世被招回京都，免去九州探题职务。原因之一应为推荐今川贞世出任九州探题的细川赖之在幕府的政变中成为失败者，斯波义将出任幕府管领，使今川家失去了幕府中的靠山。其二应该是将军足利义满出于加强幕府中央权力的考虑，九州地近明朝和朝鲜，幕府为防止今川控制外交，于是决定招回今川贞世，他被授予骏河和远江半国的守护，和今川范氏之子泰范分享权力。旋即在应永六年（1399），中国地区的大内义弘起兵谋反，酿成“应永之乱”，将军足利义满对今川贞世起了疑心，一旦地处关东入口的今川家结连关东公方响应，对于幕府可是一大麻烦。为避嫌疑，贞世不得不上洛请罪，才得以赦免，其子孙不得不把远江半国守护职交给了斯波家，出仕骏河今川本家。晚年的今川贞世远离政局，避门谢客，在隐居中写了一本《难太平记》，以北朝幕府的角度，驳难站在南朝角度的《太平记》，一说他死于96岁前后。

泰范之子今川范政在关东的上杉禅秀之乱中立下了战功。当时，今川家所控制的骏河是近畿地区通向关东的心脏——镰仓的必经之地，战略位置十分重要。上杉禅秀之乱发生后，关东公方足利持氏逃亡。今川范政受将军足利义持的命令，护卫关东公方杀回了镰仓，因此得到了幕府的信任，被任命为幕府的“征夷副将军”。众所周知，幕府的最高职务是征夷大将军，而副将军之名，最早出现在室町幕府记录上的是第一任将军足利尊氏的弟弟足利直义。足利直义生前是幕府“两头政治”中的一头，与兄长尊氏分享权力。现在这个职务授予了今川家，足见幕府对同源的今川家的看重。在上杉禅秀之乱后，幕府又与关东公方对立，今川范政深受将军足利义教的宠信，他的骏河国卡在关东通向近畿的东海道要津，因此是幕府监视关东的重要“眼线”，在幕府的地位更为崇高。

今川范政晚年，宠爱其幼子千代秋丸，因此想将家督之位让给幼子，于是引发了长子今川范忠与幼子之间的惨烈争夺，这就正中幕府下怀。幕府将军足利义教正在进行收回地方权力的努力，他很喜欢干涉地方守护大名的继承问题，更何况他担心如果他不干预，一旦关东公方干预，今川家就有倒向关东公方的危险。于是，经幕府裁决，范忠成为家督。今川范忠在幕府支持下果断镇压了内部反对派狩野氏、富士氏后，就更死心塌地地追随幕府，在关东的“永享之乱”中，今川家担任了幕府的急先锋，在幕府与关东公方多次博弈中，今川家坚定站在幕府一方，很好地完成了监视关东的眼线角色。因此，今川范忠受到幕府特别恩宠，今川家被授予“天下一苗字”的称号，这个称号意味着：除了今川本家以外，其庶族不得使用“今川”的苗字。

今川范忠于宽正二年（1461）将家督之位传给长子义忠。在义忠时代，远江的今川氏（今川贞世一脉）与远江守护斯波家的冲突日益激烈。这就给了今川义忠将远江重新纳入今川领地的机会。早在嘉吉元年（1441），幕府将军义教死后天下大乱的局面中，远江就已经陷入战火，今川贞世一脉的远江今川家今川范将与远江守护斯波家对立，斯波家派出朝仓孝景和甲斐敏光两大将入远江平叛，但随后就发生应仁之乱，远江的战局未定，陷入了长期化。应仁元年（1467），应仁之乱爆发，远江守护斯波义廉从属西军，于是今川义忠加入了细川胜元为首的东军，并上洛。第二年，他在细川胜元的要求下，决定返回骏河，攻打西军属下的远江守护斯波义廉。从此，今川义忠趁远江政局不稳频繁地攻入远江国。文明八年（1476），远江国人横地四郎兵卫和胜间田修理亮背叛今川家并与斯波氏通谋，今川义忠听说以后，亲率 500 骑讨伐并消灭了这两家叛徒。在归来的路上，于远江国的小笠郡塩买坂遭到横地氏和胜间田氏两家残余势力的突然袭击，今川义忠在马上指挥，不幸为流矢所中，一命归阴。

在乱世开始的时候，今川家不幸失去了掌舵者，而今川义忠的儿子龙王丸此时只有区区 3 岁，童年的龙王丸应该如何面对咄咄逼人的关东豪强，又如何应对家中同族长辈的觊觎，一切都还是一个问号。

二、承前启后

今川义忠上洛时，与当时担任幕府引见人的伊势家结缡。龙王丸就是伊势家的北川殿所生，生于文明五年（1473，一说是文明三年）。在今川义忠死时，这个还乳臭未干的小孩子自然不能担负起领导今川家的重任。于是，家臣之中的部分人倾向于拥立另一位年长之主。他们选中的是今川义忠的堂兄弟小鹿范满，范满的父亲就是当初与今川范忠争夺家督的千代秋丸。不过龙王丸是一个幸运的孩子，他得到了他的舅舅伊势盛时的帮助，伊势盛时就是后来赫赫有名的枭雄北条早云。于是，今川家内分成了两派，范满派和龙王丸派。

小鹿范满的母亲是山内上杉家的上杉政宪之女，因此，今川家内部的家督争夺战就和关东地方的势力争夺扯上了关系。关东堀越公方足利政知派出上杉政宪、扇谷上杉家派出重臣太田道灌都引兵来到骏河，两方明为支持范满争夺家督，实际上都是希望自己所支持的人掌握今川家从而达到控制骏河的目的。在危机面前，北条早云挺身而出，说服两派达成折中协定：龙王丸暂时让范满代行家督职权，等龙王丸成年后范满必须返还权力。

协定达成以后，龙王丸与母亲北川殿迁居小川城，北条早云棋高一着，他预先向将军足利义政申请到了承认龙王丸成年后继任家督的命令。

长享元年（1487），龙王丸 15 岁，已成年，按协定，小鹿范满必须交出家督职，但范满却反悔了。龙王丸和北川殿只好向北条早云求助。于是在当年十一月，北条早云集合军队奇袭骏河馆，范满自戕。北条早云拥护龙王丸进入骏河馆继承家督之位，龙王丸元服成年后取名今川氏亲。

今川氏亲最大的愿望，就是实现他父亲未完成的任务——将远江国重新纳入今川的统治范围。从明应三年（1494）开始，今川氏亲就开始进攻远江，把远江中部的土地纳为己有，并开始在远江国推行检地。通过检地，对自己所占有的土地的课税资料进行完整的了解。在庄园公领制下，土地所有权和经营权是分离的，检地意味着括出隐地，确定纳税对象，这对庄园公领制下的“寄进”和“受领”是一种否定，同时，在了解所有领地产出以后实行课税，保证了大名对领地的控制，防止领地中国人领主私下蓄养经济实力以对抗大名。不久，今川家在骏河也开始检地，同时开发安倍金山以增加财力。远江检地标志着今川家否认幕府任命的远江守护斯波家对远江的支配权，说明今川家开始脱离室町幕府体系，从室町时代的守护大名开始向战国大名转化。

为争夺远江，今川氏亲还采用外交手段，永正二年（1505），他娶了京都公卿家中御门宣胤的女儿，以联结上京都的关系。到永正五年（1508），幕府正式任命今川氏亲为远江守护，氏亲有了征服远江的正式名分。

今川家对远江咄咄逼人的攻势招致斯波家族的不满，斯波家族是著名的“三管”之一，大名鼎鼎的“武卫家”，当然不能忍受今川家如此三番两次地上门欺负。于是，尾张和远江守护斯波义达于永正八年（1511）起兵反攻远江，攻打刑部城，为今川氏亲所击退。永正十年（1513），斯波义达联合远江的国人大河内贞纲和井伊直平再度反攻远江，又被氏亲部下的朝比奈泰以和饭尾贤连所败。

永正十二年（1515），今川氏亲介入了甲斐国的纷争，甲斐国人大井信达叛乱加入今川的阵营。今川氏亲认为这是把势力扩展到甲斐的良好机会，于是出兵援助大井信达，结果遭到甲斐武田信虎的迎头痛击。这一次今川氏亲是偷鸡不成蚀把米，反而使远江的大河内贞纲又找到了机会，他乘机占据了引马城再度叛乱，斯波义达起兵赶来与之会合。后院起火的今川氏亲决心一举解决远江问题，他立刻于永正十四年（1517）与武田信虎议和，接着旋风一般地转向远江，包围引马城。在坚城之下，今川氏亲创造性地动用了一种新战术，他从骏河的安倍金矿拉来了一队矿工，围着城池挖下了一长溜坑道，把城内水源统统切断。干渴难忍的引马城很快陷落了，大河内贞纲自杀，斯波义达则被胁迫出家后送回尾张。远江完全落入了今川之手。

在争夺远江的同时，今川氏亲还积极插手关东事务，他借兵给北条早云灭掉堀越公方，又在永正元年（1504）出兵联合北条早云发动立河原之战，击败山内上杉，显示今川家强劲的实力。另外，他还把势力伸入三河，与三河的松平家进行了多次的交锋。

大永六年（1526）四月，今川氏亲制定了33条的分国法《今川仮名目录》。分国法体现了今川家为统治领地所做出的种种努力，规范了分国内的武士和领民的行为，包括土地和财产所有权、社会治安、商业贸易、宗教法律、领民权利义务等方面。同时，这部法律文献还有确认继承权的意义，由于今川氏亲本人靠继承权争夺战起家，为了保证今川家传承稳定，防范下克上，不再重蹈覆辙，通过这一法律令家臣和其幼子今川氏辉达成了一种“契约”关系，约束彼此的行为。《今川仮名目录》33条是战国时期日本关东最早的分国法，值得一提的是，它对后来武田信玄于天文十六年（1547）制订的分国法《甲州法度次第》有着深刻的影响。它的颁布实施，标志着今川家向战国大名转化的完成。今川氏亲实为今川家实现这一转化的关键人物。今川氏亲和京都公卿之女成婚，也把京都的文化带进了骏河，他本人继承了今川家的传统，喜好和歌与连歌，在战国时代，骏河成为京都文化的中心，今川氏亲实有开创之功。

大永六年六月，在《今川仮名目录》颁布后两个月，今川氏亲去世于骏河馆。他的葬仪备极哀荣，根据记录，有约7000多名僧侣参加了葬礼，为死者诵佛超度。今川氏亲的豪华葬礼也成为后来战国大名的仿效对象。

三、东海之霸

今川氏亲晚年患有中风之症，他的妻子就成为他的辅佐者。在氏亲死后，他的妻子出家为尼，就是今川家历史上有名的寿桂尼。在寿桂尼的安排下，氏亲的长子今川氏辉接任家督之位，年仅14岁。母亲寿桂尼便担负起“垂帘听政”的任务。氏辉14岁到16岁这两年间，寿桂尼甚至用自己的印判发布文书管理今川家，她是这一期间名副其实的“女大名”。

从天文元年（1532）开始，今川氏辉开始亲政，在他担任家督的时期，很少有对外军事行动，他致力于安定领国内部的统治，并通过进贡来获得朝廷的支持。同时，在氏辉统治期间，许多京都公卿来到骏河，并频频举行连歌会等艺术活动，他还曾经前往小田原城参加冷泉为和主持的和歌会。天文四年（1535），今川氏辉与北条氏纲合作侵入甲斐，在都留郡山中与武田信虎决战，无功而返。第二年三月，今川氏辉因病死去，他没有后嗣，第一继承人是弟弟彦五郎，但彦五郎也在同一天突然死去，有人认为是被毒杀，也有人认为是自杀。这就导致了家督争夺战的又一次爆发。

◇ 今川义元

在今川下任家督的人选中，有两个人可以作为对象。论长，则为花仓的遍照光寺的主持玄广惠探，他的母亲为今川氏亲的侧室、重臣福岛正成之女。论嫡，则为骏河富士郡善得寺的檀岳承芳（一作“梅岳承芳”），他的母亲就是寿桂尼，在氏辉和彦五郎都死去的前提下，他作为嫡子也有继承权。

此时，在檀岳承芳的一方，出现了一位举足轻重的重要人物，那就是著名的“黑衣宰相”——太原雪斋。此人的出身就非同一般，其父家庵原氏，是骏河庵原一带的领主，母家兴津氏，是骏河横山城一带领主，并且掌握骏河的海贼众。在骏河，这两大家族都是实力派，也是今川家的重臣。太原雪斋大约在大永二年（1522）左右来到骏河的善得寺，见到了当时还是童年的檀岳承芳，应今川氏亲的邀请，担任其师父，从此，他就和这位出身名门的弟子结下了终生之缘。后来，师徒两人前往京都的建仁寺修行，据说他两度拒绝了今川氏亲的邀请后才回到骏河，在此期间，他来往于京都和骏河之间，恐怕是在为今川家上下活动。到天文四年（1535）太原雪斋再度进入骏河的善得寺。在今川氏辉死去以后，他就立刻开始为他的弟子上下活动。他先后说服了家中的重臣朝比奈泰能、濑名氏贞、关口氏广、由比助四郎、大野彦四郎等人，成功地使他们站到了檀岳承芳一侧，加上在今川家地位崇高的寿桂尼的幕后支持，檀岳承芳的实力占据了压倒性的优势。

天文五年（1536）五月，寿桂尼在胜券在握的情况下与支持玄广惠探的福岛越前守会面，希望能说服对方放弃支持玄广惠探，但这一次的谈判不欢而散。福岛氏顽固地坚持自己的立场，并于谈判次日起兵攻打骏河府的今川馆，但骏河府的防线十分坚固，福岛的军队遭遇惨败，不得不退守方上城、花仓城等据点。家督争夺战开始由政治斗争转向兵戎相见。

檀岳承芳一方在此后就立刻转入战略反攻。六月十日，檀岳承芳派遣冈部亲纲攻打方上城，方上城很快就陷落了。檀岳承芳的军队打到了花仓城下，玄广惠探逃到了濑户谷普门寺，在那里被迫切腹，同时，在远江国的战斗也宣告结束。这场“花仓之乱”以檀岳承芳的胜利而告终。

檀岳承芳还俗继任家督，后接受幕府将军足利义晴赐名“义”字，改名为今川义元。他便是战国史上著名的“东海道第一弓取”。所谓的“弓取”有弓术达人的意思，但却并不意味着今川义元在东海道弓术第一，实际上，在当时，弓术是武士必备的技能之一，因此常以弓取指代武士，所谓东海道第一弓取不过是对出身名门又在东海道独霸一方的今川义元的一个褒奖：“您真乃东海道的武士头领也！”

今川义元成为家督以后的第一件事就是与今川征战多年的甲斐武田家改善关系。今川义元于天文六年（1537）二月娶了武田信虎的女儿定惠院为妻，同时，利用今川与朝廷的关系帮助武田家作伐，让武田家的继承人武田晴信娶了朝廷的公卿三条氏之女。这样，通过婚姻关系的维系，武田与今川结成同盟关系，这就招致了今川家的传统盟友相模北条的不满。就在结亲的当月，北条氏纲出兵骏河，占领了富士川以东，揭开了“河东之乱”的序幕。天文十年（1541），由于武田信玄流放父亲信虎，促进了武田和北条的接近，甲斐和相模在其后结成同盟，今川家在关东面临的局势更为严峻。

另一方面，今川义元开始把手伸入三河国境内。当时三河国内以冈崎城的松平氏最为强势，松平家的家督松平清康统一了三河，在天文四年（1535）侵入尾张，在攻打尾张守山城时，却被家臣阿部弥七郎正丰砍杀。据传阿部当时手里的刀就是著名的“村正”，这个传说后来逐渐流传开来，加上歌舞伎、小说以及明治倒幕派人士的渲染，就变成了“村正妖刀不利德川”的故事（松平氏就是后来建立江户幕府的德川氏前身）。松平清康死后，其子松平广忠继任，但松平家已经陷入了混乱。这就招来了两个野心家争夺三河，一个是号称“尾张之虎”的织田信秀，另一个就是今川义元。天文十一年（1542），织田信秀进入西三河地区活动，渡过矢作川在上田原布阵。今川义元作为松平家的后援，决定驱逐织田势力。今川家出动军队，与织田军在冈崎城东南的小豆坂决战，织田军依靠“小豆坂七本枪”七名武将的优异表现获胜。

天文十三年（1544），三河国的碧海郡刈谷城的水野信元投靠织田，这使松平家的处境更为不利，于是，松平广忠决定更坚定地站在今川一方，甚至不惜把自己的儿子竹千代送到今川家做人质。护送人质的任务就交给了三河田原城的户田康光，但今川义元在上一年将户田氏同族的户田宣成等人消灭，户田康光早就对今川义元有所不满，他控制了人质后，便调转马头把人质送到了尾张织田家，用这个小孩换了一千贯钱。今川义元听说以后又惊又怒，于是夺下了田原城交给朝比奈氏管理。而同一时间，织田信秀和美浓的斋藤道三通过联姻达成协定，也把主要精力转向三河。天文十七年（1548），信秀出动4000人渡过矢作川杀向冈崎，今川家则以太原雪斋为主将，朝比奈泰能为副将出兵三河。小豆坂再次成为双方的交手之地。这一次，太原雪斋运筹帷幄，利用松平家和朝比奈泰能的军队拖住了织田军，以冈部元信为伏兵，在双方酣战之时突然杀出，击溃织田军。今川靠这次的胜利，夺取了在三河的主动权。

天文十八年（1549），松平广忠死去，在太原雪斋的策划下，今川军再次奇袭三河安祥城，擒获信秀的庶长子织田信广，以此人换回了松平竹千代，并将竹千代送到了骏府城，完全置于今川保护之下。接着，今川义元采取行动，将三河所有领地的领主撤换为今川家的人，并在三河推行检地。三河彻底成为今川的领土。

天文二十二年（1553），今川义元颁布了《今川仮名目录》的补充条例 21 条，正式宣布废弃室町幕府的“守护使不入”原则。所谓守护使不入是幕府为防止守护大名控制领地而颁布的一条预防措施，禁止守护收税或逮捕追缉犯罪者时，进入特定的公领地和庄园。除非是追捕触犯“大犯三箇条”的犯人（谋叛者、杀人者、强盗山贼海贼）或幕府授命征收段钱，行使“使节遵行权”（以幕府所派遣的御家人的中立身份，裁定并执行有关领地所有权的诉讼）以及“刈田狼藉检断”（在出现领地争执时，一方故意收割另一方的农作物，对此行为的合法性进行裁决称为“刈田狼藉检断”）。其中段钱、使节遵行权和刈田狼藉检断三个权力在室町时代被授予守护，说明室町时代的守护权力较之前的镰仓幕府时代有了增强，这也是室町时代地方势力强大的原因。而进入战国以后，作为战国大名的今川家公开宣布守护使不入原则作废，表明今川家已经彻底和室町幕府体系说再见了，同时也说明了今川家的领地里不再有“治外法权”的庄园和公领，进一步促进了庄园公领制的崩溃。

同时，在这 21 条补充规定中，进一步规定了一些家臣的行为规范，包括严格限制私下录用非今川领地人员、确认家臣继承原则等，明确了今川家的寄亲寄子制度结构，进一步促进了今川家对领地的完全控制。

就这样，今川义元完成了其祖父和父亲占领骏、远、三三国的梦想，他的下一步，就是迈上争夺天下之路。

四、无奈花落

天文二十三年（1554），在今川义元的老师太原雪斋的调停下，今川义元、武田信玄和北条氏康达成了协议，互结姻亲关系：武田信玄之女黄梅院嫁与北条氏康之子氏政；北条氏康之女早川殿嫁与今川义元之子氏真，加上先前，今川义元之女岭松院已经嫁与武田信玄之子义信。三方通过政治婚姻达成联盟关系。

在后世的许多小说或影视剧中，将这一次同盟称为“善得寺会盟”。善得寺是童年的今川义元追随太原雪斋出家之所，根据这一说法，今川义元、武田信玄和北条氏康三人在善得寺会面，面对面地达成了同盟契约。

◇ 江户时代浮世绘师笔下的“黑齿”形象

关于善得寺会面的真伪，近年来一些学者认为，甲相骏三国同盟的存在是肯定的，但三方大名是否真有会面恐怕要打个问号。战国时期大名之间的直接会面机会很少，何况武田信玄处于与越后长尾景虎争战的关键时刻，离开甲斐参与会面恐怕不太现实。所以，这次的结盟很可能是太原雪斋与武田、北条的重臣会面达成一致，后经三方主君批准后实现。

三国同盟的实现为今川义元扫清了后顾之忧。但在此后，今川家连续遭遇了两次重大打击：弘治元年（1555），今川义元的师傅和首席顾问太原雪斋去世；两年后，坐镇三河的今川家重臣朝比奈泰能去世。今川家两年内失去了两大重臣，这拖延了今川义元实现梦想的脚步。

永禄三年（1560）五月，今川义元终于出兵，他面对的第一个敌人就是尾张的织田信长，在他看来，尾张似乎是一只挡在大象面前的蚂蚁。以今川家控制骏河、远江、三河三国的实力而言，可以动用多达3万的军队，而信长手里不过区区数千人。今川义元自信满满，他认为他面前的信长只有两个选择：或者降服，或者灭亡。

在众多文学作品中，这场战役中的今川义元的形象被脸谱化：沉溺于公家文化的今川义元化着淡妆，描着眉毛，涂黑牙齿，坐着轿子领军出征。

今川家确实是京都文化的爱好者，今川义元和他的父亲氏亲都曾经师从著名的和歌师、公卿冷泉为和学习和歌，每月固定的日子还举行连歌会，这在战国时代被视为风雅之举。

或许是因为这样，今川义元才被后世勾画成这样的形象。

“黑齿（お歯黒）引眉”是最不能被今人理解的一种审美。涂黑齿是日本近代开化以前一些男性和已婚女性的习俗，从平安时代就开始流行，男女少年在成人以后就开始染齿并且“引眉”（拔除眉毛涂上墨画的眉点，一般会在比原有眉毛高一些的地方画一个圆点，名为“殿上眉”）。从那时到室町时代，贵族武士等只要是有身份的人几乎人人如此，到室町时代末期，已经成为女性成年礼的标志，男人中大约只有京都的公卿贵族和部分武士还保留着这样的习惯。涂黑牙齿的染料，是用醋酸和铁溶液做成的醋酸铁混杂以五倍子粉制成，有一种奇怪的恶臭味。也有图便利直接用黑豆、五倍子粉或贝壳粉染的。这种奇怪的习俗，在日本近代开埠以后也吓到了西方人。英国驻日公使阿礼国记载说看到日本女人的黑齿觉得那嘴巴像是“开了口的墓穴”，他们认为这是妇女故意扮丑以“保持贞洁”，这显然不能解释为何古时男性也有此习俗。也有外国人认为是已婚女性“完全抛弃了之前的虚荣心和享乐的心性的一种证明”，这显然也是一种用外来眼光看日本习俗的不怎么合理的猜测。事实上，不同时期的审美观念不尽相同，用今人的标准去衡量古代审美或以西方的标准去衡量东方审美，自然会得出奇怪的结论。黑齿引眉，窃以为不妨看成古人为表明身份的一种做法，在穿着表现身份的同时，在面部乃至牙齿上做出不同于下等民众的装饰，亦是顺理成章之事。

当时的今川义元有没有化妆成这样的形象呢？其实，在战国武士中，仰慕京都风的不在少数，即使化妆成这样也并不奇怪。毕竟在室町末期，黑齿引眉在男性乃至武士中都是很常见的，武士，特别是有地位的武士，上阵化妆也无可厚非。但如果要将之解读成“不习武事，文弱不堪”，未免就有失偏颇了。

一切似乎都按今川义元所期望的进行着，今川家顺利地攻破了尾张三河边境的防线，今川义元领兵通过沓挂和大高向信长的居城清洲城进军，在经过沓挂和大高之间的狭窄山路桶狭间的时候，一场突如其来的暴风雨袭击了今川家的部队，在暴风雨中，织田信长的军队如同鬼魅一般出现在毫无防备的今川义元面前。号称东海道第一弓取的一代霸主就这样丢了性命。他在死的时候，或许也没弄明白为什么自己的梦想会毁在一个初出茅庐的小子手里。

桶狭间合战的结局让所有的人都大跌眼镜，几乎毫无胜算的人获得了一场干脆利落的胜利。义元死后，今川军如潮水一般退去。只有冈部元信据守鸣海城，他以城池为交换条件，换回了今川义元的首级。轰轰烈烈的尾张入侵战就这样惨淡收场。

今川义元之死开启了今川家衰亡之门，今川义元作为桶狭间的失败者，其才能经常为后人所贬低，但他本人的才华确实还是不俗的。他的继承人今川氏真虽没有他这样统治三国豪强的才能，但论连歌、和歌以及蹴鞠等文化活动的水平，今川氏真恐怕不在其父之下。其和歌现有留存1000多首，其蹴鞠学自蹴鞠名家飞鸟井雅纲，也有相当水平。

不过今川氏真统治领地的水平就令人不敢恭维了。今川义元一死，当年寄人篱下受尽屈辱的松平元康（即德川家康）立刻退军进入三河的冈崎城，随即就在那里举旗独立。永禄四年（1561）九月，在三河的藤波畷，三河吉良氏的家老富永忠元被松平家的本多广孝所杀，东条城投降，这一战是决定性的一战，彻底击碎了昔日从属今川的三河吉良氏想要占有三河的梦想。松平家很快控制了西三河。另一方面，东三河的国人领主在桶狭间损失惨重，而今川家又让他们交出新的人质，引起了三河人的普遍不满。东三河野田城主管沼定盈宣布倒向松平家。今川氏真给出的解决办法就是武力征服，他一边将东三河国人领主所交出的人质在吉田山龙拈寺全部处死，一边命令小原镇实出兵攻打野田城。今川家的攻势起到了一定效果，野田城陷落了，但是今川家已经因为今川氏真的鲁莽措置而在东三河人心尽失。

永禄五年（1562），松平元康与信长达成同盟关系，去掉名字中的“元”字，改名“家康”，宣布与今川彻底决裂。同年六月，管沼定盈奇袭夺回了野田城。松平家康在东三河国人户田氏、西乡氏的支持下，进军东三河，今川氏真试图借三河发生一向宗叛乱的机会挽回危局，但这一努力仍然以失败告终。永禄七年（1564），三河最后一个据点吉田城陷落，今川家永远失去了三河。两年后，家康完成了三河统一，正式成为三河守护。

失去三河的同时，远江国也开始动荡不安。永禄五年，远江国人井伊直亲被家臣告发内通松平家，今川氏真不问真伪，就派朝比奈泰朝杀死了井伊直亲。曳马城主饭尾连龙听说此消息后联络家康谋反。今川氏真又派三浦正俊攻下了曳马城，饭尾连龙与今川达成了协议，重新归属今川家。今川氏真却出尔反尔于永禄八年（1565）毒杀了饭尾连龙。远江国因此而陷入了一片混乱，大批的国人投奔松平家康，造成了“远州错乱”的局面。

此时，今川氏真仍然沉溺于文化活动之中，将政务交给近臣三浦义政处理，此举加速了今川家的衰亡。

永禄十一年（1568）十二月，武田信玄撕毁了善得寺盟约，进攻骏河。武田和三河的德川家康达成分割今川领地协议：以大井川为界，以西归德川，以东归武田。武田与德川从两路杀入今川领地。今川氏真派军在前往骏河府的必经之地萨埵峠迎战武田军，但濑名信辉等大批骏河的国人临阵叛变，成为信玄的内应，听说此消息以后的今川氏真提前逃出骏府。俗话说：“将熊熊一窝”，一听主君都放弃抵抗了，前线的今川军大败，继而骏府城陷落，北条家的女儿早川殿徒步逃出骏府，今川馆被武田军一把火烧毁。

这种侮辱引起了北条家的愤慨，次年一月，北条出兵骏河，向今川氏真暂居的挂川城派了援军。北条军和武田军仍在萨埵峠对峙，武田信玄派人前往常陆佐竹氏处，希望他们能出兵从背后牵制北条，而北条家则直接去信给上杉谦信，这样一来，双方又打个平手。武田军因北条的阻止，试图夺取大宫城未果，于是仅留穴山信君把守，引兵回甲斐，一触即发的北条武田决战最终没能发生。

另一方面，德川家康也同时入侵远江。今川氏真暂居的远江挂川城在随后被德川军包围。永禄十二年(1569)五月，由于武田信玄背弃了将远江分给家康的约定，逼近远江国，家康于是寻求与今川氏真和解。他答应保全今川氏真的性命并许诺协助其返回骏河，挂川城开城投降。但无论是家康还是盟友北条家，此后都没有实践让今川氏真重掌骏河的承诺。作为战国大名的今川家就此灭亡。

成为丧家之犬的今川氏真依托北条家，居住于伊豆的户仓城，后来移居小田原。元龟二年（1571），北条氏康去世，继任的北条氏政和武田恢复同盟。今川氏真再度流亡依附德川家康。从此，今川氏真成为一个门下食客。他于天正三年（1575）上京，在杀父仇人信长和公卿面前表演蹴鞠技巧，并送上了今川家传的香炉“千鸟”。一代大名在此时已经沦落成一个家臣。今川氏真于庆长十九年(1614)死于江户。

德川江户幕府成立以后，今川家成为幕府的“高家”。所谓高家是江户幕府设置的役职，负责典礼与仪式等事务。由战国大名后裔或者室町时代的旧守护的子孙担任，以显示对“名门”的照顾。今川家作为高家之一，由今川氏真的嫡孙直房为初代，另外，今川氏真的次子品川高久（今川苗字只允许本家使用，作为次子的高久改苗字品川）也成为高家之一。今川氏以及近支三河吉良家都以高家的形式得以延续。到近代，幕府末代高家之一的今川范叙死于 1887 年，死后无嗣，在战国时期称雄东海的今川本家彻底断绝。

第二节
佛国大名

一、缘起

佛教起源于公元前 6—前 5 世纪的古印度，到公元 1 世纪的时候传入中国，接着向朝鲜半岛和日本流传。根据《日本书纪》的记载，佛教传入日本当在钦明天皇十三年（552），当时朝鲜半岛上与日本关系良好的百济国圣明王将佛陀的铜像、幡盖和经卷传入日本。对于是否能信仰佛教，日本朝廷发生了一次争论，大臣物部尾舆和中臣镰子认为：“我国家之王天下者，恒以天地社稷百八十神，春夏秋冬，祭拜为事，方今改拜蕃神，恐致国神之怒。”而大臣苏我稻目则认为：“西蕃诸国一体礼之，丰秋日本岂独背也。”天皇最终决定：“宜付情愿人稻目宿祢，试令礼拜。”苏我稻目就在家里供奉佛像，无巧不巧的是，此后日本偏偏遭遇了一场自然灾害，反对佛教的一派立刻要求停止参拜，于是，此事就不了了之。争论一直持续到物部和苏我两氏的儿子辈，最后，圣德太子一锤定音，以武力消灭排佛派物部氏。在其后颁布的《宪法十七条》中，明确规定了“笃敬三宝”，佛教遂在日本生根发芽。

随着中国佛教的发展与隋唐时期中日交流的扩大化，越来越多的佛教流派随着日本遣唐使和留学生传到了日本。在奈良时代，有著名的“南都六宗”：三论宗、成实宗、法相宗、俱舍宗、律宗、华严宗东渡日本。特别是鉴真六次东渡，在日本创建唐昭提寺，开创日本律宗流派，这在中日交流史上有着非凡的意义。

南都六宗是日本最初的一批佛教流派，对奈良时代的日本朝廷和贵族产生了很大的影响，当时的日本，通过国家主导的方式建立诸多寺院。日本学者义江彰夫认为，出现这样的现象，是因为皇室与贵族认为“对拥有和统治的欲望以及由此产生的种种罪孽让人堕落，只有通过艰苦修行才能消除这些罪孽而达到解脱的境界”，所以他们竭力推行佛教以求来世抵达一个不存在罪孽和苦恼的永恒世界。

这也意味着日本佛教最初并没有很快普及到民众中，而改变这一现象的是两名留学唐朝的平安时代的僧侣。一位是最澄，他于唐朝贞元二十年（804）来到中国以后，“慕天台之法门”，于是就拜在天台山国清寺门下。回国后，最澄在比叡山建立延历寺，创立了日本天台密宗。另一位为空海，他和最澄同时来华，在长安的青龙寺学习密宗教义，回国后在高野山建立金刚峰寺，开创日本真言密宗。

密宗和之前的佛教流派不同的是，它原本就是古代印度将某一印度教神灵佛教化，通过在佛像和经文前诵念被认为具有魔力的咒语获得法力，这使得它在传入日本以后进一步推进了佛教与日本本土原本的五花八门的神灵信仰的结合，大批的神社因此佛教化，而佛教寺院也往往引进本地神作为守护神，这一现象被称为“神佛习合”，或叫“本地垂迹”。

密宗信仰由于以仪式化为重点，因此相比教义晦涩难懂的南都六宗而言，对基层百姓有更大的吸引力。一个显而易见的例子就是平安初期密宗佛教与南都六宗曾有过一次“三一权实之争”，以南都六宗为核心的大乘佛教将“声闻乘”“缘

◇ 僧兵

觉乘”和菩萨乘称为“三乘”，称只有达到“菩萨乘”才能成佛，而密宗佛教归为“一乘”，认为“世间众生都可成佛” 。

简单地说，就是大乘佛教为信仰者设置门槛，只有先天达到这个门槛者才能成道，而密宗佛教把门槛放低，告诉你只要你后天努力了，也可以成道。这种区别就是密宗大行其道的关键。

日本的佛教势力因此而得到了大规模的发展。此时，佛教寺院的财产增长很快，寺院为保护佛门财产，防备盗贼，开始将僧侣和信徒武装为僧兵，并在寺院周围建设石垣和壕沟，这就是古代日本独有的军事化寺院。同时，佛教势力成为连朝廷和武门都不容忽视的势力，他们采取的手段之一就是所谓“强诉”。从平安时代末期开始，南都北岭（指的是奈良时代在今奈良一带建立的兴福寺等寺院和平安时代在京都附近比叡山建立的延历寺等寺院，由于奈良在京都之南，所以称“南都”，相对的比叡山称“北岭”，一般特指兴福寺和延历寺）手里握有大批庄园，同时各地也有众多“末寺”投靠他们，只要本寺登高一呼，各地的末寺就可以组织起一支规模不小的僧兵为之效劳。尤其以南都奈良兴福寺的僧兵“众徒”和“北岭”延历寺的僧兵“山法师”最为著名。这些僧侣只要一不如意，就会抬着寺院里的具有神性的标志物——神木或神舆，入京游行示威，一般朝廷和武家都会对这种行为退让三分。

所以白河天皇曾经说过，他这辈子最头疼三件事——贺茂川的水（京都附近贺茂川以经常洪水泛滥闻名）、双陆之赛（指当时社会用双陆这种棋类游戏赌博的风气）和山法师。山法师，说的就是僧兵。

进入幕府时期后，由于社会不安定，以往“镇护国家”的佛教开始更多地注重民众的需求。这一时期，除了武士所青睐的禅宗发展迅速以外，也出现了许多平民化的流派。净土真宗就是在此时应运而生。

净土信仰是一种诞生于印度的佛教流派，认为人生而背负罪孽，要赎罪只要坚持念佛修行，临死时就会被阿弥陀佛迎接到西方极乐世界。这一教义应该是受到了基督教、犹太教等宗教的救世主思想以及琐罗亚斯德教（又叫拜火教，流行于古代波斯，认为世界由善与恶，光明与黑暗组成，崇拜光明与火）的光明崇拜

的影响，又结合了传统大乘佛教的修行、赎罪理念。其经典称《净土三部经》，即《阿弥陀经》《大无量寿经》《观无量寿经》，这一信仰在 4 世纪时传入中国，最迟到 7 世纪从朝鲜半岛传入日本。

净土信仰最早也是在贵族中传播，因为在平安贵族中早已流传“净秽”观念，这一观念来自日本古老的神话传说，传说伊邪那岐命在海水中清洗除秽，生成了天照大神、月读命神、须佐之男神等，是为统治世界的三神。这一神话代表了日本古老的净秽观，其后逐渐形成“避秽”的习俗，也就是接触人及六畜的生产或死亡等特定事件后，必须躲避在家进行“物忌”。这种净秽观和净土信仰的向往净土学说几乎是完美契合，于是形成了日本特有的阿弥陀净土信仰。在 9 世纪，一名叫源信的高僧将净秽观念和净土信仰进行结合，著述了一本《往生要集》，把佛教的罪业理论解释为“厌离秽土”，宣扬往生净土的信仰。这部著作从根本上带动净土信仰冲击日本人的心灵，是净土信仰和日本实际相结合的典范。

净土信仰的进一步流传则需要土壤，一方面，镰仓时代以后，武士崛起，争斗不断，镰仓幕府内部就有不少你死我活甚至付诸武力的政治斗争，又和天皇朝廷发生了大规模内战，最后还遭到大陆新兴的蒙古帝国的入侵，在动荡的社会形势下甚至萌生了末世论，人们开始把希望寄托于来世；另一方面，净土宗的发展为他们带来了全新的信仰模式。

净土宗在日本的开山祖师是生活于平安时代末期到镰仓时代初期的高僧法然。他生于长承二年（1133），10 余岁时前往比叡山延历寺出家，受戒为僧，其父因土地纠纷为人所杀，一说是因为父亲在死前告诫他不可复仇，所以他才断念出家。承安五年（1175），他接触到了一本由中国净土宗僧人善导所撰的《观无量寿经疏》，从此转投净土宗，他在比叡山下的东山吉水居住，招收弟子，宣扬“专修念佛”，这一年，被称为日本净土宗的开宗之年。

专修念佛，或云“称名念佛”，是法然极力提倡的教义，他所著的《选择本愿念佛集》集中阐述了他的思想：称名念佛是“正行”，而除此之外的其他修行、持戒是“杂行”。称名念佛，就是要笃信阿弥陀佛的“本愿”并口称“南无阿弥陀佛”，无论老幼、男女、善恶、贫富，在死时皆能前往西方极乐世界。据说，法然每天口诵“南无阿弥陀佛”可达六七万次之多。

如果说，密宗相比南都六宗，是降低了资质门槛，那么净土宗则是降低了修行难度——你不需要如天台僧人一样苦修冥想，只要念佛就可以。

当然，主张念佛的法然并不完全排斥持戒，在当时人的眼中，法然是一个深通佛教戒律的高僧。

进一步发展法然学说从而创立净土宗新宗派的，是法然的弟子亲鸾。

净土真宗的创立者亲鸾，一说于承安三年（1173）诞生于京都，在9岁时，他就剃度出家，拜在天台宗门下，后在比叡山延历寺修行。到亲鸾29岁时，他感觉自身的修行遇到了瓶颈，于是决心告别比叡山游历。据传他在后人为纪念圣德太子所建的六角堂中修行，夜梦圣德太子现身指点。醒来后，就到京都东山吉水去拜访法然，受法然专修念佛思想的影响，就拜在法然门下，他的敏慧才识得到法然的赞赏。

建永二年（1207），日本发生了“承元法难”，这起“法难”的发生有着复杂的背景，先是北岭延历寺和南都兴福寺在元久元年（1204）和二年（1205）分别上书朝廷，指斥法然净土宗的“罪名”，当时朝廷并没有马上做出处置，极其不满的南都北岭僧人发起了“强诉”。恰在此时，法然的弟子惹了祸端——后鸟羽上皇在熊野神社参拜的时候，他的两名宠妃私自出宫参加念佛法会，法然弟子住莲和另一名净土宗弟子遵西私下为两人剃度出家，同时，两妃为听说法，招两僧夜宿宫中。后鸟羽上皇回京后大为震怒，认为两名僧人有私通宫闱嫌疑，将两人处死。建永二年二月，法然与亲鸾等八名僧人被剥夺僧籍，勒令还俗，并被判处流放，净土宗被禁止。法然发配至四国岛的土佐（后前往赞岐），亲鸾被发配到越后国，在那里度过了将近5年的颠沛流放生涯。建历元年（1211）十一月，法然被赦免许可回京，第二年一月圆寂。亲鸾当时也被赦免，想要入京再见恩师一面，结果因为北陆大雪封道而无法回京，第二年，在春暖花开之时，法然早已故去了。亲鸾于是回到越后传教，他和门人从越后经信浓、上野前往常陆，在常陆国稻田氏的领地上结草庐一间作为传教据点，一住就是约20年。

亲鸾以师事法然为终身的骄傲，他并没有独立开宗立派的意思。在他的传教生涯中，他希望能够传播“净土宗真正的教义”。亲鸾进一步发展了法然的学说，将称名念佛发展为“绝对他力”，也就是说，他认为凡夫俗子是不可能实现自我救赎的，只能依赖于阿弥陀佛的力量实现救赎。概括来说，净土真宗的主张就是“信心正因，称名报恩”八个字，亲鸾认为：如果我们不能行善导致善恶不相抵，那么就会堕入无边地狱。但是人生在世，往往行善甚难，而造恶颇多。既然如此，不如相信阿弥陀如来所赐之力能帮助我们往生净土。这种信心就为往生净土的正因，而称名念佛不过是报答佛的御恩。

他本人还实践了“肉食妻带”的修行方式，肉食，特指的是兽肉，一般的僧人一旦出家，就断绝尘缘，素食独身。在日本古代，随着佛教的逐渐流传，忌避肉食的习惯也开始传播，从奈良时代开始就有肉食禁止令。而平安时代，盛行阴阳道，其理论视牲畜死亡为秽事，当然吃肉也成为招引灾秽的事情，从事屠宰业的人，在后来日本历史中也逐渐被称呼为“秽多”。特别是一些公卿贵族，在笃信佛教、信仰鬼神之余忌避肉食，往往以鱼、鸟之肉代替。但在需要体力为生的百姓和武士群体中，肉食仍然不能完全断绝，因此就有武士擅自吃了神社的鹿肉引起公卿之怒的事情。这也是为什么当时京都的公卿视关东武士为“恶人”的缘由之一。然则镰仓时代禅宗的流行又让是否食肉的争论开始焦点化。对于这一点，亲鸾的师父法然是这样解释的：“完全避免肉食，在这个世道上也是不太可能的吧。”在镰仓时代兴起的日莲宗在传播末世理论的同时也宣扬“末法无戒”，也就是说在“末世”，戒律什么的都不重要。这种日本佛教发展的趋势影响到了净土真宗，真宗的门徒大多不避肉食。

◇ 亲鸾

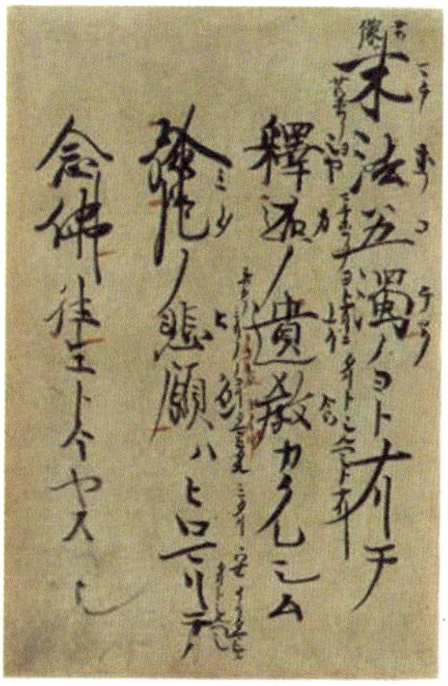

◇ 亲鸾手迹

所以，所谓日本近代以前不吃肉食本身是个“伪命题”，禁肉食的命令、做法一直有，在上流社会比较严格，平民却往往并不怎么严格遵守。即便是形成了禁肉食的风气，也免不了有人私下偷偷犯忌，但这毕竟是私下的、零星的、比较隐蔽不甚引人注意的，真正大力提倡食肉是在近代开化以后。

妻带，说的就是娶媳妇。和尚不娶妻是常识，和尚带个女子在身边都是非常骇人听闻的事情，更何况娶妻生子。而净土真宗就不忌讳妻带，现在的部分研究表明：亲鸾早在京都投入法然门下时就已经娶妻，而并不是他在流放并被剥夺僧籍，处在“半僧半俗”时代才开始的事情。他还有七个儿女作为他宗教事业的继承人。

在亲鸾看来，是否坚持素食独身并非往生之本，既然如此，何不依弥陀本愿而不惧造恶呢？

这种肉食妻带的做法在后来的江户时代被禁止，而到近代开化时期，明治政府下了一道命令：“不禁肉食妻带”，日本僧侣的肉食妻带风在此后就流行开来了。

亲鸾在关东一边传教，一边潜心著书。他完成了《显净土真实教行证文类》（又称《教行信证》），这本著作从此成为净土真宗的根本圣典。稻田草庵的遗址所在地西念寺从此成为净土真宗信徒的圣地。

亲鸾于弘长二年（1262）圆寂，在他去世后，遗骨安葬在京都东山的大谷。10 年以后，他的弟子以及他在关东的门徒一起出资帮助他的幼女觉信尼在他的墓所建立了一座大谷庙堂，后又于永仁三年（1295），将亲鸾的画像供奉于庙堂中，因而改称“大谷影堂”。

延庆二年（1309），大谷影堂在内乱中遭到严重破坏，画像被毁，连亲鸾上人的遗骨也被人夺走一部分。两年后，净土真宗的第三代觉如上人（觉信尼之子）决定重修影堂，并将其寺院化。他将这个寺院取名为专修寺，这次寺院化遭到当时势力庞大的比叡山的反对。元亨元年（1321），大谷影堂再度寺院化，正式称为“本愿寺”。本愿寺这个名字就这样出现在日本的历史上。

觉如上人一直致力于本愿寺教团的统一，觉如上人身体状况不佳，因此将本愿寺的留守职（相当于教主）让给其子存觉，在存觉的协助下，努力向近江北陆一带扩展势力。但觉如上人与存觉却多次因为理念不同而发生争执。存觉两次出走，与父亲决裂，导致本愿寺势力的分裂和衰微。当时，在亲鸾上人圆寂后，净土真宗的信徒就在各地各自为政，也各有自己的利益。影响比较大的有真宗高田派和佛光寺派。前者以亲鸾的弟子真佛为创始者，主要势力范围在关东地区，在今天的栃木县芳贺郡二宫町的高田建立了一座专修寺，后又在今三重县津市建立了本山专修寺。后者由了源发起，以亲鸾所建的京都山科兴正寺为据点，嘉历三年（1328）移到京都东山建立佛光寺，主要的势力范围在近畿一带地区。到本愿寺的第七代存如上人时期，能登、加贺、越前、近江等地的本愿寺教团基本形成，但本愿寺仍然是一盘散沙，这时，一位振兴本愿寺的人物应运而生了。

二、缘兴

应永二十二年（1415）二月，在京都东山的本愿寺中，本愿寺第 7 代法主存如上人的继承人出生，这位幼名布袋丸的孩子就是未来振兴本愿寺的莲如上人。

此时的本愿寺本宗衰落至极，一墙之隔的佛光寺虽然是净土真宗的分支，但却香火繁盛，相比之下净土真宗本宗的大谷影堂却是门可罗雀。童年的莲如上人就是在这种贫穷恶劣的环境下，学习净土真宗的佛法奥义。当时，由于本愿寺的衰落，作为净土真宗山门的大谷本愿寺不得不托庇在比叡山的门下，成为天台宗的青莲院下属的末寺。因此，莲如上人 17 岁，就在青莲院接受剃度。长禄元年（1457），存如上人圆寂。莲如上人就在叔父宣祐的支持下，与其异母弟，存如上人的嫡子应玄争夺法主之位。在宣祐的努力和说服下，莲如上人得到了胜利。他的继母一怒之下和儿子应玄带着部分家产脱离本愿寺。

这场继承人争夺战使本愿寺的处境更为困难。于是，莲如上人在继位以后，首先要面临的就是与比叡山之间的关系问题。事实上，比叡山的天台宗与净土真宗在教义上是格格不入的。天台宗的核心是“一念三千说”，“一念”是指心，三千世间都生于一念，从哲学角度而言，也就是世间万物皆由心生。如果能将这一念三千领会，人就可以圆融贯通，顿开疑惑。天台宗非常注重禅法修行，认为要求学佛法，就必须进入禅定境界，殆思绝虑后方能获得。而净土真宗则是称名念佛，认为阿弥陀如来救济对象是无条件的，人的善恶可随本愿而放任自然，因此，净土真宗就被注重内心修行的天台宗视为异端。但由于净土真宗的势力衰微，于是，只好寄进在当时势力庞大的比叡山门下。莲如上人决心要摆脱这种状况，意味着必须和天台宗争夺信徒，壮大自己的势力，因此，他将目标投向了比叡山影响最大的近江国区域。

◇ 莲如上人

当时的京都正闹大饥荒，加上年年战乱，近江一带路有饿殍，人心浮动。这给了莲如上人一次发展的机会。他在村庄普通百姓中普及阿弥陀如来的信仰，要求停止礼拜佛像，排斥信仰其他佛而转向“专修念佛”。不久，他又将平等、团结等理念带给民众，亲自撰写通俗易懂的“御文章”，通过浅显的语言来向百姓普及亲鸾上人所传的教义。净土真宗迅速在近江获得了大批的信徒，这就侵犯到了比叡山的切身利益，直接导致了比叡山与净土真宗的决裂。

比叡山自建立以来，势力范围不断扩大，加上地方的豪强寄进庄园领地，在比叡山及其附近地区形成了一个宗教化的独立王国。比叡山在这一地区有着巨大的政治经济利益，自然不能容忍莲如的染指。莲如又采取和延历寺对立的态度，拒绝交纳上纳金。双方在教义上的冲突进而演变为政治经济利益的冲突，最终导致武装冲突。

宽正六年（1465）一月八日，比叡山延历寺发布公告，宣布莲如上人为“佛敌”，第二天，比叡山延历寺西塔的僧众和门徒武装起来，袭击了大谷本愿寺。三月，大谷本愿寺再次遭到袭击，莲如上人奉着亲鸾的像被迫流亡近江金森、大津等地。更为严重的是，净土真宗高田派的真慧也与莲如上人决裂。这场“宽正法难”中，莲如赫然发现自己已经处于孤立无援的境地。

人在矮檐下，不得不低头。文正元年（1466），莲如上人任命长子顺如为继承人，以备万一。第二年，他决定向比叡山让步，继续做比叡山的末寺。比叡山为防止净土真宗势力膨胀，逼迫莲如废黜顺如，因为他们看到顺如能力出众，恐怕将来为患不小。

经过这一次的教训，莲如上人认识到，和势力强大的比叡山作对并不明智，他决定转移战场。应仁二年（1468），莲如上人离开京都前往关东参拜亲鸾的遗迹，第二年，他接受天台寺门宗的本山——长等山园城寺的庇护。园城寺又叫三井寺，是延历寺在天台宗内部的对抗势力，在历史上，园城寺曾经与延历寺有过多次争斗，甚至还出动僧兵互战。园城寺曾多次被延历寺的僧兵烧毁又重建，号称“不死鸟之寺”。莲如接受园城寺的庇护是一招妙棋，这也得益于顺如的口才。莲如上人在园城寺的一侧建立了显证寺，安放亲鸾的画像，同时，他授命他的儿子顺如赴北陆传教。

经过应仁之乱后，日本处处战乱，满目疮痍，在北陆地区的越前、能登、加贺等国，净土真宗由于其简单的信仰方式得到了饱经战乱之苦的广大民众的欢迎。文明三年（1471），莲如上人亲赴越前，同年七月，越前国的传教取得了重大突破，他还在越前国的吉崎北潟湖畔的吉崎山上建起了一座吉崎御坊，成为本愿寺在越前的传教中心。由于这座寺庙的建立，这里附近很快云集起了一批信徒，一片荒地在短时间内发展成了一个颇有规模的城町。

吉崎模式的成功是本愿寺发展的一次很好的尝试，莲如上人从传统势力相对薄弱的地方入手，通过发动群众，普及信仰的方式取得了很大的成功，然而，这种成功很快就失去了控制。

文明六年（1474），受应仁之乱的影响，加贺国守护富樫氏发生内乱。富樫氏为加贺本地豪族，早年世袭朝廷的加贺介（律令制下一国的长官为守，副职为介，但许多国守会由亲王或朝廷官员遥领，所以介往往为实际上的国守），到室町时代开始世袭加贺守护。加贺守护富樫政亲隶属细川胜元领导的东军阵营，而其弟富樫幸千代则隶属山名宗全的西军阵营。于是，在东西军决斗的大背景下，加贺的富樫幸千代于文明五年（1473）暗通净土真宗高田派和西军大将甲斐敏光将其兄逐出，自为家督。富樫政亲决定借助在北陆势力庞大的本愿寺的力量，他以支持本愿寺发展作为交换条件，拉拢本愿寺的信徒协助自己夺回家督位，而他的对手幸千代早已拉拢真宗高田派的力量，原本的守护之争进而掺入了真宗内部派系之争。此时，一个名叫下间莲崇的关键人物出现了，下间莲崇本是越前国人，他在皈依莲如上人时甚至还是个文盲，但凭借聪明的脑袋和富有煽动性的口才很快获得了莲如的信任，成为本愿寺在北陆越前、越中、能登、加贺等国传教的主力。在这一次守护之争中，他发信给加贺的信徒，煽动他们加入到富樫氏的内乱中。

关于这一封打开了潘多拉盒子的命令，素来有两种说法。主流的说法是莲如上人作为一个和平主义者，认为此时参与加贺的政治斗争有弊而无利，因此，对于富樫政亲的拉拢，他不为所动。但下间莲崇却禁不住这样的诱惑，他暗中伪造了莲如上人的命令。而近年来，又发现了当时莲如上人的文书，研究者开始倾向于这一场骚乱的发起者就是莲如上人，下间莲崇不过是奉命行事。而事后文明七年（1475）八月，莲如将下间莲崇开除出本门，或许就是将之当作了该事件的替罪羊。

加贺的本愿寺信徒起义很快失控。当富樫政亲在文明六年（1474）夺回家督之位以后，发现本愿寺势力的发展已经超出他所能承受的范围。于是他毁弃当初的承诺开始镇压本愿寺势力，这就导致了更大的骚乱。

失望之余，莲如上人只好离开了动乱中的北陆，返回京都。刚刚结束了应仁文明之乱的京都相对恢复了平静。本愿寺家与日野氏有着姻亲关系，因此，莲如上人得到了当时权势熏天的日野富子的支持，在京都重新建立本愿寺。文明十年（1478），在幕府和朝廷的支持下，山科本愿寺开工，两年后御影堂落成，亲鸾的画像正式供奉于此，文明十三年（1481）完成寺庙核心建筑阿弥陀堂，文明十五年（1483）正式落成。落成以后，朝廷派人来贺，本愿寺势力正式获得了官方的许可和承认。山科本愿寺是一座典型的城垒化的寺庙建筑，在布局上体现了近代城郭的特点，是日本城郭建设史上的一座有着特殊地位的建筑物。

山科本愿寺的建立影响巨大，中国地区、近畿、北陆、关东等地的佛光寺派、锦织寺派、出云路派等净土真宗各派信徒纷纷归宗本愿寺本宗，承认莲如上人为真宗的嫡系。一个全国范围内的大教团正式形成。

在完成了净土真宗的复兴以后，莲如上人于延德元年（1489）将寺务交给其子实如上人（理想的继承人顺如由于嗜酒好饮，英年早逝），自己则投身于一生中最后一件事务——在大坂地区建造石山本愿寺，在这个濑户内海的水运据点上建造本愿寺有着非常大的经济意义，这个城垒成为未来本愿寺发展的大本营。

明应八年（1499），病重的莲如上人在京都山科本愿寺中圆寂。

三、缘续

净土真宗在战国时代，成为一股不可忽视的力量。其表现自己力量的方式之一就是“一向一揆”。所谓的“一向”指的是“一向宗”，也就是净土真宗的别名。

镰仓时代有一位叫一向俊圣的僧人，此人生卒年不详，他是净土宗的传人，

在关东、尾张、近江一带传教并建立了教团，这些教团因其创始者的名字被称为“一向众”，他所开创的流派也就被称为“一向宗”。同时，在镰仓中期还有一位名为一遍房智真的高僧，同样发展了净土宗的理论，创立了“时宗”，其信徒称“时众”。一向宗和时宗都属于净土宗，特别是在越前、越中等北陆地区群众基础浓厚，一向宗和时宗经常被混为一谈，因为他们都提倡“舞蹈念佛”。亲鸾、莲如等净土真宗领袖在北陆传教之所以十分顺利，是因为一向宗、时宗早就在那里打好了念佛修行的基础，教众接受教义类似的净土真宗就十分容易。有人认为正是由于净土真宗与一向宗有着这样的“近亲”关系，因此，两者逐渐被混淆。净土真宗的影响力要远远超过原本的一向宗，因此一向宗这个名字在当时就成为净土真宗本愿寺的代名词。

但在文明五年（1473），莲如上人在一份《帖外御文》中给出了一个“官方”说法：所谓一向，指的是一遍、一向的门徒是也。同时他认为，自己所传的是净土宗的真正教义，所以应该自称“真宗”。本门以外的人虽称呼其为一向宗，但本门的信徒绝对不可自称一向宗，违者开除出教。但在战国时代早期，随着净土真宗影响的不断扩大，一向宗这个名字已经风靡开来。

莲如上人的传教采取了“吉崎御坊模式”，这种模式充分利用了战国时代的基层村社自治团体“惣村”，以本愿寺为中心，从周边村庄的领导者入手，说服他们信仰净土真宗，然后利用他们的领导威望和血缘关系向村庄团体传播，逐渐形成一片信徒聚集地。这种传教方式收效快，但也潜伏着一种危机——为“一揆”的形成埋下了伏线。

一揆往往被理解为暴动，但实际上，最早的一揆并非是暴动的意思，一揆产生于南北朝与室町时代，是镰仓幕府体制崩溃以后的一种全新的组织形式。镰仓幕府的基本统治模式是惣领制，也就是一个家族拥有一片土地，将之分割交给诸子继承，诸子继续开垦以扩大领地，幕府给予这一家族的家督（或称惣领）“安堵状”，承认其“所领安堵”，也就是拥有土地的收益。在战争时，惣领率领“一族郎党”为幕府战斗，平时则有带领一族向幕府交纳年贡的义务。这种以血缘关系为纽带的惣领制却在后来崩溃，因为商业经济的发展让越来越多的武士失去土地，举例来说：武士贫穷就去借高利贷，还不起就以土地抵债，而失去土地的武士无法履行对幕府的义务，也对幕府充满不满情绪。这也就导致了镰仓幕府的最终崩溃。而室町幕府本身和南朝，和守护大名内斗不已，无法建立一种保障武士利益的新体制，因此就出现了诸多的为保障自己利益而团结起来的新组织。这些组织可以是百姓团体、商人团体、僧侣团体，也可以是武士团体。最初出现的是一族的团体，很快出现了一种以契约为纽带的非血缘团体，就称为一揆。

一般来说，结成一揆需要创作一篇“起请文”，一式两份，一份奉纳给神社，在日本古时，往往一个村庄都有一个保护性的神社，能作为一揆奉请的对象，另一份则烧成灰撒在水里，所有人一起喝下表示“一味同心”。起请文其实就代表了一种契约，一般一揆的签名是首脑签署在中间，其他人为表示地位相同，辐射状地在其周围的圆周上签名，但有许多一揆特别是农民一揆为了掩护首脑，往往全部签成一个圆周，表示平等之意，这种如伞面一样的签名称为“伞连判”，组成的一揆称为“伞一揆”。

既然是利益的共同体，一旦共同利益受到侵害，就有共同“揭竿”的可能，这也就是一揆成为暴动代名词的原因。正长元年（1428），由于该年灾荒流行，近江坂本一带的农民一揆开始蔓延，他们袭击酒屋、土仓（相当于银行）和寺院，抢夺金钱，宣称为“私德政”。幕府紧急派军镇压。这被当时人称为日本“土民蜂起之初”。

有农民的“土一揆”，自然也有地方领主和武士结合成的“国人一揆”，其力量在南北朝时期就已经显现。至于一向一揆，既带有信仰的狂热，又带有土一揆和国人一揆维护利益的契约动力，成为战国时代最恐怖的力量。

文明五年（1473），本愿寺信徒卷入了加贺国富樫氏的内乱中，在本愿寺信徒的协助下，富樫政亲夺回了家督之职。然而，富樫政亲却在夺位之战中看到了本愿寺力量的强大，产生了恐惧感，于是在文明七年（1475），他立刻宣布弹压加贺国内的信徒。加贺的本愿寺信徒纷纷逃亡邻近的越中国。富樫政亲认为斩草要除根，于是联合了越中砺波郡的石黑光义一同剿灭一向宗，结果引发了越中一向一揆，石黑光义被杀。长享二年（1488），富樫政亲跟随将军足利义尚讨伐南近江六角氏，在加贺征收军费，导致领内一片骚然。越中国的一向宗信徒与加贺的民众联合起来，抓住这个时机推翻了富樫政亲的统治。被包围在石川郡高尾城的富樫政亲自戕身亡。一向宗信徒拥立富樫泰高为傀儡守护，加贺国成为一个一向宗的独立王国。

加贺一向一揆显示了一向宗信徒的强大威力，从此，一向宗成为全国的大名都不得不正视的敌人。对于诸多大名来说，一向一揆是领国之“癌”——扩散快，杀伤力大，致命性强。诸多大名在制订分国法的时候，就把“一向宗禁制”列入其中，严格杜绝一向宗的存在。

明应八年（1499），莲如上人圆寂。莲如在临终前，要求他的儿子们保持团结。以他的继承人实如上人为中心，他把他的亲戚分封到各地为寺院住持，以作为“藩屏”。特别是在加贺，他任命了莲纲、莲誓、莲悟三子为加贺三寺（松冈、光教、本泉三寺）的住持。在加贺一向一揆发生后，将军足利义尚一度有意讨伐本愿寺，但却被大权独揽的管领细川政元所阻止。事实上，细川政元是本愿寺在京都朝廷中的支持者。永正二年（1505），细川政元宣布讨伐朝仓和畠山两大守护大名。巧的是，朝仓的领地越前和畠山的领地能登与越中都在本愿寺所控制的加贺周边，而越中国的砺波郡实际上也在本愿寺控制下。于是，在细川政元的要求下，实如发布命令，加贺信徒攻打周边三国，畿内信徒攻向畠山的领地河内国。

然而，这个命令却被河内国的信徒所反对，他们长期与领主畠山氏关系良好，居住在大坂石山本愿寺的莲如上人最后一位妻子莲能尼就是畠山氏的女儿，她决定把自己的儿子实贤推上本愿寺法主之位取代实如。此事被实如所知，他立刻派出下间赖庆逮捕了莲能尼和她的儿子实贤、实悟、实顺，并将四人流放。史称“河内国错乱”或“大坂一乱”。

永正三年（1506）开始，本愿寺又遭到了重大的打击，是年，朝仓宗滴率领朝仓军在九头龙川之战中，利用夜半渡河奇袭的战术击溃了一向宗的乌合之众，进而毁掉了吉崎御坊，越前的一向宗信徒纷纷逃亡加贺。同年，在般若野之战中，越后守护代长尾能景阵亡。这导致越后的长尾氏对一向宗深恶痛绝。在永正年间，相模北条氏，越前朝仓氏，越后长尾氏先后宣布禁止一向宗在领地内流传。雪上加霜的是，永正四年（1507），细川政元被养子澄之暗杀，一场混乱后，厌恶一向宗的细川高国成为管领。实如上人见势不妙，先行逃奔近江国。

在近江度过两年流亡生涯的实如意识到，本愿寺的组织体系必须进行大的改革，于是他于永正六年（1509）返回山科本愿寺后就在同母弟莲淳和儿子円如的协助下进行改革。永正十五年（1518），本愿寺颁布三大命令：“禁止进行武装，参与合战；禁止结成派阀；禁止拒纳年贡。”这三大命令实际上是对一向一揆的否定，要求信徒与领地的大名合作，和平共处。同时，宣布禁止新设寺院，对已存寺院进行整合，收回权力，将全国真宗寺院统一到本愿寺最高领袖——法主的统治下。第二年，鉴于莲能尼的往事，又制订了“一门一家制”，规定法主的兄弟和儿子为“连枝”，连枝之嫡子为“一门”，次子以下为“一家”，确立嫡子继承制。这样，就稳定了本愿寺的继承机制。事实上，这一系列的措施都是为了集中法主的权力，这引起了一些地方寺院的不满，坚田的本福寺就因为这一次改革而两度破门出教，自立门户。

大永五年（1525），实如上人圆寂，其孙证如上人成为法主，由实如之弟莲淳进行辅政。本愿寺的改革终于发展到了同室操戈的地步，而这一次影响之大，恐怕是所有人都始料未及的。

在加贺国一向宗中，势力最为庞大的就是莲如上人所册封的加贺三寺。在加贺，原本影响力强大的是超胜寺和本觉寺，向来有“北超胜寺，南本觉寺”之称。但莲如上人安插的加贺三寺很快后来者居上，这让超胜寺感觉非常不爽。大永七年（1527），细川晴元以打倒细川高国为号召，在三好元长的协助下上洛。本愿寺的证如上人的侧近坊官下间赖秀和赖盛两兄弟宣布支持晴元。至于证如上人，考虑到高国对本愿寺的敌对态度，也支持晴元。晴元就下令本愿寺势力占据北陆地区细川高国所属的庄园领地。本愿寺的执政莲淳乘机把自己的外甥实显安插到超胜寺，让他借这个机会以法主的名义让加贺三寺交出庄园。加贺三寺当然不愿意，反而在享禄四年（1531）宣布攻打超胜寺，加贺国立刻分裂为以超胜寺为首的“大一揆”和以三寺为首的“小一揆”。下间赖秀急忙逃回山科本愿寺，报告了整个经过。老谋深算的莲淳决定趁此机会回收加贺国的权力，他立刻派下间赖秀集结东海道与近畿的门徒出征加贺，支持超胜寺。法主的态度在这场争乱中至关重要，许多加贺三寺的门徒害怕被指定为佛敌，纷纷转投超胜寺一方，松冈寺与本泉寺很快陷落。但这个时候，周边的大名也卷入了战斗，越前的朝仓孝景对加贺超胜寺发动一向一揆怀有深仇大恨，出兵支持加贺三寺，能登的畠山家俊，是当年被流放的莲能尼的兄长，他也说服主君出兵支持加贺三寺。加贺的内乱演变成了北陆大混战。十一月，在津幡之战中，畠山家俊阵亡，朝仓军退却，加贺三寺最后的光教寺陷落。

这场大战以后，加贺势力庞大的三寺集团彻底败落。本愿寺中央派出代官接管了加贺各地的庄园领地，彻底控制了加贺国，天文十五年（1546），在加贺建立了尾山御坊作为加贺统治的核心。本愿寺自此从一个宗教团体，向控制地方实权的战国大名转化。

四、缘散

享禄四年，细川晴元在权力争夺战中击败了细川高国，成为新任的幕府管领。这只狡猾多端的老狐狸在获得权力以后，就对昔日的有功之臣开刀，他的目标是功勋卓著的三好元长。

细川晴元首先的举动是对河内的畠山家下手。在打倒细川高国的战斗中，作为河内守护的畠山义尧出力甚多。河内畠山家自畠山义就以来，一直是近畿一股重要势力，此次立功更增添其威信，这就引起了细川晴元的警惕，于是他在本愿寺的执政莲淳的帮助下，联络上了河内的守护代木泽长政，勾引他背叛畠山家。知道这个消息的畠山义尧勃然大怒，天文元年（1532）五月出兵讨伐木泽长政，包围了饭盛山城。后者只能向细川晴元求救。细川晴元却迟迟不见行动，因为他忌讳三好元长的实力强大，不敢轻举妄动，而三好元长正好应畠山义尧的要求站在畠山家一边。

于是，狡猾的细川晴元决定祭出他压箱底的终极法宝——本愿寺的势力。他向本愿寺证如求援，证如上人在此时把他祖父实如上人的告诫：“莫与诸国之武士为敌”抛诸脑后，兴冲冲地发动了河内、摄津、和泉等国的信徒，将他们统统武装起来袭击包围饭盛山城的畠山和三好联军。三好元长也不是吃素的，他本人笃信法华宗（日莲宗），而畿内的法华宗信徒在权势熏天的一向宗信徒面前一向抬不起头来，于是，三好元长就将法华宗煽动起来。一场政治斗争又演变成为宗教派系之争。

一向宗加入战团很快使战争的结局变得没有悬念，一向宗的信徒素来是使用人海战术赢得战争，于是在是年六月，畠山义尧兵败自杀。五天以后，三好元长也被一向宗逼得走投无路而自杀。一向宗一出手，细川晴元就大获全胜。

不过此后的发展却让细川晴元目瞪口呆，证如的胜利引起了畿内的一向一揆。打顺手的一向宗信徒们杀进了大和国，从大乘院开始一路放火烧到古都奈良的兴福寺。据说他们甚至把兴福寺放生池——猿泽池里的鲤鱼和奈良春日大社中的鹿都抓捕一空，大快朵颐一番后扬长而去。

细川晴元此时陷入恐慌，他没有想到自己亲手打开了潘多拉盒子，于是他决定和本愿寺撇清关系，同时授意木泽长政镇压一向一揆。木泽长政学到了细川晴元借刀杀人的秘诀，他用的是京都法华宗一揆的势力，法华宗已经被三好元长煽动起来反抗一向宗，所以这简直是一项不费吹灰之力的任务。另外，近江守护六角定赖一直很讨厌一向宗，他也加入了战团。于是，形成了畿内联手镇压一向一揆的局面。八月二十三日，法华宗、六角军以及附近的居民组成联军包围了山科本愿寺，次日，山科本愿寺这座灿烂辉煌的净土真宗本山毁于一片火海。

失去本山的证如上人移师石山本愿寺，从此，石山就成为本愿寺的总部。本愿寺在下间赖秀兄弟的带领下继续抵抗幕府军队。天文四年（1535），细川军发起对石山的总攻，证如上人被迫叫来了莲淳主持与幕府和谈，他把下间赖秀兄弟作为发动一向一揆的替罪羊流放，以此获得了细川晴元的宽恕。

而击败一向宗的法华一揆在天文五年（1536）也遭到了毁灭性的打击。是年三月，法华宗的信徒松本久吉在比叡山延历寺的西塔以幕府和天皇为中介与天台宗的僧侣华王房辩论，最终华王房被判负。输不起的延历寺立刻决定干掉法华宗。当天，延历寺就集合僧兵，以武力要求京都的法华宗 21 座寺院降服为天台宗的末寺。这个要求遭到拒绝。延历寺立刻向后奈良天皇求得了讨伐法华宗的许可，联合京都的兴福寺、东寺、园城寺等寺院，当然也拉拢了昔日与法华宗结下仇怨的本愿寺。法华宗孤立无援，京都的21座寺院顷刻间被焚烧殆尽。大火延烧又毁掉了半个京都。此后，朝廷发布了对法华宗的禁教令。在山科本愿寺焚毁后风光一时的法华宗就这样衰落了。

一向宗却没有受到山科本愿寺被毁的影响，它仍然是令各国大名所头痛的强大力量。天文二十三年（1554），证如上人圆寂，显如上人继位，显如上人娶公卿三条公赖之女为妻，与武田信玄是连襟关系。当时本愿寺已经成为战国大名之一，由于其宗教属性，它拥有其他战国大名无法企及的影响力。当时在三河国，本证寺、上宫寺和胜鬘寺三座本愿寺拥有“守护使不入”的特权。松平家康（即后来的德川家康）成为三河之主以后，松平家开始向战国大名转化，守护使不入的规则就逐渐遭到破坏。永禄六年（1563），松平家康的家臣侵犯了三座本愿寺的权利，一说是家康的家臣闯进了本证寺捕盗，也有一说是松平家在上宫寺的领地里抢夺了粮食。这就导致三河地区爆发一向一揆，三河的反松平势力也纷纷与一向宗信徒联合，连素以忠诚闻名的三河松平家臣团都有一半的人站到一向一揆这一方，松平家康的冈崎城被一向宗所围攻。家康耗费了整整半年时间才将他们镇压下去，三河国从此禁绝一向宗长达20年。家康对一向宗的威力留下了深刻印象，这直接影响到了江户幕府时期的政策。

◇ 戎装的显如上人像

位于伊势的长岛是本愿寺势力的另一个聚集地，影响范围波及尾张西南、伊势北部和美浓南部。元龟元年（1570），织田信长在完成上洛之战以后侵入伊势，长岛本愿寺掀起了历史上最血腥的一向一揆——长岛一向一揆。

长岛位于尾张和伊势两国边界，在这里有一座愿证寺，原住持是莲如上人之子莲淳，在这个两不管的跨境地带，净土真宗信徒围绕愿证寺不断扩大势力，形成了一片防御坚固，控制严密的领地。元龟元年（1570）九月，石山本愿寺加入了反信长的包围网中，长岛信徒受现任住持证意指挥蜂起响应，攻击伊势、尾张。伊势大名北畠家早已从属信长，此时驻守在此的有尾张小木江城的织田信兴和桑名城的泷川一益，突然暴起的一向一揆打了他们两人一个措手不及，此时，信长的主力被拖在与近江浅井家和越后朝仓家对决的战场上，完全救援不及，织田信兴城破后自杀，泷川一益逃跑。信长匆忙与这两家和议，转过枪口直扑长岛。

元龟二年（1571）五月，织田信长出兵五万，以佐久间盛政、柴田胜家为两路军主将，分兵杀入伊势。长岛一向一揆已经控制住了伊势湾的制海权，支持本愿寺家的杂贺雇佣军源源不断地通过海运将铁炮等战略物资及人员补给到长岛。织田军撤退之时，遭遇翻越山岭的一向一揆的袭击，断后的柴田胜家军团损失惨重，织田军大将氏家卜全阵亡。不过此次织田军仍有战果，六月，证意在查勘战场情况时，被织田军潜伏的士兵用铁炮击杀。

天正元年（1573）九月，信长再度出兵伊势，这一次，他吸取前番未得制海权的教训，决意以海军切断一向一揆之援助，命令伊势北畠家协助在大湊一带调集船只。九月中，织田军侵入北伊势，佐久间信盛、羽柴秀吉等攻下西别所城，柴田胜家等攻克坂井城，随着织田军的前进，北伊势诸豪族纷纷来降，在攻克北伊势的白山城以后，大湊一带的船只还是迟迟不到，无奈，信长只能率军返回。在返回途中，一向一揆又拿出了他们的拿手好戏——山岭游击战，信长这一次比较幸运，天降大雨，一向一揆手里的铁炮发挥不了威力，双方在山地陷入近战，织田军殿后将领林通政阵亡，信长则安全返回岐阜城。

事后信长才知道，大湊的船之所以迟迟不到，是一向一揆方的将领日根野弘就搞的鬼，他把船只全调运走去运送一向一揆势中的女人与小孩。听闻此消息的信长勃然大怒，杀了与日根野弘就合作的福岛亲子示众。

这次杀人表明了信长的强硬态度：伊势的船主如果不想死的话，必须和织田军合作。天正二年（1574），信长几乎动员了织田领地全部的军队，分兵四路，信长亲率军出早尾口，东面市江口以织田信忠为总大将，西面贺鸟口以柴田胜家为总大将，同时命九鬼嘉隆出水军封锁伊势湾。七月十四日，进入伊势的三路大军进展顺利，织田军沿途采用焦土战术，一路烧毁一向一揆的据点。第二天，九鬼水军抵达伊势前来会合，长岛一带从陆地到河道都被织田军团团包围，信长对此战势在必得，集中力量疯狂进攻，一向一揆势力被迫避其锋芒，龟缩到长岛、屋长岛、中江、筱桥、大鸟居这五座城池中。织田军以大铁炮日夜向城中射击，城中的士气逐渐低落，提出投降，但信长拒绝接受任何的降服要求，并切断粮道，决定将一向宗信徒饿死在城中。

八月二日，大鸟居城中的信徒首先挨不过饥饿逃出，被城外的织田军围攻，死伤千人，筱桥城也在随后被迫放弃，信徒最终集中到长岛城中。此时，城中已经是饿殍遍地，一向一揆再度提出投降，信长决定佯许，在城中信徒出城时，埋伏在一侧的织田军突然开枪，被欺骗的愤怒信徒们决死一拼，信长的庶兄织田信广等将领阵亡，同时，城下也翻作一片修罗场。

已经杀红了眼的织田信长决定对剩余的中江城和屋长岛城采取火攻，大火吞噬了两城中上万的男女信徒。长岛一向一揆最后惨烈地被织田信长所镇压。

同时，在天正二年（1574），织田家所占领的越前发生内乱，越前一向一揆爆发，一时间，一向一揆成为信长最头疼和棘手的敌人。织田军四处灭火，疲于奔命，每到一处剿灭，必以极端措置严厉镇压，织田信长这位佛敌因此背上了“第六天魔王”的恶名。

而石山本愿寺在显如的领导下，以坚固的城防，忠实的信徒和源源不断从濑户内海而来的物资支援抵抗了信长长达十年之久。天正六年（1578），信长封锁了濑户内海，彻底切断了石山本愿寺的外援路线。天正八年（1580），显如上人接受了天皇特使近卫前久的建议，与信长达成协议，交出石山本愿寺，迁往纪伊鹭森。

实际上，在石山合战后期，本愿寺内部已经发生了分裂。以显如上人之子教如为首的强硬派主张抗战到底，与显如的另一子准如为首的稳健派的意见相左。在显如上人与稳健派迁出石山后，教如与强硬派宣布与显如决裂继续顽抗，这就导致了本愿寺的完全分裂。教如在继续抵抗半年以后，也被迫离开石山。作为战国大名的本愿寺家的历史宣告结束。

本能寺之变后，显如上人与丰臣秀吉达成了良好关系，并在朝廷的中介下与教如重归于好。天正十一年（1583），昔日的石山本愿寺的所在地矗立起了雄伟的大坂城，这里成为丰臣政权的政治中心。

在丰臣秀吉的“恩许”之下，天正十三年（1585），显如在大坂城下的一片空地上建起了天满本愿寺，根据秀吉的命令：不许建设城壁和防堀。本愿寺成为丰臣政权的附庸，天正十七年（1589），为追捕人犯，丰臣秀吉派出石田三成进入天满本愿寺町，逮捕了 63 名有容留犯人嫌疑的町人处死。对于这位“天下人”的所作所为，显如完全无可奈何，且还受到了一顿申斥，本愿寺家叱咤风云一呼百应的辉煌时代已经过去了。

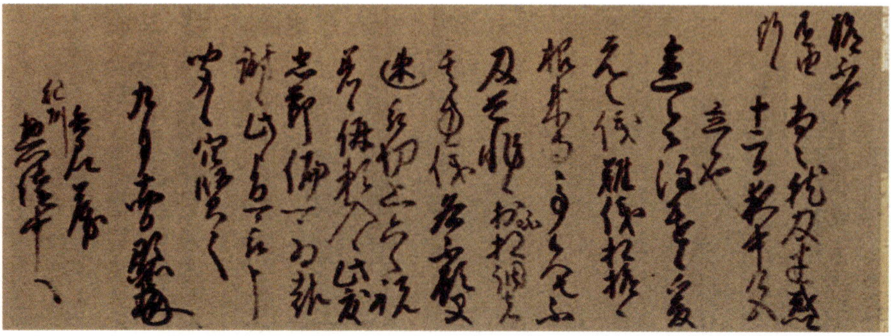

◇ 显如上人发给纪伊门徒的命令

文禄元年（1592）十一月，显如圆寂，教如继承法主之位，第二年闰九月，这位曾经的强硬派代表被丰臣秀吉叫到大坂申斥，下令他把法主之位让给稳健派之主准如，教如被迫隐居。

德川家康获得政权后，由于对三河一向一揆记忆犹新，他在近臣本多正信的策划下，决定利用本愿寺的内部纷争。在江户幕府的操纵下，庆长七年（1602），准如迁居七条堀川本愿寺，次年，教如重新出山，立山门于上野厩桥妙安寺，从此，本愿寺东西分立。以准如为首的为净土真宗本愿寺派，是为西本愿寺，以教如为首的为真宗大谷派，是为东本愿寺。

今天，净土真宗是日本最大的佛教派别，拥有约22000座寺院和庞大的信徒群，本愿寺仍然林立于日本的名山大川中。而这一切的基础，都源自战国时代那些惊心动魄的岁月。

笔者云：今川为室町近支，于乱世之中，首推检地，复以分国法维系主从，遂一变而为战国大名，实为战国守护大名转型之典型。本愿寺起于浮屠之说，因其教义而获利甚丰，遂成战国大名，亦时势所造就也。

第六章 信长之野望

在日本战国史上，恐怕没有任何一个人的影响力能够和织田信长相比，在任何一本日本历史教科书中，他都是一个重要人物。拜那部光荣游戏的旗舰产品《信长之野望》所赐，他在中国的日本战国迷和宅男群体中，也是一位广受欢迎的人物。

正是因为如此，如今我们看到的织田信长形象多变，具有无数种可能。

信长可以是女的，她可以如三次元的天海祐希一样女王范儿，也可以像二次元的织田信奈一样萌萌哒。

信长可以是吃货，可以如《信长的主厨》里的及川光博一样，吃着好吃的还差使着他的主厨去赴汤蹈火。

信长可以是穿越，可以如《信长协奏曲》一般因为穿越而各种神展开。

真实的信长一样精彩，因为织田信长本身是一个令人眼花缭乱的人物，他是尾张的大傻瓜，是战国的风云儿，是赤鬼，是第六天魔王……

第一节
升龙之章

一、尾张之虎

狭长的日本本州岛在中段有一个“人”字形的凹陷，那就是有名的伊势湾。尾张国，就位于这个凹陷的顶端。

战国时代的尾张国，是一个四战之地，是连接京都和关东地区的重要隘口。这就要求控制尾张的主君必须是一位天才的战略家，否则，虎视眈眈的四邻可以从任意一个方向攻来，轻松将这个沃土百里的“交叉点”据为己有。

尾张国的名义主人是室町幕府的“三管”之一：斯波家。斯波家曾经是室町幕府将军以下最荣耀的家族，号称三管的“笔头”。斯波家之所以地位崇高，是因为他们和足利将军本是一家。足利家第四代家督足利泰氏的长子足利家氏，在镰仓时代领有陆奥国斯波郡，但其子孙一直到室町时代初期还是以足利为苗字，如辅佐足利尊氏建立幕府的斯波高经和其子斯波义将，他们在最初都称足利氏，为区分于将军家，人们称之为尾张足利氏，其后才开始以斯波为苗字。在室町幕府初期，斯波高经、斯波义将以执事（即后来的管领）身份秉持幕政，风头无两，世袭尾张、越前、远江三国守护。但在斯波义将死后，斯波家的权势就日薄西山，先是斯波义淳几度与将军足利义教意见相左，被迫辞去管领职，其后斯波家两任家督早逝，足利义教又设立“御一门”规定吉良、涉川、石桥三家家格超越斯波之上，斯波家在幕府的地位逐渐为细川和畠山所侵夺。

在应仁之乱中，斯波家的斯波义廉和斯波义敏分别加入西军和东军，斯波家经过此番内耗，元气大伤，一蹶不振。加上斯波家的领地分散，距离京都有一段距离，在京都参与东西军大战的斯波家，领地纷纷为守护代所侵夺。斯波义廉是西军的主力，但他手下的大将朝仓孝景内通东军，被东军册为越前守护，从属东军的斯波义敏表示抗议，为阻止斯波家夺回越前，朝仓家把斯波义廉的儿子斯波义俊接到越前。越前原本有家足利家，是三代将军足利义满的次子足利义嗣的后人，义满将军溺爱足利义嗣，导致继任将军足利义持对其戒心重重，足利义嗣及其后人因谋反嫌疑被迫迁居越前，称“鞍谷公方”。斯波义俊是这个奇怪的鞍谷公方家的女婿，朝仓氏利用这一点操纵斯波义俊成为公方，以之为傀儡名正言顺地占领

◇ 织田家家纹“织田木瓜”

越前。而远江，在不久以后被骏河的今川家所夺取，所以东军的斯波义敏的后人只占有了尾张国。到了16世纪早期，尾张国的实权也已经不复为斯波家所有，斯波家的主君斯波义统只是一个名义上领有尾张国的“傀儡”。尾张国则被斯波家的家臣织田氏一分为二，领有上四郡的是织田伊势守信安，领有下四郡的则是织田大和守广信。

织田氏在战国时代自称是平氏后裔，出自桓武平氏平资盛之子平亲真流，但这一说法被普遍认为是织田氏后来为往自己脸上贴金的仿冒之举。在战国时代，特别是一些下克上起家的家族为了寻求自己行为的正当性，多有假冒名门之举，相模北条如是，尾张织田也不能免俗。织田氏也自称过藤原氏，在平安时代中期，有一个叫藤原利仁的人到关东任职，先后担任过上野介、上总介、武藏守等官职，最后官至镇守府将军，他是藤原氏东流与关东武士集团结合的典型人物。这位杰出人物的所谓后裔也多为仿冒者，织田家后来在尾张的热田神社供奉的时候，也曾经以藤原氏自居。

当然，现在看来，最靠谱的织田家来源应该是来自越前国织田庄织田剑神社的神官，这一神社供奉的是素戋鸣尊，神官为古代氏族忌部氏（也称斋部氏，为氏，非苗字），为日本古代朝廷承担祭祀的部族。织田氏当为忌部氏之后。

室町时代的织田氏为斯波家的家臣，担任尾张的守护代。尾张织田家分为两大家族，上四郡为岩仓织田氏（伊势守家）所领有，下四郡为清洲织田氏（大和守家）所领有。

在这种情况下，出现了一名打破尾张僵局的领袖人物，那就是被称为“尾张之虎”的织田信秀，他出身织田弹正忠家。这个家族最早出现在记录上的是织田良信，据说他为清洲织田家第三代织田敏定之子，另一说此人应该是织田敏信之子，而织田敏信或是敏定之子，或是敏定之兄弟。总而言之，织田良信应该是清洲织田家的分支子孙，从他这一代开始就担任清洲织田家的奉行，为“清洲三奉行”之一。织田良信之孙就是织田信秀，可以说：信秀是斯波家家臣的家臣。

天文元年（1532），织田信秀夺取了那古野城。那古野城的城主是今川氏丰，他是骏河守护今川义元的亲弟弟，被发到今川家在尾张的这块“飞地”领土那古野一带筑城为主。织田信秀夺取那古野城的经过颇为传奇，据《名古屋合战记》所说：今川氏丰非常喜欢连歌，信秀就投其所好，入那古野城举办连歌会。就在那一天，织田信秀宣称自己病倒在城中，要求开城门招家臣来传达遗言。“善良”

的今川氏丰信以为真，就开了城，织田军一拥而入，把今川氏丰轰出了城，鹊巢鸠占。那古野城成为织田信秀的新居城，他在随后从胜幡城移居于此。为进一步巩固对该地的占领，天文八年（1539）和天文十七年（1548），织田信秀又在附近修筑古渡城和末森城。今天的日本大都市名古屋一带，在战国时代就是织田家兴起之地。

当时的尾张国，北面是美浓国，美浓的“蝮蛇”斋藤道三没有一天不想占据尾张，东面则是三河国，三河的英杰松平清康频频出兵骚扰东境，让织田信秀头疼不已。信秀还要面对来自同族的压力，新任大和守家家督，驻守清洲的织田信友手里握着“傀儡”斯波义统，其名义上也比织田信秀高一档次。只不过信秀已经分遣家中同门把守尾张要津，尾张的实际控制者已经转移到这个斯波家家臣的家臣手里。

在这样的情势下，织田信秀首先向朝廷献金以寻求“正当化”，他在巩固那古野后就上京谒见，穷困的朝廷立刻给了他从五位下的官位。

接着信秀把主要目标放在东面，全力进攻三河的松平家。

三河松平家是后来建立江户幕府的德川家的前身，德川家自称源氏，是由盘踞在上野国新田庄的清和源氏的嫡系新田氏（世良田氏）和旁系得川氏（德川氏）结合而成，这一说法乃是后来建立幕府的德川家康为了自己的正当性而伪造出来的，因为只有源氏才能担任征夷大将军。

根据德川家的系谱，可追溯的松平氏第一代为松平亲氏，据说他在家中接待了一个时宗的僧侣，这个僧人就是得川氏的后人，松平亲氏入赘此僧，就搭上了得川家这一脉。但这一事件，不知是因为年深日久还是纯属虚构，江户时代的《三河物语》《松平氏起源书》等记述多有矛盾不明之处，只能打上一个问号了。

在松平家第三代松平信光时代，松平家成为京都幕府政所执事伊势氏家臣，管理着幕府的直属料所，正是此时，松平氏借助应仁之乱前后的混乱局势开始崛起。当时三河守护为四职之一的一色氏，与足利将军源出同门的一色家在足利义教时代就遭遇重大打击——家督一色义贯被杀，原本握有丹后、三河、若狭三国的一色家遭此打击，若狭为安艺武田氏所夺，而随后在应仁之乱中，一色家又加入西军，三河也被幕府下令剥夺。几乎处于无主状态的三河成为松平氏这样的地方豪族活跃的天堂。松平信光大约在文明五年（1473）夺取了安祥城，随后夺取冈崎城，以此为核心在三河大大扩展势力。

据说松平信光有四十多个儿子，将他们分据在西三河各处以稳固势力，号为“十八松平”。在信光之后，安祥城的次子松平亲忠掌握了这一家族，明应二年（1493），松平亲忠率一两千人的部队在井田野击败了由三河阿部氏、铃木氏、中条氏等豪族组成的三四千人的联军，进一步巩固了在族中的地位。而其子松平长忠（一作长亲）时代，形成了被称为“安祥谱代”的三河家臣团，被认为是松平家开始向战国大名过渡的标志。此时，骏河守护今川氏亲和北条早云联合发起对三河的进攻，从永正三年（1506）七月开始到永正六年（1509），爆发了一场长达三年的“永正三河之乱”，长忠率军在永正三年八月于三河矢作川一带死命抵抗今川家，最后，北条早云忧虑后方不稳，提前撤退，这是今川和松平两方对决的第一次记录。

松平长忠在同年退隐让位给其子松平信忠，但这个信忠却是有史以来最昏庸的家督，当时的记载说松平信忠“刚愎自用，不正规进行神佛祭祀、也不注重仁义礼让，更不听亲族和家老的进言”。随后在大永三年（1523），信忠被迫隐居，让位给长子清康。

这起政变式的让位充满疑窦，以才能出众的松平清康顶替松平信忠，被认为是松平家在面临今川压迫的情况下的一次自救行动。当时松平家内部也出现了一些隐忧，冈崎城的岩津松平家对安祥松平家的支配地位形成威胁，这使松平清康在随后进攻岩津松平家的山中城。大约大永四年（1524）四月，松平清康在一个风雨交加之夜出兵夜袭，夺下了这座城池，随后，冈崎城被迫降服。接着，松平清康出兵东三河，享禄二年（1529）五月，攻打吉田城牧野氏和田原城户田氏，次年，他又攻陷了东三河唯一还在竭力抵抗的宇利城，同年，他迁移到了新建的冈崎城，以此为三河的中心。

统一三河证明了松平清康确实不愧为松平家百年难得的奇才，他同时在这一阶段开始自称源氏之后世良田氏，体现了他出色的政治眼光。

统一三河以后的松平清康开始向尾张侵略，他在享禄二年就开始入侵尾张春日井郡，连下品野、岩崎、野吕等城。天文四年（1535）十二月，他再度出兵尾张，此次目标是织田信秀之弟信光驻守的守山城，在战事中，他突然被家臣阿部弥七郎所杀，享年25岁。

这起称为“守山崩”的事件背后充满了谜团。一般的说法是在这场守山战役中，松平军中流传着有人谋叛的谣言，其中一个嫌疑人是阿部大藏定吉，因此定吉和儿子弥七郎写下誓文以表忠诚准备上交，而在第二天，军中有一匹马突然狂暴起来，清康指挥军士制服马匹，被弥七郎误认为其父被处死，因此从背后砍倒了清康。

而如今有更多学者认为此次松平清康攻打守山城，目标并非织田信秀，而是自己的同族松平信定。松平信定为清康之父信忠的弟弟，此人深受清康的祖父长忠的宠爱，并一度有意废嫡立之。因为这层缘故，松平家有了内乱，信定之女又嫁给了守山城主织田信光，与尾张关系不浅，因此，有人认为，这是织田信定的一个圈套，诱使清康来攻守山城，从中取便将之杀死。

松平清康之死对松平家打击极其致命，他那乳臭未干的儿子松平广忠此时不过 10 岁。就在松平清康死后不到半个月，织田信秀就率军 8000 杀向冈崎，仓促间，松平家只有 800 人应战，战场仍在井田野，这片土地分为一片水田和一片旱地，松平军分为两队，分别向水田和旱地的织田军发起攻击。据《三河物语》记载，松平军士气极其旺盛，虽然仅 800 人，但发出的呐喊声“如同春天田野里，黄莺离开老巢发出的第一声鸣叫”，狭路相逢勇者胜，虽然水田中的松平军被全歼，但旱地上，松平军顶住了织田军的进攻，最后双方达成和解。

短期的胜利不足为喜，很快，松平家发生内乱，觊觎家督位已久的松平信定突然来到冈崎城，将松平广忠轰出城外。这一行动似乎印证了清康之死是松平信定蓄谋已久的筹划。松平广忠在家臣护卫下流亡伊势，天文六年（1537）六月，依靠家臣大久保忠俊等人里应外合的努力，松平广忠得以回到冈崎城。

松平家此时已经失去了能对抗尾张的实力，天文九年（1540）六月，织田信秀再攻三河，其目标是安祥城。这座城池是松平家本家发迹之地，因为其周围都是茂密的林地，所以又叫“森城”。该城虽小但难攻，把守安祥城的是清康的叔父松平长家，兵力只有千人，松平广忠派了弟弟信康等人前往救援，但依旧寡不敌众，安祥城被占领，冈崎的前沿阵地向织田家敞开。

危急关头，松平广忠只好向邻近的今川家求助。他在天文十年（1541）迎娶了三河刈谷城水野忠政的女儿於大，以政治婚姻巩固和今川的同盟关系，松平家从此实际上成为今川家臣。

这实在是一个“前门拒狼，后门进虎”的馊主意。号称东海道第一弓取的今川义元可不是一个扶助幼孤，救人之难的好人，他感兴趣的不过是三河地区的土地而已。因此，他兴冲冲地带兵出发，和织田家在小豆坂展开一场鏖战，给了远道而来的织田军一次措手不及的迎面痛击。因信秀之弟织田信光的奋战，织田军反败为胜，将今川家遏制在了三河一带。

松平家此后又生内乱，再一次给了尾张之虎绝佳的机会，天文十二年（1543）正月，松平广忠突然决定流放他的叔父松平信孝。信孝本是协助松平广忠回到冈崎的功臣，他此次被流放一则是遭到松平家家臣团的集体驱逐（可见信孝平时人缘不怎么样），二则是广忠认为这位唯一的长辈可能会做出松平信定那样的事情。被流放的松平信孝大怒，立刻投了织田家。随后，他的三木城以及周边城池就成了织田家进攻冈崎的前沿。

在松平家岌岌可危的情况下，松平广忠再度向今川家求援，今川义元要求松平广忠把他 6 岁的孩子松平竹千代送来做人质，夹在两只老虎之间的松平家只好在今川和织田之间做出抉择，把人质送往今川家。但就在押送人质的路上，护送者户田康光却把自己护送的“货物”给打劫到那古野城交给织田信秀。于是，松平竹千代（也就是后来的德川家康）和织田家的继承人织田吉法师（也就是后来的织田信长）就在这一系列戏剧性变化中发生了“命运的际会”。

二、尾张的大傻瓜

无数的历史事实告诉我们：小时候的大傻瓜，长大以后往往是一鸣惊人的天才。大约是因为许多名人在幼时都有不被人理解的一面，本章的主角织田信长大人也是这样一个人。

或许所谓的“装傻”不过是一种特立独行的表现，突出此人的与众不同，而只有与众不同的人物才能开创新的人生道路。

天文三年（1534），在织田信秀迁居那古野城后，他的正室土田夫人为他生下了一个孩子，这是信秀的嫡长子，乳名吉法师。谁也想不到，这个孩子将来会改变日本的历史。

尾张之虎织田信秀对吉法师这个孩子很重视，他特地安排了四名家臣作为嫡长子吉法师的老师：平手政秀、林秀贞、青山与三右卫门、内藤胜介。这四名家臣担负着将吉法师培养成合格的继承人和未来的尾张之主的重任，但是他们的学生实在是很让人“失望”。

吉法师从小就顽劣不堪，经常穿着一些奇奇怪怪的衣服跑来跑去，在田野山间和一群野孩子在一起疯狂地玩，腰上总是挂着一些五花八门的玩意儿，什么钱袋、火石包、饭团、树枝之类，就像哆拉 A 梦的百宝袋一样。松平竹千代也是他的玩友之一，一群孩子或者骑马，或者游泳，自由享受大自然的乐趣。在其他的继承人认真读书，学习礼仪政治战法的时候，尾张国的继承人却在野外疯玩。尾张的家臣，除了平手政秀以外，无一不对这位继承人感到失望。但织田信秀对吉法师的态度却很奇怪，他根本不理会家臣要求更换继承人的建议，而是默默看着这个顽劣的孩子成长。

天文十五年（1546），织田吉法师举行了成年元服礼，取名信长。或许在许多家臣心里，认为成年后的信长会成熟一点，更像一个继承人，但信长的表现实在让人失望。他继续延续着童年时候的发疯行为，光着上身，腰上带着那些稀奇古怪的玩意儿，骑着马，继续和一些同龄的大孩子在野外疯玩。家臣们对他们将来的主人完全不看好。于是，信长得到了一个光辉的称号：“尾张的大傻瓜”。

更多的家臣开始酝酿支持信秀的另一个孩子作为继承人，织田氏的其他族人也开始对家督之位虎视眈眈。信长在还没有成为尾张之主前，家中就已经埋伏下了危机。

信长成年以后，他的父亲信秀就把那古野城交给他打理，而信秀自己则住进了末森城，继续他的三河攻略。三河的松平广忠却死心塌地地跟着今川家，在天文十二年（1543）九月，由于松平广忠的妻家水野氏叛离今川转投织田，松平广忠立刻和妻子於大离婚，娶了田原城主户田康光的女儿真喜姬。而在此后，因为户田背叛今川家劫夺竹千代，松平广忠很快联合今川家剿灭了户田氏，真喜姬因为早被父亲抛弃而得以幸免。织田信秀反复以竹千代为饵劝诱松平广忠投降，松平广忠的态度却极其坚定：“即使你杀了竹千代，我也不会背叛今川家。”

事实上，尾张的织田要攻略三河，遇见的麻烦还不止今川一个，北方的美浓潜伏着一个大敌，正是他的存在，使信秀始终不可能集合尾张全部的力量去三河战场拼杀。这个人的能力绝对不可小看，他就是有蝮蛇之称的斋藤道三。

在动物园里看到蛇，是什么感觉？这种看似懒洋洋的三角脑袋动物一定让所有看到它的人起一身鸡皮疙瘩，斋藤道三就是这样一个能让所有人起一身鸡皮疙瘩的人。天文十一年（1542），斋藤道三轰走了土岐家的当主土岐赖艺，成为美浓之主。他就像一条蝮蛇一样咬破主家的肚子蜿蜒而出，他的心狠手辣和精于算计使他成为尾张国最危险的敌人之一。

织田信秀是土岐赖艺流亡时的保护人。天文十三年（1544）九月，在攻略三河失败后，织田信秀就转向攻略美浓，一直打到了斋藤家的主城稻叶山城下。蛰伏不出的蝮蛇突然蹿了出来狠咬一口，信秀的弟弟织田信康和信长的老师青山与三右卫门阵亡。在这次加纳口之战中被蝮蛇教训的信秀终于意识到，吞并美浓其实也是个不切实际的想法，既然打不过，那就转向笼络。在家臣平手政秀的建议下，双方转向和亲，斋藤道三把爱女斋藤归蝶嫁给信秀的嫡长子织田信长。这次的婚姻也意味着斋藤道三实际上承认织田信秀是尾张实际上的主人，这种外通“敌国”的行为对于一个家臣来说是不被允许的，这意味着织田信秀正通过各种方式一步步谋求下克上。

蝮蛇的想法也很阴险，他早就听说信长是个吊儿郎当的大傻瓜，如果信长继承尾张，那么蝮蛇就会一口吞掉女婿的尾张国。据说他把一把匕首交给女儿，叫女儿刺杀信长，女儿笑笑：“可能哪天，我会把这把匕首插进父亲大人的胸口。”蝮蛇颇为惊异，也报之一笑。

听说织田军在美浓吃了大亏，松平广忠又起了收复安祥城之心。天文十四年（1545）九月，松平军包围安祥城，本以为能轻松地推平败战之师织田军，但织田军突然拿出了一件秘密武器——铁炮。大部分没见过铁炮的松平军受了惊吓，此时城中守军突然杀出，断了松平军的后路。松平广忠被家臣死命救出了包围圈，重臣本多忠丰（本多忠胜的祖父）代主阵亡。

◇ 织田信长

天文十七年（1548），织田信秀再次入侵三河，今川家出兵援助，这一次，信秀遇见的敌人是他的克星——今川家的名将太原雪斋。太原雪斋是今川义元的良师，被今川义元奉为军师，今川家能够后拒武田信玄，前敌织田信秀，在两大强雄之间维持强大，很大程度上取决于这个人的能力。织田和今川第二次在小豆坂遭遇，太原雪斋趁织田家前队织田信广和今川家先锋朝比奈泰秀打得难解难分的机会，派出冈部元信加入战团，以多克少，狠狠教训了下织田家。织田信秀只好把庶长子信广留在安祥城，狼狈逃回那古野。而在随后，松平信孝试图自己攻下冈崎，发起了不自量力的进攻，败走时被流矢射中身亡。织田家对三河的攻略遭到这一次打击，只能暂时束之高阁。

天文十八年（1549）三月，年轻的松平广忠突然死去，和他父亲清康一样，他的死也是扑朔迷离。一说松平广忠是被一个叫岩松八弥的人砍杀，此人是织田家臣佐久间信孝派出的刺客，被松平广忠招用，伺机行刺。在事后，松平家臣派天野孙七郎前去报复，造成佐久间重伤。而《三河物语》却说松平广忠是病死的，他派人行刺佐久间在前。考虑到有旁证说明行刺佐久间是在当年十月广忠死亡以后，很可能“遇刺身亡说”是比较符合史实的。

松平广忠之死令三河再度遭遇危机，正当织田信秀磨刀霍霍的时候，克星太原雪斋却已经动手了，他派出朝比奈泰能趁虚进入了三河的中心：冈崎城。十月，安祥城陷落，今川军把安祥城主织田信广绑架走了。在这个厉害的“绑匪”面前，尾张之虎显得一筹莫展，他只能被动地接受对方的要求，把松平竹千代这个价值不菲的货物交出去换回他的庶长子，三河也成了今川义元的囊中物。信秀被太原雪斋这么一气，郁郁寡欢，两年以后，这头尾张之虎因病撒手人寰。

天文二十年（1551），“大傻瓜”信长终于继承了家督之位。信长在继位前就表现得桀骜不驯，他敢带人跑到和信秀面和心不和的织田信友所住的清洲城下放火，让他父亲大吃一惊。在成为大当家后，首先当然要处理父亲的丧事。据说信长在丧事上也让所有的家臣大跌眼镜，本该到场主持葬仪的信长竟然迟到，而且没穿丧服，光着上身，腰上还是挂着一大堆杂物。敬香的时候，他拿起一把香往父亲灵位前一扔，扬长而去。在场的家臣先是口瞪目呆地看着他表演，然后议论纷纷，表达对这个“不孝子”的极度不满。

天文二十二年（1553）闰一月，信长的老师平手政秀突然切腹身亡。关于平手政秀之死，在许多书籍中都归结为信长的行为乖张，作为导师的平手政秀苦谏多次，最终决定以死相谏，希望以自己的血来唤醒这个“大傻瓜”。而另一个说法是平手政秀之子平手五郎右卫门有一匹马为信长所看中，但平手五郎右卫门拒绝了信长的上纳要求因而触怒了信长，平手政秀被迫自刃。

更有一种可能是织田家中的政治斗争此时已经到了山雨欲来的地步，拉信长下台的呼声在织田家中甚嚣尘上，而作为信长一方首脑的平手政秀此时承担着巨大的精神压力，他的自杀可以说是给信长敲响了一记警钟。

平手政秀的死对信长打击很大，不过他似乎没有改过的意思，仍然光着半身到处跑。这时，美浓的蝮蛇觉得出手的机会到了，他决定要会会这个传说中的“傻瓜”女婿。

天文二十二年（一说是天文十八年），斋藤道三约信长在美浓和尾张边境的尾张富田正德寺见面。蝮蛇的心思昭然若揭，几乎所有的织田家臣都反对信长前往，信长却胸有成竹，带着数百支铁炮和一队长枪队浩浩荡荡跑到正德寺去见他的蝮蛇岳父。斋藤道三未看见女婿时，心里肯定在狂喜，或许他还会发出一声感叹：“尾张是我囊中物了。”但在正德寺外的路上，他看到的是一个光着上身，腰上挂着稀奇古怪杂七杂八玩意儿的“大傻瓜”，带着一群武装到牙齿的军队。蝮蛇看到信长的军队手里拿着的武器，像吃了苍蝇一样难受——信长带着的是一支铁炮队，可见青年时期的信长已经认识到铁炮对未来战争模式的巨大影响，他早就开始随身携带火绳枪实验其威力。更何况尾张不怎么缺钱，织田信秀在世时曾给朝廷上纳御所修理费用 4000 贯文，能拿出这个价位的大名确定不多，信长就是在这一年向近江国友村订购了 500 杆火绳枪，这成为他来到正德寺炫耀武力的本钱。

在正式会面的时候，蝮蛇眼前的信长又变成了另一个人，锦衣华服，彬彬有礼，“大傻瓜”变成了一个帅女婿，斋藤道三哭笑不得。原来想借机胁持信长的计划因信长准备充分只好流产。蝮蛇说了句意味深长的话：“我的儿子将来可能会为他牵马。”

美浓蝮蛇转变了对信长的看法，这使信长暂时没有了外来的压力，他可以全力对付内部的危机了。织田的家臣已经明显分成了两大派系，回到尾张的信长，正面临着第一个危机。

三、郑庄克段

在中国的史书《左传》上，记载着一个脍炙人口的历史故事，叫郑伯克段于鄢。郑伯指的是春秋时期的“小霸”郑庄公，庄公名寤生，因为庄公出生的时候“寤生”，按现在的话来说就是难产——脚先出来了，“寤”就是倒着的意思，所以就以此为名。就因为这个原因，他的母亲姜氏非常讨厌这个儿子，但喜欢另一个叫“段”的儿子，这个儿子相貌堂堂，是个帅哥，所以做娘的也非常引以为荣。但庄公的父亲武公却仍然执意把郑国的家业传给了寤生。这就使姜氏非常不满。于是，在庄公即位后，姜氏就先给段讨要了大城作为封地。然后又勾结段试图搞掉庄公。而郑庄公则不动声色，把段当成耗子一样养着，养肥了，玩儿够了就一拉尾巴吃掉，做得干脆利落。

历史就是这样奇特，同样的事情，在另一个国家也会有复制版。本文的主人公织田信长家里就不得不复制了一次“郑庄克段”的戏码。

天文二十二年（1553），信长和他的岳父“蝮蛇”斋藤道三见面，得到了岳父的赏识，在某种程度上，斋藤道三作为一股外来势力在支持信长。信长首先要做的就是统一尾张，这是他父亲做了一半未能完成的工作。要完成这个工作，他必须应付尾张诸多的带“织田”苗字的家伙，首先要搞定的目标有三个：第一位是位于清洲城的尾张下四郡守护代织田彦五郎信友，这位清洲城主在名义上比信长还高一档次，尾张档次最高的大老板——尾张守护斯波义统也仅仅是织田信友的傀儡而已。第二位是守山城城主织田孙三郎信光，他是信长的叔父，信秀的弟弟，在小豆坂合战中，就是因为他奋勇作战，才使织田家反败为胜，现在信秀死了，他对信长的态度暧昧不明，这是非常值得考虑的一个问题。第三个人则是一个隐藏在信长家内部的人物。他的周围已经隐隐结合成了一股非常强大的势力，我们暂时把他放在一边，先来说说第一、第二个人的解决方法。

对于信友和信光两位，信长是有计划的，这个计划就是拉一个打一个。拉谁好呢？自然是拉自己的亲叔父。织田信光也很快站在自己的大侄子一边，他已经不成为统一尾张的障碍。至于信友，信长还要寻找一个机会去解决他，信友本人对信长这个“大傻瓜”也是深恶痛绝，他一直记得信长当年带人到清洲城下放火的往事，双方摊牌的时间很快到了。

天文二十一年（1552）四月，在织田信秀死后不久，位于织田今川之间缓冲区域的鸣海城城主山口教继内通骏河的今川义元，今川家的冈部元信等人很快就进了鸣海城，尾张国的门户被今川占领，信长立刻出兵八百前往征伐，在鸣海附近的赤塚一带与山口教继之子教吉交战，双方不分胜负，但此后，信长立刻引兵退却，原因就是后院起火，织田信友的谋臣坂井大膳趁信长全力东顾之时暗中筹划，于八月十五日进攻信长领中的松叶城和深田城，将两城城主掠为人质。次日，信长领兵从那古野出发，会合织田信光的军队，分兵三路在萱津遭遇清洲军，清洲军完全不是信长的对手，松叶、深田两城被重新夺回，信长和信友两人也自此撕破了面皮。

"傀儡"守护斯波义统和试图控制他的织田信友之间是有矛盾的，在此战以后，织田信友试图暗杀信长，斯波义统偷偷去给信长漏了风，引起了织田信友的愤恨。两年后，两人的矛盾终于不可调和，天文二十三年（1554），在坂井大膳的策划下，织田信友趁斯波义统之子义银率领家臣出猎的机会，攻入守护邸，防备空虚的守护邸陷入一片火海，斯波义统及同族 30 多人在烈火中自杀。听说此消息的斯波义银匆忙前往那古野向信长寻求保护，这就给了信长一个借口——"为尾张的大老板斯波义统报仇。"

这个口号名正言顺，非常有冲击性和震撼力，叔父信光也站到了信长一边，信长派柴田胜家出兵，在安食之战中击败了清洲军。作为一切"罪恶"根源的清洲织田家家老坂井大膳在此时抛弃主君逃亡今川家。信长叔侄两人联手于弘治元年（1555）四月攻克清洲城，织田信友切腹自杀。信长迁到了清洲城，那古野城作为"答谢礼物"送给了叔父信光。信光对这个被称为"大傻瓜"的侄儿的看法开始有所改观。

命运之神是很喜欢恶作剧的，第一年你还是威风八面，第二年你就会遭遇灾难。消灭信友后不过半年，接连发生了两大"利空"消息：一是支持信长的猛将信光被家臣坂井孙八郎刺杀，据说谋划者就是信友的谋臣坂井大膳。而第二件事情的冲击力更大，弘治二年（1556），信长的岳父，美浓的"蝮蛇"斋藤道三在长良川被自己的儿子斋藤义龙杀死了，一辈子都在算计别人的蝮蛇最后死在儿子手里。女婿信长匆匆出发援救却晚了一步，继位的斋藤义龙当然不可能支持随时想要为岳父报仇的信长，于是，信长又失去了一个支持者。信长这支潜力股刚刚有升值空间，又开始跌停。

连续两个"跌停板"让某人看到了希望。这就是信长统一尾张的第三个障碍——信长的亲弟弟织田信行。

织田信长的家庭和郑庄公的家庭实在很像，所不同的只是信长不是"寤生"而已。信长的母亲土田夫人非常不喜欢信长，原因就是，这个儿子的行为实在让母亲很看不惯，他不像是一个能够继承织田家家业的人。土田夫人喜欢她另一个儿子，信长的同胞兄弟织田勘十郎信行。同样是一个娘生的，一个光着身子到处跑，像个“大傻瓜”，另一个却是个“乖乖男”，从小知书达理，品行纯良，举止有大家风范。相信世界上大多数的母亲都会喜欢这样的孩子，又乖又听话。所以，在信秀仍然在世的时候，土田夫人就多次向丈夫提出，撤掉信长的继承人地位转给信行，而信秀每次都是要么就是含糊以对，要么就是装没听见。

◇ 佐久间盛重

信长继承家督之位后，由于他的行为乖僻，就引起了更多家臣的不满，特别是他在葬礼上的表演，使许多家臣认为有换个老大的必要。于是，在信行周围形成了一个派别。这些人包括：织田家的猛将柴田胜家、信长昔日的老师林秀贞、林美作守、佐佐成政、津津木藏人、桥本十藏等一大批大佬。而信长这边并不是没有支持者，至少织田胜左卫门、织田清正、森可成、佐久间盛重、佐久间信盛等人还是支持着信长，但实力却并不如信行派那样庞大。

“信长股”的两次“跌停”对信行派来说是一个重大的利好消息，林秀贞和柴田胜家觉得时机已到，就精心策划向清洲城进军的行动。信行派有柴田胜家 1000 人，林秀贞 700 人，合计 1700 人，从末森城一直杀到清洲城下，信长面对来势凶猛的弟弟，只能拿出 700 人左右对抗。双方的兵力对比是 2 ∶ 1，何况一个是从小豆坂合战就名扬尾张的猛将柴田胜家，一个是初出茅庐的“大傻瓜”信长。弘治二年（1556）八月二十四日，双方决战，决战的地点位于清洲城东的稻生。信行军先行抢占了稻生原，下临名塚砦，加上梅雨季节河水泛滥，这一切都对信长极端不利。

信长到达战场后，首先组织一次对柴田胜家的冲锋，但面对善战的柴田，织田军的攻势顿挫，柴田胜家甚至直扑到信长本阵，织田胜左卫门、森可成等家臣死死抵挡。这时，信长得到了一支援军，前田利家的父亲前田利昌从荒子城带上农民兵赶来加入，有了“群众支持”的信长得到了信心，再次发动攻击，信长一声大喝，率军果断冲击敌人的核心——柴田胜家本阵，“鬼柴田”可能是被信长的气势吓倒了，草草招架了几下就败退下去，牵一发而动全身，柴田一退，林美作守的军队就完全暴露在信长两路军队的攻击下，乱战之中，林美作守很不幸运地战死了。稻生合战的结局决定了信行的失败。信行的末森城被包围。惊慌失措的信行在这个时候搬出了母亲土田夫人向信长求情。信长看在母亲的面上，同意信行投降。

信行第一次叛乱的失败印证了两人实力的差距，说明信长确实是一个值得辅佐的人才，信长也将信行派的主要人物林秀贞和柴田胜家纳入麾下，宣布不追究他们过去的行为。

织田信行的失败，除去了统一尾张最大的障碍。接着还剩下两位织田先生，一位是信长的庶兄织田三郎五郎信广，他曾经担任安祥城城主。弘治二年，他勾结美浓的斋藤义龙图谋夺取清洲城，其计划是：由斋藤义龙出兵尾张，趁信长从清洲出军时，杀死留守的佐胁藤右卫门，放起狼烟引导斋藤军夹击信长。实际上这个主意很傻，就像松平家要求今川家抵抗尾张一样，如果成功了，很有可能是引狼入室。计划被信长所获悉，他伪装出征美浓，下令佐胁藤右卫门严加守备，织田信广引军抵达清洲时，发现城中弥漫着肃杀之气，心知计划已泄，匆忙引兵返回，信长在引蛇出洞后漂亮地杀了一个回马枪，挫败了信广的反叛计划，信广在失败以后立刻请罪投降，从此就成为信长忠实的家臣，而斋藤义龙没占到便宜，也引兵退回美浓。

另一位是尾张上四郡守护代织田信安，他和儿子织田信贤控制着上四郡，与控制下四郡的信长分庭抗礼。

这时，大叛乱的主导者织田信行仍然心怀不轨，他始终不相信自己会败在这个“大傻瓜”哥哥的手里。稻生合战后次年，安静了一年的信行又坐不住了，偷偷联系尾张上四郡守护代织田信安再度密谋造反，而这次，原来的信行支持者柴田胜家却站到了信长一边，他主动出首告发了信行的计划。于是信长装病把信行骗到清洲城，瞒着土田夫人一刀砍死了信行。

有这样一个弟弟，真是没办法！

解决了信行，信长的内部就达到了空前团结，岩仓织田家此时发生内讧，由于织田信安溺爱次子信家，被他的长子信贤逐出了岩仓城。永禄元年（1558），信长出兵2000，与织田信贤的3000军在浮野决战，双方激战之时，犬山城开来了1000人的援军援助信长，信长得以获胜，次年，信长包围织田信贤所住的岩仓城，并迫使织田信贤投降，将之流放，尾张宣告统一。

消灭了尾张两大守护代的信长完成了下克上的第一步，第二步是克掉最后的尾张守护斯波家，恰巧在此时，发生了傀儡斯波义银试图勾结吉良、石桥、今川等同门重掌尾张的事件，这一不自量力的行为为信长所获悉，斯波义银遭到流放，横行室町一时的斯波家就此灭亡，信长彻底实现“下克上”成为尾张之主。

坐拥尾张的信长终于扫清了内部，可以一展身手了，首先的目标当然是美浓，但这个时候，一个老敌人却在这个不尴不尬的时间又一次出现了。

第二节
乱麻之章

一、风雨桶狭间

永禄三年（1560），这是一个变革的年代，日本也发生了一件转变历史的大事，那就是桶狭间合战。

统一尾张后的织田信长正在紧密锣鼓地筹划着征伐美浓，为岳父复仇，同时开辟新领土的战略，就在织田家上下都把注意力集中到北面的美浓国时，东方却传来了一个不幸的消息，一名织田家的老对手蠢蠢欲动，正带着他庞大的军队如海啸一般向尾张压来，就是这个坏消息打断了征伐美浓的计划。织田信长的主要精力被迫转移到防御尾张上来。

这个敌人就是骏河的今川义元。织田家在信长的父亲信秀时代就为了争夺尾张和骏河之间的三河而与今川义元在小豆坂激战两次，双方各胜一场，但并不能因此说双方就是势均力敌了。战争最重要的是知己知彼，在叙述桶狭间合战之前，有必要简单交代下双方的情况。

骏河守护今川家在声望上和尾张的织田家不能同日而语。织田信长的父亲是尾张守护斯波家家臣的家臣，因为遇上了战国这个“下克上”的乱世，这个家臣的家臣在经历两代人的努力以后才成为尾张的主人，虽然织田家自称是平氏的后人，但从信秀的情况来看，说难听点，也就是乡间的一个“土财主”在乱世中突然发家而已，信长统一了尾张，于永禄二年（1559）去晋见了将军足利义辉，足利幕府长年门可罗雀，将军一见这位土财主进京来看他，肯定是感动莫名，就把尾张守护代的职位交给了信长。信长在名义上和实际上都获得了尾张，每年获得的年贡也不过是十四五万石左右，按大约 10000 石可以招募约 300 人来计算，那么信长的尾张国砸锅卖铁拼凑出来的军队不过 4000 到 5000 人。

而骏河的今川家则不是所谓的“土包子”，是直接从守护大名过渡成为战国大名的。今川家的先代显赫无比，今川义元也不是泛泛之辈，他手握骏河、远江、三河三国，又北和武田，东遏北条，于天文二十三年（1554）三月，在太原雪斋的帮助下达成今川—武田—北条三头同盟。这一同盟意义重大，三家都可以无后顾之忧地去做想做的事情，今川家终于可以完全把重心放到西进上。

首先第一个问题是，本次今川义元的西进，目的究竟是什么？一般的通行说法是上洛，上洛以掌握幕府政权可以说是诸多战国时期大名的梦想，特别是对于今川这样的和足利将军家有着深远渊源的家族来说，上洛以后意味着权力、地位和荣耀。但上洛必须要过好几关：首先是三河，其次是尾张，然后就是美浓、近江。这一路上任何一个地主都不会轻易地让他通过。同时，在今川动员如此多兵力的情况下，如何保证后勤也是一个大问题，在当时握有骏河、三河、远江三国的今川家年贡达到六七十万石之多，可以征集的军队约有二三万，这在日本是个相当大的数目。而今川军此次出动的数目，也有许多说法，《信长公记》的45000人显然是个极度夸张的数目，近代由日本陆军参谋本部编撰的《日本战史》“桶狭间役”一节中认为今川征集的军队为25000人，这个数目是比较能广泛接受的，实际上，今川出动的数目可能还要扣去领地防御的部队，大约会在二万上下。即便如此，此次也可算是今川“倾巢而出”了，这样多的部队，要走远路直扑京都，可以说对今川家的动员后勤能力是个极大的考验。

人要吃饭马要啃草，上洛绝对不是容易的事情。

更何况在此战的今川家文书中，压根儿找不到“上洛”的字样，今川军的真实意图实在可疑。

既然不是上洛，今川义元倾巢而出究竟是想干什么？我们可以再回头看今川义元之前的部署：早在天文二十年（1551），今川义元在织田信秀死后不久，就策划吸引尾张和三河之间的战略要地——鸣海城的山口教继、教吉父子背叛信长，并主动出兵成功阻止了信长试图收复鸣海的打算。山口父子的背弃意味着尾张和三河地区的攻守形势的倒转，以往尾张侵袭三河，现在，占领三河的今川家的手开始伸进尾张的领地内。山口父子也作出了一个坏表率，导致尾张和三河之间的沓挂城的近藤景春以及爱知郡、知多郡的大批土豪都倒向今川家，再加上大高城也被今川占领，这意味着南部尾张不幸落入了今川家之手，当然，这在经济上对于信长来说麻烦不大，因为南尾张在当时是不毛之地，出产不多，唯一的麻烦是作为织田家在伊势湾的重要港口津岛直接面临着今川的威胁。

但军事上的麻烦就比较大了，南尾张的陷落，使尾张门户大开，同时，今川义元已经完全吞并了三河，三河松平家的遗孤松平竹千代取今川义元的“元”字，改名松平元康。三河被绑上了今川家的战争机器。

考虑到尾张境内织田家赖以起家的那古野城就是夺自今川家支脉，今川义元的尾张攻略就显得名正而言顺。虽然说今川义元这一次恐怕不是上洛，但他这一次确实是冲着尾张来的，今川家是举倾国之力，在后方稳定的前提下，把尾张作为第一个扩张对象。

一切准备就绪了，永禄三年（1560）五月一日，今川义元正式发布命令，发动骏河、三河、远江三国，号称4万人（实际大约25000人左右）的军队浩浩荡荡地向尾张国杀来。

信长应对今川家可能的进攻，最初采取的办法是封锁鸣海、大高、沓挂这三个前哨城，织田家在鸣海城下修筑丹下，善照寺和中岛三个砦，在大高城下修筑了鹫津和丸根两个砦，用这五个小砦封住今川从鸣海和大高继续深入尾张的通路。织田家有重商传统，并不穷，但战国时代决定兵力的是领地的田地出产——石高，一分米养一分兵，织田军此时刨去北面防御美浓的力量，能抽出来全力对抗今川的兵力大约在3000左右。

一个是已经名震天下，手下强将无数，兵力充足的“东海道第一弓取”，一个是刚刚统一尾张，还没有抛掉“大傻瓜”帽子的初出茅庐的织田信长，两人的交锋，就在这一年拉开了帷幕。如果当时有人开个合战彩，今川义元1赔2，织田信长起码要1赔20，而且相信会有不少当时的赌徒押注给今川义元。因为信长获胜的可能性实在是太小。在这种情况下，信长或许只有两个选择：一、识时务尽快投降，和松平家一样为今川家未来的扩张开条道路；二、顽抗到底，在义元的大军面前玉石俱焚，没准还能博得一个青史留名。那么，有没有第三条道路呢？

永禄三年五月十二日，今川义元从骏府出发，十三日，他到达远江国的挂川，十四日到达引马，十五日进入三河国到达吉田，十六日到达冈崎，十八日进入尾张国的沓挂城。先头部队井伊直盛早于今川大军本阵于十日出发，十七日越过镜川进入尾张，到十八日已经到达鸣海附近地区。对面不到三里就是织田家的五大砦。双方的士兵大眼瞪小眼，战役一触即发。

十八日晚，今川义元决定召开军事会议，分配任务：松平元康与朝比奈泰朝进攻鹫津与丸根砦，这两个砦一直在封锁大高城，导致城中严重缺粮；今川义元自己则带主力西进，经过大高城和热田神社向清洲城进发。

战争迫在眉睫，信长却一副悠闲的样子，家中的主要家臣议论纷纷，有说要投降的，也有说要固守清洲的，信长一概不听。

次日早晨，今川军正式分兵，朝比奈泰朝和松平元康开始进攻鹫津和丸根两个砦，防守鹫津的是织田玄蕃和饭尾定宗；防守丸根的是织田家重臣佐久间盛重。两个砦加起来不超过1000人，而松平元康和朝比奈泰朝两队各有2000多人，防守形势很不乐观。佐久间盛重一面领兵500向外进行突击，一面派人飞奔到清洲城报告。

接到报告的信长立刻一跃而起，跳起了著名的敦盛舞，《敦盛》是当时流行

◇ 平敦盛与熊谷直实(《一之谷合战图屏风》)

的幸若舞，表现的是源平之战的故事。平敦盛（1169—1184）是平家的武将，容貌秀丽，擅长吹横笛，在著名一之谷战役中，源氏的源义经从一之谷后的陡峭的山峰上杀下来，奇袭了在一之谷中驻扎的平家大军，在这场平家的毁灭之战中，这个吹笛子的风雅将军平敦盛与人单挑，不幸阵亡。杀死他的正是源氏的熊谷直实，他看到和自己儿子差不多年纪的敦盛阵亡，感叹世事无常，心灰意懒，出家为僧。虽然有人考证熊谷并不是因为杀死敦盛而出家，但是这个美好传说却流传下来。这首歌中以“人间五十年，较之化乐天，如梦又如幻”这一段最为著名。意思是说，人的一生不过仅仅五十年而已，和佛教中所说的一昼夜相当于人间八百年的化乐天相比，不过就是梦一场。由此看来，信长跳这首《敦盛》或许有两个含义：一是像敦盛一样必死的决心，一是仿效一之谷奇袭今川家的决心。就是带上这两个决心，信长匆匆带上不过200人的少数军队迅速向鸣海城方向赶去，到热田神社时，各大家臣已经闻讯赶来，集结了约2000人左右，信长向神祷告，宣布讨伐今川义元。

今川军此时已经拿下了鹫津和丸根两个砦，信长军赶到丹下和善照寺砦的时候，鹫津和丸根两砦守砦的织田玄蕃、佐久间盛重等重臣已经全部阵亡。区区2000人的信长军如果不能找到有利战机的话，就会被歼灭。

就在这个时候，土豪簗田政纲给信长送来了一个情报：今川义元在桶狭间。在沓挂和大高之间有段很邪恶的路程，这段路是位于低山丘陵之间，道路很狭窄，被称为“桶狭间”，《信长公记》写作“田乐狭间”。关于此地究竟在今何处，学界一直在反复争论，在今天的名古屋市的有松町有一个桶狭间村，这里沿着当时的东海道往西进，就是大高城，符合当时今川军可能的进军路线。而在今天名

◇ 奇袭桶狭间（江户时代浮世绘师歌川丰宣绘）

古屋市丰明市也有一个传说为桶狭间之战古战场的所在，偏离于当时的东海道，处于略南一带的地点，但这里是谷地，符合当时战争的主要地形条件。

时值五月底，尾张国天气炎热，又累又热的今川义元就在这里停了下来。正好，又有附近的僧侣和村民带着食物来犒劳今川大军，于是义元就得意洋洋地在这里停了下来接受百姓的“箪食壶浆”的欢迎。而在前线，中岛砦的佐佐政次和千秋四郎听说信长出阵，率领300人出战，虽然获得了包括两员主将在内50多人阵亡的惨烈后果，但他们有力地拖延了今川军的行动，吸引住了今川军的注意力，为信长的行动赢得了时间和空间。

《孙子》：“凡地有绝涧、天井、天牢、天罗、天陷、天隙，必亟去之，勿近也。”今川义元犯的就是这个错误，他给信长提供了一个偷袭的时机。信长当然不可能放过这个机会。2000多信长军拔去旗帜，偷偷地潜行到桶狭间，准备偷袭。

老天这个时候突然也帮了信长一把，下起了一场大暴雨，今川军位于逆风的位置，狂风夹着豆大的雨点打过来，今川军的眼睛都无法睁开。也就是在这个时机，信长军顺风顺雨发动了奇袭。猝不及防的今川军在狭窄的道路上也无法发挥人数的优势，很快一片混乱。一阵暴雨过后，今川义元的本阵一片狼藉，今川义元身边只有十来人，织田信长军的服部小平太在混战中一枪刺中了今川义元的肚子，今川义元可不是手无缚鸡之力，他抽出名刀“宗三左文字”把服部小平太连枪带膝盖砍成重伤。织田军的毛利新介立刻上前帮忙，砍倒义元，负痛的义元张口就咬，咬下了毛利新介的一根手指，毛利新介忍痛一刀，拿下了今川义元的首级。武功卓绝的“东海道第一弓取”终于被两个无名之辈用群殴法取了性命。

大将阵亡，今川大军就像潮水一样退走了，毕竟，没脑袋的今川义元是没法征服尾张的。

作为战国时代最有名的一场战役，织田信长以少胜多，击败了看似恐怖的今川大军。事后看来织田军主要胜在三处：

一、战略之胜：信长战前已有应对今川来袭的基本部署，于鸣海、大高、沓挂三城前哨布下五个砦，其目的非常明确——即便每个砦内兵力不多，也可以凭借链式的防御拖住今川军，今川军如果试图绕过，那就会遭到这五个砦兵力对补给线的袭击——大高城被逼迫到断粮就是例证。三河至尾张，由于道路曲折崎岖的原因，补给线一直是大问题，在松平清康征守山城时，松平家臣就曾提出此战战线过长，一旦拖延日久必然生变，松平清康后果然死于此役。松平的千人军队尚且如此，何况今川上万人乎。所以，今川军在一开始就不得不集中兵力全力攻打织田五砦，这就为织田军的下一步行动预留了时间和空间。同时，今川军内有隐忧，三河之人新附，其心未服，不论是织田今川争夺时期，还是松平家统治时期，三河的豪族们都在尾张骏河之间首鼠两端，朝秦暮楚者大有人在，今川义元在未稳固三河的情况下轻率出动，恰如淝水之战时期的前秦，人数虽多，但不足惧也。

二、战术之胜：在战略上达到将今川军拖住的目的后，就要考虑如何从战术上击败今川军，今川军人数虽多，却不可能直接在一场战役中集中投入，相反将战线拉得极长，导致今川本队和前线部队处在一种脱节状态，为信长发起奇袭直捣中心创造了条件。信长在得到有利情报以后，能果断依据情报做出最果断的决策，体现出他作为一名主将的魄力。

三、运气之胜：可以说，没有那场突如其来的暴雨，织田军的袭击不会如此顺利。后来也有人认为信长的袭击能直击中军，是纯粹碰运气而非依靠情报的结果，如果是那样，那信长的运气就不仅仅是那么一点了，所谓谋事在人而成事在天，天时地利人和俱全，此战织田军不胜也难了。

今川之死导致今川家在尾张势力的崩溃，大高城的松平元康在听说义元死讯以后，立刻离城飞奔回三河。六月二十一日，沓挂城被织田军收复，鸣海城的冈部元信在交涉要回义元的尸体以后也退出了尾张，今川家的内部也在酝酿一场大变动，就是这场变动使三河的命运与尾张的命运联结了起来，没有后顾之忧的信长得以专心北方，美浓攻略的大幕揭开了。

二、攻略美浓（上）

美浓，相当于日本岐阜县南部和长野县木曾郡，以特产美浓纸而闻名。在室町时代，美浓国是东海道通向京都的必经之路，而且拥有高达50多万石的年贡。战略位置极其重要。

攻略美浓是信长一直以来的“野望”，也是打开进京通道的第一步，但美浓的斋藤义龙秉承了其父的蝮蛇之术，绝对不会轻易让信长得手。可惜就是在这个时候，斋藤义龙遇上了一个他无法抵抗的敌人，那就是疾病。永禄四年（1561），斋藤义龙死去。斋藤义龙的接班人斋藤龙兴却完全没有继承他祖父和父亲出色的能力。这就给了信长攻取美浓的机会。

在攻打美浓国前，信长做了大量的准备工作。最关键的一步就是实现织田—松平联盟。在桶狭间合战后，信长乘机收复了鸣海、大高、沓挂等尾张三河边境的战略要地。完全占领了整个尾张，并在三河境内建立防线。另一方面，今川义元的死使今川家陷入了混乱，义元的母亲寿桂尼决定立义元之子今川氏真继承今川家督。今川氏真仓促上台，尚未完全建立起稳固的统治机制。今川家自顾不暇，当然不可能抽出精力来东向尾张。就在这个时候，原来处于今川家控制下的三河也发生了变革。松平元康在桶狭间失败后撤退到了三河，他手下的松平帮也完全脱离了今川家的控制，松平元康就在三河冈崎重新立起了松平家的旗帜。

松平元康在三河最大的敌人是吉良氏，作为足利将军家分支的吉良氏在室町时代仅仅是三河当地的一个小土豪，虽名列“御一门”，但和今川家不可同日而语。而吉良氏此前在内部还分裂为东条吉良氏和西条吉良氏，互相争论谁才是吉良正统宗家，到了应仁之乱时，就上演了东条家入西军，西条家入东军付诸兵戈的固定桥段，这个时候，今川家打进来把他们全征服了。痛定思痛的吉良家终于认识到团结的重要性，东条西条两家重新开始谈判，以东条家引进西条家之子为养子的形式实现重新统一。到松平元康返回冈崎时，吉良家由出身西条家的吉良义昭担任家督，从属于今川家。

要重新获得独立的松平家，在三河必然要面对今川羽翼下的吉良家的挑战。吉良义昭居于三河东条城，松平元康命松井忠次建津平砦，本多广孝建小牧砦，而小笠原长兹建糟塚砦，同时命同族深沟城主松平好景入中岛城，形成对东条城的包围圈。吉良义昭并非庸才，他精心策划了一起漂亮的调虎离山计。永禄四年（1561）四月，在击退松平家对东条城的进攻后，吉良家出兵数百人，以富永忠元率领佯攻松平家臣酒井氏的上野城，松平元康不知是计，急令松平好景返回深沟城，就在此时，吉良家突攻中岛城，松平好景又半路返回，打散了中岛城的吉良军，殊不知黄雀在后，吉良义昭又调回了攻上野城的富永忠元军，在善明堤将松平好景前后包围，猛将松平好景中此奸计，同族20余人和30多个家臣无一生还。

善明堤惨案令松平元康极为震惊，他决心不计一切代价要干掉此战中居功至伟的富永忠元。九月，松平家以彼之道还施彼身，用调虎离山之计让松井忠次、本多广孝出兵攻东条城，引出了富永忠元，将之包围在藤波畷，本多广孝刺死了富永忠元，失去主要辅佐家臣的吉良家随后丢掉了东条城。吉良氏从此没落。

挑战今川家的松平元康引起了今川氏真的注意，为示威，今川氏真做了一件蠢事——他下令将松平家的人质全部杀死，这反而促成了松平家进一步加快脱离的脚步并与织田接近。于是，松平元康派出石川数正寻求与信长同盟，而信长也通过松平元康的舅舅水野信元来说和，两家一拍即合，永禄五年（1562），松平元康访问清洲城，和织田信长缔结清洲同盟，松平元康宣布放弃名字中的“元”字，改名松平家康。松平和今川彻底决裂。这个同盟一直维持到信长去世，是战国这个乱世中最坚固的同盟。

同盟以后的松平家康做了一件非常重要的事，为了获取自己统治三河的合法性，他希望朝廷能授予他三河守，同时把苗字改为德川。为此，他找来了三河誓愿寺的僧侣庆深，说：“我想恢复德川姓氏，不知高僧有何见教？”庆深丈二和尚摸不着头脑，松平和德川（得川）本身是关系扯不到一起的，谈何“恢复”？他眼珠一转，就隐隐猜测到家康想干什么，于是回答道：“有一条关系可以走一下。”

当时的日本是血统论的社会，身份来历不明的人是不能被朝廷授予官职的。更何况德川为清和源氏，怎么说也是清和天皇苗裔，不是某个土包子说随便自认就自认。当然，战国时的日本朝廷在某些时候还是比较随便的，比如：看到钱的时候。

在庆深的指点下，家康先通过关白近卫前久上奏，被天皇否决，天皇表示松平家门第不清，不能授官，于是家康掏钱给公卿吉田兼右，通过他找到了德川家家谱，经过巧妙的改动以后呈给了天皇。永禄九年（1566）十二月，家康由松平改为德川，授从五位下三河守。

言归正传，清洲同盟的缔结使信长没有了后顾之忧，他可以完全把东方交给小时候的玩伴，专心攻略美浓。而就在这个时候，美浓也发生了巨大的变化。

美浓国的斋藤家并不是完全的铁板一块，美浓境内一直分布着许多的大小豪强，他们在名义上是斋藤家的家臣，实际上却是不可得罪的实力派。最著名的“西美浓三人众”安藤守就、氏家卜全、稻叶一铁是其中的佼佼者。

安藤守就，原为土岐家臣，后仕于蝮蛇斋藤道三，在斋藤义龙弑父时又站在义龙一方，美浓北方城主。

氏家卜全，初名氏家直元，出家后名卜全。美浓氏家氏一样先仕土岐，后从斋藤，以大垣城为核心扩展势力，其最盛时号称有美浓三分之一的领地，是三人众中势力最大的。

稻叶一铁，名稻叶良通，号一铁，美浓曾根城主，其姐为斋藤义龙生母深芳野，他随斋藤道三颠覆土岐，又随义龙弑父，同时，稻叶家和安藤家同出伊贺氏，有着深远的宗族关系，结合成为美浓强大的地方势力。

除了如上三人外，还有不破光治、日野根弘就、竹腰直光、日比野清实、长井卫安等一应美浓家臣，个个都是实力派。在斋藤道三和义龙时代，由于家督才能出色，加上美浓的稻叶山城拥有强大的实力，所以才能控制住这些大小领主。而斋藤龙兴却没有如此的实力，美浓内部隐忧四伏。

在隐忧之中，织田军开始进军美浓，信长的攻击重点是墨俣，这里位于尾张和美浓边境河流犀川注入长良川的交界处，要越过木曾川和长良川攻击对岸的稻叶山城，就必须在墨俣有立足点。

永禄四年（1561）五月，在听说斋藤义龙死后，信长很快做出反应，在义龙死后仅两天，就率军突袭美浓。在义龙生前，信长攻击美浓的行动可以说是屡战屡败，前一年六月和八月的两次行动都以失败告终，而义龙之死则是一次重大转折。信长军突入美浓后到达稻叶山城西南的胜村，而美浓斋藤军则以长井卫安和日比野清实为首到达墨俣以南森部（又叫森边，今日本岐阜县安八郡森部），这一战就在森部打响，织田军在雨中获胜，斋藤军的长井卫安和日比野清实两名将领全部战死。织田军乘胜进入墨俣。

斋藤龙兴从稻叶山城派出了第二波攻击力量，在十四条地区摆开阵势，攻击墨俣前线的十九条砦，信长率军从墨俣出发援助十九条砦的织田信益，双方决战十四条，犬山城主织田信清的弟弟织田信益战死，织田军被迫退却到西轻海，关键时刻池田恒兴和佐佐成政站了出来，在西轻海的夜战中击破美浓军，迫使斋藤军败退。织田信长两战两胜。

正当织田军磨刀霍霍的时候，美浓内部发生了一起大事——稻叶山城被人拿下了。

三、攻略美浓（下）

稻叶山城位于今天的岐阜县金华山上，号称坚不可摧之城。“坚不可摧”是吹牛，不过易守难攻倒是真的。因为这座城位于高高的山上，仰面强攻的话很可能损失惨重，不过就是这个城据说被人用 16 人打下来了。

永禄六年（1563）的春天，斋藤龙兴刚刚和信长在新加纳交手一次，由于斋藤军预先有了准备，所以顺利击败织田军的先锋，信长撤退。打了胜仗的龙兴得意洋洋，但在第二年，稻叶山城陷落事件给了他当头一棒。

这位创造“奇迹”的人就是号称“今孔明”的竹中半兵卫重治。他是美浓的菩提山城城主，他的岳父则是“西美浓三人众”之一的安藤守就。据说在信长攻打美浓时，这位被后世吹嘘为军师的人物曾献出十面埋伏之计击退了织田军。此人先仕义龙，后仕斋藤龙兴，但斋藤龙兴是一个被记载为沉溺酒色的人物，他宠信一名被称为“奸臣”的家臣斋藤飞驒守，疏远包括“美浓三人众”在内的先代重臣，引起了许多家臣的不满。

现在看来，刨去一些“沉溺酒色，亲信佞臣”之类的形容，或许斋藤龙兴此举就是在强化本家的控制力，这个不知名讳的斋藤飞驒守从苗字看，当为斋藤家一门。以联合一门众的形式，压制地方实力壮大的家臣，从而进一步向战国大名转化，想必这是斋藤龙兴想要做的事情。

然则能力有限的人终究会弄巧成拙，斋藤龙兴的举动遭到了实力强大的家臣的反噬，造成了永禄七年（1564）二月的稻叶山城陷落事件。

事件的起因众说纷纭，一说是斋藤龙兴监禁了安藤守就，此次监禁的缘由是安藤因进谏而得罪了斋藤龙兴，这似乎也是粉饰之说，如果监禁为真，很有可能是斋藤龙兴此时开始着手铲除有力家臣，并以此震慑其他家臣，不过竹中半兵卫没有被吓着，反而实行了一起“拯救岳父守就”的行动。

而另一说认为，竹中半兵卫在稻叶山城中被斋藤飞驒守所辱，为报复此仇，他拿下了稻叶山城并斩杀斋藤飞驒守。

这次行动的计划是通过渗透来获得城池。这里要说明的是，日本的城和中国古代的城大不一样，中国古代的城是城包市，在城墙里有市集、宫殿、政府机关等等一系列建筑，规模宏大；而日本的城是市包城，城只是一个防御设施，承担军事和行政官府的职能，有些城甚至只是用木头搭成，机构简陋。稻叶山城虽然难攻，其实也就是一座石头和木头搭起来的碉堡。竹中半兵卫先让他的弟弟竹中久作混进了城里，然后找了 16 个人（《竹中杂记》说是 17 人）借口给久作送药看病，混进了城里，顺便把武器塞在随身药包里夹带进去，到晚上开城放入安藤军，斋藤龙兴一时间不知道发生了什么，糊里糊涂就从后门逃走了。

这次行动被吹嘘成了“十六人夺取稻叶山城”，无形中神化了竹中半兵卫。实际上，这一行动技术含量并不高，混进去的 16 人皆是美浓众，本身可以无顾忌地进入城池，混入以后也只是开门放信号而已，而安藤守就在此战中动用了 2000

人的兵力，可以说，这是一次用间谍里应外合之计夺取城池的军事行动。

不管怎么样，这个城是被拿下了，竹中半兵卫教训斋藤龙兴的目的已经达到，于是他立刻要求斋藤龙兴回城，把稻叶山城仍旧交还给龙兴，自己则请罪并要求隐居，事实上以竹中和安藤的实力也无法长期控制稻叶山城。斋藤龙兴回到了稻叶山城，这次行动标志着斋藤家控制领地的企图彻底失败，斋藤家在美浓的统治开始崩溃。

◇ 丹羽长秀

这场美浓风波给了信长一个机会，他也有需要解决的内部问题。那就是犬山城主织田信清。信清是信长的堂兄，十四条合战中，信清的弟弟信益阵亡，爱弟心切的信清十分怨恨信长，他开始勾结美浓，犬山城（今爱知县犬山市）是尾张和美浓之间的要道，犬山城倒向美浓对尾张来说绝对是不幸的消息。心急慌张的信长于信清谋反的当年，即永禄五年（1562）六月立刻出击攻打犬山附近的支城小口城（也叫于久地城）。小口城在犬山西南五公里左右，城坚池深，信长在付出很大代价以后还是没能拿下，被迫退军。第二年，信长决定在二之宫山上筑城，这座城就是著名的小牧山城，信长从清洲迁移到这里，以居高临下的态势监控犬山城。不久，美浓就发生了半兵卫取城事件，斋藤家自顾不暇。信长乘机出阵，于永禄七年（1564）八月再攻犬山。信长的近习出身的丹羽长秀在这次作战中发挥了关键作用，他成功策反了小口城主中岛丰后守和黑田城主和田新助，这两个门户支城的倒戈使犬山城完全孤立，柴田胜家、佐久间信盛等直达犬山城下，放火烧了城下町，并攻克大道寺砦，织田信清逃走，犬山城重新回到信长手中。

解决了内部危机的信长把目光再次投向美浓。在美浓斋藤统治动摇的情况下，信长采取调略之法，渐次说服中美浓的领主归附。永禄八年（1565）九月，丹羽长秀说服加治田城主佐藤忠能、忠康父子归附，佐藤忠能在此前为防备织田，接受斋藤家臣长井道利的劝说，把女儿八重绿出继给堂洞城主岸信周为养女（实质是人质），缔结同盟关系，为此，信长又派金森长近为使者劝诱堂洞城，岸

信周之子信房坚决不答应降服，岸氏杀死了人质八重绿表示抗战的决心。信长立刻派丹羽长秀、河尻秀隆、森可成三将联合佐藤忠能前往复仇，信长亲自驻军高畑山指挥，他领军切断堂洞城与长井道利的关城之间的道路，长井道利试图派出援军，被织田军击败。堂洞城北面的岸信房在击退了佐藤忠能的数次进攻后，终于负伤过重自杀身亡，而南面以岸信周夫妻为首的堂洞城军的数次进攻，都被织田军太田牛一率部以弓箭射退，丹羽长秀趁虚拿下了堂洞城本丸，岸氏覆灭。

在信长仍驻军堂洞城检阅战果时，长井道利和斋藤龙兴派出的援军再度杀来，合计有 3000 人之多，信长考虑寡不敌众，决定不做交战。退往刚被木下秀吉说降的鹈沼城。长井道利于是直扑加治田城，信长派斋藤利治为主将率军 500 援助守城，加治田城打得极其顽强，佐藤忠康在指挥中误中流矢身亡，而加治田众中的汤浅赞岐挺枪突击敌阵，以一当十，杀散了攻城的斋藤军。这一次的胜利让斋藤利治信心大增，他决定反攻长井道利的关城，信长也立刻为之派出援军，一说关城中已经有了信长的内应，所以在九月，当斋藤利治领军与加治田众杀到关城之下时，长井道利弃城退走。加治田一带成为攻略美浓的又一个稳固据点。

另一方面，信长从犬山城出兵攻猿啄城，城主多治见修理极其顽固，丹羽长秀献上一计，令织田军断绝水源，城中干渴难耐，只得献城。整个中美浓被纳入信长麾下，斋藤家被压缩到以“西美浓三人众”为核心的西美浓一带。

连战连胜的信长信心大增，于是于永禄九年（1566）八月，出兵渡过木曾川进入河野岛。双方在一场夏季大雨带来的大洪水以后交战，风云人物信长竟然被无能的斋藤龙兴打败，得了一个“前所未闻的大败北”。这次惨败严重打击了织田军的士气。

痛定思痛的信长认识到，不把美浓的势力分化瓦解是达不到征服美浓的目的的。斋藤龙兴虽然很烂，但是美浓国是个富裕的地方，美浓国的整体实力在尾张之上，一味强攻收效甚微。于是，在丹羽长秀和木下秀吉的协助下，信长决定再次采用拉拢分化瓦解的计略，策反西美浓的“三人众”：安藤守就、氏家卜全、稻叶一铁。这三个人对斋藤龙兴早有不满，尤其是在竹中半兵卫巧夺稻叶山城后，三人的心和斋藤龙兴的心越走越远。属下离心离德，而斋藤龙兴可能还沉浸在河野岛大胜的兴奋之中。

迷梦被打破了。“美浓三人众”的归附使尾张与美浓之间的实力对比完全倒转，而正是这三个人的归附，使众多对斋藤龙兴失望的西美浓土豪纷纷归附织田家，他们响应了信长的为岳父斋藤道三复仇的大义名号。永禄十年（1567）八月，信长率领大军和美浓三人众大军一起打到稻叶山城下，城下町一片火海，稻叶山城被包围得水泄不通。信长随后在城下筑起鹿垣封闭城池，半个月后，弹尽粮绝的斋藤龙兴在家臣的帮助下，在长良川上坐船逃亡伊势长岛。织田家两代人的“美浓梦”终于圆满完成。

◇ “天下布武”印面

织田信长将居城从小牧山迁移到稻叶山城，取中国历史上西周的“凤鸣岐山”的典故，将稻叶山城改名为岐阜城。永禄十年（1567）十一月，一位叫泽彦的僧人为织田信长定制了一枚印面为“天下布武”的印章，所谓“天下布武”就是以武力统一天下，战国时期终于出现了以统一日本作为理想目标的人物，这一位“尾张的风云儿”从岐阜开始，走出了“天下布武”的第一步。

四、上洛之战

“天下布武”，第一步就是要上洛，因为当时日本名义上的统治者是室町幕府，要成为掌握天下的“天下人”，控制以京都为核心的日本政治心脏地带是必要的事情，同时，如果要更进一步建立起新的武家政权，就一定要把室町幕府首先掌握在手中。

正如中国战国时期一样，秦虽是灭六国而统一，在法理上却是取代周而治天下。

手握美浓和尾张的信长已经有足够的实力上洛，他所要做的就是寻求一个上洛的“大义名分”，同时打通上洛的通道。

命运总是眷顾幸运的人，作为“战国风云儿”的信长就是这样一个幸运的人。当他需要上洛的理由时，上洛的理由就从天上掉下来正好砸在他的脑袋上。因为就在信长攻略美浓的同时，京都发生了一起大事。

永禄八年（1565）五月十九日，京都发生了“永禄之变”，三好氏和松永氏联合弑杀了将军足利义辉，京都留下了一个权力真空。三好家决定拥护足利义荣为“傀儡”将军。

事情并没有因此而结束，足利义辉有个同父异母的弟弟出家在外，名为觉庆，在这次政变中被将军家臣一色藤长、和田惟政、仁木义政、细川藤孝等人救了下来，一群人匆匆逃亡到南近江，先在和田惟政处定居，觉庆宣布三好家拥立的足利义荣为伪将军，他才是根正苗红的正统将军。这群流亡幕府获得了南近江守护六角家的许可，在南近江的矢岛一带居住下来，为防御可能的敌人，还在周边修筑军

◇ 足利义昭

事设施，如临大敌提心吊胆地度日。就在永禄九年（1566）二月，觉庆还俗，改名足利义秋。同时，流亡幕府开始联络河内的畠山高政、能登的畠山义纲和关东管领上杉谦信，谋求通过他们的力量入京。

这实在是“问道于盲”的举动，畠山高政自己都在和三好苦苦交战，能登畠山和越后上杉则是鞭长莫及，无论如何他们都不会轻率冒着孤军深入的危险远征京都。恰在此时，三好长逸突然来攻矢岛，足利义秋虽然依赖手下奉公众的力量将之击退，但觉得事情蹊跷，一打听，南近江六角家有暗通三好家的嫌疑，他在八月仓皇再逃，前往若狭投奔若狭武田氏。

实力弱小难敌侵犯的若狭武田当然也不是靠山，于是足利义秋又在九月跑到了越前，寄希望于越前守护朝仓义景。朝仓家当时正在内乱，此前六月，朝仓家臣堀江景忠在朝仓军攻打加贺一向一揆时，内通净土真宗，诱引一向一揆进攻越前，朝仓义景紧急派家臣鱼住景固和山崎吉家为大将出兵平叛，堀江景忠逃往能登。在战后，朝仓义景接待了足利义秋，在足利义秋的帮助下，朝仓义景实现和加贺一向一揆的和解。

足利义秋为朝仓家解除后顾之忧，希望朝仓能投桃报李助其上京。越前的朝仓家是应仁之乱中新兴的战国大名，早在朝仓孝景领越前守护时期的文明十一年（1479）到文明十三年（1481）就已制定分国法《朝仓敏景十七箇条》（又叫《英林壁书》），规定越前国内除一乘谷城外，禁止国人领主建造城垒，将国人领主迁居到一乘谷，于各乡村设立代官分管，足见朝仓家早已是完全控制越前的战国大名，其实力毋庸置疑。然则朝仓义景却对上洛之事兴趣不大。足利义秋只能不断地给他好处，比如帮助朝仓义景的母亲拿到从二位，又实际给予朝仓家相当于原幕府管领的地位，这些都不足以打动朝仓义景。

永禄十一年（1568）四月，足利义秋行成年礼，以“秋”字不吉，改名义昭。他再一次向朝仓提出了上洛请求，而当时朝仓义景沉浸在嫡子夭折的悲痛中，对此置之不理。

于是在七月，焦急而又失望的“贫乏公方”足利义昭决定放弃越前，转而向刚平定美浓的织田信长寻求协助。

前来说服信长的，就是后来信长命中的灾星——明智光秀，正是因为对明智光秀的赏识，信长要求明智光秀成为自己的家臣，得到将军的同意。当年七月，足利义昭从越前来到了岐阜城，与他的支持者会面。双方开始在“各取所需“的利益基础上达成了合作协议。信长上洛的理由非常充分：拥护合法的幕府将军重新回到京都，讨伐谋害前任将军的罪人。

要上洛，仅仅有个“光杆将军”是不够的，南近江的六角和北近江的浅井都不会轻易让你通过他们的领地。而偏偏这两家都极其棘手。

浅井氏可以看做是一个“下克上”不彻底的典型范例。浅井氏出身藤原氏，为代代居住于近江浅井郡的豪族，在室町时代是北近江守护京极家的家臣，京极家在战国初期发生著名的“京极骚乱”，到永正二年（1505），京极高清终于结束了三十多年的家族内战，原拥有北近江、出云、隐岐、飞驒三个半国的京极家只剩下半国，出云、隐岐为尼子家篡夺，飞驒被当地的国司姊小路氏和同族三木氏分割占领，只剩余北近江还在京极家自己手中。

自己就是从家族内乱中挺过来的京极高清在此后又一次“作死”，他决定把家督之位传给次子高吉，引起了长子高广的不满，于是，京极高广联络了北近江的两大豪族：浅见贞则和浅井亮政，在大永四年（1524）击败了父亲，并把京极高清轰出了近江。京极高广也很快发现自己成了浅见和浅井两家的傀儡。由于浅见贞则在事后大权独揽，浅井亮政再一次发动国人一揆，把浅见赶出了近江，成为北近江实际的盟主。

之所以说这是次不彻底的“下克上”，是因为浅井压根儿没有彻底抹去京极家的能耐，何况南近江还有一个当年连幕府都敢反的六角家，当京极高清和对浅井不满的高广两人再度联合起来依托六角家时，浅井亮政只好伸出橄榄枝，天文三年（1534），他与京极家达成了和解。

京极高清父子回到了北近江，居住于浅井家的小谷城，天文七年（1538），高清死去，他的儿子高广在天文十年（1541）再度举兵反浅井，而在第二年一月，浅井亮政也死了，留下了一个烂摊子。

接替亮政的是其子久政，浅井久政镇压了浅井家的内部反乱，在当时混乱的局势中决定采取能屈能伸的外交政策，他决定从属于南近江六角家，同时让儿子猿夜叉丸娶了六角家家臣之女，领受六角义贤的“贤”字改名浅井贤政。天文十九年（1550），又和京极高广达成了和平。

这些当然是权宜之计，但已经引起了浅井家臣的不满，浅井家有非常独特的“民主”制度，这在当时看来匪夷所思，却又合情合理。因为浅井家在“下克上”

◇ 浅井长政

时是通过“国人一揆”的形式，换句话说，他们不过是“伞一揆”的第一人而已，在这种组织模式下，作为首脑的第一人在重大决策时都必须招集一揆中其他的“署名者”集体决策，所以，我们称浅井家为“盟主”而非主君，浅井家重要家臣海北氏、赤尾氏、矶野氏等组成的议政会议拥有很大权力。这群家臣认为浅井家依附六角家是一大败笔，他们要求恢复亮政时期的独立自主地位，同时以结盟越前朝仓为基本政策。越前朝仓也有以浅井为缓冲区域，牵制南近江六角家，从而得以全力北上应对加贺一向一揆的需求。于是，在永禄二年（1559），浅井久政被家臣团流放，其子浅井贤政入主小谷城，并宣布与六角家之女离婚，并去掉名字里的“贤”字改名浅井长政。

决裂之时，长政还施展手段，诱使南北近江边界地带的国人领主转投浅井。永禄三年（1560）八月，六角义贤出兵以水攻之法猛攻叛投浅井的肥田城，浅井长政出兵援助，在野良田与六角军决战，击败了跨宇曾川而来的六角义贤。这一战打出了浅井家的名声。

同时，织田信长为攻略美浓，在永禄七年（1564）将妹妹阿市嫁给了浅井长政，双方达成了同盟关系，这意味着浅井家不会是信长上洛的障碍。

另一个是六角家，在野良田之战后，六角义贤出家，将家督之位传给儿子义治。六角家从六角定赖开始，就不断争夺畿内主导权，但由于畿内出现了三好这个庞然大物，六角家的野望始终得不到实现，被压制在南近江一带。

六角家也始终没能过渡为战国大名，领地内豪族林立，作为主君的六角氏其实也就是豪族们名义上的首领。于是，在永禄六年（1563），六角义治做出了一件惊天动地的大事——他把六角家重臣后藤贤丰叫到观音寺城将之杀死。后藤从六角定赖时代就跟随六角家，与进藤贞治并称“六角家两藤”，这样一位权势人物的死震惊了整个南近江，人人自危的南近江豪族为自保揭竿而起，发动一揆把六角义贤父子轰出了观音寺城，后来在蒲生定秀和贤秀父子的中介下，六角父子才得以回城，作为惩罚，义治必须把家督转让给弟弟义定，同时，六角家必须发布一项分国法，是为《六角家定目》。

并不是所有的分国法都是强化大名权力的，这部制定于永禄十年（1567）的《六角家定目》反过来限制了主君的权力，强化了各领主的独立性，为保证双方遵守，还撰写起请文由神明为见证，这让人联想到了1215年英王约翰被贵族强迫签署的《大宪章》。

◇ 信长之妹阿市

一盘散沙的南近江让六角家失去了对抗信长的力量，但六角义贤却盲目地看不到这一点。永禄十一年（1568）八月，信长从岐阜出发，进抵佐和山城，然后向观音寺城派出了使者要求其协助，六角义贤却拒绝信长的要求。而第二次，六角家索性称病不见使节。六角家如此顽固，无非是仗恃他们和三好家素来的友好关系，认为一旦信长上洛，三好家可以为其后盾。

九月七日，织田信长出兵15000与浅井、德川联军开始了上洛之战，六角家决定防御，以吉田出云守率军三千守箕作城，田中治部大辅率6000人守和田山城，同时六角家自身以1000人固守观音寺城。他们打的如意算盘是：趁织田军全力攻和田山城，以箕作、观音寺两城兵力夹击。

信长根本没给他们这个机会，兵力占优的信长一开始就决定分兵，稻叶一铁攻和田山城，柴田胜家和森可成攻观音寺城，而信长自己把主攻方向定在了箕作城。

箕作城城防坚固，易守难攻，信长命木下秀吉和丹羽长秀分别从北面、东面两个入口攻击，战到晚上，仍未撼动城防。木下秀吉提出了夜袭，于是，织田军点起了火把，趁夜攻打，猝不及防的城中守军在经过一整天的战斗以后再也无力抵抗，和田山城在听说箕作城陷落以后也宣告失守。原本计划要顶到三好家援军抵达的六角义贤根本没想到信长的行动如此之快，观音寺城周边的支城如雪崩一样纷纷陷落，观音寺城已经宣告不守，六角父子仓皇逃往甲贺去了。

作为六角家支柱的蒲生贤秀在居城日野城固守，织田家臣神户具盛说服其投降。识时务者为俊杰，蒲生贤秀立刻决定不为六角家殉葬，他让儿子蒲生氏乡前往织田家做了人质，这个孩子后来被信长招赘为婿，蒲生氏成为织田家臣。

六角的灭亡和蒲生氏等近江豪族的投靠扫清了上洛的最后障碍，而权力真空的京都又一次发生变化，松永久秀和他所扶植的三好义继两人与三好三人众发生了矛盾。信长大军一到，这群昔日的“盟友”作鸟兽散，三好三人众逃跑。松永久秀和三好义继则宣布投降。然后摇身一变，从“将军谋杀者”变成了“上洛拥护者”，堂而皇之地成为新幕府的臣子。

从九月出发，十月就完成了上洛的壮举，这一速度快得惊人。十月二十四日，足利义昭在京都宴请信长，这位幕府的十五代将军在他的“恩人”面前显得有点

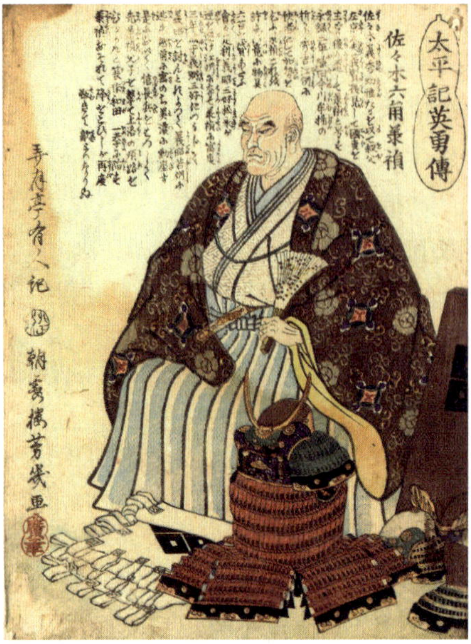

◇ 六角义贤

谄媚，他给信长发了一份感状（感谢信），上面写着颇为肉麻的八个字——“御父织田弹正忠殿”，此时，他又毕恭毕敬地想把幕府管领的位置授给信长。这对信长来说已经是非常大的荣耀。但信长的表现却颇为冷淡，他拒绝了将军的好意。诚惶诚恐的将军又提出由信长来担任“副将军”，这比管领又高了一等级。但信长还是拒绝了。对于以“天下布武”为理想的信长而言，他所冀望的，当然不仅仅是管领或副将军。两天后，信长留下明智光秀和木下秀吉为京都奉行，自己回到了岐阜城。

信长的两次拒绝让足利义昭疑虑重重：“这个你也不要，那个你也不要，你究竟想要什么？难道你想要取我而代之？”历来就有“功高震主”的说法，当功劳高到赏无可赏的时候，就只好赐死。信长对足利义昭有“定鼎再造”之恩，他却一无所求，这就不能不使作为幕府将军的足利义昭心生疑窦。而且义昭还是一个手中毫无实力的“光杆将军”，他的兄长又是死在强力家臣的手中，他很怕松永久秀导演的“永禄之变”在自己的身上重演，没准这一次的主角就换成了他和信长。于是，他开始极力拉拢近畿的各大土豪，同时开始筹划一个阴谋，一张包围网正在信长周围悄悄地铺开。

五、信长包围网

上洛之战可以说是信长一生中最顺利的一战，事先，谁都没有想到这个尾张乡下的土包子竟然能率先实现上洛的壮举。就是因为太过于顺利，中间也潜伏着种种危机，比如：在信长上洛时献上名茶器九十九发茄子投降的松永久秀就绝对不是一个乖乖听话的家伙。而逃走的三好三人众也没受到任何的损失。他们随时准备卷土重来。

永禄十二年（1569）一月六日，刚刚度过新年的信长接到了一个消息：三好三人众又杀回来了。就在此前一天，三好家包围了足利义昭暂时居住的京都六条本国寺，明智光秀作为京都留守，竭力抵抗，但区区一座本国寺并非坚固的城堡，陷落只是时间问题，京都在急报信长的同时，在第二天招集了细川藤孝、三好义继、池田胜正等畿内各军前来协防，在桂川击败了三好军。十日，信长带着不过几十骑人马冒着大雪飞快地赶到京都，在得知情况已经稳定后，决定把将军的居所二条御所修建为二条城，将足利义昭这个“宝贝”用一座宏伟壮观的二条城保护起来。惊魂甫定的足利义昭得到二条城这个保护罩，感动莫名。同时，信长把京都的地面好好整修了一下，翻新了皇宫。天皇也大为感动。但“功勋卓著”的信长还是推辞了赏赐，一无所求。

信长的行为使足利义昭产生了丰富的联想，他认为这个土包子一定有着非同寻常的野心。永禄十二年（1569）一月十四日，在决定修筑二条城的同时，信长突然给了足利义昭一份文书，名为《殿中御掟》，内容总共是9条，大致有下：

一、将军家的同朋众（负责将军杂役、警备的侍从和艺能方面的侍从）可按原惯例招募。

二、公家众、御供众与申次（联络武家与朝廷的官员）可在将军需要时如前侍候。

三、惣番众（将军的护卫队）可在无将军令下出动。

四、幕府家臣，无信长许可不得入御所。

五、诉讼不经奉行人之手，不得直达于朝廷或幕府。

六、禁止向将军直诉。

七、诉讼规定可按旧时惯例。

八、当番众（当值的幕府家臣）不经申次，不得直接奏于将军。

九、僧侣、僧兵、医师、阴阳师等不得入殿。

这九条显然是信长有备而来，其中有几条还算比较程式化，但有几条显然是对将军进行了限制，如第四条，目的是将幕府与朝廷加以隔离，断绝了幕府通过申请朝廷官职来笼络大名的通道。第五条，通过在诉讼环节中增加一个奉行人的必经之途，而奉行人往往是信长的家臣，再加上第六条的“双保险”，信长将幕府的诉讼处置权收到自己手中。从镰仓幕府时代开始，对武士的领地诉讼就是幕府的权力，也是幕府左右控制武士的手段，只有幕府承认武士的领地权武士才能无可争议地取得领地进行收益，这项权力的剥夺直接架空了足利义昭的幕府。至于第八、九条，则直接阻断了幕府私下勾连本愿寺、延历寺等寺院僧兵或地方大名发动对信长叛乱的途径。

而仅仅两天以后，信长又将《殿中御掟》增加了7条，进一步强化前9条的内容，收到这16条文书的足利义昭一定是气得两手发抖。他至此认定了，信长有取室町幕府而代之的野心。

信长同时早已经在京都一带布好了局，一月十日，他下令进攻摄津高槻城，处死结连三好军攻京都的城主入江春景，以和田惟政为新城主，同时，他下令池田胜正和伊丹亲兴两人也前往摄津，共同支配摄津一地，卡住三好家可能的入京通道，由信长申请，任命池田胜正为摄津守护，伊丹、和田为其属下，称“摄津三守护”。

京都方面，以明智光秀为京都奉行，作为监视将军的人，而亲信木下秀吉为副职，作为“监视的监视”。明智光秀等前幕臣实际成了信长的人。

第三方面是对堺的处理，作为战国最大的商业贸易港口，堺一直是以“会合众”这样的形式行使着区域内的自治权。会合众以当地有力商人组成，以合议形式决定重大事务。信长要求他们交纳两万贯的“矢钱”，看到三好家败局已定，今井宗久为首的堺商人决定服输，今井宗久还特别上京，向信长献上了松岛茶壶和绍鸥茄子这两件名茶器。拥有这群靠倒卖军需物资发家的商人资助，对于信长来说是一大利好。同时，信长把尾张、美浓推行的“乐市乐座”的政策推广到畿内，拆除了室町幕府在此修筑的所有关卡，实行通行免税，通过繁荣商业贸易大大充实自己的财力。

稳定畿内后的信长开始攻略伊势和但马两国。永禄十年（1567），早在上洛之前，信长就派遣名将泷川一益南攻伊势，第二年，泷川一益用野蛮的火攻战术拿下了高冈城，慑服北伊势的神户家。神户具盛决定投降，并收信长的三子三七丸为养子，即神户信孝。北伊势的长野氏、关氏等地方土豪也宣布归顺。

南伊势则要棘手得多，作为伊势国司的北畠具教并不是那种吓一吓就会投降的孬种。伊势北畠家出自南北朝时期支持南朝的北畠亲房和北畠显能父子，他们世袭伊势一国的国司（律令制下的朝廷官，非武家的守护）。北畠家在伊势盘桓多年，有大河内、木造、坂内、田丸等诸分家，分据伊势诸处。从北畠晴具时代起，北畠家开始向战国大名转化。北畠晴具在天文年间以武力征服志摩国，又控制熊野等地，但其统一伊势的努力为长野氏所阻。其子北畠具教在天文二十二年（1553）接替父位，继续进攻长野氏，最终迫使长野氏将他次子北畠具藤收为养子。永禄三年（1560），他又在志摩小浜氏的协助下进攻当地豪族九鬼氏，九鬼净隆阵亡，其弟九鬼嘉隆逃亡。永禄五年（1562），长野家的长野稙藤和藤定父子突然同一天死亡，据说是北畠具教将这两人毒死，北畠家因此得以控制伊势、志摩两国，成为雄极一时的战国大名。

永禄十二年（1569）八月，信长出动了庞大的军队攻略南伊势，北畠具教的弟弟木造具政投降，并给信长作了向导。信长的大军直达北畠家的居城大河内城，北畠具教在固守两个月以后被迫同意信长的条件，将女儿雪姬嫁给信长的次子茶筅丸，茶筅丸即为织田信雄，成为北畠家的养子和继承人。伊势平定。

或许是信长从北畠家灭长野氏的手段中获得了启发，于是在其后织田信长和织田信雄做了一次“模仿秀”，天正三年（1575）六月，具教、具房将家督让给了信雄。随后，织田信雄开始了大屠杀，天正四年（1576）十一月，在信长的授意下，北畠家旧臣长野左京亮等人包围了北畠一族居住的三濑御所，杀死包括北畠具教的两名幼子德松丸和龟松丸在内的北畠家臣十余人及家族30余人，北畠具教也被暗通织田的近习佐佐木四郎左卫门刺死。同时，北畠具教的次子长野具藤、三子北畠亲成、女婿坂内具义被招到了织田信雄的居城田丸城斩杀，北畠家将领北畠政成所驻守的雾山城被信长派羽柴秀吉等人于十二月攻陷，北畠具房因泷川一益的保护被幽禁在长岛城，而北畠具教之弟具亲在随后的反抗也被果断镇压。织田家就这样盗用了北畠家自己的“木马计”彻底毁掉了伊势北畠氏。

◇ 朝仓义景

永禄十二年（1569）八月，信长还命木下秀吉领兵攻但马，其目的是但马的生野银山。但马是山名家仅剩的一个领国，守护山名祐丰不敌织田军，只好在商人今井宗久的中介下降服，成为织田家羽翼下一员。信长承认了山名家的但马领有权利。

完成了势力扩大后，为敲打似乎不甚安分的足利义昭，永禄十三年（1570，是年改元元龟）一月二十三日，信长又一次把《殿中御掟》再增加五条，这一次的五条对将军权力的限制达到前所未有的强度：

一、致送各国大名之御内书（将军的命令），须得由信长过目，并副署。

二、原本义昭致各大名之命令全部无效，须经重新考察再定议。

三、对将军家尽忠节者须褒美恩赏之，因将军无领地，可于信长领地中赏赐之。

四、天下之政可任信长，信长可不从将军之上意亦不必听取任何人之命，依自身判断而行之。

五、为天下太平起见，将军应时时赴宫中仪式。

这五条追加一般被称为《五条书》，这五条意见意味着将军如果没有信长，根本发不出任何的指令，也没有任何的领地，只有做一个“祈祷天下太平”的傀儡而已。这一次，足利义昭已经彻底受不了了。于是他果断决定违反第一条的规定，秘密地发信给各地的大名，要求他们反对信长，一张包围网开始在阴谋的编织下偷偷展开。

信长下一个敌人则是越前的朝仓家。本来，如果朝仓义景上洛，完全可以轻松通过浅井的近江地区，因为浅井的重臣对朝仓大多有好感。但朝仓愣是没动。此时朝仓在做什么呢，永禄十一年（1568）八月，朝仓军杀入了邻近的若狭，俘虏了若狭守护武田元明，若狭武田家至此灭亡，但若狭远远不算平定。从属于武田的若狭家臣团粟屋氏、熊谷氏等多半不愿意从属朝仓，更有大批若狭武士加入了织田军，他们的善战勇猛给信长留下非常深刻的印象，可以说也是朝仓最大的敌手。耽误了上洛大事去忙活这样一件偷鸡不成蚀把米的事，朝仓义景的眼光可想而知。直到足利义昭被织田家奉上京都后，这位文化人才认识到当初自己手里竟然还有这样一个绝世大宝贝。朝仓义景这个时候肯定想找个地方买后悔药。

信长在上洛以后，向朝仓家发出了两次要求上洛谒见将军的通告，正在满世界找后悔药的朝仓义景却没认识到这个通告的严重性。他对信长带走他锅里煮熟的鸭子的行为严重不满，同时也担心出走以后越前的稳定，于是朝仓家对两度通告都置若罔闻。

朝仓的笨蛋举动完全就是送借口给信长。信长早就对越前国的朝仓虎视眈眈，现在朝仓把将军的通告当成儿戏，正好使信长可以名正言顺地讨伐朝仓。

元龟元年（1570）四月二十日，信长联络三河的德川家康组成联军，越过作为同盟的北近江浅井辖区，攻击越前国的手筒山城。惊慌失措的朝仓义景这才认识到问题严重了。织田和德川联军迅速攻克防守薄弱的手筒山城，乘胜攻到金崎城下。驻守金崎城的朝仓景恒根本没有时间组织防御，是时，朝仓义景宠信其同族朝仓景镜和朝仓景健两人，这两人正和作为朝仓家一门之首的朝仓景恒争宠，据说正是因为如此，金崎城根本等不到救兵。朝仓景恒很快决定投降，在信长出兵后仅仅六天，金崎城陷落。朝仓景恒回到一乘谷，受到一群人的冷嘲热讽："没什么抵抗就投降了，您可真有武士之风！"受不了这窝囊气的朝仓景恒一气之下出家当了和尚。随后，朝仓家在织田大军的攻击下摇摇欲坠。

似乎一切都向着有利织田军的方向走，越前国似乎很快将是织田信长的囊中之物。然而就是这个时候，一双黑手悄悄伸出来，把命运的指针偷偷拨转。

据说在四月二十七日夜。宿营越前的信长接待了一位使者，这位使者是他出嫁给浅井长政的妹妹阿市所派来的。使者没有带来什么话，只是带来了一件奇怪的礼物：一袋豆子。盛豆子的袋子两端用线密密地缝住。信长盯着豆子看了半天。

终于醒悟："快撤退！"

六、血战姉川

阿市送来这袋豆子的意思，历来有很多说法，一般认为，豆子就是指织田大军，而装豆子的口袋两边密密缝住，也就是说织田大军将遭到两面夹击。当时位于越前金崎的织田军，前面面对的自然是越前国的朝仓，而后面的敌人，只有一个可能：那就是信长的妹夫——被信长一度认为是盟友的浅井长政。信长就是醒悟到了浅井长政有背弃同盟背后捅一刀的打算，于是下达了撤军令。

如果要撤，那就要快，因为信长得到的情报显示，浅井和六角已经扼住了从金崎返回京都的道路，而北面的朝仓似乎也听说了这个消息，正准备从一乘谷城起兵配合发动攻势。在这种情况下，如果信长调过头去打通后路，那么就会被朝仓追尾，如果继续攻击朝仓也是一样的后果。所以，信长只能放弃攻打朝仓的计划，绕道撤军。

元亀元年（1570）四月二十八日，织田军联络近江的豪族朽木元纲，仅率十余人通过朽木的领地，从琵琶湖的西岸绕过了浅井的封锁线返回京都，根据《朝仓记》的说法，是松永久秀主动去说服了原本要截击织田军的朽木元纲，立下了大功。四月三十日，信长回到京都，他决定断后的是池田胜正、明智光秀和木下秀吉，这些人把织田大军带回了京都。"金崎撤退"使信长攻取越前的计划夭折，信长心里的郁闷可想而知。同时，他也对浅井长政失望至极。

事实上，此事源自浅井家内部的利益纠葛，以"一揆"的方式组织起来的"浅井实业股份有限公司"经常发生"董事"们往往联合一致来威逼"董事长"赞同他们的意见的情况。"浅井实业股份有限公司"的"董事"们普遍认为，织田家不过是尾张的土包子，所以对于长政联姻织田，心里是很不乐意的，不过当时浅井的主要敌人是六角，所以他们虽然反对，但并不是很坚决，因此阿市就得以嫁到了近江。而织田信长攻打越前的行动就引起了"董事"们的警觉。朝仓和浅井有多年的同盟关系。现在信长越过浅井的地盘去打朝仓，这让他们想起了中国春秋时期的一个故事：晋国的荀息向虞国借道去打虢国，回来的路上把虞国也灭了。这个故事里衍生出两个有名的成语："假途灭虢""唇亡齿寒"，各位有文化的"董事"肯定不会不知道这个典故。不管信长有没有这个意思，防人之心不可无。因此浅井的各大重臣纷纷劝说浅井长政背弃信长，甚至拉出了被迫隐居的久政。于是，浅井和织田的蜜月期在短时间内就宣告结束，浅井长政也和信长由亲家变成了仇人。浅井的背叛，不但使信长攻打朝仓的战略破产，而且还直接威胁到了信长的老窝——美浓的安全。

五月中旬，信长为保证美浓的安全，仅带数人从京都火速赶回岐阜城，在千草山中，一枚铁炮子弹“嗖”一声飞来，正好打中信长衣服的下摆。袭击者是杉谷善住坊，他是一位著名的忍者，号称能射落飞鸟（以当时洋枪的射程和精度来说，射下飞鸟确实难度很高，不排除是吹牛的可能），偏偏就是这一次失手了，没能打死信长。信长大怒，下令通缉此人，隐匿在近江阿弥陀寺中的杉谷善住坊被抓获，据说信长下令将他头以下全部埋入土中，然后用竹质的锯子慢慢锯死。

金崎撤退和遇刺事件使信长对浅井和朝仓恨意深种。他把金崎撤退视为一生中最大的耻辱。在回到岐阜城后，信长立刻决定，再度出军，讨伐浅井和朝仓。

元龟元年（1570）六月，信长动员约15000人，同时德川家康带领约5000名“打仗一根筋”的三河猛士前来会合。六月四日，纠集伊贺、甲贺势力的六角义贤和义治父子前来拦截织田军，在野洲河原被信长的重臣柴田胜家和佐久间信盛击败。在这场战役中，留下了著名的“瓶割柴田”的故事，据说柴田胜家被六角父子围困于长光寺城，城中水源断绝，柴田将剩余的水装在三个瓶子里，鼓励将士说：“如今只剩三瓶水，只能出击，若不成功，当渴死矣！”说着他就打破三个瓶子流光了最后的那一点水，率军直冲六角阵营，置于死地的织田军个个争先，将六角军杀败于城下。此后，经过江户时代军记物的不断渲染，这段本就充满虚构情节的故事被一传十十传百，“瓶割柴田”的名声也就越来越响。

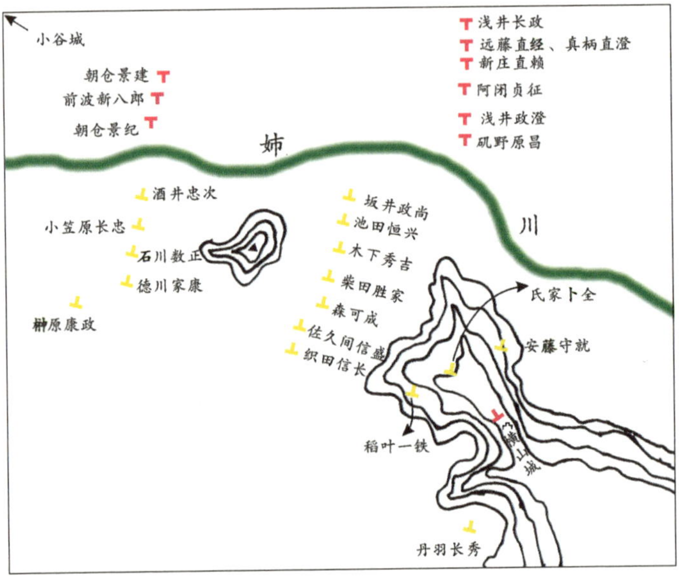

◇ 姉川合战地图

言归正传，由于柴田等人清除了六角势力，加上近江坂田郡的镰刃城主堀秀村被信长手下的木下秀吉派人说降，所以，织田德川联军顺利通过近江边境的长比和菅安尾两个砦进入近江，没有遇见大的抵抗。二十一日，织田军屯兵虎御前山，对浅井发起试探性的进攻，放火烧了小谷城下的町，试图引诱浅井出战。浅井长政估算了敌我的实力，决定暂时坚守，同时向越前朝仓家求助。

◇ 戎装的信长像

信长在试探未果后，了解到浅井的意图，于是决定改变策略。近江有两大要地：小谷城和佐和山城，横山城位于这两大要地之间，如果拿下横山城，就可以切断小谷和佐和山之间的联系。织田军于二十二日撤离虎御前山，转向包围横山城。浅井长政做了一次小规模的攻击，目标是织田军的殿后部队。信长留下了佐佐成政、簗田广正和中条家忠三人率铁炮和弓兵殿后，在织田军铁炮的射击下，浅井的追击没有获得战果，仅仅是象征性的“夺回”了被织田军放弃的虎御前山。次日，织田军完全转移到横山城下，二十四日，以朝仓景健为首的朝仓援军约8000人也赶到近江，浅井长政出阵，浅井军也大约为8000人左右，可以说双方的实力差不多。问题的关键在于，织田军应该如何去部署战略意图。

信长的最初想法是攻击横山城，但在横山城没有拿下的前提下，浅井和朝仓联军已经于二十六日到达战场，部署在草野川以北的大依山，在这种情况下应该将分散包围的军队集合起来，准备攻击援军，但信长做出的战略部署十分奇怪，信长把本阵布置在横山城以北，姊川以南的一个叫龙鼻的地方。这个地方并不安全，一般人都把本阵也就是总指挥部放在最安全的地方，而龙鼻正好位于朝仓浅井联军和横山城之间，一旦遭到夹击很可能被连窝端。但这个地方地势高视野好，能够看到整个战场形势。同时，信长将所有军队排开，分散布置在横山城下，一旦遭到攻击，互相救援可能会来不及。这样的布阵让朝仓和浅井也感觉看不懂，不知道是信长太过于轻敌抑或纯粹是一个引诱决战的诱饵？

在经过商量以后，朝仓和浅井决定即使信长的布阵是一个诱饵，他们也要吃吃看。于是，朝仓和浅井于二十七日凌晨进行佯动，翻下大依山麓，做出移动的姿态，信长在得知敌人的动向后，做出了一个错误的判断，认为敌人可能撤退，放心继续加强攻打横山城。次日，在得知信长判断错误后，朝仓浅井军突然迂回南下，

分别从三田村和野村方向发动突袭。

信长似乎没有做好野战准备，他的精力一直放在攻城上，同时他也认为自己有兵力优势，所以只是简单地监视住敌人过河而已。而朝仓浅井的袭击确实让信长大吃一惊，不过他相对也有准备，立刻命令围城的军队转向姊川的南岸。二十八日凌晨，朝仓军8000人从三田村方向越过姊川，面对朝仓的，正好是布阵在龙鼻西面的德川军，德川家康本阵只有3000人，但三河的武士向来以“一根筋”“不要命”闻名于世，在酒井忠次的指挥下，三河军硬是把占据人数优势的朝仓军死死地挡了几个时辰。同时，浅井军也以矶野员昌为先锋，渡过姊川突袭坂井政尚、池田恒兴和森可成率领的信长亲军，织田军的美浓三人众赶紧从侧面给予支援，在信长的主力还没从围城中转移过来前，信长周围的部队处于劣势，都陷入苦战中。

浅井和信长两军遭遇后，浅井家臣远藤直经冲在最前面，所以，他手下的800人突进太过深入，信长的围城军陆续赶到，将远藤直经和浅井的大部队切断。浅井的前锋矶野员昌为援救远藤一马当先，突破织田军的防御。坂井政尚队由于其子久藏战死而溃散，池田恒兴被迫后退。织田信长的本阵开始发生动摇。

朝仓和浅井的意图很简单：浅井军拖住信长的本阵和美浓三人众，同时朝仓军以优势兵力迅速击败德川家康，一旦德川军溃散，信长的侧面就完全暴露在朝仓军面前，朝仓就可以和浅井配合，在信长主力没有抽回来前迅速吃掉信长本阵。这个计划堪称完美，前提是：朝仓必须打赢德川手下那群三河武士，一开始，朝仓和浅井很可能认为这是十分轻松的事情，因为德川并不是信长的手下，而是信长的同盟，同盟之间当面笑眯眯，背后捅两刀的事情是常见的，为了同盟拼死扛住比自己多上一倍的敌人肯定不划算。但问题是，朝仓所遇见的是打仗“一根筋”的三河武士，这就使他们的计划出现了一个决定性的失误。他们算东算西，就是没有算到这群三河人是那样的难啃。

就是因为没有及时地啃下三河众，织田军赢得了时间，战场上，时间往往就意味着胜负的转折。信长的围城军队极其迅速地投入战斗，木下秀吉和柴田胜家首先赶到，他们遏止住了浅井的攻势。为保证侧面安全，信长命令丹羽长秀和池田恒兴迅速支援德川，攻击朝仓的侧面。原本想攻击信长侧面的朝仓结果自己的侧面受到威胁，就在这个时候，佐久间信盛带着织田军兵力最强大的一支部队到达战场，也投入战斗。战场原本形势瞬间发生逆转。

首先，信长命令美浓三人众迅速赶到北岸，迂回穿插，切断了浅井军的退路，同时从侧面发动突击。正和织田军打了一整天疲劳不堪的浅井军因为这一攻势而瓦解，远藤直经阵亡；其次是得到援助的德川军开始反扑，德川军的榊原康政突破朝仓侧翼，杀死朝仓军猛将真柄直隆。朝仓军士气低落，完全崩溃。

在朝仓和浅井联军被击溃的情况下，横山城也被迫投降。

姉川合战从战略上来讲，织田信长占了大便宜，因为他获得了横山城，可以遏制住浅井对美浓可能发动的攻势，同时切断了近江两大战略要地的联系。但他获得的战果并不大，浅井长政由于撤退时相对严整，没有遭到比较大的损失，朝仓则仅仅出兵8000，以朝仓的实力而言，全部兵力应该在2万人以上，所以也不能算大损失。姉川合战由于信长方面损失也比较大，所以无法很好地扩大战果，因此并不能说是信长的一次决定性胜利。但它仍然有其深刻的意义。

第三节
霸王之章

一、第六天魔王

元龟元年（1570），信长在姉川合战中取得了胜利，这一胜利使朝仓和浅井暂时无法发起主动的攻击。在姉川合战以后，信长拿下了横山城，切断了南北近江的联系，他留下木下秀吉防守横山城，南下包围佐和山城，一旦拿下佐和山城，就等于切掉浅井的一臂。而佐和山城的矶野员昌也深知其中的利害关系，所以也加强了防守。信长在包围佐和山城以后，按兵不动。他本人决定返回岐阜城，因为他认为，相比暂时无法动弹的浅井和朝仓而言，还有更重要的敌人在眼前。

近畿的敌人是三好三人众，他们随时是京都的威胁。更糟糕的是，三人众在这一年六月趁信长主力前往近江之时，暗中策动摄津守护池田胜正的同族池田知正以及重臣荒木村重两人谋反，把池田胜正驱出摄津，随后，他们在摄津修筑野田、福岛两城，作为进攻的前沿阵地。八月，三人众率军攻打三好义继的古桥城，古桥城只有数百人的兵力，在三人众的军队攻击下几乎全军覆灭。信长认识到形势严峻，立刻下令松永久秀从大和信贵山城出兵入河内，同时借将军名义调动纪伊、和泉军队协作。元龟元年八月，信长从岐阜出兵，八月二十六日，信长在福岛和野田城东南一带的天王寺布阵，同时，三好三人众纠集的援军：安宅信康水军，杂贺众的铁炮雇佣军以及斋藤龙兴等信长死敌也纷纷抵达战场。信长考虑到福岛、野田两城是一面靠海，三面环水的城池，决定不采取强攻，先诱降了三好政胜和香西长信等人，然后徐图进取，先在城对岸修筑两个砦，然后以三好义继和松永久秀为核心的织田军主力攻野田、福岛西面对岸的浦江城，织田军的水军动用了大口径铁炮，很快拿下了该城。以这两个砦和浦江城为立足点，织田军填河而进，于九月十一日猛攻野田、福岛城，城中的杂贺雇佣军和城外的织田军铁炮声日夜不绝，响成一片，这可谓是畿内前所未有的一场火器对战。

在双方战斗进入胶着时，一个意想不到的敌人加入了战团。

九月十三日，在福岛、野田两城战场附近仅数公里之远的石山本愿寺正式敲响警钟，集合军队，对信长宣战。石山本愿寺本身就是一个非常麻烦的对手，一方面，石山御坊建设得十分坚固，易守难攻，足以让所有想打本愿寺主意的敌人退避三舍，另一方面，本愿寺有着不同寻常的号召力，只要显如上人登高一呼，别人的领地里或许就有无数的农民拿着锄头和钉耙揭竿而起从背后打过来。石山本愿寺的参战令三好三人众士气一振，他们本已到了向信长求和的地步，这场战役的局面立刻逆转。

同时，在十六日，朝仓、浅井开始行动，他们的目标是宇佐山城，城主森可成和野府城主织田信治率军卡住近江坂本这一必经之地，切断朝仓、浅井联军的去路，一度将联军杀退，但本愿寺还有后着，显如上人联络了延历寺的僧兵助阵，一时间，僧兵拥出山门做了联军的助手，朝仓景镜再度杀回，于九月二十日击败森可成军，森可成、织田信治等人阵亡。宇佐山城在森可成的家臣各务元正的指挥下拼死抵抗，岌岌可危。

到底是先集中力量干掉三好三人众和石山本愿寺，还是回军救宇佐山城？信长权衡利弊，决定回师，因为朝仓、浅井联军是对京都、美浓有着最直接威胁的力量。二十三日，信长下达了撤军令，以柴田胜家与和田惟政两人断后。另一方面，朝仓、浅井军听说织田军回师，决定退却到比叡山布阵，信长在二十四日就包围了比叡山，向山门送去了警告信："立刻返还所有侵夺的织田庄园并保持中立，否则后果自负，勿谓言之不预也！"

实际上，信长比谁都想早决战，因为随着本愿寺加入信长包围网，信长领地内一向一揆开始泛滥。在本愿寺的煽动和组织下，十一月，长岛爆发了大规模一向一揆，信长的弟弟，小木江城主织田信兴阵亡。六角义贤又煽动近江一向一揆在南近江起兵骚扰，三好三人众还在拼命地攻打信长的断后人和田惟政，陷入四面楚歌的信长迫切需要快点解决比叡山的朝仓、浅井联军，再腾出手去四处救火，朝仓义景似乎也知道信长的心思，对信长的战书不理不睬。

十一月二十六日，信长作了一次试探性攻击，他让坂井政尚等人率军攻入了

◇ 石山合战图

已经暗通织田方的坚田一带，这一企图被朝仓军察知，联军和一向一揆一窝蜂地拥向坚田，把坂井政尚军包围吞噬，信长的尝试遭到失败。

不过，到了十一月底，在比叡山被围三个月的朝仓、浅井联军也吃不消了，一旦再拖到隆冬季节，越前下起了雪，孤军深入的朝仓军有回不了家的危险。信长趁机搬出足利义昭来，以征夷大将军的名义进行调停，同时，天皇也下达了希望讲和的旨意。朝仓以牺牲浅井家的利益为条件，把江北的三分之二划给了信长，换回了一条回家的通道。这使浅井直接面对信长军队的骚扰，不过朝仓管不了那么多，他们素来只注重眼前的利益。同时，三好三人众也在筱原长房的中介下和三好义继、松永久秀等讲和，本愿寺也消停了。信长又一次幸运地占了便宜，但这个便宜占得苦涩之至。

元亀元年（1570）很快就过去了，在这一年里，信长面前似乎怒潮汹涌，势单力孤的信长奔前跑后，就像一个孤独的民工正在修补千疮百孔的堤坝。足利义昭在某种程度上是信长麻烦的最大来源。正是他一手策划了信长包围网，征夷大将军的头衔在某种程度上还是有用的，但周围的一群野心家并不是看中了足利义昭的号召力，毕竟这个将军只是一个穷得只剩下名号的光杆将军，他们更多看中的是控制近畿所带来的政治意义。就是在这种情况下，信长作为现任的近畿控制

◇ 火烧比叡山

者，自然就成了周围大批野心家猎取的对象，而足利义昭的号召不过就是正好切合了他们的想法而已。

元龟二年（1571）二月，浅井的佐和山城守将矶野员昌被木下秀吉等人说降，事实上，佐和山城已经成为孤城一座，横山城的陷落和元龟元年浅井、朝仓联军的妥协，使佐和山城彻底看不到援军到来的希望。矶野员昌也被迫做出抉择。

但足利义昭不会给信长以喘息之机，他在这一年又一次广发书信给朝仓、浅井、本愿寺、六角、三好、延历寺等，发起了第二次信长包围网。

元龟二年（1571）五月，信长发动了征讨长岛一向一揆的战争，气势汹汹的信长可以说是倾巢而出，两万大军分兵三路杀向长岛。信长本阵位于津岛；佐久间信盛、浅井新八、山里三左卫门、长谷川丹波、和田新介、中岛丰后率军从中筋口进攻；柴田胜家、市桥九郎左卫门、氏家卜全、伊贺平左卫门、稻叶一铁、不破光治、丸毛兵库、塚本小大膳、饭沼勘平出太田口进攻。此次进攻却换回了氏家卜全阵亡的苦涩结局。

这一次的失败是对信长的又一次打击，由于长岛一向一揆，信长失去了一员猛将和一个弟弟，同时近畿地区受到了严重威胁。痛定思痛的信长决定改变策略，先平定南近江一向一揆。八月，信长再次出阵，从南近江的中岛砦进入佐和山城，九月，信长进攻一揆势的志村城，在佐久间信盛、柴田胜家、丹羽长秀和中川八郎右卫门四人的疯狂攻击下，志村城陷落，杀敌670余人。

接下来的敌人是比叡山，作为平安时代就开始镇护京都“鬼门”的山门，比叡山延历寺一直是不容忽视的力量，是时，担任延历寺山门座主的是正亲町天皇之弟觉恕法亲王，其下有数万的僧兵。信长控制畿内，将畿内众多庄园权力回收，作为战国大名的信长从来不承认寺社庄园有什么不输不入的特权，他的强化领地政策树起了比叡山这个死敌。同时，在平定一向一揆的过程中，信长对佛教徒的厌恶情绪更为加重，他认为佛教徒就该好好待在庙里吃斋念佛，有事没事拿刀舞枪地干涉大名的事务，那就是不老实的和尚。本愿寺是如此，延历寺也是如此。

根据太田牛一《信长公记》的记载：信长于九月十二日下达了攻取比叡山的命令，织田军火烧比叡山根本中堂和三王廿一社。包括灵塔、僧舍、灵社和经卷在内的比叡山佛教圣地一片火海，烧得灿如云霞，比叡山的僧侣和附近部分百姓逃到了八王寺山，织田军切断山下全部道路，然后攻打山上，不论僧俗老幼男女一律杀死，遇难人数高达数千人。同时，比叡山所属的寺社领地被没收，分配给明智光秀、佐久间信盛、柴田胜家、丹羽长秀、中川重政五人。

信长火烧比叡山一事历来评价极其两面化，当时的京都诸多公卿对此骇人听闻的行为表示震惊，认为不论怎么样都不能如是对待镇护京都鬼门的佛门圣地。但《信长公记》的作者太田牛一为信长辩护，他指出当时的许多僧侣已经失去了为僧侣的本性，“不顾天道、淫乱、食鱼鸟之肉，贪金银之器”，更何况比叡山参与朝仓、浅井与信长的战争，已触犯出家人干预俗世之忌。江户时代的儒学者新井白石也提到：“此事虽残忍，然除叡山僧侣之恶，是亦于天下有功之事。”

信长因为征讨一向一揆和比叡山而得到了两个不甚光荣的外号：“第六天魔王”“佛敌”。佛教认为世界有色界、欲界和无色界三界，其中的欲界分为六天：四大天王、忉利天、夜摩天、兜率天、化乐天、他化自在天。第六天魔王就是他化自在天，又叫摩罗、波旬，梵文为“婆罗维摩婆奢跋提”，也就是采取各种方式诱惑和阻碍佛教徒修行的恶人。信长本人颇以得到此外号为荣。值得一提的是：有人认为信长是天主教徒，他本人对南蛮物的兴趣非常浓厚，甚至当时很多佛教徒也以此为借口攻击信长，认为他是试图以天主教取代佛教的“佛敌”，信长在京都建立南蛮寺的行为更是一时间在佛教徒中引起轩然大波。但事实上，信长类似于“无神论”者，他并不信仰佛教，也不甚信仰天主教，他的性格属于天马行空，我行我素的类型，并不是宗教习惯所能拘束的人物。

元龟二年（1571）的形势其实并不比上一年好多少，和比叡山的敌对使信长陷入更大的麻烦中，更多的佛教徒站到了信长的对立面。八月，摄津一带又传来了一个坏消息，之前放逐池田胜正的叛徒荒木村重又一次扩大了他的势力，他和中川清秀联合，攻打茨木城。负有安定摄津重任的和田惟政决定援助茨木重朝，八月二十八日在白井河原一带，荒木、中川联军趁对手立足未稳发起攻击，又以伏兵协助，和田、茨木联军全军覆灭。失去了和田惟政这个重要家臣的信长大为震惊，忙派明智光秀前去稳定局势。是时，茨木城、郡山城等已相继失陷，和田惟政之子惟长退到高规城，与城主高山右近一起防御，明智光秀只能采取调停策略，迫使荒木村重暂时退兵。

时间进入元龟三年（1572），刚进入新年的信长在焦虑中还是等来了一个好消息，村井贞胜和朝山日乘负责的御所建设刚刚竣工。京都的整修重建工程取得重大进展。这个好消息却并不能代替其他的坏消息。刚过完新年的信长仍然要应付诸多的问题。

三月五日，信长出兵横山城，这一次对付的敌人仍然是浅井长政，长政于当年元旦就出兵横山城，信长此次出兵的目的只是把浅井长政赶回小谷城去。浅井长政缺乏和信长决战的实力，而信长要吞掉浅井也为时尚早。所以双方一接触，浅井就转身闪人。信长留下明智光秀，中川八郎右卫门和丹羽长秀驻守，自己则上洛去处理另一件大事——松永久秀谋反了。

松永久秀是战国出名的三大恶人之一，战国的大名，有人爱好美女，有人爱好茶道，有人爱好南蛮物，有人爱好娈童，而松永久秀的爱好别具一格：他爱好谋反。信长正在到处灭火的时候正好是松永久秀谋反的最好时机，在元龟二年（1571），他立刻联合三好义继发动叛乱，外结三好三人众。元龟三年（1572）五月，松永、三好联军攻击信长的妹夫畠山昭高，信长连忙向高屋城派去了援军。

七月十九日，信长再次出兵虎御前山，二十日，信长到达横山城，二十一日布阵虎御前山，绕过小谷城杀向江北。丹羽长秀，木下秀吉、柴田胜家、佐久间信盛和蜂屋赖隆等将分兵向城下町集结放火，木下秀吉击败山本山城出战的军队，二十三日，木本、地藏坊地区被织田军放火烧毁，当地的佛寺伽蓝、名所旧迹为之一空。在这种情况下，朝仓接到浅井方关于长岛一向一揆泛滥的消息，他们得出了织田军后方起火的错误判断，于是起兵15000前来虎御前山，于二十九日布阵完毕。

这一次出阵虽然比姉川合战规模更大，但已经不能和姉川合战时同日而语。八月八日，朝仓军前阵的前波吉继宣布投降信长，第二天，户田与次、富田弥六、毛屋猪介也投向信长一方。朝仓方面决定不与信长进行决战，放弃了原来的战略计划。同时，信长在虎御前山完成防御工事，决定交给木下秀吉。

浅井、朝仓的懦弱无能使信长能再一次地抽出手来对付别的敌人。在东方，一只猛虎正挟着秋天的寒意，咆哮而来。

二、激战三方原

足利义昭一手策划的第二次信长包围网一直留着一手必杀之招，他这一次在联络朝仓、浅井、本愿寺等信长的老对手以外，还拉拢了一家实力不在织田之下的大名——甲斐武田氏。

武田信玄当时已经做好了准备，他本着"只有永久的利益，没有永久的朋友"这一原则，于永禄十一年（1568）联合德川家康对日薄西山的今川家进行了夹击。德川与武田共灭今川，形成了接壤的态势。

◇ 本多忠胜

不过，从德川的角度来说，今川的灭亡并不是一件好事情。今川家和德川家是上代恩怨，所以德川家康在打今川的时候全力以赴。但今川是德川和武田之间的战略缓冲地带，一旦今川灭亡，富饶的骏河又落到武田手里，就意味着德川家将直接面对甲斐之虎，更何况在这次合作中，德川和武田的合作并不愉快，埋下了日后反目的伏笔。

元龟三年（1572），武田信玄终于开始行动，举着"风林火山"旗帜的武田大军浩浩荡荡向西杀来。

由于上洛之战，武田信玄是下大成本的。出动了大军约25000余人，九月二十九日，山县昌景率领3000人作为先头部队首先出发，侵入远江、三河，十月三日，武田信玄出发，兵力20000多人，另从北条家申请了援军约有2000人。同时，武田军的秋山信友攻打美浓以牵制信长，美浓的岩村城主远山景任战败后突然病死，其养子是信长的儿子织田胜长，当时只有3岁，失去城主的岩村城被迫投降武田军。十日，武田军主力和前锋在远江犬居城会师。兵势浩大。北远江的德川家臣天野景贯投降，十三日，武田信玄分兵5000给马场信春攻二俣城，自己则率主力军扫荡，仅仅一天之内，北远江的德川家各城望风而降。

德川砸锅卖铁不过一万人的兵力，而且可调动的军队至多不过8000人，仅仅为武田的三分之一，德川家康只好求助于他的盟友——信长。但信长此时也正焦头烂额，要他亲自带上主力大军去援助德川死拼武田那是不可能的。浅井、本愿寺、三好、朝仓甚至光杆将军足利义昭的存在都不允许他这样做。信长仅仅派出了佐久间信盛、平手汎秀和水野信元率领3000人前往援助。

3000援军，对于德川面临的局势来说，那是杯水车薪。所以信长也嘱咐德川，坚壁清野，不要轻易和武田作战。可惜德川家康却主动出击了。

武田最先进攻二俣城，二俣城是浜松城的门户，浜松一失陷，远江国大势去矣。

所以德川家康率领3000军队在信长援军未抵达的情况下，渡过天龙川前去防御，并让本多忠胜和内藤信成为先导侦察。不幸运的是，本多忠胜的侦察队恰巧遇上了山县昌景和马场信春率领的武田军前锋，本多忠胜虚晃一枪就走，被武田军紧紧追赶，在一言坂一带，武田军遭遇了德川军。

德川家康远眺对手，发现对面有5000多人，他考虑兵力劣势，决定避免交战。本多忠胜和大久保忠佐担任殿后掩护德川军撤退，骁勇的本多忠胜主动突击马场信春队，以攻代守，以伤亡为代价保护了德川家康的顺利撤退。本多忠胜因此一战成名，人称："家康一生两大宝，唐物头盔与本多平八。"

返回浜松的家康让二俣城陷入孤立，二俣城位于天龙川和二俣川两条河流会合地带，筑于丘陵之上，此城占据了浜松与两个支城挂川城和高天神城的中间地带，一旦拿下，就能切断浜松与两个支城之间的联系，并能确保武田军的补给线，所以说它是浜松乃至远江的门户一点都不夸张。二俣城兵数虽少，但地势险要，武田军在此会师以后，连攻一月迟迟不下，武田信玄查看城防，发现了该城的致命弱点——由于筑在丘陵上，此城的水源全仰赖于天龙川水，为取水，城中守军在沿岸的悬崖上修筑了井楼，用钓桶钓河水。信玄下令从上游地带扎起竹筏，顺着湍急的河水而下，直冲井楼的支架。取水井楼的倾覆让城中陷入绝境，只靠老天爷赐予雨水是绝对满足不了城中需求的，十二月十九日，二俣城开城投降。

武田信玄在二俣城下之时，家康已经和信长的援军会合，兵力增加到12000人，但仍然落后于武田，家康决定固守浜松城。武田信玄在二俣城下消耗了太多时间，他深刻意识到速战的重要性，于是，他决定采取策略调动德川军。十二月下旬，武田军突然绕过浜松直插三河。德川家康听说这个消息后大惊失色，三河是德川家的根本，没有了三河，德川家就是俎上之肉。于是，德川匆忙出城，尾追武田军。

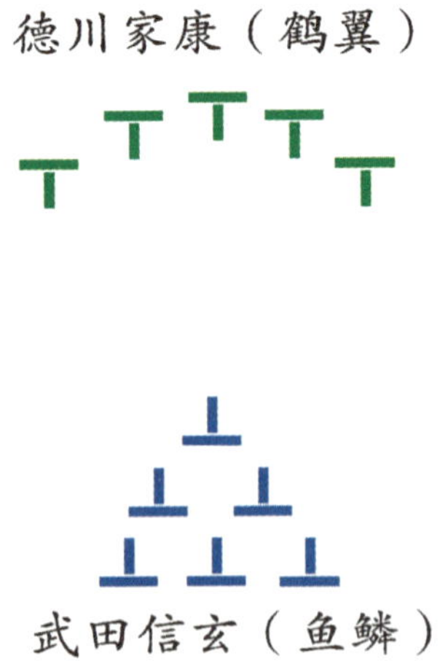

◇ 三方原合战双方布阵示意图

德川原本的计划从背后攻击武田信玄。十二月二十二日，德川在三方原咬住了武田军的尾巴，当两军会面的时候，德川家康震惊了。原本应该屁股对着他的武田军竟然整齐地摆出了鱼鳞阵势。

逃跑来不及了。德川家康只好硬着头皮和武田的大军开始决战。合战开始，德川家康在

◇ 三方原合战

选择阵形的时候又犯了致命错误。武田军人多，采用鱼鳞阵，把全军排成三角形阵，这一阵形纵深较大，阵形密集，原本是适合在兵力不足的时候集中进行冲击，而武田信玄在平原上布此阵，显然是存着速战速决的打算。德川家康想必是想利用鱼鳞阵侧面防御不足的弱点，下令排出了鹤翼阵，呈主将在中的倒“V”字形，但鹤翼阵本适合兵力较多的军队包围兵力不足的军队，兵法云：“十则围之。”一旦饺子皮过薄，就有露馅的可能性。在川中岛，遭遇上杉奇袭的武田军匆忙采用鹤翼，其后果就是本阵差一点被打穿。德川军在开始时竟然还取得了微弱的优势，这得益于本多忠胜那帮不要命的三河武士的奋迅。此时，在中央的德川家康的旗本队却遭到了山县昌景的猛攻，本来就处于兵力劣势的德川旗本队不支败退，鹤翼的缺口就此被打开。一直在观察战场形势的武田信玄立刻派出穴山梅雪、内藤昌丰等抄了德川家康的后路。两路武田家一夹，把德川家康的军队夹成了三明治。看着满山遍野“风林火山”的旗帜，德川家康的心情肯定很沮丧。他一溜烟跑离了战场逃回浜松。这位未来的幕府大将军竟然在马上大便失禁。德川军此战阵亡 2000 多人，鸟居忠广、成濑藤藏、本多忠真、中根正照、青木贞治、夏目吉信等诸多家臣战死，织田一方的平手汎秀也在这场完败中阵亡。

三方原的失败使浜松成了无法防守的据点。关键时刻，酒井忠次给德川家康支了一招，名为“空城计”。当武田的追兵到达浜松时，浜松城门大开，太鼓声声。武田军迟疑了一阵，疑窦丛生。不敢进攻，于是退却。

为报此战之仇，家康命令大久保忠世等在当晚夜袭武田军，造成了对手一定的损失。

元龟四年（1573）二月，武田信玄屯兵三河的野田城下，不紧不慢地攻打着这个只有数百守城军的弹丸小城。在三方原合战中打怕了的德川家康龟缩在浜松不敢探头。就在这个时候，命运之神突然开了一个大玩笑。

迫降野田城而且势如破竹的武田军突然转向，经过长篠转向凤来寺，放弃了原来西进道路转而向北。三月，武田军继续北进，同时要求与德川和谈。受了大惊吓的德川决定同意。四月，武田信玄在驹场病死。一代枭雄在上洛之战中戏剧般地结束了生命。武田军放弃上洛的谜团也因此解开。

武田信玄的死，对信长来说，是好得不能再好的消息。这个潜在的最可怕敌人终于被阎王爷所消灭。此时，信长和其他敌人摊牌的时间也到了。

三、人骨酒杯

武田信玄之死使武田军如潮水一般的退却，德川家康暂时可以喘息一下，去抚平三方原合战的创伤。这场合战严重地伤害了德川家康的自尊心，他以后想到武田信玄的名字，一定会记得自己在马背上吓得拉出屎来的丑陋一幕。至于信长，则不需要再提心吊胆地看着会有人越过三河地区背后偷袭。他可以腾出手来，放心地解决畿内地区的危机。

首先要对付的是：足利义昭。他是一切罪恶的根源，是他一手打开了“信长包围网”这个潘多拉魔盒。信长对于这位自己一手扶植的幕府将军丝毫谈不上忠心，在他的眼里，将军不过就是必要时拿来用用的工具。

元龟三年（1572），信长发出了《十七条意见书》，这封文件中，信长以领导的口气把幕府将军狠狠教训了一顿，同时再次重申：作为一个在织田羽翼庇护下的幕府将军，应该明确什么该做，什么不该做。已经被《殿中御掟》搞得恼火不堪的足利义昭终于受不了了，他决定从幕后跳到前台，配合信玄上洛，亲自举兵反叛。

元龟四年（1573）一月，足利义昭在二条城举兵，同时，他趁武田在三方原大胜之机，任命山冈景友为山城半国守护，并命令朝仓义景出兵京都。信长反复晓谕，要求足利义昭能尽快放弃这种不切实际的幻想与之达成和平，足利义昭置若罔闻。二月，信长见武田军迟迟未有进一步行动，于是下令反攻，令柴田胜家、丹羽长秀、明智光秀、蜂屋赖隆从势田渡琵琶湖，攻石山砦和今坚田两地，迫使山冈景友降服，三月，信长离开岐阜上洛，京都一时流言四处飞，有说朝仓将袭击信长背后的，也有说三好和石山本愿寺已经出兵进京的，从应仁之乱以来就对战乱极其敏感的京都人人心惶惶，许多人已经开始收拾包裹准备跑路。足利义昭

则带自己的奉公众1000人和内藤如安的部队进入二条城防守。足利义昭的家臣细川藤孝是个识时务的人，立刻抛弃幕府归顺信长，同时，昔日反信长的荒木村重在权衡利弊以后，也决定转投织田。四月，信长屯兵二条城下，足利义昭顽固地拒绝信长的再次和平建议，信长于是放出威胁说要烧毁京都所有幕府支持者的居所，同时，织田军开始在上京一带放火，被吓坏了的朝廷公卿立刻让天皇出了旨意，逼迫着足利义昭向信长低了头。

信长知道这次足利义昭教训没吃够，他一转身，足利义昭肯定又故态复萌，所以他预先做了准备，首先出兵包围近江的鯰江城，攻打在这里固守的老冤家六角义贤，由于附近的百济寺暗中支援六角，作为“第六天魔王”的信长毫不犹豫地将之付诸一炬。接着信长又下令在佐和山城造大船，同时窥视着将军的动静。

足利义昭果然在信长转身以后又跳了出来。他在七月三日再度举兵，这一次他学聪明了，逃离二条城，移居槙岛城。槙岛城位于山城国宇治，这里有一个大湖名为巨椋池，而城池就建在湖中央的岛屿上，盘踞此城的是当地的豪族真木岛氏。当初信长奉足利义昭入京时，曾同意山城国为将军家御领，以细川藤孝为上山城守护代，以真木岛昭光为下山城守护代，细川早已是织田家臣，所以足利义昭能依靠的只有真木岛氏。信长正好在五日造完大船，立刻把船放进琵琶湖以最快的速度进入京都。京都的公卿大为惊恐，把二条城送给了信长。信长渡过河水暴涨的宇治川，旋风一般卷到槙岛城下，足利义昭的小城在信长大军面前就像一片在秋风中瑟瑟发抖的树叶。足利义昭成为阶下囚，被流放到河内国。室町幕府就此灭亡。

足利义昭此后先到河内若江城依附三好义继，在三好义继败亡后又流亡到堺，一路西去，最后依托毛利家在备后国的鞆一地组织了一个流亡幕府，称为“鞆幕府”。毛利家对于协助这位废物将军恢复室町幕府也毫无兴趣，最终在信长死后，足利义昭在天正十五年（1588）得以回到京都，随后在次年一月辞去征夷大将军职出家，被授予槙岛一万石的领地颐养天年，61岁时在大坂死去。

解决了足利义昭，信长很快就歼灭了一乘寺、木户城、田中城、淀古城等畿内势力，特别是淀古城中有三好三人众之一的岩成友通，他是应足利义昭之邀为配合将军叛乱而进驻淀古城，攻城的木下秀吉用他惯用的手法在城中说服了两个内应，信长又派细川藤孝援助秀吉，将岩成友通杀死在城中，这可以说是足利义昭送给信长的一个意外收获。失去了一个人的三好三人众从此销声匿迹。

八月，信长返回岐阜。这时，传来一个大好消息——山本山城城主、浅井家臣阿闭贞征被木下秀吉所说降。

八月八日，信长出军 3 万人，从岐阜出发入近江，小谷城中，浅井长政还剩 5000 人，自保尚且不足，朝仓义景决定救援，而朝仓家臣鱼住景固力谏，表示数年大战，越前疲敝，诚不可再出军争锋云云。朝仓义景考虑到他与近江是唇齿关系，力压众议出兵 2 万人，抵达小谷城背后的田上山布阵，同时构筑大岳砦作为前沿协防阵地。信长决定首先解决朝仓援军问题，织田军在十日绕过小谷城，在田上山和小谷城之间的山田山布阵，切断了朝仓和浅井的联系。十二日，信长冒着暴风雨离开虎御前山本阵，奇袭大岳砦，然后将俘虏全部释放，让他们回去告知前沿阵地已被占领的消息。信长判断：内部早已混乱的朝仓经此打击一定会退兵。

果然不出所料，朝仓于十三日引兵退去，在姉川以后，朝仓已经变成了惊弓之鸟，每次都有模有样地出兵，但始终不敢进行决战。这一次也是如此，朝仓军在恶虎拦路的情况下，丢下浅井退兵，而且退得很没战略性，行动仓促，军容混乱。这一情况被信长看在眼里。信长很快判断出了朝仓的退兵路线，在刀根坂一线，织田军追上了朝仓军，一阵混战以后，朝仓义景丢下了 3000 多具尸体仓皇而逃。朝仓家的人才在这次刀弥坂合战中损失殆尽，连投奔越前的斋藤龙兴也在这场合战中阵亡。

十八日，信长兵临一乘谷城，当日破城，将这座战国三大文化中心之一的名城付之一炬，朝仓义景早已经弃城而逃，逃到大野郡山田庄，向朝仓氏中唯一仍有实力的朝仓景镜求援。朝仓景镜却不想为朝仓义景殉葬，他立刻包围了朝仓义景所在的六坊贤松寺，逼迫朝仓义景自杀。八月二十四日，朝仓景镜投降并献上义景的头颅，朝仓家灭亡。朝仓家的越前、若狭两国被织田信长纳入麾下。

解决朝仓的信长调过头来攻打小谷城，外援断绝的浅井家灭亡已经是时间问题，八月二十七日夜，织田军的木下秀吉开始发动攻击，占领小谷城中段的京极丸，住在本丸的浅井长政和住在山下小丸的浅井久政的联系被切断，信长派出使节要求长政立刻投降，并说久政已经投降。浅井长政摇头不信，正应了那句话“知父莫如子”。长政将阿市和女儿送出城外后，决定顽抗到底。

随后，山下的小丸在织田军的猛攻下陷落，浅井久政切腹。次日，小谷城本丸陷落，浅井长政和重臣赤尾清纲自杀。浅井长政的年仅十岁的长子并非阿市所生，被处以磔刑。经历三代的近江大名浅井家灭亡。

信长曾经对浅井长政寄托了很大的希望，认为他是能帮助自己平定乱世的助手，阿市和长政的婚姻虽然是政治婚姻，但也有信长对“近江之鹰”的欣赏和信任的成分在内。但这只近江之鹰却在父亲和家臣的胁持下走上了和信长敌对的道路。从小失去母爱、面临众叛亲离局面的信长又一次被自己的妹夫出卖，他的失

望和怨恨可想而知。第二年新春，在新年宴会上，织田家的群臣云集岐阜，恭贺新春。信长在席上拿出了各种精美的食物和华丽的器具，席间有一件器具让所有的人惊讶之余还有点反胃：信长将朝仓义景、浅井久政、浅井长政三人的头骨漆上金漆，当作酒具，盛满酒遍请诸将。这些在战场上血腥杀戮的猛将也不禁觉得毛骨悚然。

历史上，以敌人的头颅为器具的典故比比皆是。中国春秋末年，晋国的韩、赵、魏三家联合灭掉智氏。赵襄子无恤把他最痛恨的敌人智伯的脑袋当成了夜壶。不知道赵襄子对着人脑袋是不是能尿得出来，反正信长对着三个脑袋是不会喝不下酒的。他反而得意洋洋地向人宣扬他的独特的暴力美学。在这个乱世之中，信长独特的生活经历养成了他乖戾暴躁的脾气，而他最终也死在他的性格上。

四、长篠之战（上）

元龟四年（1573）七月二十八日，日本朝廷决定根据织田信长的意见进行改元，当时，信长只是一个小小的弹正忠，但天皇却给了他面子，连年号的选择权都交给了他。信长在几个年号之中，挑选了“天正”这个名字。天正据说是出自《老子》：“燥胜寒，净胜热，清净为天下正。”在经历了倒霉而又纷乱的“元龟”以后，信长的确很希望“清净”。另外《周易集解》中也有一句：“甲子天正之位而乾元所始也。”看来，天正改元，也应该寄托着一种新的希望。

改元的确意味着一种转变。在改元之前，武田信玄死了。接着，朝仓和浅井相继覆灭。足利义昭被放逐则标志着室町幕府时代的结束。一个崭新的时代到来了。

天正元年（1573）九月，结束近江越前战事的信长腾出手来南攻伊势长岛，准备一举解决这里的一向一揆，进攻的效果很令人沮丧，在长达一个月的战事中，只取得不多的成果。十月二十五日，信长引军退回，在多艺山中遭遇埋伏，一阵嘈杂的铁炮声响中，信长的军队损失惨重，林秀贞之子林通政阵亡。幸好一阵大雨浇熄了铁炮声，拯救了织田军，使他们得以狼狈逃跑。一向一揆游击战的威力又一次让信长吃了苦头。

气急败坏的信长对长岛一向一揆埋下了深深仇恨的种子。他决心给长岛的那群佛教徒一点颜色看看。当然，在此前，他要收拾另外两个活宝——松永久秀和三好义继，这两位从两年前开始叛乱以来一直不怎么安分。天正元年，河内畠山家的畠山昭高被勾结三好和松永的家臣游佐信教暗杀，摄津河内顿时陷入一片混乱。十一月，信长派佐久间信盛前去收拾乱局，首先要对付的就是收容足利义昭的三好义继，织田军打到若江城下时，足利义昭早一溜烟跑了，三好义继被他手下的三个重臣池田丹后守教正、多罗尾右近、野间左橘兵卫长前出卖，被称为“若江三人众”的三人打开了若江城的城门，三好义继杀死自己的妻小以后切腹，在畿内横行一时的战国大名三好家就此灭亡。高屋城的三好康长、多闻山城的松永久秀马上宣布投降，信长熟知松永的性格，对此一笑了之。

近畿又一次安定下来，一切似乎都向着信长有利的方向发展。改元似乎真是转运的开始。然而，天正二年（1574）正月，当人骨酒杯的闹剧刚刚结束，一个个坏消息又接踵而至。首先是越前一向一揆蜂起，前波吉继被杀。前波吉继原为朝仓家臣，后投信长，在信长进攻一乘谷城时他做了带路的，于是在战后，信长论功行赏任命他为越前守护代，并赐名字中的“长”字让他改名桂田长俊。但不知道是不是改名给他带来了厄运，在此后这位功臣就双目失明了。一个瞎子领有肥沃的越前，引起另一个原朝仓家臣富田长繁的妒忌，他心中想着只有一件事：“同样都是带路党，凭什么这个死瞎子待遇比我好上几倍？”加上前波吉继在越前作威作福，横征暴敛，引起了领地民众的不满。富田长繁趁机煽动农民发动土一揆。天正二年一月，有三万多人集中起来攻打前波吉继，引起众怒的前波吉继根本来不及逃跑，被愤怒的群众杀了全家。同时遭到池鱼之殃的还有前朝仓家臣鱼住景固等人。在一切尘埃落定后，富田长繁把自己的弟弟送到岐阜做人质，表示希望成为越前守护，信长根本没顾得上处理他的事，于是默认了他的行动。

不过，一揆这个事情，就是能放不能收。为了讨伐前波吉继，土一揆势私下里联络了邻近的加贺国一向一揆势力，想借助本愿寺的力量。加贺一向一揆本身就是一支北拒上杉，南攻朝仓的不安分势力，听说越前大乱的消息，自然两位领导者七里赖周和杉浦玄任是求之不得，他们兴冲冲领了门徒杀奔越前而来。他们在听说富田降服信长的消息以后，直接拿富田长繁当了敌人，二月十三日，一向一揆攻下了富田家臣驻守的片山馆等两城，先锋部队三万多人已经杀到了帆山河原，富田长繁手里只有700人，看着河岸上声势浩大的门徒众有点绝望，把牙一咬：“攻吧！”700人抱着杀身成仁的心杀向3万多人，一向一揆本身是一群乌合之众，赫然发现对面那群人竟然还敢对攻，一哄而散，富田连追了三里，大获全胜。

侥幸赢了一场的富田长繁立刻亡羊补牢，他联络了净土真宗本愿寺派的死对头真宗高田派，许以重贿，让他们组织起来夺取北ノ庄城，七里赖周和杉浦玄任再组织5万乌合之众集结，根本不是战斗经验丰富的越前军的对手，再度一溃千里。

看起来，如果富田长繁继续努力一把，越前一向一揆就不用信长操心了。但就是在这连战连胜的时候，富田长繁开始出昏招，他下令军队进攻长泉寺山，富田军本是经过一场大战，再被富田拖着连打两天一夜，累个半死的手下小林吉隆

◇ 长岛一向一揆

在背后用铁炮一枪轰了富田长繁，把首级献给了杉浦玄任。

富田长繁的死让越前处于权力真空，此后的越前陷入雪崩一样的溃败。四月，沟江城陷落，随后朝仓景镜丢弃居住的亥山城逃亡平泉寺，被信徒追及火烧寺院不幸阵亡，而朝仓景纲的织田城五月也被一向一揆包围，他丢弃城池趁夜逃到敦贺去了。在朝仓家灭亡以后越前残余的朝仓力量经此一劫，片瓦不存。显如上人在次年对加贺众进行嘉奖，并且把下间赖照派来做越前守护代，而杉浦玄任、七里赖周等人分掌郡司，越前成了继加贺以后的又一个“百姓的领国”。

信长眼睁睁地看着越前在短短几个月内发生翻天覆地的巨变，但却无能为力，他要对付的敌人实在太多了。

一波未平，一波又起，甲斐武田氏又于天正二年（1574）正月二十七日进军岩村城，岩村城早在上次信玄来攻的时候就陷落了，成为武田军在美浓的前进据点，武田军包围明知城。二月五日，信长出兵，明知城因为内奸投诚武田军而陷落。信长立刻留下河尻秀隆、池田恒兴两人组织防御以后返回岐阜。

武田再攻美浓意味着他们将有下一步动作，要知道上一次信玄西来就是从攻击美浓开始的。信玄死后，武田家的整体实力，包括他的领地、军队、人才一无损失，损失的仅仅是一个有能力的甲斐统治者。根据以往的经验，武田家在美浓的军事行动仅仅是次试探性或诱引性的攻击，其真正的主力攻击目标仍然是远江、三河一带。

天正二年五月，武田胜赖再度出兵25000人，包围德川家的高天神城，德川家康在三方原顶不住武田家，这一次也一样，他立刻求助于信长。织田家的援军第一时间出发，但还没赶到战场，高天神城就在六月十七日因为小笠原氏助等人内通武田军而陷落。旋风一般的武田军又一次占了便宜。信长对家康心中有愧，不但不要支援的谢礼，而且送给家康两袋黄金作为补偿。

武田军咄咄逼人的态势使信长不得不加快脚步，他需要以最快的速度镇压伊势长岛一向一揆以及三好三人众，这样他才能掉过头来和武田决战。六月二十三日，织田大军倾巢而出，目标：伊势长岛。东路军统帅织田信忠，率织田信包、津田市介、斋藤新五、森长可、池田胜三郎等人出市江口，西路军由佐久间信盛、柴田胜家、稻叶一铁等渡过松之木；信长率中路军，率木下小一郎、浅井新八、丹羽长秀、不破光治等出早尾口。信长这次投入了大成本，决心一次性解决长岛一向一揆。七月十五日，九鬼嘉隆的水军也赶到战场支援。织田军水陆并进，气势汹汹地扑向长岛。八月二日，织田军包围了一向一揆的大鸟居砦，眼看织田军攻势凶猛，大鸟居的信徒要求投降，被信长拒绝，无奈中，他们只好冒雨趁夜逃跑，这一行动被织田军发觉，织田军展开追击行动，不论老幼一律杀死，死者上千人。八月十二日，织田军攻克篠桥，剩余居民逃到长岛、屋长岛、中江三砦，被织田军团团包围，粮水俱绝。到九月，长岛砦中的门徒饿死大半，剩下的人不得不要求投降。信长下令接受投降，但当砦门打开，投降的一向宗信徒乘船过河而来的时候，一阵铁炮声击碎了他们活命的希望。而中江和屋长岛砦则陷入一片火海，砦中百姓约 20000 多人全部身亡。长岛一向一揆被残酷镇压。九月二十九日，信长返回岐阜。

长岛的血腥是信长继人骨酒杯以后又一起暴力事件，这一下子或许的确起到了吓服某些宵小之徒的作用，天正三年（1575）四月，当信长兵指西方的时候，三好康长代表三好家宣布投降。河内平定。本愿寺也相对老实了很多。同时，在前一年，畿内的道路全部平整。在信长的领地中一片祥和。然而，信长的目光始终没有离开东方，他时刻注意着最近上蹿下跳活跃至极的武田胜赖的举动。

天正三年四月，武田胜赖出征，于十二日从踯躅崎馆出发，进入三河。一场决定未来命运的大战拉开了帷幕。

五、长篠之战（下）

武田胜赖此次行动的第一目标是长篠城，城主奥平贞能，原属于德川家奥三河众成员，在武田信玄西进时被迫投降武田。信玄退兵后，德川家康开始收复失地，奥平贞能很自然地就再度成为家康的家臣。

天正三年四月，武田胜赖集结了甲斐、信浓、骏河、远江以及西上野地区的兵力 15000 多人，攻击长篠城。长篠城的奥平贞能手里只有可怜的 500 多人，只好派出了一个家臣鸟居强右卫门向德川家康求助。鸟居强右卫门的身份应该只是一名足轻，他从城中的下水口悄悄出城，飞奔到冈崎城。德川家康告诉他，信长已经率军 30000 人抵达冈崎城，织田和德川联军将很快前往长篠城救援。得讯大喜的鸟居强右卫门飞奔回长篠城，乐极生悲的是，他在城外被武田军逮捕，武田胜赖许以重用，让他向城内呼叫："援军已绝，速速降服。"鸟居强右卫门佯应之，在城下抱着必死的决心大喊："再过二三日织田德川援军即达，可再忍耐数日！"武田胜赖大怒，下令将鸟居强右卫门处死。

虽然救兵如救火，兵力不足的德川家康实际上拖了整整半个月，到五月六日才从冈崎向吉田进军。信长军于五月十四日抵达冈崎，五月十八日，织田德川联军大约 38000 人在设乐原布阵，信长的本阵设在极乐寺山一带。

设乐原一带是丘陵起伏的地形，织田德川联军西向布阵，左为凤来寺山，右为鹫之巢山，两山之间大约是 30 町（大约 3.2 公里）的平地，而凤来寺山麓有河名为龙泽川，从北向南流过平地。武田军越过龙泽川，在距离织田德川联军前 20 町（约 2 公里）处布阵，其侧背为鹫之巢山。根据《信长公记》记载，信长在此沿着丘陵起伏，布下了几道防马栅栏。

据说在开战前，武田家的重臣山县昌景、马场信春、内藤昌丰等都不同意在

◇ 在城下高呼援军将到的鸟居强右卫门

此时决战，但武田胜赖抱着“一战成名”的态度，力排众议坚持进行决战。

不论武田军中的争论是真是伪，从战场局势来看，武田军确实只有两个选择，其一，作为“客军”，尽快地寻求决战，因为武田军的补给压力要大于作为“主军”的织田、德川联军。但是武田胜赖在长篠城下已经耽误了不少时间，“上兵伐谋，其次伐交，其次伐兵，其下攻城。”这是中国兵书《孙子兵法》中谆谆告诫的道理，而且历史上不乏反面教材。南北朝时，东魏高欢在西魏名将韦孝宽防守的玉璧城下浪费了大量的时间，不但打得精疲力竭，损失惨重，而且一无所获。武田胜赖犯的也是这个错误。武田胜赖在此时已经不占优势，兵力不如对方，而且攻城不下，士气低落，疲劳不堪。在这种状况下进行战略决战并不明智。

那么，只剩下第二个选择：撤兵避免决战，这意味着武田军本次行动一无所获，对于迫切需要树立权威的武田胜赖来说恐怕也不是一个足够有利的抉择，这就可以理解为什么武田胜赖强硬地坚持“没有条件创造条件也要打”。

织田德川联军方面也在谋划，对于织田德川联军来说，第一目标是解长篠城之围，其次才是击败武田军，为此，信长和家康商议，决定让德川家臣酒井忠次为主大将，从德川军中挑选弓与铁炮熟练之人 2000 人，同时信长从自己的亲兵“御马回众”中拨出铁炮 500 挺，交给金森长近、佐藤六左卫门等人，合计总兵力 4000 人。这支部队的任务是作为奇袭队，目标是鹫之巢山上武田军修筑的砦，这几个砦是寻求决战的武田军留驻军力监视长篠城的，包括一个核心的砦和中山、久间山、姥怀、君伏所四个分砦，构筑成一个包围圈。一旦这几个砦陷落，就能将武田军本队的后路切断，同时能解放出长篠城中的兵力参与作战。酒井忠次领命，在五月二十日晚越过丰川，迂回到武田军背面。

五月二十一日辰时，战役开始。《信长公记》记载的战役过程大致如下：信长下令调集“铁炮千挺”，分配给手下五名奉行：佐佐成政、前田利家、野野村正成、福富秀胜、塙直政，在栅栏后构筑起铁炮阵。武田军敲响了进攻的太鼓，一番队山县昌景率队一马当先，武田军的猛将倾巢而出，如山一般压来。织田、德川军退到防马栅栏后，铁炮声响起一片，在连续不断的铁炮射击下，施展不了冲锋优势的武田骑兵纷纷倒下。武田军的第一波冲击失败。

武田胜赖在吃亏以后，却没有改变战术，他只是把兵力集中再次进行冲锋。问题就在于，设乐原的地形以及信长的防御策略限制了骑兵优势的发挥。所以武田军只是单纯依靠愚蠢的硬攻进行冲锋，而且冲锋很难获得效果。第二波小山田信茂和武田逍遥轩在信长的栅栏和铁炮射击面前同样一无所获。第三波攻击由小幡信贞领导他的“赤备军”进行冲锋，小幡信贞却战死沙场。武田军的士气遭到极大冲击。第四波则是武田信丰率领的“黑武者”，第五波则由马场信春再次率领。武田军就是这样一波一波疯狂地进行自杀性冲锋。

就在武田执著于冲击信长阵地的时候，鹫之巢山的武田军阵地出现了一股浓烟，武田军鹫之巢山阵营主将河洼信实（武田胜赖的叔父）以下，三枝守友、和田业繁等诸将阵亡。同时，长篠城西的有海村据点也被端掉，高坂昌澄阵亡。这意味着武田军最初的战略目标已经失去。

在设乐原，战役已经到了胶着阶段，从日出到未刻，武田军和织田、德川联军已经战斗了大约整整一天时间，马栅栏和铁炮已经不是决定性的因素了，武田军和织田军混战在一起，双方拼的是士气和意志力，信长再次投入柴田胜家、羽柴秀吉（即木下秀吉，取丹羽长秀的“羽”和柴田胜家的“柴”更名羽柴）、丹羽长秀三支队伍加入战团。山县昌景再次从侧翼杀入，被德川手下的本多忠胜发现，本多忠胜立刻指挥铁炮队将这名叱咤风云的猛将击毙。山县昌景的落马使武田军一阵惊愕，他们连日作战，加上数次疯狂自杀性的冲锋，无论是体力还是精神，早已到了极限。猛将山县昌景的死则是给他们在精神上最后的一次重击，无法接受这个事实的武田军陷入崩溃，向凤来寺方向逃走。

在混战中，小幡信贞、真田昌辉、真田信纲等数十名武将倒在了设乐原。信长发起了追击行动，在途中，内藤昌丰阵亡。马场信春为掩护胜赖撤退，突入敌阵战死。此外，《信长公记》记载说，武田军“宗徒之侍、杂兵一万左右讨死，或入山中饥死，或落桥下溺死川中者不计其数”。

长篠之战的结果，对武田家而言是悲剧性的，尤其是山县昌景、内藤昌丰、马场信春三名重量级人物的阵亡，对武田家打击尤其巨大，武田家的人才储备力量在这场战役中损失殆尽，从此一撅不振。

关于长篠之战，历来就存在着不少的争议之点。

电影《影武者》中这样表现长篠之战的，织田德川联军在木栅栏后通过“三段击”的形式不断射击铺天盖地而来的武田骑兵，这样的镜头在真实世界里是否真的存在？这个问题其实可以分解为以下几个问题：其一，信长究竟调用了多少铁炮；其二，信长是否真的采取了三段击的创造性战法；其三，武田是否真的采用骑兵突击的形式；其四，铁炮究竟起到了什么样的效果。

我们可以一一剖析，第一个铁炮的问题，我们可以肯定的是：信长不差钱，作为掌握尾张、美浓、伊势及畿内的首屈一指的大名，又行“乐市乐座”的商业振兴政策，又拥有堺商人的财力支持和天主教会的技术指导，信长获取铁炮的途径和方式并不少。《信长公记》在记录本次战役时写了“铁炮千挺”，但如果加

上交给酒井忠次的500挺，以及德川拥有的数量，恐怕会超过2000挺。信长出兵一般认为是30000人，按当时的军役，每千石铁炮五挺，兵员人员30人左右，信长调集3000铁炮是有可能的。

第二个问题就是“三段击”的问题，实际上，在《信长公记》的记录中完全未提到所谓三段击，可以认为实际上，在长篠织田德川联军仍然是采用传统的战术，即尽可能地调集众多的铁炮进行一轮式的集中射击，这在铁炮威力和杀伤力不足的时代比三段击更能有效地杀伤和震慑敌人。一轮铁炮过后敌人全部倒下的镜头其实只存在于电影中，毕竟，这不是近代的机关枪。

第三个问题是武田骑兵是否存在，在许多电影和游戏中都能看到武田信玄指挥骑兵纵横驰骋的场面，但武田骑兵应该是出自所谓“甲斐的黑驹”之说，根据这一来源于《日本书纪》的说法，甲斐早年就产良马。这种传说其实甚值得怀疑，一般认为日本的本土马来自大陆，是经由朝鲜半岛而传来，然后由九州和中国地带逐渐向近畿一带传播，形成了成种群的“在来马”，到奈良时代，关东也部分出现马，应是从近畿一带随着朝廷实力的扩大而再流传过去，加上马又适应关东的气候地理条件才得以繁衍，而并非在传说时代就已经有马。而乘马作战，是一种专门的技巧，奈良时代的养老二年（718）制定的《养老令》中，在考课一条曾严格规定兵卫“便习弓马者，为上”。也就是说作为朝廷军事力量一员必须训练弓马之术。平安时代末期，关东出现了骑马武者，到战国时代，一方面，骑马武者仍是作战的主力，按一般的关东军役，是每千石骑马三人，其余配备铁炮、枪、弓等。另一方面，在镰仓末期元寇入侵以后，马镫应早已普及，骑马的稳定性和便利性大大增强，但骑马作战仍是一种必须经过长期训练的技巧，所以马多并不意味着骑兵就能普及。更何况在当时关东，蓄养马最盛者乃是北条，北条于上总、下总一带拥有当时最大的御料牧场，年收200—300匹次，这一区域在江户时代和近代明治维新以后都成为马匹的重要来源地，但一般甚少闻有“北条骑兵”之说。

因此，我们认为所谓武田骑兵，其实和其他关东大名一样，应该保持在一个正常的比例内，大约占到军力的1/10，《甲阳军鉴》的所谓“九千骑”之说，不符合当时动员军役的一般数目，显然是种夸张。

我们已经知道战国时期的一般作战形式：弓与铁炮对射，骑马武者主导冲锋，枪足轻通过长枪构筑对骑兵冲锋的防御阵线，在武士和足轻进入近距离接触后对战。从这样一种对战方式，再刨去所谓“三段击”“武田骑兵队”等渲染，我们大致可以得出长篠之战的实际情况：信长通过尽可能地调集众多铁炮，在开始的时候制造震撼性的齐射效果，其射击造成一定程度杀伤的同时，冲击了武田军的

◇ 长篠之战图屏风

士气，如果信长真用了木栅栏，那么在这次战役中起到的是枪足轻的作用——通过构筑战场临时建筑最大限度延缓敌人的冲锋。而武田军作为急于决战的一方，只能被迫主动地发动冲锋，在开始一轮的齐射中，就被打散了阵形，特别是作为冲锋主导的骑马武者的马匹在遭遇齐射以后很可能产生了严重混乱，进一步冲击了己方的阵形稳定，随后，由于各大将的纷纷阵亡，武田军陷入指挥失灵状态，从而走向崩溃。

或许从一开始，强行决战就是一个巨大的错误。

此战以后，武田家再也没有进攻三河的力量，八月，武田方占领的二俣城、诹访原城相继失陷，直接切断了武田家到远江的补给线，令高天神城陷入了危险，城主冈部元信向武田胜赖发出了求救信，武田胜赖考虑到后有北条威胁，同时家中军费无几，拒绝赴援。天正九年（1581）三月，高天神城对城外的5000多德川军做了最后一次自杀性进攻，随后就陷落了。德川与武田攻守易势，武田家的灭亡进入了倒计时。

第四节
本能寺之章

一、平安乐土

长篠之战是一场划时代的变革之战，标志着昔日给信长造成大麻烦的第二次信长包围网至此完全瓦解，信长彻底摆脱了元龟年间的劫难，在这一场疯狂的斗争中，这位战国的风云儿突破了重重敌人的围困，从血泊中站了出来，昂然挺立在时代的最前位。

长篠之战以后的信长，摆在面前的最大问题就是越前一向一揆。越前一向一揆在这段时间发生了分裂，在七里赖周和杉浦玄任于越前取得成功以后，本愿寺显如给他们俩“空降”了一个领导下间赖照，这个外人来到越前引起了两个地头蛇的不满，他们觉得自己血战拿下此国，而果子都被这个“空降”的领导摘取了。这样明显的分裂征兆自然瞒不了信长，在长篠之战后，信长踏上了再次征服越前的征途。

天正三年（1575）八月，信长从岐阜出兵，进入小谷城，八月十四日入敦贺，织田军的柴田胜家、明智光秀、丹羽长秀、羽柴秀吉等大佬倾巢而出，杀气腾腾扑向越前。信长深深知道一向一揆的麻烦，在剿灭长岛一向一揆的时候，由于信长伪为许降而又背信杀戮，导致无数一向宗信徒疯狂地向信长本阵做自杀性冲锋，信长一门损失惨重，他的庶兄织田信广、弟弟津田秀成、叔父津田信次等人尽数阵亡，这场屠杀不但使长岛本愿寺毁于一旦，也让信长对一向一揆的威力刻骨铭心。这一次，他重拳出击，倾尽全力，出动了3万人的军队，同时，在海上还出动水军，在浦港登陆两面夹击一向一揆势力，昔日跟随富田长繁的土一揆势力给信长打了前站。

织田军在这场剿灭战中可谓相对顺利，因为本身在兵力上就占据了优势。羽柴秀吉和明智光秀一马当先，先击败円强寺势，夺取海边的大良越和杉津城。八月十五日夜，织田军趁夜突袭府中龙门寺，龙门寺陷入一片大火，附近大批一揆众被迫退往府中城，被埋伏的羽柴秀吉和明智光秀袭击，再度歼敌2000余。下间赖照、下间赖俊、七里赖周等主要领导者纷纷逃亡，一揆势力本身就是乌合之众，在失去领导者后更是一溃千里。十六日，信长进驻府中，朝仓景健带来了下间赖俊和赖照的头颅要求投降，被信长拒绝后切腹。七里赖周逃回加贺在次年被下属背叛身亡，杉浦玄任则因此回大败在回到加贺以后被处死。

这一次镇压，信长完全不收容任何战俘，在一向一揆势力溃散后，信长下令搜索山林，有藏匿者全部处死，同时对越前国进行了一次完全的大清洗，从肉体上彻底铲除净土真宗信徒。

剿灭越前一向一揆后，信长重新安排了越前国的领土，任命柴田胜家为越前北ノ庄城主，领越前国八郡，同时任命佐佐成政、前田利家和不破光治分领府中地区，作为柴田的辅佐和监视。这一分封不但稳定了北陆的局势，能有效防止越

◇ 安土城

后上杉家可能的入侵，而且还奠定了安土桃山时代越前加贺地区的势力范围。信长制定了越前国领主的法规，对领主的权力做出种种限制，使越前分封完全有别于室町时代的那种一盘散沙式的大名领主制。

越前一向一揆的平定，使天下真正进入了相对安定的时代。天正三年（1575）十一月，信长将家督位让给长男织田信忠，在此前，信长接受了朝廷权大纳言的职务，同时为右近卫大将，担任这一职位具有重大意义，建立镰仓幕府的源赖朝在担任征夷大将军前曾经任权大纳言兼右近卫大将，有此先例在，信长任此职被看做是未来可能开设幕府的跳板。日本新秩序的建立正在有条不紊地进行着。

为了体现这种新秩序，信长将原本的织田家核心的象征岐阜城正式转让给家督信忠，同时于天正四年（1576）元月责成丹羽长秀修筑新城作为居所。

安土城取“平安乐土”之意，位于风光秀丽的琵琶湖畔，城依安土山而建，居高临下，极其壮观，安土城的天守阁称为“天主阁”，而仅仅这一天守阁就高达七层。第一层放置粮草为仓库，第二层有 204 根柱子支撑，墙壁上包着华美的金箔；第三、四层则分别有 146 根和 93 根柱子，二、三、四层分别绘满了花鸟和人物。第五层为三角形，第六层则由信长亲自设计，外柱红漆，内柱包金，第七层则金碧辉煌。据说整个城堡的绘画出自日本绘画名家狩野永德之手。安土城虽然现在只剩遗迹，但仍然可以想见当年那气魄辉煌的气势，这是日本史上前无古人的建筑巨作。当时的天主教传教士如是称赞道：“构造坚固，财宝华丽，可与欧洲任何一座最壮大的城池相媲美。”

安土筑城是一个新时代的象征，这个时代被日本史学家称为“安土桃山时代”，它的开始是以室町幕府的灭亡为标志，而安土城，作为信长称霸天下的标志物则成为这个时代最辉煌的象征。

当然，安土城的修筑，并不意味着“平安乐土”的真正来临，日本乱世距离结束还有相当长的路要走。天正四年，正当安土城在琵琶湖畔破土动工的时候，信长又开始了西向的征程。依附毛利家的足利义昭再度广发“御内书”，组织起了第三次信长包围网。同年，丹波的波多野秀治、但马的山名祐丰等纷纷叛乱，本愿寺也再度向信长宣战，加上北陆蠢蠢欲动的上杉谦信，信长又一次面临四面来袭的危机。

天正四年四月十四日，信长派军西向进攻石山本愿寺。佐久间信盛、荒木村重、细川藤孝、明智光秀和原田（塙）直政、筒井顺庆等人齐齐向摄津出兵，信长鉴于长岛和越前两次刻骨铭心的教训，转变了部分策略，下令对石山本愿寺采取饥饿攻势——割取附近所有麦子，同时允许城中男女投降，但不接受本愿寺坊官的降服。织田军从北面野田，东南面的守口，森河内，南面的天王寺三处进兵，修筑城砦步步为营以收紧口袋。为了进一步切断本愿寺的供给，又决定占领本愿寺方面赖以守护难波方向海路交通的木津口，由三好康长和原田直政领两队发起进攻，本愿寺的和尚们用数千杆铁炮好好伺候了一下不可一世的信长大军，把原田直政直接打死，三好康长抱头鼠窜，这次进攻的失败直接威胁到了在天王寺砦守卫的明智光秀，他焦急地向信长请求援军。阵亡的原田直政是信长的亲信卫队赤母衣众的一员，他的死把信长气得暴跳如雷，他立刻抄起家伙亲自来找本愿寺算账。

五月五日，信长亲自出马，分兵三段，以老将佐久间盛政，枭雄松永久秀和细川藤孝为先锋，猛将泷川一益、羽柴秀吉、丹羽长秀等作为后继部队，信长亲统亲兵“御马迴”压阵。信长亲自带队果然很能激励士气，3000 军队突破了本愿寺军 15000 人组成的铁炮防线，一群猛将对着本愿寺的和尚们一阵穷追猛打，将他们赶回了城中，织田军继续收紧口袋，把石山本愿寺包围得水泄不通，连一只苍蝇都飞不进去。

“唇亡齿寒”这句老话此时又被搬到了桌面上，本愿寺对中国地区的大名们来说，可以认为是“唇”，一但本愿寺消失在地图上，中国地区的大名就将直接面对信长的威胁，这是值得他们慎重考虑的问题。毛利家很快就考虑完了：他们

决定支持本愿寺。要让本愿寺支撑下去，只需要保证木津川口的畅通，源源不断给这个号称“坊主集全国之巨富”的城池输血，成本低廉，性价比高，毛利家当然乐意为之。七月十三日，毛利家发动直属的村上水军、小早川水军，派出大约七八百艘巨型大船从水路支援石山本愿寺，本愿寺发动陆上攻势配合毛利水军的行动。毛利的水军动用了一种叫做“焙烙玉”的武器，乃是在一个陶罐子里装上火药，点燃引线以后利用手抛的方式丢到对方的船只上，火药爆炸以后其爆炸冲击力将陶器碎片飞溅出去，造成大面积杀伤，同时能点燃木质的战船，而善用火器的杂贺众也动用了“焙烙火矢”，也就是用一般所说的大筒将一根带着火的棒状物发射出去，射击在敌方战船上引燃。织田水军的300艘战船相当一部分还是日本当时比较传统的“安宅船”，火器防御比较差，加上数量劣势，因此在木津川口惨败而归，几乎寸板不回。

木津川口的惨败对信长打击很大，他第一次认识到了水军的重要性。于是他暂时延缓了对本愿寺的侵攻。同时要求臣服于己的九鬼嘉隆秘密研制新型武器准备再度进攻。

天正五年（1577）二月，信长出兵转向对纪伊。纪伊是石山本愿寺的后盾，作为畠山家仅存的领国，纪伊实际处于一盘散沙的状态，这里的民众大多笃信佛教，在乱世中采取一揆的形式聚成一团，号为“惣国”，其中最著名的就是杂贺、高野山、根来寺这几个势力。由于畠山家先分裂后衰落，纪伊就变成独立“共和国”林立的状态，他们都不承认守护畠山家的动员权力，不承认其征税权、司法权。

杂贺是其中最有名的势力，是由纪伊西北的杂贺庄、中乡、南乡、十乡、宫乡五个区域民众组成的区域自治集团，由于其通过控制濑户内海的贸易获取巨大财富，因此成长为一个拥有诸多铁炮的军事雇佣兵集团，是石山本愿寺的主要支持者。一般人们会把杂贺和根来众并称，实际上，根来寺是以寺院的“行人”为主导的另一个自治集团。所谓“行人”是有别于专业修行佛法的“学侣”的实务僧人，负责寺院的具体管理运营，根来寺中，行人控制了寺院的经济和决策，通过合议的形式决定寺院方针，然而在杂贺各乡中，多有入根来寺为弟子的，因此两个势力有着共同利益关系。

信长早就着手在进行瓦解杂贺众的工作，他成功地迫使杂贺五乡中的宫乡、中乡、南乡投入织田一方，同时收服了根来众。天正五年二月下旬，信长在纪伊志立布下本阵，兵力达3万人，分山手和浜手两方面进军，山手一方以根来和杂贺三乡势力为前导，以佐久间盛政、羽柴秀吉等人为主力军团进入根来一带，直扑杂贺城，在杂贺川一带构筑砦和防御栅栏，为下一步进攻做准备，而浜手一线以泷川一益、明智光秀、丹羽长秀、细川藤孝等将为主力，诱降中野城以后包围平井的杂贺众首脑杂贺孙一的居馆。在进展一切顺利之时，山手一方的掘秀政在渡过杂贺川以后在沼泽地带遭到杂贺众铁炮的袭击，损失惨重。

在教训过织田军以后，土桥平次、铃木孙一、冈崎三郎大夫、松田源三大夫、冈本兵大夫、岛本左卫门大夫、栗本二郎大夫七名杂贺首脑向信长送上了誓书，宣布效忠信长，立约为信。信长决定见好就收。分裂的杂贺开始了内战，为报复杂贺三乡叛归信长，在七月，杂贺庄和十乡在杂贺孙一的带领下围攻三乡，信长又派佐久间信盛前去镇压，但最终失败。次年五月，杂贺众围攻宫乡的太田城，在包围一月后迫使宫乡向本愿寺谢罪。

混乱的杂贺已经不再是威胁，正当信长为西方的问题紧密锣鼓地准备的时候，北国又扑来了一阵冷空气。这股冷空气非常诡异，它只会在春暖花开的时候来制造麻烦，在冬天积雪的时候，它就销声匿迹了。冷空气的名字叫：“越后之龙”上杉谦信。

信长收到了天正五年（1577）北方第一号冷空气“越后之龙”的活动报告后，立刻派出豪华阵容“抗寒救灾”：柴田胜家、泷川一益、丹羽长秀、羽柴秀吉。这群如狼似虎的家伙集体出动，可以说是“最高待遇”，表明了信长对上杉的重视。事实上，上杉谦信确实不是好惹的，不过他冬天下雪之前，为避免下雪封路断绝补给线，就必须回春日山城过冬，所以，信长只需要把他限制在北陆的能登国一带，撑到冬天就万事大吉。

然而，在大敌当前的时候，“猴子”羽柴秀吉竟然和“猪武士”柴田胜家闹了一场“猴猪大战”，两人在战略问题上大吵一架，埋下了未来两人兵戎相见的种子。在吵架过后，羽柴秀吉一个人脱离大部队，带着手下回到北近江，闹起了别扭。信长大怒，命令羽柴秀吉停职反省。这一行为《信长公记》记为“大触信长公之逆鳞，亦令诸人大为困惑。”

如果没有下面的事情，没准日本的历史都会改写。羽柴秀吉在犯错误的时候，竟然有个人跳出来救了他。要知道，以信长暴躁的脾气，对羽柴秀吉如何处理还是个未知数，可偏偏这个时候，这位福星给羽柴秀吉一个机会去证明他还有使用价值，也能立功赎罪。而且这个人跳出来的时机是如此恰到好处，又是如此不合时宜。这不能不让许多阴谋论者怀疑羽柴秀吉和这家伙背地里有一腿。山冈庄八在他的小说《丰臣秀吉》里干脆就直接把羽柴秀吉和这个人写成了策划这一戏剧性事件的导演和同谋。

这个人就是松永久秀。他偏偏在这个时候又跳出来谋反，说他恰到好处，是

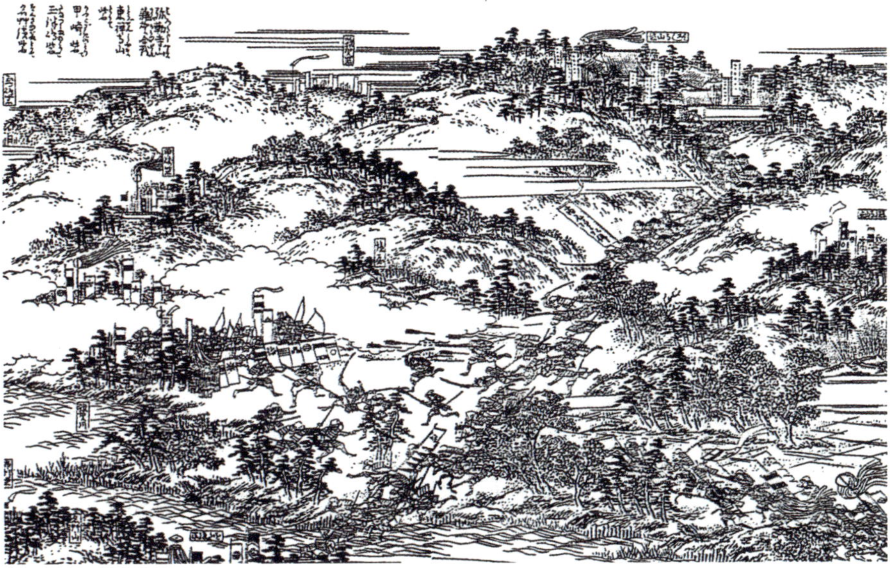

◇ 与杂贺众交战的织田军

因为羽柴秀吉正好在反省，松永一反，信长立刻就让羽柴秀吉停止反省，戴罪立功。说他不合时宜，是因为他选择这个时候谋反实在太奇怪，成功的希望也是微乎其微。所以有阴谋论者就认为这是羽柴秀吉和枭雄演戏，羽柴秀吉故意吵架，脱离柴田的领导，以成为独当一面的将领，而松永则用性命赌上，帮助羽柴秀吉解决和柴田闹翻以后的一系列问题。

如果松永真是拉羽柴秀吉一把，那他这次的代价可就大了。八月十七日，松永举起反旗，信长立刻把他作为人质的两个孩子押去砍了脑袋。同时，织田信忠带领细川藤孝、明智光秀、筒井顺庆等近畿一带大名火速平叛。十月一日，在细川家的奋战努力下，织田军很快攻克了松永的片冈城，羽柴秀吉也赶到战场，完成了对信贵山城的合围。

十月十日，信贵山城在织田军的攻击下陷落，松永久秀自杀身亡。

松永就这样结束了自己“罪恶”的一生，织田信长剜去了腹心中的一个烂疮。在松永败亡以后，北国的战事也渐渐平息。九月，救援能登七尾城的柴田胜家在手取川和上杉谦信对阵，展开了织田和上杉之间的第一场大规模的直接交手。上杉谦信在游佐续光的协助下，攻陷了七尾城，柴田胜家被迫退出能登国，并将之挥手让给上杉，织田军的仓皇撤退造成了一定损失，但胜负未分。而恰恰是这个时候，冬天来临了，这位独立特行的“越后之龙”立刻回春日山城过冬。从此再也没有出来——他在次年春天死在了春日山城。北方的隐患消除。

趁着上杉军的退却，织田军再度前进，十一月拿下加贺南部，同时开始侵入上杉方控制的越中。

一切都有条不紊地向着有利信长的一面发展。西线本愿寺的战事在沉寂了一年以后，于天正六年（1578）又一次爆发了。

二、铁甲船出闸

天正五年（1577）十一月二十七日，在松永久秀葬身火海以后，羽柴秀吉率竹中半兵卫重治、小寺官兵卫孝高（即黑田孝高）等名将西进。他们面对的敌人非同一般，中国霸主毛利家自从毛利元就去世以后，由毛利辉元领导，而他的两位辅佐者却是赫赫有名：小早川隆景和吉川元春。这两位可以说是继承了毛利元就的全部优秀血统，毛利家因此而成为中国地区的统治者。羽柴大军的中国地区攻略，其主要敌人就是毛利家。

羽柴秀吉的初步成果还是非常不俗的，他很快以姬路城为据点，先入但马，克岩洲、竹田两城，然后入播磨，以原播磨守护赤松家的家督赤松则房（赤松义祐之子）为号召，一个月内就拿下了西播磨，此时，他终于遇见了第一个实力派敌人——宇喜多直家。

在战国下克上的大名中，宇喜多直家是经常被人忽视的一位，但他也经常被和松永久秀、斋藤道三并称。他所克的“上”是浦上氏，而浦上氏的“上”是播磨、美作守护赤松家。

浦上氏的浦上村宗一度有过弑主逼上的“劣迹”，但因支持细川高国而被赤松家反噬做了陪葬。在他死后，他的两个儿子浦上政宗和浦上宗景开始对立，天文二十年（1551），尼子家入侵播磨，浦上政宗倾向于归顺尼子，而浦上宗景倾向于对抗，斗争的结局是浦上宗景和毛利结成同盟，又得到备中国人三村家亲的支援，将哥哥赶出了播磨。浦上政宗决定另起炉灶，将赤松家庶流的播磨龙野城城主赤松政秀拥为傀儡主君，对抗拥立赤松本家的弟弟，到永禄六年（1563），这对对抗了十多年的兄弟终于走向和解，但随后，浦上政宗就在儿子的婚礼上被赤松政秀袭杀。

浦上宗景随后就收拾赤松政秀，赤松政秀此时自己作死，于永禄十二年（1569）五月出兵去攻小寺政职的姬路城，姬路城中有一位狡猾多端的家臣名叫黑田孝高，他在城西青山一带设置了伏兵，大败赤松政秀。不甘失败的赤松政秀六月又一次来袭，以夜袭造成了黑田军的混乱，重整旗鼓的黑田孝高在第二天晚上以彼之道

还施彼身，大破赤松军。赤松政秀在随后被迫投降浦上，元龟元年（1570）被毒死。浦上宗景其后就脱离毛利家自立为主，他几乎占领了播磨全部领土和部分的美作，成为独霸一方的战国大名。

一时风头无两的浦上宗景忘记提防身边的白眼狼。宇喜多直家早在天文三年（1534）就仕官于当时的天神山城主浦上氏，他的祖父为人所杀，导致一家流离失所，成年以后，他就暗杀仇人为祖父复仇。在浦上氏门下，他暗中培植势力，永禄十二年（1569），他趁赤松政秀起兵之时举起反帜，外联信长，内结赤松政秀，然则赤松政秀马上被黑田孝高所灭，宇喜多直家孤掌难鸣，不得不暂时降服。

天正二年（1574），宇喜多直家再度反叛，这一次，他联络的外援是毛利家。毛利家早对叛变独立的浦上宗景磨刀霍霍了。天正三年（1575），毛利军攻打备中的三村氏，三村氏本是浦上的外援，此时被信长许诺以领有备中、备前两国的条件试图反叛，被毛利军趁机平定。九月，由于浦上家重臣明石行雄反叛，天神山城被宇喜多直家占领，浦上氏和美作的三浦氏在本次叛乱中被消灭。

浦上氏在天正六年（1578）十二月在信长的协助下做了最后一次反扑，一度夺回了天神山城，但很快被宇喜多直家镇压。就这样，结连毛利家的宇喜多直家取代了赤松、浦上成为播磨、美作一带的掌握者。

羽柴秀吉入播磨的第一个目标是上月城，城主赤松政范被3万大军包围，于是向宇喜多直家寻求援军，秀吉击败了援军，并迫使赤松政范殉城，他在这里扶植了毛利家的死敌尼子家，尼子家的忠臣，著名的山中鹿介也重出江湖，进入上月城辅佐尼子家的遗孤尼子胜久。播磨、但马暂时平定。

从初步成果来看，似乎不错。所以，信长在天正六年开春的时候心情也很好，还组织了一场大茶会，帐下的将领从近畿、尾张、美浓、近江、伊势等地纷纷赶来参加新春茶会，宾主尽欢而散。欢乐过后，痛苦的事情也随之而来，羽柴秀吉经营了两个月的西国大局在新年伊始就陷入了危机之中。

事情的起源还是在于两个人的叛乱，在此前已经发生了矶野员昌出奔事件。矶野员昌是浅井的家臣，曾经给信长造成了很大麻烦，而在浅井灭亡以后，矶野就投降了信长。降臣的心理状况是非常复杂的，他时刻担心信长算旧账，天正六年（1578）二月，矶野员昌突然出奔，从此音讯全无。《信长公记》中对于他出奔的原因只记载了一句：“违背上意。”具体的内容我们不得而知。矶野员昌深刻知道信长暴躁的脾气，加上自己是降臣的身份，所以仓皇避祸出逃。从这个事情上可以侧面看出信长的性格使家臣普遍有种畏惧的心理。

天正六年三月，播磨国的别所长治突然举起了反旗，别所氏是赤松家的分支，以三木城为核心据点，在别所就治时代，别所家击败了尼子和毛利的觊觎，在东播磨扩张势力，到就治的孙子长治时期，就归顺织田家。在别所家中，别所长治的两个叔叔别所吉亲和别所重宗有很大的发言权，其中重宗是亲织田派，而别所吉亲在秀吉进入中国地区后曾在加古川城与秀吉会谈，这次会谈显然并不愉快，在会后，他极力鼓动别所长治叛乱并流放了重宗。同时，由于别所氏领地内净土真宗信徒较多，让别所长治时刻有种不安全感，加上秀吉攻陷上月城后出现了屠杀事件，让别所氏更为不安，他们联想到一旦领地内出现一向一揆，作为责任人不知道如何面对越来越暴虐的信长。别所氏所在的三木城瞬间成为信长和以毛利为代表的中国地区大名争夺的焦点。毛利辉元和小早川隆景、吉川元春对三木城叛乱立刻做出反应，四月十八日率大军东向包围了尼子家的上月城，同时毛利家利用濑户内海制海权的优势，把粮食从海路运输到三木城的支城鱼住城和高砂城，再通过加古川水路运输到三木城中。羽柴秀吉想要援助上月城，却又要防备三木城的别所长治捣乱，只好求助于信长。

此时的信长对叛乱的容忍度已经大不如前，在他年轻的时候，他能饶恕反对他的柴田胜家，他也能一次又一次容忍松永久秀。但一个人，经历了弟弟、妹夫、亲信等人的叛乱以后，很难想象他的内心对人与人之间的关系还剩下多少信任度。在天正五年（1577）以后，信长对叛乱的处理方式可以说是一次比一次更坚决，这也加深了家臣的恐惧感。

四月，以织田信忠为首的织田大军倾巢而出，织田信雄、织田信孝、泷川一益、明智光秀等等悉数上阵救援上月城，眼看一场织田 VS 毛利的空前大对决就要展开，老天爷却跳出来捣乱，五月十一日，一场大雨使畿内的河流统统暴涨，掀起了一场大洪水，把一场战略决战的好戏给彻底搅黄。信长只能看着洪水望洋兴叹。

俗话说：“兵贵神速”，战场上，时间就是生命。时间拖到了六月，对信长一方来说，麻烦就大了，织田军在六月才刚刚突入播磨等国，重重包围神吉城，到七月，靠丹羽长秀的“土龙攻”地道战术才把这种弹丸小城拿下，进而包围三木城。但拖的时间太长了，尼子家的上月城已经被毛利所攻克，尼子家彻底灭亡。尼子家上月城的陷落就使羽柴秀吉在天正五年（1577）最后两个月中的努力几乎全部化为泡影。

更麻烦的事情在后面，天正六年（1578）十月，摄津守护荒木村重突然也举起了反旗。荒木村重也是一名降臣，他一度曾给信长造成很大麻烦。随后抛弃足利义昭降服信长时获得了摄津守护，在中国地区攻略中，成为羽柴秀吉的同事。他的反叛使中国地区攻略计划进一步陷入了泥潭。荒木的反叛使信长暴跳如雷。

信长的手下人立刻展开活动，一方面希望解决困局，另一方面也希望保留荒木的性命。羽柴秀吉派出黑田孝高前往劝说荒木村重，与荒木村重有儿女姻亲关系的明智光秀受信长之命前往说降，加上其部下高山右近的游说。荒木村重一度动心，想要派遣人质表示降服，但其部下中川清秀一句话否决了他的打算：“你要是去了安土城，就只有切腹的下场。”荒木村重断绝了再降服的念头，一概拒绝了劝降者的好意。荒木村重的顽固进一步激怒了暴躁的信长。

◇ 荒木村重

此时，信长已决定以控制濑户内海的制海权为突破口来扭转中国地区战局。在木津川口惨败给训练有素的毛利水军以后，痛定思痛的信长意识到了要胜过毛利水军，彻底切断石山本愿寺的海上补给线，就必须在船只性能上有所创新。这个任务就交给了著名的水贼九鬼嘉隆。

信长和九鬼嘉隆鉴于上一次海战中遭遇雨点般火矢和焙烙弹袭击导致败北的教训，同时吸收了以往战船和中国明朝船只的经验，建造了六艘铁甲船。根据当时的记录，这些船长 30 间（约 55 米），宽 7 间（约 12.7 米），但这一尺寸比例颇值得怀疑，因为其并不符合一般航行船只应有的比例。弗洛伊斯记载说这些船只水线以上包裹铁以避免露出木质部分，这或许是弗洛伊斯的道听途说。至于《信长公记》只写做“大船”，并且提到它装备了铁炮，完全没有提及“包铁”之事。铁甲船究竟有无铁甲，如今无法见到实物，众说纷纭，可以确定的是，在战国时期并不是没有给船只包裹金属的技术，但是，如果包上铁，在海水环境下如何应对腐蚀是一个难以解决的大问题。铁甲船的战斗实例就是在此后的天正六年（1578）六月二十六日，完工的六艘铁甲船浩浩荡荡闯进了濑户内海。本愿寺的战舰在铁甲船面前显得不堪一击，轻易就被打成了碎片。铁甲船就驻扎在了堺港威慑濑户内海。铁甲船的出现使濑户内海的海面局势大大逆转。九月，信长视察堺港，对九鬼嘉隆的功绩大为赞赏，并赏赐给他黄金二十枚和九人扶持。十一月，在木津川口，为了争夺濑户内海的制海权，毛利水军于六日再度出击，清晨辰时，九鬼嘉隆率领以铁甲船为主力的舰队和毛利水军发生激战。铁甲船在这次战争中发挥了威力。面对六百余艘毛利水军船只，九鬼嘉隆避敌之长采取远程射击的方式，用铁甲船作为防护，利用铁炮和大筒进行海上射击，顺利击败毛利水军。

铁甲船的形制目前无法明确，但有一点可以肯定，它通过扩大船只的体积，从而实现了装载大量火器，将陆地使用的大筒和大口径铁炮装载上了船只，使船只有了对抗杂贺和毛利水军的火力，同时，由于船只体积的扩大，防御性也有上升，当时日本的船只分为大型的“安宅船”、中型的“关船”和小而轻便的“小早”，铁甲船应该属于特殊大型的安宅船，制造工艺复杂，费用惊人，所以只有区区六艘，但已经足以通过庞大的体积震慑小型船只，在以水贼跳帮和火器互投为主要作战方式的战国海战中，这样的庞然大物显然能给织田水军带来巨大的优势。所以，《信长公记》中“大船”的提法或许是最接近实际的。

掌握制海权以后，信长就能够抽出手来对付两个叛徒。十一月十日，明智光秀、泷川一益等攻克了中川清秀的茨木城，同时，信长庇护下的天主教传教士奥尔冈蒂诺听说此次“切支丹大名”高山右近随荒木村重叛乱，担心信长因此迁怒天主教徒，四处奔走，一力促成说服了高山右近投降，有人带头吃螃蟹，荒木村重的摄津国立刻就土崩瓦解。有冈城几乎是瞬间就变成了孤城。十二月，信长大军包围了有冈城，毛利援军使荒木望眼欲穿，但他们想要到来的希望恐怕已是十分渺茫。

◇ 安宅船

天正七年（1579）九月，被围困了大半年而弹尽粮绝的荒木村重逃出了有冈城，听说荒木逃跑，泷川一益诱使附近的上﨟塚砦守将归降，然后织田军发起了总攻，十一月，由于宇喜多直家倒向信长，彻底切断了这座孤城的补给线，有冈城陷落。荒木的妻子儿女以及家人被暴怒的信长屠杀殆尽。荒木村重本人退到了花隈城，以池田恒兴为总大将的织田军继续追击，天正八年

（1580），花隈城陷落，荒木村重再一次逃亡，依附毛利家。

另一方面，别所氏也陷入了绝境。羽柴秀吉采用了最狠毒的攻城办法，号称“干杀三木”，其方式就是切断一切三木城可能的粮食补给，让这里变成一个饿殍遍地的人间炼狱。天正七年二月，别所长治出动3000人试图突破封锁，在平井山被秀吉击败，长治之弟治定阵亡，秀吉紧接着拿下了淡河城，进一步收紧卡在别所氏脖子上的绞索。九月，毛利家为了给三木城输送军粮，派出补给部队攻平田，看到希望的别所长治再度出城接应，其企图仍然被羽柴秀吉挫败。到了十月，原属毛利一方的宇喜多直家突然宣布转投织田，这位枭雄的叛变成了压死别所长治的最后一根稻草，因为他恰恰切断了毛利氏和播磨一带的通道。别所长治在次年一月提出以自己的性命换取部下和城内百姓的性命，得到了羽柴秀吉的准许，别所长治切腹自杀。播磨、备中、美作一带再一次落入信长手中。

三、迷乱日深

天正七年五月，宏伟壮观的安土城正式完工，信长搬进了这座日本建筑史上前无古人的庞大建筑中。安土城的完工，似乎是一个好兆头，在完工后的短短两年内，信长又取得了不俗的成就。

先是同一年，中国地区的宇喜多直家倒向信长；天正八年（1580）元旦，别所长治反叛被镇压。而这一年的三月和此后的闰三月更发生了两件大事。

第一件事发生在天正八年三月，相模国大名北条氏政突然派使来见信长，要求达成同盟关系。相模国一直和甲斐武田氏有着密切的关系。然而在上杉谦信突然脑溢血去世以后，越后上杉家发生了争夺家督的“御馆之乱”。这场斗争并不单纯发生在越后，甲斐的武田氏和相模的北条氏也都参与了进来，他们自然希望在“越后之龙”死后，能通过参与上杉家族的内乱，从而达到控制越后的目的。也就是在这场争夺中，北条氏支持上杉景虎，但武田却接受了上杉景胜的条件退兵，这使得出身于北条家的上杉景虎在这场变乱中完败自杀。这一事件直接导致了北条和武田同盟关系的破裂。

趁上杉内乱，信长决定进一步扩大北陆的攻势。天正六年（1578）九月，织田信忠派家臣斋藤利治前往支援北陆军团，十月，斋藤利治进攻越中今泉城，由于城防坚固，织田军趁夜佯退，诱出了守军河田长亲等人，斋藤利治且战且退，将上杉军引到了地势复杂的月冈野后包围，一举歼灭上杉军，夺取了今泉城，越中的诸多国人在此战以后归顺织田家，使上杉势力压缩到了越后、能登一带。但由于北方的冬天即将来临，加上荒木、别所叛乱，织田军没能进一步趁乱扩大战果。

在“御馆之乱”中和武田家结下梁子以后，北条氏政自然把目标转向了武田家的夙敌——织田信长。拥有相模、伊豆、武藏等庞大区域的北条家族正式和信长成为同盟，为武田家敲响了丧钟。天正十年（1582）三月，在北条和织田、德川联军的攻击下，以“风林火山”闻名于世的甲斐武田氏的历史悲壮地宣告结束。

第二件事则更是天大的好消息，天正八年（1580），在织田水军以铁甲船控制濑户内海的制海权以后，石山本愿寺失去了最后一条获得补给的通路。闰三月，精疲力竭而又弹尽粮绝的石山本愿寺已经失去了最后的抵抗能力。信长也对旷日持久的石山本愿寺之战失去了耐心。在双方都没有意愿继续进行战争的前提下，信长搬出了天皇，由天皇作为中间人，颁布诏书进行调停。占有优势的信长当然要求本愿寺教徒退出石山。这一要求被本愿寺显如所接受。本愿寺显如立刻于四月退出城外前往纪伊鹭森。但性格刚烈的本愿寺教如却拒绝答应，他率领部分教徒继续斗争到八月，但胜利无望，也被迫退出。石山战争终于落下了帷幕。各地的宗教一揆也自此偃旗息鼓。

在石山本愿寺投降以后，信长再度进入纪伊，纪伊杂贺众的首领杂贺孙一此时归顺了信长，并以织田家为后盾，于天正十年一月杀死了与之对立的土桥若大夫，杂贺众从此在杂贺孙一的领导下归属信长，成为织田麾下威胁濑户内海的军事力量。

然而，在这一连串的好消息背后，一连串惊人的事件也在发生，联系到其后信长的悲剧结局，这一连串惊人的事件可以说是一幕序曲。

天正七年（1579）八月，发生了第一件重大事件：德川信康之死。德川信康为德川家康的长子和继承人，也是织田信长的女婿。当初，为了巩固织田—德川联盟，信长将女儿德姬嫁给了信康。德川信康之死则是谜团重重，事情的起源还得从德川家康本人的婚姻问题说起，当初德川家康成为今川义元的人质，今川义元就把外甥女筑山殿嫁给家康。就是这场政治婚姻在此后引起了一场大风波。据说今川家和德川家的仇恨导致家康的婚姻关系也极度不和谐，而筑山殿和儿媳妇德姬的关系也非常恶劣。在天正三年（1575），德川家发生了家臣大冈弥四郎等人暗通武田家的事件，筑山殿和德川信康被认为是其袒护者，随后，信康的妻子德姬给父亲写了一封信，在信中指斥了筑山殿和信康母子，收到信件的信长大为震惊，立刻询问德川家的家老酒井忠次，但酒井忠次全无辩白之意，天正七年（1579）八月四日，在信长的指令下，德川信康被流放并囚禁在远江二俣城，筑山殿随后

在押送途中被德川家臣杀死，九月十五日，德川信康在囚禁地切腹自杀。

妻子告发丈夫，岳父逼死女婿。这起有违“伦常”的事件背后自然是黑雾重重，有人认为这是德川家臣团内部的斗争而导致的悲剧，德川家从前几代开始就和尾张对立多年，因此在和信长实现同盟以后，仍有不少的反对尾张派存在，这些人多出自三河。在此后，德川家出现了在织田援助下战功累累的远江浜松集团和负责对织田外交事务的三河冈崎集团，后者策划着试图驱逐家康改立信康的阴谋，因此家康和信长果断先下手为强。

更有阴谋论者认为，这是信长预谋的一次行动，因为德川信康体现出了超越织田家继承人织田信忠的才能，为杜绝将来的隐患，信长选择了提前“拔刺”。

不管怎么样，信康之死至少证明了一件事，那就是清洲同盟不再是一个对等的同盟，随着织田势力的不断扩大，德川家实际上成为信长手下可以予取予夺的一个家臣。

第二件大事则发生在天正八年（1580）八月，这一事件也是众说纷纭。在石山战争结束后，担任石山本愿寺包围军主将的佐久间信盛突然接到了追放令，在命令中，信长认为这位从家督继承时代就跟随他的重臣，其一系列所作所为让人不能容忍，他详细列举了他的 19 条过失，将佐久间信盛父子流放到高野山。几天后，又一位重臣林秀贞也被流放，理由似乎是因为当年信长和弟弟信行之间的家督争夺战中林秀贞站到了信长的对立面。这似乎是追算三十年前旧账的行径，在这个时候突然追算旧账让人觉得不可理解。另外，曾经因为仕途不如稻叶一铁而心怀不满的安藤守就也被没收全部领地，遭到追放。丹羽氏胜也遭到了同样的命运。一时间，四大重臣遭到抛弃，这使织田家家臣团中出现了恐慌情绪。

仔细分析这几位所处的地位就不难得出结论，佐久间信盛是织田旧臣，在尾张势力盘根错节，经过多年的征战，又握有近江、大和、和泉、河内等畿内众多领地，膨胀成为织田羽下最大的军团，此时，信长提前将之削除，又全部回收他的领地，既体现了信长对家臣强有力的控制力，震慑可能的阴谋者，又提前为后世统一消除了一个隐患。林秀贞则是织田家的笔头家老，其政务能力之出色使他在织田家有很大的话语权，提前将之驱逐，也有助于织田信忠尽快掌握政局。流放安藤守就则是因为他是美浓三人众最强者氏家卜全死后美浓最具威胁性的地方势力，而丹羽氏胜的继室为织田信秀之女，也是尾张的实力派。这次的行动，实际上是对织田早期的一批难以处理的重臣集团做一次统一的清洗，为即将到来的天下统一布局铺排。

只不过信长的手段不够圆滑，略显粗暴，其造成的后果以及影响也极为恶劣。

天正九年（1581）二月二十八日，在京都，装扮一新衣饰华丽的信长及其家臣、军队举行了一场盛大的阅兵仪式，织田家的众多重要家臣带领他们的军队接受了天皇的检阅。这场前所未有的阅兵仪式使信长的威望到达了巅峰。但是，在光鲜华丽的外表背后，织田家内部已经暗潮涌动，一场决定日本历史的大变故正在酝酿之中，其主角也出席了这场阅兵式，而且正走在某一支队伍的前列，光荣地接受着检阅。

四、明智光秀

天正九年的京都大阅兵轰动了朝野，在织田军雄赳赳气昂昂走过时，京都万人空巷，观者如潮，当时的公卿吉田兼见发出了一句由衷的赞叹：“真是前所未有的壮观。”

在京都阅兵以后，织田家在各条战线都取得突破性的进展。首先，在羽柴秀吉的卓越领导下，中国地方攻略取得阶段性成果。秀吉在天正八年（1580）闰三月至四月平定东播磨一向一揆，同时受命实行播磨检地，强化对此地的控制，随后在五月进攻但马。但马守护山名氏早在天正三年（1575）暗结毛利。五月十六日，秀吉攻克有子山城，随后山名祐丰被迫交出出石城，但马山名家至此灭亡。随后，秀吉攻入因幡，包围鸟取城，好大喜功的羽柴秀吉大撒金钱，买空了鸟取城周围的粮食，闹到鸟取城一带粮价暴涨，很快，鸟取城陷入缺粮状态。同时，秀吉在城下深挖壕沟，昼夜袭扰，使得鸟取城陷入一夜数惊的状态。这是秀吉继“干杀三木”以后的又一个杰出作品——“渴杀鸟取”。天正九年十月二十五日，被包围三月之久的，连城中所有的猫、狗、鸟乃至死人尸体都被用来果腹的鸟取城被迫开城投降，守将吉川经家切腹。随后，秀吉在十一月侵入淡路，迫使安宅氏及其水军降服。中国地区已经由羽柴秀吉军团占据了上风。

另一方面，信长也开始侵入伊贺。伊贺国也是处于国人一揆统治的局势，伊势的北畠具教生前曾试图入侵伊贺，在织田信雄继承北畠家以后，这位想要有所作为的信长之子轻率地出动了。天正六年（1578）二月，他试图在伊贺建城，遭到伊贺国人的群起而攻，惨败的织田信雄被信长大骂一通。

儿子虽然要骂，但信长骂的不是信雄惹祸，而是惹了祸没能收拾干净。于是在天正九年四月，信长再度任命织田信雄为总大将，给了他5万大军，并让泷川一益、丹羽长秀、蒲生氏乡等辅佐之。是年九月，伊贺众被扫平。

同时，在天正九年（1581）五月，越中国的上杉方主将河田长亲死去，织田北陆军团趁机入侵越中，同时肃清了试图内通上杉家的寺崎盛永和石黑成纲两名越中的城主，大半个越中被信长所占领。另一方面，织田和德川联合开始攻打甲斐武田。天正十年（1582）三月，在武田家灭亡后，北陆军团包围越中鱼津城，上杉景胜正头疼越后的新发田重家之乱，同时信浓和上野的织田军也对越后构成了直接威胁，这导致了鱼津城在随后的六月三日陷落，城中的 13 名上杉方将领切腹，北陆与关东一带，织田军也在高歌猛进。

◇ 明智光秀

另外，信长还找起了高野山的麻烦。高野山是杂贺、根来被平定以后纪伊的剩余一个大势力，高野山是真言密宗空海大师创设道场之地，在日本与比叡山并为两大佛教圣地，全国各地的真言密宗道场以之为总本山，因此掌握有上十万石的领地。高野山早和信长有纠纷，对于大和国宇智郡的领地问题，信长和高野山的僧人有不同的看法。天正八年（1580），有几名荒木村重的余党逃进了高野山，信长趁机大做文章，派使节要求高野山交人，被高野山拒绝后，信长立刻破坏其“不入”特权派人进入山内搜索，同时在九月下令追捕全国的“高野圣”（高野山派出的劝募、化缘、传道的游方僧），尽管高野山在随后服输，但信长仍在天正九年八月十七日将数百名高野圣处死。这似乎就是宣战的信号，随后，织田军就以织田信孝为总大将攻进了高野山，在多和一带筑城，但由于织田军同时在攻打武田，并策划进攻四国，所以高野山一带的战事一直不紧不慢。

织田信长几乎再过不久就该成为统一天下的真正的“天下人”。

谁也不会想到在其后，织田信长的统一梦想戛然而止，而阻止织田信长的人在京都阅兵时，走在第三队的前列，率领着大和众和上山城众，时任日向守，赐姓“惟任”，名为明智光秀。这个深沉的人是当时赫赫有名的“织田四天王”之一，他在近畿一带有着非常高的威望。也正是这个“不被神眷顾的男人”一手终结了信长在日本战国波澜壮阔的历史舞台中的表演。

明智光秀和信长的渊源要从上洛之战开始说起。明智光秀出自美浓明智氏，明智氏为美浓国守护大名土岐家的分支。在斋藤道三夺取美浓以后，明智家就成为美浓斋藤的家臣。然而，斋藤家却在后来发生了儿子斋藤义龙弑父夺位的内乱，明智家被卷入其中，他们支持的斋藤道三成为内乱的失败者，这使明智光秀被迫流亡越前，投靠越前国的朝仓氏。

越前国是当时京都文化的核心之一，在越前生活的明智光秀受到了京都文化的深深熏陶，在茶道、和歌等文艺方面都有很高的造诣。在当时的日本，要获得京都公卿的青睐，自身的文化素养非常重要，明智光秀在这点上，恐怕拥有比信长更多的优势，这也是他将来的政治资本。

然而，越前的朝仓家在政治眼光上确实有很大问题，明智光秀是一个有雄心的人，他也非常明白朝仓并不是值得侍奉的主人，此时，足利义昭来到越前，明智光秀以自己的政治直觉认为此人“奇货可居”，于是他又一次换主跟随足利义昭，他为这位落魄的将军到处奔走，以自己的三寸不烂之舌去游说织田信长，而信长则是在这场上洛之战中看中了明智光秀的才华。正是这个人亲自把足利义昭这份大礼物送到了他手里，明智光秀的谈吐和能力给信长留下了很深的印象。于是，信长主动提出要求将明智光秀收为自己的家臣，有求于信长的足利义昭立刻同意。于是，明智光秀就成为信长手下的又一名能臣猛将。

在上洛之战后，明智光秀担任京都奉行，这给了他在近畿树立威望的机会。在足利义昭的政权垮台后，元龟三年（1572），明智光秀因为讨伐朝仓和浅井有功而受封近江国，成为坂本城主。明智光秀一度又成为越前的代官，昔日作为朝仓家臣的明智光秀成了越前国的主人，他在越前国镇压一向一揆又立下了赫赫战功，被信长所重视。

明智光秀真正的崭露头角却是在天正年间，织田信长逐渐将明智光秀、羽柴秀吉等“新秀”提拔为独当一面的将领，但是，也正是在明智光秀逐渐崛起的时候，他与信长之间的隔阂也在日益加深。在荒木村重反叛中，明智光秀就扮演了一个很尴尬的角色。因为荒木村重和明智光秀是儿女亲家。荒木的反叛直接导致两家婚姻关系的破裂。而明智光秀在荒木反叛后曾经出于亲谊向信长求情，如果荒木投降，希望信长能放过他全家性命。然而，荒木村重和信长的矛盾已经不可调和，一方拒绝投降，另一方则对叛乱者深恶痛绝。最终，明智光秀的劝说没有起到任何作用。

有一种说法认为是丹波八上城之战埋下了明智光秀与信长之间决裂的引线。攻略丹波是明智光秀军团的主要任务，天正三年（1575）十月，为征服丹波国人、黑井城主赤井忠家，明智光秀出兵，赤井氏早先曾臣服信长，后野心膨胀举兵反叛并攻打但马，遭到了信长的讨伐。此次是明智光秀独当一面担负重任，他幸运地获得丹波八上城波多野秀治的协助，大半丹波国人已经归顺信长，明智光秀乐观地认为黑井城来春能被攻克。但赤井忠家的辅佐人，号称“丹波的赤鬼”荻野直正似乎和波多野氏有密约，在光秀包围黑井城中的天正四年（1576）一月，波多野秀治突然举起了反旗，联合城内守军夹攻明智光秀，导致光秀惨败而归。信长听闻此事以后暴跳如雷。

明智光秀在其后很认真地总结经验，认为下一次的进攻必须再慎重，先从黑井城周边慢慢蚕食，将之孤立以后再取腹心，天正五年（1577）十月，光秀趁丹波亀山城城主内藤定政病死的机会，先占领此城为前进据点，然后取籾井城、笹山城，信长又决定把妹妹嫁给了细川家的细川信元（前管领细川晴元之子，细川家为丹波守护），这一政治联姻的形式为光秀获取名义。而丹波最强的敌人荻野直正也在此时病死，为明智光秀的进一步成功铺平了道路。

天正七年（1579）三月，明智光秀作为主将讨伐波多野氏，他于黑井和八上两城间筑城，隔断两城之间的联系，当年六月，饥饿的八上城陷落。八月，明智光秀诱出黑井城军决战，黑井城陷落，丹波国平定。

据说明智光秀为了促使波多野氏投降，将他的母亲送进城中作为人质（另一说这个“母亲”其实是个赝品）。然而，对波多野家的叛乱早已暴怒的信长竟然不顾明智光秀的面子，下令将波多野秀治和波多野秀尚兄弟处以磔刑，失去主人的八上城立刻认为明智光秀背弃诺言，将他的“母亲”处死。这一说法似乎是后世的创作，实际上，丹波八上城的陷落并非是以人质为保证，即便没有人质，这座粮道断绝的城池陷落也是迟早的事情，作为主将的明智光秀没有必要为这座即将陷落的城池搭上“母亲”这个代价。

明智光秀在丹波城战争中的卓越表现使他获得了丹波国，他也拥有了指挥各畿内大名的权力，成为和羽柴秀吉、柴田胜家等人平起平坐的织田家一个方面军的统帅。在飞黄腾达的同时，他和信长的关系也开始走向决裂。

五、“敌在本能寺”

天正十年（1582），在消灭夙敌武田氏以后，信长巡视了甲府，然后经过日本的象征——富士山，在游历山色之后，信长一行向安土城进发。与此同时，在西方，山阳道军团的羽柴秀吉也从居城姬路城出发，开始了备中高松攻略战。本能寺之变的序幕就从这里开始了。

五月，信长的亲密战友德川家康从三河赶来，同来的还有武田家的穴山梅雪等人，也包括一批三河的武将。信长对这一次友好访问非常重视，他派出接待德川家康的正是本能寺之变的另一个主角——明智光秀。

明智光秀在接到“接待役”的工作以后，做得非常用心，至少德川家康对明

◇ 明智光秀家纹“土岐桔梗”

智光秀的招待看来是满意的。另一方面，羽柴秀吉也开始了水淹高松城的计划，一切似乎都非常顺利。然而，很快，意想不到的事情发生了。

所谓“意想不到的事情”指的是本能寺之变的导火线，一般有两种说法：一说，明智光秀在担任招待任务时，厨房里的菜因为天气炎热（日本的五月到六月是闷热的梅雨季节）而发臭，巧的是，信长正好跑来巡视厨房，臭气就跑进了信长的鼻子里。脾气暴躁的信长闻到气味以后就勃然大怒，当场把明智光秀骂了个狗血淋头，撤掉了他“接待役”的职务。许多人可能不理解，本来明智光秀担当的只是一个“外交部礼宾司司长”的头衔，也许有人认为没必要太在意。但这一刻明智光秀肯定想到了佐久间信盛、林秀贞那群老臣的悲惨遭遇。他心里在琢磨自己会不会成为佐久间第二。另一说，羽柴秀吉完成了水淹高松城的计划，但毛利家立刻派出大军，毛利辉元、小早川隆景和吉川元春亲自率领，大有和秀吉拼命之势。羽柴秀吉立刻向信长求助，请信长前来主持和毛利家的决战。但后来，毛利家和秀吉根本没打起来，有人认为，秀吉请信长来，纯粹是要在主子面前炫耀下他水淹高松的壮举，所以，有些阴谋论者认为，此后发生的事情一切都出自羽柴秀吉的策划。然而，信长是当真认为要和毛利决战的，于是他立刻下令明智光秀停止接待工作，出兵援助。而此时的明智光秀已经是信长山阴道军团的军团长。这个命令下达以后，被他理解为要去接受同为军团长的羽柴秀吉指挥，他立刻发挥了丰富的想象力，从降级联想到失宠再联想到流放。同时羽柴秀吉也在越权向明智光秀的山阴道伸手。信长也有意想将光秀转封出云国和石见国，这样，光秀就可能成为秀吉的手下。这一切都让明智光秀觉得自己地位堪虞。

五月二十六日，明智光秀返回自己的居城丹波龟山城，两天后，明智光秀前往爱宕山的神社祈祷战争胜利，然后在二十七和二十八日在寺中和连歌师里村绍巴等连歌唱和，明智光秀写出了一句意味深长的诗句：“ときは今　雨が下知る五月哉。”这个可以翻译为：“这个时节，真是细雨绵绵的五月天啊。”然而，这里的第一二个字“とき”正好是“土岐”的发音，“雨”字读为“あめ”，与“天”同音，“知る”（しる）又与“治る”也同音。明智光秀据说出身美浓土岐氏，因此，该句如果不看文字，也可以理解为：“土岐は今　天（あめ）が下（した）治る（しる）五月哉”，（“土岐氏就在现在的五月间将统治天下！”）这变成了反叛的宣言。

而也有人从另一个角度来诠释，五月是源平之战中的以仁王起兵讨伐平氏的月份，也是镰仓幕府时期后鸟羽天皇起兵讨伐由北条家（平氏）掌握的幕府的月份，也是后醍醐天皇讨伐北条氏的月份，透露着明智光秀要讨伐自称平氏出身的信长的意味。

而且据说在连歌会中，光秀神思凝重，若有所思，甚至把粽子连粽叶囫囵吞了下去。第二天，即二十九日，信长从安土城出发前往京都，在本能寺居住。德川家康也离开安土城前往日本的商业中心——堺。而信长之子织田信忠则在二十一日就抵达京都，在妙觉寺居住。信长身边只有大约100人的随身卫队和侍从，完全没有任何的防备。

本能寺位于今天京都府的中京区，是一座法华宗寺庙。这座建于1415年的古老庙宇并不大，在天正八年（1580）进行了改建，增加了壕沟、城墙等设施，想必是信长之前多次驻军京都的时候居住于此，为安全起见做的改修。信长兴致颇好，据说还招来了本因坊算砂和鹿塩利玄下围棋，明治三十七年（1904）初版的《坐隐谈丛》这样记述这场棋局：“棋势变幻，妙手叠出，最后出现了‘三劫’。”所谓“三劫局”又叫“三劫连环”，在围棋对局中同时存在三个有关胜负的劫争，如果双方互不相让，只好握手言和。据说当时，满座皆惊，认为这肯定是不祥之兆。

同日下午，明智光秀召集家臣和士兵，要求家臣订立誓约。然后宣布：信长要在京都检阅明智家的军队。于是，明智家的军队秘密赶往京都，许多士兵甚至认为他们的目标是正在织田家访问的德川家康。他们人衔枚马裹足，分三路偷偷靠近京都。到达京都附近的桂川时，明智光秀终于下达了他此行的目的：“殿下即将成为天下人！”他用嘹亮的声音喊出了一句惊天动地改变历史的口号：“敌在本能寺！”

六月二日凌晨，本能寺响起了枪声，信长被喧闹声吵醒，下令近侍森兰丸查看是何人作乱。森兰丸的回报让信长大为惊异：“桔梗旗，是惟任日向守的军队。”根据当时附近的天主教会的目击，弗洛伊斯写了一份《耶稣会日本年报》，年报中绘声绘色地描绘了当时的场景：“信长从厕所里出来，从容净了手，洗了脸，此时，有人从背后放箭，命中信长背部，信长呼叫小姓，挥舞着如镰刀一样的武器（应该是指长柄的薙刀）和明智军作战，少顷，明智军的火枪队射击命中信长左肩，信长在此后就把障子关闭进入室内。”随后，本能寺燃起了大火，据说信长在室内切腹并放火烧寺，由于火势太大，信长的尸体也下落不明。

身处不远处妙觉寺中的信长继承人织田信忠闻讯立刻退进二条御所，和村井贞胜组织抵抗。信忠三度击退明智军，但此后，明智军从二条御所隔壁的近卫前

◇ 本能寺烧讨之图

久邸杀进去，两面夹击，向二条御所中放枪，织田信忠也因为寡不敌众而被迫自杀，村井贞胜父子也一并殉难。

对于这场改变日本史的政变，历来猜测颇多，明智光秀的突然之举，让许多后世的人在猜测他的真正用意。

比较传统的说法是光秀怨恨积累以至造成叛乱的结局，在这一点上，已经堆积了众多的史料，包括厨房事件、波多野秀治事件、转封流言等，但这些或者是充满虚构的情节，或者是分量不够重。就如厨房事件而言，以信长的脾气，就算真的发生这样的事件，责骂几句是非常自然的事情，在信长手下服侍了如此多年的光秀应该早已习惯主子的责骂了，而织田家的每一个家臣似乎都是如此，实在不能构成光秀起兵谋反的原因。

另一说就是明智光秀对自身前途产生了忧虑，特别是佐久间信盛等人被流放以后，明智光秀认为自己不知道某一天会成为下一个倒霉的人，因此他决定先下手为强。

第三说则认为明智光秀作为一个“勤王者”和保守传统的人，对于信长越来越激烈的革新意识感到无法接受，因此动了杀机。

这些分析都还仅仅从明智光秀本人的角度出发，另外一些分析则进一步深挖幕后的黑手。

其一是朝廷黑手说：信长与朝廷的关系一直是学者研究感兴趣的对象，争议的焦点是所谓“三职推任问题”。信长在天正五年（1577）十一月升迁为从二位右大臣，人称“织田右府”即是来源于此。在历史上，只有四名武士出身的人获得过比他高的朝廷官职。但在第二年，信长就辞去了右大臣兼右近卫大将。对于这样一个即将控有天下的人却不担任朝廷官职，朝廷感到十分惶惑，在此后，朝廷提出升迁他为左大臣，据说信长在此时提出让正亲町天皇让位给与信长关系亲密的诚仁亲王（也有一说是信长反对让位，如天正九年天皇亲自提出让位时，据说就是信长反对而未果），随后在天正十年（1582）五月，朝廷再度提出让信长在征夷大将军、太政大臣、关白三个职位中挑选一个，而信长究竟是如何回复的，至今仍是个谜。这或许会成为朝廷策动除掉信长的原因之一。而另一个可疑的现象是公卿吉田兼见在事件中的动向，他在事变前曾见过明智光秀，而事变后他又曾在安土城见到光秀，同时光秀还访问其家，赠送其一批金钱。这些都明载于他的日记《兼见卿记》中，随后，吉田兼见又将天正十年的日记重新抄录，将事变前后的日记做了比较大的改动，删去了他曾见到光秀的情节，并且还将收到金钱解释为为其家的神社修缮用，这让许多人怀疑吉田到底代表朝廷在本事变中起了多大的作用。但近年来研究表明，吉田兼见修改日记其实并不仅限于事变期间部分，

◇ 发怒而殴打明智光秀的信长

他抄录改写日记原因很可能是他原本将天正十年的日记抄录在了天正九年的日记本的空白页，抄录到事变前后正好纸张用完，他更换日记本后重新抄录整理了该年的日记。同时，考虑到朝廷多受乱世之苦，让朝廷发动事变来清除即将终结乱世的人物似乎可能性也不高。

第二个嫌疑人是天主教会，信长在安土城下曾设立天主教学校，由传教士奥尔冈蒂诺主持，据说此人和明智光秀私交很好，有学者认为，信长在统一后有征服海外的野心，有可能会与天主教势力在亚洲的扩张发生冲突，同时，信长当时对天主教的兴趣也开始减退，为保证天主教会的利益，由教会策动明智光秀杀死信长。而实际上，奥尔冈蒂诺在事后深受事变之苦，被迫放弃安土城的天主教学校逃亡，对于当时的海外传教士来说，卷入当地的政治斗争本身是大忌，天主教会应该不会冒险为之。

第三个嫌疑人是足利义昭，在事变结束后，听说消息的足利义昭立刻写信给毛利家，信中开头这样写道：“终于干掉信长了，可火速上洛。”（信長討ち果たす上は、入洛の儀、急度），考虑到义昭是光秀的前任上司，他暗中通过御内书要求光秀协助的可能性不是没有，当然，这句话也可以理解为“终于（有人帮我）干掉了信长了”。仅凭此模棱两可的证据，并不足以让足利义昭“认罪”。

最后的嫌疑人是信长的家臣，有在事变以后以惊人的速度赶回近畿与光秀决战并最终取得天下的羽柴秀吉，有曾经被信长杀了继承人并从大名变为臣子的德川家康等。同时，信长正在讨伐的毛利家、长宗我部家、岛津家都成为事变可能的嫌疑人。

人人都能提出自己的观点，然而，事变的主人公明智光秀却在事变后短短不到半个月内就下落不明，本能寺之变的背后故事，也只能付之阙如了。

笔者云：信长盖世英雄，其之所为于日本近世之军制、政制、兵法、经济等多有裨益。信长于领地之中，推行“乐市乐座”，取消通行税，鼓励商业，亦于西方文明多有引进。日本经战国之乱，得有信长将乱世之成果总结发扬，后经丰臣、德川，遂定日本近世之基础。信长实为日本统一之奠基人物，影响之大，为同时期之人所不及。

第七章 独霸一方

1987 年，NHK 将一部由历史小说家山冈庄八撰写的历史小说改编为当年的大河剧，剧名为《独眼龙政宗》。

这一部 NHK 大河剧后来在 2003 年 NHK 评选最想重看的节目中，名列大河剧类的第一名，2005 年，又被评选为最受喜爱的大河剧第一名。它的平均收视率为 39.7%，在大河剧历史上首屈一指。该剧起用了后来在《硫磺岛来信》《最后的武士》《盗梦空间》中都有出色表演的渡边谦为主角，虽然他此后名扬世界， 但在当时知名度还不高。

那么，这部电视剧成功秘诀何在呢？一来是渡边谦等主创人员无可争议的演技，二来是观众连续三年观看近代史题材的大河剧出现审美疲劳后突然看到古装剧眼前一亮，三来则是这部大河剧确实在许多地方有创新，开创了全新的大河剧制作模式，足以列入经典。但另一个原因，恐怕就是剧中的主角自身的魅力。

独眼龙伊达政宗，至今还是仙台地区的地方名人的代表，以至于日本人提到仙台必然想起政宗。电视剧播出以后也极大带动了仙台一带的旅游行业。同样的，提到鹿儿岛，必然会想到岛津氏，提到高知县，自然会想到长宗我部元亲，这些活跃在战国最后时光的地方大名们，在各自的地域中为梦想拼搏，成为当地人引以为傲的谈资，成为后世宣传本地文化最好的“形象大使”。

这也就是所谓的名人效应吧。

第一节
土佐的鬼若子

一、渡来人

在日本的濑户内海与浩瀚的太平洋之间，有一个岛屿，称为四国。四国岛的南方今高知县一地，在日本古代为土佐国。土佐国的南面是陆地环抱的土佐湾，北面则是群山连绵。这里气候宜人，商旅辐辏，是战国乱世中的一个边缘地带。战国时代独霸一方的长宗我部氏就是土佐的地方豪族。

长宗我部氏（亦有写作“长曾我部”）的来源一般有两种说法，比较流行的说法是渡来人。所谓“渡来人”，特指的是古代从中国或者朝鲜半岛上迁居到日本的居民。中国在秦始皇时期有着徐福东渡的故事，《史记》卷六《秦始皇本纪》：“既已，齐人徐市等上书，言海中有三神山，名曰蓬莱、方丈、瀛洲，仙人居之。请得斋戒，与童男女求之。于是遣徐市发童男女数千人，入海求仙人。”徐福东渡的传说一度被人认为是大陆人移居日本的缘起，后来，在明朝人所著的《日本考》卷二中说：“秦遣方士徐福将童男女千人入海求仙不得，惧诛，止夷、澶两洲，号秦王国，属倭国，中国总呼曰徐倭，非日本正号。”《隋书》卷八一《东夷传》中也有相关“秦王国”的记载。

◇ 秦河胜

渡来人之所以以“秦”为关键字，应该与秦朝统一时于辽东设立乐浪、真番、临屯、玄菟四郡有关，秦始皇统一后，设四郡移民充实辽东，故在秦汉时期自朝鲜半岛东渡日本的移民就打上了“秦”或着“汉”的氏姓。在随后，朝鲜半岛的新罗、百济也多有居民迁居日本，或是经商往来，或是因为出海遭遇风浪漂流东渡。而在中国三国魏晋南北朝之时，也多有北方居民为避战乱前往朝鲜半岛，其中亦有至日本者。隋唐时期，百济为新罗所灭，诸多百济遗民也东渡曾与百济关系密切的日本，形成了一个渡来人的群体。

有意思的是，《日本书纪》卷十记载应神天皇十四年（283）春，弓月君“领己国之人夫百二十人”自百济来归，弓月君被日本姓氏学者认为是日本“秦氏”的祖先，在日本平安时代编撰的《新撰姓氏录》中记载说他是秦始皇帝三世之孙，所谓始皇帝之裔自然是无稽之谈。一般认为此人出身朝鲜半岛的“辰韩”，“辰韩”亦称“秦韩”，根据《梁书》卷五四《诸夷传》：“新罗者，其先本辰韩种也，辰韩亦曰秦韩，相去万里，传言秦世亡人避役来适。”

长宗我部氏被认为是渡来人秦氏之后，确切地说，是秦河胜的后人。有关秦河胜此人，史料残留不多，只是知道此人为圣德太子时代的大商人，在日本朝廷开展寺院建设和城市建设时，他凭借自己的财力给予支持。他的后裔中有个叫能俊的人大约于平安时代末到镰仓时代初期进入土佐国，就居住在土佐长冈郡宗我部乡，并建冈丰城，于是，就取长宗我部为苗字。宗我部乡，在古代也曾叫“曾加倍乡”，所以也有“长曾我部”的写法。值得一提的是，在土佐，还有另一家名门——香宗我部氏，名虽相似，源出不同。香宗我部与甲斐武田同源，为清和源氏义光的子孙，在镰仓初期，该支系的中原秋家成为香美郡宗我部乡的地头，遂以香宗我部为苗字。

另一说长宗我部为苏我氏的部曲，苏我氏为日本古氏族，在大化改新前，苏我氏代代皆为大臣，是贵族世系。苏我氏与日本的“渡来人”有着密切的关系，甚至其本身也有渡来人的嫌疑。在当时的大和朝廷中，渡来人由于其掌握的技术能力和文化水平，受到广泛的重用，如果长宗我部的先人为苏我氏部曲，也存在很大的渡来人的可能性。

在南北朝和室町幕府时代，长宗我部氏是土佐守护细川氏的家臣，而细川氏是幕府的“三管”之一，在幕府中占据着特殊地位。细川氏世代以幕府管领的身份兼任土佐守护。长宗我部作为土佐的地方豪族，参与了南北朝时期的战乱，长宗我部的第十一世长宗我部信能随从当时的土佐守护细川显氏对抗南朝，在土佐一带受封香美郡、长冈郡、土佐郡大约一千余町的土地。同时，又被幕府任命担任当地的吸江庵的寺奉行，吸江庵为室町初期的高僧梦窗疎石所建，而梦窗疎石是将军足利尊氏的政治顾问，在幕府的庇护下拥有很大的财力和权势。作为其创建的寺院奉行，打理寺院的运营工作，油水一定是不会少的，这成为长宗我部氏后来发家的基础。

应仁之乱中，作为守护的细川家忙于京都大战，土佐的守护代也是细川同门，因战乱被招入京都，边缘地带的土佐就成了“三不管”地带，随着战乱的扩大，土佐守护细川家也渐渐失去了对领地的控制。此时，长宗我部氏的第 19 代家督长宗我部兼序就开始进行称霸土佐的第一次尝试。

当时，土佐有七大家族，被称为“土佐七雄”，除了长冈郡冈丰城的长宗我部氏以外，还有长冈郡本山城的本山氏、吾川郡吉良城的吉良氏、安艺郡安艺城的安艺氏、香美郡香宗城的香宗我部氏、高冈郡莲池城的大平氏以及高冈郡姬野々城的津野氏。此外，还有土佐的国司一条氏为七雄之盟主，长宗我部家怎么也算不上七雄中的最强者，相反可能是最弱者，本山、吉良、安艺、津野四家各持有 5000 贯（一贯约 1—2 石）的领地，香宗我部、大平有 4000 贯领地，最强大的一条家有大约 16000 贯领地，而当时的长宗我部家在应仁之乱中发生第 16 代家督长宗我部文兼和长子长宗我部元门的内部争乱，被解除吸江庵奉行职务，同时，领地也损失甚多，家道中落之后有长冈郡 3000 贯领地。土佐形成了豪族各霸一方的局面，作为最弱势力的长宗我部家在这个弱肉强食的时代其实处境十分危险。长宗我部兼序的性格中有雄才大略的一面，也有骄横跋扈的一面。他仰仗幕府管领兼土佐守护细川政元的支持，丝毫不把任何一个地方豪族放在眼里。永正四年（1507），京都发生了震惊天下的“永正之错乱”，管领细川政元在自己的继承人问题上出现了决策失误，导致三个养子细川澄之、澄元和高国之间的争夺，是年，细川政元被养子澄之派出的刺客刺杀，京都大乱。土佐国的长宗我部兼序也在一瞬间失去了后台老板。于是，那些看不惯兼序狐假虎威的地方豪族就联合起来对抗这个土佐地方一霸。就在细川政元死后第二年，土佐的豪族以本山茂宗为核心组成了联盟军，杀向冈丰城。长宗我部兼序凭借个人的武勇，率领绝对劣势的兵力出城应战，但终究兵力差距太大，不得已而退守冈丰城。冈丰城被围后，粮道断绝，绝望的长宗我部兼序在城内与妻子一起自刃。冈丰城中燃起了熊熊大火，这标志着长宗我部氏的没落。

幸运的是，在冈丰城陷落时，在土佐国的国司一条房家的保护下，长宗我部兼序的嫡子千雄丸得以逃脱。他在一条房家的庇护和教导下长大。永正十五年（1518），以一条房家国司的身份和威望作为中介，千雄丸将自己的女儿嫁给本山茂宗的嫡子本山茂辰，并和杀父仇人达成了和议。千雄丸元服成年，改名长宗我部国亲，并得以返回冈丰城，童年遭际破家之难的长宗我部国亲在暗中积蓄着力量，他一边卧薪尝胆，团结家臣，一边在家臣吉田孝赖的帮助下壮大实力，不断蚕食周围的豪族。天文十六年（1547），长宗我部国亲攻打土佐长冈郡的大津城，灭天竺氏，接着转战灭横山氏、下田氏等地方豪族。长冈郡南部基本被长宗我部家收复。

◇ 长宗我部家家纹"七つ酢漿草"

长宗我部国亲在吉田孝赖的建议下，在领地内推行"一领具足"的制度。所谓"一领具足"，通俗点说就是兵农合一，寓兵于农。他要求领地内的接到征兵命令者每个人都拥有一领具足，也就是武器和铠甲。具体包括：头盔、斗笠、铠甲、胁差（刀具）、腰纽、股引（保护腰以下踝以上部分的下装）等。在平时，农民从事耕作，同时将武器和具足置于田边，在战时，领主一声召唤，这些在农活中练得身强体壮的农民就能在瞬间组织成一支军队。事实上，"一领具足"这样的形式也是战国许多大名召集军队的一种基本途径，他们在战时发布一道命令，将领地内的一些人迅速武装成军队。"一领具足"的说法是相对于"二领具足"而言的，职业的"侍"一般除自己穿用的具足以外还会有一套备份用的具足，相比之下，农民就只有那么一套具足，简单、高效，能快速组成足轻队。类似"一领具足"这样的制度，首先立足于对领地内的土地收入和人口的详细了解，将土地分封给家臣，家臣则承担出兵役的义务。可以说，"一领具足"的执行，实际上也侧面说明了长宗我部家很可能也进行了类似"检地"的活动，是向战国大名转化的一种蛛丝马迹。

当然，一领具足也有缺陷，虽然其动员力大，但受制于农事，而如织田家这样实行了"兵农分离"的军队，就可以在农忙时也展开战争，这也成为长宗我部家后来的软肋之一。

拥有了相当实力的长宗我部国亲开始了复仇行动，首先在天文十八年（1549），他消灭了香美郡的山田氏，将山田领地收归己有。弘治元年（1555），长宗我部氏的仇人本山茂宗病故。本山茂宗对于国亲而言是一大劲敌，他被当时人誉为器量杰出之人，在差一点灭掉长宗我部家以后，天文九年（1540）前后，他又将一起攻打长宗我部家的昔日同盟土佐吉良氏攻灭，本山氏在他的统率下，在土佐横行一时。在他死后，国亲就撕毁了与本山氏的和睦协定，开始走上长宗我部氏复兴的道路。

二、土佐统一

弘治元年(1555)，在本山茂宗死后，长宗我部国亲开始了统一土佐的征服战争，为了对抗强大的本山家，他吸取了他父亲的教训，决定采取一系列的措施增强长宗我部的实力。

◇ 长宗我部元亲

长宗我部国亲很聪明地采用了战国时期大名惯用的政治婚姻与养子继承制度扩大势力。在吞并香美郡的山田氏以后，他于弘治四年（1558），将三子亲泰送到了香美郡的香宗我部氏作为养子继承人，是为香宗我部亲泰。香宗我部氏就这样纳入了长宗我部的麾下。接着，他为了控制土佐的近海，又将女儿嫁给了土佐水军的控制者池赖和，从而得到了土佐水军的支持。

一切准备就绪后，永禄三年（1560），长宗我部国亲发动了复仇之战。本山氏的前沿阵地是长冈郡的长浜城。长浜城的城门已经年久失修，腐朽毁坏。本山氏一方急来抱佛脚，进行了城门补修。长宗我部国亲看到这个情况，正中下怀，就通过长浜城下所驻的本山氏间谍送去了一个假消息：长宗我部军将使用大量兵力攻打城门。五月二十七日，长宗我部军出人意料地从浦户湾的种崎城侧面向长浜城发起夜袭。被假情报所迷惑的本山氏全无防备，被迫弃城逃亡。长宗我部国亲拿下了长浜，就趁势追击，列阵于长浜以南的雪溪寺，本山氏则出兵对阵于西面。二十八日，双方展开激烈战斗。在这一战中，国亲的嫡子长宗我部元亲首次上阵。长宗我部元亲年方 21 岁，正是血气方刚的年纪，据说幼年的他生得面白如玉，肌肤胜雪，因此被人叫作“姬若子”，意思就是女人一般的人。他在战前向大将秦泉寺丰后学习枪术，秦泉寺丰后告诉他一句秘诀：“专刺敌之目鼻。”带着这句秘诀，长宗我部元亲带了 50 人上阵，连刺带砍带回七十余颗首级，而自方仅仅损失两人。因此，他脱掉了“姬若子”这个帽子，被称为“鬼若子”（鬼一般的人）。在长宗我部元亲的领导下，本山氏遭遇大败，这场失利使本山氏上下骚动不安，领地内一片恐慌。本山茂辰逃亡浦户城，被长宗我部的水军所封锁。

不过此时，长宗我部国亲在军中突染急病，长宗我部军解除包围返回冈丰城。六月，国亲去世。临终前，他非常欣慰有了长宗我部元亲这样一个出色的继承人，事实证明，他的这个儿子确实为长宗我部家带来了希望和繁荣。

长宗我部元亲接任家督后，继续延续其父亲的一贯政策，以统一土佐为第一目标，通过联姻继承与武力征服软硬两手，逐步消灭土佐的各大豪强。永禄五年（1562），元亲出兵攻下本山茂辰所属的朝仓城，本山茂辰退守本城本山城。永禄七年（1564），本山茂辰死去，其子本山亲茂自知不敌，于是再度放弃本山城前往瓜生野城，永禄十一年（1568）冬，本山亲茂降服，本山氏被吞并。永禄六年（1563），元亲又指令弟弟亲贞继承土佐吉良氏。在昔日的“土佐七雄”中，大平氏为一条家所灭，唯一能构成威胁的只剩下安艺氏的安艺国虎。

事实上，在永禄六年，安艺国虎在长宗我部元亲全力攻打本山氏之时，曾乘机偷袭冈丰城，但被长宗我部家留守的福留亲政所击退，据说福留亲政一人就斩杀了 37 个敌军，一战成名。双方后来在一条家的调停下暂时和解。这一战使长宗我部家与安艺家旧仇未了，又添新恨。永禄十二年（1569），长宗我部元亲率领常备军与“一领具足”大举入侵土佐中部的安艺领地，安艺国虎在八流一带布阵迎击。长宗我部元亲分兵两路，从沿海和内陆两面夹击，命福留亲政指挥军队在正面吸引敌人注意，主力则在安艺氏内部的内应配合下从敌人背后偷袭得手。安艺国虎战败后退守安艺城，粮道被切断，连水井中也被投毒。八月，陷入山穷水尽境地的安艺国虎自裁，土佐安艺氏灭亡。

土佐还剩下最后一支能和长宗我部匹敌的势力，那就是国司一条家。一条家对长宗我部有着再造之恩。如果当初不是一条房家收留长宗我部国亲，长宗我部氏恐怕已经不存在了。但长宗我部元亲还是把矛头对准了昔日的恩人。

土佐一条家与京都的公卿一条氏属同族，京都的一条家与近卫家、九条家、二条家、鹰司家同为当初在奈良平安时代权势显赫的摄关家藤原氏之后，并称为“五摄家”，其成员世袭担任摄政关白、太政大臣、大纳言等要职。应仁之乱时一条教房避难土佐，土佐就和这个名门之后扯上了关系。一条教房是正儿八经的藤原氏嫡脉，长禄二年（1458）任关白，宽正四年（1463）辞去关白职务，随后应仁之乱爆发，为避战乱，他来到了一条家领有的土佐国幡多庄，在这个远离朝廷的地方定居下来，从此后乐不思蜀，一条家的嫡脉就由他的弟弟一条冬良继承，而他自己则住在土佐不走，他逐渐收伏了幡多郡一带的国人领主，并建立了一座名为中村馆的城池，其后称为“中村御所”，土佐一条家在乱世中开始逐渐向战国大名转化。文明十二年（1480）十月一条教房去世后，由于其长子早已死于战乱中，其次子房家就继续经营土佐，一条房家创造了土佐一条家的辉煌，他一方面通过联姻团结当地大名，让嫡子房冬娶了大内义兴的女儿为侧室，又把女儿嫁给了伊予大名西园寺公宣。另一方面，他又巩固一条家的朝廷地位，他自己官至正二位，同时把次子一条房通送到京都继承一条本家并继任关白，使得一条家在土佐获得了和守护细川家分庭抗礼的地位。而应仁之乱后，细川家凋落，土佐一条家以七雄盟主兼任国司的身份，成为土佐最大的势力。

原来养育了国亲的一条房家已经于天文八年（1539）去世，仅仅两年后，他的儿子一条房冬也去世了。一条房基继承家督后，于天文十五年（1546）吞并了土佐的津野氏，其后，又占领了七雄之一的大平氏的居城莲池城，将高冈郡据为己有，势力一度到达了顶点。然而，在天文十八年（1549），一条房基突然自杀，据说是疯病发作而精神失常。他死后，一条家由一条兼定继承。

一条兼定继续前代的联姻政策，娶伊予大名宇都宫丰纲之女为正室，后又娶了九州丰后大名大友义镇的次女，他的妹妹又嫁给了安艺国虎。但摊子铺得太大的结果是处处有麻烦，因为和宇都宫家联姻，导致一条家卷进了伊予的内战，因为和安艺家联姻，导致一条家又卷进了安艺国虎和长宗我部家的战争。在安艺国虎覆灭后，一条家就成为长宗我部家下一个敌人。

战国时代是讲求实力的时代，长宗我部元亲早看到了一条家外强中干的迹象。元龟三年（1572）一条家的重臣土居宗珊突然被一条兼定杀害。一条家本身有杀重臣的“传统”，一条兼定的祖父房冬就曾经杀死过重臣敷地藤安。一条兼定此举在当时记载中有两种说法，一说是一条兼定行为荒唐，亲近女色，土居宗珊以笔头家老的身份加以劝谏，结果触怒主君被杀。另一说是长宗我部元亲私下里暗结土居宗珊，疑心顿生的一条兼定决定在土居宗珊背叛之前先将之杀死以绝后患。不论是何原因，一条兼定此次行动令一条家臣极其不满。天正元年（1573）九月，一条家内的老臣在暗中达成合议，强迫其隐居，次年，家臣们将一条兼定逐出领地流放。一条家的加久见城城主加久见左卫门却并不服从这些老臣的决议，起兵“靖难”。在一条家一片混乱的时候，长宗我部元亲打了进来，占领了中村御所，一条家莫名其妙就被长宗我部元亲消灭了。一条兼定逃亡九州投奔其岳父大友家。

一条家是长宗我部氏的恩人，长宗我部元亲却以怨报德，因此引起了一条家臣的愤慨。天正三年（1575），一条兼定返回四国岛，在伊予国的宇和岛起兵，一条家的旧臣纷纷响应，军势迅速扩大到3500人。一条兼定在四万十川的河口西岸布阵，利用地形优势防御长宗我部军。元亲则在短时间内召集起“一领具足”组成庞大的军队，数量超过了一条家。长宗我部元亲布阵四万十川的东岸，照例分两队，一队从正面挑衅，用铁炮压制逼迫一条军后退，然后先行涉河，另一队是由福留仪重率领的骑兵，从上游过河后绕到一条军的侧面。奇正相合、两面夹击是长宗我部家惯用的招式，简单而又有效。一条兼定遭遇大败，经此打击以后从此再也没能卷土重来，他隐居于濑户内海的户岛上，于天正十三年（1585）死去。土佐国完全落入长宗我部之手。

不过在此战以后，长宗我部元亲的弟弟吉良亲贞一病而亡。吉良亲贞是元亲的得力助手，在四万十川大战中为元亲尽心尽力，他的早逝，是长宗我部家的一

大损失。

三、称霸四国

在古代日本，四国岛属南海道，沿着四国岛中部的山脉分为南北两部分，南为土佐国，北面则分为阿波、伊予两国，在阿波、伊予两国之上，则为濒临濑户内海的赞岐国。麻雀虽小而五脏俱全，在狭小的四国岛上，地方势力也是盘根错节，复杂程度并不亚于日本其他的任何一个地方。

天正三年（1575），长宗我部元亲统一土佐，他的下一个目标就是占领整个四国岛。当时的四国岛，在阿波、赞岐一路，盘踞着三好家。三好家自三好长庆以来，是畿内的统治者。三好长庆死后，三好家每况愈下。在信长上洛后，三好家已经从内部崩溃。天正元年（1573），三好义继因为对信长举兵谋反失败，自杀身亡。不过，三好家仍然控制着他们的传统势力范围——阿波、赞岐国。家督是三好长治，其父是三好长庆之弟三好义贤。阿波名义上的主人是守护细川家（为管领细川家分支，称赞州家），其家督是细川真之，据说他是三好长治的异父兄弟。在三好长治和他的弟弟十河存保的统治下，三好家苟延残喘，仍然在抵抗着信长。

日薄西山的三好家在此时却无法精诚团结，内部的地方豪族中涌动着反三好的暗流。上樱城主筱原长房是三好家此时的支柱重臣，因其势力太大，三好长治、十河存保与细川真之在元龟四年（1573）六月一起攻打上樱城，到七月，筱原长房已经无法支持，攻入了十河存保本阵所在的大日寺，战到力竭而亡。筱原长房的死导致三好家中人心离散。赞岐国的豪族香川之景和香西佳清对长治的倒行逆施非常不满，由于三好家长年与信长对抗，在赞岐国横征暴敛，赞岐国中上到地方豪族下至百姓都有反三好家之心。香川之景和香西佳清就联名向十河存保发出了警告信，声明如不改变现状，赞岐将不再支持三好家。十河存保得信后，对此事忧虑万分，于是向兄长提出谏言。但刚愎自用的三好长治根本不听弟弟的进谏，反而出兵教训香川与香西二家，两人一气之下，正式宣布叛乱。

香川之景和香西佳清的叛乱正中长宗我部元亲的下怀，他早就定下了“远交近攻”之计，由于长宗我部元亲的母亲和信长的正室浓姬一样出身美浓斋藤氏，元亲立刻通过这层关系联络三好家的敌人织田信长，作为夺取阿波、赞岐的外援。天正六年（1578），长宗我部元亲趁乱攻入了赞岐，香川氏所属的藤目城、本筱城、九十九山城、仁尾城、天神山城相继陷落，第二年，香川之景眼看大势已去，于是派出僧人为使者要求降服，他交出香川元春、河田七郎兵卫、河田弥太郎和三野荣久四名家老重臣为人质。香川之景亲自到冈丰城拜见长宗我部元亲，献上长光之太刀、二字国俊之刀以及其他礼物。长宗我部元亲为笼络香川氏，决定让自己的次子娶香川之景的女儿，并改名香川亲和，作为香川家的继承人。

阿波国的三好家也在这一期间发生了重大变化。由于三好长治之父义贤晚年笃信法华宗，三好长治受其影响，出了一道命令，阿波领民一律改宗法华。这种强迫更改宗教信仰的做法令阿波国的领民对三好长治的统治彻底失望。长宗我部元亲又趁乱攻入，占领海部城、大西城。内忧外患中，三好长治却又和细川真之反目了。细川真之不甘心做傀儡守护，逃出了阿波胜瑞城，他联络同样对三好家不满的三好家臣小笠原成助，又向长宗我部元亲求助。在长宗我部元亲的唆使和支持下，天正五年（1577），细川真之与三好长治在阿波荒田野决战，三好长治阵亡。

三好家又拥立了十河存保，长宗我部元亲步步紧逼，天正七年（1579）攻克重清城，三好康长之子三好康俊在此后降服。细川和三好二虎相争的结局造成长宗我部元亲坐收渔翁之利。十河存保和细川真之大难当头，不得不再度团结起来应战。

威胁阿波和赞岐之余，长宗我部元亲还将另一手伸入伊予。伊予最大的势力就是世为伊予守护的河野家。河野家拥有濑户内海规模最大的水军，和中国地区的霸主毛利家通过联姻关系达成了同盟。

在长宗我部家之前，一条兼定曾对伊予产生过“想法”。河野家下属有宇和郡的西园寺家和喜多郡的宇都宫家，个个都不是省油的灯。在战国时代，宇都宫家开始坐大，在下克上的威胁中，河野家联合西园寺家对抗和一条兼定结亲的宇都宫家，一条兼定又和九州大友家结亲。另一方面，河野通宣的正室是毛利元就的外孙女，这使河野家和大友家的敌人毛利家结成了同盟，于是在永禄十年（1567）三月，当河野家臣村上通康和平冈房实进攻宇都宫家时，一条兼定出兵侵入了伊予援助宇都宫家。村上通康立刻向毛利家发去了求助信，毛利元就考虑村上水军多次援助毛利家，决定出兵酬谢“严岛之恩”，不过正当毛利家的小早川隆景在筹备援军的时候，村上通康突然病死，援军一事就拖延了下来。趁这段时间，一条军已经制伏西园寺家，村上氏的村上吉继在鸟坂峠一带修筑了一座城池抵挡一条军的攻势，永禄十一年（1568）二月，一条兼定进攻鸟坂城，却遭到村上吉继的迎面痛击。

正当无能的一条兼定在鸟坂城下浪费时间的当儿，拖延许久的毛利军也在伊予登陆了，三月，小早川隆景渡过濑户内海，和姗姗来迟的福原贞俊等人会合，一方面直扑宇都宫的居城大洲城，另一方面在鸟坂峠死死地卡住了一条军，面对强大的毛利军，一条兼定一筹莫展。四月，大友家终于也行动起来，开始向毛利家控制的北九州区域进攻，小早川隆景等为对抗大友，引军回安艺，但这并不等于一条兼定和宇都宫丰纲就能扭转局势，村上吉继和毛利家臣乃美宗胜连战连胜，十一月，乃美宗胜协助河野氏迫使大洲城开城降服，伊予宇都宫氏覆灭。

正是由于一条兼定伊予攻略的失败，使一条家元气大伤，长宗我部元亲其后才有可乘之机，一条家的前车之鉴说明：伊予绝对不好打，这里的势力背景比四国其他任何一个地方都要强大。

所以当长宗我部元亲侵入伊予时，首先遭遇的就是以西园寺公广为代表的伊予地方豪族的激烈抵抗，天正六年（1578），在进攻冈本城时，长宗我部氏的重臣久武亲信被城将土居清良格杀。河野家在毛利的背后支持下，给长宗我部家造成很大的麻烦，伊予攻略遭遇严重的打击。

然而此时，长宗我部元亲已经没有精力去顾及伊予了，因为东面的局势发生了重大变化。织田信长非常赞赏长宗我部元亲统一四国的决心，于是提议让元亲成为织田家的一员，满腔雄心的元亲拒绝了这一要求。于是，在共同的敌人三好家日渐式微的情况下，信长和元亲这对盟友也反目成仇了。

织田信长很精明地意识到；日益崛起的长宗我部家已经成为他在四国的首要敌人，至于三好家，大可用来作为棋子使用。于是信长的态度一百八十度大转弯，开始扶植十河存保和细川真之攻打阿波国。在织田信长看来，长宗我部元亲并非一个非常可怕的敌人，他曾经这样评价元亲：“没有飞鸟的岛屿上栖息的一只蝙蝠。”这句话的含义和中国人所说的“山中无老虎，猴子称大王”基本相同。天正十年（1582）五月，信长以十河存保等人为先锋，以三子织田信孝为总大将，组建四国讨伐军，准备在六月二日过海进入四国。在织田大军面前，长宗我部元亲通过斋藤利三向信长传达了臣服的意愿。不过天有不测风云，正当织田与长宗我部剑拔弩张的时候，本能寺之变发生了，织田信孝的军队瞬间消失在四国的大门外，长宗我部元亲幸运地逃过一劫。

织田军的退却意味着十河存保的末日降临，是时，长宗我部元亲之子信亲已经夺取了阿波的一宫城、夷山城，在胜瑞城前停了下来听候元亲的进一步指示。长宗我部元亲召集会议，家臣众和一领具足众就战与不战产生了意见分歧，长宗我部元亲果断拍板采纳一领具足众的意见，宣布十五岁以上六十岁以下的领民全体武装，加入到“一领具足”军队中，迅速组织起了一支庞大的军队，天正十年（1582）八月六日，长宗我部元亲和香川亲和进攻赞岐香西氏的藤尾城，在香川之景的劝说下，香西佳清也投入了长宗我部麾下，三好家的另一个羽翼也被剪除。随后，长宗我部军入阿波一宫城，向胜瑞城进军，十河存保把军队全部压缩到胜瑞城。八月二十八日，香宗我部亲泰率领的长宗我部军先锋开始涉渡阿波国的中富川，同时，长宗我部信亲率军从东南方向配合先锋队夹攻。十河存保分兵5000入矢上城为先锋，同时配置5000军队在胜瑞城的前后门构筑防御要塞，一度打退了长宗我部军的进攻。九月五日，突然天降暴雨，围城的长宗我部军只好爬上附近居民家的房顶躲避洪水，城中军队趁机乘舟出城反击，用长枪刺杀被困在屋顶上的长宗我部军。遭遇挫折的长宗我部元亲被迫撤退，引走洪水以后再度与十河存保决战。在长宗我部军的优势兵力下，十河存保虽勇，但毫无胜算，九月二十一日，他被迫放弃胜瑞城逃往赞岐。赞岐此时由十河存之驻守十河城，为确保守城战的胜利，十河存之预备了三个月的军粮，但此时香川亲和和香西佳清的军队已经攻来，兵力多达万人以上，如蝗虫过境，将十河城周围的麦苗收割一空，此时的十河存之看着手里的三个月兵粮一定庆幸万分。香川亲和将十河城团团围住，并且调来两门大筒，轰掉了十河城的两座威胁最大的橹。另一方面，逃回赞岐的十河存保进入了虎丸城，见到十河城岌岌可危的样子，他连忙向羽柴秀吉发去了求救信。十月，十河存保和细川真之再攻阿波国，仍然遭到失败，细川真之自刃。完成了阿波攻略的长宗我部元亲率36000人的大军到了赞岐，包围十河城，到冬季，由于攻城的旷日持久，长宗我部军暂时退回了土佐。

羽柴秀吉此时正忙着处理信长死后的乱局，完全没顾得上对付四国的事，他派出了淡路国洲本城的仙石秀久为援军大将。仙石秀久出身美浓，始仕斋藤，后来作为秀吉的马廻众跟随羽柴秀吉南征北战，在征讨明智光秀时，他承担了清扫淡路的光秀势力的任务，获得了秀吉的重用。但其后的事实证明，仙石秀久绝对不是一个能独当一面的大将。在接受秀吉的增援命令以后，仙石军在天正十一年（1583）四月从淡路岛渡海到了小豆岛，随后攻赞岐的喜冈城和屋岛城，一无所获，与其配合的小西行长甚至连登陆都没有成功就狼狈撤退了。于是，仙石秀久再度出兵，转入引田城以待机。听说秀吉援军受挫的长宗我部元亲立刻出兵2万，包围了虎丸城，由于十河存保的激烈反抗，长宗我部军仍然采取断绝兵粮的办法困住城池。另一方面，香川之景和大西赖包率军5000进攻引田城，仙石秀久精心策划了一次埋伏战，当长宗我部军到达入野山麓时，突然遭到了铁炮劈头盖脸的袭击，仓皇撤退。但仙石秀久却不知道见好就收的道理，他不顾兵力的劣势和“穷寇勿追”的兵家常识，兴奋地下令追击长宗我部军，本已占据人数优势的长宗我部军立刻整顿了队伍返身杀回，同时，长宗我部元亲下令桑名亲光和中岛重胜再率军增援，一时间，胜负逆转，仙石秀久丢盔弃甲逃出赞岐，第二天，引田城就被长宗我部家兵不血刃地拿下了。

无能的仙石秀久间接害惨了十河存保，孤立无援的十河存保被迫放弃虎丸城逃归十河城，接着，十河氏周边势力纷纷倒向长宗我部家。天正十二年（1584）六月十一日，长宗我部元亲攻克十河城。完全丢失老巢的十河存保逃往大坂投奔羽柴秀吉。

阿波和赞岐两国被彻底平定，长宗我部元亲离统一四国的目标只剩下最后一步。同年，长宗我部元亲联合东伊予的豪族金子元宅，共同进攻西园寺公广，西园寺家在长宗我部氏的武力胁迫下投降。河野家成为伊予最后的敌人，毛利大军在天正十二年三月进入伊予援助河野通直，与长宗我部家展开激烈的争夺战，跨海而来的毛利军受阻于后勤不继，到十二月，河野通直被长宗我部元亲所征服。天正十三年（1585）春，四国地区实现了暂时的统一。

好景不长，统一了四国的长宗我部氏周围却危机四伏。在北面，毛利家在两川体制的主导下，成为中国地区之霸，实力只会在长宗我部之上。西面，九州岛上岛津与大友皆非等闲之辈。更为危险的敌人，则是在信长死后以“天下人”自居的羽柴秀吉。他在贱岳合战中击败了柴田胜家，又在小牧—长久手合战后压制了德川家康。在夺取了统治天下的主动权以后，他就决心扫除不服从他的地方势力。遗憾的是，长宗我部元亲在这两次重大战役中都站错了阵营，他联合柴田胜家对抗羽柴秀吉，又暗通德川家康，这就使他成为秀吉要惩罚的敌人之一。

四、霸王之怒

天正十三年，在长宗我部元亲统一四国后不久，羽柴秀吉也制服了他的主要敌人，他发布命令，要求元亲交出阿波、赞岐和伊予三国领土。到口的肥肉让人吐出来，自信的长宗我部元亲肯定无法接受这样的要求。六月，羽柴秀吉任命弟弟羽柴秀长为总大将，发兵 10 万人，分兵三路，羽柴秀长和羽柴秀次率军进攻阿波国，毛利家的小早川隆景率军越过濑户内海进攻伊予国，宇喜多秀家率军进攻赞岐国。

长宗我部元亲面临强敌，依然决定全面抗战。他把本城移到了四国岛的交通要冲——阿波国的白地城。征召土佐领地的“一领具足”与四国各领地的军队，动员起了上万人的军队，但是，在羽柴秀吉的大军面前，这一点军队仍然像是以卵击石，长宗我部元亲抱着必死的决心，在强敌面前，勇敢地亮剑了。

赞岐方面，宇喜多秀家与黑田孝高、蜂须贺正胜、仙石秀久共同出兵，军势 2 万上下，一路势如破竹，迅速攻克喜冈城、香西城、牟礼城。但长宗我部元亲早在此新筑了植田城阻止羽柴军，由于赞岐并非是主攻方向，所以宇喜多秀家果断决定放弃植田城，转而与阿波方向的羽柴秀长主力军会合。

阿波方向的主力军在六月十六日从堺出发，总数达 3 万人，光运载船只就有 800 艘。羽柴军在阿波登陆以后，面对的是长宗我部家以木津、牛岐、渭山、一宫、岩仓和肋城六座城池组成的链式防线。羽柴秀长先攻木津城，以优势兵力经过八昼夜车轮战式的攻击，打到城中精疲力竭，守将东条关兵卫被迫开城，随后，牛岐城的香宗我部亲泰和渭山城的吉田康俊被迫弃城而走。七月，羽柴秀长为阻止秀吉亲临前线督战，决定加快攻势，由于羽柴军面临很大的补给压力，所以羽柴秀长分兵两路，一路亲自率领攻一宫城，以挖掘坑道断绝水源的方法强迫其开城投降，另一路以羽柴秀次率领攻岩仓城、肋城。两路大军最终在七月中旬形成对长宗我部元亲所驻扎的大本营白地城的合围之势。

另一方面，奉羽柴秀吉之命，小早川隆景率领的毛利军在伊予国登陆，横在他们面前的是伊予国的金子城，城主是金子元宅。他是一个一根筋的武士，金子城在毛利大军面前如同一只蚂蚁挡在一辆坦克前一样，伊予的河野氏由于与毛利家有着良好的关系，很早就降服了小早川隆景。河野氏劝说金子元宅也识时务一些，但金子元宅决定不背弃长宗我部元亲，他铁了心要跟小早川隆景一决高低了。他设下两道防线，第一道防线由他的弟弟金子元春镇守金子城，第二道防线则是由他本人镇守的高尾城，重兵集结在第二道防线上。

战役开始后，金子城就遭到了小早川隆景指挥的大军一波又一波的攻击，金子城的守军的顽强抵抗感动了领地的百姓，他们纷纷联合起来袭击毛利军，发动了普遍的人民战争。小早川隆景不得已，只能采取焦土战术，将金子城下的村庄、寺院、神社统统付之一炬。金子城抵抗到了最后一分钟。

七月，小早川隆景进军第二道防线，高尾城集结的重兵绝对比金子城更为难缠，金子元宅在兵力完全劣势的情况下，竟然还出城迎战。十七日，金子元宅将高尾城放火烧毁，以示破釜沉舟之意，出城杀到人为血人，马为血马。城中的军队死伤无数，仍然前赴后继。然后杀进了毛利军中，壮烈阵亡。

金子元宅以他的“亮剑精神”获得了敌人的尊重，小早川隆景把阵亡者的遗体集中在一起，在金子元宅阵亡的地方建了一座千人冢，永远纪念这位敢于亮剑的武士。

被称为“天正之阵”的伊予防御战的失败使长宗我部元亲的四国防线陷入了崩溃，长宗我部家输掉了这场本来就没有希望胜利的战争。长宗我部家的家臣谷忠澄劝说元亲罢兵投降。七月，长宗我部元亲以三子津野亲忠为人质，向羽柴秀吉投降。

作为“天下人”的秀吉却不肯放过元亲，他宣布没收长宗我部氏所获得的阿波、赞岐和伊予三国。阿波国授予蜂须贺家政，赞岐国授予十河存保和仙石秀久，伊予国则作为奖赏授予小早川隆景。一夜之间，刚刚统一的四国又被日本霸主羽柴秀吉所支解。事实上，羽柴秀吉的军队是一支职业化的武士和足轻军队，而长宗我部的“一领具足”却是一支兼职军，在训练、专业化上都不能与羽柴秀吉军相比，装备也相对简陋。这一次对决，可以看做是日本两种兵制的优胜劣汰过程。

从此，长宗我部家成为丰臣政权下的土佐国统治者，不得不参与丰臣政权此后的一系列征战。天正十四年（1586），九州岛的岛津氏为统一九州，对夙敌大友家发起了最后的攻击。风雨飘摇中的大友家只好向日本霸主秀吉求救。秀吉也正好希望把九州收入羽下，于是，他派遣四国地区的大名组织九州讨伐军援助大友家，长宗我部元亲也正在其中。

事实上，这是秀吉的一次失策，四国的各家大名中，长宗我部元亲和十河存保是一对老对手，很难指望他们两个能互相配合，而主将仙石秀久的才能和威望都不足以压服这两个老油条。至于其他的大大小小的领主，也都各有打算。九州讨伐军在出征前就潜伏下了失败的危机。

天正十四年十二月，在户次川之战中，过分自信的仙石秀久中了岛津家的诱敌之计，惨遭失败，而长宗我部家在这场战役中损失了继承人长宗我部信亲。由于仙石秀久的指挥失误，信亲所率领的军队陷入了岛津一方的完全包围，他手持信长所赐九文字刀，一直杀到力竭阵亡。

信亲的死对于长宗我部元亲来说，是他人生中最为黑暗的一天，他永远失去了最看好的一位继承人，等于失去了长宗我部家再度复兴的希望。与此同时，继承人的问题就再一次摆上了台面。

元亲本人倾向于四子长宗我部盛亲，而次子香川亲和对这个决定就无法理解了，他觉得在信亲死后，作为兄弟中最年长者的他应该是继承人的合适人选。重臣吉良亲实也认可这个想法，他向元亲建议莫要废长立幼。但元亲本人却非常溺爱盛亲，封杀了香川亲和继承的可能性。极端

◇ 长宗我部信亲

失望的香川亲和于天正十五年（1587）去世。吉良亲实则因为进谏而触怒元亲，被勒令切腹。

就这样，长宗我部盛亲在父亲的支持下得到了继承人的位置。他逐渐接管了长宗我部家的权力。庆长二年（1597），长宗我部家颁布了分国法《长宗我部元亲百箇条》，进行了“迟到”的检地。

庆长四年（1599），晚年郁郁寡欢的长宗我部元亲在落寞中去世，长宗我部家的接力棒传到最后一任盛亲手中。

盛亲接位以后，日本又发生了一起大变革，丰臣秀吉死后，丰臣政权立刻分裂为两大阵营，德川家康为首的东军和石田三成为首的西军在关原进行决战。在这场决定日本命运的大战中，长宗我部家不幸又一次站错了队伍，加入到了西军的阵容中。西军战败后，盛亲带着残兵败将逃回了土佐，通过德川家的重臣井伊直政向日本的新霸主请求宽恕。然而，在这个紧要关头，盛亲又做了一件傻事，家臣久武亲直向他进了谗言，诬告盛亲的哥哥津野亲忠与藤堂高虎勾结图谋分土佐而自立，盛亲不查原由就将津野亲忠杀死。这种兄弟相残的行为在注重礼仪的德川家康看来是不仁不义的逆行。于是，霸主一怒之下，剥夺了长宗我部家的土佐领地，将其招回京都。

庆长十九年（1614），日本的乱世进入了最后阶段，新霸主德川家康与旧霸主丰臣家决战大坂城。长宗我部盛亲作为丰臣政权的旧臣被丰臣秀赖招入了大坂。丰臣政权已经是明日黄花，不再辉煌了。到庆长二十年（1615）五月，丰臣政权败局已定，日本进入了新的时代。

五月十一日，长宗我部盛亲潜逃京都的八幡原，被德川手下蜂须贺家的长坂七郎左卫门发现逮捕。十五日，在京都的六条河原，长宗我部盛亲的6名子女被杀，他本人也于同日被枭首于三条河原，四国岛的霸主长宗我部家，在大变革的最后阶段无法抵抗全日本的霸主，最终遭遇灭族之祸而消失在历史的舞台上。

第二节 九州岛之津

一、家督继承

津，清段玉裁《说文解字注》中云：“津，水渡也。《商书》微子曰：‘若涉大水，其无津’。”古人过大河大江，全靠舟楫，若无津，则不得渡。对于四面环水的岛屿而言，津之重要更是不言而喻。日本的九州岛，四面为太平洋、日本海、东海和濑户内海所围绕，有意思的是，战国时期称霸九州岛的大名，苗字恰为：岛津。

岛津氏世代居住于九州岛南部，自称其祖先为秦始皇后人，从种种迹象看来，岛津氏或许也和长宗我部氏一样，属于渡来人。秦氏的后人中，有一支为惟宗氏。惟宗氏在平安时代以出“明法家”著称，所谓“明法家”，就是通晓律令制国家的各种法律制度的专家。惟宗氏因此而有许多人得以担任政府官职。在平安末期，有个叫惟宗广言的人，曾经担任近卫家在九州日向国岛津庄的庄官。近卫家是摄关藤原家的分支，也是后来的五摄家之一，因此拥有众多的庄园。在庄园中，实际管理和运作庄园的，就称为庄官。许多庄官实际上就是庄园制下为逃避诸如税收等义务而将自有庄园寄进于贵族的那些地主。其中的许多庄官后来逐渐武士化，成为日本的新兴阶层。惟宗广言之子忠久就以所在地“岛津”为苗字。有学者认为：惟宗广言的“言”字为文官的特征，而岛津忠久的“忠”字显示了武士的特征，因此怀疑岛津忠久可能为广言的养子，而其生父当为同为惟宗氏的惟宗忠康。笔者认为：这种名字的变迁或许就是庄官武士化的一种侧面反映，作为文官的广言为了维护自己的地方利益，将同族的武家化的子嗣认为己子而继承地方庄园，这种可能性是存在的。

而另一种说法则让这个问题更为扑朔迷离，这一说法记载于岛津的自传史料

◇ “元寇”入侵中的岛津久经主从（《蒙古袭来绘词》）

中，说惟宗忠康的妻子丹后局其实为源赖朝的侧室，生忠久于摄津国，孩子的生父实际上是建立镰仓幕府的源赖朝。这样，岛津氏变成了第一位幕府征夷大将军的沧海遗珠。这本来可以认为是岛津家出于政治的需要，因此将自己打扮成源氏后人。但岛津忠久此人在镰仓幕府中成为源赖朝所倚重的御家人之一，被授予南九州日向、萨摩、大隅三国守护，其宠遇程度非同寻常。不由让人怀疑这一说法似乎真有几分真实性。

在镰仓初期，岛津忠久卷入了幕府的政治斗争中，因此被剥夺了日向、大隅两国，其后世仅世袭萨摩守护，并居住于镰仓，仅派代官管理萨摩。日本弘安四年（1281），忽必烈在统一中国后将侵略的矛头对准了一衣带水的日本，蒙古人集中了蒙古人、色目人、高丽人、汉人组成了侵日大军，在日本的九州试图登陆，日本方面在九州的博多沿岸修筑了防护垒抵抗，时任家督的岛津久经在这场防御"元寇"的战争中起到了中流砥柱的作用，同时借抵御"元寇"的机会开始实现"在地化"。幸运的是，元军的主力部队被太平洋上突然发生的一次台风吹散，日本得以免遭蒙古人的统治（这场拯救日本的台风后来被日本人称为"神风"）。岛津氏也因为此战而在九州获得了极大的地方影响力。

南北朝时代的岛津贞久始随后醍醐天皇倒幕，后随足利尊氏反南朝。因而被授予萨摩、日向、大隅三国守护，自岛津氏岛津忠久以来，岛津家又一次重新获得了三国守护之职，从此成为室町幕府体系下的九州守护大名。贞久死后，岛津家一分为二，继承幕府役职萨摩守护的三子岛津师久被朝廷授予上总介（武家官职，并不到实地上任）的官职，因此被称为总州家；继承幕府役职大隅守护的四子岛津氏久被朝廷授予陆奥守的官职，因此被称为奥州家。这两家在南朝征西府入侵和北朝九州探题今川贞世入侵之时，都能精诚团结一致对外。但在外患解除以后，奥州家和总州家就开始内乱，明德四年（1393），由于奥州家的岛津元久帮助总州家调停了一场父子纠纷，总州家的岛津伊久感激莫名，就把萨摩守护的位置也拱手相让了，岛津家在形式上取得了统一。但这并不等于总州家就此灭亡。应永二十年（1413），在岛津元久的病床前演出了一出宫斗戏。岛津元久之子早已出家，不再继承家督，岛津家的重臣伊集院赖久乃是元久的妹夫，他竭力推荐自己的儿子伊集院熙久继承家督，按理说，作为岛津分支的伊集院氏继承也并非不可以，但岛津元久本身还有个亲弟弟久丰，他认为怎么也轮不到八竿子打不着的亲戚伊集院家来接替本家，于是伊集院赖久在岛津元久死后立刻夺取了家督之位，从而引发了名为"伊集院赖久之乱"的内战，这场内战中，对本家忿忿不平的总州家站到了伊集院一方，岛津久丰杀死了总州家的岛津久世，并包围了总州家的平山城，又被伊集院家反包围。最后双方和解，伊集院赖久必须隐居，并娶岛津久丰之女为继室，岛津家保证伊集院家“所领安堵”（承认其领地权利）。应永二十三年（1416）岛津久丰之子忠国继承家督，他很快在永享二年（1430）下手灭掉了总州家，又在宝德二年（1450）流放伊集院熙久，实现了岛津家的又一次统一。但岛津家也并没有从此合二为一，在乱世来临前夜，萨摩的土一揆风起云涌，岛津忠国之弟用久被任命为守护代，守护代权力很快能和守护分庭抗礼，再度引发家族内乱，最终两人达成和解，岛津用久分家，并被朝廷授予萨摩守，同时另一兄弟季久封为丰后守，因此再度分出了萨州家和丰州家。另有岛津家第三代家督久经的次子领有萨摩日置郡伊作，称伊作家，由忠国之子久逸继承，忠国庶长子友久则被授予相模守，其后称为相州家。

◇ 岛津家家纹“丸之十字”

如此错综复杂的谱系关系导致岛津家内部时时因为继承关系而发生纷争。到第十四代家督岛津胜久时，岛津家已经由于几代家督早逝，加上国内一揆不断，统治力日益衰弱，而分家则势力日强。萨州家的第五代家督岛津实久是一个充满野心的人。岛津胜久为了振兴岛津氏，一度曾倚重萨州家，甚至不避忌同姓为婚而娶了岛津实久的姐姐为妻。但实久在获得实权后就得寸进尺，要求胜久把他的儿子收为养子，将来继承岛津本家。胜久无法接受这个苛刻的要求，于是果断决定与妻子离婚，疏远实久。在战国初期，下克上的风潮遍及全国，远在九州的岛津家也不能幸免。岛津实久起兵把胜久驱逐到了鹿儿岛，公然取代了本家自称萨摩守护。实力虚弱的胜久只好向另一强势分家伊作家求助。伊作家的岛津忠良将寡居的生母常盘嫁给了相州家的家督运久，从而以母亲的婚姻为交换条件继承了相州家，实力大有增强，是唯一一个可以压制萨州家的势力。

大永六年（1526），岛津胜久决定把伊作家岛津忠良的长子虎寿丸收为养子，并立为继承人，以断绝萨州家对岛津本家继承权的觊觎。是年十一月，胜久就决定退隐，将家督之位传给已经举行成年礼的虎寿丸，虎寿丸就是岛津家的中兴之主——岛津贵久。他的生父岛津忠良也出家退隐，成为贵久的辅佐者。

这一次的继承却不为岛津实久所接受，他以武力相威胁，对这次“非法”的继承表示强烈的抗议和不满。在实久的煽动下，大永七年（1527），加治木的土豪伊地知重贞和忠良的姐夫岛津昌久对岛津贵久发起了叛乱。欺软怕硬的胜久一看大势不妙，于是立刻宣布他和伊作家之间的收养关系无效，逼迫贵久交还家督

◇ 岛津贵久

之位。六月，岛津实久攻向鹿儿岛，陷入困境中的岛津贵久决定听取家臣园田实明的建议，连夜带上八名家臣偷偷逃出了鹿儿岛清水城，迁往田布施。这一决定非常明智，岛津贵久在强敌面前不是选择盲目地反抗，而是选择保存实力，待时而起，这就为将来的复兴奠定了基础。岛津贵久一走，胜久就把岛津实久接进了清水城，自己宣布复出，收回了萨摩守护之职。

天文二年（1533），岛津忠良和贵久父子通过间谍摸清了日置南乡城的防备情况，将军队扮成猎人混进了城内，轻松攻下了这座防备松懈的城堡，岛津实久组织反攻，但他的军队情况通过内应传达到了岛津贵久的手里，防备严密的贵久根本没有给实久任何夺回城池的机会。是年底。日置城也迫于压力而投奔到了贵久麾下。其后，天文五年（1536），岛津贵久夺回了伊集院城，次年又攻陷鹿儿岛城。实久的领地被慢慢蚕食着。

天文八年（1539），岛津贵久攻克南萨摩实久一方最大的据点加世田别府城，并在市来鹤丸城再破岛津实久。屡战屡败的实久终于降服，并被送去强制隐居，萨州家伏于岛津贵久的阶下。

与此同时，重任守护的岛津胜久很长时间不理政事，天文三年（1534），家臣川上昌久联合 16 名重臣联名要求他亲贤远佞，尽快杀死宠臣末弘忠季，他置之不理，川上进谏不成被迫逃亡，第二年，当川上觉得风头已过回归时，岛津胜久就命令川上自裁谢罪。当时实久听说守护家混乱的消息，立刻联合川上氏出兵攻打鹿儿岛，无法抵抗的胜久只好逃亡，逃亡北九州依附他的娘家大友氏。没有了守护，岛津本家顺利归属了贵久。除了移居日向的丰州家外，集相州家和伊作家于一身的岛津贵久父子完成了“下克上”，成为萨摩守护。

就这样，萨摩国岛津氏重新完成了家族统一。岛津号这艘大船，重新吹响了出发的号角。

二、三州太守

天文十九年（1550），岛津贵久鉴于岛津家的居城清水城地方狭小，于是在沿海地带重新修筑了内城，并搬迁至此。岛津家已经拥有了整个萨摩半岛，岛津贵久希望能拥有更广阔的领土，他的第一梦想就是恢复岛津家昔日拥有萨摩、日向和大隅三国的荣耀地位。因此，他出征的第一步，就是近邻的大隅国。

当时的大隅国已经成为一盘散沙，由于世任大隅守护的岛津宗家的衰落，地方的国人众各自为政，独立山头，许多人甚至根本不把守护放在眼里。这在“下克上”风潮盛行的战国时代是司空见惯的事情。岛津贵久要把大隅重新收回，所要对付的并不是手握重兵的大名，而是一群桀骜不驯，习惯了自由散漫的地方土霸主。

扩张领土是需要资本的，这些资本不但包括军队，还包括金钱、人才等等一系列的资源。要成为成功的战国大名，这些都是必不可少的因素。岛津贵久对于这点也有着深刻的认识。萨摩国位于九州岛的南方，在地理位置上得天独厚。从唐代以来，这里就是中国大陆与日本进行贸易的一个港口，“岛津”之名名副其实。唐末五代到宋元时期，浙江、福建沿海的私商往往顺着洋流和季风穿越大海，在九州登陆，带来大量的瓷器、丝绸、佛像，中药材、香料等等商品，而日本方面以官方出面的方式，以刀剑、扇子、砂金等日本产品进行交换。到战国时代，由于中央政权控制力的涣散，对外贸易的权益就为这些占据有利地理位置的大名所掌握。而明朝方面一度采用官方勘合贸易的形式垄断对外贸易，勘合贸易由中国地区的大内家为主导。但在民间，走私贸易十分猖獗，这给九州带来一定的利润。贵久也和琉球国王尚元王保持着良好的关系，双方互通有无，并使琉球成为一个对外贸易的中转站。同时，在这个时代，西方殖民者东来，葡萄牙船只给九州岛和日本带来了新事物。岛津贵久是一个容易接受新事物的统治者，天文十二年（1543），葡萄牙商船漂流到种子岛，将铁炮传进了日本，种子岛获得铁炮制作技术后得到了岛津贵久的重用。天文十八年（1549），传教士圣方济各登陆，获得了岛津贵久对传播天主教的许可，虽然这个许可后来因国人的强烈反对而取消，但天主教毕竟带来了很深远的影响。九州南部从此经由南蛮贸易而商业利润滚滚而来。

岛津氏实力的日益膨胀在大隅的国人众中引发了危机感。大隅的国人蒲生氏、入来院氏、东乡氏、祁答院氏等纷纷联合起来，集成了反岛津联盟。天文二十三年（1554），反岛津联盟出手，攻击刚刚降服岛津的加治木城，城主肝付兼胜向岛津贵久求助，岛津贵久见时机已到，于是立刻出兵大隅。

“夫解杂乱纷纠者不控卷，救斗者不搏撠。批亢捣虚，形格势禁，自为解耳。”这句出自中国战国兵法家孙膑的名言为岛津贵久的这次行动下了一个很好的注解，孙膑就是用了一招“围魏救赵”，攻敌所必救，在桂陵战胜了魏国。岛津贵久此次出兵，目标并不是加治木城。他也采用了“围魏救赵”的战术，攻打大隅的重要据点岩剑城。这座建筑在山崖之上易守难攻的城堡成为胜负的关键点。

城主祁答院良重凭着地势险要而顽强防守。岛津贵久却密切注意着加治木城一方面的动静。反岛津联盟果然中计，撤了加治木城的包围回师救援，正好被等候在岩剑城北的岛津军逮个正着，一场激战后，蒲生氏的援军被击溃，祁答院良重的嫡子阵亡。眼看援军失败，城中守军的士气崩溃，纷纷出降，一座坚固的城堡就这样不攻自破。

这场战役是大隅国攻防战的一个转折点，从此，大隅国的反岛津势力连战连败。弘治元年（1555），岛津贵久派次子义弘攻克帖佐，并成功阻止了祁答院良重夺回帖佐的攻势。弘治三年（1557），反岛津的主导势力蒲生氏被岛津家逼到山穷水尽，被迫投降。永禄九年（1566），祁答院良重被暗杀，祁答院氏此后也被岛津吞并，南大隅被基本平定。

接下来要对付的就是大隅的肝付氏，出身于朝廷公卿伴氏的肝付氏在平安时代来到九州，以大隅肝属郡的郡名为苗字，在南北朝时期一度从属南朝，后从属于岛津。天文二年（1533），肝付氏的第 16 代肝付兼续接任家督，他不但娶了岛津忠良的女儿御南，而且还把自己的妹妹嫁给了岛津贵久为正室，这段亲上加亲的婚姻关系能让他从容地腾出手来平定大隅，到天文十五年（1546），肝付兼续经多年征战，让肝付家成为大隅最有势力的大名，其势力的膨胀也引起了他的亲家岛津的不安。

永禄元年（1558），肝付兼续和岛津贵久决裂，与日向国伊东氏结盟共抗岛津，永禄四年（1561），肝付家在竹原山之战中获胜，岛津贵久在此战中失去了弟弟岛津忠将，次年，肝付兼续夺取志布志郡，此后又多次击败岛津来袭的军队。

永禄九年（1566）十一月，岛津贵久攻克了肝付家的高山城，据说在此之后，肝付兼续就在隐居处自杀。其子肝付良兼、肝付兼亮前赴后继地继续对抗岛津。肝付良兼在元龟二年（1571）病死，其后，其弟兼亮因为顽固的反岛津立场，被岛津家出身的御南联合重臣一起废黜，肝付家的诸多家臣也纷纷叛归岛津，到肝付兼护被拥立为傀儡家督的时候，肝付家实际成为岛津的家臣。天正八年（1580），肝付家的领地被岛津没收，彻底灭亡。

岛津贵久功成身退，于永禄九年（1566）隐居，将家督之位传给嫡子岛津义久。

岛津家素来有“不出昏暗之君”的名声，家风尚武，特别注重对下一代的培养。岛津贵久有四子，他们从小就接受父亲贵久以及爷爷忠良的培养。岛津忠良对他的四个孙子是这样评价的：“三州之总领惟义久可任；武勇雄略则义弘为首；运筹帷幄则岁久为胜；兵法韬略则家久为先。”知孙莫如祖，忠良对他的四个孙子的评价可谓恰如其分，四兄弟在从此以后，也各自发挥所长，为岛津家的兴盛而战斗。

岛津义久所领导的第一战是要把萨摩还残余的部分势力驱逐出去，这个敌人是肥后国大名相良氏。

◇ 岛津义弘

相良氏出身藤原家，平安时代迁居到远江的相良庄，以相良为苗字，跟随源赖朝起兵建立镰仓幕府以后，就因过错被流放到了九州的肥后国多良木庄，又因功加授了人吉庄，此后，相良家分裂为多良木庄的上相良家和人吉庄的下相良家。到室町时代的文安五年（1448），以下相良家吞并上相良家的形式形成了重新统一。

相良氏可以说是九州最早转变为战国大名的一家，这得益于相良家出了一代枭雄相良义滋。这位庶出的长子最初是没有机会继承家督的，在父亲相良长每隐居以后，由家中的嫡子长祇越过两名庶兄继承，相良义滋在父亲死后，立刻联合弟弟瑞贤于大永五年（1525）攻入了人吉城，杀死了弟弟长祇篡夺家督之位，然后，他先干掉了想为长祇复仇的叔父相良长定，再干掉了野心勃勃想取其而代之的弟弟相良瑞贤，在家族内战中成为最后的胜利者。在家臣上村赖兴的协助下，他又用计击败了趁乱来攻的日向国北原氏。同时，相良义滋又在八代一地建造港口，开辟海外贸易扩大收入。相良义滋死后，由上村赖兴之子入继相良本家继承家督，是为相良晴广。相良晴广在其亲父上村赖兴的竭力辅佐下继续扩大相良家势力，幸好在此时，北面的大友家和大内家正在激烈争夺，而南方的岛津家则在内乱中，所以相良家占了这个时间差，迅速地控制了肥后一国并逐渐侵入周边。相良晴广最大的贡献当然是在弘治元年（1555）制定了式目二十一条，充实并完善了《相良氏法度》，这可以说是战国最早的大名分国法之一，标志着相良氏向战国大名转化的完成。

晴广之子相良义阳继承后，相良氏开始向萨摩扩张，其首先要夺取的目标是大口城，他和他的姻亲菱刈重任一起暗中谋划，以将菱刈家的妹妹嫁给大口城主西原氏的名义探听城中虚实，在打听到城主卧病在床时，菱刈重任立刻起兵夺城并送交相良义阳。

这大概是相良家最后一次雄起了，弘治三年（1557），支撑相良家三代的上村赖兴病死，相良家立刻陷入内乱，先是对相良义阳不满的上村赖孝等人叛乱，菱刈重任也加入到叛乱中，叛乱很快被镇压下去，到永禄十年（1567），被许可回到肥后并被囚禁于水俣城的上村赖孝被杀。永禄二年（1559）五月，又发生了人吉城奉行丸目赖美叛乱事件，叛乱的原因是丸目赖美的三名下属儿玉弥太郎等在侍奉丸目赖美之母时，与其家的侍女私通。被私情迷昏头脑的三人为私奔，听从宗庆寺僧智胜的挑拨，不惜挑起战事，向丸目赖美的政敌东长兄诬告赖美有谋害东长兄的意图，事情很快变得不可收拾，东长兄一方高喊着“打倒叛贼丸目赖美”就杀了过去，丸目氏拖家带口前往投奔汤前城主东直政，接着又因汤前城即将遭到讨伐的谣言与东直政联合攻下了多良木城，于是丸目氏的叛乱由一开始的谣言变成了既成事实。东直政、丸目赖美等人一不做，二不休，索性联合日向国的部分国人于八月十六日布阵獭野原，遭到相良氏一方组织的人吉、多良木、须惠等地的国人众的阻击，战败后的东直政等人自杀，而丸目赖美投奔了日向大名伊东氏，同时，为惩罚挑起内乱的三名始作俑者，相良义阳下令搜捕出三名私通者连同策划人智胜一同处斩。

相良氏和岛津氏的关系早在侵占大口城时就已开始出现裂痕，而此后，日向国大名北原氏的领土又都被同国大名伊东家谋夺。北原兼亲逃到鹿儿岛请求岛津援军。永禄五年（1562），岛津家就打着为北原氏恢复旧领的旗号出兵，奉北原兼亲进入饭野城，和伊东家有同盟关系的相良家在次年出兵和伊东家联合夺取了岛津家的大明神城，北原兼亲被迫逃回了鹿儿岛，从此成为岛津家臣，这导致了双方关系的彻底破裂。

永禄七年（1564），岛津家开始入侵相良领地，大口城成为防御和进攻岛津的重要前线据点，双方在此地拉锯多年。永禄十年（1567）十一月，岛津家讨伐从属于相良家的菱刈氏，将菱刈氏势力也压迫到了大口城。此后，在永禄十二年（1569）五月，当岛津军队来攻时，大口城守将听从了丸目长惠的意见，决定出城迎战。丸目长惠出身于新阴流，在当时，剑道家往往也是一个兵法家，对于自己的兵法修业有绝对自信的丸目长惠这一次盲目地选择出城，事实证明是一个错误，出城的相良军被打得大败。孤立无援的大口城在九月开城投降，岛津家统一萨摩。而相良家在此战以后开始迅速衰落。

接着就是收复日向国。日向国是战国大名伊东氏的势力范围。伊东家也出身藤原氏，镰仓幕府时代源赖朝的宠臣工藤祐经之子伊东祐时被幕府授予日向国的地头一职，伊东氏从此就作为关东武士集团在九州的一个代表在日向盘踞发展。到室町时代，由于伊东家坚定地追随足利尊氏和北朝，获得了幕府的赏识，逐渐压过了作为日向守护的岛津氏。天文二年（1533），伊东义祐继承父兄之位成为伊东氏家督，在入主佐土原城后迅速平定了家中的叛乱势力，然后就继续向岛津氏的日向守护丰州家施加压力。永禄三年（1560），已经控制日向中北部的伊东家试图进攻南部丰州家所居住的饫肥一带，这一带对伊东家来说，是一个深深的“怨念”，因为伊东义祐的祖父伊东祐国就是在进攻饫肥时不幸阵亡，其后的几任伊东家督都把占领饫肥当作终生的事业。当时，幕府在岛津本家的要求下由足利义辉将军发出了调停令，并在九月派幕府政所执事伊势贞孝不远千里前来做和事佬。当着幕府使节的面，伊东义祐抽出一张纸在伊势贞孝眼前一晃，上面白纸黑字写着：“日（向）萨（摩）（大）隅三国之辈乃伊东之家人，岛津、涉谷二氏可除外。”下面的署名是“足利义政”。伊势贞孝目瞪口呆，他怎么也想不起来前代足利义政将军在什么时候下达了这个命令，但又一时找不出可推翻此“御教书”的证据。于是在第二年，伊东家不顾幕府之命向饫肥动手了，到十二月，丰州家被迫割地求和，伊东义祐不依不饶，在此后几年中多次入侵。永禄十一年（1568）一月，他率领号称2万的大军进攻饫肥城，围城达5个月之久，又击败了岛津家派出的以北乡时久为首的援军，五月，岛津贵久被迫和伊东家达成协议，撤出了饫肥，伊东家和大隅大名肝付氏分享了饫肥一地。伊东家此战过后达到最盛，在日向拥有48座支城，号称“伊东四十八城”。不过伊东义祐此人在拥有日向国后，就安于现状，醉心于京都风格的文化之中，雄心壮志都在耽乐中消磨。而他的敌人，是生机勃勃的岛津四兄弟。

伊东和岛津接下来争夺的焦点就是日向南部的真幸院地区，特别是作为肥沃粮仓地带的饭野地区。饭野城的城主是北原氏，强盛时曾一度趁乱袭击相良家，但此后，北原氏的衰落使之成为抱着夜明珠夜行的孩子，伊东、相良等周边强盛势力虎视眈眈，联合起来入侵真幸院地区。永禄七年（1564），伊东义祐攻占了今城，北原氏麾下除了饭野一带以外已经尽入伊东家之手，北原家已经投入了岛津帐下，于是，岛津就代替北原氏开始了和伊东家的直接战争。岛津家在永禄九年（1566）做了第一次尝试，试图在饭野建筑一个前线据点三山城，在岛津军完工之前，伊东军就已经攻来，岛津义弘负伤撤退。此次的失败令岛津家深以为耻。永禄十一年（1568），伊东义祐又趁岛津家出兵攻相良家大口城时突然进攻饭野城，他在桶平城驻军，岛津家臣远矢良贤伪装出猎，挑衅伊东军，当桶平城军出城追袭的时候，被远矢良贤诱进了包围圈围歼。吃了这个大亏的伊东义祐自知无法立刻拿下饭野，而恰在此时，他的次子伊东义益病死，伊东义祐决定引军撤退。

元龟三年（1572），伊东义祐听说了岛津贵久去世的消息，认为可以趁岛津家新遇丧事，达到完全控制真幸院地区的目的，于是，他与相良义阳约定，共同进攻岛津。伊东一方以重臣伊东祐安为总大将，出兵约 3000 人。而岛津一方以岛津义弘为总指挥，以饭野城为据点防御。在饭野城西面的加久藤城，由岛津义弘的妻子以及川上忠智带着仅仅 50 人左右防御。岛津氏的一线兵力不过数百人

避实击虚是兵法常理，伊东祐安一开始就把目标定在了加久藤城，看起来，3000 军队对抗区区数十人，似乎就像捏死一只蚂蚁一样容易。岛津义弘听说伊东军来犯，采用“虚虚实实”之计。他派出间谍摸清了敌人的情报，同时，让女间谍混入伊东家为侍女，故意透露出一个假情报，让敌人认为加久藤城一侧的一个叫钥挂口的狭窄山谷口是弱点，接着，他就点起了狼烟，出军 200 余人在谷口张下口袋，严阵以待。轻敌的伊东祐安果然中计，入夜后派伊东祐信率队往这个谷口进军，被岛津军用石头和弓箭袭击，昏暗中损失惨重，谷中狼烟一起，约定救援的新纳忠元和远矢良贤率军从背后杀入，猛将米良重方阵亡。而来自肥后的相良军，在路口看到了岛津义弘插着的旗帜，以为有伏兵，犹豫一阵后调头撤退。

折腾了一夜后，伊东祐信决定撤退，时值夏天，又热又累的伊东军在池鸟川边休息，许多士兵下河洗澡。岛津义弘见机会已到，突然杀出。伊东军猝不及防，乱成一团，大将伊东祐信一枪向岛津义弘刺去，但义弘的栗毛马突然人立起来，这一枪就失去了准星，岛津义弘岂可放过这个机会，一枪将他刺倒，又胜一场。

被吓成惊弓之鸟的伊东祐安改变路线，向白鸟山方向退却，岛津义弘早有准备，他在防御加久藤城时，就预先命五代友喜率军在白鸟山野间口埋伏。当伊东祐安经过白鸟山时，白鸟神社的光严上人带着当地的农民敲锣打鼓，挥舞旗帜。伊东祐安慌乱中以为再次中伏，转身逃向木崎原，正碰上尾追的岛津义弘。岛津义弘不过带了 200 人左右，他虚晃一枪，且战且退，把伊东军引进了野间口的埋伏圈，五代友喜突然从侧面杀出，背后则有镰田政年的军队杀来，伊东军虽然人多，但经过两战以后已经疲惫不堪，士气低落，加上惊吓过度，在中了埋伏以后，立刻争先恐后逃跑。混战中，总大将伊东祐安被杀。其子伊东祐次和弟弟伊东右卫门被赶到战场支援的新纳忠元所杀。岛津义弘获得完胜。

这场木崎原之战被称为“九州的桶狭间”，它决定了日向国伊东家的命运。在这一战以后，伊东四十八城如烈日下的雪人一样迅速土崩瓦解，首先是在天正四年（1576），岛津就出军 3 万攻高原城，在击败伊东义祐的援军后，岛津军切断了城中水源迫使其降服。其后，小林城和须木城城主米良矩重投降岛津，带动了附近的三山城、野首城、岩牟礼城等倒戈。天正五年（1577）六月，岛津家攻克栫间城，驻守飫肥城的伊东义祐的三子祐兵试图援助，反被岛津家击败，飫肥

城也被反包围，到十二月，连和伊东家有姻亲关系的野尻城主福永祐友都投奔岛津，这引起了伊东家的大崩盘，内山城、纸屋城等纷纷不战而降。试图恢复失地的伊东义祐在十二月八日试图动员领内与岛津决战，却收到了伊东家臣团试图谋反的消息，因为许多伊东家臣早已开始对伊东义祐沉迷奢华而又不思进取的作风不满了，同时，他们也对伊东的宠臣伊东祐松多有怨言，之前的众多叛变都是出于伊东四十八城的城主与之有私人恩怨。次日，当饫肥城的伊东祐兵逃离围城回到佐土原城时，伊东义祐意识到连佐土原城都快保不住了，他决定立刻抛弃城池前往丰后投奔大友家，一路后有岛津追兵，前有家臣叛变，再加上山贼袭击，道路难行，可谓苦不堪言，伊东家的荣华富贵一朝尽丧，抵达丰后的时候，伊东义祐身边只剩余 80 人。

岛津家统一三国的宏愿即将完成了。然而，有一个人却并不愿意一个强大的岛津出现在九州岛上。

三、两雄相争

北九州的大友宗麟是战国时代又一个异类。大友氏自称藤原氏，素来有真藤原和伪藤原两说。真藤原说认为出自平安时代中期的镇守府将军藤原利仁一脉，这位是正儿八经的藤原北家出身。而伪藤原说认为出自平安时代后期的奥州霸主藤原秀乡，这位乃是关东武士攀龙附凤的伪藤原。而近年来的研究认为，两大藤原说都可能是无稽之谈，大友家最有可能出自镰仓政权的御家人中原亲能，此人为幕府的文官集团一员，深受源赖朝信任，初代大友能直为中原亲能养子，其母家出身相模国大友家，以大友为苗字，后来被提拔为九州的丰后、筑后两国守护，并任镇西奉行，其后代就在丰后一带繁衍生息。在室町时代，大友家一直和山阴的大内家和北九州的少弐家在争夺北九州的霸主地位，尤其大内家是大友家的死敌。从南北朝分裂开始，大友家就由支持南朝的第九代家督大友氏继和支持北朝的第十代家督大友亲世这两兄弟的后裔轮流执政，大内家就介入到了分裂的大友家中，联合一派对抗另一派，这种插手别人家事的趁火打劫的行为被大友家所深刻铭记，到第 15 代大友亲繁受两派共同支持接位之后，大友家仍然不改内乱的本性，第 16 代大友政亲和儿子大友义右对立，再度内乱，甚至闹出了父亲流放儿子的事端。最后在明应五年（1496）五月二十七日，大友义右急病死亡，当时被认为是被他父亲所毒死。麻烦的是，大友义右的生母是大内义弘的妹妹，其表兄弟大内义兴就马上起兵报仇，大友政亲坐船出逃的时候被捕，被迫切腹。其兄弟大友亲治接替家督。

大友亲治时代，大友家排除了大内家的干涉，开始向战国大名转化，其子大友义长在位期间，肥后大名菊池家发生内乱。菊池家为九州名门。虽然其在南北朝时期追随南朝反幕府，但在统一以后仍保留了肥后守护职，永正元年（1504），早就家族内乱频繁的菊池家死了家督菊池能运，根据他的遗言，由菊池家庶族的菊池政隆接替，但在下克上盛行的年头，肥后国人一揆蠢蠢欲动，大友家也趁机勾连部分国人叛乱。永正四年（1507），肥后国人、阿苏神社的大宫司阿苏惟长流放了菊池政隆，两年后，菊池政隆被大友家迫死，菊池氏实际灭亡。阿苏惟长自认继承菊池家，并接替了肥后守护一职，把大宫司的位置让给了弟弟阿苏惟丰。这位靠着大友家才成功下克上的人很快发现自己也是一颗棋子，而且，他还不受菊池家臣的欢迎，被别人轰了出来。于是他又勾结岛津想夺回大宫司的位置，失败以后流亡萨摩。这正中大友义长下怀，他把儿子大友重治出继给了菊池家庶流的菊池武包为养子，把菊池家收归帐下。控制肥后以后，大友义长又转向筑后，这里的国人众星野氏图谋勾结大内家，被大友义长镇压，成为其家臣，大友义长在此后制定名为《义长条々》的分国法，巩固其占领成果。

大友义长在永正十二年（1515）隐居，传位其子大友义鉴，在父亲和祖父相继死去后，大友义鉴继续前代的政策。天文三年（1534），在势场原之战中，大友家获得了胜利，并在天文七年（1538），以将军足利义晴为中介和大内家达成暂时协定，大友家取得了北九州的霸主地位。初掌霸权的大友家中，内乱基因又一次发作了。天文十九年（1550），大友义鉴试图废长立幼，废嫡子大友义镇改立爱妾之子塩市丸，他招来了宠臣入田亲诚共谋，杀死了几名义镇派的首要人物。义镇派感受到了切身的威胁，于是在当年二月十日义镇派的津久见美作、田口鉴亲等人发起叛乱，趁夜杀进了大友馆的二楼，袭击了寝室中的大友义鉴，将塩市丸及其生母以及大友义鉴的两个女儿杀死，大友义鉴负伤，在两天后死去。在这次堪称灭门之祸的“二阶崩之变”后，大友义镇就在家臣立花道雪等人的支持下成为新的家督。巧的是，第二年，大友家的夙敌大内家也发生了政变，大内义隆为陶隆房所杀。不久，大内氏为毛利所灭。失去外敌的大友家得以在北九州称霸一时。天文二十三年（1554），大友义镇平复了其叔父大友重治的叛乱，完全掌握了肥后。大友重治在出继菊池家后改名菊池义武，他在永正十七年（1520）接替家督，其后就和兄长大友义鉴翻脸走向肥后独立化，甚至在天文三年勾结了大内家和相良家发动叛乱，被大友义鉴镇压，肥后守护此后落入大友家之手。天文十九年，趁大友家发生“二阶崩之变”，大友重治又卷土重来夺回了肥后隈本城，再度被大友义镇驱逐。天文二十三年（1554）十一月，逃亡萨摩的大友重治被大友义镇诱骗回丰后杀死，后患消除。

此后，大友义镇积极与幕府接近，他曾向将军足利义辉奉献铁炮和火药调制的秘方。永禄二年（1563），大友家的献金获得了回报，幕府授予其丰前、筑前守护，并给予其九州探题之职，这标志着大友家在法理上也成为北九州霸主。大友义镇此后出家，法号休庵宗麟，即为大友宗麟。出家后的宗麟于天正四年（1576）将家督之位传给大友义统，开始了大友家的二元政治。

雄霸一时的大友家其实内部隐藏着许多的危机，大友宗麟和义统两人的二元政治在大友家内部埋下了冲突的种子，另一方面作为支持大友家执政的“加判众”（重要家臣）内部也有分歧，在大友家来到九州丰后前就已定居于此的部分国人称为“他纹众”，而其后归附大友的称为同纹众，为了防止两批家臣互斗，在大友义鉴死前就留下遗书，谆谆告诫：加判众中至少一半他纹众，一半同纹众，以体现平等对待之原则。但大友宗麟偏袒同纹众歧视他纹众，导致了弘治二年（1566）他纹众家臣发起了一场“姓氏对立事件”的叛乱，叛乱虽被镇压，但佐伯惟教这样的大友重臣一度被迫逃亡。而此后进一步激化内部矛盾的是大友宗麟皈依天主教的事件。大友宗麟早就允许天主教在领地内传教，天正六年（1578）七月，大友宗麟接受了天主教传教士弗朗西斯科·卡布拉尔（Francisco Cabral）的洗礼，成为一个虔诚的天主教徒。然而，他的家臣和亲属中，仍然以笃信佛教的占多数。大友宗麟把“将日本建设为天主教国”作为理想，在领地中推行天主教化，特别是他开始大肆拆毁领地内的佛寺、神社，虽然大友宗麟的“灭佛”行为很可能不仅仅由于他的信仰，也有“回收”寺社财富，加强领地控制的成分在内，但他的粗暴行为引起了领地中众多佛教徒包括其家臣团的不满。

从天正四年（1576）开始，日向的伊东家正在土崩瓦解之中。众叛亲离的伊东义祐投奔北九州的大友家。原因很简单，义祐的次子义益的妻子就是大友宗麟的侄女。这是大友家第二次接待岛津家的仇人（上一个是岛津胜久）。大友宗麟早有南侵统一九州，并把整个九州作为建设天主教王国试点地的欲望。而岛津家刚刚收复萨摩、日向、大隅三国，实力雄厚，也把征服九州作为下一个目标。九州岛的双雄相争拉开了序幕。

天正六年，大友宗麟决定倾巢而出讨伐岛津。他把这个议案在重臣会议上一提，就遭到了激烈的反对。首先提出反对的是重臣立花道雪，立花道雪原名户次鉴连，任筑前守护，立花山城城主。关于此人最有名的就是他劈雷的故事。此故事据说发生在天文十七年（1548）夏，当时立花道雪35岁，正躺在大树下乘凉，突然，夏日的雷阵雨袭来，一个雷恰恰地劈向树下的立花道雪，他反应极为迅捷地抽出枕旁的刀一下劈去，同时飞身跃开逃过了这一劈。一个人，有胜过光速的反应，着实不太可能，据说从此以后，立花道雪的左足就有点不太方便，但他仍然坚持骑马作战，凭借自己的武勇为大友家建功立业，他的那把刀也因此被称为“雷切”。这位绰号“鬼道雪”“雷神”的名将在筑前帮助大友东拒毛利，西镇龙造寺，立有赫赫战功，而且他还是大友宗麟的扶助和辅佐者，他的话分量极重。作为大友家智囊的角隈石宗也反对出兵，他搬出了中国小说中那些“军师”常用的招数——天象示警，装神弄鬼一阵以后，就宣称大友家“头顶覆云，形似血块”，这是不吉之兆，不宜出兵。不过大友宗麟却不信邪。三月，大友家分两路入侵日向，一路由家督大友义统亲自率领，自丰后国向日向进攻，另一路由立花道雪、高桥绍运等人率领，自肥后国向高千穗一带进攻。大友军进入日向后，就拆毁了沿路的所有佛教寺院、佛像和神社，以为传播天主教做准备，这激起了当地领民的强烈反抗。

四月，大友军首先攻打松尾城，城主土持亲成在战前背叛大友投奔岛津，因此被大友军所惩罚，在岛津的援军未到前，大友军已经攻克了松尾城。

此时，岛津家正忙着抢占战略要地，六月，岛津军袭击九州中部的石ノ城未果，于八月转攻穗北城，并将之攻克。九月再攻石ノ城，不到半月，石ノ城陷落。岛津一方将主力收回了岛津家久和山田有信所驻守的新纳院高城。

作为大友一方主将的大友宗麟却在九月四日才从臼杵出发，从水路向前线缓缓而行。随军的除了他的妻子以外，还有卡布拉尔、阿尔梅达等大批的天主教传教士。他们在牟志贺登陆以后，就住下不走，在当地建立教会，每天与妻子参加礼拜，全然不管前线的战事。

十月，大友军以田原亲贤为总大将，田北镇周和佐伯惟教为辅率军 4 万余杀向高城。城中兵有 3000 人，在岛津家久的指挥下，凭着坚城深壑顽强抵抗，把大友家的攻势一一化解。坚守近一月时间，为岛津家集合主力部队赢得了时间。

战国时代的无数次合战都证明了，在坚城之下旷日持久地围攻是一种愚蠢的行为。当双方僵持不下之时，岛津义久已经集合了主力部队约 3 万人，浩浩荡荡前来救援高城，十一月，岛津的主力部队抵达高城，双方的实力势均力敌，大战一触即发。

在这种势力均衡的大战之前，双方都显得小心谨慎。大友一方召集军议，就战役策略问题进行了激烈的争吵。佐伯惟教建议向大友军的总指挥部请求援军，被田北镇周所驳斥，后者认为大友军的实力足够战而胜之。两人争吵半天不欢而散，而大将田原亲贤如同木偶人，并不见发一言而定策。在中国春秋时期，晋楚泌之

战之时也出现了类似的场景，大将荀林父无法控制副将先縠的违令行为，导致晋军全师溃败。大友家从战役的开始就埋下了一颗失败的种子。

而岛津一方，则定下了一个他们惯熟的策略——钓野伏。

所谓“钓野伏”，岛津义弘在木崎原之战中使用过一次。通俗地说：就是以一队弱小的军队作为诱饵，将敌人钓进自己的埋伏圈中歼灭。听起来很简单，但作为诱饵的那一队要求有组织性的撤退。万一诱饵被人击溃，那么整个计划就会陷入失败。因此，诱饵要求统御能力非常高的将领才能胜任。这个光荣任务就由岛津义久本人亲自担任。

十一月十二日，岛津义久亲率军队驻扎在高城川南岸的根白坂，在那里等待着大鱼。大友军的田北镇周仗着自己的武勇，一开战就杀了上来，这就带动了大友军的整个阵势。作为主将的田原亲贤无法压服自己的副将，只好带动整个大友军冲杀上去。这正中岛津义久下怀，他在对岸鼓噪挑衅，吸引田北镇周等人过河冲来。杀昏了头的田北镇周莫名其妙地就上了岛津义久的圈套，他带动大军渡过河川直扑岛津义久，指望能一举拿下对方总大将的首级。

兵半渡可击也。岛津义久不会放过这个机会，当大友军刚刚渡河，“呼啦”一下，从附近的树林里冒出了无数的岛津军挡住了去路，惊慌失措的大友军一回头，却发现高城的岛津家久已经杀了出来阻住了回渡的路。钓野伏成功地把大友军数万人钓进了大网中。

接下来的战事变得毫无悬念，轻敌冒进的田北镇周死于乱军之中。这一下对大友军士气的打击更大，崩溃的大友军纷纷渡过河向对面的本阵狂奔。不幸的是，由于连夜大雨，河水暴涨，大友军争先恐后逃跑，反而淹死不少人，在一片混乱中，佐伯惟教与其子惟真、镇宗也阵亡了。大友军损失高达2000人以上。大友宗麟逃回了丰后。

在这场耳川之战中，大友家失去了两大重臣，威名扫地。而控制北九州的大友家从此走上了衰落之路。大友宗麟的“天主教王国”之梦也就此破灭。大友家的领地内一如东晋时期北方的前秦，地盘虽大，但各大领主各怀异心，尤其是大友宗麟推行天主教化后，大友家的离心倾向更是强大。立花道雪极力反对这一次出征就是这个原因。事实证明立花道雪确实很有远见。在耳川之战后，大友家的威望一落千丈，各地领主纷纷反乱。岛津统一九州的机会到了。

天正九年（1581），岛津家大举进攻肥后，包围水俣城，迫使相良义阳割地求和，从此，相良家成为岛津家臣。同年，相良义阳奉命进攻从属于大友家的肥后阿苏氏，阿苏氏家臣甲斐宗运奇袭响野原的相良本阵，相良义阳阵亡，肥后相良家此后衰落。

日向的伊东义祐和祐兵父子再度逃亡，最终投奔于羽柴秀吉门下。

四、统一九州

大友氏在耳川战败以后，受益者并非只有岛津一家，肥前国的龙造寺家也在这个时候崛起，与大友、岛津并列成为九州地区的三巨头。

龙造寺氏原为肥前国佐贺郡的国人，其先人曾为肥前小津郡龙造寺的地头，因此以地名为苗字。在室町幕府时代，北九州肥前地区的最大的势力为守护大名少弐氏。少弐氏出自九州的对外贸易管理机构大宰府的副官大宰少弐，其祖先武藤资赖在平安时代末期担任过此官职，遂以官职为苗字。镰仓时代少弐氏又在“元寇”入侵中立下战功，成为北九州最大的守护大名。南北朝时代，少弐氏分裂，拥护北朝的少弐冬资又不幸被九州探题今川贞世谋杀，于是少弐氏坚定地站到了南朝一方反抗幕府。九州探题则在大内氏的支持下不断入侵，使得少弐氏和大内氏成为数代的死仇，在这年年不断的战争中，少弐氏的家臣龙造寺氏开始崛起。

龙造寺氏第一个出人头地的人是龙造寺家兼，其父康家在晚年将家督位让给了嫡子，自己在今天的佐贺县佐贺市一带建立了一座水江城，在死后就把这座城给了第五子家兼，也就是说，从此时诞生的水江城龙造寺家是龙造寺氏的一个庶流分家，但在龙造寺家兼的领导下，这个分家的光芒盖过了本家。

明应六年（1497）四月，大内家与九州探题涉川尹繁一同攻入九州，迫使少弐家的家督少弐政资放弃筑前退入肥前，而少弐氏部下的国人叛乱导致少弐政资走投无路，被迫自杀。这次惨剧令少弐氏刻骨铭心。随后，少弐政资之子少弐资元为复兴少弐氏，在一群旧臣的拥护下投靠大友家。享禄三年（1530），为彻底斩草除根，大内义隆命令筑前守护代杉兴连再度进攻少弐家，龙造寺家兼和其他少弐家臣马场赖周、锅岛清久等一同殊死奋战，在田手畷击败来犯的大内军团，立下大功，从此成为少弐氏手下的重臣。随后，龙造寺家兼建议少弐家与大内家和解。不过，大内义隆仍然未轻易放过少弐氏，天文四年十二月（1536 年 1 月），大内氏再度入侵，少弐资元在父亲自杀的同一地也切了腹，这是大内家在少弐家的血账上添上的一笔新仇。

少弐资元的儿子少弐冬尚继承了家督，在强敌当头，家仇未复之时，他做的第一件事情竟然是怀疑家臣。他想到龙造寺家兼曾提议和大内谈和，又想到其父死时龙造寺家兼竟然按兵不动，这种种迹象表明龙造寺家已经被大内家所收买。天文十四年（1545），在重臣马场赖周的策划下，少弐氏开始清洗“内奸”，龙造寺家兼的嫡子家纯、家门，孙子周家、家泰等一门尽数被杀。

这一下梁子结大了！

龙造寺家兼跑到了筑后国，依附于当地的国人蒲池鉴盛，次年蒲池氏援助龙造寺家兼复仇。马场赖周犯了未能斩草除根的错误，当时他在祇园岳一带的新城尚未完工，就遭到龙造寺一党的疯狂反扑，其子政员被杀，他本人躲进了一个洞中被人牵出斩首。一门几乎都已被灭的龙造寺家兼此时已是风烛残年，不过他大仇得复，心满意足，在同年，他将家督传给了曾孙龙造寺隆信，龙造寺家开始了最后辉煌时代。

龙造寺隆信做的第一件事就是将家族仇人少弐冬尚流放到势福寺城，接着，在天文十七年（1548），龙造寺本家的家督龙造寺胤荣死去，龙造寺隆信果断娶了他的遗孀入主本家，并外结大内家压服家臣，完成下克上的第一步。永禄二年（1559），被龙造寺家流放的少弐冬尚在势福寺城被逼迫自杀，少弐氏完全灭亡。龙造寺隆信迅速以武力接管了昔日少弐家在肥前的势力范围。龙造寺家的迅速膨胀引起了北九州之霸大友宗麟的警惕。元亀元年（1570），大友宗麟派大友亲贞率领大军讨伐龙造寺，进攻龙造寺的居城佐嘉城。在大友军恐怖的军容前，仅有5000兵力的龙造寺家纠结于到底是守城还是尽快投降。正当龙造寺家争论不休的时候，大友家也在胡闹，总大将大友亲贞接到大友宗麟的总攻命令后，以占卜不吉利为由，把总攻时间拖到八月二十日。在发起总攻的前夜，大友亲贞认为兵力占压倒性优势，胜利在望，便不以为备，大开酒宴以庆祝。龙造寺家的部将锅岛直茂提出了一个大胆的建议：不如主动出击夜袭劫营。这个意见得到龙造寺隆信及其母亲的支持，他们慨然给了锅岛直茂500人乘机夜袭劫营，在靠近大友军营帐时，锅岛直茂放了几枪铁炮，大喊着“有内奸！”就冲了进去，引起了大友军不分敌我的混战，大友亲贞在混乱中被杀。龙造寺隆信趁胜提出议和，龙造寺家整体实力不如大友，但这次今山之战的胜利明显增加了谈判筹码，龙造寺家接受成为大友家的从属，但保留了相对独立的权力。在大友的羽翼下，龙造寺家称霸肥后，天正五年（1577）征服肥前大村氏，次年征服有马氏完成了肥前的统一。龙造寺隆信在此时隐居让位于其子政家，继续掌握实权。

从这个例子也可以看出，大友家所占据的肥前、肥后、筑前、筑后、丰前、丰后这块庞大的地盘，其实内部是不稳固的。因此，当耳川战败后，大友家就失去了对龙造寺隆信的那点控制力。隆信乘机扩大地盘，重新成为独立的战国大名，把势力扩展到筑前、筑后、肥后和丰前这些国的部分地区，俨然成为九州又一霸。他的扩张欲望引起了周边势力的极度不安。天正九年（1581），龙造寺家侵入肥后，岛津大军北上来攻，最终双方达成协议以高濑川为界线，东南属岛津，西北属龙

造寺，暂时相安无事。其实，龙造寺之所以没有南下，是因为他对领地的控制也不是那么严密，筑后一带尽是对龙造寺家不满的国人，肥前日野江城的有马晴信也对龙造寺家的扩张惴惴不安，特别是龙造寺家在征服筑后时，将对之有恩的蒲池氏辣手灭族，整个九州都为之震惊。他在天正十二年（1584）果断决定反叛。向南九州的岛津发出了求援信。

另一方面，龙造寺隆信亲自领军讨伐有马晴信，在三月十九日在岛原半岛一带登陆，当时，龙造寺家臣锅岛直茂建议龙造寺隆信要小心岛津的援军，他建议等岛津援军撤退后再行进攻。龙造寺隆信对此嗤之以鼻：“就算有岛津援军，老子也不怕！”三月二十四日，龙造寺军向森岳城进军。

龙造寺的崛起无论是对大友家还是岛津家都不是一个值得乐观的消息。于是，在接到有马晴信的求援信后，岛津义久立刻意识到：机会来了。他任命弟弟岛津家久为主将，联合有马一方共约 8000 余人出征。岛津军将本阵设置在森岳城，在森岳城前，有一处名为冲田畷的地方。所谓的“畷”，就是在沼泽地带中的狭窄小道。冲田畷就是这样一条小道，它位于大片的湿地之中，在其的一侧为海岸线，另一侧为山地。这种地形对于岛津来说是一大利好，因为他们又要施展那惯用的“钓野伏”了。岛津军抵达后，提前一天赶工修筑防御工事，同时决定在小道上修筑一道木墙作为简单防线，仅让赤星统家率领 50 个人作为诱饵，而岛津家久的大部队埋伏在森岳城后，新纳忠元的部队则在山地一带埋伏，另外海岸一带以伊集院忠栋率领 1000 人作为侧面防御力量。而龙造寺军也分兵三路，龙造寺隆信居中，锅岛直茂从山地一带攻击，江上家种和后藤家信沿海岸一带进军。

岛津由于其掌握“铁炮传来地”的得天独厚的条件，因此在战国大名中使用铁炮较早。“钓野伏”事实上是一种非常适合配合铁炮使用的战术。将敌人引进伏击圈后，齐响的铁炮无论是在士气上还是在杀伤力上对于敌人都是重大的打击。龙造寺隆信没有吸取大友宗麟的教训，又一次着了岛津的道儿。开战后，龙造寺隆信就被岛津的诱敌战术所吸引，龙造寺隆信的本队全力进攻小道上的木墙防线，仅仅 50 人的防御力量自然顶不住，在突破防线以后，龙造寺军在小道上挤成一团，为了轻装前进，他们丢掉了防御铁炮的竹束，这全在岛津家久的计算之内，这 50 人小分队就如同一枚香饵把龙造寺的大军钓进了埋伏圈。一阵凄厉的铁炮响，没有防护的龙造寺大军瞬间士气崩溃，在慌不择路地逃亡时又陷进了沼泽，一个个成了“滚刀肉”。而龙造寺隆信在逃亡的时候被岛津家臣川上忠坚追上，做了刀下之鬼。海岸方面，有马晴信的军队配合伊集院忠栋歼灭了江上家种和后藤家信的部队，只有锅岛直茂在遭遇埋伏以后从容应战，在全军总崩溃以后，锅岛直茂

仅率七骑拼命逃脱了追捕。除此之外，龙造寺家的重臣基本上都葬身在这片沼泽之中。

龙造寺家就这样如同一颗流星，划过天空以后就消失在战国时代的历史舞台上。锅岛直茂眼见复兴无望，于是决定与龙造寺家一起臣服岛津。

作为一时之雄的龙造寺家在瞬间消失显示了岛津强大的实力，这对于九州的其他小势力而言是一次极大的震动。在龙造寺家投降以后，肥后的隈部亲永被岛津所包围，宣布投降，其后，筑前的秋月种实降服。筑后的筑紫广门为岛津所俘虏，也被并入岛津领地。天正十三年（1585），肥后阿苏家的栋梁甲斐宗运死去，阿苏惟光被岛津家迫降。九州在短时间内被一一平定，只剩下一个“百足之虫，死而不僵”的大友家。

大友家此时已是江河日下，在冲田畷以后，立花道雪成为大友家的中流砥柱。天正十二年（1584），大友家进攻筑后的猫尾城，这座城池位于矢都川和笠原川交汇点的猫尾山顶上，200 米高的山峰和其下蜿蜒的河流本身就使这座城池变得极为险要。城主黑木家永是九州有名的“刺儿头”，其家上一代跟随大友家，到他那代就造反独立，又被大友家所征服。耳川之战后看到大友家虚弱，再度反叛，立刻就遭到龙造寺家的胁迫。紧接着，又因为龙造寺隆信杀了其弟弟蒲池益种，第三次反叛，被龙造寺政家和锅岛直茂征服，交子为质。龙造寺隆信在冲田畷阵亡以后，这位脑后有反骨的麻烦人物难得地没有第四次反叛，因为大友家已经趁龙造寺家衰落的机会攻进来了。

大友家攻龙造寺家本来是“趁他病要他命”的摘桃子行动，可惜大友家在此战中暴露了自己也是个“病人”，从三月到八月，连续五个月屯于城下，甚至在断绝粮道水源的情况下，猫尾城还是岿然不动，大友本家只好向立花道雪、高桥绍运等家臣团要求援军。听说主君有难的立花道雪急行军翻过筑后一带崎岖难行的山道，杀散了在山道上埋伏的敌军，仅仅一天就从筑前杀到了筑后，这一惊人的速度震惊了黑木氏，其支城高牟礼城开城降服，紧接着是各支城的陷落，猫尾城在九月一日陷落，黑木家永切腹。有此开局，立花道雪和高桥绍运在筑后势如破竹，到十一月，筑后诸多城池重入大友家之手，大友家的收复失地行动取得了巨大的进展。

可以想见，这辉煌成就的取得仰赖于立花道雪和高桥绍运两人的出色领导能力和不辞辛苦的战斗精神，这两位担负起了“救火队”和“裱糊匠”的双重工作。这也招来了大友家的妒忌，大友军总大将田原亲家在此时竟然撤军，留下立花道雪等人独自支持，不得已，立花道雪只好停止攻势，沿着筑后川布下了防御阵势。

在降服岛津以后，龙造寺家有了后台，天正十三年（1585）二月起，龙造寺政家（龙造寺隆信的嫡子，新任家督）起大军来攻，立花道雪在手里仅有 9000 余人的情况下左支右绌苦战半年，同年九月十一日，为这个扶不起的大友家操碎了下半辈子心的立花道雪病死在军中。大友家大厦已倾，雪上加霜。从此，大友宗麟手里没有一个人才能抵抗如狼似虎的岛津了。

天正十四年（1586），岛津义久发布了征服筑前国的动员令，命令岛津忠长和伊集院忠栋为主将，出兵 2 万余人，目标是筑前的岩屋城、宝满山城与立花山城。岩屋城城主高桥绍运是一个满怀忠义的武士，他手里只有区区 700 多人。立花山城城主立花宗茂是立花道雪的养子，其生父就是高桥绍运。他为生父的忠肝义胆所感动，因此从手里不多的军队抽出了 20 多人去协助高桥守城，同时建议大友家立刻向天下霸主丰臣秀吉求援。七月，岛津一方开始攻击岩屋城。自冲田畷之战以来，岛津大军所向披靡，但在这个小小的岩屋城遭到了前所未有的抵抗。岛津军对高桥绍运的忠心非常赞赏，于是派人劝降，但被高桥所拒绝。他表示：“主君盛则尽忠，主君亡则殉身。一臣不事二主。”七月底，岛津发动总攻，高桥和手下 763 人顽强抵抗，给岛津军造成了重大的损失，763 人全部追随高桥绍运“玉碎”阵亡。

岛津义久夺下岩屋城后，对大友家发起了最后总攻击。岛津分兵两路，岛津义弘从肥后出兵，家久从日向国出兵，联袂侵入丰后国。十二月，岛津大军包围了鹤贺城，一旦鹤贺城陷落，大友家的本城府内城就直接暴露在岛津军面前。岌岌可危的大友家只能以臣服为条件向丰臣秀吉求助。

统御天下的丰臣秀吉此时却无法抽身前往九州。于是他决定从新收服的四国地区出兵，命令赞岐国大名仙石秀久为主将，率领长宗我部元亲、十河存保等大名出击九州，目的不仅仅在于救援大友，还希望能在九州确立起丰臣的统治。

从兵力上看，四国大名联合军确实占据了优势。但仙石秀久初封赞岐，资历尚浅。长宗我部元亲则刚刚被秀吉用武力收服，内心如何则不得而知，至于十河存保与长宗我部更是多年夙敌。把这样一群冤家对头集合到一起去征伐士气旺盛的岛津家，本身就是一种失策。仙石秀久很希望能在这次战争中好好表现一下，以获得秀吉的赏识。在这样失衡的心态下，他带着一群貌合神离的军队踏上了九州的土地。

听说丰臣政权起大军前来，岛津家做好了充分准备。岛津家久分兵两路，一部分留驻监视鹤贺城，另一部分则列阵在户次川南岸，本阵设在户次川边的梨尾山。

俗话说：“一招鲜，吃遍天。”岛津的“钓野伏”在九州地区的大战中是屡次奏效，成功率高达百分之百。而仙石秀久这个外来户明显没有见识过这个招式。他对自己的能力十分自信，认为：岛津一方经过攻城战，士气已有磨损，士兵已经疲惫，而九州讨伐军新到，士气正旺，于是，他决定立刻渡过户次川，与岛津决战。

十二月十二日，丰臣大军在仙石秀久的指挥下涉过户次川，先锋为长宗我部信亲，中央主力为仙石秀久和十河存保。忧心忡忡的长宗我部元亲和被岛津打得焦头烂额的大友军落在后面。

当丰臣军到达南岸并开始布阵时，岛津军的左翼突然出现在仙石秀久面前，“钓野伏”的香饵投下了，仙石秀久这条饥饿的大鱼岂可放过这个机会，立刻挥军追赶着“香饵”而去，又是一阵熟悉的凄厉的铁炮声。仙石秀久手下的淡路方面军崩溃。作为主大将的秀久抢先逃跑。岛津家久立刻指挥伏兵包围了长宗我部信亲和十河存保，将这两条小鱼一口吃掉。第三队长宗我部元亲眼看大势不妙，带着残余部队退出战场。

丰臣秀吉的讨伐军在短时间内就败在了“九州岛之津”的枪口下，大友家终于绝望了。孤立无援的鹤贺城陷落，继而大友家的本城府内城宣告失守。大友家的家督大友义统逃亡丰前。岛津氏终于实现了称霸九州的梦想。

户次川的失败对秀吉而言是一次不能容忍的错误，他一怒之下没收了仙石秀久的封地，流放高野山。天正十五年（1587）正月，丰臣秀吉颁布了九州岛征伐令，目标：岛津。

五、惨淡经营

天正十四年（1586）底，九州岛上的大友家只剩下大友宗麟个人所把守的丹生岛城还在苦苦支撑着。丹生岛城又叫臼杵城，它位于丹生岛上，其东、南、北三面皆海，而西面只有在退潮的时候才有一片可涉过的陆地，一旦涨潮，陆上攻来的敌人也只能望洋兴叹了。就是在这座孤城中，大友宗麟死守了数月，同时他凭借自己与天主教传教士的特殊关系，搞到了当时少有的“国崩”。正是在“国崩”的帮助下，大友宗麟得以支持到秀吉的九州征伐大军的到来。

天正十五年正月，丰臣秀吉正式开始攻略九州，他命令其弟羽柴秀长为先锋，亲自率军在丰前国小仓登陆，向肥后方向进攻。肥后的龙造寺家与锅岛直茂立刻降服。岛津义久见敌势浩大，立刻决定：放弃北九州，缩短战线，集中力量退守萨摩。岛津义弘退向府内城，家久则从府内向松尾城撤退。三月中，丰臣军占领了日向边境的朝日岳城，担心后路被断的岛津义弘趁夜逃出府内城，丰后陷落。三月底，松尾城陷落，日向国也岌岌可危，只有岛津家的山田有信还驻守着日向国南部的高城。

高城是岛津家的福地，在这里，岛津家曾以“钓野伏”击败了大友家，一举逆转了九州的整个形势。高城的得失意义重大，如失去高城，丰臣军就将长驱直入南九州。岛津义久再也坐不住了，他亲率军队前来救援高城，寻求与秀吉决战。在根白坂这个昔日的战场上，决定岛津命运的一战开始了。

这一次丰臣军明显比岛津以往的敌人更为理智和狡猾。他们一开始就做了防御的打算，岛津的“钓野伏”根本没有用武之地，因为宫部继润为首的丰臣军躲藏在壕堑和板屏之后。四月十七日夜晚，岛津义久驱动全军夜袭根白坂，试图强行突破丰臣军的防线。丰臣军毕竟人多势众，当宫部继润军拖住了岛津主力后，羽柴秀长手下的藤堂高虎、宇喜多秀家手下的户川达安，以及黑田官兵卫、小早川隆景等纷纷加入了战团。岛津军的猿渡信光等将领不幸阵亡，寡不敌众的岛津军终于告负。

丰臣军在获得决战胜利后攻势如潮，攻克高城后，都於郡城也随即陷落。臣服岛津的秋月种实被迫降；有马晴信慑于秀吉的武力而降服。岛津义久退守饭野城，已经无力再战。于是通过伊集院忠栋向秀吉求降。五月八日，在川内的泰平寺，已经剃发出家并改名“龙伯”的岛津义久签下了城下之盟。其弟义弘、岁久等人坚持抵抗，被义久所说服。岛津得以保留萨摩、大隅两国和日向的诸县郡。岛津义久将家督位传给弟弟义弘。

丰臣秀吉根据自己的想法重新分配九州，岛津义久保有萨摩；而岛津义弘获得大隅和日向诸县郡；小早川隆景获得筑前、筑后两国和肥前的一个郡共 37 万石，其原伊予领地由养子毛利秀包继承；黑田孝高获得丰前国 6 个郡 12 万 5000 石；立花宗茂保留筑后柳川城一带 13 万 2000 石；大友家在大友宗麟死后，由其子大友义统继承丰后一国；龙造寺政家与大村氏、松浦氏分领肥前；原织田家臣森吉成领丰前国企救、田川两郡 6 万石；毛利胜信领丰前小仓 6 万石；相良家的相良赖房保有肥后人吉一带；其余大部分肥后领土归属佐佐成政。

丰臣政权下的岛津继续作为九州的实力派而存在。岛津义弘接任家督以后，将本城迁移到他的直辖地大隅国内，而萨摩等地的实权在其兄义久手中。岛津家中出现了独特的“两殿体系”。

丰臣秀吉的九州分配留下了隐患。野心十足的秀吉把九州作为“唐入”的前沿基地，在分配中刻意将小早川隆景等大名迁移到九州一带，所谓“唐入”就是丰臣秀吉的征服大明的白日梦。为了这个白日梦，被转封到九州的大名匆忙上阵进行新的领地管制，强制推行检地，因此引发了混乱。肥前的佐佐成政就是其中

◇ 佐佐成政

之一，他作为一个新领主，威信未立，立足未稳，就立刻颁布命令要求检地，引起了肥前国人的不满。天正十五年（1587）七月，肥前的隈部亲永和亲泰父子发动叛乱，佐佐成政出兵平叛，将两人包围在城村城中，但隈部亲永发动国人一揆抄了佐佐成政的后路，攻占了他的居城隈本城。老巢丢失的佐佐成政向丰臣秀吉请求援军，丰臣秀吉动员了四国和九州的各家大名，以小早川秀包为总大将，率立花宗茂、锅岛直茂等大批大名集体杀入肥后，果断地镇压了一揆势力。倒霉的佐佐成政因为犯了这个重大失误，次年闰五月十四日被秀吉下令切腹，肥前领地被一分为二，北面由加藤清正领有，南面由小西行长领有。

文禄元年（1592），丰臣秀吉发动了侵略朝鲜的战争。作为距离朝鲜最前线的岛津家却发生了反对侵朝的武装叛乱。六月，岛津家臣梅北国兼趁肥后的加藤清正随军朝鲜之机，联络岛津家中的部分家臣以及领地农民发动叛乱，突然占领了佐敷城。叛乱很快就被加藤氏联络相良氏镇压下去，梅北国兼被杀。岛津家因此也付出了重大代价：岛津岁久当初在九州征伐战中作为对抗丰臣的强硬派，这一次被秀吉报复，因为其家臣参与此次“梅北一揆”的人较多，岁久因此被勒令切腹谢罪。另外，肥后的阿苏惟光也因同样理由而被斩首。

“梅北一揆”还导致岛津迟迟无法加入侵朝军，这也引起了秀吉的不满。此后，岛津吸取教训，接受丰臣政权所实行的领地检地，加强对九州领土的控制，九州被彻底纳入了丰臣政权体系下。为了赎罪，岛津家全力参与了秀吉的第二次侵朝。

朝鲜征伐随着秀吉的死亡而宣告落幕，由于岛津在战争中的功劳，被加赐 5 万石封地。然而，这场战争对岛津家来说，又是一次新的危机的引火线。

岛津义久无子，他将自己的女儿嫁给弟弟义弘之子忠恒，并收其为养子。在义弘接任家督后，岛津家继承人最有可能的人选恐怕就是忠恒。但岛津的重臣伊集院忠栋却推荐义久的另一个女婿彰久，这就引起了忠恒的愤懑。伊集院忠栋当初是九州征伐以后代表岛津前去与丰臣和谈的人，因此他得到了丰臣政权的赏识，被赐封日向国庄内之地 8 万石。在岛津为出征朝鲜而施行检地时，伊集院忠栋又是负责人，在检地中失去既得利益的岛津家臣对其咬牙切齿，把他当成奸臣之首。岛津家与伊集院的矛盾更为激化。庆长四年（1599）三月九日，岛津忠恒将伊集院忠栋叫到伏见的岛津家邸，将其砍杀。

这下可捅了马蜂窝了，伊集院忠栋之子忠真立刻宣布伊集院的领土全员警戒，固守城池，脱离岛津。岛津忠恒于六月出兵讨伐伊集院，酿成了“庄内之乱”。在德川家康的调解下，这次内乱以忠真的降服而告结束。

“庄内之乱”影响深远，由于伊集院忠栋与一向宗有着良好关系，第二年，岛津家就宣布禁止“一向念佛”信仰。

事实上，“庄内之乱”的背后有着非常复杂的背景。丰臣秀吉死后，在岛津的两殿体系中，岛津义久一方的幕后是德川家康，忠恒也属于这一方，而义弘一方的背后则是丰臣政权和石田三成。伊集院忠栋是石田三成麾下的领主，岛津领中也流传着伊集院忠栋试图毒死岛津忠恒的流言。这也就不难解释忠恒为什么在这个争夺天下前夜的敏感时间杀死了伊集院。更何况作为岛津家臣的伊集院在此时已经出现独立的迹象，为割除这个“毒瘤”，岛津忠恒不得不采取了极端的手段。此后，在庆长七年（1602）八月，岛津忠恒奉命上洛，要求伊集院忠真同行，在途中日向国野尻一地狩猎时，岛津忠恒将伊集院忠真射杀，对外宣称是误杀，同时，伊集院家惨遭灭门，而江户幕府对于这起事件给予了默认，足见“庄内之乱”是一起“水极深”的家族内乱。

也正是因为如此，当石田三成和德川家康决战关原时，有意加入石田三成西军一方的岛津义弘虽然身为家督，却无法调动全部军队，他反复要求援军，但岛津本家就是按兵不动。因为岛津的实权仍然控制在义久手中。于是，在西军的阵容中，岛津家只出现了区区千人。

这种奇特现象的出现，也为岛津将来的交涉留下的余地。关原大战以家康的胜利而结束。为惩罚岛津，德川家康于庆长五年（1600）派出了九州讨伐军，但岛津的实力在关原没有遭到损失，因此，顽强抵抗的岛津军顺利地获得了家康的妥协。庆长七年，德川家康承认岛津对已有领土的所有权，相比那些因参加西军而遭到悲惨下场的地方大名，岛津家可谓幸运。同年，岛津忠恒接任家督之位。

岛津从此被纳入江户幕府，成为幕藩体系下的萨摩藩藩主。

六、琉球之役

在中国和日本之间，曾经有过一个小国，名为琉球。其领土大致相当于今天日本的冲绳县和鹿儿岛县的一部分，由冲绳岛、奄美岛等数个岛屿组成。从中国沿海出发，经过钓鱼岛，越过古代称之为“黑水沟”的冲绳海槽，看到久米山时就进入了琉球境内。《明史》卷三二三《外国四》载：“洪武初，其国有三王，曰中山，曰山南，曰山北，皆以尚为姓，而中山最强。”到明朝宣德五年（1430），中山王上奏其统一琉球。明朝嘉奖其功，赐姓“尚”氏。到明成化七年（1471），琉球大臣金丸政变推翻第一尚氏王朝，明宪宗仍册封为王，开创了第二尚氏王朝。

◇ 琉球王国前往中国的朝贡船

琉球对中国一直保持着一种朝贡关系。早在明朝建立以后，洪武五年(1372)，“命行人杨载以即位建元诏告其国，其中山王察度遣弟泰期等随载入朝，贡方物。帝喜，赐《大统历》及文绮、纱罗有差”。在此后，琉球频频来贡，因为中国对于朝贡贸易采取“厚往薄来”的态度，回赐往往倍于贡献，因此，琉球对于朝贡乐此不疲，奉贡不绝。而琉球又因其地理位置和造船技术，成为当时东亚海洋贸易的中转站，有“万国津梁”之称。

庆长十四年（1609）三月七日，在琉球北面的奄美大岛出现了打着“丸之十字”旗帜的船只，这是琉球更北面的日本九州南部萨摩的岛津家所派出的军队，岛津为何无故派出军队侵入一个独立自主且和中国保持着朝贡贸易关系的国家？当时日本的中央政府——江户幕府对岛津的侵略行动又做何态度？这重重之谜还得从之前的二月岛津家给琉球发出的最后通牒说起。

在这份让琉球人丈二和尚摸不着头脑的最后通牒中，岛津家措辞严厉地指出了琉球的四大“过失”，但仔细分析，这四大“过失”基本上都可以用“关你屁事”和“关我屁事”来回应。

首先第一条是琉球忘记岛津阻止龟井兹矩征琉之“恩情”。龟井兹矩原为尼子家臣，娶了著名的山中鹿介的养女，参与了尼子复兴之战。山中鹿介死后他投奔羽柴秀吉帐下，为其中国地方攻略出谋划策。据说羽柴秀吉非常欣赏此人，问他需要什么赏赐，这家伙两嘴一张大言不惭地说："请赐给琉球。"这句话倒正搔中好大喜功的秀吉的痒处，他早有统一之后扩张海外的野心，于是一乐之下就赐了他一把扇子，这把扇子后来在征朝鲜的时候被朝鲜水师的李舜臣缴获，上面白纸黑字三行：

羽柴筑前守

六月八日，秀吉

龟井琉球守

所谓琉球守这个官职当然是不存在的，就好象一个明朝的官儿进京授职，结果皇帝授予他美国总统一样荒唐。荒唐人做荒唐事，在文禄元年（1592），这个龟井兹矩就要了3500人准备去琉球上任，但日本当时正在侵略朝鲜，北面打得不亦乐乎，秀吉无论如何都不想在南面再开条战线，于是就把龟井兹矩丢到朝鲜去了。这件事被岛津吹嘘成如果不是他们从中斡旋，琉球此番就不免于难了。琉球国压根儿没搭理岛津家，岛津家的自吹自擂自然也不可信，所以可以总结为"关你屁事"。

第二条是说琉球在朝鲜之役时拒绝承担丰臣政权的军役命令。其实这也是一条莫须有的罪名。天正十九年（1591），丰臣秀吉决定出兵侵略朝鲜，并向天下大名征发军役。岛津家在十月致信琉球，要求他们征发可供7000人的十月之粮，送到名护屋日军大本营中。琉球人接到书信自然是不理会，他们本和朝鲜一样是中国明朝的藩属国，没有帮着日本去打另一个属国得罪宗主大明的道理，更何况琉球也不是日本大名，根本没义务为日本助役。所以这条可总结为"关我屁事"。

第三条说是德川家康派使节将琉球漂流民送还而琉球不遣使聘问。此事发生在庆长八年（1603），德川家康下令岛津送还前一年漂流到日本的琉球民，并借机提出要琉球派使节到江户致谢并"聘问"。聘问这个礼节在琉球看来只适用于大明朝，所以果断拒绝了。更关键的事情是，德川家康在命令中写明了琉球是萨摩附庸，这是琉球万万不可能接受的。另一方面，这也是岛津长时间的吹嘘的结果，岛津声称琉球在嘉吉元年（1441）就被幕府将军足利义教赏赐给了岛津，但这是一种不合情理的说法，足利义教再糊涂，也不可能把自己没有的东西赏赐给功臣，只能认为即便幕府真有此赏赐，也是将琉球贸易之利赏赐给岛津而非其土地。所以此事对琉球来说也属于"关你屁事"的范畴，作为非其宗主的岛津莫名其妙地要其朝贡日本，琉球自然不会答应。所以在庆长九年（1604），当岛津再次送回琉球民时，已经起了动武之心。

第四条是说琉球不协助日本与大明通商，这倒是说出了德川家康的心思。丰

◇ 琉球王国宫廷演奏“御座乐”的场景

臣秀吉侵略朝鲜，将日中关系搞得十分紧张。在德川家康上台以后，就竭力修复日中和日朝关系，但朝鲜在遭受侵略之祸后，对日本充满了不信任感，于是就希望通过琉球来恢复日中贸易。德川家康还异想天开地存了一个私心，一旦岛津侵略琉球遭到明朝政府的抗议甚至军事干预，江户幕府就可以趁机把责任推卸给岛津从而获得和明朝直接交涉的机会，这种“打你的小弟来引起你的注意”的奇葩外交政策倒是和近代日本外交有一拼，而琉球对于这种无辜受罪的逻辑只能说句“关我屁事”了。

岛津征琉球还有一个不可为外人道的理由，在丰臣政权和江户幕府体系下，岛津家的财政负担特别大——征小田原、征朝鲜、关原役、大坂之阵以及随后幕府摊派的种种工役，岛津都必须出钱出人，更何况在江户幕府再度检地以后，发现岛津家有隐田 11.8 万石，这大片土地必须征税，令岛津家的财政亮了红灯。所以征服琉球一能垄断其贸易利益，二能通过割让奄美大岛达到“失之于幕府，取之于琉球”的目的，三则德川家康许诺一旦征琉，可以免除岛津家分担的骏府城修筑工程的份额，一举三得，利润无数。庆长十四年（1609）二月二十六日，岛津家发布《琉球渡海之军众法度之条々》，正式宣布出兵，以桦山久高为总大将，平田增宗为副将。三月四日，岛津军出航南驶琉球。

三月七日，经过数日漂流的岛津船队抵达了奄美大岛的笠利湾，由于风势太大，岛津舰队被吹成三股分别登陆，大将桦山久高在津代凑，副将平田增宗在西古见，而肝付兼笃等人在深江浦，三路军队在登陆后都没有遭到大的抵抗，只有津代凑一带有部分岛民在岸边固守，被岛津军一顿铁炮就打散了。三月十六日，休整完毕的岛津军在奄美大岛西南的西古见一带集合，于次日向德之岛进军。

这一次进军并不顺利，只有肝付兼笃等两艘船只抵达了德之岛东北面的金间崎，另有 7 艘抵达西岸的湾屋。太平洋上复杂多变的海况可以说是岛津军最大的敌人。上陆的肝付兼笃统军用铁炮打跑了前来围攻的千余名岛民，杀死 50 余人。二十日，在德之岛东岸的秋德凑，为清理出登陆点，再度发生战斗，有二三十名岛民被杀。岛津军在二十一日集中在秋德凑附近的龟津登陆，当地被称为“掟兄弟”的佐武良兼和思吴良兼兄弟率众抗战，爆发了侵琉之战以来最激烈的一次战役。由于琉球王国采取集权政策，收缴民间武器，加上琉球地理位置的原因，罕见外敌，武备废弛，当地居民只能以木棒、菜刀、柴刀、竹竿等用具抗敌，佐武良兼兄弟挥舞木棒，当场撂倒了几十个人，但武功再好抵不过一枪放倒，岛津军的涉江丹后守下船用铁炮瞄准佐武良兼开了一枪，正中胸前，被铁炮这种奇怪兵器吓到的岛民纷纷撤退，“掟兄弟”英勇阵亡。

桦山久高在留下一部分军队进行“山狩”搜捕逃入山中的岛民以后，起航先行南进，岛津军本队在二十四日起航趁涨潮的机会在冲永良岛登陆，岛上居民不战而降，整个奄美群岛落入了岛津手中。

三月二十六日，岛津军开始在琉球本岛的运天港登陆，琉球国把防御重点放在国都首里城附近的那霸港，以铁链封锁港口并在岸防要塞中设置“石火矢”，桦山久高曾派七岛众做侦察行动，得出了不可登陆的结论，转而在北面的运天港登陆，并且兵不血刃顺利占领了今归仁城，岛津军纵兵大掠，将附近洗劫一空。听说此消息的琉球朝廷很是惶恐，只得请出曾游学日本的僧人菊隐禅师为使与岛津商议和谈，然而，桦山久高却不顾出发前岛津家给予的“如琉球提出和谈必须接受”的指令，回绝了此次和谈。二十九日，从运天港出发的岛津军南下到读谷村大湾登陆，烧毁了附近的浦添城和龙福寺，此时的日本已经结束战乱，为了在这场战役中最后捞一票的人不在少数，所以岛津军军纪十分败坏，所过之处几乎寸草不生。四月一日，南下的岛津军抵达首里城太平桥，那霸一带的防御大将郑迵也被迫回收兵力，在久米村被岛津军击败，他本人被俘。仓促间，琉球国派出了以向德深为大将的百余人军队拦截，这简直是以卵击石，在岛津军的铁炮齐射中，这支军队迅速崩溃，冲在最前面的翁盛增中弹身亡。首里城周边化为一片火海，唯有担任王府御典药（御医）的山崎二休等还在率军抵抗，击退了岛津军法元二右卫门尉的进攻。

看到首里城周边的惨状，琉球尚宁王已经无心再战，决定投降。四月二日，琉球送出了摄政具志上王子尚宏和三司官作为人质，三日，尚宁王离开首里城，岛津军在随后接收了首里城，将琉球王国历年收集的珍宝搜刮一空。

五月十五日，琉球尚宁王被迫离开那霸港，同王族、三司官等百余人前往日本，六月二十三日抵达鹿儿岛。庆长十五年（1610）八月六日，一行人抵达了德川家康居住的骏府，德川家康决定允许琉球王“还本国以继祖考之祀”，以断绝岛津吞并琉球的企图，同时，江户幕府派员前往琉球检地，默认了奄美诸岛成为岛津直辖领地。庆长十六年（1611）九月十九日，岛津家向琉球提出了“掟十五条”，以此来保证岛津家独占琉球对外贸易，同时要求琉球尚宁王出具誓约，确定了琉球为萨摩之“附庸”。这在琉球的历史上是转折性的一幕，从此，琉球丧失了完全独立自主的地位。十月，尚宁王等人终于结束了两年多的羁旅生涯回到了琉球。

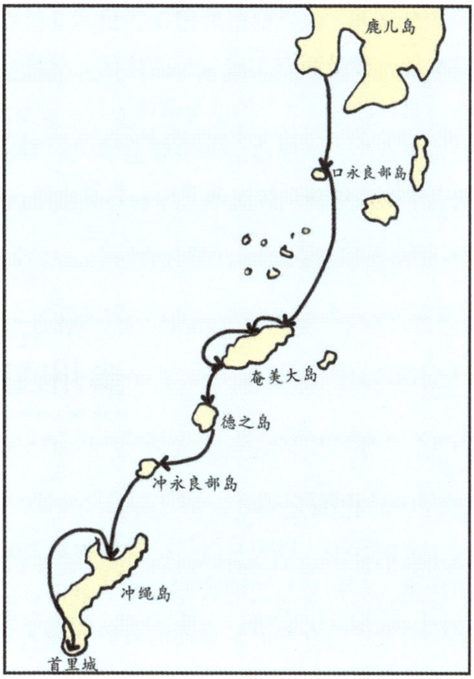

◇ 琉球之役地图

这一次侵略琉球对岛津来说意义重大，占有的奄美诸岛被岛津家胁迫种植单一作物——甘蔗，通过垄断糖的专卖权牟取利益，同时，琉球的外贸被岛津所操纵，由萨摩商人或萨摩藩出款进行对明朝的傀儡贸易，使得琉球的贸易地位实际上被萨摩取代。这成为岛津后来的摇钱树，也成为其幕末能成为强藩的资本。而琉球人民自此以后深受萨摩和本国王室的双重盘剥，苦不堪言。

明朝政府也略微知晓了其事，虽然明朝政府考虑渡海远征困难重重而未出兵，但也不会因此就让岛津和德川家康的企图得逞。万历皇帝在综合了种种情况以后，对万历三十八年（1610）的琉球贸易交涉做了上谕，要求“该国与倭国前后事情，尔当再行奏报，以凭裁处”，最终，明朝政府拒绝了此次贸易交涉，回复琉球要求“候十年之后，物力稍充，然后复修贡职未晚”。对于德川家康和岛津家来说，定下十年这个“远水不解近渴”的期限，意味着他们的“打你小弟来引起你注意”的奇葩外交彻底破产。

在幕末，西方殖民者出现在日本的港口时，萨摩藩由于其地理位置，又成为日本最先接受西方先进文化的地区。萨摩藩第二十八代藩主岛津齐彬提出了“殖产兴业、富国强兵”的改革藩政方针，建设起了日本最早的近代产业基地——“集成馆事业”。萨摩藩的西乡隆盛等人成为倒幕运动中的主角。岛津的萨摩藩又一次以“明治维新”源流地之一而名垂史册。

第三节 奥州独眼龙

一、北国之春

文治五年（1189）四月，日本历史上的传奇人物源义经在北国奥州平泉的衣川馆遭到奥州藤原氏的藤原泰衡的袭击，义经波澜壮阔的人生就此结束。衣川馆事件引发了镰仓幕府建立前的最后一场大规模战争——奥州合战。源赖朝在暂时无法获得后白河法皇“院宣”的前提下，以将军之命召集军队宣布讨伐奥州，从而确立了幕府的“御家人”体系。在这场战争中，有一名叫常陆入道念西的武将，在石那坂与其四子奋勇战斗，取得大胜。在战后，常陆入道念西被源赖朝表彰，获封奥州伊达郡之地。伊达这个苗字从此出现在日本历史上。

奥州是陆奥国的别称，在日本本州的最北面。本州北面大片土地沿着奥羽山脉分为两国，东边靠近太平洋的就是陆奥国，而西面靠近日本海的一侧则是出羽国。奥州包括今天日本的福岛县、宫城县、岩手县、青森县等地，在古代日本，这是一片地广人稀的寒冷土地。

◇ 伊达家家纹“竹に雀”

伊达氏的祖先常陆入道念西自称出身藤原氏，为藤原北家的庶流藤原山阴一脉。这一自称在后世被许多人吐槽过，所谓的“藤原”出自镰仓时代记叙当时历史的《吾妻镜》，书中提到源赖朝的一个宠妾为常陆入道念西之女，《吾妻镜》记叙该女时提到她是“常陆介藤原时长”之女，因此认为入道念西出身藤原氏，当然，即便入道念西真的出身藤原家，还存在一个问题，就是伊达家的第二代伊达宗村是怎么和他搭上线的。通说认为伊达宗村就是入道念西的次子为重，但江户时代的儒学者新井白石在编辑记叙当时大名家族谱系和事迹的《藩翰谱》时认为入道念西本人就是伊达宗村，这种莫衷一是的说法本身很说明问题。当然在战国，伪托名门是相当普遍之事，甚至后来成为将军的德川家都不能免俗，出身的真伪并不重要，战国的潜规则就是成功的当事人已经从这种出身中捞到政治资本并能让当世人广泛承认便足矣。按伊达家自己的说法：在被封伊达郡后，常陆入道念西就改名伊达朝宗。其子孙则遍及日本，除了奥州，出云、常陆、伊势、上野、骏河、备中、越后等地都留下了伊达家族的足迹。

◇ 伊达政宗（第九代）

终镰仓一世，伊达家作为奥州重要的地方领主而存在，到南北朝时期，伊达家追随南朝一方，在建武新政以后被朝廷授予陆奥守。第八代伊达宗远时期，伊达家归顺室町幕府，很快开始扩张，攻入了出羽置赐郡一带并将之据为己有。伊达家的第九代家督伊达政宗于应永七年（1400）拒绝了关东公方足利满兼割让领土的要求，看起来，对抗关东公方似乎是不甚明智的抉择，但考虑到当时关东公方足利满兼和幕府将军足利义满之间的紧张关系就合情合理了——或许政宗看透了幕府与关东公方之间存在着隔阂。镰仓立刻派出了上杉氏宪、结城满朝等来攻，伊达政宗举起了反关东公方的大旗。这一事件为幕府得知，幕府早有削弱镰仓势力的想法，伊达政宗的行为让幕府颇为欣赏，因此，在后来将军足利义教插手“永享之乱”时，就把伊达作为反关东公方的一颗棋子。昔时从属南朝对抗室町政权的伊达家摇身一变，变成了室町政权眼中的红人。伊达政宗也因此被称为伊达家的“中兴之祖”。

值得一提的是，室町幕府在本州北部的体制是围绕两个役职为中心的，而这两个役职的存在直接关系到幕府与关东公方之间的争夺。奥、羽两地本来是朝廷眼中的蛮荒之地，后醍醐天皇推翻镰仓幕府以后，在这里设立了一个陆奥将军府，以皇子义良亲王为将军。南北朝分裂以后，足利尊氏为和朝廷针锋相对，就把斯波氏的斯波家长派到了奥州任“奥州总大将”，总领奥、羽两地军事，其后又开始任命奥州管领，这两个职务都顶替了守护的职权，同时还起到了从北方牵制关东公方的职能。到元中九年（1392），由于幕府和关东公方和解，将军足利义满下令废除了奥州管领，并要求奥、羽两州国人必须到镰仓府报到并听从指挥。随后，幕府和关东的关系再度恶化，奥、羽两国的役职就重新恢复起来，这一次，幕府分派两个役职管理两州，奥州方面设置奥州探题，于应永七年（1400）任命大崎诠持担任此职。大崎氏是斯波家的分支，其祖先斯波家兼就担任过奥州管领，可以看作是斯波家治奥州的延续。而羽州方面，从正平十一年（1356）就由斯波家兼的次子斯波兼赖担任出羽国按察使以镇压当地的南朝势力，其后，这一斯波家分支被幕府授予“最上”的屋形号（“屋形”意思是贵人所居住的馆舍，一般有功绩的武家或名门会被幕府授予“屋形号”这样一种敬称，也可以享受被称为“お屋形さま”即“御屋形大人”的资格），是为最上氏的开始，出羽国按察使也就是后来的羽州探题。就这样，奥羽两地就是以大崎氏世袭的奥州探题和最上氏世袭的羽州探题分而治之的局面，探题拥有和守护同样的权力。同时，为对抗关东公方，幕府把奥羽一地的大批国人任命为关东的“京都扶持众”，以之团结在两大探题周围，形成一股强大的牵制力量。

第十四代家督伊达稙宗时，伊达家在奥羽两州的支配地位终于为幕府所承认。伊达稙宗在永正十一年（1514）继承家督，他在当年就攻进了出羽，羽州探题最上义定也是一个有进取心的领袖，他在永正元年（1504）接位后，就立刻进攻最上家多年的夙敌寒河江氏，将之彻底降服。但在伊达稙宗面前，最上家显得不堪一击，即便是联合了麾下的天童氏、清水氏、寒河江氏等羽州国人也抵挡不了伊达军，长谷堂一败使得最上家被迫签订城下之盟，最上义定娶了伊达稙宗的妹妹结成了亲家。

收伏了羽州，伊达稙宗回头收拾奥州。一直以来，伊达家就在向幕府寻求获得奥州探题职，而这个职务素来为大崎氏所垄断。作为奥州地方国人的伊达氏在名义上以大崎氏为主君。但由于伊达家属于关东的“京都扶持众”的一员，实质上与幕府保持着直接的联系。进入战国时代后，作为奥州管领的大崎家实际上已经变成一个仅能控制大崎一带的地方势力，甚至连家臣都无法控制了。天文五年（1536），古川持熙、氏家直继、新井田赖远等家臣反叛家督大崎义直，虚弱的大崎家只好向伊达稙宗求援。堂堂奥州管领，伸手有求于人，自然会被人讹诈，大崎家被迫接受稙宗的次子义宣为其养子，从此大崎家实际上成为伊达的附庸。

永正十七年（1520），最上义定死去，由于他和伊达稙宗之妹没有任何的子嗣

（或许是他对这个战争送来的老婆并不喜欢的缘故），伊达稙宗趁机介入，引起了不满伊达家的最上家臣的集体叛乱，伊达稙宗很快杀入羽州，连下数城震慑住了最上家。在两年家督的“空窗期”以后，最上家最后从分支中野氏挑选了一个年仅两岁的孩子最上义守担任新家督，主弱臣疑的最上家完全成了强势的伊达家的属臣。

大永二年（1522），伊达稙宗被任命为幕府的陆奥守护之职，这是幕府对伊达家统治奥州的承认。

事实上，伊达稙宗扩大地盘的方式就是通过联姻和送出养子的方式。奥州大大小小的势力几乎都和伊达稙宗有联姻关系或者与其亲子有收养关系。除了大崎义宣，葛西家的葛西晴重养子葛西牛猿丸、桑折家养子桑折四郎也都是伊达稙宗之子。奥州相马家的相马显胤、芦名家的芦名盛氏以及二阶堂照行、田村隆显等都和伊达稙宗的女儿结了亲。至于亘理氏，把女儿嫁给了稙宗为侧室，而这名侧室所生的二子成了亘理宗隆的养子。伊达稙宗就是这样，把自己的十多个儿子和女儿全部拿来当成了政治工具，通过强迫或者自愿等手段将他们和奥州地区的地方领主结成了一个错综复杂的亲缘关系网，并一步步蚕食这些领主的领土，通过继承将他们逐渐收归伊达家。这是一个非常精密而又切实可行的计划。为了巩固这一计划的成果，天文五年（1536），伊达稙宗正式颁布了分国法《尘芥集》，所谓“尘芥”，暗示其条文的多而细致。这部条文多达 170 余条的分国法确实达到了细如尘芥的地步，它规定了刑事和民事上的方方面面。这是伊达家向战国大名过渡的标志。

不过这样一种亲属关系政治化的玩法有一个要诀，就是“动什么都别动感情”。伊达稙宗也是个人，也有七情六欲。他虽然把孩子当成政治工具，不过仍然对孩子有着偏爱。所以，他一时头脑发热就考虑将伊达直属领的一部分土地送给女婿相马显胤，送给显胤等于就是送给自己的外孙盛胤。这显然是身为外祖父的一位老人家的傻念头，他的嫡子继承人伊达晴宗可就不这样想了，他关心的是自己将来能继承多大的领土，至于自己的表兄弟的利益自然是次要的。更有甚者，伊达稙宗玩上了瘾，他想将儿子伊达实元送到越后守护上杉定实家为养子继承人，这当然是将势力扩展到越后的一个机会。伊达实元不愿前往，稙宗就派遣了 100 名家臣押送一般随行。但他忽视了一个问题，越后的局势处于不稳定状态，越后守护代长尾家在越后的话语权完全超过了守护上杉家。这一次入继，很有可能将伊达家直接拖进了越后国未来可能发生的战乱中，同时也存在未来成为越后守护的某伊达家同宗依靠越后势力反噬主家的危险。这些都是冷静的伊达晴宗所要考虑的问题。于是，在这两个问题上，父子之间出现了完全不同的认识，在大名家内，

◇ 伊达稙宗

父子之间出现争论，解决的方式往往就是武力。

天文十一年（1542）六月，伊达晴宗抢先发难，他与桑折景长同谋借出猎的机会突然袭击，将伊达稙宗幽禁在伊达家的主城西山城。这个消息如同投入水中的一块石头，迅速在奥州引起了层层的波澜。

本来能从稙宗手中获得利益的相马家首先跳了出来，坚定不移地站在稙宗一方，要求伊达晴宗停止犯上作乱的行为，立刻释放稙宗。大崎义宣、芦名盛氏、最上义守以及田村、二阶堂、亘理等“关系户”纷纷站到了稙宗一方。而在晴宗一方，似乎并没有多少支持者：他的岳父岩城重隆、弟弟伊达实元以及在稙宗的继承扩张法中失去既得利益的一群人，比如不满于牛猿丸被送来做继承人的葛西晴胤、持同样理由的大崎义直等。双方的实力不成比例，这注定了晴宗在这场内乱的开始会异常艰苦。而伊达稙宗也很快脱出了晴宗的幽禁之地，向各“关系户”求救。伊达家陷入全面内战。

为了扭转逆势，伊达晴宗决定采用“调略”之法。他成功利用了稙宗阵营内的矛盾，把芦名盛氏拉进了自己的阵容中，同时，也策反了小浜城主石桥尚义等人，情势立刻扭转。天文十七年（1548），将军足利义辉颁布停战令。伊达稙宗被迫隐居丸森城，将家督之位传给晴宗。

这场“天文之乱”持续六年，对奥州伊达家来说是一次致命打击。出羽国最上氏从此重新独立，并夺回了长谷堂城。奥州的相马家，因为在这次内乱中的失败，无法获得利益，从此与伊达家反目成仇。

为了处理“天文之乱”留下的后遗症，伊达晴宗做了不少努力，他采用武力征服不服从的家臣。天文二十二年（1553），他宣布整理“天文之乱”中为各自利益所滥发的“安堵状”。所谓“安堵状”，是主君对家臣所获得的领地的承认和领有保证。这一次的整顿就是一次收回地方权力的努力。天文二十四年（1555），他获得了奥州探题的职务，从此在名义上已经成为奥州的最高领主。

不过，在“天文之乱”中损失惨重的伊达家仍然需要更多的努力，这一切，恐怕需要一名中兴之主才能实现。

二、独眼龙出世

伊达晴宗在接替家督以后做的最重要的一件事，就是在永禄七年（1564）让儿子伊达辉宗娶了表弟羽州探题最上义守的女儿，亲上加亲。伊达晴宗的长子亲隆早就被送到了其妻子的娘家岩城氏作为养子，这也是前任伊达稙宗做出的决策之一。岩城氏为奥州南部重要的国人，其在战国时代初期，势力横跨陆奥与常陆，其周边的伊达、相马、芦名、佐竹等各大势力都以之为饵食，所以在伊达和相马的同时进攻下，岩城重隆送出了女儿久保姬为伊达晴宗之妻，而迎立晴宗长子亲隆为继承人。这和毛利家的“两川体制”是如出一辙的办法，是战国大名吞并其他家族的常用手段。

嫡长子出继，意味着次子辉宗将继承家督，但由于伊达稙宗给后人留下了“嫡长子出继”这个麻烦，所以伊达晴宗不得不为他的继承人寻找一个合适的同盟，与强大的羽州最上家结亲是一个比较妥当的办法。

伊达辉宗确实是个合格的继承人，他性格温良宽厚，因此深得人望。在“天文之乱”以后逐渐离散的家臣为他的忠厚性格所吸引，伊达氏慢慢得以收复人心。这一点上，辉宗堪称是伊达家复兴的奠基人物。他的脾气秉性对他的儿子影响很大。

在晴宗和辉宗两代，伊达家还必须在对外关系上收拾“天文之乱”的残局。

一方面是继续联姻法，晴宗将两个女儿分别嫁往据有奥州岩濑郡的须贺川二阶堂家和常陆国的佐竹家，作为二阶堂盛义和佐竹义重的正室，以此和两家达成同盟关系，接着是对抗占据有会津一带的芦名家。永禄七年，在晴宗隐居并将家督传给辉宗之后，芦名盛氏进攻二阶堂氏，被伊达家击败。永禄九年（1566），芦名家接受了和平协议，芦名盛氏的嫡子盛义娶了伊达晴宗之女彦姬。

◇ 伊达辉宗

第二方面是继续干涉越后，伊达辉宗采取“远交近攻”，与织田信长和北条氏政达成同盟关系。天正六年（1578），上杉家发生御馆之乱，伊达家联合芦名家干预，支持北条一方的上杉景虎，在景虎败死以后，他们又支持新发田重家叛乱，维持越后的混乱可以说是奥、羽两州保持稳定的一大基础。

从这两方面来看，实际上伊达晴宗和辉宗两代仍然在延续先代伊达稙宗的政策，手段略有不同而已，说明“天文之乱”本质上不是“路线之争”而是“利益之争”。

最后一个麻烦事是“天文之乱”中与伊达家反目的相马家。永禄八年（1565），在丸森城的伊达稙宗死去，相马义胤和伊达稙宗之女离婚，标志着伊达和相马两家的全面决裂。元龟元年（1570），相马父子攻下了丸森城。伊达家在此后全力介入越后，因此对相马氏的战争交托给了稙宗的第十二子亘理元宗，在相马家咄咄逼人的攻势面前，亘理元宗苦苦支撑，局势日渐糜烂。到天正四年（1576），伊达辉宗终于决定抽出手来全力对付相马家，但在小斋城和金山城一带，伊达军仍然未能取胜，田村清显、芦名盛氏和北条氏政等大名发来了调停书，最终在天正十一年（1583）五月，伊达家夺回了丸森城，次年一月夺回金山城，双方达成协议，规定奥州伊具郡归属伊达家，宇多郡归属相马家，奥州暂时恢复了平静。

永禄十年（1567），伊达辉宗的长子梵天丸出生于伊达家当时的居城米泽城，辉宗对这位将来的继承人寄托了很大的希望。他请到了临济宗的高僧虎哉宗乙作为孩子的启蒙老师。虎哉宗乙的老师是武田信玄之师快川绍喜，作为名师弟子的他佛学修养堪称一流。梵天丸从小就接受了佛教和汉学的教育。天正三年（1575），辉宗又延请米泽八幡神社的片仓景纲作为梵天丸的辅佐者，同时还请了伊达成实、原田宗实等家中重臣共同教育和辅佐这位继承人。辉宗善于招揽人才，在他的领地中云集了一批僧侣和儒者，这些人对这位伊达家继承人的成长起了非常大的帮助。

不过，这个聪敏的孩子却在童年时为疾病所袭。他于元龟二年（1571）罹患所谓的“疱症”，也就是当时人人闻之而色变的天花，虽然性命无忧，但右眼永远失明，从此得到了一个“独眼龙”的绰号。

也正是因为他的右眼已盲，不为他的母亲义姬喜爱。义姬把希望寄托在幼子小次郎身上。伊达家内部围绕继承人问题出现了两派争论，又一场“郑庄克段”的故事似乎就在酝酿之中。

天正五年（1577），梵天丸元服成年，他的名字与当年伊达家中兴之祖的名字一样：政宗。大名的婚姻往往是一种政治博弈，擅长从婚姻和亲缘关系中获取利益的伊达家尤其如此。两年后，根据伊达家的惯例，他与田村家的田村清显之女爱姬结成婚姻。

不过伊达政宗已经是一位“战国时代的迟到者”。天正十二年（1584），18岁的伊达政宗接任家督，他的父亲辉宗正是41岁壮年之时。但辉宗认为这个充满才华的儿子已经有足够的能力承担起领导责任，于是果断地宣布隐居并传位。这个做法完全切断了义姬的希望，也防止了伊达家出现织田信长继承时所发生的一系列内乱。伊达政宗在父亲的支持下顺利地获得了家督之位。然而，此时的日本可以说大局已定，霸主织田信长已死，羽柴秀吉正以信长接班人的身份肃清他的政治敌人。至于奥州，这个时候正是天高皇帝远，相对远离那些决定日本命运的战争。

年纪轻轻的伊达政宗就这样挑起了领导奥州的重任。但他的才华仅仅获得其父亲肯定，并没有能够慑服奥州大大小小的地方豪族的名望。许多的地方领主都看不起这个瞎了一只眼的乳臭未干的小子。在他接任家督的时候，二本松城的畠山义继和塩松的大内定纲两人就勾结起来以反对这次继承为借口，外联芦名家发动叛乱。大内定纲之女嫁给了畠山义继之子，两人属于亲家关系，大内定纲从属于田村家，他试图独立，而畠山义继在政治婚姻的操弄下给予支持。伊达政宗则是田村清显的女婿，田村家是伊达家最重要的政治盟友之一。伊达政宗的决断能力现在正面临考验。

天正十三年（1585），伊达政宗开始采取行动证明他的能力。他首先要惩罚的就是大内定纲。八月，伊达政宗领军包围了小手森城，并于二十七日发起了总攻。伊达军用铁炮发起猛烈攻击，城主菊池显纲向政宗请求降服，被政宗拒绝。城破以后，伊达政宗纵兵大掠，杀死了城中所有的百姓，老弱妇孺无一幸免。死亡人数据说达 800 人。大内定纲听说后，丢弃本城小浜城投奔芦名家。

小手森城大屠杀震惊了整个奥州。奥州的大名与伊达家多多少少有着一些亲缘关系，即使是发生战争，也肯定会留有分寸，像这样狠下杀手的事情还是第一次发生。二本松城的畠山义继闻讯大惊，立刻寻求和伊达政宗和解。伊达政宗以胜利者的姿态提出了极其苛刻的条件，要求二本松畠山家割让大片土地交给伊达直辖，仅仅保留五个村庄。如果这一条件被接受，二本松畠山家将实质上灭亡。畠山义继面有难色，就转向伊达辉宗寻求宽恕，忠厚老实的伊达辉宗同意了畠山义继的请求，出面调解，政宗看在父亲的面子上勉强答应放宽条件。但畠山义继仍然不放心，他在谈判结束后于十月八日突然挟持了辉宗逃往二本松城。伊达政宗大怒，率领铁炮队紧紧追赶，在阿武隈川河畔的高田，政宗终于追上了义继。义继手里握着人质，试图负隅顽抗，但政宗却并非善类，他下令铁炮队开枪，将父亲辉宗和畠山义继两人同时杀死。

人们一向不惮以最坏的恶意来揣测政治人物。高田原之变（或称粟之巢之变）的过程是如此的扑朔迷离，而结局是如此的凄婉惨淡，不由让许多人猜测：这实质上是伊达政宗为摆脱隐居的父亲的影响，精心策划实施的一起杀父血案。但这一说法确实有些牵强，如果真是如此，那么戏中另外一位主角畠山义继就未免太配合了，甚至还搭上了自己的一条性命，这种“为艺术牺牲”的精神实在太过伟大。可以认为，这是一起突发事件，但伊达政宗果断地以牺牲父亲为代价，避免了可能发生的绑架要挟，他作为一个政治人物，在关键时刻做到“六亲不认”，体现了一种枭雄的本性。

不管怎么说，伊达政宗的行动导致了他父亲死亡的客观后果，他和母亲义姬之间的隔阂也更进一步。他本人却把这一事件归咎于畠山家。天正十三年（1585）十一月，伊达政宗起兵围攻畠山家的居城二本松城，畠山家则拥立了畠山义继的遗孤国王丸，固守城池，誓死不降。为伊达政宗的暴行所震动的大小地方领主，以常陆国佐竹义重为发起人，芦名氏、石川氏、二阶堂氏、结城氏、相马氏、岩城氏等联合一致，发动了扶弱锄强的反伊达联军。一场血腥的奥州大战开始了。

三、奥州大战

常陆的佐竹义重是关东数一数二的名将，素来有“坂东八郎”“鬼义重”之称。常陆佐竹是名门，在平安时代末期就称霸常陆北部，独占七郡。到镰仓时代因为加入平家得罪源赖朝被没收领地。足利尊氏建立室町幕府的时候，佐竹家押对了宝，但在其后，他们又成了关东公方的重臣。应永六年（1399），关东公方足利满兼在关东管领上杉朝宗的建议下，授予了其手下的八家大名“屋形号”，号称“关东八屋形”，是为公方势力在关八州的基本盘。这八家是：宇都宫氏、小田氏、小山氏、千叶氏、长沼氏、那须氏、结城氏和佐竹氏。从当时的地缘政治角度出发，远离幕府核心区域近畿而位于关八州东部边缘地带的佐竹氏除了死心塌地地跟随关东公方以外实在没有更好的选择。随后在应仁之乱以后，佐竹义舜趁关东大乱之时开始收复失地。

佐竹义舜以后几代，佐竹家都在与称霸关东的北条氏苦苦争斗，总体来说丝毫不落下风。到佐竹义昭和佐竹义重这两代，通过外交和武力征服两手扩大地盘，佐竹义昭联合越后上杉，于永禄九年（1566）攻“关东八屋形”之一的小田氏，夺取其领地，永禄十二年（1569）取小田城。为共同对抗强大的北条，佐竹义重和芦名盛氏、结城晴朝结成联盟，再攻白河，收伏了白河的结城氏和岩城氏，因此得以称霸常陆。其后，又远交羽柴秀吉，攻打下野，逼迫北条，夺取长沼城。经验老到的佐竹义重对伊达政宗来说绝对是一个劲敌。何况这一次他振臂一呼，召集了大约 3 万人的联军，实力远在伊达军之上。

听说联军到来，伊达政宗立刻决定分兵，留下少量军队守城，自己亲率 8000

余人前往迎战。伊达军与反伊达联军的实力对比是悬殊的一比三。

◇ 伊达政宗

天正十三年（1585）十一月十七日，在本宫城外人取桥，伊达政宗与佐竹为核心的反伊达联军展开一次血战。他本人身中一矢五弹，血染铠甲。无奈寡不敌众，其大将鬼庭左月斋自告奋勇担任殿后任务，在乱军之中被杀，伊达军损失惨重，只好暂时退却，准备来日再战。

所谓“吉人自有天相”，就在伊达政宗陷入危机的时候，敌人佐竹家却出现了问题。佐竹义重的叔父义政就在这个时候无巧不巧地被家臣所刺杀，而佐竹领地内出现了内部不稳的传闻，同时北条家的江户重通和安房的里见家趁火打劫攻入常陆。担心后方被袭的佐竹义重连夜决定退军。盟主离开，其他人也如鸟兽散。所以在次日凌晨，被联军压倒性优势杀怕了的伊达军一觉醒来，发现3万敌军奇迹般的消失了，伊达政宗倒是得理不饶人地实行追击，获得了一点蝇头小利。

人取桥大战，政宗勉强实现了战前的计划——在次年七月十六日通过相马义胤的斡旋拿下了二本松城，但是反而失去了一名猛将。短时间来看，为了一城得失而丢失一员大将，损失和得到不成比例，如果不是因为幸运，恐怕性命也会断送在那里，个人认为：似乎当是一场失败的战役。

人取桥之战后，又一个幸运大奖“哐当”一声砸到了伊达政宗的脑袋上。他的岳父田村清显于人取桥之战后第二年突然去世。清显一直是伊达政宗的忠实支持者。原本伊达家与田村家结亲，目的就是为了拉拢田村家对抗夙敌相马家。不过田村清显本人的妻子却是相马家的女儿。因此，在他死后，田村家内立刻出现了伊达派和相马派之争。相马义胤闻讯而动，出兵试图进入田村家的三春城，扶植支持相马一方的傀儡。伊达政宗自然不会让他的“阴谋”得逞。田村家中的伊达派桥本显德立刻阻止了相马军的进城企图。伊达政宗出兵田村领地，与相马家在郡山决战，获得了胜利，顺利进入三春城，并拥立清显之甥田村孙七郎为新任家督，得政宗赐名“宗”字，改名田村宗显，相马夫人则被逼隐居。田村氏实际上沦落为伊达的傀儡。田村领地并入伊达家。

吞并田村这一次，伊达政宗相对而言处理得还算不错，完全把握住了老天爷赐予的机遇。不过在这一战中，他也没有遭遇真正意义上的危险敌人。伊达家最危险的敌人，是近在出羽国的最上义光。

最上家与曾为奥州探题的大崎家都属斯波家出身，斯波家世任幕府管领，其祖先属足利氏。所以，最上与大崎都是足利家的一门。最上义守和伊达辉宗保持着良好的关系，并且将自己的女儿嫁给辉宗，是为政宗之母义姬。但最上家随后发生了家督继承战，传统的说法是最上义守偏爱幼子中野义时，欲废嫡立幼，最上义光先发制人，于元龟元年（1570）逼迫父亲隐居传位。但近年来研究认为，中野义时此人可能并不存在。最上父子之间的争执实际上是围绕是否要寄于伊达氏门下。义光认为没有必要，并以统一出羽为己任，这和安于现状的义守发生了根本性的冲突。因此，义光迫父隐居，自为家督，随后，就发动了羽州征服战，上山氏、大江氏、天童氏等地方豪族先后灭亡。最上义光在战略上的经验和能力应该都在初出茅庐的伊达政宗之上。

天正十六年（1588），原奥州探题大崎家发生了内乱。家督大崎义隆有个“重口味”的特殊爱好——喜欢男宠，也就是现在所说的娈童癖。那些宠童仗势欺人，互相攻讦，就导致大崎家一分为二，从而发生了一起“大崎骚动”。一月，伊达政宗受大崎家臣氏家吉继的邀请，以平定大崎内乱的名义兴冲冲地派浜田景隆领兵前往，试图借机一口吞掉大崎家。是年二月，伊达军包围了大崎领地的中新田城。不过此时为隆冬，北方的奥州白雪皑皑，道路泥泞，其实并不适合用兵。大崎一方固守城池，自然有着相对的优势，反之，在寒风凛冽中苦苦攻城的伊达军就陷入了进退两难的境地。在关键时刻，原倒向伊达家的黑川晴氏被大崎一方所策反，大崎方出兵袭击在雪中久战疲敝的伊达军，伊达军惨败而归。

这场失败对政宗的影响很大，芦名家、二阶堂家等敌人纷纷从南边袭来。当然，最难缠的还得数最上义光。最上义光的夫人出自大崎家，他与大崎又源出同门，自然不会坐视不理，义光本人对伊达政宗也没什么好感。于是，最上义光出兵五千，寻求决战。在战局一触即发时，政宗的母亲义姬突然出现在双方阵前，要求停止这场舅舅与外甥之间的厮杀。在义姬的斡旋下，双方达成了停战协定。

事实上，当时的情况对政宗十分不利，停战对他来说有利无弊，可以说，最上义光给义姬一个面子，让政宗获得了一次喘息的机会。

此时的奥州处于多事之秋，麻烦一次次袭来。早在伊达政宗继任家督前，奥州的芦名家就开始一场大乱。芦名盛氏是芦名家的老家督，娶了伊达稙宗之女。他于永禄四年（1561）隐居，传位芦名盛兴，自己则掌握实权。天正三年（1575），芦名盛兴早死，盛氏又引二阶堂家之子为养子，是为芦名盛隆。天正八年（1580），盛氏死去，盛隆就成为芦名家的实际主人。但他毕竟是二阶堂氏出身，家臣团中多有对他不服的。天正十二年（1584）十月，盛隆被宠臣大庭三左卫门刺杀于黑川城，芦名氏至此家道中衰。

继任的芦名龟王丸在两年后一病夭折，“享年”三岁。芦名家又陷入绝嗣状态。伊达家与常陆的佐竹家就为此事进行了一场博弈。伊达家希望将伊达政宗的弟弟小次郎送来继承芦名家，而佐竹家希望送来的是佐竹义重的次子。最终，佐竹义重获胜将自己的次子送入芦名家，娶了盛隆之女，是为芦名义广。芦名氏早在“天文之乱”后就与伊达结下了梁子，至此则裂痕愈深。在人取桥之战中，芦名家就加入了佐竹所领导的反伊达联军，成为伊达政宗的死敌。

两次引外人为家督使芦名家内部离心离德，人心思变，猪苗代盛国就是其中的一人。他是芦名家猪苗代城城主，天正十三年（1585）隐居让位嫡子猪苗代盛胤，但他本人却在此后宠爱继室之子龟丸试图废嫡。同时，在这一事件背后还隐伏着政见之争。猪苗代盛国本人是支持小次郎接替家督一派，而在芦名义广上台以后，对小次郎派进行疯狂的反攻倒算，很快就可能轮到猪苗代盛国身上，相对的猪苗代盛胤则和父亲持对立立场。天正十六年（1588），猪苗代盛国趁儿子去黑川城侍奉的机会，抢占了猪苗代城，杀死了所有支持盛胤的家臣，引来了一场父子相攻，猪苗代盛胤在夺回城池后受芦名家执政金上盛备的劝说和父亲达成和解。但好闹腾的伊达政宗岂肯放过这个大好机会，他暗中联络猪苗代盛国，希望他能成为进攻芦名家的内应，后者一口允诺以猪苗代城作为伊达家的进军据点。

天正十七年（1589）四月，伊达政宗出兵入二本松城，集中两万大军南下会津。五月，伊达军的前锋片仓景纲等人已经抵达猪苗代湖附近的安子岛城和高玉城，这两城一投降一被攻克。随后在五月十八日，伊达军突然转入金山城攻入相马家领地，很快拿下了驹岭和蓑首两城，迫使蠢蠢欲动的相马义胤撤军。在震慑住相马家以后，伊达政宗再度南下，在六月四日经过雨夜急行军进入猪苗代城，猪苗代盛国在此前已经交出人质死心塌地地归顺了伊达家。六月五日，伊达政宗向猪苗代湖的北岸摺上原进军。芦名义广则在北岸高森山一带集合军队，烧毁民居向伊达军挑衅。双方决战时，一股怪风突然刮起，从芦名一侧向伊达一侧劲吹，伊达军连眼睛都无法睁开。芦名军趁机发起进攻，先阵的猪苗代盛胤和第二阵的金上盛备率军突入了逆风而进的伊达军中，看到前两阵占了上风，后继的佐竹、二阶堂等大名的军队都按兵不动。奇怪的是，风向又突然一变为东风，这下对伊达政宗反而有利了，他立刻调上铁炮队来了一下齐射，然后催动全军突击。就这样，政宗又一次走了狗屎运，在老天爷的帮助下击败了芦名家。这场大战中，芦名家的重臣金上盛备、佐濑种常尽数阵亡。芦名义广在战后被迫放弃黑川城逃奔佐竹家，芦名家灭亡。

伊达政宗乘胜夺取整个会津，灭二阶堂氏，南部奥州全部落入伊达之手。政宗将主城迁移到会津，标志着伊达家再度成为奥州的统治者。

但伊达政宗的行为也触怒了“天下人”丰臣秀吉。他强行以武力完成了奥州统一，已经违反了秀吉发布的禁止大名之间私斗的“惣无事令”。面对丰臣秀吉的可能惩罚是低头屈服，还是强硬抵抗，这是一个值得政宗认真思考的问题。

四、能屈能伸

天正十七年（1589），已经完成了四国和九州攻略的丰臣秀吉将目光投向北方。他首先要惩罚的就是小田原城的北条家。年底，丰臣秀吉发布了小田原之战征集令，要求各地大名派出军队协助行动。秀吉把这一次小田原之战作为检查大名效忠程度的一次测试，推托不到或者消极怠工的大名将遭到秀吉的严厉处分。在实力面前，伊达政宗选择了务实，他决定参加小田原之战。但一场家庭变故又绊住了政宗的脚步。

天正十八年（1590），伊达政宗筹备参加小田原之战，根据原本流行的说法，在筹备之时，他参加了母亲义姬的宴会，在会后，突然腹痛不止，幸赖解毒剂才能得救。政宗认为是母亲义姬和弟弟小次郎合谋毒害他，于是杀死了弟弟小次郎，母亲义姬出逃最上家。但现在的一些研究表明，所谓的毒杀事件只是子虚乌有，如果真的那么简单能给大名下毒，那么负责检测毒物的御膳番众都得吃官司。小次郎的被杀本身就是多年兄弟争端造成的集中恶果，而义姬在此后也并没有立刻离开伊达家，出奔是在四年以后的事情。

就是这个事件大大推迟了伊达军参加小田原之战的时间，当伊达政宗赶到小田原阵前时，大局已定。丰臣秀吉大怒，决定攻打奥州以示惩罚。伊达政宗从前田利家处听说了秀吉的性格特点，投其所好，卑躬屈膝，于是得以免遭兵燹之灾。但在随后，丰臣秀吉重新划分奥州的势力范围，伊达政宗由于违反秀吉的“惣无事令”私自进攻会津，在小田原之战中迟到，被惩罚削去会津领地。伊达家又退回到米泽城。

被处罚以后的伊达政宗就乖了，他主动给丰臣秀吉派出处理奥羽事务的奉行浅野长政带路，于八月九日进入会津黑川城，在镇压了仍然不服的各势力后，丰臣政权下令开始在奥羽两地检地，同时对奥羽各势力重新洗牌。这次“奥州仕置”的标杆是：是否跟随丰臣家参与小田原之战，未参战的葛西晴信、大崎义隆、黑川晴氏、田村宗显、白河义亲等全部没收领地，而参战的最上义光、相马义胤、秋田实季、津轻为信、南部信直等获得了丰臣政权对其现有领地的承认——“所

领安堵”。蒲生氏乡接收了伊达家吐出来的会津42万石。而在葛西和大崎领地上安上一个外来户木村吉清，领30万石。

如此激烈的变革自然会引发当地的混乱，比如木村吉清这个新来乍到的“领主”就根本无法理解奥州这块土地上是多么复杂，一到任，葛西和大崎领地上的地方领主就给了他一个下马威，发动了一场“葛西大崎一揆”。

天正十八年（1590）十月十六日，从原大崎家重臣氏家吉继所领有的岩手泽城一带开始，大崎领地的领民和武士迅速结成一揆，很快成燎原之势。听说此消息的浅野长政中途折返，立刻叫来了蒲生氏乡和伊达政宗，要两人马上处理。事实上，秀吉安插在奥州的代理人就是蒲生氏乡，他和伊达政宗在十一月达成联合镇压的决议。不过此时，政宗的家臣须田伯耆秘密来访，告发了一个天大的秘密：伊达政宗其实为一揆的幕后主使者。他说：伊达政宗曾经给一揆势密信煽动，同时伊达政宗的军队这一次放的都是空枪，其实和一揆是一伙的。蒲生氏乡将信将疑，一方面防备伊达政宗袭击，另一方面单独出军攻克名生城。同时紧急派人报告给丰臣秀吉。

秀吉闻讯又惊又怒，立刻派石田三成前往奥州。这时，伊达政宗聪明地开始行动了，他很快拿下了高清水城和宫泽城，在十一月二十四日攻克佐沼城并护送木村吉清到蒲生氏乡军中。仍不放心的蒲生氏乡担心自己陷在奥州，要求伊达政宗交出人质作为保证。伊达政宗二话不说交出了伊达成实和国分盛重两名重臣。

天正十九年（1591）一月，石田三成抵达奥州，传达了丰臣秀吉的命令：伊达政宗上洛解释此行。政宗忍气吞声，带上镶着金箔的十字架（当时处磔刑的方式就是将人捆绑在十字架上用枪刺），前往京都向秀吉解释这一事件。他一口咬定蒲生氏乡所提供的证据——伊达政宗给一揆势的书信是假冒的，因为上面的花押签名有误——正牌的伊达政宗亲笔签名的花押上面都是有很难看清的针眼儿的。秀吉查无实据，所以不了了之，只能责成伊达政宗回去迅速镇压一揆。五月，政宗回到奥州以后，就果断出击，痛下杀手，六月十四日，再度出军的伊达军如风卷残云，迅速镇压了葛西大崎一揆。伊达政宗下令将参与一揆的地方领主统统杀死，奥州地区血流成河。

伊达政宗是否内通一揆的问题就此掩盖在历史的尘埃中，有人认为这是蒲生氏乡试图陷害伊达政宗的阴谋，所以联合对伊达不满的须田伯耆制造了这一次内通事件。但这一事件确实问题众多：首先要注意的是，葛西和大崎领地在战前是伊达奥州领土的一部分，政宗在这一地区有着相当的影响力，煽动对他来说不是难事；其次，政宗在小田原之战后被减封，而封地恰好被蒲生氏乡所取，他和蒲生之间定有不和，不排除他暗中制造事端的可能；第三，伊达军在开战时十分消极，但在事情发生后，却显得心狠手辣，大有杀人灭口的嫌疑。

在战后，伊达家就吞并了原大崎和葛西领地，合计 13 个郡 30 万石，一点也没表现出消化不良的样子，不过，他也必须交出 6 个郡 44 万石给蒲生氏乡，这是秀吉对政宗的一种变相惩罚，政宗再次被迫从米泽城迁移到岩手泽城（后改名岩出山城）。从中也可以看出，秀吉虽然表面上不处分政宗，实际上也颇有怀疑政宗在此事中所扮演的角色。从伊达政宗充满野心的性格看，他操纵这一事件也是完全可能的。

此后，奥州在丰臣政权的主导下实行检地，确定兵员数量。奥州被纳入丰臣政权体系之中。

文禄二年（1593），丰臣秀吉出兵侵朝，伊达政宗身为丰臣政权的大名之一，自然有当仁不让的出兵义务。伊达军上洛时，衣着华丽，观者如潮，在京都甚至还掀起了一股流行风潮。在日语中，有个词语叫“伊达男”，指的就是那些服饰华丽的男子，这个典故就是出自这里。不过好看归好看，伊达政宗还是个狡猾的家伙，他尽量避免让这支漂亮的军队出现在朝鲜战场的最前线，以保存实力，并且没有参与庆长侵朝战争。事后证明，这个做法十分明智，比起小西行长那些在朝鲜损失惨重的大名，伊达政宗为未来保留了足够的资本。

文禄四年（1595），蒲生氏乡死于京都伏见。在他死后，蒲生家就失去了一个能控制局面的人，家臣之间为争权夺利发生了一连串的骚动。蒲生氏已经无法承担起监督奥州的重任。蒲生氏被移封宇都宫。庆长三年（1598），秀吉发布命令：越后的上杉景胜移封会津、置赐、信夫、伊达、安达五郡加庄内地方 120 万石。上杉家的直江兼续附带获得出羽米泽的封地。上杉取代了蒲生成为羽、奥两国大名的监督者。同年八月，秀吉去世，丰臣政权体系也开始随之瓦解。上杉与奥州伊达、羽州最上两家的矛盾开始激化。

最上义光早与上杉家有仇，这两家的梁子就是争夺出羽国庄内地区时结下的。庄内一地在战国时代是由大宝寺武藤氏所占据，这一家族从镰仓时代开始就是庄内的地头，室町时代，该家族在羽州一直是羽州探题最上家最得力的部下。进入战国时代以后，由于庄内本身是一片沃土，又有平野酒田凑这个重要的港口，所以大宝寺氏依靠对外贸易积聚了大量财力。该家族曾协助本庄繁长反叛越后上杉家，因此和本庄氏有扯不断的联系。永禄十一年（1568），在本庄繁长叛乱失败后，大宝寺义增把儿子义氏送到上杉家做人质。第二年，义增隐居，义氏成为家督。这位当过人质尝过屈辱的青年迅速掌握庄内，他在元龟二年（1571）歼灭了庄内的反叛势力土佐林氏，控制了羽州田川、栉引和游佐三郡，然后越过鸟海山进入由利郡。另一方面，最上家在天正二年（1574）爆发了“天正最上之乱”。由于最上义光在接替家督以后对领地加强控制，因此引起了众多国人的不满，是年一月，隐居的最上义守向伊达家请求援军，最上家爆发了父子内战。最上义光迅速出兵攻打寒河江城，降服城主寒河江兼广，并在置赐郡一带与伊达军展开半年的大战，到九月，双方达成了协议。这场内乱中，大宝寺义氏也趁火打劫，支持最上义守一方，引来了最上义光的反感。随着最上家势力的逐渐扩大，加上大宝寺家的靠山上杉谦信的死去，大宝寺家遭到了直接的威胁。

以大宝寺家这样的地域环境，本身是周边实力派觊觎的对象，如果再自作孽，就真的不可挽救了。天正十年（1582），大宝寺义氏动员了领地几乎全部力量倾巢而出攻打村山、由利两郡，遭到当地领主的激烈抵抗，无果而返。这次伤筋动骨不自量力的大折腾成了大宝寺义氏的催命符。第二年一月，当最上义光攻入由利郡时，大宝寺家酒田的代官前森藏人突然叛变包围了尾浦城，三月六日，大宝寺义氏自杀。

作为贸易港的酒田凑一带可以说是大宝寺家的聚宝盆，祸起酒田也是因为大宝寺义氏为了支撑不断的扩张战争而拼命搜刮当地领民，对于被织田信长授予“屋形号”的大宝寺家，庄内的领民私下里有个厌恶的称呼——“恶屋形”。这是战国时期典型的一个把目标定得太高而作死的例子。

大宝寺义氏死后，其弟义兴接位，他继续延续其兄长的作死政策，再度于天正十三年（1585）进攻最上家的清水城，其领地里的领民结成一揆暴乱，前森藏人是时已经进入东禅寺城改名东禅寺义长，见此时机再度叛乱，配合最上义光进入庄内。天正十五年（1587）十一月，尾浦城再度陷落，大宝寺义兴自杀。

两代大宝寺家家督的死令最上家顺利获得了庄内这块香饽饽，但麻烦在于大宝寺义兴的养子义胜是越后本庄繁长的次子，这层关系的存在使庄内一地受到越后的威胁。天正十六年（1588）一月，最上义光卷入了大崎合战，和伊达政宗开战，上杉景胜趁最上家抽不开身的机会于八月命本庄繁长攻入庄内，东禅寺义长和胜正两兄弟在十五里原之战中双双阵亡，庄内名义上由大宝寺义胜领有，实际落入了上杉家之手。

这一事件发生在丰臣秀吉发布“惣无事令”后，如果按该命令，上杉家也是违反私斗禁止令，其占领庄内的行为应和伊达政宗一样受到惩罚。但丰臣秀吉却默认了上杉家占领庄内，对最上义光的抗议置之不理。天正十八年（1590），庄内发生反抗检地的一揆，秀吉剥夺大宝寺义胜的领地直接给了上杉景胜，引起了最上义光的极度不满。而文禄四年（1595），丰臣秀吉逼死了自己的养子丰臣秀次，当时最上义光最宠爱的次女驹姬曾作为秀次的侧室人选在京，受到牵连也被杀死，这一事件令最上义光进一步厌恶丰臣政权，从而在丰臣秀吉死后，投入了试图夺取天下的德川家康门下。

上杉家在秀吉死后，也开始积极备战。上杉景胜开始修筑新城，同时整顿道路，这一行动被上杉家亲德川的部下藤田信吉和堀秀治报告给了德川家康，并直指上杉家试图谋反。家康立刻派人问罪，诘问上杉家缘何不经申请私自筑城，而上杉一方则由直江兼续回答了一份理直气壮的“直江状”。家康接到“直江状”以后，就以此为借口，开始会津征伐战。

上杉一方则恳求“五奉行”之一的石田三成出面，于是，以石田三成为首，组合成了一股反德川力量，关原大战爆发了。

五、江户强藩

庆长五年（1600），决定日本命运的决战——关原大战爆发了。在这场大战中，伊达家应该何去何从，这是政宗需要迫切决定的问题。他正在思考，他想到了当初被人告发煽动一揆时，少年得志的石田三成那副嚣张的嘴脸，在他面前摆着的，又是德川家康的一份承诺书：一旦伊达家支持德川，在战后，将被赐予 100 万石的庞大领地。“百万石”，这是一个何等诱惑的数字，这份承诺书就好比一张能中五百万大奖的彩票。于是，伊达政宗想明白了：他果断地决定，站在东军德川家康一方。

出羽的最上义光也成为东军的一部分，他和政宗这对在东北对抗了多年的甥舅，在面对上杉这个共同的敌人时，终于团结到了一起。关原之战的东北战场就在上杉与伊达最上联军之间展开。

庆长五年九月，上杉军以直江兼续为总大将从米泽和庄内两地分两路杀向出羽的最上一方的山形城。山形城附近有两支城——畑谷和长谷堂。畑谷城守将江口光清无视最上义光的“保存实力，尽快撤离”的命令，固守城池，被上杉一方击破，全体“玉碎”了。十七日，米泽一方上杉军进军上山城，被城将里见民部用了一招“关门打狗”，打开城门放进了敌人，却在背后埋伏下军队。最上义光又派草刈志摩援助，把直江兼续按在城门往死里打，上杉军死伤无数。不过，最上军在追击的时候遭遇了悲剧，直江兼续是一个出了名的“进攻我不行，撤退你不行”的武将，最上军在追击上杉军的途中在广河原挨了一顿铁炮，草刈志摩阵亡。

上山城不好惹，直江兼续决定转向合兵一处，包围长谷堂城，只要长谷堂城

一破，山形城就无险可守。

危急中，最上义光决定向外甥伊达政宗求援，政宗立刻派遣留守政景率军自白石城向长谷堂城东面移动。最上一方，城将志村光安机智善战，他以千人的兵力抵抗上杉的上万大军，九月十六日，志村光安在夜间用奇袭之法，引起了上杉军内部的混乱和自相残杀。而直江兼续反复挑衅，他坚守不出。更何况长谷堂城周边都是田地，道路难行进攻乏力，上杉军对于这样难缠的敌人无可奈何。

伊达军的到来改变了战场的形势。九月二十九日，最上义光发起对上杉军的总攻，击败了上杉军。此时，石田三成在关原战败的消息传来，直江兼续决定撤军。兵法云："穷寇勿追。"最上军尾随上杉军，被"撤退之王"直江兼续用铁炮阵教训了一下子，富神山之战中，甚至连最上义光的头盔都被铁炮打中。在直江兼续回到米泽城以后，最上义光趁机侵入庄内，到庆长六年（1601）三月，上杉家所占领的庄内一带全被最上家夺走。长谷堂城之战以最上、伊达的胜利而告结束。

听说东军胜利后，伊达政宗意犹未尽，他敏锐地感觉到，这是他扩张地盘，重振雄风的大好机会。十月，当长谷堂城的硝烟未散时，伊达军就向上杉一方领地伊达郡和信夫郡侵袭，上杉一方的本庄繁长在福岛盆地迎战，寡不敌众，退守福岛城。伊达政宗立刻包围福岛城并切断了其与米泽之间的联系。不过攻城这个事情比起野战来，就相当棘手了。孙子兵法中谆谆告诫：其下攻城，因为攻城往往是不得已而为之的下下之策。本庄繁长凭手中的军队，野战不敌守城有余。伊达政宗没有占到任何便宜，引军撤回。

次年二三月，政宗两番出兵，全为本庄繁长所阻。四月二十六日，政宗第四次出征福岛城，在松川遭到本庄繁长袭击，损失惨重，连政宗身上的披挂也被割裂。松川大败使政宗通过武力征服扩大领土的幻想彻底破灭。

政宗是一个野心勃勃的人，他虽然没有夺取天下的实力和能力，但却时常做着这个美梦。这就决定了他是一个闲不住的人。在向上杉扩展领地失败后，他又打起了北奥州南部家的主意，在当初丰臣秀吉的"奥州仕置"中，位于陆奥和贺和稗贯两郡的和贺氏和稗贯氏因未参加小田原之战而被剥夺领地，在其后的天正十八年（1590）十月，对奥州仕置和检地不满的两郡民众发动一揆，杀死了浅野长政派出的代官，这次"和贺—稗贯一揆"与同时期发生的葛西大崎一揆一样，是反对丰臣政权在奥州政策的叛乱，丰臣政权下令奥州北部的大名南部信直南下镇压，但南部家中却同时发生了"九户政实之乱"。九户氏为南部家的重要分支，天正十年（1582）一月，由于南部本家家督南部晴继死去无嗣，南部家发生继承人之争，最终是分家石川家的南部信直获胜。在其后，丰臣政权发出了重整天下

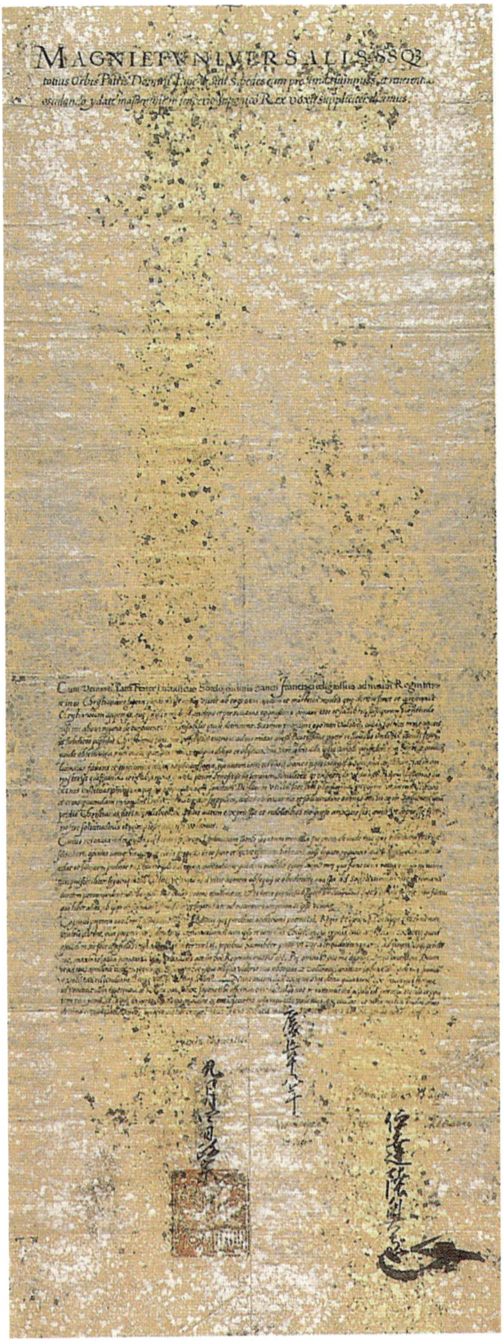

◇ 伊达政宗给罗马教皇的信

秩序的命令，要求各族分支家臣必须服从本家，本是失败者的九户政实当然不愿意去给南部信直低头。天正十九年（1591），九户政实拒绝前往南部家的三户城参谒，并在随后发起叛乱，九月四日，在丰臣大军的胁迫下，九户政实被迫接受联军使者萨天和尚的劝说献城投降，随后，九户城内发生了大屠杀，从九户政实以下的城内居民在数日内被残杀一空。和贺—稗贯一揆也在其后被平定。南部信直迁移到九户城，并受赐和贺、稗贯两郡。

和贺家的和贺忠亲流落到了伊达政宗处。多年以后，伊达政宗突然想起这个人还有点利用价值。他教唆和贺忠亲去收复为南部所占据的旧领土，发动了“岩崎一揆”。当时，南部家的主力部队都在出羽和上杉军作战，和贺忠亲在庆长五年（1600）九月二十日夜晚突然袭击花卷城，很快占领该城的三丸、二丸，城将北信爱在本丸城门前阻止抵抗，顶了整整一晚上以后等到了援军。另一方面，南部信直匆忙从出羽前线撤军，已经攻陷大迫城的一揆势力连忙弃城，龟缩到岩崎城防御，最上义光将此事飞告给德川家康。庆长六年（1601）三月，南部军向岩崎城发起总攻。在经过一个多月的攻城战以后，北信爱建议南部军采取火攻，终于将岩崎城攻陷。和贺忠亲等人自杀，伊达政宗的阴谋破产了。

事情败露以后，弄巧成拙的政宗获得了惩罚：家康收回了原本“百万石”的承诺，赐予奥州 60 万石封地加上近江和常陆两地的 2 万石的飞地。从此，伊达政宗成为江户幕府的 62 万石仙台藩的第一任藩主。他的舅舅最上义光则成为出羽山形藩 57 万石领主。两人为出羽和奥州的地方建设都做出了奠基性的卓越贡献。

庆长六年（1601），政宗在仙台筑城并移居于此，同时，开展大规模的城下町建设，并且在领地内修建运河，发展水利，开垦荒田。昔日贫瘠荒凉的奥州很快被建设成了一个粮仓。江户的半数米就是通过政宗所修筑的北上川水系从奥州源源不断地运来。

毋庸讳言，虽然在征服天下这个大愿望中，伊达政宗屡遭挫折，但他本人性格上确实有一个出人意表的一面，这也使他成为日本历史上一个传奇人物。他吸烟草，对料理也有着非常的研究，伊达家自称为藤原山阴的后人，而藤原山阴是日本料理中著名的四条流庖丁式的创始人。伊达政宗继承了料理的天赋，据说他为了开发兵粮，发明了冻豆腐。晚年，他又在仙台城下设立工坊，研究味噌的大规模生产技术。而他主持的最特立独行的活动就是“庆长遣欧使节团”。

当时，日本掌握了外洋帆船的制造技术，在仙台藩，政宗以南蛮贸易为理由，提出了派遣使节团的构想，在家康的允许下，建造了“圣约翰洗礼者”号（San John Baptist）帆船，就是这艘船于庆长十八年（1613）九月十五日载着以传教士 Luis Sotelo 为首，支仓常长为副的遣欧使节团，越过太平洋，经过美洲前往欧洲。次年 10 月，使节团在西班牙塞维利亚港靠岸。12 月进入马德里，并于 1615 年的 1 月获得了西班牙国王菲利浦三世的接见。

◇ 支仓常长

1615 年 10 月 25 日，使节团最终抵达目的地罗马，并于 11 月 3 日获得了教皇保罗五世的接见，递交了政宗的书信，支仓常长被授予罗马荣誉市民。

但当使节团回到日本时，日本已

经风云突变，天主教被禁止。使节团副使支仓常长于元和六年(1620)在长崎登陆时，日本已经进入锁国，常长郁郁而终，两年后正使 Luis Sotelo 偷渡长崎，被抓获以后判处火刑。

“马上少年过，世平白发多。残躯天所赦，不乐如是何。”晚年的政宗，虽然壮心不已，但也只能屈服于现实，过着隐居的生活。宽永十三年（1636），伊达政宗病逝于江户。

300 多年以后的 1974 年，为重建在二战中被毁的伊达政宗墓，考古学者发掘了墓地，使这位带有传奇色彩的人物的真面容重现天日，他身高 159.4 厘米，有牙周炎，左腿骨曾有过骨折。在他的陪葬品中，除了日本传统的太刀、具足等物以外，还有西方传来的怀表、小镜子、烟枪、十字架等物，能看出这位大名独特的爱好。

笔者云：长宗我部、岛津、伊达皆为乱世中割据一方者。长宗我部霸四国，不过昙花一现，至桃山时代始为战国大名，继而转化为近世大名。岛津起于日本之边缘，无论家世源流、功业能力皆为三强中之佼佼者。伊达则因“天文之乱”而衰，赖有政宗得以复兴，然政宗此人，生不逢时，能力、经验皆有欠缺，仅能为“乱世之迟到者”而已。

第八章 天下统一

如果要推荐一部精彩的大河剧，恐怕我会推荐《葵·德川三代》，这部制作于2000年的大河剧其实只要看那么一集就足够了，就是传说中刷掉本剧七成预算的第一集，这一集讲述了结束乱世的那场命运之战——关原大战的全过程。在一整集中，有介绍战前各队布阵位置，有介绍战中各阵的行动、意图、过程，有介绍战后结局，整个过程详而不乱，体现了很好的以镜头说故事的能力，因为即使是用文字来写也未必能写好这样一局大战。

话说回来，虽说乱世人不如太平犬，但对于后人来说，战争时代，往往比和平时代更具有吸引力，乱世中的名将比治世中的能臣更具有丰富的色彩。这部描绘天下统一及其后时代的电视剧，当然是统一的那一幕最精彩了。

待到天下统一时，我们的故事也该告结束了。

第一节
太阁立志传

一、从平民到大名

战国时代最富有传奇色彩的人物，恐怕非丰臣秀吉莫属。他起于寒微，在草根平民中滚打摸爬多年，成就了别树一帜的性格特点。通过自己的智慧和广泛的人脉最终爬到了日本社会金字塔的最顶端。他的经历，本身就是一个励志的故事。

丰臣秀吉的出身来历已经被浩如烟海的传说故事所模糊，他本人也是个非常善于包装自己的人，对于自己的出身诸多粉饰。一般的说法：他出生于尾张国爱知郡中村，家庭成分：足轻（农民）；父亲：木下弥右卫门；母亲：竹阿弥（后来的太政所）。生日：根据《绘本太阁记》的记录：一月一日。在农历新年出生的他被认为是日吉大神的转世，因此称“日吉丸”。不过现在普遍认为：天文六年（1537）二月六日一说更靠谱。

上述材料在历史学者中引起了许多争论，木下弥右卫门是否其生父？他的家庭成分究竟是农民还是商人，抑或是手工业者？这种种谜团也给了小说家很好的发挥空间。

这个平民出身者最早的名字叫“木下藤吉郎”。他幼年离开家乡，在骏河今川家找到了一份工作，成为远江国头陀寺城城主松下之纲的陪臣。不过他很快发现这是一份没有前途的工作。因此，他在天文二十三年（1554）投奔了尾张的织田信长。木下藤吉郎从底层的武家奉公人“小者”（也就是杂役）做起，逐渐被提拔为清洲城修筑的“包工头”——普请奉行等职务。据说他在冬天给织田信长提草鞋的时候，把草鞋裹怀里焐热再递给信长。无论是干活的效率还是拍马屁的功夫都获得了信长的赏识，因此被提拔为武将。信长对这个平民出身的人虽然欣赏，但在口头上却并没有尊重，经常以“猴子”或者“秃耗子”称呼这个形容猥琐的人。

藤吉郎真正地崭露头角是在信长进行美浓攻略之时，著名的“墨俣一夜城”之故事就发生在此时。墨俣位于长良川的西岸，是一个重要的交通要地。尾张要进占美浓，就必须先占据此地，“墨俣一夜城”的故事按通行的说法：永禄九年（1566），信长决定在墨俣修筑据点，由于对岸斋藤军的骚扰，城池的修筑屡屡失败，于是藤吉郎自告奋勇前往。他联络了蜂须贺小六等人，趁夜从斋藤领地内伐木，并将木材沿长良川漂流而下，迅速在墨俣修筑起城池，一夜而告竣。

◇ 丰臣秀吉

这个故事可谓是有鼻子有眼，笔者每次看到这个故事，脑海中都会浮现出一张眉飞色舞的说书人面孔。但值得注意的是：战国时期的记录中，并无此故事。太田牛一《信长公记》中，反复提到了“洲股要害”（注：“股”即为“俣”）是信长进出美浓的据点，“洲股”意为河流交汇之处，其后用日语同音的“墨俣”两字代替。在小濑甫庵的《太阁记》里，也没有提到所谓“墨俣一夜城”，只说在永禄九年，藤吉郎被任命为美浓某城主。第一次出现这个故事的是江户时代的《绘本太阁记》，后人认为是《绘本太阁记》把这两个记录混为一谈，并且加以修饰夸张的结果。而近代日本刊行了一本号称是战国时代前野家家谱记录的文书《武功夜话》，里面也提到了“一夜城”的故事。前野长康是很早追随藤吉郎的家臣之一，如果此书真是他所作，那记录大约可信。不幸的是：关于这本书的真伪和史料价值问题，仍然存在很大的争议。日本学者藤本正行等人认为：这本书甚至还有许多现代语和地名混杂，在史实上矛盾之处也甚多，伪作的可能性很大。

墨俣筑城是美浓攻略的很重要一步，如果藤吉郎真的完成了一夜而成的壮举，那么《信长公记》里很可能会有浓墨重彩的一笔记录，但太田牛一却一笔带过了。作为太阁的成名战，甫庵《太阁记》也应该有记录，但小濑甫庵只字未提。这明显是很不合情理的。可以认为“墨俣一夜城”的故事恐怕只是传说。

事实上，即使此事为真，应该也不算奇迹。如果是今天复原的那座石质的墨俣城，一夜之间是怎么都不可能完工的。实际像墨俣这样的临时据点往往只需要以木栅栏作为外围，简单构筑一下。其工程的难度相当于今天搭起一片脚手架。只要采取计策让斋藤军不来骚扰，一夜竣工是完全可能的。

美浓攻略后，藤吉郎就成为信长最信任的武将之一，在上洛之战后，就和明智光秀、丹羽长秀等人担当起京都政务，此时，改名秀吉。在此后的浅井朝仓征伐战中，秀吉由于他的战功而得到信长的进一步重用，尤其是金崎撤退中担负断后重任，让信长看到了他的能力。天正元年（1573），秀吉被信长赐予浅井家的旧领地，领有北近江三郡，居于长浜城。

一介平民终于被织田信长这个站在时代潮流尖端的人物提拔成为独领一方的大名，这在日本的历史上可以说是破天荒的一遭，信长可以说是秀吉的伯乐，可以说：没有信长就没有后来成为“天下人”的秀吉。成为大名的秀吉，也抛弃了“木下”这个旧苗字，他别出心裁，取织田家中善于谋略的丹羽长秀的“羽”和长于作战的柴田胜家的“柴”，组合成了“羽柴氏”，透露出他要合二人之优势于一身的想法。

天正五年（1577），秀吉被任命为中国地区的军团长，他成为织田家中独当一面的大将，在信长手下，能够被提拔到这样的地位的，当时只有柴田胜家这样的宿老，后来还有织田信孝等亲子，以及泷川一益、明智光秀等身经百战的名将。羽柴秀吉则是这些人中出身最为寒微的一个。

在接到中国攻略的命令后，羽柴秀吉雷厉风行地行动起来，他首先获得播磨守护赤松氏的支持，从赤松所属的小寺家中，他得到了一位为他出谋划策的重要人才黑田孝高。天正七年（1579），他获得了备前和美作两国的大名宇喜多直家的效忠。次年，镇压了别所长治的谋反，征服但马国。但也失去了竹中重治，这位军师还没来得及展现才华就在当年一病辞世。天正九年（1581），羽柴秀吉在黑田孝高的策划下，用断粮之策攻克鸟取城。

天正十年（1582），羽柴秀吉开始攻略备中国。四月十五日，羽柴秀吉以宇喜多直家为前锋，包围了备中高松城，这座城池和当时许多的城池都不一样——它并非建在高处，而是建在低洼的沼泽地带，这样的城池在防御时并不是凭借居高临下的优势，而是借助周边沼泽地束缚敌人进军的速度，以城中的铁炮、弓箭等远程兵器袭击敌人，所以虽非山城亦难攻取。羽柴军一开始采取正常的进攻手段，但两次进军，都陷在沼泽地里，然后被城中的远程武器狠狠教训，同时，毛利家的 4 万援军已经滚滚而来。羽柴秀吉一方面向织田信长请求援军，另一方面开始考虑新颖别致的攻城方法，他看着在低洼之地修筑的高松城，再看到远处蜿蜒的足守川，突然计上心来，叫来了蜂须贺正胜、宇喜多忠家、黑田孝高等将领，在地图上围着高松城从门前村到石井山南麓的蛙鼻一带画了一条线，让他们修筑一条高八米的大堤，蜂须贺正胜被任命为筑堤奉行，担纲工程总监的职责。

此时的羽柴秀吉是出了名的打仗花钱如流水的人物，他下令附近百姓和士卒参与工事者，每一俵（俵为装米的米袋，引申为容积单位）石方给予 100 文钱和 1 升米，据说总共花费了 635000 贯钱和 63000 石的米。重赏之下必有勇夫，从五月八日到十二日仅仅 4 天时间，高大的堤坝就耸立在高松城周围，正好赶上梅雨季节，泛滥的足守川河水灌入堤坝，瞬间将高松城淹成汪洋中一个孤独的小岛。

◇ 水淹备中高松城

洪水直接把城外的毛利援军也隔断了，能救援高松城的只剩下飞鸟和鱼虾。同时，由于织田家的援军也迫在眉睫，毛利大军派出僧人安国寺惠琼开始和羽柴秀吉谈判，秀吉狮子大开口，要求毛利家割让备中、备后、美作、伯耆、出云五国，高松城城主清水宗治必须切腹。

在双方正在谈判桌上扯皮的时候，羽柴秀吉接到了织田信长死于本能寺的消息。

二、争夺天下（上）

天正十年（1582）六月二日，这是一个不吉祥的日子。日本的霸主织田信长被他的手下明智光秀逼迫，在本能寺的雄雄烈火中结束了自己波澜壮阔的一生。听说这个消息以后，信长手下的各大重臣各怀鬼胎。而动作最快的当属羽柴秀吉。

六月三日，信长死亡的消息传到了中国地区前线，秀吉闻讯，立刻决定封锁消息，他决定在谈判桌上让步，建议毛利家和织田家以河边川和八幡川为界，仅割让备中、美作、伯耆三国，同时城主清水宗治必须切腹，这个让步很快被接受，毛利军和羽柴军交换了人质，清水宗治坐着小船出了城，完成了切腹。

到了第二天，毛利家也探听到了本能寺之变的消息，但和议已成，小早川隆景力排众议，主张遵守与秀吉的停战协定，为羽柴秀吉的返回争取了时间。

其后，秀吉风驰电掣一般开始了著名的“中国地区大折返”，羽柴秀吉出发的时间有六月四日说和六月六日说，一般认为六日说的可能性比较大，在高松城陷落以后，秀吉毁坏堤坝，撤到备前沼城，同时在接下来两天时间内对毛利军进行动向分析和戒备。实际上，毛利家也不太可能夹击秀吉，因为在高松城堤坝毁坏以后，附近成了一片难走的泥泞地，何况即便毛利军趁机进军近畿，反而有可能迫使羽柴秀吉、明智光秀出于共同利益合作起来对抗，这对战线绵长的毛利家来说毫无胜算。因此，在确认毛利军无战意后，六月六日羽柴秀吉撤退前往其居城——播磨国姬路城。

从备前沼城到姬路城，整整 70 公里，途中是崎岖的山道，加上梅雨季期间道路泥泞，河水暴涨，而秀吉抵达姬路城的时间一般认为是七日，也就是说，短短一天时间跑了 70 公里，这在当时可算是个惊人的速度。当然，抵达姬路的只可能是以秀吉为首的一批骑马武者，大队的足轻部队还延滞在路上昼夜不停地往回赶，因此，羽柴秀吉在姬路城待到九日，一来等候后继部队，二来集中城中兵粮弹药钱财做战斗准备。九日早晨，秀吉任命浅野长政为留守，其他大军从姬路出发，经过明石抵达兵库港，在一天之内攻克了明智方的洲本城，随后，向摄津尼崎方向进军，摄津地方的中川清秀、高山右近和池田恒兴等人纷纷响应秀吉“为主复仇”的大义名分；同时征伐四国的织田信孝、丹羽长秀两人在听说本能寺之变的消息后，立刻杀死了在本队中的明智光秀女婿津田信澄，也挥师回军，两军在摄津一带会合以后，就杀向京都，以织田信孝为名义上的总大将，实际指挥者为羽柴秀吉。到达摄津的时间是十二日，到达京畿山城国边境的天王山的时间是十三日。这个速度可谓神速。

此时明智光秀于四日与五日之间进入安土城，九日上洛开始处理朝廷工作。在近畿地区，他紧急在淀城和胜龙寺城一带部署防御，十日，他得到秀吉接近的消息，预测羽柴军可能将从下鸟羽一带向京都进军。但羽柴秀吉却出乎意料地选择了沿着淀川西岸的西国街道向天王山麓的山崎一带进军的路线。这一判断失误决定了明智光秀在战略上陷入被动。同时，明智光秀一直在积极争取细川藤孝的支持，但细川藤孝在此时选择了中立，大和的筒井顺庆也拒绝了光秀的劝诱。所以当十二日光秀抵达山崎的时候，只有其孤立无援的一支军队，而羽柴军已经在天王山布阵，严阵以待。羽柴秀吉在先前的军议中决定分三路进军，左翼天王山一侧由羽柴秀长、黑田孝高率领，右路靠近淀川一带为池田恒兴、加藤光泰等人率领，中路西国街道为高山右近、中川清秀、堀秀政。而对应的明智光秀以斋藤利三、阿闭贞征为前队，沿西国街道防御，其后在下鸟羽为光秀本阵。一般认为羽柴军的兵力为 2 万到 4 万之间，而明智军大约 1.5 万人左右，但山崎这一带地形狭窄，所以羽柴军未必能充分展开阵形并利用其兵力优势。

十三日，据说是一个雨天。明智光秀抢先行动，从天王山的中段向山麓布阵的中川清秀和高山右近两队发起攻击。明智军的伊势贞兴队横向突破了中川清秀队的队形，战况十分激烈。高山右近队急忙前来援助，被明智军的斋藤利三队拦腰截击。羽柴军的两队陷入了混战。秀吉见状便命令本阵向中川、高山两军的背面移动，而天王山一线的黑田孝高、羽柴秀长等人阻挡住试图向中川、高山两军侧面进攻的明智军松田政近等队。战局陷入胶着状态。

此时，人多势众的羽柴大军的第三梯队投入了战斗，沿淀川一线的池田恒兴、加藤光泰等人越过河川攻击明智军的津田信春一部，凭借出其不意和兵力优势，很快将之击溃。光秀本阵的侧翼就暴露在羽柴军的面前。池田会合丹羽长秀和织田信孝两部，向光秀的侧翼发起猛攻。高山和中川两队也展开了反击。光秀紧急收缩兵力，但已来不及。明智军总崩溃。明智光秀逃回胜龙寺城。接着向本城坂本城逃亡。在今京都市伏见区的小栗栖明智薮遭到当地农民的袭击，身负重伤，于是自戕身亡（由于其首级模糊不可辨认，因此有关明智光秀下落问题至今仍有不少说法）。从本能寺之变到天王山战败，不过短短11天，明智光秀政权因其短暂而被人称为“三日天下”。

天王山之战是一场决定性的战役，是羽柴秀吉建立日本新秩序的第一战。正因为如此，在今天，日本报纸、电视和广播的体育新闻中，经常将决定性的一场比赛称呼为“天王山之战”或者“决战天王山”，这种说法甚至为中国国内的一些媒体所接受，成为体育界的流行语。

天王山酣战时，信长的其他重臣也在纷纷返回：北陆军团的柴田胜家刚刚拿下越中鱼津城，听说本能寺之变的消息后与前田利家、佐佐成政等人仓皇撤退，在越前近江国境的时候，就得到了天王山胜利的消息。泷川一益此时在神流川之战中被北条家打得落花流水，从此失去了作为重臣争夺天下的资格。德川家康正在游览堺的路上，听说本能寺的消息后，取道伊势湾返回远江，以争夺甲斐、信浓等空白区域。天正十年（1582）六月二十七日，这些各怀野心的重臣集合在织田信长起家的清洲城，就信长继承人和领地分配两大问题召开会议。

在这次清洲会议的参与者中，主要的对手就是羽柴秀吉和柴田胜家两人。胜家是信长的老臣，在织田家内部实力雄厚且地位最为崇高；秀吉在信长死后最早树起讨伐光秀的旗帜，并独力承担了为信长复仇的义务，在道德上就占据了高地，这决定了他成为清洲会议的最大得益者。

在继承人问题上，柴田胜家主张立织田信孝，但羽柴秀吉则坚决主张以嫡长子继承制的规定，立信长长子信忠的嫡子织田三法师。两人发生了激烈的争论。但与柴田胜家站在一方的泷川一益根本没到会，默认失去了发言权；池田恒兴为秀吉所拉拢。大家就都看向丹羽长秀，丹羽长秀投出了最后一票：他支持羽柴秀吉。

会议还决定：信长次子信雄继承尾张；三子信孝继承美浓；信长的弟弟织田

◇ 清洲会议中羽柴秀吉拥立织田三法师

信包获得北伊势和伊贺；柴田胜家的北陆越前领地不变；丹羽长秀除原有若狭国外，获得近江国滋贺、高岛二郡15万石；池田恒兴获得摄津国尼崎和大坂15万石；羽柴秀吉则成为三法师的监护人，获得明智旧领丹波、山城、河内28万石，并负责拥立三法师继位。秀吉为补偿胜家，决定将信长之妹阿市嫁给胜家，并赠送他初封的近江长浜城12万石。

清洲会议的结局是羽柴秀吉大获全胜。昔日的织田家中，柴田胜家以笔头重臣的身份拥有话语权，但这一次，胜家却不得不将话语权拱手相让，这就为他日后的失败埋下了伏笔。

清洲会议事实上不是一次解决问题的会议，而是将问题更加激化的会议。众所周知，柴田胜家素来和秀吉不和，两人在共同面对上杉谦信时，曾大吵一架，秀吉一怒之下离开北陆军团。胜家也素来看不起这个平民出身的“猴子”。而这一次清洲会议，秀吉又大占上风，这让胜家又怒又急，脾气暴躁的他在会后就拂袖而去，回到北陆备战。七月，秀吉在安土为信长举行了盛大的葬礼，再次占据了道德的高地。

事实上，柴田胜家在形势上也处于相对不利的位置：越后的上杉景胜站在秀吉的一方，随时可能威胁胜家的侧后，胜家虽然联络了长宗我部元亲，但元亲仅仅只有自保四国一岛的能力。毛利家则被秀吉安插的宫部继润和蜂须贺正胜看管着，只有纪伊的杂贺众能给秀吉制造麻烦，但也仅仅是小打小闹，成不了大气候。

在清洲会议以后，羽柴秀吉在山城国山崎修筑宝寺城，同时收伏了近畿的诸大名高山右近、中川清秀、筒井顺庆等人，并开始在近畿一带检地。看到秀吉逐渐稳固近畿，柴田胜家向其发出了警告信，指出他违反清洲会议决议，私自筑城，双方的关系骤然紧张。

天正十年（1582）隆冬，北陆地区大雪封山。以前越后的上杉谦信冬伏夏出，就是因为大雪不便行军。如今的柴田胜家也遇上了这个问题。他为了延缓秀吉的行动，就在十一月派出前田利家、金森长近和不破胜光请求和谈，但秀吉已看破了柴田的缓兵之计。十二月，秀吉抢先行动，攻克柴田的养子胜丰所驻守的长浜城，

夺回了他最初的封地——近江，同时降服了美浓的稻叶一铁。二十日，羽柴军攻克岐阜城，与柴田胜家联合的织田信孝降服。柴田胜家却只能坐在大雪之中眼睁睁看着秀吉清理自己的盟友。

次年一月，伊势的泷川一益宣布支持柴田。但泷川一益自神流川之战后，已经元气大伤，他也选择了错误的起兵时机。羽柴秀吉很快把泷川一益围困在他的居城长岛城。泷川对于大局已经无足轻重。

天正十一年（1583）二月底，北国雪融，柴田胜家如猛虎咆哮一般出动了，又一次命运的决战开始。

三、争夺天下（下）

天正十一年三月，从越前北ノ庄城出发的柴田胜家，抵达近江布阵，在数日后，羽柴秀吉军也率领军队到达近江。双方构筑防御设施，准备持久作战，但谁也不敢轻率地发起攻击。

僵持到四月时，战局发生了变化，由于一度降服于秀吉的织田信孝与泷川一益联合在岐阜城一带出现，秀吉领兵回救美浓，进入大垣城。柴田胜家不愿乘机出战，但手下的猛将佐久间盛政却强烈要求出击，胜家见他求战心切，只得约定：拿下羽柴军的砦就撤退。四月十九日，盛政出击攻打羽柴军的大岩山砦，守将中川清秀阵亡。接着，佐久间盛政直攻黑田孝高队，再攻岩崎山的高山右近队，高山右近战败逃脱。四月二十日，把守贱岳砦的桑山重晴陷入了危机，也试图撤回。幸好丹羽长秀部赶到了战场，两军合流一处，贱岳砦才得以保全，这就成为这场战役的第一关键。

柴田军先胜一阵，昔日莽撞的柴田胜家却出人意料的冷静。他充分认识到他的敌人是一只狡猾阴险的老狐狸，在他和秀吉共事的那么多年中，他对秀吉的了解太深刻了。所以在取得初步胜利后，他立刻命令佐久间盛政撤军。但佐久间盛政却是个年轻气盛的愣头青，他也并不了解他的敌人有多危险，在柴田三催四请之下，他都拒绝撤退。盛政的孤军深入就成为这场战役的第二关键。

就在丹羽长秀赶到贱岳战场的当天，在大垣城的秀吉接到了柴田军行动的消息。大垣城距离贱岳战场有一段长长的山路，不过羽柴秀吉听到消息以后，又一次演出了一场“大折返”，他仅仅用了半天时间，就在当天的深夜翻山越岭，凌晨突然出现在佐久间盛政的面前。过分自信的盛政这才意识到秀吉这只老狐狸的厉害，这一下突然出现让他措手不及。他思前想后，觉得自己无力对抗秀吉的大军，于是只好选择连夜撤退，但此时已经迟了，黎明时分，羽柴军就对佐久间盛政一

◇ 羽柴秀吉与贱岳七本枪

部发起了猛烈攻击。

盛政的任性和冲动把柴田胜家拖进了泥潭，在接到佐久间盛政危急的信息以后，他不得不救援他那个不听话的外甥（盛政之母为胜家之姐）。于是，在贱岳一地，不愿立刻决战的柴田被迫加入了战团。在双方混战的关键时刻，柴田一方发生了一起重大变故：前田利家离开了战场。利家是秀吉多年的朋友，在这场决战中，他面临着往日的友情和近年的主恩之间的艰难选择，他选择了中立，退出战斗。但他一退，柴田胜家的侧翼立刻暴露。原本与利家对峙的部分羽柴军加入到围攻柴田本阵的阵容中。双拳难敌四手，柴田胜家遭遇了一场惨败，逃回了北ノ庄城。

传说在此战中，福岛正则、加藤清正、加藤嘉明、胁坂安治、平野长泰、糟屋武则、片桐且元七人立下战功而被秀吉嘉奖，人称“贱岳七本枪”，事实上，这一说法以传说的成分居多。

贱岳的失败对柴田来说是毁灭性的打击。前田利家接受了堀秀政的劝说，向秀吉降服，并担任攻打北ノ庄城的先锋。四月二十四日，羽柴军包围了北ノ庄城，柴田胜家与夫人阿市自戕。贱岳战败的罪魁祸首佐久间盛政逃亡时被抓获，在京都六条河原被枭首。织田信孝和泷川一益也于五月停止了抵抗。信孝切腹，泷川一益则选择了降服并出家为僧。

贱岳的胜利显示了秀吉的实力，当他把胜利的消息传播给毛利辉元、大友义统、上杉景胜等人时，字里行间表现出了一种得意洋洋的意味。同年，他在石山本愿寺的旧址上建造大坂城，这座被来访的大友宗麟称为“三国无双”的庞大建筑物成为秀吉实力的象征。年底，秀吉以贱岳胜利和大坂城修筑为名义，以主君的身份要求织田帐下所有的领主前来拜贺。有一个人对他说了“不”，那就是信长的次子织田信雄。

信雄继承了他父亲的暴虐脾气，在处理一些事情上，缺乏融通的手段，这就决定了他不会是一个合适的主君。但是他从来没有放弃成为主君的梦想。当他发现自己必须匍匐在秀吉面前时，他的不满完全爆发了。天正十二年（1584）三月，信雄怀疑其家臣津川义冬、浅井长时和冈田重孝三人暗通秀吉，把他们招来砍杀，这就成为信雄与秀吉之间的宣战布告。

这一次信雄倒是很精明地吸取了柴田胜家失败的教训，他立刻联络德川家康。在家康的策划下，纪伊的杂贺众和根来众、四国的长宗我部元亲、北陆的佐佐成政等人纷纷加入了秀吉包围网。秀吉又一次面临着空前的危险。

首先行动的就是纪伊国的杂贺众与根来众。在日本中古以来，纪伊这块土地以寺社林立而闻名，在中古日本，一些寺社不交纳税收，豢养军队，藏匿罪犯，并且享有“守护使不入”的特权。纪伊的根来寺、高野山等等都是这样的组织，加上拥有庞大经济实力的堺商人，在纪伊就形成了一股不容忽视的地方力量。这股力量曾经联合石山本愿寺把信长闹得头疼不已，而信长一直没有彻底征服过他们。现在他们又成了秀吉的敌人。三月，当秀吉出阵时，纪伊的国人众就袭击岸和田城，一直杀到大坂城下，正在建设中的大坂城下町一片火海。

◇ 柴田胜家与阿市夫人

趁此机会，德川家康火速行动，他于三月十三日进入清洲城部署战斗。信雄一方的池田恒兴已经被秀吉所拉拢，占据犬山城。小牧山城则由恒兴的女婿森长可防御。长可得到家康到达的消息后，在十六日夜间前往小牧山城附近的羽黑布阵，遭到德川军酒井忠次的袭击，森长可溃败。小牧山城为家康所占领。谨慎的家康在小牧山城附近构筑防御，等待秀吉的到来。

秀吉则在四月五日到达战场前沿的乐田。他被纪伊人拖了长达半个月的时间。兵贵神速，秀吉到达战场时，他面对的是德川军严密的防线。秀吉长叹之余，也只好另做打算。

四月六日深夜，秀吉为打破战场僵局，做出了一个重大决定，他命令羽柴秀次、堀秀政、森长可和池田恒兴分为四队离开小牧山前线，池田恒兴父子为第一队，森长可、堀秀政、羽柴秀次分别为二、三、四队，绕道前往德川家康的老巢三河。

德川方面最初并不知道秀吉的分兵，以此来看，秀吉的打算是袭占家康的老巢，断其后路。如果他抱着这个想法，那这就是一招昏棋。兵法："行百里而趋利者，必蹶上将军。"羽柴军这样大规模的行动想要瞒过对手的耳目是很困难的，第二天，羽柴秀次的军队就被家康派出的伊贺忍者以及当地农民发现。家康立刻做出了正确判断：决定追击。

如果羽柴军真要袭占三河，那么采取的正确方式就是快速行军占据三河的战略要地。但羽柴军的大将池田恒兴的做法把这一"昏棋"中的唯一可胜的机会也给浪费了。四月九日，池田恒兴拖着奇袭军团攻击了德川方的岩崎城，关于攻打此城的理由，通说是守将丹羽氏重从城中放枪挑衅池田，而勃然大怒的池田恒兴就拼了命打下了岩崎城。本来连夜赶道的羽柴军被一场高强度的攻城战拖得疲惫不堪。这不由让人想起隋朝时期杨玄感叛变，在弘农城下连攻三日不下，追兵遂至。池田恒兴犯的也是这个错误，疲惫不堪的羽柴军拿下城后，就纷纷在附近安营休息，家康追兵已至。

最先倒霉的就是羽柴秀次一队，在尾张的白山林休息时遭到家康手下的榊原康政等人的袭击，全军溃败。堀秀政在接到秀次败退的消息后，稳住了军队，击退榊原康政部，他发现家康的本阵出现在长久手一带，非常明智地选择撤退，因此，得以避免损失。

身后的两队消失后，池田恒兴和森长可两人就成为最后的倒霉蛋。当发现家康的旗帜出现在面前时，他们露出了难以置信的表情，但此时，他们已经骑虎难下，不得不硬着头皮顶上。九日午时，双方开战，森长可眉间中弹，首先落马，被本多重次割了首级，池田恒兴则中弹落马，只能依靠步战，中枪而亡，他在死前一定会后悔自己的一时冲动。池田与森长可两队群龙无首，被家康歼灭。

秀吉在此时才发现这个计策的失败之处，他听说家康离开小牧山城后，就急忙进军小牧山城，不久就传来了白山林失败的消息，接踵而来的是池田与森长可阵亡的败报。秀吉眼看胜利无望，引兵退回大坂。

战场上无法实现的目的就到外交场合去实现，这是羽柴秀吉一个成功的秘诀。秀吉虽然不能战胜家康，但却能将之孤立。九月，佐佐成政对能登的攻击为前田利家所阻止。十一月，秀吉以军事压力和割让伊贺与伊势半国为代价软硬兼施迫使织田信雄与之单独议和。在处理完家康的盟友后，他就向家康示好，以妹妹朝日姬嫁给家康为继室，并送上母亲太政所为人质。家康是个非常识时务之人，眼看无法与秀吉争夺天下，他就决定接受秀吉的建议，并送上自己的次子为人质。

后信长时代的两大枭雄：羽柴秀吉和德川家康就这样达成了一致，家康继续隐忍在秀吉所主导的政权下，而秀吉从此也提防着家康，默认他成为自己政权中最大的一个势力。

四、太阁之政

天正十三年（1585），羽柴秀吉被封为正二位内大臣。同年，为了报复纪伊国人在小牧—长久手之战中支持家康，他决定彻底解决这一问题。二月，他命令小早川隆景率领毛利水军自濑户内海而来，以军事压力要求根来众投降，并许以扩大寺社领地。根来寺内部发生了分歧，反对派拒绝降服并挑衅秀吉。暴怒的秀吉立刻下令攻击。

三月，秀吉从大坂出阵，集合水陆两路大军进行纪州征伐。以往纪伊众依靠使用铁炮给对手造成重大损失，迫使对手知难而退才得以生存，而拥有天下的秀吉与以往的大名不同，他不会吝惜军队的损失，不计代价地要求征服纪伊。三月底，秀吉首先猛攻杂贺—根来众所属的千石崛城，城中的抵抗异常激烈，秀吉以人海战术应对，最后调集火矢，集中射击，诱发城中的火药库爆炸，千石崛城一片火海，老弱妇孺无一幸免。在这种恐怖的攻势下，积善寺城和泽城在随后的攻击中被迫开城投降，得以幸免。三月二十三日，秀吉继续使用焦土战术，火烧根来寺、杂贺庄等抵抗据点。整个纪州陷入了一片恐怖之中。四月，秀吉派出使者，要求纪州的佛教名胜高野山立刻降服，今后禁止收容潜逃罪犯，禁止拥有武装。高野山最终接受了要求。

秀吉挥军前进，于三月二十六日包围纪州众最后的据点太田城，秀吉采用攻打备中高松城的计策，从三月二十八日开始修筑堤坝，到四月五日完工，大水淹没了太田城周边。然而和备中高松城不同的是：这次的堤坝却不怎么牢固。在工程期间，就已经出现溃堤事件，秀吉还处罚了工程分段的责任人甲贺众。四月九日，堤坝再度发生溃堤事故，导致守在堤旁的宇喜多秀家一队淹死了一大票人。城中守军原本对秀吉的水攻极为震撼，但溃堤事件一发生，城中人认为：“原来所谓水攻也不过如此。”防守之心更为坚定。

实际上，靠近海岸的太田城因为海水浸润的缘故土质疏松，并不适合水攻之法。焦急的秀吉在四月二十一日终于决定总攻，以小西行长为首的水军进入堤内，

◇ 水攻太田城

以船上的大筒轰击城防，城中的心理防线终于崩溃。次日，太田城投降。纪州征伐基本完成。

纪州征伐以及与其配套的一系列政策措施，是日本历史上的一次大转变。从中古以来，日本的寺社就是一种特权阶级，不但享有“守护使不入”特权，而且免税，也拥有武装。在战国时代，许多大名逐渐剥夺寺社的“守护使不入”特权，并且将其纳入统治范围内，而如信长之流，更是不惜背上“佛敌”之名，以激烈手段挑战传统的观念。秀吉则是将战国时期的成果加以巩固和扩大。他以要求高野山解除武装作为契机，随后在天正十六年（1588）七月八日于全国推行“刀狩”令，规定：

一、百姓禁止拥有和携带刀、弓、枪、铁炮等武器，若私藏武器，延误年贡，发动一揆，不服从役人者罚之。

二、收缴之武器，以铸造方广寺大佛的钉子。

三、百姓应持农具努力耕作，以此事为子孙后代安居乐业之本。

在室町幕府末期以来，在日本农村形成了以“惣村”为基本结构的自治单位，同时还有寺社以及堺这样的商人自由市，另外，净土真宗也依托农村自治单位发展以“讲”为基本结构的宗教自治区域。这些自治单位是乱世下“礼崩乐坏”所导致的结果——部分团体联合起来保护自己的共同利益。而“刀狩”不但针对的是传统寺社与商人自治团体，也针对农村的新兴自治团体。它剥夺了百姓的武装权，使战国以来此起彼伏的“一揆”失去了最基本的条件。

而另一政策就是实行“检地”。检地也是战国大名进行的一项措施，它的目的是确立领地的收成量，进而确立征税、征兵的标准。在中古时期，日本实行庄园公领制，特别是“知行国”制度开始以来，庄园成为一个私人领地。大庄园主往往是贵族、寺社等特权阶层，平常的百姓中，也有许多将自有土地寄进。战国时期的大名检地，实际上就是对庄园制的否定，对庄园特权的否定，将庄园纳入自身统治体系下。战国大名又以分国法的形式，将家臣聚集到主城的城下町，确定权利义务，并与之建立起一种稳固的主从关系。分国法的基础是以检地破坏原本的庄园公领制，确立土地的经营者拥有土地所有权，并承担税收义务。在此基础上确定领地的收成数量（石高），并将领地分封给家臣，接受分封的家臣对大名承担义务。秀吉在天正十年（1582）就开始在自领地中推行检地，检地的政策随着其征服的脚步逐渐扩展到全国，一直实行到庆长三年（1598）秀吉去世为止，并在其后再为江户幕府政权所承继，这标志着平安时代以来逐渐形成的日本庄园公领制的彻底破坏。在此后，德川幕府也进行进一步检地，并按“石高”分封各藩大名，正式确立了幕藩体系下的石高制代替庄园公领制。

◇ 丰臣家家纹“五七桐”

因此，在战国史上，许多学者把检地和分国法作为守护大名向战国大名转变的两大标志。而秀吉的这两大措施是对战国时代社会政治经济发展结果的一次总结和肯定，是日本由中世向近世转变的标志，战国大名也纷纷向近世大名转化。

检地和刀狩两大政策，加上“海贼禁止令”等配套措施，秀吉基本确立了战国以来的“兵农分离”趋势。在中古时期的日本，武士最早出自庄园主以及为保护庄园而设立的武装组织。在镰仓幕府建立后，除了幕府“御家人”、郎党等作为正规武士存在外，地方的土豪、农民甚至商人也握有武器。在战国时代，这种界限更为模糊，秀吉本人就是平民出身而成为武士。而秀吉认为，天下已定，应该进一步确立身份制度，于是以检地确定石高，以刀狩剥夺武器，并禁止海贼等势力存在。禁止武士改行务农，也禁止农民弃田为兵。这样，战国时代类似“一领具足”的农民兼职军人的情况结束了，足轻成为武士低层的职业兵，而农民在战场上，也只能作为劳工而存在，不能拿起武器参与战斗（实际上未经职业训练的农民参与战斗也是累赘）。这也扼杀了类似于秀吉本人“从农民到大名”的奋斗过程再次出现的可能性。事实上在战国时代后期，大名动员领民，并非直接投入战争，而是往往让他们负责后勤、地方治安等有偿（免年贡等）劳动，真正意义上的足轻已逐渐演变成为一种统一制服的军人，往往使用铁甲或皮甲等装备统一武装，也出现了专门化经过统一训练的铁炮足轻、弓足轻和长枪足轻，这些专门足轻事实上已经职业化和武士化，“兵农分离”是对这种趋势的肯定。此后的足轻采用“御贷具足”制，装备由领主提供，作为一支职业军队而存在。“士农工商”四等级界限分明，确定了日本近世的社会体系。

天正十三年（1585）七月，关白二条昭实与左大臣近卫信辅为争夺关白之位展开争论，关白素来是从藤原氏的“五摄家”，也就是一条、二条、九条、鹰司、近卫这五家中选择。在当时，朝廷的官职任职情况大致是这样的：关白二条昭实、左大臣近卫信辅、右大臣菊亭晴季、内大臣羽柴秀吉。此时，朝廷考虑要给羽柴秀吉升迁，下一步应该是右大臣。但羽柴秀吉提出了反对意见，他说他的前主君织田信长就是做到右大臣以后被攻杀，因此他希望躲开这个不吉利的位置直接升左大臣。这就意味着左大臣近卫信辅要挪窝，于是近卫信辅请才就任半年的关白二条昭实尽快把位置让出来。但后者表示当初就任关白时就已有约定：“就任关白一年后让位近卫家”，因此没有半年就让位的道理，而近卫家却表示近卫家不愿意在没有担任现职大臣的前提下出任关白，因为关白按例是现职大臣兼任的，如果此时二条昭实不让位而近卫信辅又将左大臣让给秀吉，意味着再过半年近卫信辅只能在无现职大臣的情况下出任关白。双方互依理据，互不相让。秀吉在前田玄以和右大臣菊亭晴季的策划下，以中介的身份从中取利，结果是羽柴秀吉以前任关白近卫前久（近卫信辅之父）的养子的身份担任关白，而近卫信辅和菊亭晴季仍任左右大臣。关白是日本当时公卿的最高位，在天皇幼年或不能处理政务时，就是摄政。这一位置一直以来由藤原氏所垄断。这一次身为藤原氏流的五摄家之一近卫家将关白位破天荒地让给了藤原氏以外的人，这也是武士第一次成为关白。

天正十四年（1586）九月九日，天皇正式赐予秀吉丰臣氏。羽柴秀吉本随信长为平氏，为任关白成为近卫前久的养子以后为藤原氏，此时再由藤原氏改为丰臣氏。十二月二十五日就任太政大臣，这标志着武家关白制的确立，也标志着丰臣政权的确立。

应该说明的是：丰臣为氏，而之前的木下、羽柴皆为苗字，因此秀吉只能说从藤原改为丰臣，而不能说是羽柴改为丰臣。在日本古代到中世社会，最为兴盛的就是所谓“源平藤橘”四氏，即源氏、平氏、藤原氏、橘氏，因此丰臣氏被称为“源

◇ 后阳成天皇行幸聚乐第

平藤橘以外创始的第五个新氏”。

此后，秀吉就开始了统一全国的步伐。天正十三年（1585）完成四国征伐；天正十四年（1586）降服佐佐成政，北陆平定；天正十五年（1587）九州征伐完成；天正十八年（1590）攻克小田原，关东平定；进而奥州平定。天正十九年（1591），以丰臣秀次为大将，讨伐北奥南部家九户政实的反叛成功。自室町末年以来，日本天下第一次完成了形式上的统一。

天正十四年二月，在京都开始建设丰臣秀吉的宅第及政厅，这座当时成为日本政治中心的府邸称为“聚乐第”，在次年九月落成以后，很快在天正十六年（1588）四月十四日迎来了后阳成天皇的行幸。天正十九年十二月，秀吉将关白之位让予养子丰臣秀次，自己则成为前任关白“太阁”，成为日本实际上的最高掌权者。聚乐第成为新关白的府邸。次年一月，后阳成天皇再度来到聚乐第，这在日本历史上是前无古人的。

丰臣秀吉的荣耀如日中天，但他的野心并不止于此，在统一全国后，他又将目标投向了亚洲大陆。

五、侵略朝鲜

天正十五年，关白丰臣秀吉试图通过与朝鲜有着密切经济政治往来的对马岛领主宗氏，向一衣带水的李氏朝鲜发出了一封措辞傲慢的书信，大意如下：要求朝鲜遣使进贡朝贺，并充当日本的“征明向导”。这封书信被熟知日朝外交的宗氏劝阻，改为要求朝鲜派来通信使，以祝贺丰臣秀吉统一日本。朝鲜方面拒绝了这一要求。

在中国周边国家中，日本是一个相对特殊的国家。从汉代开始与中国有交流的日本有意识地保持着希望与中国建立平等关系的思维。在隋朝时期，遣唐使小野妹子带来的书信中写道：“日出处天子致白日末处天子”，显示了日本不希望被视为藩属的心态。但丰臣秀吉体现出的优越感却是“爆棚”的，他素来有着“唐入”的想法，这一封书信，是他试图以朝鲜为跳板，进攻大明意图的体现。在丰臣秀吉的白日梦里，甚至有着远征到天竺（印度）这样不切实际的计划。

夹在中日之间的朝鲜则在此时作为中国明朝的藩属国存在，其国王接受明朝中央政府的册封。在天正十七年（1589），丰臣秀吉再度要求对马的宗义智和博多商人岛井宗室、外交僧景辙玄苏渡海，邀请朝鲜通信使。第二年十一月，朝鲜通信使真的应约来了。丰臣秀吉塞给了朝鲜人另一封信，要求“假道伐明”，向朝鲜人借条路去打明朝。朝鲜是中国的藩属，自然不可能同意这种意见。关键是对于这封书信的解读，在朝鲜朝堂里爆发一场论战。李氏朝鲜朝廷中当时党争严重，凡西人党所是，东人党必非之。本次通信使的正使黄允吉为西人党，他认为这封书信是秀吉即将入侵朝鲜的征兆，而东人党出身的副使金诚一认为，秀吉不过是小人得志，一朝猖狂，他的梦呓之语不过是虚张声势，不用去理会。

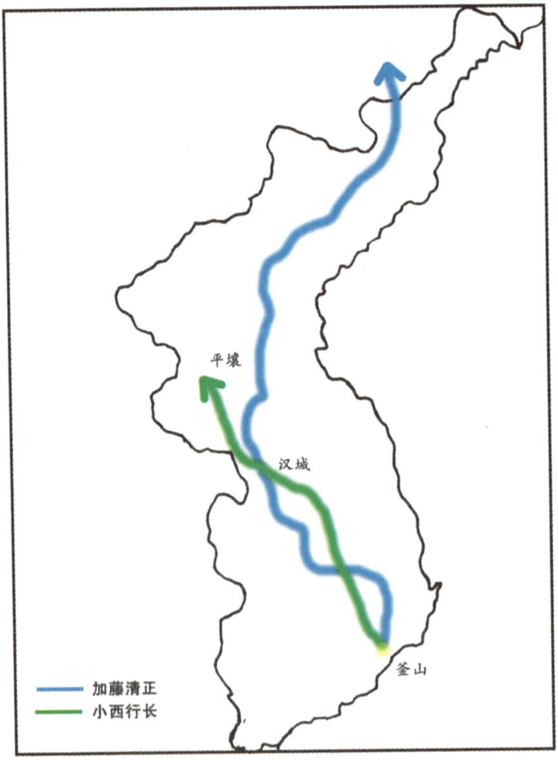

◇ 日军侵朝进军路线示意图

双方就此信的问题在朝堂上大闹一番。至于加强武备抵抗侵略，当时朝鲜朝廷谁都没去好好关心一下。天正十九年（1591）六月，对马的宗义智再度来到釜山，用旁敲侧击的方式再度提醒朝鲜人注意："日本人要来了。"这都没能引起朝鲜人的充分重视。就在一片浑浑噩噩中，丰臣秀吉的"武力假道"来了。

这场战争，在三个国家有三种称呼。中国称为"万历援朝"，朝鲜人称为"壬辰卫国战争"，日本人称为"文禄—庆长之役"。

天正十九年八月，丰臣秀吉下令，在九州肥前国松浦郡修筑名护屋城，作为征明的前线大本营，同时，向全国大名发出动员令。文禄元年（1592）三月十三日，丰臣秀吉发布军令，各地区大名出兵征明，并且许以在中国划分地盘。接到这个消息后，日本的大名，尤其是西部的大名闻风而动。秀吉很快集合了上十万的大军，实际投入朝鲜战场的约有七八万，浩浩荡荡渡过对马海峡。四月十二日，由小西行长率领的征朝军一番队在朝鲜釜山登陆，向朝鲜发出了最后通牒，而朝鲜的釜山守将郑拨竟然以为这是日本的朝贡船队，置之不理。次日，小西行长发起攻击，釜山要地一日之内陷于日军之手。当时，朝鲜"承平久，怯不谙战"，而日军经过战国时代的洗礼，经验丰富，于是朝鲜军队"皆望风溃"。朝鲜水师不战而逃，将制海权拱手相让。十四日，小西行长进攻东莱府城，这座拥有2万守军且位于地势险要的山地的城池本来能成为巨大的阻碍，却在几个时辰内就告破。十七日，加藤清正和黑田长政分率的二番和三番队也在釜山登陆。和小西行长素来不和的加藤清正很快进入了"抢功"模式，连下蔚山、庆州，一路直扑汉城，小西行长也不示弱，沿着大邱一线直扑忠州。朝鲜王李昖逃出首都汉城，迁都平壤。五月，汉城为日军所占，此时距离日军登陆仅仅二十来天！五月二十七日，加藤清正和小西行长进入了开城，已经打到了今天的朝韩分界线——三八线以北。六月，日军分军攻略朝鲜八道，并很快攻陷平壤。丰臣秀吉下令分割朝鲜八道：平安道归小西行长、咸镜道归加藤清正、黄海道归黑田长政、庆尚道归毛利辉元、京畿道归宇喜多秀家、江原道归毛利吉成、忠清道归福岛正则、全罗道归小早川隆景，号为"八道国割"，朝鲜全境都被分赃完毕。朝鲜王再度逃亡中朝边境的义州，火急遣使向宗主国明朝求救。

明朝当时处于万历年间，明朝自开国以来，沿海一直深受倭寇之患，对日本的入侵有着切肤之痛。对于此次侵朝，明朝的有识之士认为："朝鲜属国，我为藩篱，必争之地。"况且攻势猛烈的加藤清正甚至已经攻到了大明境界内，和东北的女真人交上了火。于是，中国决定出兵援朝。

不过，明朝政府对这次倭患显然认识不足。明朝的最早援朝军只是由游击史儒率1000余军于六月入朝奔袭平壤，路遇霖雨，紧随其后的是总兵祖承训率军3000援助，明军得到了一个假消息——日军已撤出平壤退回汉城。急于夺回“空城”平壤的祖承训轻敌冒进，实际上，小西行长等主力部队全在平壤城中，杀入平壤七星门的明军遭到日军的顽强阻击，史儒阵亡。祖承训见连日大雨，加上朝鲜人对明军的后勤接济极为不力，而朝鲜兵又羸弱不堪使用，于是他决定暂时撤退，再图进取。

祖承训的败报传来，明朝廷这才意识到，这一次的倭患不同于往日。朝野上下议论纷纷，兵部尚书石星派了一个叫沈惟敬的人去和小西行长谈判，其目的是拖延时间，让明军有集结部队的余裕。有个程鹏举的人甚至异想天开地提出了“发暹罗（今泰国）兵”越海“捣其巢穴”的构想。万历皇帝本人也是坚决的主战派，最终朝廷决定，以熟悉辽东事务的李如松为东征提督，同时从辽东调集当地精锐，并从沿海调来抗倭经验丰富的江浙兵，集合了4万大军出征朝鲜。

文禄二年正月（明万历二十一年，1593），明军出现在平壤城下。是时，日军统帅小西行长还做着和谈的迷梦，骤闻明军杀到，大为震惊。李如松认为：平壤地势险要，东南两面临江，西面为陡峭的山峰，北面是高耸的牡丹峰，可谓易守难攻。李如松查看以后，就定下策略，本着“包围须留缺口”的常识，三面围攻，只留东面空缺。命吴惟忠攻牡丹峰阴取西南，命祖承训率部伪装成朝鲜军队潜伏。一月初八日，强攻平壤的战役打响，明军以火炮为掩护，拼死冲锋，李如松亲自压阵，凡擅退者皆斩，自己的坐骑被火枪击毙，仍换马督战。于是明军个个奋勇，冒着日军的铁炮登城。日军见南门的祖承训部身穿朝鲜军服，以为是朝鲜军，而日军素来很轻视朝鲜军的战斗力，因此不以为备。祖承训部乘机攻入，日军急忙分兵把守，明军已从西门而入。平壤的小西行长退守风月楼，来援日军在入夜后就潜渡大同江逃跑，沿途又被明军伏兵所袭，损失惨重。李如柏趁胜收复开城。朝鲜的黄海、平安、京畿、江源四道收复。进攻咸镜道的加藤清正听说开城失守，唯恐孤军深入，也退回汉城。

旗开得胜的李如松派查大受等人为先锋侦察部队追击日军。查大受部在汉城郊外的碧蹄馆以南的砺石岭遭遇日军，小胜一场。李如松得报：日军弃汉城逃跑。听说这一消息后，李如松率领3000骑兵援助查大受。正月二十六日，在汉城郊外的碧蹄馆遭遇日军立花宗茂3000人的诱敌。随后日军小早川隆景部8000人和小早川秀包的5000人也从埋伏点投入战场。黑田长政、吉川广家和石田三成也率军加入，李如松陷入日军的包围。而碧蹄馆一带的水田也极不利于骑兵的驰骋。李如松手刃数敌，日军立花宗茂手下的小野成幸上前“搏李将军甚急”，偏将李有升以自身抵挡住日军，被杀，李如松之弟李如梅见机一箭射杀小野成幸，李如松方得脱险。明军以劣势兵力抵抗了日军近一整天，双方各自退却。

对于碧蹄馆之战，中日韩三方的史料记载各有不同，日方一些史料夸大了明军的数量，认为明军有近 2 万之多，这显然不合情理，明军到达朝鲜的总兵力不过 4 万，李如松星夜追敌，不可能带有一半以上的兵力。而李如松轻装前进的原因一方面是为假情报所误，另一方面是朝鲜方面对明军的后勤支援不力，约定的粮草迟迟不达，导致明军不可能冒着拉长补给线的危险全军开进，这迫使李如松不得不寻求轻军入汉城的途径。另一方面，在此战中，李如松损失的都是如李有升这样的“家兵”，乃是其东北军团中的最精锐部队，而日军方面损失更为严重，仅先锋的立花宗茂队在战后检点中，人数从 3000 多降为 1132 人，这也是占绝对兵力优势的日军在战后不敢追击的原因。

在此战后，日军由于补给不足且龙山仓为明军袭烧，因此陷入饥饿而无力进攻，而明军方面，李如松由于碧蹄馆的前车之鉴，考虑到兵力不足和补给不继，也不敢擅自去攻打日军集合重兵的汉城。于是，在中日双方都出现了和谈的希望。

中方和谈代表沈惟敬，嘉兴人，《明史纪事本末》给他一句评语：“市中无赖也。”同时，明军统帅宋应昌派了两个幕僚谢用梓和徐一贯仿冒“天使”，和沈惟敬一起和日本人谈判。一行人先见了在朝日军将领宇喜多秀家、小早川隆景等人，开出了一系列条件：

一、日军必须归还俘虏的朝鲜王子和官员。

二、日军必须撤退前往釜山，交还汉城。

三、明军开城方面军同时撤退，不对日军进行追击。

四、明朝派使节进一步和日军谈判。

这是让明朝不费一兵一卒收复朝鲜旧都汉城并驱逐日军的“苛刻条件”，但日军是时确实也没讨价还价的余地，因为其主力都被明军分割包围着，补给又跟不上。但在朝诸将谁都做不了主，于是把明朝“天使”送到了日本名护屋请秀吉自己做主。

五月二十三日，丰臣秀吉在名护屋城见了“天使”，狮子大开口开出了日本方面的条件：明朝公主嫁到日本；恢复勘合贸易。谢用梓和徐一贯一听“和亲”两个字就已经吓得不轻了，哪敢应声。其后，由于日军在六月二十九日占领了晋州并屠城，丰臣秀吉的底气骤然加足，狠狠加了两个条件：朝鲜割让一半给日本；朝鲜送王子及大臣为质并臣服日本。这条件更骇人听闻。谢用梓和徐一贯回到朝鲜以后汇报给宋应昌和李如松，两人只能装聋作哑。恰在此时，日军中对和谈积极的小西行长也有和谈的意愿，因为一旦日明重开勘合贸易，他和他的女婿马宗义智将获利丰厚。所以小西行长大着胆子，和沈惟敬伪造了一封丰臣秀吉的降服表。此后，小西行长说服丰臣秀吉撤军，日军退出汉城前往釜山。于是，一起国际玩笑发生了：日本的理解是明朝屈服了，而明朝方面的理解是日本降服在天朝的声威下。于是在文禄五年（1596）九月，一封“册封秀吉为日本国王”的圣旨送到了日本。秀吉大怒，感觉被愚弄了，谈判就此破裂。

沈惟敬从此身名俱裂，中国将他视为卖国叛徒；而日本将他看作大诈骗犯。

在明朝内部，事实上已经有部分有识之士对日本的再度侵略有着预见，但兵部尚书石星为代表的主和派却轻视了这些意见。万历皇帝见日本“不奉正朔，无人臣礼”，一怒之下将石星与沈惟敬下狱论死。

日本方面，丰臣秀吉任命小早川秀秋为主将，毛利秀元和宇喜多秀家为副将，而黑田孝高为参谋率军再度侵朝。日军在庆长二年（明万历二十五年，1597）元月开始集结到朝鲜。本次日军动员人数约为14万人，先锋仍为小西行长和加藤清正。

是时，朝鲜早将文禄之役中功劳卓著的水师将领李舜臣免职，代之以元均。元均的为将让人完全不敢恭维，李舜臣在任期间的严明号令一朝尽废，水军之中尔虞我诈互相倾轧，在日军再度进攻时，朝鲜水军已经是一支军心涣散的乌合之众。七月七日，元均受到假情报蛊惑，率水军从闲山岛出发去拦截日军的“运输舰队”，日军岛津水军在绝影岛埋伏了远来疲敝的朝鲜水军，施展开擅长的跳帮战术，大败朝鲜水军。而朝鲜水军撤退路过加德岛时，又被高桥直次和筑紫广澄截杀，残余的水师部队撤到了巨济岛北的漆川岛一带。七月十五日二更，在元均沉醉酒乡的时候，日军藤堂高虎和加藤嘉明率水军发动夜袭，漆川梁一带一片火海，朝鲜水师因此覆灭。

制海权关系着日军的补给线，得到海军支援的日军于八月再次发动大规模陆地攻势。日军从水陆两路向庆尚道和全罗道进攻。明朝方面则以兵部尚书邢玠为总督出征，麻贵为备倭大将军驻守汉城，明军在朝鲜早有布防。朝鲜则重新起用李舜臣，是时的朝鲜水军已经被元均败光了家底，只有13艘战船。李舜臣除了收拾人心鼓舞士气以外，还必须考虑战术问题。他决定给战船顶部加上弧形的顶棚，这就是所谓的“龟船”的最初形态了。

龟船被吹嘘为所谓世界上最早的铁甲战舰，这本身是个伪命题。“铁甲船”是近代蒸汽海军发展以后的产物，并不是每一种包了铁的船都能叫铁甲船。实际上，龟船的原理是在原有战船上加装顶棚，目的是克制日军最为擅长的跳帮战术和焙烙玉投掷战术。在之前的漆川梁海战中，用挠钩跳帮发挥单兵作战能力的“水贼”

战术让日军获得了巨大的成功。同时，日本水军的火器也是朝鲜水师的一大威胁，为对应将战船适当封闭以防止投掷焙烙玉，也有可能适当在部分关键部位包裹金属以防备火炮。但绝不能认为龟船是一艘从上到下全裹铁皮的铁甲舰，这显然不符合当时造船的一般工艺能力。

◇ 小西行长

九月，李舜臣率领朝鲜水军在珍岛附近的鸣梁一带待敌。这里水流湍急，水道狭窄，最适合以少抗多。十五日夜，日军加藤嘉明、藤堂高虎等水军来袭，在狭窄的水道中受制于锁链暗桩，又无法发挥跳帮和火器的优势，被李舜臣迎面痛击。朝军以 13 艘战舰击沉了 31 艘日军船只，来岛通总等人阵亡。此战大长朝鲜水军士气。

在陆地战场，日军加藤清正袭占全州，威胁汉城，但明军在稷山击退黑田长政率领的日军。日军的攻势被彻底遏止，退保在朝鲜南部沿海一带。

十一月，明军决定发起战略进攻。总督邢玠分兵三路，左路李如梅，右路李芳春，中路高策。以杨镐、麻贵统御左右两路直扑蔚山，攻加藤清正。中路则屯宜城作为预备队。蔚山是一座日本式城池，在十一月由日军突击完工，城刚建完，明军的大队人马已经压到。蔚山凭山险而建，有水陆两条道路通釜山，明军开始时攻势如潮，先以诱敌之计引蛇出洞，斩首 400 余，日军退守岛山一带连筑三寨防御，明军游击茅国器率领浙兵先登，连破三寨。偏将陈寅身先士卒，冒着日军的枪弹鼓噪攻城。当战况激烈之时，主将杨镐突然下了一道奇怪的命令：鸣金收兵。

◇ 蔚山之战

对于这道命令，《明史·李如梅传》中是这样解释的："杨镐为总理，宿与如梅昵，不欲寅功出其上。"说是杨镐和李如梅有旧交，因此想把功劳留给他。但战场之上，兵贵神速，杨镐却拿将士的性命送人情，导致明军延误了战机。待李如梅赶到时，岛山久攻不下，日军小西行长等援军抵达。杨镐则闻讯先奔，"诸军无统御，皆溃"。

蔚山大战的失败对明军来说影响重大，明军失去了反攻的一个大好时机。而杨镐的昏聩指挥是这次失败的主因。事后，杨镐被追究责任下狱。在不久以后，他又被重新起用抗击后金，成为著名的萨尔浒之战中的败军之将。

战争进行到庆长三年（1598），明总督邢玠招来江南水师参战。二月，明朝招陈璘率两广军、刘綎率川军、邓子龙率浙军来援。明朝军队迅速从蔚山失败的阴影中走了出来，开始组织新的反攻，再次分兵，中路李如梅、东路麻贵、西路刘綎，水路陈璘。中路董一元部先取晋州，再围泗州，以大炮轰击城中日军岛津义弘部，不幸大炮走火，误点火药库，明军阵地大乱，被岛津乘机掩杀。西路军刘綎摆下鸿门宴，请日军小西行长前来谈和，席间实行"斩首行动"，被小西行长所逃脱。刘綎遂包围小西所镇守的顺天，久攻不下以后，十月在听说中路军失败的消息后，刘綎引兵撤退。东路麻贵再攻蔚山，中伏战败。三路明军的进军虽然失败，但日军终究无力反攻，被迫龟缩在南部的数个据点。

庆长三年八月，丰臣秀吉在日本病故。日本国内酝酿着又一次大变故。侵朝日军开始撤退，是年十一月，明军开始追击行动，小西行长被围困在明军水师陈璘和朝鲜水师李舜臣的包围圈中不得脱身。诡诈的小西行长使诈脱出了包围圈。陈璘和李舜臣商议，决定将计就计，在庆尚道露梁海峡设下埋伏，放出了小西行长求援的消息。岛津义弘、立花宗茂、宗义智等果然率领500余艘船只抵达露梁，准备趁夜进入顺天营救小西行长。十一月十九日，在日军驶入海峡以后，明军和朝鲜水军突然出现，李舜臣的改装龟船在此战中大发神威，在船艏部分加装了隐藏大炮的龙头和撞角，四面设炮，船顶设立顶棚并加盖有防火的湿泥，击破日军船只无数。明军和朝鲜水师三面合围，试图突围的日军死命攻击李舜臣，而陈璘试图救援李舜臣，反为日军所困。激战中，明朝老将邓子龙与朝鲜李舜臣双双阵亡，朝鲜水军隐瞒李舜臣死讯继续杀敌。在陈璘等主将奋勇当先的感召下，明军与朝鲜水军获得了最后的胜利，日军舰船焚毁200余艘，遭虏获100余艘，明朝联军斩获500余级，生擒180余人，而日军其他溺死烧死者不计其数。这是朝鲜战场壮烈的最后一战，侵朝战争终于随着秀吉之死而画上了句点。

第二节
最后赢家

一、太阁之死

庆长三年（1598）三月十五日，在京都醍醐寺，丰臣家召开盛大的赏花会，这所应仁之乱以后荒废的寺院为丰臣秀吉下令重修，并且移植了各地的700多株樱花，灿烂的樱花以秒速五厘米的速度如雨般落下，在这壮观的景象中，秀吉和他的女眷们饮着茶，享受着这春季瞬间的光华。醍醐之花见，象征着丰臣政权最后的一闪耀。

八月十八日，京都伏见城，统治日本的太阁丰臣秀吉将后事嘱托给德川家康与前田利家，留下了“如露凋落，如露消逝，我之残躯，前尘往事，如梦似幻”的临终之句，怅然病亡。太阁之死打开了战乱的潘多拉盒子，辉煌一时的丰臣政权开始走向分裂和衰亡。

事实上，丰臣秀吉所建立的政权并不是一个稳固的政权体系，内部隐藏着无数的危机，在秀吉生前，这些危机就如早期癌症一样潜伏着，在他死后，人们赫然发现，癌症已经扩散到全身。整体来说，丰臣政权有以下几点致命伤：

一、政权架构的先天不足和后天松散：这一点主要可以从两个方面去探讨，首先是先天不足，秀吉在小牧—长久手战役中没有拿下德川家康，因此，在家康把持三河、远江、骏河等地并在小田原之战后把势力扩展到关东的前提下，丰臣政权对关东的控制力大大削弱。而昔日无论是镰仓还是室町，其建立都是立足于对关东的控制力上，因为只有武家控制关东，才能拥有与朝廷公卿集团对抗的资本。丰臣政权既然无法控制关东，只好依托于朝廷体系，“借壳上市”。秀吉也曾争取过成为“征夷大将军”开幕府，但被朝廷拒绝，因为他的出身低微，各种势力都不接受他成为“武家栋梁”。征夷大将军与幕府是武家团结的一个核心，丰臣政权失去了这面旗帜，就等于失去了团结武士集团的政治基础，进而导致了许多后遗症。武家关白制是幕府制度的一个奇特的变种，其存在根本上违背了武家政权独立于朝廷体系之外的基本原则。丰臣秀吉在担任关白以后，就授予其亲信石田三成等人朝廷官职，借用公家的官职体系来组建新的武家秩序，同时，在文禄三年（1594）将原左大臣近卫信辅流放，确保了关白之位由丰臣家世袭。但“公武合一”的后果是造成混乱，朝廷方面在此后除了德川家康在庆长元年（1596）升为内大臣以外，太政大臣丰臣秀吉以下的左右大臣全部空缺，另一方面是下面的武士升不上来，达不到恩赏的目的。所以从这一方面来看“公武合体”其实是不现实的一种机制，也是当初平清盛掌握朝政以后试验失败过的一种机制。武家的“恩赏”和“奉公”机制注定了它必须独立于朝廷体系之外才有可能实现畅通，所以在后来江户幕府建立以后，幕府再度将公家官位和武家官位完全分离。

其次就是后天松散，这一问题的致命点就在于没有谱代。这是秀吉一生中最大的无奈。所谓谱代，是指大名所拥有的世代家臣。谱代要么是大名的亲属，要么就是几代都服务于一个大名的重臣。以德川家康为例子，其手下的本多正信、井伊直政、大久保忠邻等，这些人世代侍奉三河松平家，因此能获得德川家康的信任和重用。谱代在近世日本的政治体系中尤其重要，因为日本的人才选拔不似中国一样拥有科举制，大体是一个世袭制度的社会，所以，在主君与家臣之间一旦建立一种世代的主从关系，这种主从关系再通过日本式的封建礼仪道德维系，就变得十分巩固。相反的，如果没有谱代，一个大名就不能保证自己的后裔是否能够得到足够的支持来维持自己的政权。所以，从最早的镰仓时代就开始萌芽发展的谱代制度是日本政权维系稳定性的一个重要因素。值得注意的是：丰臣政权虽然有所谓的“谱代”，比如浅野长政以秀吉亲戚的身份获得谱代身份，另外如加藤清正、福岛正则、石田三成等人也获得了“谱代”身份。但要说明的是，在战国时代，谱代并不是仅仅一个名称，它需要的是一套制度作为依托，这也就是战国大名所制订的分国法中的一项重要内容——确定家臣与主君的权利义务，从而实现“谱代化”。但是，依托朝廷的丰臣政权由于没有幕府，就无法实现这一成果。所谓丰臣“谱代”，不过是一群因“太阁之恩”而被提拔起来的新大名，而太阁一死，他们就陷入了分裂。

◇ 秀次切腹事件

二、继承人问题：秀吉于天正十九年（1591）十二月将关白职务传给养子秀次，在此前的八月，秀吉和他的侧室淀殿所生的嫡子鹤松夭折，年迈的秀吉认为自己不再可能有子嗣了，于是事实上肯定了秀次的继承人身份。文禄二年（1593）八月三日，秀吉的侧室淀殿（浅井长政与阿市之女）为秀吉生下了丰臣秀赖，这就使秀吉的继承人问题发生了。丰臣秀吉一度试图寻求一种合适的解决办法——让秀赖娶秀次之女，并要求丰臣秀次“五分天下赠与秀赖一分”，但最终矛盾仍无法调和。文禄四年（1595）七月八日，秀吉将秀次流放高野山，继而在十五日命其切腹，秀赖被指定为继承者。“杀生关白”秀次之死牵连甚广，前野长康等重臣被勒令自戕，山内一丰、伊达政宗、最上义光等大名也被连累。这一事件的恶果就是导致了丰臣家失去了能起码控制场面的成年继承人，同时加深了丰臣家与家臣之间的隔阂。原本脆弱的丰臣家主从体系遭到进一步打击。秀吉在此后为继承人铺路制定了“五大老”和“五奉行”制度。“五大老”由五名重要大名担任，分别是：德川家康、前田利家、宇喜多秀家、毛利辉元、小早川隆景（隆景死后由上杉景胜继承），希望通过五大老合议制来互相监视，防止一家独大。而政务则由“五奉行”：浅野长政、石田三成、前田玄以、长束政家和

增田长盛主持。事实上，这种分权体系没有达到维系的效果，五大老各有地方利益却没有制度约束，分权自然会导致分裂。而以地方大名为代表的“武断派”和奉行中控制政务的石田三成等“文治派”的矛盾也由此而来。

三、朝鲜之战的烂疮：发动侵朝是秀吉一生中最大的一次赌博。他知道自己的政权基础不稳，所谓统一不过是形式上的，因此他希望通过外战来转移国内大名的注意力，同时以外战的成果笼络国内大名。但值得注意的是：当时的明朝虽然开始走下坡路，但是处理一场局部战役是绰绰有余的。根本在于：农业为基础的日本根本无法达到征服大陆的目的，甚至无法承担发动对外战争的庞大经济需求。《明史纪事本末》评价这场战争时说：“七年之间，丧师十余万，糜金数千镒。”拥有统一体系且地大物博的中国尚且如此，何况地小人少的古代日本？在近代工业化以前，日本的生产力根本无力支撑这样一场对外战争。这场战争在日本国内导致了两极分化，积极参与战争的西国大名由于兵役负累而实力削弱；而以德川家康为代表的东国大名却消极参战或者干脆不参战，实力相对来说更为雄厚。

事实上，丰臣政权中最终得到最大利益的人就是德川家康，秀吉无法在战场上战胜家康，只能通过种种手段笼络或者防范。在小田原之战后，家康被改封到关东，领有武藏、伊豆、相模、上野、下野、上总、下总，居城为江户。秀吉的本意是将家康的本据点三河、远江、骏河等国收回，以收“调虎离山”之效，但他又给予了家康更多的补偿，补偿的土地也是以往幕府赖以崛起的关东，这虽然是无奈之举，却不能不说是一大失策。家康很快将他的谱代家臣团分封到关东，形成了一个遍布关东的德川系统，这是丰臣政权中最大的一颗定时炸弹。关白秀次自戕事件后，家康又被招到了京都成为五大老之一，让他成为丰臣政权的核心人物，更进一步给予了他扩大势力的机会。

所以，在丰臣秀吉死后，原本潜伏在丰臣政权中的种种问题开始一总爆发出来，终于酿成了一场决定日本命运的决战。

二、关原大战（上）

在中国，许多战国游戏的玩家和战国史爱好者，都把德川家康称为“老乌龟”。这个听起来并不光彩的外号的由来是因为部分人认为：家康不过是寿命很长，把其他争夺天下的人都憋死了，自己就获得天下了。事实上，忍耐也是一种能力，而要在忍耐中一次次生存下来更是一种实力，而在忍耐以后抓住机遇则是一种才华了。德川家康幼年为人质，寄人篱下；青年时代出道，经历了一向一揆、三方原这些大风大浪，最终修成正果，成为关东之霸。这不但是由于他有一批忠诚而

有能力的家臣，也得益于他个人的非凡能力。

丰臣秀吉的“五大老”机制，主要目的是防德川家康。在他死后，家康就通过一系列的联姻进行拉拢：六子松平忠辉娶伊达政宗长女；从兄弟水野忠重之女嫁加藤清正；外甥松平康元之女嫁福岛正则养子正之等等。这一活动就被文治派的石田三成抓到了把柄，他指控家康违反秀吉生前颁布的“禁止大名私自互婚”的命令，搬出了大老之一前田利家。家康不希望与利家对抗，庆长四年（1599）二月，家康与利家达成和解。

事实上，能限制家康的，最有希望的一个就是前田利家，但秀吉没有料到的是，是年闰三月三日，前田利家病故。丰臣政权失去了最后一个能对抗家康的人物。

前田利家是织田信长的老臣，在丰臣政权中有着他人所不能比的威望和人脉，是一个能控制局势的人物。他死后，文治派和武断派的争执就进入了白热化，就其根源来说，丰臣秀吉的政权是围绕其文官奉行集团而运行的，以石田三成为核心的文治派通过掌握所谓“太阁藏入地”而获取了极大的利益。“太阁藏入地”是指丰臣秀吉以各种借口剥夺部分的大名领地并派遣自己的代官管理的直辖地，这些“代官”或者是如直江兼续、锅岛直茂这样的大名有力家臣，但更多的是如石田三成这样的文吏或僧侣、商人。作为丰臣政权下的既得利益者，可以想见石田三成等文官集团在经济层面上就会和各地大名为代表的武断派之间出现尖锐对立，这种对立在作为政权核心的秀吉死后就转化为政治、军事上的全面对抗。

德川家康审时度势，决定在背后支持武断派。利家尸骨未寒，武断派的加藤清正、福岛正则等人就动手袭击石田三成的居所。石田三成逃脱，这时，德川家康就以中介人的身份出面，撤掉了石田三成的“奉行”职务，出居佐和山城。德川家康则以五大老之首的身份，代替石田三成进入大坂处理政务。明显：这一轮是德川家康渔翁得利。

九月七日，老谋深算的家康立刻利用这一间隙，指控前田利家之子利长图谋刺杀家康，以护卫人身安全的名义带兵进入丰臣秀赖所居住的大坂城中，并将五奉行之一的浅野长政、秀赖的侧近大野治长等人作为同谋处分。十月三日，德川家康向各大名发出了出征加贺的命令，前田利长为避免战争，被家康逼迫交出母亲作为人质。可能威胁家康的前田家降服，这对家康来说是又一次胜利。

庆长五年（1600），德川家康开始向五大老之中的另一人——上杉景胜动手，上杉家放逐了亲德川的重臣藤田信吉，家康派出使节责问上杉家为何私自增强军备，要求上杉景胜前来京都说明问题。但上杉家的重臣直江兼续回答了他一份强硬的“直江状”。于是，家康决定以武力解决，他以丰臣政权掌权者的身份召集关东各家大名参战，这场战争得到了天皇以及丰臣秀赖的认可。六月，家康自大坂出阵，经由京都伏见城而东，军势浩大。

另一方面，石田三成等人也没有停止活动。在家康离开大坂以后，石田三成就秘密地与五奉行之一的增田长盛、作为毛利家外交僧的安国寺惠琼以及大谷吉继等人密谋。他们讨论的结果就是决定趁家康离开之机起兵打倒家康。于是，增田长盛、长束正家、前田玄以三人出面发布了家康弹劾书一封。七月十七日，毛利辉元听从安国寺惠琼的意见，进入大坂城，出任西军总大将，结连西国大名起兵。

当晚，石田三成试图将在大坂的大名家属扣为人质，这个消息提前泄露了，加藤清正、福岛正则等人的家属纷纷逃脱，细川忠兴之妻自戕并放火烧毁宅第，三成的绑架计划失败。

正当家康东上会津的时候，石田三成的西军已经开始行动。七月十八日，西军要求鸟居元忠献出伏见城投降。伏见城又称“桃山城”，是太阁丰臣秀吉的居城，是秀吉在世时日本的政治中心，所谓“安土桃山时代”，就是以信长的安土城和秀吉的伏见城这两大政治中心为名。因此，占据伏见城有着非同一般的政治意义。鸟居元忠是家康的亲信，自然深深知道其中的利害，他拒绝了西军的要求。西军以宇喜多秀家为主将，小早川秀秋为副，毛利秀元、小西行长、吉川广家、长宗我部盛亲、长束正家、锅岛胜茂、大谷吉继等大名参战，兵力 4 万人，合力围攻伏见城。岛津义弘试图协助德川家守城，被鸟居元忠拒绝入城，感觉受到侮辱的岛津义弘因此加入了西军。由于丰臣秀吉在伏见建设了庞大的防御工事，鸟居元忠那 1800 人因此得以在兵力远占优势的西军面前防守半月之久，西军最后不得不由长束正家出了下策，用妻小家室的生命威胁城内甲贺众做内应才得以拿下城池。鸟居元忠由敌将铃木孙一为介错切腹，此时的时间已经是八月一日。

德川家康在下野国小山接到了留守伏见城的鸟居元忠的报告，立刻停止进军并在七月二十五日于下野小山召开军议。除了真田昌幸和田丸忠昌以外，大部分参与上杉征伐的关东大名纷纷表示拥护家康，特别是福岛正则为代表的武断派素来很厌恶石田三成，山内一丰甚至提出愿意提供自己的居城挂川城作为临时驻军点，以表示对家康的忠心。于是家康宣布上杉征伐中止，他联合手下的东国大名组成东军，与石田三成的西军对抗。东军的旗号非常响亮：“打倒奸臣石田三成。”

“清君侧”这个口号自中国汉朝的七国之乱以来，一直为各类野心家用作夺取政权的口实，德川家康这一次也很精明地使用这个富有煽动性的屡试不爽的口号来收买人心，收到了良好的效果。德川家康获得了舆论上的优势。

另一方面，西军在伏见城拖延了长达半个月，于是加快脚步，分兵攻略丹后

和伊势两国，石田三成领军进入美浓，八月十日抵达西军据点大垣城。从这点看来，石田三成的本意是：以美浓为主战场，把守大垣城，诱引东军来攻，而自伊势、丹后两地包抄。事实上，这并不是精明的战略方针，西军没有快速抢占东海道的尾张、三河等战略要地，使得东军的快速调动和集中成为可能。

东军的行动也十分迅速，德川家康是一个老奸巨滑的家伙，他在战场上的经验远远比初出茅庐的石田三成丰富得多。他以防备上杉为由，留守江户，在此期间，他发出了上百封书信，协调全国各大名的动向。西军方面在关东一线，上杉军为最上和伊达所阻，本计划加入西军的佐竹义宣遭到了其父佐竹义重和家臣的激烈反对而未能行动，西军试图从关东牵制德川的计划因此破产。同时，东军以武断派的福岛正则和池田辉政两人为先锋，快速通过东海道西返。八月二十二日，池田辉政抢先率军渡过木曾川向河对岸的米野村突击，西军镇守岐阜城的织田秀信（织田信忠之子，即三法师）在人数占劣势的情况下竟然勇敢地选择出城应战，以铁炮阵形射击渡河的东军。东军在池田辉政以优势兵力与之血战一天，将西军打回了岐阜城。东军获得了第一场胜利，福岛正则乘胜在次日拿下岐阜，获得了这座历史名城。织田秀信被流放高野山，在战国末期叱咤一时的织田宗家就此断绝。

岐阜是美浓的核心，石田三成却事先没有正视其重要性。在岐阜危急的时候，西军才自大垣和犬山城救援，东军方面也在周边布置山内一丰、藤堂高虎、黑田长政等部警戒。福岛正则仅仅用了一天时间就拿下岐阜，这也是石田三成所始料未及的。西军见救援无望，只好撤回大垣，岐阜城中的大批战略物资也拱手让人。

九月一日，德川家康终于自江户起兵33000，经过东海道向前线进军，另一方面，家康的三子德川秀忠率军38000，自中山道向美浓进军，但途中经过上田城时，却被真田昌幸所抵挡，秀忠拼尽全力未能拿下小小的上田城，反而被真田昌幸拖延了半个月的行程，为等待秀忠，家康于九月十四日进入赤坂冈山的本阵。

西军方面，原本计划以毛利辉元为总大将，事实上，毛利家加入西军，主要策划者是毛利家的外交僧安国寺惠琼，但毛利家的重臣吉川广家却认为如果与德川为敌一定没有好处，他暗中与黑田长政密谋，以德川允诺毛利家维持领地为条件，换取毛利军的不作为。

十四日，家康的旗帜出现在前线阵地上，西军阵营由于家康的抵达出现了军心动摇。为稳定军心，振奋士气，西军大将岛清兴主动提出奇袭东军的作战计划，得到石田三成的批准。岛清兴亲自率军，在大垣城和赤坂之间的杭濑川河岸的森林中布下埋伏，然后领军过河。东军中村一荣与有马丰氏两队受到岛清兴的挑衅，中了岛清兴的埋伏之计，宇喜多秀家手下的明石全登率军加入战斗，协助岛清兴

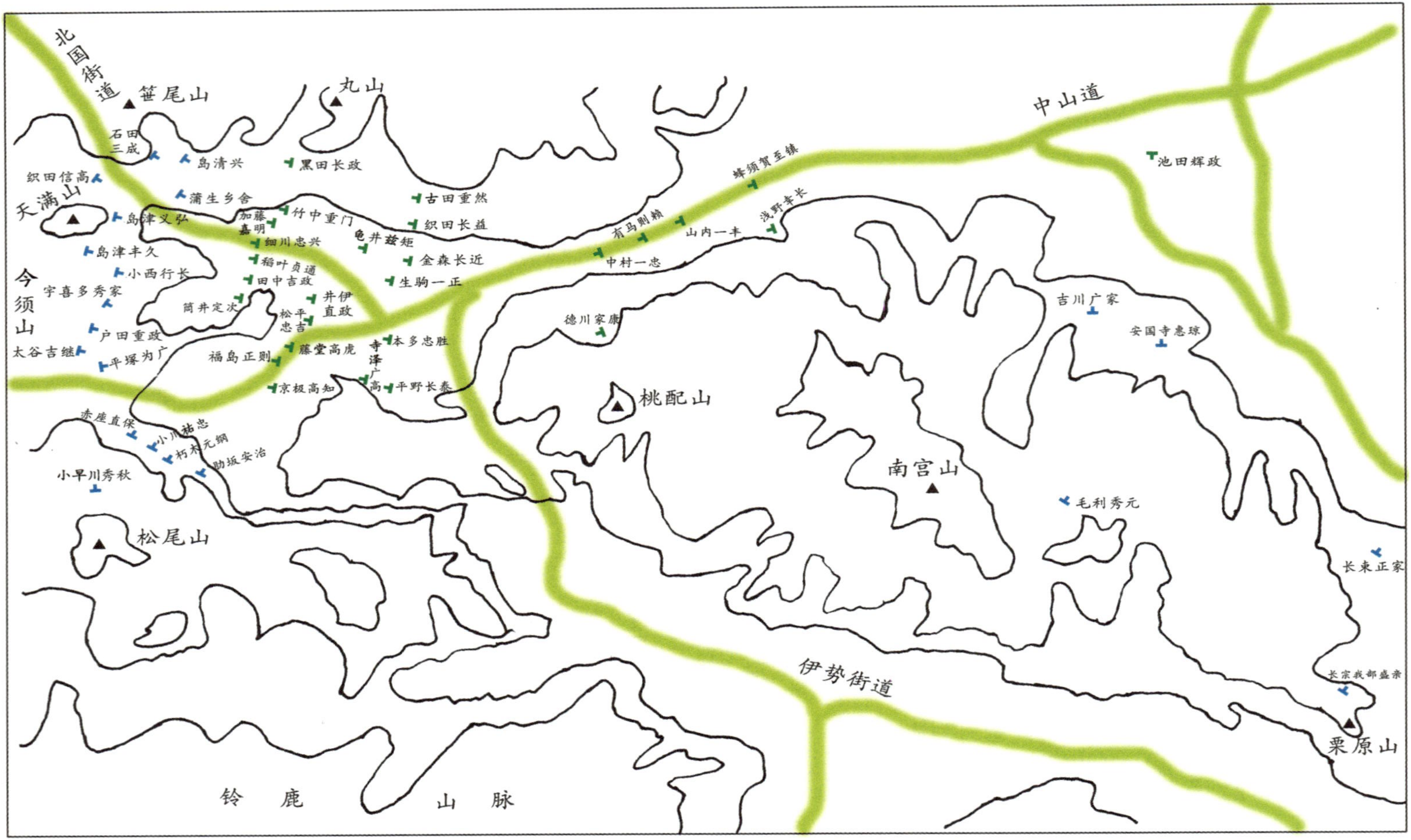
北国街道
笹尾山
丸山
中山道
石田三成
岛清兴
黑田长政
织田信高
天满山
蒲生乡舍
古田重然
池田辉政
蜂须贺至镇
岛津义弘
加藤嘉明
竹中重门
织田长益
有马则赖
山内一丰
浅野幸长
细川忠兴
龟井兹矩
岛津丰久
稻叶贞通
金森长近
中村一忠
小西行长
田中吉政
生驹一正
今须山
宇喜多秀家
筒井定次
井伊直政
松平忠吉
吉川广家
德川家康
户田重政
安国寺惠琼
太谷吉继
平塚为广
福岛正则
藤堂高虎
寺泽广高
本多忠胜
京极高知
平野长泰
桃配山
赤座直保
小川祐忠
朽木元纲
胁坂安治
小早川秀秋
南宫山
毛利秀元
松尾山
长束正家
伊势街道
长宗我部盛亲
栗原山
铃鹿山脉

◇ 关原之战布阵图

将东军的两队彻底击溃。

杭濑川的胜利无疑对西军而言是一针强心剂。石田三成增强了在野战中击败家康的信心。九月十五日凌晨，在东西军之间的关原上大雾弥漫，这里即将上演历史转折一战。

关原为美浓国不破郡的交通要冲，乃是位于北面的伊吹山脉和南面的铃鹿山脉之间的狭长谷地，其东西又分别有南宫山和今须山，形成了一个盆地地带。南宫山和伊吹山脉之间由东向西蜿蜒而来的是中山道，其东面通向关东木曾路，西面通向近江和近畿一带。盆地中心从伊吹山脉和今须山间往西北方向为北国街道，通向越前、加贺、能登等处；从南宫山和铃鹿山脉间往东南方向为伊势街道，通向伊势。这三条道路在关原交会，使关原这个盆地成为“十字路口”，也就是兵家所说的“必争之地”。

西军方面，石田三成本阵置于笹尾山，其前为岛清兴与蒲生乡舍；宇喜多秀家布于天满山，左右为小西行长、大谷吉继、岛津义弘等部；小早川秀秋布于松尾山；毛利秀元在南宫山，其后为长宗我部盛亲与长束正家。西军布成了一个U字形鹤翼阵，以石田三成、宇喜多秀家为U字的一翼，以毛利秀元及其后的长宗我部盛亲、长束正家为另一面，而以小早川秀秋为U字的凹陷部。

西军的出击对家康来说是个好消息。兵法有云：“十则围之，五则攻之，倍则战之。”德川秀忠迟迟不到，家康手里的兵力与石田三成差不多。他自然不会傻到去硬攻大垣城。西军的出击正中其下怀。东军在雾中也完成了布阵，家康以福岛正则为左翼，黑田长政为右翼，面向石田三成方向布阵，本阵放在桃配山，背向南宫山毛利军，背后留出池田辉政等部分军队防卫南宫山方向。

东军总兵力约75000，西军则接近10万人。当十五日的浓雾渐渐稀薄之时，决战开始了。

三、关原大战（下）

事实上，虽然东军通过调略保证了毛利一方不加入战团，但谨慎的家康仍然留出了预备队防御后路，这就使东军的实力更为削弱。而西军在战役的开始，已经在关原附近占据了周围所有的高地，可以说在一开始，西军就处于一种绝对优势中。

晨曦初晓，浓雾渐渐稀薄。东军的松平忠吉和井伊直政一小队偷偷越过原定的东军前锋队福岛正则队抵达前方，当福岛正则的部下可儿才藏发现并拦阻时，井伊直政答以：“松平忠吉殿下此战为初阵，愿一见敌阵以学作战！”通过了福岛正则防区的松平忠吉队抢在东军前锋福岛正则的前面发起了攻击，以铁炮猛烈

◇ 德川家家纹“丸に三つ葉葵”

◇ 石田三成的旗印“大一大万大吉”

射击正对面的西军主力宇喜多秀家队。宇喜多秀家则以铁炮还击，被抢了头功的福岛正则暴跳如雷，下令部下立刻开战。惊天动地的枪声掀开了这场日本命运决定之战的序幕。东军的其他将领见松平忠吉和福岛正则已经行动，不甘落后地杀上。黑田长政与细川忠兴率军 1 万余人猛攻石田三成所在的笹尾山，与山前布阵的西军岛清兴部和蒲生乡舍部展开殊死搏斗，被岛清兴和蒲生乡生拼死击退。藤堂高虎与京极高知则紧随福岛正则攻击大谷吉继。大谷吉继是安土桃山时代的名将，在许多游戏中，他被画成一个面部包得严严实实的人，因为他是一位麻风病患者。在那个时代，这种传染性疾病是人人都避之唯恐不及，而石田三成却并没有因此而歧视他。大谷吉继由于石田三成的知遇之恩而对他誓死以报，因此成为西军中立场最为坚定的人物之一。因此，他配合中间的宇喜多秀家全力顶住了藤堂高虎以及福岛正则的疯狂扑击。接着，西军的小西行长也和东军的筒井定次和田中吉政交上了火。关原战场上枪炮声、厮杀声响成一片。

经过大约三小时的战斗，西军基本上占据了优势，于是，石田三成等部燃起狼烟，约西军各路大军夹击发起总攻。但奇怪的是：狼烟燃起的时候，西军的三路大名却仍然按兵不动。

一个自然是南宫山上的毛利军，在“内奸”吉川广家的操纵下，以毛利秀元为总大将的毛利军，不但在德川军背后坐观成败，而且挡住了长束正家与长宗我部盛亲等西军大名的路线。安国寺惠琼、长宗我部盛亲再三催促毛利军尽快动身，作为总大将的毛利秀元却淡淡地回答：“吵什么吵，等我军且吃完便当再说。”这一吃就吃了几个时辰，关原大战的南宫山一线因为毛利军做了“吃货”而风平浪静，给德川家康解除了一个后顾之忧。

一个是岛津义弘，他的阵地在石田三成的本阵和小西行长之间。岛津虽然在“庄内之乱”中得到了家康的调解之恩，但鸟居元忠在伏见城被围时拒绝岛津义弘的进城协防。岛津义弘认为自己不被德川家信任，所以投入了西军。但岛津家仍然在关原不出全力，且作为岛津家实际掌权者的岛津义久对于加入西军一点兴趣都没有。在决战前夜，岛津义弘曾建议夜袭东军，但石田三成却是个讲求“堂堂之阵”的迂腐文人，断然拒绝了夜袭这种“邪门歪道”的主意，这也惹怒了岛津义弘。所以岛津义弘拒绝加入战团。

另一个则是小早川秀秋，小早川秀秋是丰臣秀吉的养子，他本身并不喜欢石田三成，在侵略朝鲜时，因为石田三成的告状，他被从筑前名岛 35 万石减封到了越前 12 万石。到了开战的时候，东西两军都急来抱佛脚，石田三成和大谷吉继以丰臣秀赖 15 岁前以秀秋暂代关白之位作为诱饵来劝说他加入西军，但德川家康价码更实在——许诺他畿内两国的领地。所以小早川秀秋虽然入西军，但态度一直暧昧不定。家康对于能否争取他反戈也抱有怀疑，但这个时候，家康已经到了危急时分，如果小早川秀秋和背后的毛利军大约 3 万多军队一起加入战团，那么，遭到三面夹击的东军将陷入总崩溃。家康看着按兵不动的秀秋焦急万分，为了争取他的倒戈，他立刻下令向松尾山方向进行恐吓性的铁炮射击。被德川军的铁炮声吓了一跳的小早川秀秋终于在家康的刺激下，做出了他这一辈子最重要的一个抉择：抛弃西军，转投东军。

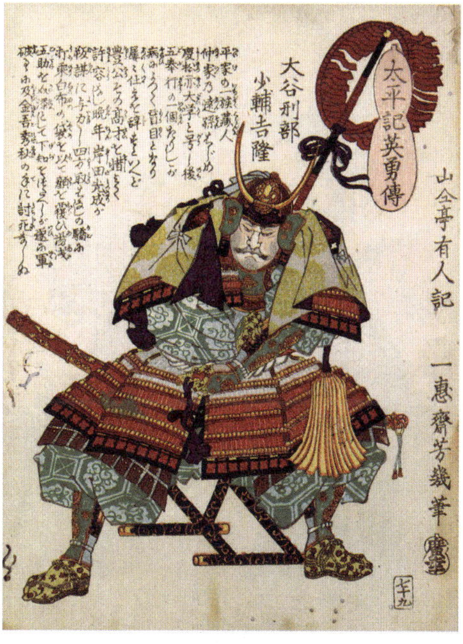

◇ 大谷吉继

小早川军的叛变使战场的形势开始扭转。1 万多小早川军突然加入东军并从右翼猛烈地攻击大谷吉继队。这标志着西军战前策划的“鹤翼之阵”作战计划因为大名之间的人心不一而宣告破产。大谷吉继对小早川其实也缺乏信任，因此事先在右翼布下了军队防卫。但他没有想到，在小早川军前布阵的胁坂安治、朽木元纲、小川祐忠、赤座直保也一起加入了反叛的行列。已经杀得疲劳不堪的大谷吉继只好眼看着自己的军队陷入崩溃，在敌人的猛烈攻击下，从容切腹。为了不让首级落入敌人手里，他让家臣把自己的首级带走埋葬。

大谷吉继部的崩溃导致西军完全失去了主动权，战场形势一转而变为东军包围夹击西军。小西行长部很快撤出了战斗，宇喜多秀家随后撤退，石田三成则由于蒲生乡舍以死掩护，而逃出战场。西军的最后一支部队岛津义弘部则在此时出人意料地杀向了东军，采用了狠辣的“舍奸”战术，冲击福岛正则队并硬生生地从东军阵地的中间撕开了一条口子，然后留下小队断后，断后的小队为提高射击稳定性和命中率，不惜坐于地上射击敌军。经过这一段一段“舍弃”断后队伍的方法，岛津义弘扬长而去。德川方追击的松平忠吉被射成重伤，本多忠胜也中弹落马。

关原大战以东军的胜利宣告结束。

当东西军在关原大战的同时，战火波及了日本全国，九州、四国、京畿、北陆、关东、奥州，几乎全国的大名分为两大阵营互相厮杀。在关原之战落下帷幕的时候，全国的局势也平静下来，日本的局势出现了大的改变。

西军的主要首脑石田三成、小西行长和安国寺惠琼被抓获，十月一日在京都的六条河原被斩首示众。参与西军的大名中：上杉景胜、佐竹义宣、毛利辉元等人遭到减封；长宗我部盛亲、宇喜多秀家、长束正家等被没收领地。东军中，伊达政宗、田中吉政、最上义光、福岛正则等都获得了加封。在加封中，除了剥夺西军大名领地外，德川还从丰臣政权的直辖地获得领地来奖赏这些功臣。这样就形成了一个以江户为中心的德川分封体系。靠近江户的区域围绕着德川的同门与谱代大名，而在关原功勋卓著的丰臣系大名作为“外样大名”则以改封名义迁移到边缘地区。

就这样，丰臣政权由以往的222万石领地锐减为65万石，而家康获得了堺、

◇ 关原之战屏风图

长崎、石见银山、佐渡金山等经济要地，丰臣政权的政治经济体系完全崩溃，在日本实际上已经确立了德川家康的统治。庆长八年（1603）二月十二日，德川家康被任命为征夷大将军，右大臣。三月，家康移居京都二条城，随后举行参内拜贺与将军就任之礼。德川家康成为“武家栋梁”，这标志着日本进入了一个新的时代——江户幕府时代。

四、日本新秩序（上）

在德川幕府建立后，丰臣政权仍然存在，但已经成为一个以大坂为中心的地方政权。大坂城为丰臣秀吉在石山本愿寺的旧址上所修筑的新城，始建于天正十一年（1583）。秀吉在世时，这座庞大的城池一直在增筑中，而秀吉居住于京都的聚乐第和伏见城，甚少前来大坂居住，到秀吉死后，其子丰臣秀赖从伏见城迁居到大坂，这里成为丰臣政权的核心。

庆长十年（1605）四月十六日，德川家康将将军之位让给三子秀忠，以示将军之位由德川家世袭之意，显示了江户幕府政权的稳固。对于丰臣政权，家康一直在探索一种和谐共存的方式，他根据秀吉遗命，将女儿千姬嫁与丰臣秀赖以示好。同时，他也要求丰臣秀赖多多建设寺院神社，以消耗秀吉留下的黄金储备。秀赖和她的母亲淀殿对夺取政权的德川家康一直抱有警惕的态度。庆长十六年（1611），在后水尾天皇即位之际，在丰臣系大名加藤清正等人的促成下，家康与秀赖于三月二十八日在京都二条城会面，但这次会面并没有根本解决问题。从是年开始，丰臣系的大名加藤清正、池田辉政、前田利长等先后去世，丰臣政权更为孤立。

幕府和丰臣都在做着战争的准备。在幕府方面，德川家开始制造攻城的大炮和炮弹，德川家康甚至和理学家林罗山讨论起了“汤武放伐”的问题（意思是仿效商汤周武，以下克上，德川名义上还是丰臣之臣）。同时进行“天下普请”，以建设工程削减各大名的财力人力。而丰臣一侧则加固大坂城防，并使用秀吉留下的黄金收买兵器，招募浪人，于是，真田信繁、后藤基次、长宗我部盛亲等浪人纷纷进入大坂，丰臣秀赖接受重臣大野治长的意见，掘开淀川的堤坝，将大坂城附近淹为一片汪洋，以洪水防御幕府军的进攻。

幕府和丰臣之间剑拔弩张，只需要最后的一点火星就能点燃火药桶。庆长十九年(1614)，丰臣家重建的京都方广寺落成，在寺钟上有一篇铭文，里面有两句：“国家安康，君臣丰乐”。本来是一句充满祥和气息的祝颂语。但铭文在德川家康和他的御用文人林罗山嘴里读出来就变了味：前一句将“家”“康”二字分写，

意欲何为？“君臣丰乐”不就是在说丰臣为君，子孙繁荣之意吗？铭文中又有“右仆射源朝臣”是在说“射杀源氏”之意么？（右仆射实际上指的是家康的官职右大臣的“唐名”，此为林罗山胡搅蛮缠故意断字）所谓欲加之罪何患无辞，这篇铭文就成为德川进攻丰臣的口实。

八月，为缓和局势，大坂城派片桐且元到德川家康居住的骏府城解释，但家康却拒绝接见，同时，大坂又派了丰臣秀赖的乳母大藏卿局来骏府。九月六日，德川方派家康的亲信以心崇伝和本多正纯两人接见片桐且元和大藏卿局，提出了三个讲和条件。九月十八日，回到大坂的片桐且元把三个条件列到淀殿和丰臣秀赖面前时，就如给他们彻头浇了一盆冰水：

一、丰臣秀赖必须到江户参谒。

二、淀殿必须作为人质前往江户。

三、丰臣秀赖交出大坂城移封他处。

淀殿大怒，她认为是片桐且元在骏府私下和德川家达成了不可告人的协议，一旦施行三个条件中的任意一个，都意味着丰臣家将成为德川的家臣。于是，片桐且元被流放出城。但是淀殿作为一个女人，根本不可能看清楚此时的局势已经对丰臣家不利，丰臣家在江户幕府建立以后，早已经不是秀吉在世时那个一呼百应，想打谁就打谁的“天下人”了。

庆长十九年十月十一日，幕府军在德川家康和将军德川秀忠的率领下从骏府和江户分别出阵。二十三日，家康抵达京都进入二条城。十一月十五日，德川家康出京都进军大坂。十八日，幕府军会合并筹备攻城。

十一月十九日，幕府军蜂须贺至镇部攻击明石全登部500人所驻守的木津川口砦，由于明石全登在大坂城内，该砦很快陷落。大坂冬之阵正式拉开序幕。二十六日，幕府军上杉景胜军以优势兵力攻克位于大坂城东北一带大和川北岸的鴫野村；大坂城中的大野治长率军12000人来救，上杉军水原亲宪下令左右铁炮队齐射，挡住了丰臣军的疯狂反扑。佐竹义宣部同时攻克大和川南岸的今福，大坂城中的木村重成再率军来夺，与佐竹军激战，同时丰臣秀赖命后藤基次增援，佐竹军的1000人在丰臣军的3000人攻势下岌岌可危。对岸的上杉景胜、堀尾吉晴等部闻讯，将枪口对准了南岸，迫使丰臣军撤退。

二十九日，为消除附近的威胁，幕府军进攻木津川口，这里丰臣方修筑了一个博劳渊砦，但守将薄田兼相当天晚上出门逛窑子，导致这个重要据点被幕府军的蜂须贺至镇袭占。同时，在二十八日夜晚到二十九日凌晨，九鬼守隆等人率领水军袭击了天满川和木津川合流点附近野田、福岛地区的丰臣家船仓。

大坂城是日本战国时代筑城技术的集大成作品，气势恢弘，防御坚固，易守难攻。十二月二日，家康将本阵前移到茶臼山。十二月四日，幕府军部署在真田丸外的前田利常部先锋本多正重和山崎常德趁着夜色掩护向真田丸方向移动。真田丸是真田信繁所构筑的大坂城附属独立建筑，呈半圆形，在外围有三层壕沟和屏障，主要目的就是防御大坂南侧平原上的软肋。幕府军果然如他所料选择了这里作为突破口。当本多和山崎两队靠近的时候，真田丸中伸出了铁炮枪口，一时间，弹如雨下，试图偷袭的幕府军鬼哭狼嚎。恰巧，城中发生了一起火药库爆炸事件，附近的幕府军井伊直孝、松平忠直两部以为真田丸中的幕府军内应行动，也赶来支援。事实上，内应早在前一天就被发现并清除，懵懵懂懂的幕府军再吃了一顿火枪弹雨，损失惨重。德川家康对诸将的轻率行动极其不满，并严令今后为防铁炮袭击，进攻中必须使用竹束。

十二月九日，幕府军开始进攻大坂本城。家康命令伊奈忠政等人在淀川上修筑的长柄堤于该日完工，大坂城下的洪水被渐渐引走，幕府军得以靠近大坂城。家康命令：每夜酉时、戌时、寅时三次进行铁炮射击，以疲劳战术骚扰城内守军。同时从十六日开始，幕府军以大筒轰击大坂城，声震京畿。丰臣军则以夜袭相还击。随着冬天的到来，幕府军补给不继，而丰臣方也被大炮轰击所慑服。双方都有了停战议和的打算。十二月二十日，双方达成了和议：1. 丰臣方拆除大坂二丸、三丸以及外堀等外围防御设施，保留本丸；2. 以织田有乐斋、大野治长二人为淀殿替身出任人质；3. 幕府保证秀赖本人人身安全和领地“安堵”；4. 幕府不加罪城中任何一人。

这些《凡尔赛条约》式的协定达成后，大坂城外就开始大兴土木。在幕府的监督下，大坂外围的防御设施被一一拆除。

在历史上，《凡尔赛条约》维持了不过短短 20 年的和平。虽然《凡尔赛条约》对德国做出了种种军备限制，但从 1933 年开始，德国很快重新武装起来。大坂冬之阵以后达成的这项协议则寿命更短。庆长二十年（1615）三月，幕府就接到了大坂城浪人在京都伏见骚扰的消息，同时，也接到了大坂城重新修筑壕沟等防御设施的风传。四月四日，德川家康离开骏府，以为子德川义直举行婚礼的名义前往名古屋城。随后在十日，德川秀忠从江户出发。十八日和二十一日，德川家康和秀忠先后抵达京都二条城，意味着战争即将再度爆发。

丰臣一方拒绝了幕府提出的交出大坂获得改封并解雇浪人的要求。于是，幕府终于决定：讨伐丰臣。幕府一方集合了约 155000 的兵力，五月五日离开京都，决心攻克大坂。

丰臣方决定先发制人，改变冬之阵中被动守城的战术，开始主动出击。四月，丰臣军大野治房、塙直之等率 3000 人趁纪伊和泉等地发生一揆的机会突袭和歌山城，这个消息被纪伊的浅野长晟所截获。二十八日夜晚，长晟手下的斥候发现了丰臣军先锋，误认敌人数量为 2 万，煞有介事地回报。长晟不敢怠慢，在天亮时就用诱引战术将丰臣军引到樫井伏击，丰臣军前哨塙直之草率出击而阵亡。丰臣军退回大坂。

这是一场前哨接触战，幕府军的主力于其后开始行动，从大和、纪伊、河内向大坂进军，乱世最后一战——大坂夏之阵正式开始。

五、日本新秩序（下）

庆长二十年（1615）四月，幕府大和方面军以水野胜成为先锋，松平忠辉为总大将，伊达政宗为辅佐向大坂进军。丰臣军于五月一日以后藤基次为先锋，毛利胜永、真田信繁等后续自大坂出发迎战，双方相遇的地点为河内国的道明寺村一带。五月六日凌晨，丰臣军渡过石川，占据小松山，与幕府前哨水野胜成部遭遇，伊达政宗部与松平忠辉部也随后到达，三面包围丰臣军，后藤基次阵亡，所部覆灭。小松山为幕府军所占领，午后，丰臣军的主力毛利胜永与真田信繁两队也到达，双方在该区域展开激烈的铁炮对射。

幕府河内方面军则以藤堂高虎、井伊直孝为前锋，松平忠直、本多重朝等人为主力，沿立石街道向道明寺村方向进军，德川家康和秀忠的本阵则在其后。丰臣一方以木村重成、长宗我部盛亲等部迎战，在大坂城东沼泽地带布阵。双方也在六日遭遇。当晚，幕府军先锋藤堂高虎沿长濑川对长宗我部盛亲所部发起攻击，遭到对手的铁炮轰击，士气崩溃而溃败。同一时间，幕府军井伊直孝部在若江强行突击木村重成所部，得到友军支援的井伊直孝获得了胜利。道明寺战场的真田信繁和长濑川八尾战场上的长宗我部盛亲听说若江战败的消息后，都退回了大坂。

丰臣军的退却使战局又变为围城战。七日，丰臣军为最后决战选择了地点——天王寺。是日凌晨，丰臣军倾巢而出，在天王寺地带布阵，天王寺的右侧冈山口以大野治房为主将约 4600 余人；南方左侧的茶臼山则以真田信繁为主力，沿山一带布防；中央天王寺一带为毛利胜永部。天王寺后木津川口有明石全登把守。幕府军则将伊达政宗、松平忠辉等部部署在茶臼山一带；冈山口一带则由德川秀忠坐镇，前布前田利长、藤堂高虎等部；中央由家康坐镇，前沿为松平忠直、榊原康胜、本多忠朝等部。总体而言，幕府军有压倒性兵力优势。因此丰臣方决定作战计划：利用地形优势，在狭窄丘陵地带歼敌，并寻机执行“斩首行动”。

七日正午，战役开始。丰臣军毛利胜永的中央部首先开战，以铁炮猛烈射击幕府军中央军团，导致幕府军一片混乱，本多忠朝等人阵亡。幕府军前锋的败兵冲动了幕府军的第二、三道阵线，最后冲动了家康的本阵。茶臼山的真田信繁队一鼓作气冲向了家康本阵，经过三次冲锋以后，终于突破，德川家康狼狈逃跑，丢弃的旗帜一片狼藉。真田信繁一战成名，被称为“真田日本第一兵”。不过好景不长的是，德川军很快组织起反击力量，周围的军队迅速向家康本阵方向靠近，真田信繁寡不敌众，力尽而亡。明石全登部在随后覆灭。

幕府将军德川秀忠听到天王寺方向的枪声后，才意识到战役已经开始，下达了进军命令。立花宗茂提出，秀忠本队距离敌军太近，建议其收缩战线，急于立功的德川秀忠没有听从此建议。丰臣军已经为天王寺方向胜利的消息所鼓舞，冈山口小野治房部一样猛烈冲击着幕府军右翼的先锋部队，很快，秀忠也遭遇了和他父亲一样的局面，本阵被前沿的败军所冲击。危难之中，身为将军的秀忠却没有选择逃跑，而是集合了黑田长政、加藤嘉明等部迎战，立花宗茂鼓励说：“趁敌久战疲敝，可反击矣！”幕府军凭着兵力优势稳住了阵脚，随着真田信繁所部的覆灭，午后时分，毛利胜永和大野治房收拾残兵退回大坂城，幕府军终于获得了一场惨胜。

深夜，大坂城由于幕府军内应放火而陷落。丰臣秀赖和淀殿切腹。秀赖之子被捕处死。丰臣政权如同流星一般闪耀了不到 30 年时间就悲壮陨落了。

消灭了丰臣政权后，德川幕府真正确立了在日本的完全统治。大坂的陷落也

◇ 大坂夏之阵屏风图

标志着应仁之乱以来日本的乱世时代的彻底结束。是年，日本改元元和，史称“元和偃武”。

元和元年（1615）闰六月至七月，德川幕府颁布了三项重要法令：

1.《武家诸法度》：该法令后来经过多次增修，对武士的权利、义务做出了详细的规定，尤其是对大名的参觐定例和建城限制，体现了幕府对各藩大名的严格控制。

2.《禁中并公家诸法度》：这一法令确立了天皇朝廷与幕府之间的关系，把天皇的权力限制在礼仪方面，而幕府获得了干预朝廷人事等方面的权力。

3.《一国一城令》：规定各藩大名领地中，除大名居城外，其余城池一律拆除，补修与增筑城池必须经过幕府批准。这一条令削弱了大名的军事实力，有利于幕府对大名的进一步控制。

就这样，日本确立了以德川幕府为核心的幕藩体系的统治，江户幕府是日本最后一个幕府政权，而它的一切都建立在战国时代开始的变革之上。江户幕府一直存续到近代，西方殖民者用炮火打开了日本国门以后，德川政权终于被倒幕运动的浪潮所埋葬，而日本也开始了走向近代的新变革。

笔者云：日本乱世之统一，基于诸如毛利、长宗我部、伊达、岛津等大名之局部统一，始于织田信长之努力，次则丰臣秀吉，终于德川家康。信长定其蓝图，秀吉筑其基础，家康得其成果。如分国法、检地、刀狩诸令，无不出自各大名，集于信长，收束于秀吉、家康，日本历史以此而一脉相延，转入近世。

第九章 三教九流

乱世往往是电影、电视剧、文学作品最喜欢取材的时代，但主角的选择有时候值得费一番心思，究竟应该选择叱咤风云的名将、武士、大名，还是选择在乱世中挣扎生存的那些普通而又不普通的人？

2003 年的一部电影《百人斩少女》选择了一个极好的切入视角，电影的主角是一个虚构的女孩，名叫阿墨，她被德川家康的亲信南光坊天海派人培养成了一个必须脱去七情六欲的杀手，在乱世中，她用自己的方式，拿着剑不断地为生存而战。阿墨的命运似乎是乱世中无数人命运的一个缩影，在兵荒马乱的时代，要么默默忍受，要么奋袂而起，以自己的方式活出一条路来。

在战国时代，有不少阿墨这样的人，他们不是武将，不是大名，没有取得天下的欲望，但却一样创造了一个时代的精彩，引领了一个时代的变革。

第一节
风雅之士

一、茶圣

“茶为国饮”，这不止限于中国。与中国一衣带水的日本，也深受中华文化的影响，嗜好饮茶，而且还将饮茶发展成为一种带着浓浓的民族风的艺术——茶道。今天的日本，茶道仍然是许多日本人追求修身养性的一种活动，许多日本人每周都抽出时间去学习茶道，陶冶身心。这项传承了千年的艺术活动仍然方兴未艾。

日本的茶道一般指的是抹茶道，是采用粉末状绿茶来招待客人的一种仪式化的沏茶和上茶艺术。最早传入日本的茶并非是今天所流行的“叶茶”，而是唐时的团饼茶。唐代陆羽《茶经》中记载了这类茶的煮法：“初沸则水合量，调之以盐味，谓弃其啜余。……第二沸出水一瓢，以竹筴环激汤心，则量末当中心，而下有顷势若奔涛，溅沫以所出水止之，而育其华也。凡酌置诸盌，令沫饽均。”茶与《茶经》传到日本以后，这种煮茶之法就逐渐流行并程式化，是为日本茶道的雏形。

抹茶，最早是在镰仓时代被当作药而携入日本，又跟随禅宗而流传开来的，所以日本的茶道从一开始就和“禅”结下了不解之缘。

在室町时代，茶道逐渐风靡，当时的茶道崇尚使用贵重的中国产的“唐物”作为茶器。而是时，中国宋朝流行的龙凤团茶也传入了日本，随之传入的还有唐时开始流行于福建一带的“斗茶”风俗，贵族们互相攀比茶器、品茶技巧等，茶道在当时成为一种贵族活动。到室町时代末期，开始出现变革这一风气并最终创立茶道的三位宗师级人物。

第一位是号称茶道开山之祖的村田珠光。村田珠光本是奈良称名寺中的一个僧侣，因为怠慢寺中的工作，因此被逐出山门来到京都，他在京都三条建草庵居住，教授茶道。村田珠光其实是一个非常勤奋的人，他师从于当时著名的禅宗大师一休和尚学习禅，同时又师从于侍奉幕府将军的著名艺术家能阿弥学习插花、鉴定等艺术技能。

村田珠光的茶道思想首先是“众生平等”，他提出要破弃茶道中的身份等级界限。比如在茶会洗手的时候，上等人使用站着的“御手洗”，而下等人只能蹲着或趴着用“蹲踞”，这就是不应该的，村田珠光认为在待遇上，必须拉平贵人和下人之间的距离，每一个来到茶会的人都应该是平等的。

其次是以心为本。村田珠光提出在茶会上应禁止饮酒、博戏等不庄重的活动，而追求客人与主人之间的心神交流。他认为即使是一个寻常的茶会，从入茶院开始到出茶院为止，“当如一期一遇之会”，即当成一生只能享受一次的茶会来尊重，这就是日本茶道的“一期一会”精神。在这种精神的指引下，主人敬重宾客，客人尊重主人，达到“和、敬、清、寂”的境界。村田珠光还特别设计出一种“数寄屋”作为茶室，他认为一间能举办大规模茶会的房间，无论多么安静，宾客气息就很杂乱，不如在一间狭小的装饰朴素的房间中，主客之间靠得更近，也更能获得心灵的交流。这是茶道与禅宗佛学静心修身思想的一次尝试。珠光对日本茶道的影响深刻，他开创了日本茶道与平民结合，与禅相融的先声。

村田珠光的名言是：“草庵拴名驹，此景亦雅趣，然即粗陋座，亦需置名物。”他说一间草庵旁拴着一匹千里马，也是很有意趣的事情。所以在他的茶道哲学中，不排斥使用名茶具，哪怕房间变成了草庵，也需要用“唐物”来装点，当然，这些“唐物”并不是越华丽越贵重越好，而是要符合茶道的意境，过于奢靡显眼的，反而不能使用。

珠光以后，进一步传承和发扬“侘”茶道（わび茶）精神的是武野绍鸥。“侘茶”是现代日本茶道艺术中的主流，所谓的“侘”字，意思为“荒芜”，也就是说，茶道艺术应该摒弃所有与茶无关的内容，在荒芜中寻求内心的纯净。

武野绍鸥据说出身若狭武田氏，在家族没落以后，其父流浪在外，取“武田下野”之意改苗字“武野”，最终定居到堺，在乱世中通过倒卖皮革发家致富。武野绍鸥曾师从于公卿三条西实隆学习和歌，并向朝廷奉献金钱。

武野绍鸥以他的“明眼”著称，他摈弃了以往关于“茶具”的思维定势，从不同的物体中发掘美的元素，将它们运用到茶道中。如绍鸥首创使用的“信乐水罐”，是近江信乐一带烧制的用来装农作物种子的粗瓷，绍鸥用来作为茶道中盛水的水罐。而另一个“备前面桶”是备前国烧制用来做餐具的，也被绍鸥拿来做了茶具。同时，他还开始自制茶具，请人模仿唐物烧制日本本土的“天目茶碗”（由禅宗僧人从浙江天目山带回而得名），并且自己用竹子等材料削制茶勺，这些都极大地改变了日本茶道的传统。

绍鸥最出色的弟子是有“茶圣”之称的千利休。他与另两位绍鸥弟子今井宗久和津田宗及并称为当时的“天下三宗匠”。

千利休，法名宗易，天正十三年（1585）为正亲町天皇赐予“利休”居士号。

在日本茶道史上，是一位举足轻重的人物。

千利休出身于商人，其父名田中与兵卫，在堺一带开了一家鱼店，为当地的“纳屋众”之一。堺在当时可以说是茶道的发源地，商人众则凭借其雄厚的财力和与战国各大名密切的关系，发展和普及茶道文化。天文九年（1540），17岁的千利休师从当时著名的茶道大师北向道陈，尽得所学以后，北向道陈把他介绍给了武野绍鸥，并让他拜绍鸥为师，继续学习茶道。经过数年后，大有所成。

“侘”茶最终的确立者就是千利休，他继承了珠光和绍鸥两位前辈的思想，首先主张使用粗制的陶瓷器作为茶具，他大量使用高丽茶碗、吕宋壶等其他地区的输入品，以示反对崇尚“唐物”的奢靡之风，同时他还自制茶具，烧制简单的“乐茶碗”，以竹子自削茶筅。对于茶室，利休否定了以往的茶室极尽奢靡能事的风格，他认为太豪华的装饰会扰乱人的心境，不能专注于茶道。千利休所建日本京都的妙喜庵就很能体现他的思想。陋室狭小，不过两张榻榻米（6.6平方米）而已，四壁萧然，除了壁龛中的一幅挂轴或一只花瓶外一无所有，体现了一种简约之美。

正是在这样的简单宁静的空间中，茶客能将全部的注意力集中到审视自身之中而不受外部俗物的干扰，这才是茶道的精神。

利休的另一个功绩就是通过他的影响力把“侘”茶的精神推广出去。天正十五年（1587）十月一日，在京都北野天满宫举办了由丰臣秀吉召集的盛大茶会，在这场茶会中，千利休、今井宗久和津田宗及三人作为主持者供茶，引起了一时的轰动。上有所好，下必甚焉。茶道通过这样公开的广告风靡战国。

◇ 千利休

天正十九年（1591）二月二十八日，千利休突然被丰臣秀吉勒令切腹，其原因诸说纷纭。一说是秀吉指责利休以名贵茶器牟利；另一说是秀吉试图以利休之女为侧室而被拒绝；还有千利休反对出兵朝鲜而触怒秀吉之说，与德川家康合谋毒杀秀吉之说等等。

我们拨开这些传说的迷雾，最大限度地接近一代茶圣被杀的真相。千利休在当时可以说是丰臣政权最有权势的人之一。据说九州大友宗麟曾给手下写了一封信，信中说：大坂城中能和关白大人随意说话的只有利休居士一人而已，他和秀吉之弟秀长并列为当世两大人物，切不可轻慢。这话从另一个侧面可以得到佐证，当时秀吉给予千利休的俸禄是3000石，一个商人出身的能以茶头的身份拿3000石俸禄，不仅前无古人，而且后无来者。后世的古田织部、小堀远州等知名茶人虽有过者，但都是以大名的身份而非茶人身份领取俸禄的，而江户时代的茶人都不过只是500石的俸禄，这足见秀吉对千利休的器重。同时，秀吉在许多场合还提升千利休的影响，也常给大名推荐千利休，这等于给了千利休参与外交的机会。

在这样的情况下，一旦丰臣政权要厉行推行身份等级制度时，千利休这样权势极大的“町人”就成为不得不除去的对象。所以，一些罪名就如此强加在他身上。比如说他捐赠的大德寺山门金毛阁上有一尊自己的木像，导致太阁大人在进入大德寺的时候必须从千利休木像下走过，犯有大不敬之罪。又说他以本土产的茶碗“冒充”唐物高价出售（实际上，这些茶碗本身就是模仿唐物风格并改进实现本土化的茶具，也具有较高的艺术价值），这些都可以归为“町人”逾越本分的行为，可以说，千利休实际上是一个丰臣政权要确立“士农工商”等级制度的牺牲品。

哲人已死而精神永存。千利休的“侘茶”道在江户时代逐渐风靡，最终成为现代日本茶道的主流，利休的曾孙所创的表千家与里千家成为日本最大的两个茶道流派。茶道已经成为一门综合艺术，参与者不仅要学习沏茶和上茶之法，而且还要在诗歌、花道、文学、园艺、陶瓷鉴赏等多方面有着深厚的浸润。茶之“道”就是追求人与自然的和谐平衡，通过人类的活动，感受自身在自然之中的渺小，最终实现身心的陶冶，这就是千利休希望在茶道中教导我们的。

二、国手

在中日韩三国，围棋是一项极为流行的智力运动。围棋起源于中国，西晋张华《博物志》中说：“尧造围棋以教子丹朱。”尧是上古传说人物，造棋之说恐怕是后人附会，但围棋在中国的确有着悠久的历史。在春秋时代，就有诸多有关围棋的记载。

日本的围棋是从中国流传而来，在中国的唐代，围棋与蹴鞠、弹琴等成为风靡一时的休闲活动，唐代帝王和贵族对围棋也有着浓厚的兴趣。日本在唐时派出了众多遣唐使和留学生前来学习中国的文化，围棋也就在这一时期传入了日本。据说将围棋带入日本的，正是著名的来华留学生吉备真备。到日本的奈良平安时代，围棋逐渐风行开来。今天，我们翻开那本《源氏物语》，就可以找到许多有关围棋的场景。

◇ 本因坊算砂

不过在那个时期，围棋在日本不过是一种休闲娱乐活动，日本的围棋真正为官方所认可重视并进入有序发展的阶段始于战国，而这必须得益于战国时代的围棋名家本因坊算砂。

本因坊算砂本姓加纳，永禄二年（1559）生于京都，自幼于日莲宗的寺院出家，法号日海。算砂在童年时期，凭借非凡的智慧，在佛学上取得了很大的进步，但他更为擅长的就是围棋。天正六年（1578），本因坊算砂20岁时，已经名震棋坛，据说当时织田信长非常欣赏他的棋艺，称赞说：“此子为当世之名人也！”日本围棋中的“名人”头衔也由此而来，本因坊算砂成为日本围棋界第一位获得名人称号的棋手。名人，在此后的日本围棋界意味着最高荣誉，而日本围棋中的段位制也应运而生。

由于他棋艺的名声远远盖过了他在佛学上的成就，因此，本因坊算砂索性成为一名专门的棋手，从而创立了日本围棋界有名的“本因坊”家族。

本因坊算砂最有名的一段逸事莫过于天正十年（1582）本能寺之变前夜，在他的观战下，织田信长与另一位围棋高手鹿塩利玄对弈，在这一场棋局中，出现十分诡异的三劫局，最后双方只能握手言和。第二天，本能寺之变就发生了。“三劫局”从此就成为不祥之兆。这个典故恐怕传说的可能性更大一些。

丰臣秀吉成为“天下人”后，本因坊算砂又成为秀吉的围棋指导者，并为秀吉所器重。天正十六年（1588），算砂与秀吉在天皇御前进行了一场对弈，并获得了胜利，因此在比赛后，他获得了20石的俸禄，并且获得了朝廷的认可设立名人棋所。

无独有偶，江户幕府的建立者德川家康也是纹枰之道的爱好者。本因坊算砂因此而再度成为江户幕府的围棋名人。庆长十三年（1608），在德川家康的主持下，本因坊算砂和林利玄两名棋手对弈于将军御前，此后则成为一年一度的德川幕府“御城棋”活动。江户幕府确立了“家元”制度，也就是在艺术界确立类似于大名传承的制度，在围棋、将棋、茶道、书道、能乐等艺术领域以某一家族世袭的方式来传承，而家族中，掌握技艺者拥有最高的权威。日本围棋的四大家族：本因坊家、林家、井上家和安井家每年在幕府“御城棋”中较量，日本的围棋自此在竞争中获得了飞跃式的发展。

本因坊算砂开创了日本围棋界职业化的道路，也是日本围棋界神话式的家族——本因坊家族的创始人，这个家族一直延续到近代，在长达400年的时间里成为日本围棋界的核心。日本围棋界著名的棋圣本因坊秀策也是出自这个家族。而井上家的先祖中村道硕和安井家的先祖安井算哲都是他的弟子，从这点看来，算砂实为日本围棋界的开创性人物。元和九年（1623），算砂去世。在他的墓所京都寂光寺，年年都有日本的围棋爱好者前往瞻仰缅怀。

三、诗人

在战国时代，另一种比较流行的文学艺术就是连歌，连歌起源于和歌。所谓“和歌”，在日本是相对于汉诗而言的一种诗歌文学体裁，是以日语的五个音节或七个音节为一句的一种诗歌，具有一种独特的音乐美。而连歌就是以和歌的韵律为基础，由一个以上数目的作者所完成的一种诗歌形式。

连歌始于平安末期与镰仓时代，最早是一种诗歌游戏，由一人作出上段三句，分别为五音节、七音节和五音节，而另一人则接以下段两句，为两个七音节。后来，一度发展成为一种长达百句的长连歌，“五七五”和“七七”互相间隔，非常有节奏和韵律感。室町时代，连歌有了很大的发展，出现了二条良基等著名的连歌师。随着应仁之乱的爆发，京都文化逐渐流传，连歌遂成为一种广布全国的文学艺术形式。战国时代的大名及贵族以学会连歌作为一种基本的教养，连歌创作的最高峰和转折期就出现在这一时期，而其代表人物就是里村绍巴。

◇ 里村绍巴

里村绍巴本姓松井氏，大永五年（1525）生于奈良。奈良是日本古典文化的圣地，童年的绍巴或许就是在这里接受了日本古典文化的熏陶。他向连歌师周桂学习连歌，后师从于里村昌休，成为一名著名的连歌师。他在京都与公卿多有往来，同时，与毛利元就、织田信长、明智光秀、最上义光等大名也有过从。

里村绍巴所参加的最著名的一场连歌会，就是本能寺之变前夜由明智光秀

◇ 松尾芭蕉

所主持的爱宕山连歌会。在这场连歌会中所作的爱宕百韵，被认为是隐藏着光秀发动本能寺之变的预兆，里村绍巴作为与会的最有名的连歌师，因此而名声大噪。在丰臣政权建立后，他也因为此事而被迫逃难。后来，里村绍巴又卷入了丰臣秀次事件而被迫隐居。

在江户时代，连歌仍然为上流社会所热衷，作为“连歌第一人”的里村绍巴的后人里村家成为幕府的连歌指导师。绍巴的子孙为本家，称“北家”，而其女婿里村唱叱的子孙为分家，称“南家”。

俳谐是由连歌发展而来的，是通过一种轻松诙谐的语言表达一种滑稽洒脱的意境。战国时代的另两位连歌师山崎宗鉴与荒木田守武等人在交流之中确立了这种艺术形式，这两人就被称为“俳谐之祖”。而里村绍巴的弟子松永贞德则将这种轻松诙谐的艺术形式发扬光大。他将俗语大量运用到连歌之中，使连歌的形式更为活泼和有趣。江户时代早期的松尾芭蕉则是俳谐的巨匠，松尾芭蕉的俳谐特点是：有许多作品的“发句”可以单独抽出来赏读。到明治维新时代，就由当时著名的诗人正冈子规正式发展为只写一句“五七五”格式的“发句”单独成诗的“俳句”。松尾芭蕉的代表作品就是《奥州小道》，而他最为中国读者所熟悉的作品恐怕当数那句：“古池中，一蛙跃入，水之音。”（古池や 蛙飛びこむ 水の音）芭蕉被后人称为“俳圣”。

自此，俳谐这种新颖别致的艺术形式逐渐取代了战国时代风行一时的连歌，日本古典诗歌也进入了一个新的时代。

第二节
奇人异士

一、剑客

今天的日本剑道来源于古代日本的剑术，剑术在日本有着悠久的历史。从平

安时代开始，随着日本刀样式的形成，以双手持日本刀对抗的日本剑术也逐渐成型并流传开来。镰仓时代确立了武家政治，剑术作为武士的必修课，就更受重视。而剑术的繁荣和最终完善则是在兵荒马乱的战国时代。

日本剑术有“京八流”和“关东七流”的说法。“京八流”据传源自源义经，包括吉冈流、念流、中条流等，“关东七流”则起源于鹿岛的香取神宫，即大名鼎鼎的香取神道流（又称新当流），包括塚原卜伝的鹿岛新当流、师冈一羽的一羽流、真壁氏干的霞流等流派。剑术中最出名的还是战国时代上泉信纲所创立的新阴流。

上泉信纲本名秀纲，生于上野国赤城山麓上泉城。在著名的游戏《太阁立志传》中，他被描绘成一位攻击力极其恐怖的剑客，玩家如果没有高超的技能根本无法和他交手。事实上，历史上的上泉信纲确实是一位富有传奇色彩的“剑圣”。

上泉信纲本为上野国的大名长野业正手下的一员武将，以他的武艺获得了长野家的赏识和器重，因此有“上野国一本枪”的美誉。长野业正死后，上泉信纲继续侍奉其子长野业盛。根据传统说法，上泉信纲在长野家为武田所灭以后，自永禄六年（1563）起流浪各国，传授武艺。但长野家灭亡的时间是永禄九年（1566），或许，上泉信纲早已经放弃了长野家，而走上了专注武学的道路。上泉信纲的剑术取各家之长而独有创见，尤其受到爱洲久忠所创立的阴流影响深刻，因此冠以“新阴流”之名。

永禄七年（1564），上泉信纲在京都指导将军足利义辉，次年，他将新阴流传给弟子柳生宗严。上泉信纲于天正五年（1577）前后去世后，柳生宗严开创的柳生新阴流成为新阴流的嫡流。

柳生宗严生于大永七年（1527），早年学剑于户田一刀斋和神取新十郎，自以为略有所成。但剑术一道最忌讳的就是自以为是，当时不知天高地厚的柳生宗严就去挑战上泉信纲，先对信纲的弟子疋田丰五郎，再挑战上泉信纲本人，皆遭败绩。这时，他才醒悟自己不过井底之蛙，于是拜在上泉信纲门下。

柳生新阴流在江户时代获得了很高的名声，将军德川家康为柳生宗严的才华所钦服，力邀他出任幕府的指南役职，但柳生宗严以年迈为由，转而推荐自己的儿子柳生宗矩，后者就获得了江户幕府赐予的500石封地。至于宗矩的长子柳生三严（1607—1650）则更是赫赫有名，相信许多玩过《侍魂》的人都会记得这个被称为“柳生十兵卫”的独眼剑客。在后人的想象中，他是一位戴着眼罩的豪放剑客，尽管流传下来的有关他的图像都是双眼炯炯。他曾为将军德川家光身边的小姓，据说他在守夜时，只用一刀就将试图测试自己身手的家光砍翻在地，因此

◇ 宫本武藏

得罪了将军而被流放。关于他的眼睛，也有不少故事，一说是童年时与父亲宗矩比试，一招砍去，宗矩被迫攻击他的眼睛来脱离险境，因此造成了他一眼失明。以上种种传奇被后人大肆渲染，更湮没了这位剑客的本来面目。

战国时代，许多流派都开始使用“袋竹刀”代替以往的木刀来作为训练器具，极大减少了训练中可能造成的伤害，这成为后来剑道中使用竹刀的先声。

战国时代末另一位剑客则是家喻户晓的宫本武藏。他在日本的诸多文学作品中都有出场，因此也留下了不少的传说故事。宫本武藏本姓藤原，名玄信，号二天道乐。根据他本人所撰的《五轮书》所言：他生于天正十二年（1584），13 岁就与新当流的有马喜兵卫决斗胜利，此后至 29 岁，60 余场决斗无一不胜。一个剑客在自己的撰书中宣称自己“无一不胜”，多少让人觉得有些自吹自擂的嫌疑。

宫本武藏最著名的两场决斗就是在京都挑战吉冈流和在严流岛挑战佐佐木小次郎。但有关这两场有名决斗的记载却是五花八门，令人莫衷一是。关于吉冈流，宫本武藏先后与几名对手决战？战斗的结果如何？吉冈流在此战后是否存续？不同的材料都给出了不同的说法。至于严流岛决斗，材料和说法更为繁杂。通说是宫本武藏与佐佐木小次郎约定在今山口县下关市的严流岛决斗，宫本武藏制作了一把比对手的刀长一尺的木刀，且故意迟到以磨损对手的锐气，一击得手。这一通说在网上也引起了诸多的争论，有些网友认为，以宫本武藏这样的年轻人，对抗一个已过中年的大叔，还要使出诈术得胜，未免胜之不武。但要注意的是，通说并不等于现实，翻开有关这场决斗的材料，发现连对手的名字都各有说法，除了佐佐木小次郎外，还有严流小次郎、津田小次郎、上田宗入等说法。决斗的时间、过程、双方参与人数都没有定论。在这种情况下争论是否胜之不武，未免言之过早。

宫本武藏创立了著名的二天一流，这一流派将禅的精神融入了剑术中，认为天地万物皆为相生相克，因此在剑术中也应当协调两手大小二刀的使用，达到战胜敌人的目的。这将剑术真正提升到“道”的层面，对于日本剑道的发展成型而言，是一次极大的进步。

二、忍道

在许多人眼中，忍者是一个神秘的职业，他们穿夜行衣，飞檐走壁，生活在黑暗的世界中，确实是一个令人遐想的职业。而在一些小说和电影中，忍者被武侠化，甚至被神化，成为一群拥有特异功能或妖术的特殊团体。这更增添了忍者的神秘感。

忍者一般认为起源于室町时代末至战国时代，由于庄园制度的破坏，各地方势力出现了各自为政的分裂局面，为了探听对手情报，各大领主发展情报机构，忍者也就应运而生。最为著名的就是伊贺与甲贺两大集团。

伊贺位于今天的三重县伊贺市，战国时代，日本农村出现了称为“惣村”的自治单位，伊贺就是这样一个自治单位。其内部采用合议制，以百地、服部、藤林三家最有发言权，称为 “上忍三家”。在天正六年（1578）三月，试图插手伊贺的织田信雄在伊贺建起了丸山城，引起了伊贺众的担忧，庞大的丸山城一旦建成，会成为威胁到伊贺众独立性的坚不可摧的据点，伊贺忍者在侦察以后，决定于当年十月集结周边诸多队伍，发起突然袭击，把织田家泷川雄利的军队打回了伊势。

此事揭开了天正伊贺之乱的序幕，这是以统一天下为目标的织田家对相对独立的伊贺众发起的战争。天正七年（1579）九月，织田信雄率领 8000 军进入伊贺，伊贺忍者利用当地的山地为掩护，以夜袭的方式滋扰织田军，仅仅几天内织田军就损失了数千人，殿后的柘植保重被杀，伊贺忍者给不可一世的织田信雄好好地上了一课战术课程。

织田信长在天正九年（1581）再给了信雄 5 万军队，命令丹羽长秀、泷川一益、蒲生氏乡、肋坂安治等名将从征，四月包围住了伊贺众的平乐寺和比自山城，包围的织田军又一次惨受夜袭之苦，损失惨重。最后采取了调略的方式，笼络了一部分内应才得以镇压。织田军为报复，在伊贺国烧毁寺院，残杀居民，诸多伊贺的首脑被迫出逃。

◇ 忍者（出自江户时代的《北斋漫画》）

伊贺著名的忍者有百地丹波（即百地三太夫）、伊贺崎道顺等。在信长死后，伊贺忍者又一次为世人所瞩目，伊贺的服部半藏正成在本能寺之变发生后，护送德川家康离开堺返回三河，因此，伊贺的忍者就为家康所赏识，成为江户幕府的情报机构。

甲贺位于今天的滋贺县甲贺市，和伊贺一样，也是战国时代的一个农村自治体，其采取行动的方式也大同小异——通过行商等方式为掩护收集情报。甲贺最早服从于南近江的六角氏，在将军足利义尚率幕府军来袭时，甲贺众以游击战术滋扰幕府军，获得了很大的战果。甲贺众在战后获得六角家的感谢，号为“甲贺五十三家”（后来整合为二十一家）。值得一提的是，甲贺与伊贺之间并没有仇杀的关系，相反还有不少合作。在丰臣政权期间，伊贺忍者开始受丰臣政权之命与甲贺忍者展开了代理人战争，很快，失败的甲贺众被秀吉下令没收领地。伊贺甲贺之争才成为后世小说、漫画所热衷的一个题材。

除了以上两大忍者集团外，相模北条手下的风魔党也由于其首领风魔小太郎而闻名；先仕上杉后从武田的加藤段藏，为尼子经久夺回月山富田的钵屋弥之三郎等知名忍者也都在战国史上留下了光彩的一笔。

说到忍者，就不能不说一下忍术。忍术并不像许多小说和漫画中所描绘得那样玄乎，但这些训练对于一个平常人来说仍然是一种残酷的考验。作为忍者，首先耳聪目明，行动敏捷，身体素质过硬，那是最基础的要求。忍者的基础必修课称为“忍者八门”：（1）骨法术：即格斗技能；（2）剑术：即使用刀剑的技能；（3）气合术：也就是武艺，使用各种其他武器的技能；（4）手里剑术：手里剑是忍者的专用投掷类武器，即使用手里剑的技能；（5）枪术：使用枪的技能；（6）火术：使用火药和用火的技能；（7）教门：基本的兵法知识以及军事常识；（8）游艺：也就是各类的艺术活动，增强人生修养。此外，忍者还需要精通心理学、营养学、药学、变装术、情报学等多种知识。概括而言，培养忍者就是培养一名高素质的综合性人才。

另一方面，许多“忍术”其实并没有漫画或小说中描绘得那么玄。忍术中所谓的“遁术”其实就是一些逃跑的方式；水遁就是用一根芦苇秆作为呼吸管隐蔽在水中行动；木遁就是借助草木的掩护或者掀倒路边堆积的木头阻碍敌人而获得逃跑的时间；金遁则是用撒钱的办法制造混乱趁机逃跑。而在许多文学作品中威风十足的忍者黑衣装束也多为虚构，事实上，为了节约成本，许多忍者会使用柿色或红色染制衣服，而不是用黑夜里行动隐秘的黑色。即便是这一身“制服”也很少穿着，忍者在执行任务的时候往往会打扮成别的职业的人：连歌师、僧人、商人、女侍、歌舞伎者、猿乐师等，为尼子家夺取月山富田城的钵屋一党就是用猿乐师的身份混进了城中。

可以说真实的忍者是“足轻”的一种变种，是组织化的执行特定任务的雇佣足轻队伍，本质上，他们和枪足轻、弓足轻并没有多大的区别。

有不少的战国忍者最后走上了仕途，如服部半藏正成就是一个典型例子。但也有一些忍者结局悲惨，如在近江国偷袭信长失败后被杀的倒霉家伙杉谷善住坊就是其中之一，而更有名的一位就是战国时代富有传奇色彩的大盗贼——石川五右卫门。

现在有关石川五右卫门的材料不多，加上有关他的传奇故事层出不穷，许多的真相也被掩盖在这些故事背后。今人推测，他曾经是伊贺的忍者，据说曾与伊贺的上忍百地三太夫的小妾私通，被发现以后就成为逃忍，从此沦落为一名盗贼。根据公卿山科言经的《言经卿记》以及林罗山的《丰臣秀吉谱》记载，文禄三年（1594），石川五右卫门被前田玄以搜捕抓获，被烹杀于京都六条河原。传说他偷窃了丰臣秀吉所藏的珍贵茶器——千鸟香炉，失手被抓获。

忍者在江户幕府时代仍然有着活动，在近代，随着西方先进科学的传入，忍者也退出了历史的舞台。

三、丹青

日本美术在早期受到中国的影响十分深刻，在平安时代，出现了许多带有唐风的佛像雕塑、壁画、长卷等美术作品。在经过一段时间的发展以后，日本美术展现出了一种独特的风格，特别是镰仓幕府时代以后，以武家文化为主流的美术

◇ 狩野探幽《雪中梅竹鸟图》

风格的兴起对日本美术的发展影响巨大，屏风绘、战争绘卷等特色作品层出不穷。日本绘画史上最大的画派——狩野派也在这个时候登上了历史舞台。

狩野派是一个以家族血缘关系维系的画派，其先祖为室町幕府的御用画师狩野正信，当时的日本画坛，以僧人画家为主体。狩野正信充分吸收了僧人画家的风格，得以在室町幕府的京都文化中占有一席之地。永享四年（1432），将军足利义教为震慑关东，游览富士山，狩野正信奉命画富士山图，因此获得了将军的赏识，开创了狩野家作为“御用画师”的先河。后来他又为足利义政的东山山庄绘壁画，并为日野富子绘肖像。狩野正信的代表作为现藏九州国立博物馆的《周茂叔爱莲说》《山水图》双幅等。他所主导的“汉画”风格和土佐光信所主导的“大和画”风格在当时可以说是各逞胜场，平分秋色。

真正奠定狩野派基础的则是狩野派的第二代狩野元信。这位生于乱世之中的画家将当时非常流行的两种画风融合起来，在中国水墨画的风格上融入了土佐光信的日式画风，形成了一种新的风格，这也就是狩野派在当时得以声名鹊起的缘由。欣赏狩野元信的人有很多，除了当时的朝廷和幕府以外，石山本愿寺也曾经于天文八年（1539）邀请他前往制作障壁画。他的代表作品是京都大德寺大仙院的障壁画、藏白鹤美术馆的《四季花鸟图屏风》等。狩野元信确立的狩野派画整体风格粗犷明快，采用中国水墨画的苍劲笔法，与日本画的美轮美奂的着色相结合，华丽而不失淡雅，题材则以花鸟山水画为主。

狩野元信正式确立了狩野派的画风——“中画为体，和画为用”，并且完美融合当时流行的“书院造”的建筑风格。另一方面，为适应町民的审美需求，他也画了不少扇面，作为当时流行的扇子的装饰，在市场上行销一时，大大扩展了狩野派的知名度。

许多中国的日本战国史爱好者恐怕对狩野永德这个名字更为熟悉，的确，狩野永德是狩野派巅峰期的画家。正是他把狩野派推上了日本画坛的核心地位。

狩野永德是狩野元信之孙，他自幼就接受了祖父的亲身指导，耳濡目染中，对绘画有着自己独到的认识。他以绘制障壁、屏风而闻名，画风绮丽，气势恢弘，颇有欧洲巴洛克艺术的味道。他曾经为织田信长的安土城、丰臣秀吉的聚乐第、大坂城等著名建筑绘制障壁，获得了很高的艺术评价。其代表作品为《洛中洛外图》屏风，该图根据研究绘制于永禄八年（1565），天正二年（1574）由织田信长赠送给上杉谦信。整幅构图是通过俯瞰的方式描绘京都内外的繁华场景，采用金色的云雾为底，缀以繁杂的人物和建筑，此作气魄之宏大为日本历史上首见，堪称是一代杰作。另有聚光院障壁画、日本皇室所藏《唐狮子图屏风》等名作。

◇ 狩野永德《唐狮子图屏风》

江户时代初期的狩野探幽则是狩野派转型的一位大师，他一变狩野派巅峰时代雄浑粗犷的画风，开始在细节处追求柔和诗意，并首次将“留白”的意境引入画作之中，这对日本传统绘画而言是一次重大的变革。后世的画家将他作为模版和样范，反而导致了江户时代日本传统绘画发展的停滞。

值得一提的是，江户时代发展出的一种以描绘市民文化为主题的绘画艺术——浮世绘。有相当一部分的浮世绘画家，原本为狩野派出身，为狩野派摒弃后最终投身到浮世绘之中。

狩野派并非垄断了这一时代的日本画坛，和狩野派有着竞争关系的就是长谷川派。长谷川派的创始人就是《太阁》迷们耳熟能详的长谷川等伯。他作为能登畠山家的家臣，往返于能登和京都之间，当时的能登七尾城号为“小京都”，其艺术风格也多受京都文化影响。长谷川等伯创立了不同于狩野派的绘画风格，传承中国宋元时期的水墨画笔法，擅长绘制人物像、佛像和山水花鸟。特别是其人物画，造型多样，线条流畅，山水花鸟画则带有浓厚的文人画气息。长谷川等伯受到临济宗的影响很深，因此，他的画风中带有禅的空寂和恬淡，这和富丽堂皇的狩野派是截然不同的。

四、伎乐

任何时代都有任何时代的流行风，80 后的少年时期是在四大天王、张国荣等人的歌声中度过，90 后则是听周杰伦的歌声长大。在遥远的战国时代，乱世之中也流行着许多乐舞，为当时各阶层的日本人所喜爱。

日本有四大古典戏剧：能、狂言、文乐和歌舞伎。能剧脱胎于“猿乐”，猿乐是日本早期的一种表演形式，通常在寺社等地演出，往往得到贵族和富翁的资助。在室町幕府早期，猿乐得到了幕府的官方资助，当时的幕府有一批“同朋众”，他们是幕府所豢养的以从事艺术活动为主要任务的团体，从事茶道、水墨画、连歌等各种艺术，成为室町时代“东山文化”的主体力量之一。猿乐的表演艺术家观阿弥就是同朋众的一员，他创造性地发展了猿乐艺术，得到了将军足利义满的肯定，观阿弥之子世阿弥则进一步将猿乐发展成为能剧。此后，能剧就受到官方的重视和鼓励。

狂言则是能剧的一部分，通常是穿插于能剧的两场表演之间，与能剧的庄重严肃的气氛不同，狂言追求的是轻松幽默诙谐的风格，因此更受到许多人的喜爱。战国时代，能剧和狂言已经基本形成，并成为一种官方艺术而为达官贵族们所喜爱。

文乐是日本的木偶剧，也叫“人形净瑠璃”（にんぎょうじょうるり），所谓“人形”就是木偶，“净瑠璃”是一种述事性的音乐风格，在战国时代就已经形成了这种音乐风格。两者通过三味线（三弦乐器）的演奏进行结合，构成了充满日本风情的木偶剧。文乐在江户时代初期流行于江户和大坂，逐渐风靡全国。

歌舞伎则是源起于战国时代末的一种流行乐舞——倾奇踊（かぶき踊り）。其最初的发明者，相传是一个叫出云阿国的女子。

出云阿国据说生于出云国松江，是当地出云大社的巫女。她的爱人据说为“战国第一美男子”名古屋山三郎。根据一些史料记载，出云阿国于庆长八年（1603），在京都的北野天满宫进行了一场歌舞伎表演，大受欢迎。

事实上，倾奇（かぶき）这个词，原本是指流行于战国末年到江户初年的一种社会风潮，往往指的是那些奇装异服，外表光鲜的“伊达男”。战国时代，“かぶき”就意味着时尚和前卫，有“かぶき风”的男子大都披头散发，身穿动物毛皮或者颜色鲜艳的装束，甚至有变装癖好，同时有吸烟的习惯，类似于今天的“古惑仔”或者“嘻哈风”。其代表人物就是前田利益，这位被称为“花之庆次郎”的武将素来以特立独行而闻名。“かぶき”是乱世中的一种独特流行风，表达着一种对社会传统秩序的叛逆和不满，当然，也有些人走上了极端，以烧杀劫掠的方式来体现“かぶき”精神，这就不足取了。

出云阿国是一位敏感的时尚捕捉者，她把这种“かぶき”风潮融合进了她的演出中，所以就获得了很大的成功。かぶき就成为阿国剧团的代名词，并逐渐演变为歌舞伎（かぶき）。

最早的歌舞伎剧团以女性为主，有时还兼有色情服务，因此就被江户幕府以有伤风化而禁止。女性角色就转而由少年男子扮演，出现了若众歌舞伎，但此后仍然因为少年男子从事色情活动而遭禁。现代歌舞伎是成年男性为演员的剧种，称“野郎歌舞伎”。经过战国末的风行和江户时代的洗礼，歌舞伎已经成为一种有着超高人气的娱乐行业，观看歌舞伎表演在日本成为许多人茶余饭后的消遣活动，每当演出时，东京都银座的歌舞伎町剧院中，人头攒动，观者如潮。

笔者云：战国既为日本之转型时代，不仅于政治经济上多有所创举，文化艺术中亦多有成果。无论茶道、手谈、俳句，抑或歌舞伎、绘画、剑道，皆为近世乃至当代日本文化之滥觞。以此而论，战国实为日本史上一大变革时代，不可忽视也。

附录一　大事年表

应永二十二年（1415）：二月，莲如上人出生。

应永二十三年（1416）：关东上杉禅秀之乱。（关东公方 VS 犬悬上杉）
岛津忠国继承家督。

应永三十年（1423）：十一月，越后“应永之乱”。

应永三十三年（1426）：足利持氏出兵甲斐。

正长元年（1428）：足利义教就任将军。
近江坂本“土一揆”。

永享二年（1430）：岛津家总州家与奥州家统一。

永享四年（1432）：足利义教游历富士山。
狩野正信奉命画富士山图，开创狩野家为“御用”之先河。

永享十年（1438）：关东永享之乱。（关东公方足利持氏 VS 山内上杉）
武田信重进入甲斐为守护。

永享十一年（1439）：结城合战（结城氏朝、持朝 VS 幕府）

嘉吉元年（1441）：六月，足利义教被杀，嘉吉之乱（赤松 VS 幕府）。
九月十日，城山城陷落，赤松满祐死，嘉吉之乱结束。

宝德四年（1450）：伊集院赖久之乱结束。

享德元年（1452）：武卫家骚动开始。

享德三年（1454）：十二月二十七日，关东公方足利成氏杀上杉宪忠，“享德之乱”爆发。

享德四年（1455）：正月二十一日，分倍河原之战（足利成氏 VS 长尾景仲）。

长禄元年（1457）：莲如继承本愿寺。

长禄二年（1458）：幕府任命足利政知为堀越公方。
尼子经久出生。

长禄三年（1459）：长禄—宽正大饥馑爆发。

武卫家“长禄之战”。

宽正元年（1460）：岳山城之战爆发。（幕府 VS 畠山义就）

宽正四年（1463）：幕府军攻克岳山城。

宽正五年（1464）：武田信昌攻灭迹部氏。

宽正六年（1465）：一月，宽正法难。

足利义尚生，将军继承之争开始。

应仁元年（1467）：应仁之乱爆发。

一月三日，上御灵神社之战（畠山义就 VS 畠山政长）。

五月十六日，上京之战（应仁之乱东军 VS 西军）。

八月，足利义视出奔。

九月十八日，东岩仓之战（东军 VS 西军）。

十月三日，相国寺之战（东军 VS 西军）。

应仁二年（1468）：三月，东军骨皮道贤被杀。

十一月，足利义视出奔西军。

文明元年（1469）：四月，西冈之战（东军野田泰忠等 VS 西军畠山义就）。

莲如上人投靠三井寺。

文明二年（1470），京极骚乱开始。

文明三年（1471）：五月，西军朝仓孝景投东军。

七月，吉崎御坊建立。

文明五年（1473）：三月，山名持丰死。

五月，细川胜元死。

十二月，足利义尚接替将军。

加贺守护富樫氏内乱。

松平信光夺取安祥城。

文明六年（1474）：四月三日，山名细川讲和。

加贺一向一揆开始。

文明七年（1475）：越中一向一揆。

文明八年（1476）：骏河守护今川义忠遇袭身亡。

长尾景春之乱。

文明九年（1477）：正月，五十子之战（长尾景春 VS 上杉）。

四月，江古田川原之战（太田道灌 VS 丰岛泰经、泰明）。

十一月十一日，西军大内政弘归国，西军解体。

十一月二十日，天下静谧，应仁之乱结束。

文明十年（1478）：尼子经久继承家督。

山科本愿寺开工。

十二月，镜根原之战（太田道灌 VS 千叶孝胤）。

文明十一年（1479）：足利成氏向幕府提出和解。

因幡毛利次郎之乱。
伯耆山名新九郎、小太郎之乱。
文明十二年（1480）：六月，长尾景春之乱平定。
文明十四年（1482）：足利义政开始营建东山山庄。
闰七月，誉田城之战（畠山义就 VS 畠山政长）。
九月，犬田城之战（畠山义就 VS 游佐长直）。
十一月二十七日，都鄙合体，享德之乱结束。
文明十五年（1483）：山科本愿寺落成。
文明十六年（1484）：尼子经久被驱逐出月山富田城。
文明十八年（1486）：正月，尼子经久袭占月山富田城。
太田道灌死。
长享元年（1487）：长享—延德之乱爆发，幕府军足利义尚征伐近江六角高赖。
关东“长享之乱”爆发。
十一月九日，北条早云策划协助今川氏亲继承家督。
十二月，第二次毛利次郎之乱。
长享二年（1488）：二月，实莳原之战（扇谷 VS 山内）。
六月，须贺谷原之战（扇谷 VS 山内）。
十一月，高见原之战（扇谷 VS 山内）。
十一月，毛利次郎之乱被镇压。
加贺一向宗推翻富樫政亲，加贺成为一向宗领地。
延德元年（1489）：足利义尚死于钩之阵。
莲如上人退隐，进行石山本愿寺修建。
延德二年（1490）：一月，足利义材继任将军。
延德三年（1491）：幕府军再度讨伐六角高赖，长享—延德之乱结束。
足利茶茶丸夺堀越公方之位。
明应二年（1493）：二月十五日，幕府军讨伐河内。
四月二十二日，明应政变。
井田野之战（三河松平 VS 三河国人）。
北条早云奇袭伊豆，堀越公方灭亡。
十月二日，上杉定正落马溺死。
明应三年（1494）：十二月，美浓土岐氏谋袭斋藤妙纯。
今川氏亲始攻远江，随后开始在远江检地。
明应四年（1495）：三月，美浓战乱开始（土岐成赖、斋藤利藤、石丸利光 VS 斋藤妙纯）。
北条早云奇袭小田原。
明应五年（1496）：五月，石丸利光败死，斋藤妙纯控制美浓。
明应六年（1497）：毛利元就出生。
四月，大内家入侵北九州，灭少式政资。

明应七年（1498）：八月二十五日，明应大地震。

明应八年（1499）：莲如上人圆寂。

永正元年（1504）：八月，立河原之战。（山内 VS 扇谷、今川、北条）

永正二年（1505）：二月，扇谷家投降，长享之乱结束。
河内国错乱。（本愿寺家族内乱）
京极骚乱结束。

永正三年（1506）：北条早云推行“检地”。
九头龙川之战（朝仓 VS 越中一向一揆）。
永正三河之乱爆发。八月，矢作川之战（松平 VS 今川）。
九月，般若野之战（越后长尾 VS 一向一揆），长尾能景阵亡。

永正四年（1507）：关东永正之骚乱。
二月，武田信虎继承家督。
京极骚乱结束，京极高清成为京极家督。
四月，细川政元遇刺，细川家永正之错乱。
八月，长尾为景攻杀越后守护上杉房能。
十一月，大内义兴拥立足利义材起兵。

永正五年（1508）：六月，足利义材重回京都为将军。
京极政经死，尼子经久获取出云守护。
十月，武田信虎消灭武田信惠势力。
幕府任命今川氏亲为远江守护。
长宗我部兼序死，长宗我部家暂时衰落。

永正六年（1509）：六月，如意岳之战（足利义澄、细川澄元 VS 细川高国、大内义兴）。

永正七年（1510）：四月，北条早云试攻武藏。
六月，长森原之战。（长尾为景 VS 上杉显定）

永正八年（1511）：七月，鹰尾、深井之战（细川澄元 VS 细川高国、瓦林正赖）。
八月十四日，足利义澄死。
八月二十三日，船冈山合战（细川澄元 VS 细川高国）。
毛利元就元服，为猿挂城主。

永正九年（1512）：八月，北条早云进攻相模。
幕府任命北条早云为伊豆守护。

永正十年（1513）：八月，越后守护上杉定实联络宇佐美氏攻长尾为景。

永正十一年（1514）：五月，长尾为景陷岩手城。
伊达稙宗接替家督。

永正十二年（1515）：今川氏亲入侵甲斐。

永正十三年（1516）：七月，北条早云彻底征服相模。

永正十四年（1517）：十月，有田中井手之战。（毛利元就 VS 武田元繁）
今川氏亲攻克引马城，征服远江。

永正十五年（1518）：北条早云隐居，传位氏纲。
九月，尼子政久死。
本愿寺颁布三大改革命令。
长宗我部国亲元服。

永正十六年（1519）：八月，北条早云死。
十月，田中城之战（细川澄元 VS 瓦林正赖）。
踯躅崎馆和城下町修筑完毕。
本愿寺颁布“一门一家制”。

永正十七年（1520）：一月，细川澄元与三好之长进入京都。
五月，细川高国获六角定赖协助夺取京都，三好之长死。
六月，细川澄元死。
最上义守接替家督。

大永元年（1521）：三月，足利义稙被赶出京都。
甲斐统一。
十一月，武田信玄生。

大永二年（1522）：伊达家被任命为陆奥守护。

大永三年（1523）：四月，足利义稙死。
六月，毛利元就协助尼子获得镜山城。
毛利元就继承家督。
松平清康继承家督。

大永四年（1524）：正月，高轮原之战。（北条氏纲 VS 扇谷）
五月，大永五月大崩坏，尼子家获得西伯耆。
八月五日，佐东银山城之战（大内 VS 尼子、安艺武田）。
京极高广联合浅见、浅井夺取家督位，随后为浅井傀儡。

大永五年（1525）：相良义滋篡夺家督。
里村绍巴生。

大永六年（1526）：大内家开掘石见银山。
四月，今川氏亲颁布《今川假名目录》。
六月，今川氏亲死。
实如上人死。
十一月，岛津贵久继承家督。

大永七年（1527）：桂川之战（三好元长 VS 细川高国）。
六月，岛津贵久离开鹿儿岛。
柳生宗严生。

享禄元年（1528）：大内义兴死，大内义隆接替家督。

享禄三年（1530）：一月，上杉谦信出生。
小泽原之战。（北条氏康 VS 上杉朝兴）

土岐赖艺夺得美浓守护职。

塩冶兴久叛乱。

松平清康迁居冈崎城。

田手畷之战。（少弐 VS 大内）

享禄四年（1531）：六月四日，大物崩（三好元长 VS 细川高国），细川高国死。

加贺“大小一揆”。

十一月，津幡之战（朝仓、能登畠山、加贺三寺 VS 本愿寺）。

天文元年（1532）：五月，三好元长死。

今川氏辉开始亲政。

六月，畿内一向一揆。

八月二十四日，山科本愿寺被毁。

织田信秀夺取那古野城。

天文二年（1533）：斋藤道三继承长井家，入主稻叶山城。

天文三年（1534）：四月六日，势场原之战（大内 VS 大友）。

五月，织田信长出生。

天文四年（1535）：十二月，松平清康死（守山崩）。

十二月，井田野之战（松平 VS 织田）。

十二月，大内家入侵北九州，少弐资元死。

天文五年（1536）：三月，今川氏辉死。

三月，天文法华之乱。

五月至六月，今川家花仓之乱，今川义元成为家督。

武田信玄元服。

长尾为景隐居。

松平广忠被逐出三河。

伊达家颁布分国法《尘芥集》。

天文六年（1537）：二月，骏（河）甲（斐）联姻结成同盟。

二月，丰臣秀吉出生。

六月，松平广忠回到冈崎。

北条今川河东之乱爆发。

尼子经久隐居。

天文七年（1538）：十月七日，第一次国府台合战。（北条 VS 小弓公方、真里谷武田、里见）

斋藤道三继承斋藤家。

天文八年（1539）：三好长庆上洛。

岛津贵久战胜实久。

天文九年（1540）：六月，织田信秀占领安祥城。

九月四日至十二月十三日，吉田郡山城之战。（尼子 VS 毛利、大内）

千利休师从武野绍鸥。
天文十年（1541）：六月，武田信玄追放父亲，继承家督。
七月十七日，北条氏纲死。
将军足利义晴逃亡近江。
松平广忠迎娶今川家之女，成为今川家臣。
十一月，尼子经久死。
天文十一年（1542）：一月，浅井亮政死。
斋藤道三窃取美浓。
三月，太平寺之战（木泽长政 VS 三好长庆、游佐长教）。
足利义晴返回京都。
六月，伊达家天文之乱爆发。
七月，武田信玄攻信浓诹访。
十二月，长尾为景死。
十二月，德川家康出生。
第一次小豆坂合战。（今川 VS 织田）
天文十二年（1543）：将军足利义晴再度出奔。
铁炮传来。
四月—五月，第一次月山富田城之战（大内 VS 尼子）。
八月，上杉谦信元服。
天文十三年（1544）：二月，岛津贵久向幕府献上铁炮。
七月，布野崩（尼子 VS 毛利）。
九月，加纳口之战。（织田 VS 斋藤）
幼年的德川家康被劫持到尾张。
天文十四年（1545）：两上杉包围河越城。
四月，武田信玄征服高远氏。
九月，安祥城之战（松平 VS 织田）。
十月，越后黑田秀忠叛乱。
少弍氏清洗龙造寺氏。
天文十五年（1546）：织田信长元服。
二月，越后黑田氏再度叛乱，被上杉谦信镇压。
四月二十日，河越城夜袭战。（北条氏康 VS 两上杉）
龙造寺家兼复仇，传位隆信。
天文十六年（1547）：一月，小早川隆景继承小早川家。
七月二十一日，舍利寺之战（畠山政国、游佐长教 VS 三好长庆）。
闰七月，志贺城之战（武田 VS 笠原清繁）。
八月六日，上田井原之战（武田 VS 上杉宪政）。
武田信玄颁布分国法《甲州法度次第》。

天文十七年（1548）：二月，上田原之战（武田 VS 村上义清）。

七月，塩尻峠之战（武田 VS 小笠原长时）。

十月，三好长庆反叛。

十二月，上杉谦信继承家督。

第二次小豆坂合战。（今川 VS 织田）

伊达天文之乱结束。

天文十八年（1549）：三月，松平广忠死。

六月二十四日，江口之战（三好长庆 VS 三好政长）。

细川晴元与两任将军出奔。

八月，方济各抵达日本鹿儿岛。

九月，神辺城陷落，神辺城之战结束（大内、毛利 VS 尼子）。

今川侵占三河。

天文十九年（1550）：二月十日，二阶崩之变，大友义镇继承家督。

四月，北条氏康开始发布“公事赦免令”。

五月，足利义晴死。

九月，吉川元春篡夺吉川家，毛利两川体系确立。

九月，砥石崩。（武田 VS 村上义清）

十二月，越后长尾政景叛乱。

岛津家移居内城。

大友宗麟继承家督。

天文二十年（1551）：一月，《相良武任申状》引发大内家内乱。

一月，长尾政景叛乱被镇压。

信长继承家督。

八月二十日—九月一日，大内家大宁寺之变。

天文二十一年（1552）：一月，关东管领上杉宪政投靠越后。

一月，足利义辉接受调停回到京都。

四月，赤塚之战（织田 VS 今川）。

八月，萱津之战（织田信长 VS 织田信友）。

方济各病逝。

幕府承认尼子晴久出任八国守护。

天文二十二年（1553）：三月，足利义辉逃出京都，败于芥川山城，流亡近江。

四月，村上义清投奔越后。

正德寺会晤。

九月，第一次川中岛合战。（武田 VS 长尾）

今川义元颁布《今川仮名目录》补充条例。

天文二十三年（1554）：三月，善得寺联盟。

九月，折敷畑之战。〔大内（陶）VS 毛利〕

十一月，古河公方为北条所控制。
织田信友攻杀斯波义统。
显如上人继承本愿寺。
斋藤道三退隐。
丰臣秀吉始仕于织田信长。
尼子晴久剿灭新宫党。
岩剑城之战。（岛津 VS 大隅祁答院氏）

弘治元年（1555）：四月，第二次川中岛之战。（武田 VS 长尾）
四月，织田信长攻克清洲城。
十月一日，严岛合战。（陶晴贤 VS 毛利元就）
太原雪斋死。
《相良氏法度》颁布。

弘治二年（1556）：四月，须々万沼城之战开始。（毛利 VS 大内）
长良川之战，斋藤道三死。
八月二十四日，稻生合战。（织田信长 VS 柴田胜家）
八月，大熊朝秀之乱，上杉谦信出家风波。
大友家“姓氏对立事件”。

弘治三年（1557）：二月，须々万沼城被攻克。（毛利 VS 大内）
四月，大内家灭亡。
八月，第三次川中岛之战（武田 VS 长尾）。
毛利元就传位毛利隆元。
织田信长杀死弟弟信行。

永禄元年（1558）：正月，武田信玄被任命为信浓守护。
五月至六月，北白川之战（三好长庆 VS 足利义辉、细川晴元）。
五月，忍原之战（尼子 VS 毛利）。
六月，足利义辉回到京都。
浮野之战（织田信长 VS 织田信贤）。

永禄二年（1559）：北条氏康隐居。
五月，丸目赖美叛乱事件（相良家）。
九月，降露坂之战（毛利 VS 尼子）。
浅井久政被迫隐居，浅井长政为家督。
少弐冬尚自杀，九州少弐氏灭亡。
本因坊算砂出生。

永禄三年（1560）：三月，上杉谦信入侵越中。
五月，今川义元下令入侵尾张。
五月，长浜城之战（长宗我部 VS 本山），长宗我部元亲初阵。
五月十九日，桶狭间合战。（织田 VS 今川）

六月，长宗我部元亲继承家督。
八月，上杉谦信入侵北条领。
八月，野良田之战（浅井 VS 六角）。
十月，三好长庆迁居饭盛山城，松永久秀为信贵山城城主。
十二月，尼子晴久死。
永禄四年（1561）：三月，上杉谦信包围小田原。
闰三月，上杉谦信就任关东管领。
四月，善明堤之战（三河吉良 VS 松平）。
斋藤义龙死，龙兴继承美浓。
五月，森部、十四条合战。（织田 VS 斋藤）
九月，藤波畷之战（三河吉良 VS 松平）。
九月，第四次川中岛之战。（武田 VS 上杉）
十河一存死。
十一月，地藏山城之战（松永久秀 VS 六角义贤）。
永禄五年（1562）：五月十九日，教兴寺之战（三好长庆 VS 畠山高政）。
清洲同盟。
松永久秀营建多闻山城。
永禄六年（1563）：传教士弗洛伊斯抵达日本。
新加纳之战（织田 VS 斋藤）。
三月，细川晴元死于普门寺。
三好义兴死。
九月，毛利隆元死。
三河一向一揆。
上泉信纲开始周游列国。
永禄七年（1564）：正月，第二次国府台合战。（北条 VS 里见）
二月，竹中半兵卫重治奇袭稻叶山城。
四月二十七日，山王堂之战（上杉谦信 VS 小田氏治）。
五月，安宅冬康死。
七月，三好长庆死。
八月，第五次川中岛之战。（武田 VS 上杉）
八月，织田信长夺取犬山城。
织田浅井联姻达成同盟关系。
伊达辉宗接替家督。
永禄八年（1565）：五月十九日，永禄之变，将军足利义辉死。
八月，武田义信事件。
九月，加治田之战（织田 VS 斋藤）。
十月，饭富虎昌被处死。

十一月，松永久秀与三好三人众反目。

远州错乱。

永禄九年（1566）：二月，足利义秋还俗自任将军。

六月，上杉谦信再入越中。

八月，河野岛合战。（织田 VS 斋藤）

八月，足利义秋北依若狭。

九月，箕轮城陷落，长野家灭亡。

九月，足利义秋投靠越前。

十一月，第二次月山富田城之战结束，尼子家灭亡。

十二月，松平家康改苗字德川。

岛津贵久隐居，义久继承家督。

永禄十年（1567）：四月，奈良东大寺之战。（松永久秀 VS 三好三人众）

八月，伊达政宗出生。

八月，三船山合战。（北条 VS 里见）

八月，信长美浓攻略成功。岐阜筑城。

十月十日，火烧东大寺。

十一月，信长定制“天下布武”。

《六角家定目》颁布。

永禄十一年（1568）：上杉谦信三侵越中。

二月至十一月，乌坂峠之战。（一条 VS 村上）

四月，足利义秋元服，改名义昭。

五月，本庄繁长之乱。

五月，大口城之战（岛津 VS 相良）。

五月至六月，青山之战。（浦上宗景 VS 小寺政职、黑田孝高）

七月，足利义昭来访请求信长协助。

八月，朝仓灭若狭武田。

九月，织田信长上洛。

九月，观音寺城之战（织田、浅井 VS 六角）。

九月二十七日，松永久秀降服信长。

十月二十四日，足利义昭宴请信长，提请担任幕府管领及副将军职。

泷川一益攻略北伊势并由织田信孝继承神户家。

十二月，武田家毁弃善得寺联盟进军骏河。

永禄十二年（1569）：一月，京都六条本国寺之战。（织田 VS 三好三人众）二条城修筑开始。

一月二十四日，织田信长提出《殿中御掟》，两天后增加至 16 条。

二月，本庄繁长之乱被镇压。

五月，挂川城陷落，今川家灭亡。

六月，第一次尼子复兴战开始。

八月，上杉谦信四侵越中。

八月，信长攻略南伊势。

越相同盟。

十月，武田信玄围攻小田原。三增峠之战（武田 VS 北条）。

十月，大内辉弘之乱。

十月，北畠具教降服，引织田信雄继承北畠家。

元亀元年（1570）：一月二十三日，信长再度增加《殿中御掟》。

二月，布部山之战（尼子复兴 VS 毛利）。

四月，信长出征越前。

四月二十八日至三十日，金崎撤退。

六月四日，野洲河原之战。（六角 VS 柴田胜家）

六月二十八日，姉川合战。（织田 VS 朝仓、浅井）

八月至九月，野田、福岛城战役。（织田 VS 三好三人众）

八月，今山之战。（龙造寺 VS 大友）

九月十三日，石山本愿寺加入战争，石山战争爆发。

九月至十一月，宇佐山城之战。（朝仓、浅井 VS 织田）

十一月，长岛一向一揆爆发。

最上义光继承家督。

十二月，上杉谦信出家。

元亀二年（1571）：二月，上杉谦信五侵越中。

五月，织田信长一征长岛。

六月，毛利元就死。

八月，白井河原之战（荒木村重、中川清秀 VS 和田惟政）。

九月十二日，信长火烧比叡山。

十月，北条氏康死。甲相同盟恢复，越相同盟结束。

元亀三年（1572）：第二次尼子复兴战开始。

五月，木崎原之战。（岛津 VS 伊东）

六月，神通川之战（上杉 VS 越中一向一揆）。

七月，上杉谦信六侵越中。

七月至八月，虎御前山之战。（织田 VS 浅井、朝仓）

九月二十九日，武田军开始上洛。

十月，一言坂之战。（德川 VS 武田）

十一月至十二月，二俣城之战。（德川 VS 武田）

十一月，若江城陷落，三好义继死，三好家灭亡。

十二月二十二日，三方原之战。（德川 VS 武田）

信长发布《十七条意见书》。

元龟四年（天正元年，1573）：二月，野田城之战。（德川 VS 武田）
四月，武田信玄死。
四月，二条城之战。（织田 VS 足利幕府）
上杉谦信七侵越中。
七月，槙岛城之战，室町幕府灭亡。
七月二十八日，改元天正。
八月，刀弥坂合战。（朝仓、浅井 VS 织田）
八月二十四日，朝仓义景死，朝仓灭亡。
八月二十八日，小谷城陷落，浅井灭亡。
九月，织田信长二征长岛。
九月，一条兼定被迫隐居。
丰臣秀吉被赐予近江小浜领地。

天正二年（1574）：一月，前波吉继被杀。
一月至九月，天正最上之乱。
二月十三日，帆山河原之战（富田长繁 VS 一向一揆）。
四月，越前一向一揆。
五月至六月，高天神城之战。（德川 VS 武田）
六月至八月，织田信长三征长岛，长岛一向一揆被镇压。

天正三年（1575）：五月二十一日，长篠合战。（武田 VS 织田、德川）
四万十川合战（长宗我部 VS 一条），土佐统一。
六月，北畠家让位于织田信雄。
八月，越前一向一揆被镇压。
九月，宇喜多直家下克上。
十一月，织田信长让位织田信忠。

天正四年（1576）：元月，安土城开工。
元月，波多野秀治反叛。
四月，石山之战。（织田 VS 本愿寺）
七月，大友宗麟传位大友义统。
七月十三日，第一次木津川口之战。（织田 VS 毛利）
九月，上杉谦信八侵越中，越中平定。
十一月，织田信雄灭北畠家。
第三次尼子复兴战开始。

天正五年（1577）：二月，织田信长纪州征伐。
八月，松永久秀再度谋反。
九月十五日，上杉谦信攻克七尾城，能登平定。
九月二十三日，手取川合战。（上杉 VS 织田）
十月十日，松永久秀谋反被镇压。

十一月，羽柴秀吉开始中国地区攻略。
十二月，伊东义祐投奔大友氏。
伊达政宗元服。

天正六年（1578）：二月，砚野员昌出奔。
三月，上杉谦信死，上杉家“御馆之乱”。
三月，别所长治叛乱。
三月，大友军南侵岛津。
三月，天正伊贺之乱爆发。
六月二十六日，铁甲船出闸。
七月，上月城陷落，尼子复兴彻底失败。
七月，大友宗麟接受天主教洗礼。
八月，甲越同盟。
十月，荒木村重反叛。
十一月六日，第二次木津川口合战。（织田 VS 毛利）
十一月十二日，耳川之战。（岛津 VS 大友）

天正七年（1579）：三月，上杉景虎死，御馆之乱结束。
五月，安土城完工。
六月，波多野秀治叛乱平定。
九月，织田信雄攻入伊贺。
十一月，荒木村重的有冈城陷落。
八月，德川信康事件。

天正八年（1580）：一月，别所长治叛乱被镇压。
四月，本愿寺显如退出石山本愿寺。
五月十六日，但马山名家灭亡。
八月，石山战争结束。
八月，佐久间信盛、林秀贞等被流放。
北条氏政隐居，让位北条氏直。

天正九年（1581）：二月二十八日，京都大阅兵。
四月至九月，天正伊贺之乱被平定。
八月十七日，信长处死高野圣，对高野山宣战。
十月二十五日，鸟取城陷落。

天正十年（1582）：一月，纪伊杂贺众降服织田家。
二月，木曾义昌叛离武田家。
三月十一日，武田胜赖自杀，武田家灭亡。
四月至六月，高松城之战（羽柴 VS 毛利）。
五月，三职推任事件。
五月，信长发动四国征伐。

五月二十七至二十八日，爱宕百韵连歌会。
六月二日，本能寺之变。
六月，中国地区大折返。
六月十三日，天王山决战。（羽柴 VS 明智）
六月十八日至十九日，神流川合战。（北条 VS 泷川一益）
六月二十七日，清洲会议。
八月、黑驹合战（北条 VS 德川），天正壬午之乱。
八月二十八日，中富川合战。（长宗我部 VS 十河存保）
十二月，羽柴秀吉夺回近江。
本年，太阁检地开始。

天正十一年（1583）：新发田重家之乱。
三月，最上义光征伐出羽庄内。
三月至四月，贱岳合战。（羽柴 VS 柴田）
四月，仙石秀久四国攻略。
四月二十四日，柴田胜家与阿市死。
大坂筑城。

天正十二年（1584）：三月，冲田畷之战。（岛津 VS 龙造寺）
三月至九月，猫尾城之战（大友 VS 黑木家永）。
四月，小牧—长久手之战。（羽柴 VS 德川）
伊达政宗接任家督。
十月，芦名盛隆死，芦名家衰落。
十二月，伊予河野家降服长宗我部。

天正十三年（1585）：春，长宗我部元亲完成四国统一。
三月至四月，丰臣秀吉纪伊攻略，太田城之战。
六月至七月，丰臣秀吉四国攻略，“天正之阵”。
七月，关白相论，丰臣秀吉出任关白。
八月，小手森城之战。（伊达 VS 大内定纲）
十月八日，高田原之变（粟之巢之变）。
十一月十七日，人取桥之战。（佐竹 VS 伊达）
天皇赐予千宗易“利休居士”号。
闰八月，上田合战（德川 VS 真田）。
九月，立花道雪死。
大坂城下建天满本愿寺。

天正十四年（1586）：二月，聚乐第动工。
七月，岩屋城之战。（岛津 VS 大友）
九月九日，天皇正式赐予秀吉丰臣氏。
十二月十二日，户次川之战。（岛津 VS 仙石秀久）

天正十五年（1587）：正月，丰臣秀吉再度攻略九州。
四月十七日，根白坂之战。（岛津 VS 丰臣）
五月八日，岛津降服丰臣秀吉，岛津义久隐居，义弘继承家督。
丰臣秀吉颁布《伴天连追放令》。
七月，肥前一揆。
九月，聚乐第完工。
十月一日，北野大茶会。
十月，新发田重家之乱被镇压。
十一月，最上义光再征庄内。

天正十六年（1588）：一月，大崎骚动。
四月十四日，后阳成天皇行幸聚乐第。
闰五月十四日，佐佐成政死。
七月八日，刀狩令发布。
八月，十五里原之战（上杉 VS 东禅寺），庄内为上杉所夺。

天正十七年（1589）：六月五日，摺上原之战。（伊达 VS 芦名）
十一月，名胡桃城事件。
丰臣秀吉要求朝鲜派遣通信使。

天正十八年（1590）：一月，第一次小田原评定。
伊达政宗杀死弟弟小次郎。
六月，第二次小田原评定。
七月，小田原开城，北条灭亡。
八月，奥州仕置。
十月，葛西大崎一揆爆发。
十月，和贺—稗贯一揆爆发。
十一月，朝鲜通信使来日。

天正十九年（1591）：一月，伊达政宗上洛请罪。
二月二十八日，千利休被勒令切腹。
六月，葛西大崎一揆被镇压。
八月，丰臣秀吉下令修筑名护屋城并动员征朝。
九月，九户政实之乱被平定，和贺—稗贯一揆被镇压。
毛利家迁居广岛城。
十二月，丰臣秀吉将关白之位让与秀次。

文禄元年（1592）：一月，后阳成天皇再度行幸聚乐第。
三月十三日，秀吉发布动员令，文禄之役开始。
四月十二日，日军在釜山登陆。
四月十四日，东莱府之战（日本 VS 朝鲜）。
五月，汉城陷落。

六月，平壤陷落，八道国割。
六月，梅北一揆。
六月，祖承训援朝。
十一月，显如上人死。

文禄二年（1593）：正月，平壤战役。（中国、朝鲜 VS 日本）
正月二十六日，碧蹄馆之役。（中国 VS 日本）
八月，丰臣秀赖生。

文禄四年（1595）：蒲生氏乡死。
七月，杀生关白事件。

庆长元年（1596）：“圣菲利浦”号事件。
九月，明朝册封使抵达，日中和谈破裂。
庆长大殉教。

庆长二年（1597）：元月，日军再次动员，庆长之役开始。
长宗我部元亲颁布分国法《长宗我部元亲百箇条》。
七月，漆川梁海战（朝鲜 VS 日本）
九月，鸣梁海战。（朝鲜 VS 日本）
十一月，蔚山之战。（中国 VS 日本）

庆长三年（1598）：三月十五日，醍醐之花见。
八月，丰臣秀吉死。
十一月十九日，露梁海战。（中国、朝鲜 VS 日本）
文禄—庆长之役结束。

庆长四年（1599）：三月九日，岛津忠恒杀伊集院忠栋。
闰三月，前田利家死。
五月，长宗我部元亲死。
六月，庄内之乱。（岛津 VS 伊集院）

庆长五年（1600）：六月，会津征伐。
七月，伏见城之战（西军 VS 东军）。
七月二十五日，小山评定。
九月十四日，杭濑川之战（西军 VS 东军）。
九月十五日，关原之战。（西军 VS 东军）
九月，长谷堂城之战。（上杉 VS 最上、伊达）
九月，岩崎一揆爆发。
十月一日，石田三成等被斩首。

庆长六年（1601）：三月，岩崎一揆被镇压。
松川之战。
伊达政宗移居仙台。

庆长七年（1602）：岛津忠恒接任家督。

八月，岛津忠恒杀伊集院忠真，伊集院家灭亡。

庆长八年（1603）：二月十二日，德川家康就任征夷大将军，江户幕府建立。

本愿寺分裂为东西二宗。

德川家康要求琉球国遣使“聘问”。

出云阿国剧团在京都北野天满宫进行歌舞伎表演。

庆长九年（1604）：毛利家迁居萩城，成为长州藩。

庆长十年（1605）：四月十六日，德川秀忠接任征夷大将军。

庆长十四年（1609）：二月，岛津家给琉球国发出通牒。

二月二十六日，岛津家发布《琉球渡海之军众法度之条々》。

三月七日，岛津军入侵琉球。

四月二日，琉球国降服。

五月十五日，琉球尚宁王被迫离开琉球前往日本。

冈本大八事件。

庆长十六年（1611）：三月二十八日，二条城会见。

九月十九日，岛津家向琉球提出了“掟十五条”。

庆长十八年（1613）：九月十五日，伊达政宗派遣“庆长遣欧使节团”。

庆长十九年（1614）：今川氏真死。

方广寺铭文事件。

十月，大坂冬之阵开始。

十二月二十日，幕府与丰臣家达成和平协议。

庆长二十年（元和元年，1615）：四月至五月，大坂夏之阵。

五月七日，大坂城陷落。

五月十五日，长宗我部盛亲死。

元和偃武。

元和六年（1620）：平山常陈事件。

庆长遣欧使节团回国。

元和八年（1622）：八月五日，元和大殉教。

元和九年（1623）：本因坊算砂死。

宽永十三年（1636）：伊达政宗死。

宽永十四年（1637）：岛原之乱。

附录二　本书相关家族谱系图

（横线为父子关系，竖线为兄弟关系，数字表示第X代家督）

第一章　花之乱

一、畠山家谱系图（两畠山之乱参考）

足利义纯——畠山泰国——畠山时国——畠山贞国——畠山家国——畠山国清
　　　　　　　　│　　　　　　　　　　　　　　　　　　　　　　　│
　　　　　　　　—畠山高国　　　　　　　　　　　　　　　　　　　—畠山义深
　　　　　　（奥州二本松畠山家之祖）

（续上表）

畠山义深——畠山基国1——畠山满家3
　　　　　（始为幕府管领）
　　　　　　　　　　　│
　　　　　　　　　　　— 畠山满庆2
　　　　　　　　　　（能登畠山家之祖）

（续上表）

畠山满家3——畠山持国4、6——畠山义就
　　　　　　　　　　　　　　（总州家）
　　　　　│
　　　　　— 畠山持永5
　　　　　│
　　　　　— 畠山持富——畠山弥三郎
　　　　　　　　　　　│
　　　　　　　　　　　— 畠山政长
　　　　　　　　　　　（尾州家）

总州家：

畠山义就——畠山义丰——畠山义英——畠山义尧——畠山在氏——畠山尚诚

尾州家：

畠山政长——畠山尚顺——畠山稙长——畠山长经
（尚长）

— 畠山政国——畠山高政
— 畠山晴熙
— 畠山晴熙
— 畠山昭高

二、斯波武卫家谱系图（武卫家骚动参考）

足利家氏——足利宗家——足利宗氏——足利高经1——斯波义将2
（斯波高经）

—斯波家兼（奥州大崎氏初代）
—斯波直持（奥州大崎氏二代）
—斯波兼赖（羽州最上氏之祖）

（续上表）

斯波义将2——斯波义重3——斯波义淳4
（始为管领）

— 斯波义乡5——斯波义健6
（千代德丸）

斯波义种——斯波满种——斯波持种——斯波义敏7——斯波义宽——
斯波义达——斯波义统——斯波义银
（松王丸）

斯波义廉系统：

斯波义将——女——涉川义镜——斯波义廉
（嫁涉川义俊）

第二章 窃国物语

一、后北条氏谱系图

北条早云——北条氏纲——北条氏康——北条氏政——北条氏直

二、关东公方谱系图

足利基氏——足利氏满——足利满兼——足利持氏——足利成氏（初代古河公方）——足利政氏——足利高基——足利晴氏——足利义氏

三、堀越公方谱系图

足利政知——足利茶茶丸

四、山内上杉谱系图

上杉宪房1——上杉宪显2——上杉宪方3——上杉宪定4——上杉宪基5——上杉宪实6——上杉宪忠7

（越后上杉入本家为养子继承）
└—上杉房显8——上杉显定9—上杉显实10（足利成氏次子）

（越后上杉入本家继承）
└—上杉宪房11——上杉宪宽12

（养子）
└—上杉宪政13

五、扇谷上杉谱系图

上杉显定1——上杉氏定2——上杉持定3

└—上杉持朝4、6——上杉显房5——上杉政真7

└—上杉定正8

└—上杉朝昌——上杉朝良9

（续上表）

上杉朝昌——上杉朝良9

└—上杉朝宁——上杉朝兴10——上杉朝定11

六、美浓斋藤氏谱系图

斋藤道三——斋藤义龙——斋藤龙兴
　　　　|
　　　　|—浓姬
　　　（织田信长正室）

七、细川京兆家谱系图

细川赖春1——细川赖之2
　　　　|
　　　　|—细川赖元3——细川满元4——细川持元5
　　　　　　　　　　　　　　　|
　　　　　　　　　　　　　　　|—细川持之6——细川胜元7

（续上表）

细川胜元7——细川政元8——细川澄之
　　　　　　　　　　　|
　　　　　　　　　　　|—细川澄元——细川晴元
　　　　　　　　　　　|
　　　　　　　　　　　|—细川高国

八、三好家谱系图

三好长之——三好之长——三好元长
　　　　|　　　　　　　|
　　　　|　　　　　　　|—三好长则——三好长逸
　　　　|　　　　　　　　　　　　　（三人众）
　　　　|—三好胜时——三好政长——三好政康
　　　　　　　　　　　　　　　　（三人众）

（续上表）

三好元长——三好长庆——三好义兴
　　　　|
　　　　|—三好实休——三好长治、十河存保
　　　　|
　　　　|—安宅冬康——安宅信康、安宅清康
　　　　|
　　　　|—十河一存——十河存之、三好义继

第三章　中国之雄

一、京极家谱系图（京极骚乱参考）

京极氏信1——京极宗纲2——京极贞宗3
　└— 京极满信—京极宗氏4—京极高氏5—京极高秀6——京极高诠7
　　　　　　　　　　　　　　　　　　　　　　└— 尼子高久

（续上表）

京极高诠7——京极高光8——京极持高9
　└— 京极高数10　└— 京极持清11

（续上表）

京极持清11——京极胜秀——京极高清14——京极高延15（高广）
　　　　　　　　└— 京极孙童子丸12　└—— 京极高吉16——京极高次17
　└— 京极政经13——京极材宗（出云守护）

二、尼子家谱系图

尼子高久1——尼子持久2——尼子清定3——尼子经久4
　　　　　　　　　　　　　　└—尼子久幸

（续上表）

尼子经久4——尼子政久——尼子晴久5——尼子义久6
　├—尼子国久（新宫党）
　└—塩冶兴久

三、毛利家谱系图

大江广元——毛利季光——毛利经光——毛利时亲——毛利贞亲——毛利亲衡——毛利元春——毛利广房——毛利光房——毛利熙元——毛利丰元——毛利弘元 ——毛利兴元——毛利幸松丸

　　|— 毛利元就————毛利隆元——毛利辉元

　　|— 相合元纲　　|— 吉川元春

　　　　　　　　　|— 小早川隆景

四、大内家谱系图

大内盛房1——大内弘盛2——大内满盛3——大内弘成4——大内弘贞5——大内弘家6——大内重弘7——大内弘幸8——大内弘世9

（续上表）

大内弘世9——大内义弘10——大内持世13

　　|— 大内盛见11—大内教弘14—大内政弘15—大内义兴16—大内义隆17

　　|— 大内弘茂

五、安艺武田家谱系图

武田信武——武田信成

　　|— 武田氏信1——武田信在2——武田信守3

　　　　　　|— 武田信繁4——武田信荣（若狭家）

　　　　　　　　　|— 武田信贤5

　　　　　　　　　|— 武田元纲6

（续上表）

武田元纲6——武田元繁7——武田光和8——武田信实9（养子）

六、若狭武田家谱系图

武田信繁（安艺家七代）——武田信荣1
|
—武田信贤2
|
—武田国信3——武田信亲4
|
—武田元信5——武田元光6
——武田信丰7——武田义统8——武田元明9

第四章　天与地

一、越后守护上杉家谱系图

上杉宪显——上杉宪荣1——上杉房方2——上杉朝方3——上杉房朝5
（山内）
|
—上杉赖方4

（续上表）

上杉房朝5——上杉房定6——上杉显定（出继山内上杉）
|
—上杉房能7——上杉定实8

二、越后守护代长尾家谱系图

长尾景恒1——长尾高景2——长尾邦景3
|
—长尾景房——长尾赖景4——长尾重景5——长尾能景6——长尾重景7

（续上表）

长尾为景7——长尾晴景8
|
—长尾景虎9（上杉谦信）——上杉景胜（养子）
|
—长尾景虎（养子）

三、武田家谱系图

武田信义——武田信光——武田信政——武田信时——武田时纲——武田信宗——武田信武——武田信成——武田信春——武田信满——武田信重——武田信守——武田信昌——武田信绳——武田信虎——武田信玄——武田胜赖——武田信胜

第五章 逐鹿天下

一、今川家谱系图

足利义氏——吉良长氏——吉良满氏
　　　　　　　　　|
　　　　　　　　　—今川国氏1—今川基氏2—今川赖国
　　　　　　　　　　　　　　　　　　　　|
　　　　　　　　　　　　　　　　　　　　—今川范国3—今川范氏4

（续上表）

—今川范氏4——今川泰范5——今川范政6——今川范忠7——今川义忠8
|　　　　　　　　　　　　　　　　　　|
—今川贞世　　　　　　　　　　　　　　—今川范赖——小鹿范满
|　　　　　　　　　　　　　　　　　　（千代秋丸）
—今川仲秋

（续上表）

今川义忠8——今川氏亲9——今川氏辉10
　　　　　　　　　　　|
　　　　　　　　　　　—玄广惠探
　　　　　　　　　　　|
　　　　　　　　　　　—今川义元11——今川氏真12

二、本愿寺法主谱系图

亲鸾1——善鸾——如信2
　　|
　　—觉信尼——觉如3——从觉慈俊——善如4——绰如5——巧如6——存如7
　　　　　　　　　　|
　　　　　　　　　　—存觉

（续上表）

存如7——莲如8——顺如
├─ 实如9——円如——证如10——显如11——教如（东本愿寺）
│　　　　　　　　　　　　　　　　　　└─ 准如（西本愿寺）
└─ 莲淳

第六章　信长之野望

一、织田家弹正忠家谱系图

织田信秀——织田信广
├─ 织田信长————织田信忠——织田秀信（三法师）
│　　　　├─ 织田信孝
│　　　　└─ 织田信雄
├─ 织田信行
├─ 织田信包
└─ 阿市

二、松平家（德川家）谱系图

松平亲氏——松平泰亲——松平信光——松平亲忠——松平长忠（长亲）——松平信忠——松平清康——松平广忠——松平元康（德川家康）

第七章　独霸一方

一、长宗我部家谱系图

长宗我部能俊——长宗我部俊宗——长宗我部忠俊——长宗我部重氏——长宗我部氏幸——长宗我部满幸——长宗我部兼光——长宗我部重俊——长宗我部重高——长宗我部重宗——长宗我部信能——长宗我部兼能——长宗我部兼纲——长宗我部能重——长宗我部元亲——长宗我部文兼——长宗我部元门——长宗我部雄亲——长宗我部兼序——长宗我部国亲——长宗我部元亲——长宗我部信亲
├─ 香川亲和
├─ 津野亲忠
└─ 长宗我部盛亲

长宗我部国亲
├─ 吉良亲贞
└─ 香宗我部亲泰

二、岛津家谱系图

岛津忠久——岛津忠时——岛津久经——岛津忠宗——岛津贞久——岛津师久（总州家）
　└— 岛津氏久（奥州家）

（续上表：总州家）

岛津师久——岛津伊久——岛津守久——岛津久世——岛津久林

（续上表：奥州家）

岛津氏久——岛津元久
　└— 岛津久丰——岛津忠国——岛津立久
　　　└— 岛津用久（萨州家）
　　　└— 岛津季久（丰州家）
　　　　　└— 岛津友久（相州家）
　　　　　└— 岛津久逸（伊作家）

（续上表：岛津本家）

岛津立久——岛津忠昌——岛津忠治
　└— 岛津忠隆
　└— 岛津胜久——岛津贵久（养子，集伊作家、相州家入继本家）

（续上表：萨州家）

岛津用久——岛津国久——岛津成久——岛津忠兴——岛津实久

（续上表：伊作家）

岛津久逸——岛津善久——岛津忠良——岛津贵久

（续上表：相州家）

岛津友久——岛津运久——岛津忠良——岛津贵久

（续上表：岛津本家）

岛津贵久——岛津义久
　— 岛津义弘——岛津忠恒
　— 岛津岁久
　— 岛津家久

三、大友家谱系图

大友能直1——大友亲秀2——大友赖康3——
大友亲时4——大友贞亲5
　— 大友贞宗6——大友氏泰7
　　　— 大友氏泰8

（续上表）

大友氏时8——大友氏继9——大友亲著11——大友亲纲13
　　　— 大友亲繁15——大友政亲16
　　　　　— 大友亲治18
　— 大友亲世10——大友持直12——大友亲隆14

（续上表）

大友政亲16——大友义右17
大友亲治18——大友义长19——大友义鉴20——大友义镇21——大友义统22
（宗麟）

四、伊达家谱系图

伊达朝宗——伊达宗村——伊达义广——伊达政依——伊达宗纲——伊达基宗
（常陆入道念西？）
——伊达行朝——伊达宗远——伊达政宗——伊达氏宗——伊达持宗——伊达成宗——伊达尚宗——伊达稙宗——伊达晴宗——岩成亲隆
　— 伊达辉宗——伊达政宗
　　　— 伊达小次郎
　— 留守政景

五、最上家谱系图

斯波家兼——斯波兼赖1——最上直家2——最上满直3——最上满家4

——最上义春5

|

—最上义秋6——最上满氏7（养子，中野氏入继）——最上义淳8——最上义定9——最上义守10（养子，中野氏入继）——

最上义光11

跋

何谓战国?

这是最美好的时代，这是最糟糕的时代；这是智慧的年代，这是愚蠢的年代；这是信仰的时期，这是怀疑的时期；这是光明的季节，这是黑暗的季节；这是希望之春，这是绝望之冬……

这是英国作家狄更斯小说《双城记》中的开篇语，形容的是法国历史上一个天崩地坼的时代——法国大革命时代。但是这段堪称经典的排比似乎还可以用在其他许多时代，比如日本战国。

这是最美好的时代，是日本历史上将星辈出、人才济济的时代，也许只有明治维新时代能与之一较；这又是最糟糕的时代，一个半世纪的战乱，多少百姓流离失所，今日不知明日命运。这是智慧的年代，有多少影响日本历史的制度、物品、艺术等等在这个时代被创造出来；这又是愚蠢的年代，有多少人因为错误的抉择，最终灰飞烟灭。这是信仰的时期，天主教的昙花，一向宗的狂飙为战国点缀上点点血花；这又是怀疑的时期，日本的众多“传统”在血与火之中不断被摧毁。这是光明的季节，它以血与火的形式熔炼出一个新的近世日本；这又是黑暗的季节，它是太平盛世黎明前的摸索。有多少人在战国中摸索到了希望之春；又有多少人最终走到了绝望之冬。

那么，战国，究竟是怎样的?

江户时代晚期到明治初期的伊达千广，曾写了一本名叫《大势三转考》的书，将日本历史分为“骨的时代”、“职的时代”、“名的时代”。“骨的时代”就是氏族制时代，是大化改新建立律令制国家之前的时代，而接下来的奈良、平安等律令国家时代就是“职的时代”，经过镰仓、室町两个幕府时期再经过战国，最终过渡到“名的时代”。这样的话，战国时代就是“职”向“名”过渡的时代。而按现在的日本历史分期，战国时代是中世日本向近世日本转变的时期。

归根结底，战国是一个变革的时代，但究竟发生了哪些变革呢？

其一，统治阶层的变革。日本律令制土地国有制度崩溃以后，庄园公领制度养成了一批土地支配阶层，包括有权势的朝廷公卿、寺院、神社以及国家派到各地的国司、郡司。武士阶层也在这个基础上形成。镰仓、室町两个幕府时代，幕府任命“地头”、“守护”，进一步扩大了武士领地制，又形成一个武士领主阶层，他们在占有土地的同时，对土地上的事务拥有职权，因此这个时代被称为“职”的时代。而战国以最为暴力的方式彻底打碎了这个体制。战国的大名，大多以下克上的形式起家，少数由原本的守护转化的战国大名也往往进一步加强领地控制，将家臣集中到城下町，以检地的形式确保其所有权归属上层，将原本直接控制土地和民众的“被官”、“国人”与土地、民众切割开来。这一制度最后被江户幕府所继承。同时，下克上盛行使原本的统治阶层发生了彻底改变，室町幕府的几大大名：细川、畠山、斯波、一色、赤松、山名、京极在战国时代纷纷倒台，西国的大内、少弐，东国的关东公方、关东管领、奥州探题、羽州探题等传统势力也土崩瓦解，而代之兴起的是出自于“草根”的“国人”、守护代或被官——织田、北条、丰臣、德川、尼子、毛利……他们成为新时代的宠儿，并且完成了自己内部的新一轮优胜劣汰。

其二，统治体制的改变。检地和分国法成为战国时代的两大体制，这两大体制为丰臣政权和江户幕府所巩固，最终形成了全新的幕藩体制。江户幕府实际上是最大的一家“战国大名”，它把全国的大名集中到了江户的城下町，对全国施行检地并课以军役、杂役和领地税，颁布《武家诸法度》等“全国法”约束大名武士的行为。这可以说是对战国时期的一次总结。另一方面，大乱之后臻于大治，织丰政权的兵农分离、刀狩、海贼禁止令刹住了自镰仓以来的“一揆”，构筑起新的统治体系，并划分了“士农工商”的阶层，为新幕府在全日本统治的最终确立奠定了坚实的基础。

其三，文化艺术的发展。室町时代的北山文化、东山文化，从本质上说还是武士阶层仰慕和模仿公家文化的一种形式。战国时代武士阶层自我审美意识觉醒，无论是狩野派的绘画，抑或是千利休的茶道，都体现了武士阶层特有的审美观，而町民的崛起更促进了市民文化的发展，如歌舞伎等全新的艺术形式开始风靡。这构成了近世日本文化艺术发展的基础。

从这三个方面去看，我们能更深一层地认识战国的本质：这是一个变革的时代，正如西欧用火药摧毁骑士阶层迎接文艺复兴一样，我们也可以说，铁炮摧毁了旧的时代，迎来了日本的新时代，这种变革才是战国时代魅力的源泉。